U0603484

启真馆 出品

启真·文学家

但丁传

〔意〕马可·桑塔伽塔 著
李婧敬 译

目　录

第一部分　佛罗伦萨时期

第二部分 流亡时期

第一部分

佛罗伦萨时期

一　青少年时代（1265—1283） 5

我生长那座大城，

坐落在阿尔诺美丽河畔[1]

“荣耀的星座”

1265年，但丁·阿利吉耶里（Dante Alighieri）出生在佛罗伦萨，所属星座为双子座。在洗礼仪式上，他被命名为杜朗丁（Durante）。然而，这是一个他毕生从未用过的名字。只有“但丁”，才是他在所有的书面文本中唯一的署名；只有“但丁”，才是诗人朋友们在书信往来中对他的称呼；只有“但丁”，才是他在有生之年撰写的所有公共和私人文书上的落款；只有“但丁”，才是所有对此人进行诠释的学者们针对的名字。在中世纪，许多人都深信不疑地认为，假如对一个人的名字进行正确的解读（*interpretatio nominis*）——而非简单地依据词源学来解释其含义——就能揭示此人的命运；或者说，一个人的行为举止能够彰显其名字的深层含义。例如，“贝阿特丽齐”（Beatrice）就是指一个“自身得到了真福”并且“能成为他人的真福之源泉”的女子。“但丁”这个名字则意味着“给予”（“dà”），意味着凭借上帝赐予他巨大的智力天赋去惠及他人。

关于自己降生时对应的双子星座，但丁本人在《天国篇》（*Paradiso*）里有所提及。在飞往净火天的过程中，身处该星座的诗人请求双子星在旅途的最后一程助自己一臂之力，并回忆起当自己第一次呼吸托斯卡纳的空气时（“我初次呼吸于托斯卡纳”[2]），太阳与双子星一同升起，一同降落。在人生第一次呼吸的瞬间，即星宿对人生产生最大影响的时刻，那“荣耀的星座”（“gloriose stelle”）便给但丁尽数注入了他所具备的一切“大大小小”的“天赋”。然而，尽管但丁
6 曾多次论及星象问题，且坚称自己出生时的星宿具有特殊的“效能”（“virtù”），却从未就星宿曾对自己产生过哪些影响做过任何具体说明。那时的星相学家认为，假如水星和土星也同现于双子宫（1265 年的情况确实如此），则以这一星宿为出生时本命星盘的人就会具备超乎寻常的智力和杰出的写作才能。或许但丁也曾有过类似的想法。可以肯定的是，除了（少数）几处自谦之语，他深信自己的天赋异禀是来源于双子星座的赐予。

当然，即使但丁出生的日期对应的是其他星座，他也会声称那一星座令他拥有出众的才华，这一点毋庸置疑。论及但丁的性格，自命不凡是其最为突出的特点。对于自己看过、做过和说过的一切——无论是少年时的情窦初开，还是深爱女子的香消玉殒；无论是政局中的一败涂地，还是遭到流放的悲惨际遇——但丁都能从中感受到运程的征兆、无以逃避的命运的阴影，还有那高高在上的天意的迹象。这样的想法早在青少年时代就已萌芽，并随着时间的推移不断强化，使得但丁最终深信自己受到了上帝的委派，承担着拯救全人类的重任。如此一来，我们不得不感到好奇，一个如此以自我为中心，如此自觉与众不同的人物，他将如何描绘自己的形象？此外，旁人眼中的但丁又是怎样的呢？

显然，众人眼中那个易怒、自负、傲慢、固执己见、为追求真理不惜挑战权贵甚至付出惨痛代价的但丁形象是来自于《神曲》（*Commedia*）的：无论是诗人对自身的描述——“如屹立尖塔一般，任风吹，塔尖也不摇半点”[3]、“可承受时运的重击之剑”[4]——还是他暗中将自己摆放到人类审判者角色上的做法，都能够说明这一点。的确，倘若不具备超乎常人的高度自信，他是不可能在达官显贵们面前

做出如此无情的审判，进行如此辛辣的嘲讽，并发出肆言詈辱的控诉的——更何况那些人中的相当一部分人并未作古，或是尚有直系亲属在世。然而，上述肖像并不完全符合但丁的人格和心理特征全貌。真实的但丁是一个迫不得已在各方对立的政治势力之间纵横捭阖的人，他必须兼顾不同庇护者的意愿——那些人往往各自为政，甚至势不两立；被流放后，他更是一无所有，常年漂泊，只为寻求一个能代替故乡的容身之所，却是无果而终。

对于试图重构真实的但丁形象的学者而言，与但丁同时代的人并 7
未留下任何具有重大价值的资料。在那些与但丁相识的同辈人里，几乎无人留下过关于诗人的只言片语；只有少数几位后辈对他进行过较为可信的描述。

乔凡尼 · 维拉尼（Giovanni Villani）比但丁年轻大约 10 岁，即使称不上是但丁的朋友，也可算是相识者。在他于 1321 年撰写的佛罗伦萨史中，有整整一节是对但丁的介绍，其中也包括一段篇幅短小却言辞尖锐的针对其性格特征的描述。维拉尼承认但丁的作品为佛罗伦萨城带来了荣耀，却并不讳言但丁因流离失所带来的苦楚而在《神曲》中过分“冷嘲热讽”，并“以此为乐”。此外，维拉尼认为但丁的智慧令其“傲慢自负”、“目空一切”。最后，维拉尼表示，但丁是一个“无礼”的学者，很难与“普通百姓”轻松地交流。总之，在维拉尼那里，但丁是一个没有耐心且脾气暴躁的人。

乔凡尼 · 薄伽丘（Giovanni Boccaccio）本人并不认识但丁，却与许多认识但丁的人有过交流。作为一个五体投地的仰慕者，他对但丁的描绘即使算不上是彻头彻尾的歌颂，也彰显出明显的褒扬色彩。事实上，薄伽丘所描述的某些特点与维拉尼所述十分相似，只是表述的语气体现出不同的感情色彩。在薄伽丘眼里，但丁的诸多特质——如沉默寡言、非问不答、孤独好静、乐于沉思、对周遭事物的浑然不觉、傲慢自负、目空一切——正是智者和哲人的表现，说明但丁对自己的伟大价值有着清晰的意识。谈及但丁的高傲，尽管诗人本身也控诉自己的这一罪行，薄伽丘却以一个谨慎的史学家的视角，要求从但丁的同时代人，即与之相识的人那里获得证据。基于某些口头的证据，薄伽丘揭示了但丁性格中的一个负面因素：得理不让人。他了解到，每当但丁谈论起政治，便会因一些原本无关紧要的事情而怒不可遏，变成一个歇斯底里的“疯子”。在罗马涅地区（但丁在这里度过了最后几年，薄伽
8 丘也曾在此居住）流传着一种说法，假如但丁听到某个“黄毛丫头”或是“毛头小子”对吉伯林派（Ghibellino）有所非议，便会立刻怒发冲冠，甚至会搬起石头砸向他们，直至他们闭嘴。这一传说似乎并不可信，然而，在罗马涅地区人们的印象里，但丁的确是一个有着执着的派系倾向且极易发怒的人。薄伽丘认为，此种精神危机是由但丁对圭尔甫派（Guelfo）的仇恨所导致的。圭尔甫派曾把但丁驱逐出佛罗伦萨，出于反击，但丁变成了一个“激进的吉伯林派”。事实上，但丁从不曾加入吉伯林派，只是他的言行举止从未体现出宽容这一美德。

薄伽丘还对但丁的外貌进行了勾勒：长脸，鹰钩鼻，大眼睛，“明显前突的颌骨”（“下颌比上颌更突出”）。这些细节描述成了后世画家——尤其是 15 世纪画家——描绘但丁肖像时的标准特征。那么薄伽丘又是从何处收集到上述信息的呢？答案很令人吃惊，许多信息来自于佛罗伦萨督政宫（Palazzo del podestà，即巴杰罗宫）的祈祷堂里的一幅湿壁画（其创作年代可追溯到 1337 年以前）：尽管没有任何文献能够证明这幅肖像里的人物就是但丁——其创作者一度被认为是乔托（Giotto），但是若将这幅画与另一幅确切描绘但丁肖像的画作（该画的创作年代稍晚，大约在 1375—1406 年间，是新近在佛罗伦萨古老的法官与公证员行会会馆里被发现的）进行对比，便可以通过二者的相似之处证实画中人物的确是但丁。薄伽丘很可能见过这幅湿壁画以及其他一些未能保存至今的画作。除此之外，他又增添了一些细节，例如较矮的身材、黝黑的皮肤以及成年之后“略微弯曲的体格”。这些特点——尤其是最后一点——应该不是薄伽丘从画作中看到的，而是他通过与那些认识但丁的人进行交谈而得知的。事实

上，薄伽丘的确提到了一个“对文字一窍不通但心地善良的人”。此
人名叫安德烈 · 波吉（Andrea Poggi），薄伽丘曾多次与他谈论“但丁
的生活习惯和生活方式”。这个安德烈于 1304 年满 18 岁，不仅认识
但丁，还是他的外甥（他是但丁的一个不知名的姐姐的儿子）。更为
难得的是，安德烈与但丁不仅脸部轮廓极其相似，就连“身材”和行
为举止也与他的舅父如出一辙——“安德烈也有些驼背，恰似当年的
但丁”。这说明薄伽丘所描述的但丁的身材特点是具有一定的可信度
的，如同保存于督政宫（即巴杰罗宫）的肖像画，或多或少体现了一 9
些但丁的面部特征。因此，我们可以认为，尽管对于但丁体貌的诸多
描绘总是难逃千篇一律之嫌（倘若 14 世纪雕刻于佛罗伦萨圣母领报修
道院 [SS. Annunziata]——前身为卡法焦的圣母修道院 [Santa Maria di
Cafaggio]——的肖像描绘的是但丁，那么这幅肖像简直具有漫画的特
点），甚至某些典型特征已经固化为传统（例如他突出的颌骨和鹰钩
鼻），我们还是能够从中隐约推断出但丁的形象。

“古城墙”与“新人”

但丁出生于圣皮埃尔马焦雷（San Pier Maggiore）区，他的家坐落于圣玛尔定堂（San Martino al Vescovo）后方的广场上，几乎正对着至今依然矗立的栗子塔（Torre della Castagna），离巴迪亚教堂（Badia）和督政宫（即巴杰罗宫）仅数步之遥。所以说，阿利吉耶里家族的宅邸位于主教座堂（Duomo）和如今的领主广场之间，今天的卡尔查依欧利（Calzaiuoli）大街东面。1302 年，但丁被判处流放、没收和摧毁产业之刑罚，但他的家宅并未被完全拆毁。究其原因，主要是由于这处房产是他与其同父异母的兄弟弗朗切斯科（Francesco）共同所有的。15 世纪初叶，这幢建筑依旧存在。据列奥纳多 · 布鲁尼（Leonardo Bruni）描述，但丁有一个名叫列奥纳多（Leonardo）的重孙，是长

子皮耶特罗（Pietro）的后代。此人曾“与其他青年一道”从维罗纳（Verona）——家族中已有两代人在那里定居——来到佛罗伦萨。这个年轻人曾向布鲁尼打听过自己这位声名显赫的曾祖父的情况，布鲁尼便领他参观了“但丁及其祖先的宅邸”，并向他介绍了“许多他不曾知晓的事情”。

在布鲁尼的笔下，但丁的宅邸“相当体面”，但面积局促。然而，在但丁视为自传体作品的《新生》（*Vita Nova*）中，他曾多次提到自己拥有一个独立的“房间”，可以在其中安静地思考、哭泣和休息。诗人坚称家中有一处仅供他使用的空间，这一点是十分值得重视的。一方面，在中世纪，人们并没有为某一个家庭成员分割家居空间的传统；另一方面，在但丁撰写《新生》的年代，阿利吉耶里家族的窄小居所至少还得容纳但丁的妻子、（或许还有）一个儿子、继母以及同父异母的兄弟。所以说，但丁能够拥有一个独立的房间，这是令人难以置信
10 的。当时，只有极其富裕的人才有可能拥有仅供个人使用的书房或卧室。如果说拥有个人家居空间象征着高贵的社会地位，那么但丁之所以反复强调自己的独立房间，其目的很有可能是想暗示自己的贵族式生活方式。此外，但丁也想通过这一与众不同之处掩饰自己的平凡出身，试图将自己列入更为高贵的社会阶层。

但丁的家宅尽管并不宽敞，但其坐落的圣皮埃尔马焦雷区却是我们今天所说的富人区。这里云集着各大世家——有的是贵族，有的享有骑士封号，还有许多是并没有贵族封号，所属阶层较低，但经济实力雄厚的平民家族。无论是否是传统世家，这些家族都是相当具有影响力的。以波蒂纳里（Portinari）家族——贝阿特丽齐（Beatrice Portinari）的母家——为代表的某些家族在但丁的人生中起到了非常重要的作用；另一些家族——如切尔基家族（Cerchi）和窦那蒂（Donati）家族——对但丁的影响则是具有关键意义的：正是这两大贵族集团领导下的惨烈的党派斗争导致但丁最终遭到流放。与城里的其他所有行政区一样，圣皮埃尔马焦雷区也因为不同群体在经济，尤其

是金融、商业和政治上的分歧而陷入纷争：起初是圭尔甫派与吉伯林派之间的对抗，后来是圭尔甫派“黑党”（“nero”，以窦那蒂家族为代表）与“白党”（“bianco”，以切尔基家族为代表）之间的内斗。然而，这些彼此对立的家族的住处往往彼此相邻。他们的住宅设有防御设施，各家的瞭望塔彼此相望，对家宅范围内的各种状况时刻保持警惕，以便抓住一切机会扩张地盘。为了持续扩大不动产规模，就连缔结婚姻也以邻近的家族成员为首选。能够直接控制的家族越广泛，在整个行政区的影响力也就越大。反之，最大的危险则在于其他家族的势力渗入自身的领地。这类纷争——如先前提到的窦那蒂家族和切尔基家族的对抗——一直持续到那个世纪的末期，引发了诸多惨痛的结果，其中，最为重要的一个因素就是各家族之间相互侵犯领地的行为。切尔基家族家财万贯却出身微贱，他们占领了城区中相当大一部分财富。1280 年，他们甚至买下了托斯卡纳和罗马涅地区最为显赫的封建贵族——圭迪（Guidi）皇室伯爵家族的宅邸，将其整饬装修之后，在那里过着挥金如土的生活。窦那蒂家族是贵族世家，但其经济实力却略逊一筹。他们自认为是城区的领袖，眼见家族的霸权地位受到威胁，便对邻近的切尔基家族心怀仇恨和鄙视，认为他们毫无底蕴，还不知 11
羞耻地炫耀其财力。

但丁在佛罗伦萨一直生活至 36 岁。那时的佛罗伦萨还不具备后来那座闻名于世的建筑名城的风貌。在那个历史年代，城里还没有乔托的钟楼、布鲁内莱斯基（Brunelleschi）的教堂圆顶、美第奇家族（Medici）的宫殿，甚至连新圣母大殿（Santa Maria Novella）和圣母百花圣殿（Santa Maria del Fiore）也还没有修建起来。但丁所生活的佛罗伦萨还是一座中世纪城市：狭窄的道路密布，两旁是密密麻麻的石屋和木屋；城中混乱地分布着住宅、货栈、作坊和仓库，菜园、葡萄园和花园穿插其间。那时的教堂很多，但规模较小；高塔的数量更多，其中一些的建筑体量相当可观。这些高塔多是由大家族兴建的，一方面可以展示其实力，另一方面也能够居高临下地对处于下方的住宅和作坊形成有力的保护，同时控制周边的区域。这是一座充斥着个人恩怨和党派仇恨的城市，几乎每天都会上演血腥的暴力冲突，因此，防御和威胁就成了必不可少的生存手段。在这一时期，勾勒城市轮廓的并不是各类宗教性和非宗教性建筑，而是高塔和钟楼。直到那一世纪的末期，某些重大的建筑工程才破土动工，逐渐塑造出佛罗伦萨今天的模样。1279 年 5 月，新圣母修道院的多明我会修士为他们的教堂庄严地埋下了第一块奠基石，按照他们的设想，这座教堂将成为整个意大利最大的教堂之一；1284 年，古老的巴迪亚教堂被翻修一新：很可能是由知名建筑师阿诺尔夫 · 迪 · 坎比奥（Arnolfo di Cambio）主持完成的；1295 年 10 月，方济各会修士开始修建圣十字圣殿（Santa Croce）；一年后，他们又按照阿诺尔夫 · 迪 · 坎比奥的设计方案将古老却矮小的圣雷帕拉塔主教堂（Santa Reparata）改造成宏伟的圣母百花圣殿；1299 年 2 月，市政宫（Palazzo dei priori，后来更名为“领主宫”[Palazzo della Signoria]，最后被称为“旧宫”[Palazzo Vecchio]）在阿诺尔夫 · 迪 · 坎比奥的主持下动工。这些浩大的工程持续了许多年，甚至好几百年的时间。

在但丁居住于佛罗伦萨的最后时日里，他目睹了这些工程的工地，穿行于各大脚手架之间。然而，那些雄伟的建筑并没能来得及让诗人将它们视作城市的最新标志。圣母百花圣殿虽远远没有完工，却已经
12 投入使用（并被众人奉为佛罗伦萨的最新荣耀）——那时，但丁还住在佛罗伦萨，却对此只字未提。被流放期间，他回忆里的佛罗伦萨中心仍然是圣约翰洗礼堂（Battistero di San Giovanni）。直到 14 世纪初，他笔下的“美丽的圣约翰洗礼堂”[5]不仅是佛罗伦萨规模最大、装饰最精美的建筑，也是城中最具代表性的神庙。人们在这里举办最为重要的庆典仪式，战争期间载有祭坛的四轮战车和战利品也都存放在这里。无论是就其在宗教意义还是世俗意义上的重要性而言，任何其他建筑都无法与之比肩。

总之，但丁出生并度过前半生的佛罗伦萨并不是一座遍布雄伟建

筑和华丽宫殿的城市。就建筑的数量、规模和装饰程度而言（例如那座由大教堂和洗礼堂组成的大理石建筑群），佛罗伦萨的宿敌——比萨则更加令人瞩目。当然，佛罗伦萨也并不是一座小城（1280 年前后，城市居民已达到四五万人左右，居于欧洲城市的前列），且处于蓬勃扩张的阶段。相反，此时的比萨却已经盛极而衰。

12 世纪末期，罗马 – 拜占庭时期的古城墙被中世纪城墙取而代之。然而，到了 13 世纪中叶，中世纪的城墙再度显示出局限性。在城墙外围，建起了许多修道院、教堂以及规模可观的村镇。自 1285 年起，佛罗伦萨开始修建第三重防卫工事，直至 1333 年才完工，最终长度达到 8.5 公里。此外，完工时的城市人口比 1280 年几乎增加了一倍。

从这个意义上来说，佛罗伦萨是一座处于变化中的城市，其背后的动力来自于长足的经济发展。金融业是佛罗伦萨的经济核心。当时，银行和商业公司（二者的业务常常合二为一）的数目相当大。这些公司的总部设在佛罗伦萨城内，但其分支机构及合作机构却遍布整个欧洲和地中海地区，覆盖了从法兰德斯到英格兰、从法兰西到西西里王国（Sicilia），甚至到北非的大面积市场。在佛罗伦萨的金融产业体系中，弗洛林占有核心地位。这是一种 24K 金的硬币，正面印有作为佛罗伦萨标志的百合花，背面则印有主保圣人施洗约翰（Giovanni Battista）的肖像。这种金币自 1252 年开始铸造，迅速成为国际贸易中的主流货币，其地位相当于今天的美元。甚至连萨拉森人（Saraceni） 13
也使用弗洛林。当时的著名神学家、多明我会教士雷米焦 · 德 · 吉洛拉米（Remigio dei Girolami）曾宣称弗洛林是上天赐予佛罗伦萨的七件馈赠之一。佛罗伦萨欣欣向荣的经济发展和与日俱增的区域实力开启了大规模的城市化进程。一方面，大量城郊居民涌入城市；另一方面，许多大地产所有者、封建主，以及手工业者、法官、律师和公证员也从其他城市蜂拥而至。

对于发生的一切，但丁并不感到欣喜。在他眼中，弗洛林是一朵由腐败催生的“被诅咒的花”[6]，是世风日下的最直接的象征。城市的新贵们依靠商业发家，取代了老一代贵族世家凭借文韬武略攒下的声望。在这座规模庞大、熙熙攘攘、生机勃发的城市里，无论是平民还是贵族都热衷于参与经济活动。恰恰是这一点令但丁哀叹一百年前那个佛罗伦萨小城已不复存在：旧时的佛罗伦萨“在古墙之内”[7]，民风虽简朴，却得体、和睦、讲究操守；人们跟随着巴迪亚教堂的钟声安排作息；他们将自己视作亲密团结的公民群体的一员，这些“忠实可靠的市民社会”[8]对来自城郊的“新人”（“la gente nova”）所引发的社会变化一无所知，对那些没有历史渊源却“暴富”[9]的家族嗤之以鼻。那时，谁也不曾料想，富贵显荣的圭迪家族会屈尊住到佛罗伦萨城中，就在离阿利吉耶里家族的住所不远的地方；人们更想不到，他们的府邸随后会被切尔基家族——一个从瓦莱迪锡耶韦（Val di Sieve）迁来的毫无背景的家族——收购。对于生活在古老的圣皮埃尔马焦雷行政区的幸福市民而言，他们更加难以接受自己居住的城区居然会弥漫着“阿古聊（Aguglione）村夫的恶臭”[10]。此处所指的，便是来自瓦莱迪佩萨（Val di Pesa）的阿古聊城堡的法学家巴尔多（Baldo d'Aguglione）了。被流放期间，但丁对切尔基家族言辞刻薄，对巴尔多更是冷嘲热讽：这种情绪一方面源于他内心的失望——在佛罗伦萨时，但丁曾为切尔基家族效力，另一方面也与其个人恩怨相关——巴尔多在成为但丁的
14 敌人以前，曾与之有过短暂的政治共鸣。与具有高度国际化精神且游离于派系争斗之外（*super partes*）的弗朗切斯科·彼特拉克（Francesco Petrarca）相比，但丁的个性和成长过程决定了他是一个植根于城市国家（comune）的市民。尽管如此，但丁仍然显得与他所处的佛罗伦萨社会格格不入——哪怕是在他曾拥有市民权利的那段时期。令他反感的，正是这座城市的现代性，即经济的发展和社会的变化。

但丁的性格充满了自相矛盾的元素，其中最为突出的一点便是他以两种几乎对立的视角来看待社会变革在文化艺术层面和政治社会层面产生的影响。他认为——这的确是一种相当与众不同的观点——时间的流逝对文化现象的改变起到了极为关键的作用：自然形成的

语言是不稳定的，每时每刻都在演变；艺术和文学也处于持续的变化之中，例如弗朗科 · 博洛涅塞（Franco Bolognese）的细密画技艺超越了古比奥的奥德里西（Oderisi da Gubbio），乔托更胜契马布埃（Cimabue）一筹，圭多 · 卡瓦尔坎迪（Guido Cavalcanti）取代了圭尼泽利（Guinizelli）在语言方面的荣光，而“温柔新诗体”（“dolce stil novo”）则令贾科莫 · 达 · 伦蒂尼（Giacomo da Lentini）、圭托内 · 阿雷佐（Guittone d’Arezzo）和卢卡的博纳君塔（Bonagiunta da Lucca）的所有诗作望尘莫及。然而，作为一个在文化现象方面有着如此敏锐的历史洞察力的知识人，当但丁将目光转向他所处时代的社会、经济和政治层面时，居然想要阻止历史前行的步伐，甚至还想将历史的时钟往回倒拨。他固执地拒斥基于制造业、商业和金融业的生产体系，反对由此催生的“混杂的市民成分”[11]、新的领主制政府形式——被他称之为“僭政（tirannidi）”、封建司法体系的衰败以及金融业在城市与领主之间的关系中所占据的核心地位。在但丁眼中，社会的演变是导致传统习俗退化、价值体系颠覆、原有统治阶层没落、群体秩序支柱坍塌、城市间残酷竞争、领主制政体上台、基督教和平世界陷入一片混乱的罪魁祸首。他坚定地认为，只有回到市民经济萌芽以前那个祥和平静的佛罗伦萨，回到在两个“太阳”（教权和皇权）的庇护下求得平衡的基督教世界，恢复先前基于封建贵族体制的稳固社会阶层，才是唯一的救赎之道。简言之，但丁的主张是回归往昔，阻止时间前行，重建一个被固有政治体系所保卫的恒久不变的世界，恰如天国中的永恒天庭。

摧毁与重建 15

动荡中的佛罗伦萨遍布着脚手架矗立的工地、工人和载有建筑材料的车马。在生活于佛罗伦萨的最后20年里，但丁目睹了这番情景。

与前些年相比，他此时所见到的城市风貌已发生了巨大的改变。随处可见被拆毁的街道、成堆的瓦砾、残破的住宅、倾塌或横断的高塔。事实上，人们甚至连这番情景也差点见不到了。圭尔甫派与吉伯林派之间残酷的争斗已经演变成名副其实的内战，造成连年的毁坏，几乎将这座城市夷为平地。

在 13 世纪，这两个党派的势力此消彼长，该过程并不是正常的权力更迭。在佛罗伦萨和其他城市，针对失势政党的分赃制度意味着剥夺他们的财产，甚至是生命。即使大难不死，失败的一方也难逃被流放的命运。他们的住宅遭到洗劫，财产被剥夺，生活住所或工作场所被摧毁。某些处置是根据大致公平的审判执行的，但造成此类事件的动机大多是私人仇怨和毫无法律依据可循的犯罪行为。正因为如此，许多人即使没有被流放，也自愿选择离开佛罗伦萨。具有欺压性的审判和私人迫害在两个党派之间挖掘出一道仇恨的鸿沟。随着双方交替取得胜利或遭遇失败，掠夺和流放反复上演，双方的仇怨亦愈演愈烈。不断增长的仇恨让大家族产生裂隙，令小家族分崩离析。在城市里，任何利益共同体都是不稳定的，即使是在两个党派试图寻求合作的休战时期，也会随时遭遇群体的暴力和个人的背叛。

圭尔甫派与吉伯林派之间的对立并不限于佛罗伦萨城内。两个派别在其他城市都有盟军，也都与帝国或教廷的支持者们保持着千丝万缕的跨国联系。因此，他们之间的内斗与外部的政治因素密不可
16 分，其造成的后果也是不可小觑的。举一个例子：1260 年 9 月，被流放的佛罗伦萨吉伯林派、锡耶纳（Siena）人和西西里国王曼弗雷迪（Manfredi）在蒙塔佩蒂（Montaperti）战役中大败圭尔甫派领导下的佛罗伦萨军队。战役结束后，胜利的一方在恩波利（Empoli）召开了会议。会议中，吉伯林派军队的首领——西西里国王曼弗雷迪——的发言人提出了摧毁佛罗伦萨的主张。由于佛罗伦萨吉伯林派富于号召力的领袖马内特 · 德 · 乌贝尔蒂（Manente degli Uberti）——人称“法

利纳塔”（Farinata），但丁在《地狱篇》（*Inferno*）第十歌里将其塑造为一个不朽的形象——的反对，这一提议并未被通过。佛罗伦萨没有被夷为平地，却被摧毁了大半。重返佛罗伦萨的吉伯林派通过流放、剥夺和摧毁不动产等手段变本加厉地报复对手。事实上，早在两年前，圭尔甫派也曾捣毁过吉伯林派的家宅，所以，在1260年末，佛罗伦萨已是遍地废墟。然而，这一切并没有结束。7年后，随着曼弗雷迪国王在贝内文托（Benevento）战役中惨败，双方的势力再度反转。这一次，轮到吉伯林派成员被流放，其财产被剥夺，许多产业被连根拔起。数次破坏造成的断壁残垣很多年都没能恢复。当年轻的但丁走过城中的大街小巷，他所目睹的是一座满目疮痍、难以愈合、奄奄一息的佛罗伦萨城。这些城市肌理上的伤痕将遗留许多年，甚至是永远。许多建筑群被拆毁了，再也没能重建。吉伯林派最具威望的领袖——乌贝尔蒂家族的府邸和瞭望塔原本位于圣皮埃尔斯凯拉焦（San Pier Scheraggio）区，离现在的旧宫仅数步之遥，却被拆得片瓦不留，颓垣败瓦一直在原地堆砌了数十年。这幢建筑所占据的空间再也没有被重建，最后成了如今的领主广场的一部分，即市政宫旁边的空地。

直到1280年，纷争不断的两派才在形式上达成矛盾重重的和解，开启了重建佛罗伦萨的进程。吉伯林派将重新修造被拆毁的住宅，兴建大型宗教和市政建筑。在街巷中堆积了20余年的废弃渣土将被用作夯实新城墙的材料。

但丁就生活在这样一座具有两张面孔的城市里，但无论是哪一面，都呈现出一个共同的特点：不稳定性。我们不得不追问，或许正是因为目睹过这座城市在摧毁与重建之间的反复循环，正是因为经历过它连年不断的变化，诗人才会对稳定产生格外强烈的渴求，才会把希望寄托于一个回归古代的倒退的乌托邦，一个在社会和城市结构层面永恒不变的佛罗伦萨。

17 圭尔甫派与吉伯林派：仇恨的根源

但丁只能算是二流的政治家。关于他的政治生涯，同时代的史料要么只字未提，要么仅是谈及他被流放的经历。然而，对于他的个人生活而言，政治却起到了比其他任何因素都更具决定性的作用。他曾生活在一个长期处于圭尔甫派领导下的城市，后来却因为产生于13世纪末的内部斗争遭到流放；流放期间，他辗转于意大利中北部地区的市镇和城堡，亦被身不由己地卷入圭尔甫派与吉伯林派的对立之中——这是他先前在佛罗伦萨所不曾亲历的。

“圭尔甫”和“吉伯林”来源于两个在12世纪被意大利语化的德文名词：前者是指支持巴伐利亚和萨克森的韦尔夫（Welfen）家族争夺皇位的党派，后者则是指魏柏林城堡（Wibeling）的领主霍亨斯陶芬（Hohenstaufen）家族的拥护者。在意大利中北部地区，上述两个名词的使用是伴随着教宗与士瓦本家族的皇帝腓特烈二世（Federico II di Svevia）分庭抗礼而普及开来的，前者支持教宗，后者拥护皇帝。尽管两者之间的分歧已经超越了地域范畴，但每个城市的利益及其具体的社会文化状况仍然在很大程度上决定了其所处的阵营。总之，在绝大多数情况下，宣称属于圭尔甫派或吉伯林派一方，能够为斗争提供有力的意识形态支撑。这种现象在各大城市和家族之间十分普遍，二者都在各自的联盟体系和经济关系体系中扮演领袖的角色。

自13世纪下半叶起，金融业就令佛罗伦萨具有广泛的国际影响，城中的内部事务与外部的政治格局也因此有着格外密切的联系。由于党派之间的对抗与国际金融和贸易局势息息相关，自从蒙塔佩蒂（Montaperti）战役之后，两派之间的纷争就从局部的领导阶层的对立转变为席卷全城的斗争。被推上风口浪尖的，不仅仅是一方或另一方的领袖群体，而是整座城市的命运。当权的寡头政府是由各大豪强组成的。所谓“豪强”，不仅需要拥有高贵的血统，还须达到一定的财富和生活方式标准。这类家族在两个党派中各有分布。大体说来，传统

封建贵族往往与帝国势力较为亲近，而那些以财力著称，也更加“亲 18
民”的贵族——即由商人、富裕的手工业者和大地产者所组成的佛罗伦萨社会的主要群体——则更为拥护教宗。

随着出身于霍亨斯陶芬（1194—1250 年）家族的腓特烈二世登上皇位，意大利成为教权与皇权之争所涉及的主要地域。事实上，这场对抗始于人称“红胡子”（Barbarossa）的腓特烈一世（Federico I），在其子士瓦本的亨利六世（Enrico VI di Svevia）统治期间逐渐升级。腓特烈二世继位后，成功地将西西里国王（1198 年）和神圣罗马帝国皇帝（1220 年）的头衔集于一身。这构成了教宗们的最大隐忧。西西里王国的疆域不仅包括西西里岛，还覆盖了整个意大利南部地区。这一地区从形式上而言是教宗的封地，但事实上却享有完全的自主权。帝国掌控了意大利中北部地区，但那里的城市国家和领主制国家也都是完全独立的。罗马教廷十分担心一个同时掌控日耳曼和意大利南部地区的皇帝将会产生野心，要将两片处于其控制之下的领地打通，从而恢复其在整个意大利半岛的统治。倘若这一切成为事实，教宗控制下的意大利中部及罗马涅地区（所谓的“圣彼得的财产”）就会被帝国势力团团包围。更加严重的是，教廷对意大利事务的影响力将会受到极大的限制。此种担心并非杞人忧天，腓特烈二世的意图的确如此。正是因为这一点，腓特烈二世在在世期间就被指为异端和“魔鬼的信使”，去世后也背负了数百年“教廷之敌”和“基督教之敌”的恶名。

由于传统（及利益）的因素，佛罗伦萨一直支持教廷。相反，它在托斯卡纳地区的主要对手——比萨和锡耶纳却是帝国的拥护者。尽管腓特烈二世的影响在托斯卡纳地区取得了实质性的霸权地位，但佛罗伦萨却在相当长一段时间内抵制帝国的势力。1249 年 1 月，一支由腓特烈二世之子——安提阿的腓特烈（Federico d’Antiochia）——指挥的部队打破了这一局势，迫使佛罗伦萨的圭尔甫派成员纷纷逃离。然而，吉伯林派的胜利只是昙花一现。1250 年 12 月，腓特烈二世突然驾崩。早在这一事件发生以前，佛罗伦萨的吉伯林派的势力就因一场民众起义而风雨飘摇，随着腓特烈二世的离世，他们完全丧失了权力。随后，佛罗伦萨建立了由劳动阶级领导的、基于手工业行会的政府
19 （被称作“第一平民制政府”，以区别于13世纪80年代的“第二平民
制政府”）。代表他们的新官员——人民队长（Capitano del popolo）与传统的督政官（podestà）共同管辖城市。这个政府尽管没有公开表现出党派倾向，但却带有明显的圭尔甫派印记。1251年7月，一批吉伯林派成员被流放出城。在接下来的数年中，此种倾向越来越明显，使吉伯林派在城中的境遇愈发艰难。因此，佛罗伦萨维持了长达十年的相对稳定的政治局面。由于在先前一段时期，政变已成为常态，所以后来这十年的佛罗伦萨史学家（全都是坚定的圭尔甫派）将该时期美化成城市政治生活的黄金年代，也是可以理解的（正是在这一时期，弗洛林金币被铸造发行，而人民队长宫也是在此时修建的）。

意大利（也就是佛罗伦萨）的稳定政局于1258年被打破。腓特烈二世的私生子曼弗雷迪篡夺了合法继承人士瓦本的康拉丁（Corradino di Svevia）的权力，登上了西西里和普里亚国王的王位，并在意大利其他地区吉伯林派的支持下重拾父亲的政治举措。佛罗伦萨的吉伯林派在法利纳塔·德·乌贝尔蒂（Farinata degli Uberti）的领导下迅速重燃战火，但他们试图颠覆城市政府的计划却中途夭折了：被流放的佛罗伦萨吉伯林派成员纷纷前往锡耶纳避难。但两个阵营之间的战争却是在所难免的。1260年9月4日，前文中提到的蒙塔佩蒂战役爆发：佛罗伦萨的圭尔甫派及其盟友——卢卡（Lucca）人首当其冲——被由锡耶纳人、曼弗雷迪麾下的德国骑兵以及逃亡在外的吉伯林派组成的军队打得一败涂地。这是一场决定佛罗伦萨历史走向的战役，其影响深深地刻在了这座城市未来数十年的记忆当中。尤其是佛罗伦萨的圭尔甫派成员，他们既无法忘记被屠杀的同乡——但丁曾描述，流经战场的阿比亚河（Arbia）被死伤者的鲜血“染得十分红艳”[12]——也无法忘记被囚禁在锡耶纳监牢中千千万万名俘虏的惨痛命运：足有8000人在囚禁期间死去，直到十年后，也就是1270年8月，剩下的幸存者

才被释放。战败后，大批圭尔甫派离开佛罗伦萨，大部分都在盟友城市卢卡避难。吉伯林派组成的寡头集团完全掌控了政府。他们取缔了人民队长的执政权，继续针对战败者进行掠夺、摧毁和流放。蒙塔佩蒂战役后，拥戴曼弗雷迪的吉伯林派几乎控制了整个托斯卡纳地区。 20
1264 年，卢卡也开始流放圭尔甫派成员，来自佛罗伦萨的避难者不得不再次流亡，许多人前往博洛尼亚（Bologna）安身。

从这一刻开始，教廷开始东山再起。眼见腓特烈二世时期原本已被粉碎的威胁再度死灰复燃，教宗克莱孟四世（Clemente IV）采取了双重反击措施：一方面，他对佛罗伦萨的银行家进行恫吓，那些人都非常重视他们从教廷获得的巨额利息；另一方面，他着力鼓动非意大利境内的政治势力对政局进行干预。1265 年，教宗向普罗旺斯（Provenza）伯爵、法兰西国王路易九世（Luigi IX）的兄弟——安茹家族的查理一世（Carlo d'Angiò）授予南部王国的王冠。这一举动不仅改写了针对士瓦本家族的战争进程，还对意大利未来几个世纪的发展轨迹产生了重大影响。1266 年，安茹家族的查理一世南下意大利，在罗马被加冕为西西里国王，与曼弗雷迪分庭抗礼。战事发展得十分迅速，不久后，曼弗雷迪就在贝内文托遭到惨败，同年 2 月被杀害。在佛罗伦萨，两党曾试图建立联合政府。1267 年 4 月，随着法国骑兵攻入佛罗伦萨，吉伯林派成员弃城出逃，将城市交给了安茹家族的查理一世。同年 5 月，安茹家族的查理一世担任佛罗伦萨的督政官（通过代理人行使其职权），为期 7 年。1268 年 4 月，腓特烈二世的孙子士瓦本的康拉丁在比萨登陆，煽动意大利的吉伯林派进行最后一搏，发起对安茹家族的查理一世的战争。然而，这一计划于同年 8 月在塔利亚科佐（Tagliacozzo）以失败告终。士瓦本的康拉丁沦为阶下囚，几个月后在那不勒斯（Napoli）被送上了断头台。

士瓦本家族的败落并没有结束教廷与帝国势力的冲突——尽管两派之间的对立进入了蛰伏期，再不曾达到士瓦本时期的白热化程度，但也持续了半个多世纪——却标志着吉伯林派的势力在佛罗伦萨彻底罢战息兵。圭尔甫派团体与城市政治机构的重合度越来越高，以至于该党的领导层逐渐演变成了佛罗伦萨的实际政府机构。佛罗伦萨与那不勒斯的安茹宫廷和罗马教廷保持着紧密联系。不仅银行家和金融家从中获取了可观的经济利益，整座城市也处于保护之中。13 世纪 80 年代初期，佛罗伦萨建立了一种新型的政府机构：由民众选举的、具有一定执政期限的执政官成了权力集团的核心。直到此时，佛罗伦萨对安茹宫廷和罗马教廷的依赖才有所缓解。

21 阿利吉耶里家族：历史与传说

阿利吉耶里家族属于圭尔甫派。因此，但丁于 1265 年 5 月（远在圭尔甫派赢得贝内文托战役之前）出生于佛罗伦萨这一事实，要么意味着他的母亲不曾在蒙塔佩蒂战役之后随父亲流亡，要么意味着他的父亲根本不曾离开过佛罗伦萨，更没有被流放。鉴于但丁父亲的公众影响力相当有限，第二种推测似乎更为可靠。在吉伯林派居于上风的那些年里，尽管阿利吉耶里家族的某些成员的确遭到流放——例如但丁父亲的堂兄弟杰里 · 德尔 · 贝罗（Geri del Bello，或杰里 · 迪 · 贝罗 [Geri di Bello]），且在 1269 年，但丁的父亲曾因家族损失获得了一笔微薄的赔偿——但我们还是可以认为但丁所属的家族并不属于圭尔甫派的激进派。

关于佛罗伦萨的阿利吉耶里家族的祖先，最久远的文献资料提到了一个生活于 12 世纪的名为卡恰圭达（Cacciaguida）的人。但丁也在《神曲》中将此人塑造成最为重要的人物形象之一，并将这位高祖父作为描述他所了解的家族历史的起点人物。据但丁所述，卡恰圭达迎娶了一位来自波河平原的女子为妻，阿利吉耶里这一家族姓氏正是由此而来。关于卡恰圭达，我们掌握的可靠资料十分有限。至于但丁本人对其高祖父的描述，我们亦不可尽信。但丁宣称，卡恰圭达曾经被某位皇帝——只模糊地称其为“康拉德皇帝”[13]——加封骑士称号，最终倒在了耶路撒冷的十字军战旗之下。这一说法颇为令人生疑。普遍认为，但丁之所以在撰写《神曲》的过程中对此格外强调，主要是想为自己的家族出身增添贵族色彩。实际上，他的家族既不可能拥有任何贵族根基，也不可能获得骑士头衔。至于皇帝赐封，就更是无稽之谈了。谈及卡恰圭达与莫龙托（Moronto）和埃利塞（Eliseo）的兄弟关系（关于此人，倒是有一些文献可考），恐怕也是出于诗人同样的策略，以暗示阿利吉耶里家族和佛罗伦萨最古老的贵族埃利塞（Elisei）家族之间的渊源。卡恰圭达还提到一个名为阿利吉耶罗（Alighiero）的儿子，即但丁的曾祖父。在《神曲》中，此人为净化自身的高傲之罪在炼狱中煎熬了一百余年。此处，但丁提到了“高傲”这一最为典型的贵族之罪，大约也是想从一个侧面回溯自身所属家族的高贵社会地位。

关于这位阿利吉耶罗（我们姑且将其称为阿利吉耶罗一世
[Alighiero I]，以区别于与之同名的但丁的父亲；在下文中，我们将把 22
但丁的父亲称为阿利吉耶罗二世 [Alighiero II]），我们几乎一无所知，唯一了解的情况是“他在圣玛尔定堂后方的广场居住，生了两个儿子，名为贝罗（Bello）和贝林丘内（Bellincione）。后来，此二人适时分割了家族房产”。贝罗是一位颇具声望的人，曾获得骑士头衔；贝林丘内从事换钱的工作，是一个小借贷者，虽然不像兄长那样威望素著，也相当受人尊敬。总之，阿利吉耶罗一世的两个儿子把家族分为了两支。阿利吉耶罗二世正是贝林丘内的长子。此人和他的第一位妻子——名为贝拉（Bella，又名加布里埃拉 [Gabriella]）——生下了但丁。鉴于贝林丘内享有一定的社会地位，他安排儿子迎娶一位家世相当的女子也是符合常理的。阿利吉耶罗二世的妻子应该是贝拉·迪·杜朗丁·德·阿巴迪（Bella di Durante degli Abati），其家族富裕而有权势，居住于同一行政区。由此，我们便可以明白杜朗丁为何与但丁及其兄弟保持了如此密切的互动关系，并相互为对方的借贷事务提供担保。

另外，我们还能从此了解到但丁的原名杜朗丁的来由，这是阿利吉耶罗二世向岳丈的致敬之举。不错，阿巴迪家族的确是激进的吉伯林派，但同样不容忽视的是，持有不同政见的家族之间相互联姻，这在当年并不鲜见，甚至是平息双方冲突的一种手段。倘若我们仔细阅读阿利吉耶里家族的族谱，就会发现无论是哪一支族人，在较老的几代人中，都延续了一系列相对固定的名字——针对男性成员尤其如此。这也是大多数中上层家族的习俗。所以，我们可以看到阿利吉耶罗、贝林丘内、贝罗、乔内（Cione）、贝利诺（Bellino）、贝鲁佐（Belluzzo）等名字在阿利吉耶里家族的男性成员中反复出现。然而，自从但丁这一辈起，这种习俗便被削弱了，这标志着阿利吉耶里的家族身份从此时开始淡化。

不知出于何种原因，贝林丘内享有的威望在儿子阿利吉耶罗二世身上烟消云散。阿利吉耶罗二世的第二次婚姻就能说明这一点：结发妻子去世后（此时，贝林丘内很可能也已不在人世），阿利吉耶罗二世迎娶了第二位妻子拉帕（Lapa）——商人奇亚利西莫·契亚鲁菲（Chiarissimo Cialuffi）的女儿。这个家族尽管富裕，却算不上佛罗伦萨的名门望族。阿利吉耶罗二世与发妻贝拉育有三个儿女：长女塔娜（Tana，又名 Gaetana）出生于 1260 年前后，并于 1275 年前后（总之，在 1281 年之前）嫁给了拉博·里克马尼（Lapo Riccomanni），1320 年以后去世；次女的名字不详，其夫婿是列奥尼·波吉（Leone Poggi），
23 薄伽丘曾向其子安德烈·波吉询问有关“他著名的舅父”的信息；第
三个孩子便是但丁。阿利吉耶罗与第二任妻子拉帕仅育有一子，名叫弗朗切斯科。

关于阿利吉耶罗二世，我们掌握的文献资料非常少：此人有可能出生于 1220 年前后，于 1275 年后不久去世。因此，但丁出生时，他的年龄应该已经很大了。一些公证文书表明，阿利吉耶罗二世是一位商人，主营借贷款项和土地中介，尤其是普拉托（Prato）地区的土地买卖事务。他起先与父亲和兄弟一同经商，后来自立门户。通过借贷

业务和土地买卖业务，阿利吉耶罗二世应该赚得了充足的收入，但若要说他如许多文献所描述的那样，在临死前让子女处于高枕无忧的经济状况，这恐怕有些夸大其词。1302 年，但丁被处以流放。此时，他与弗朗切斯科的家产还没有划分开来，主要由以下几个部分组成：一处位于圣玛尔定堂广场上那处不大的宅邸；一处圣米尼亚托迪帕尼奥莱（San Miniato di Pagnolle，位于佛罗伦萨城附近）的农庄，包括一幢主体建筑和周边的若干田地；另一处位于穆尼奥尼河谷（Mugnone）的圣马可因卡梅拉塔教区（San Marco in Camerata）的农庄；还有一所位于圣盎博罗削（Sant'Ambrogio）教区的、带菜园和一小片田地的农舍，就在佛罗伦萨第三道城墙边，阿弗里科（Affrico）溪畔。这显然算不上所谓的万贯家财。总之，阿利吉耶罗二世并未攒下和投资多少不动产。还是列奥纳多·布鲁尼的描述显得比较客观，他认为但丁在被流放以前“既谈不上极其富有，也并不穷困，他拥有中等财富，足以维持体面的生活”。我们需要弄清楚的问题是，对于但丁而言，所谓的“体面生活”究竟是指怎样的生活，以及他是否具备足够的财力去维持那样的生活。

声名狼藉

阿利吉耶罗二世的名声很糟：他背负着许多带有侮辱性的质疑，尤其是针对他所从事的放高利贷这一行业。然而，这些恶名却并非来自档案文献或是同时代人的口耳相传，而是间接来自他的亲生儿子但丁。我所指的是 13 世纪 90 年代初但丁与一位年龄稍长的朋友——人 24
称“毕奇”* 的福里斯·窦那蒂（Forese Donati，detto Bicci）——之间的对诗行为。逝世于 1296 年的福里斯来自佛罗伦萨最为重要的家族之一，是科尔索·窦那蒂（Corso Donati）和毕卡达·窦那蒂（Piccarda

* 意大利文，意为“可鄙的”。——译注

Donati）的兄弟，因此也是但丁的妻子杰玛·窦那蒂（Gemma Donati）的远亲。

但丁与福里斯之间的交流是以对诗的形式进行的。中世纪的大部分抒情诗都以对话体呈现，其目的在于向某个真实或者虚构、有名或者无名的对话者表明自己的所想。如此，对诗就成为最常见的体裁之一。诗人向其他一位或数位诗友寄送自己的诗作（在意大利，诗人们创作的几乎全都是十四行诗），就某个论题发表看法，并鼓励对方做出回应；收到诗作的诗人在回应时，往往采用与原诗相同的韵律；随后，最先发出邀请的一方还可做出反驳，从而引发和诗者的再度回应。但丁对这种形式也相当热衷，但他与福里斯之间的对诗却有所不同，因为他们两人的来往诗作中充满了谩骂。这组诗作由六首十四行诗组成（三首来自但丁，三首来自福里斯），字里行间除了充斥着怒骂，还弥漫着针对对方及其亲近家人的私生活的赤裸裸的影射。此类对诗作品在江湖艺人和普罗旺斯的游吟诗人之间十分普遍：诗作表达的是一种玩笑式的戏谑冲突，时常出现的辱骂之语主要是为了引发听众的哄堂大笑。然而，在意大利，这种形式却几乎不存在。事实上，但丁与福里斯之间的对诗原本也只是一种以文学作品呈现的玩笑或是游戏，但写着写着，却似乎越过了玩笑的边界。我之所以用“似乎”这个词，是因为诗作中针对某些私生活细节的影射以及大量我们无法理解的佛罗伦萨传统方言语汇令我们很难对诗歌里的相当大一部分内容做出确切的理解。

对诗由但丁首先发起，在诗作《谁人听见他不幸的妻子咳嗽》（*Chi udisse tossir la malfatata*）中，他先是嘲讽福里斯的性能力，后又讥笑其困窘的生活（在中世纪，这是十分令人难堪的境况）；福里斯以一首《那夜我咳嗽得厉害》（*L'altra notte mi venn'una gran tosse*）进行回应，一方面承认自己的确贫寒，另一方面嘲笑但丁的父亲阿利吉耶罗二世的境况更为不堪，以至于死后被葬在公共墓地——众所周知，安葬于此的要么是宗教异端、放高利贷者，要么就是买不起私人墓地的穷人。当然，我们不可按照字面意思理解这些内容，它们无非是两位诗人在玩文字游戏过程中的一些具有讽刺性的桥段。随后，但丁话锋一转，写下了《鹧鸪胸会给你大打所罗门之结》（*Ben ti faranno il nodo Salamone*），指责福里斯乃饕餮之徒（那个年代相当严重的指责），还 25
险些因此坐牢——在《炼狱篇》（*Purgatorio*）中，但丁正是将福里斯置于饕餮者一层；福里斯以一首《先将衣物归还圣伽罗[*]，再嘲笑他人的贫穷》（*Va rivesti San Gal prima che dichi*）反唇相讥，讥讽但丁常吃白食，甚至前往慈善机构实施偷盗，虽然不曾被抓进监牢，却差点被关进收容所。在最后一轮对诗中，但丁在《小毕奇，不知是谁的儿子》（*Bicci novel, figliuol di non so cui*）中暗指福里斯的生父身份不明，且为了满足自己的贪欲不惜偷盗，成为众人笑柄；福里斯则凭借一首《我当然知道你是阿利吉耶罗之子》（*Ben so che fosti figliuol d'Allaghieri*）做出以牙还牙的反驳：哪怕是没有父亲的野孩子，也好过当阿利吉耶罗的儿子。在福里斯笔下，但丁正是从他的父亲那里继承了懦弱的秉性，以至于受到欺负也不敢应战，甚至忙不迭地向对方讨饶。

双方的控诉均无一例外地属于互骂类对诗中常见的语句，其中的内容无非是针对某些话题的文字游戏，不具备任何生平传记的价值。换言之，我们不能凭借这些诗句就武断地判定阿利吉耶罗二世的生活贫困，灵魂卑贱。既然诗作中针对但丁本人的辱骂是在夸大其词，那么这些针对其父亲的嘲讽也不能当真。事实上，值得关注的并不是谩骂的内容是否属实，而是福里斯针对但丁及其父亲，甚至是整个阿利吉耶里家族的半开玩笑式的嘲弄与但丁作品中所呈现的高贵的家族形象有着天壤之别的反差。与但丁在其作品中称颂的祖先的风范相比，对诗中阿利吉耶里家族的在世者及刚刚去世的家族成员所表现出的形象简直是一落千丈。一方面，但丁描述了卡恰圭达和阿利吉耶罗一世的形象，前者是尊贵的埃利塞家族的亲眷，曾参加十字军并获得皇帝赐予的骑士称号，后者则在炼狱中忏悔最为典型的贵族之罪——高傲

* 由窦那蒂家族资助开办的慈善机构。——译注

罪；而在另一方面，我们在福里斯的对诗作品中读到的却是一个穷困
潦倒且道德败坏的阿利吉耶罗二世，以及一个沦落至慈善机构，不惜
抢掠穷人且胆小怯懦到不敢为父亲报仇雪耻的但丁。两者之间的差异
可谓云泥之别。出身尊贵、心灵高贵的祖先风范与当代阿利吉耶里家
族成员卑微无耻的形象形成了鲜明的对比。毫无疑问，这两幅图像都
有所变形：前者表达了诗人心中一种乌托邦式的回到往昔的向往，以
及同样乌托邦式的自我提升社会地位的渴望；而后者则是你来我往、
26 不断升级的谩骂过程所造成的结果。前后两幅图像的差异尽管夸张，
却体现出理想与现实之间的距离，后人在重构但丁神秘形象的过程中
顽固地试图消除这一距离。

“求知的路途”

关于自己的童年，但丁只字未提。他若是对此滔滔不绝，我们反倒会感到惊讶。事实上，童年是中世纪文学中一个缺失的重要主题。这并不是因为那时的人们对童年生活以及儿童与成人之间的关系视而不见，而是因为在绝大多数情况下，通过文学作品展示个人的童年经历是不被世人所接受的。

但丁对童年生活是相当关注的。他记录了儿童在牙牙学语的过程中最早说出的一些词汇，如“pappo”（食物、面糊）、“dindi”（钱币）等；他通过观察发现，儿童的说话方式常常能让父母亲感到喜悦；他关注儿童的行为和心理，发现他们需要母亲的保护和安慰，也会为自己的错误感到羞愧，为受到的惩罚而哭泣。尽管如此，但丁却从不曾沉溺于对自身童年的回忆中。这一方面是因为，在但丁看来，对幼时的回忆是缺乏依据的“信口开河”；另一方面，更为重要的原因是，那时的修辞学教育并不允许作家们谈论自己，除非此举对他人“有所裨益”。换言之，若不具备特殊的道德示范作用，从而对他人产生有益

的影响，作家们便不宜谈论某个幼童或少年的经历以及任何私人琐事。不过，成年后的但丁有着一颗难以压抑的讲述自我的内心，因此他总是以各种直接和间接的方式谈论自己。对于我们来说，这不可不谓一件幸事。

然而，关于童年生活，诗人提及的次数却相当有限，且都只是含糊其辞地谈到了自己和自己的家庭。因此，我们无法猜测年少丧母曾对幼小的但丁产生过怎样的影响，他与父亲的第二任妻子关系如何，以及十几岁时丧父究竟对他意味着什么。

大约在五六岁时，但丁如许多家庭条件较为优越的孩子一样开始了 27
学习。当然，这只是我们的猜想，因为关于他人生经历这一重要侧面的文献资料完全是一片空白。即使通过了解其同龄人的学习经历，我们也无法填补这一方面的信息缺失。其实，我们原本可以通过佛罗伦萨丰富的档案资料追寻到关于城市公共生活和各色人物的诸多生活信息，其详尽程度甚至可以细化到每一天，只可惜关于13世纪最后几十年的教育情况的文献资料几乎全部缺失了。这种缺失有可能是由某些特殊的历史事件造成的，但无论如何，我们还是不免会猜测，或许在生活富裕、勤于劳作的佛罗伦萨人心中，教育和文化还算不上头等大事。

阿利吉耶里家族的家境并没有宽裕到请得起私人教师的程度。因此，在13世纪70年代初，但丁有可能是在一所公共学校里接受教育的。尽管关于这类学校的文献记载直到13世纪末才出现，但我们有理由推测，早在几十年前，某些学校就已经开办起来了。这是一些由世俗的幼儿教师（*doctores puerorum*）经营的私立收费学校。在为期5至6年的学习期间，孩子们逐渐学习阅读、写作，并掌握一定的拉丁文基础。1277年，一位名叫罗马诺（Romano）的教师（*doctor*）在离但丁家不远的圣玛尔定堂附近开办了学校，但我们也无法就此确定这就是儿时的但丁所上的那一所学校。学习过程中，老师使用俗语教学，或许只在最后几年里才略微教授一些拉丁文作品（《旧约·诗篇》、伊索寓言及少许其他作品）。在《飨宴》（*Convivio*）中，但丁表示自己正是通过对俗语的学习走上了“求知的道路”，且学习俗语为“走进拉丁文的世界”打下了基础，使他能够在求知之路上“走得更远”。[14] 但是但丁并没有说明该阶段的学习对应的是小学阶段的启蒙学习还是中学阶段的语法学习。

学习过程主要依靠死记硬背，偶有少量文本作为辅助。在那个年代（以及后来的相当长一段时期里），“教鞭”扮演了教学活动中的重要角色。14 世纪中期，彼特拉克曾致信一位担任语法学校校长的佛罗伦萨友人扎诺比 · 达 · 斯特拉达（Zanobi da Strada），劝说他放弃教学工作，去颐养更为高尚的情趣，即投身于研究工作和诗歌创作。在彼
28 特拉克看来，教师对“教鞭下（*sub ferula*）的尘土飞扬和哭泣者的呻吟嚎叫”喜闻乐见，因此，只有那些惯于“发号施令，吓唬人，折磨人，伤害人，乐于被人敬畏哪怕是仇恨”的人才愿意从事教师这一行业。彼特拉克的表述显然言过其实，但在最初几个世纪的文字作品中，棍棒的形象的确常常与学校甚至与布道者联系在一起。更别提在祖辈们的记忆里，上学时期的生活简直无异于吃苦受罪。通过彼特拉克的描述，我们可以看出教师这一职业在历史上并不很受尊敬，收入也比较微薄。

在佛罗伦萨和其他市民城市，十岁左右的孩子在完成最初的启蒙教育后便可选择走上两条不同的道路：一条为从事专门职业做准备，另一条则是学习“博雅技艺”（“arti liberali”）。若选择前一种发展路径（比第二种路径更受欢迎），就必须进入“算术”或“演算”学校学习。未来的商人、银行职员、手工业者将会在这里学习用俗语教授的财会学、商品学和国际贸易学知识。当然，他们也会学习必要的基础拉丁文，以培养撰写信函的能力。第二条路径则是专门为了学习拉丁文的，因为拉丁文是进入大学学习的必备条件。语法学校的学制大约为五年，第一阶段——以公元 4 世纪拉丁文语法教师埃利乌斯 · 多纳图斯（Aelius Donatus）的教材为基础——专攻拉丁文语法；在第二阶段，学生们通过学习更为复杂且包含大量引文例句的普里西安（Prisciano,

公元 5—6 世纪）的语法教程间接接触古典文学作品。我们暂且没有找到 13 世纪 70 年代后期有关这类世俗语法学校的资料（最早的记载也在 1299 年），但我们可以确定，在那一时期的修道院里，已经有类似的机构存在了：据相关文献记载，在 1286 年至 1290 年期间，曾有两位语法教师在卡法焦的圣母修道院教授拉丁文。在《飨宴》中，但丁提到自己通过学习“语法艺术”得以读懂波爱修斯（Boezio）和西塞罗（Cicerone）的作品。此处的“语法”既指拉丁文本身，也指研习这门语言的科目。[15] 所以说，他很有可能上过一所语法学校，但这门课程的具体情况却始终是个谜。我们无法了解到他在那一时期具体读过哪些古典作家的作品。在当时的佛罗伦萨，人们对于古典拉丁作家的兴趣还远远没有兴起，相关的书籍也极为稀缺。除此之外，正如我先前所提到的，在 13 世纪的最后几十年里，教育事业尚没有引起人们的高
度重视。这一问题不仅涉及博雅技艺的教学，而且关于公证行业和法 29
律行业教学状况的文献也是空白——与这一情况极不相称的是，作为一座商业城市，佛罗伦萨的公证员、法官和律师云集，甚至组成了他们的行会。相比之下，阿雷佐（Arezzo）、锡耶纳和比萨等城市对世俗教育事业的重视程度就要高得多。

如果说语法学校数量甚少且不受重视，那就更不可能有教授修辞学的学校存在了。在修辞学校里，具有一定拉丁文知识的学生们将学习按照修辞学传统（*artes dictaminis*）撰写文章——尤其是散文。学习这门学科的主要目的并不在于发表口头演说，而是在于提高撰写信函的技巧，包括商讨机构要务的公函和展示个人文学涵养的私人书信。但丁非常擅长用拉丁文撰写散文和书信。倘若我们能够确定他在 15 岁前后就完成了常规的语法学习，那么需要进一步弄清的问题就是他在哪里以及跟随哪位导师习得了出色的语法能力和修辞技巧。显然，但丁不可能上过任何修辞课程；但同样可以肯定的是，他也不可能仅凭自学就达到如此出色的水平。在佛罗伦萨，有文化、有经验、有权威，能够向但丁传授这类知识的人物只有一个，那便是布鲁内托 · 拉蒂尼

（Brunetto Latini）。

雷击与晕厥

跟随幼师（*magister puerorum*）学习读书写字的幼年但丁很可能健康状况不佳。这一点可以从他成年后的文字作品中推测出来。没有哪一位中世纪的作家像但丁那样如此频繁地提及自己承受的病痛。有时，他对此直言不讳，但更多的时候，他要么是在谈论与贝阿特丽齐的关系时提起自己的患病经历，要么就是通过某种蕴含隐喻的文字游戏来淡化相关描述的自传体色彩，引导读者从象征意义的视角进行解读。

但丁关于自己因埋头苦读造成眼疾的描述就属于第一种情况。过
30 度的阅读削弱了他的“视觉能力”，以至于当他仰望星空时，只见“所有的星星似乎都包裹着一层白色的雾气”，直到“在阴暗清冷的房间内长时间休息，并用清水湿敷眼部后”，才“使视力恢复到原先的正常状态”。[16] 根据诗人的叙述，他身患眼疾的时期应该与他研究哲学的时期——即 1293 年至 1295 年之间——相对应。我们知道，但丁是圣露西（Santa Lucia）的信奉者。由于对某位圣人的信奉往往取决于在传统文化中这位圣人所主保的事项，我们可以推测但丁对圣露西的信奉很可能是因为这位圣女是视力的保护神（她的名字与“光线”一词十分相近*）。了解但丁所患的眼疾（现代眼科医生所说的调节性视疲劳），我们就能明白他为何在歌颂圣露西的诗歌中赋予这位圣女以重要的角色，让她成为诗人与贝阿特丽齐之间的中间人。

在更多的情况下，但丁对自身所患疾病的描述是隐藏在谈论爱情的段落之中的。

在《新生》里，但丁称自己被“痛苦的疾病”所折磨，高热令他神志昏迷：“后来，我感到一阵强烈的眩晕，一闭眼就像患有狂躁症的

* 在意大利文中，圣露西的名字写作“Lucia”，光线一词写作“luce”。——译注

人一样胡言乱语”。[17] 我们可以认为这一事件属实，但此种反应既不是由爱的激情引起的，也与他先前所述的那场噩梦毫不相干——但丁之所以描述那个梦，是为后来发生的贝阿特丽齐的死亡做铺垫。在治疗这场疾病的过程中，照顾诗人的是一位“年轻善良的女子”，且与他有着“极为亲近的血缘关系”[18]：一位有着亲属关系的女性，很有可能是指他自己的一个姐姐。鉴于《新生》中讲述的爱情故事发生于1283年，那时，长姐塔娜早已出嫁，另一位姓名不详的姐姐也有可能已经嫁给了列奥尼·波吉，所以这场疾病十有八九是发生在但丁的童年。诗人是为了叙事需要，才将这一事件的发生时期刻意推后。换言之，诗人想为那首以描写姐姐开篇的合组歌（canzone）——《悲悯且年轻的女子》（*Donna pietosa e di novella etate*）构筑一个合乎情理的叙述背景（正文前有一段关于此次病情的叙述性文字）。

另一次因为贝阿特丽齐的出现而引起的身体急症——几乎是晕厥——则完全符合由爱情引发的生理反应。一次，但丁和友人一同前去参加婚礼，在一幢聚集了众多女子的房屋旁边，但丁在尚未见到贝阿特丽齐以前，其身体就产生了强烈的预感，认定自己深爱的女子就 31
在其中：“我感到一阵猛烈的心悸，从左侧胸部迅速蔓延至全身。”在见到贝阿特丽齐的那一瞬间，心悸就立刻转变成了晕厥：“当我如此近距离地注视那位高雅的女子，爱神的力量令我魂飞魄散……我的朋友不解其中原委，出于好意托住了我的手，将我拉出那群女子，问我何处有恙。稍事休息后，我感到灵魂归位，心神略微安定，便对我的朋友说：‘先前我涉足了一片生命不可及之处，此刻仍想再次前往。’”[19]

在但丁的抒情诗作品中，女性的出现常常会引发类似的痛苦反应。例如，亲眼见到或预感到爱恋对象的出现往往会令他产生瞬间的迷失感（此类描述在13世纪的诗人中绝无仅有），除了失去视觉，还有可能失去意识。然而，据但丁本人所述，早在童年时期，他就遭遇过一次非常相似的生理危机。他曾在一首（创作于13世纪90年代初期的）题为《我为自己如此强烈的痛心》（*E' m'increscе di me sì*

duramente）的合组歌中描述自己在出生后的头几个月里遭遇的精神物理急症：在贝阿特丽齐出生的当天，只有几个月大的但丁突然暂时失去了意识，就像被闪电击中了一般。诗中表现的症状与另一首“山中合组歌”（“canzone montanina”）《爱神，既然我必须诉说我的痛苦》（*Amor, da che convien pur ch'io mi doglia*）里男主人公的遭遇非常相似。这首合组歌的创作时间离《我为自己如此强烈的痛心》较远——有可能是 1307 年以后，当时但丁身处卡森蒂诺（Casentino）——其中的女主人公不可能是贝阿特丽齐。在这首合组歌中，诗人对深爱的女子魂牵梦萦，在前去寻找的过程中，心情就好比走向断头台的犯人。就在诗人见到那女子的一瞬间，在他无比渴求某种安慰的时刻，从那女子眼中发出一道突如其来的闪电，令诗人不省人事，丧失了生命的迹象。与前一首合组歌不同，这首诗花费了大量笔墨来叙说诗人如何度过危
32 机，并将其描述成某种“死而复生”的过程：一阵如同雷击的震撼过后，诗人缓慢地恢复了意识；随之而来的是一阵因恐惧而爆发的战栗，面色长时间苍白不安，对先前的经历心有余悸。

事实上，诗中描写的精神物理急症及其缓解过程与中世纪医学理论普遍认为的恋爱病症——所谓的“相思病”（*amor hereos*）并不相干，而是一种只在但丁身上才出现的病态反应，其症状与脑卒中或癫痫症基本相符。在《地狱篇》的第二十四歌中，但丁描述了另一次同样的危机。此处的上下文语境与爱情主题没有一星半点的联系，且诗人在描述病情时，明确使用了医学名词。盗贼万尼 · 符契（Vanni Fucci）被蛇咬伤后，立刻化作一团灰烬，紧接着，他的骨灰又自行聚合起来，使其恢复了人形。无论是身体分崩离析的过程，还是其恢复原形的过程都是骤然发生的。相比之下，意识恢复和心情平复的过程就要慢得多。所以但丁在描述这一过程时使用了以下比喻：

如癫痫跌倒后不知何故，
或许因魔鬼拉才摔地面，

亦或许气血闭，四体被拴；
站起时向四周瞩目观看，
因承受大痛苦神情茫然，
东瞧瞧，西望望，发出哀叹：
爬起的罪魂亦如此表现。[20]

19 世纪末，龙勃罗梭（Lombroso）学派的精神病学家曾判断但丁患有癫痫症。除了极少数人，但丁学派的绝大多数学者都不曾接受这一论断。然而，但丁在谈及上述病症时，用语精确，描述饱含情感，这不禁让人想到，除了作品的本身的文学性，诗人的确是基于自己的亲身经历写下那些文字的。但丁似乎是从童年时期就开始患病。在合组歌《我为自己如此强烈的痛心》里，但丁表示自己是从记忆中寻到了自己曾在贝阿特丽齐出生当日产生过类似雷击症状的素材："根据写在 / 褪色的头脑之书里的叙述"。作为一个几个月大的婴儿，但丁的"头脑"里不可能存有任何记忆。所以说，我们可以推断，假如这一事件不是出自纯粹的虚构（可能性不大），那么诗人一定是从家人或是他婴儿时期的照看者那里听闻的。

天命 33

中世纪的人们延续了古人对癫痫症的看法，认为这是一种由神灵惩罚而爆发的、具有神圣色彩的病症。但是，在中世纪，这种病症的神圣性转变成了邪恶性。在那时的人们看来，癫痫患者是被魔鬼附体的人，而癫痫病不仅是一种类似于疯癫的、令人感到耻辱的病症，也是一种具有社会危险性的疾病，因为它不仅会遗传，而且具有传染性。由于人们将这种病妖魔化，所以采取的治疗手段也五花八门：除了一系列离奇甚至是残忍的医疗措施，还会大量采用佩戴护身符、行祷告、做法事等具有神秘色彩的方法。因此，人们对癫痫患者怀有非常严重的偏见，有时甚至会演变成愤怒和迫害。但丁正是在这样的社会背景下谈论自己的疾病的。一位生活在 11 至 12 世纪的德国本笃会修女赫德嘉 · 冯 · 宾根（Ildegarda di Bingen）* 曾就癫痫症提出过一种颇有市场的观点：恶魔不会通过其魔力直接引发癫痫症，但却会让病症在那些因体液堵塞大脑而使身体失衡的人身上发作。换言之，恶魔是通过一股“迷魂之气”（*flatu suggestionis suae*）在原本就不健康的人的体内兴风作浪。但是，在诗句“如癫痫跌倒后不知何故，/ 或许因魔鬼拉扯摔地面”中，但丁却想将两种情况加以区分：突然失去意识，进而瘫倒在地的现象有可能是魔鬼附体引起的，也有可能是由体液堵塞导致的。此处，诗人使用了一个罕见的专业词汇，说明他除了按照普遍流传的说法来解释自己的症状，也尝试对该症状的病因做出较为专业的医学阐释。事实上，堵塞是中世纪医学理论中的一个专业名词：不同性质的体液瘀滞，会导致脑室被部分或完全地堵塞。

当然，但丁的目的并不仅限于淡化自身疾病的邪恶色彩。在描写幼时遭遇的类似雷击反应的诗篇《我为自己如此强烈的痛心》里，诗人将自己在生命的最初几个月里所经历的那场危机解读为某种指示——自己注定要体验这世上绝无仅有的爱情。这来自上天的命运的指示看得见、摸得着，体现在他的身体上。总之，在但丁笔下，爱情与病兆之间的联系成了某种突显他与众不同的明显标志：遍数 13 世纪
34 的所有诗人，只有他获得了这份恩赐（或是惩罚）。如果说从医学的角度而言，但丁的精神物理危机的确是癫痫发作的表现，那么我们便会发现，但丁将这种具有明显负面意义的病态的标签解读为一种突显其卓尔不群的、具有正面意义的现象。

即使是疾病（更确切地说，是癫痫这种特定的疾病），也成了但丁内心坚信自己超群绝伦的一个重要理由。他在许多作品尤其是《神曲》

* 赫德嘉 · 冯 · 宾根（德语 Hildegard von Bingen），中世纪德国神学家、作曲家和作家，又被称为莱茵河的女先知。——译注

里所描绘的产生幻觉的天赋（在中世纪文化中，人们常常用神秘主义的观点来解释这一天赋），很可能深深植根于自己真实的发病经历，例如癫痫病引起的幻觉状态。当然，这只是一种猜想，有待进一步论证。但无论如何，相较于某位学者认为但丁服用兴奋类或迷幻类药物的观点而言，上述猜测还是更为可取的。

除了对于疾病的诠释，但丁在看待生命中的其他事件时也会格外重视命运的印记。他认为自己的使命就在于揭示隐含在所有事件中的奥义。这种识别"指示"和解读"指示"的冲动陪伴了他的一生。在他看来，所有的"指示"都镌刻在他的为人、他的举止和周边的事物之中。

一天（但丁没有说明具体日期，但应该是在1300年他开始"阴间之旅"的前后），在圣约翰洗礼堂的一场洗礼仪式上发生了一个意外。一个孩子（新生儿？）掉进了盛有圣水的陶罐，眼看就要溺水而死。但丁沉着地砸破了盛水的容器，救出了孩子。这一做法引起了轩然大波，很多人将其视作渎圣之举。几年后，但丁在创作《神曲》的过程中想起了这一片段，并在《地狱篇》中描写圣职买卖者的一歌中叙述了这件事。他将壕沟两侧和沟底的孔洞比作圣洗池底部用于安放陶罐的土坑：

依我看那些洞不大不小，
好似为施洗者站于其间，
在美丽圣约翰洗堂可见。

随后，他话锋一转：

我曾毁一个洞：有人溺水，
这件事刚过去没有几年，
我之言可证明，别再误传。[21]

35 但丁之所以要讲述此事，一方面是为了澄清事情的真相：“让这话成为唤醒世人的印信吧”；但更重要的另一方面是，诗人同时意识到自己的举动是在重现先知耶利米（Geremia）的一次类似的行为。耶路撒冷的居民信奉先知文化，于是，上帝命令耶利米在粪厂门（Porta dei cocci）前的山谷里砸破一只罐子，向当地居民预告他们的城市将被摧毁。但丁自认为他的举动同样是一种预示，通过一种“形象的”行为告诉读者：砸破盛有圣水的陶罐不仅是重复先知的举动，也是传递神圣的预告。正如耶利米向犹太人的偶像崇拜习俗宣战，他也要通过《神曲》向罗马教廷的现代偶像崇拜行为（买卖圣职）宣战。上帝正是在那个神圣的地方将控诉教廷腐败现象的重任交给了他，将先知的使命赋予了他。

只有在以歌颂爱情为主题的作品中，但丁才将癫痫症的病兆解读为天命的指示。其实，中世纪的神学家根据古代哲学家和医学家的理论，也会将包括癫痫症在内的一系列原因引起的“恍惚状态”视为某种预知能力或神圣能力的表现。但他们需要针对每一次类似事件进行具体分析，以便确定此种未卜先知的能力究竟是来自上帝还是来自恶魔。我们有理由认为，假如以“癫痫症患者兼先知”的形象示人，势必会陷入似是而非的判定过程——但丁正是意识到了这一点，才决定仅在爱情作品中谈论他对于天命指示（*signum*）的理解。因为对于基督教神学体系而言，只有更加清晰明了而非模棱两可的证据，才能塑造出一位承载着拯救人类之使命的先知形象。

五塑节

在关于 13 世纪 70 年代的萧疏的文献资料中，有两个年份格外醒目：1274 年和 1277 年。它们分别指向两位女性——前一个与贝阿特丽齐相关，后一个与但丁的妻子杰玛 · 窦那蒂对应。她们在但丁生命中都扮演了相当重要的角色，但两者的命运却有着天壤之别。贝阿特丽齐是但丁诗歌创作中的核心人物，而杰玛不过是诗人的生活背景板上一个暗淡的身影。

在《新生》的开头，但丁就宣称自己对贝阿特丽齐一见钟情，那
时，诗人已快要走完生命中的第9个年头，贝阿特丽齐则刚刚年满9 36
周岁（1274年）。随后，诗人描述两人在年满18岁时再度重逢（1283年）。在这部完成于13世纪90年代中期的作品中，诗人同时讲述了两件事：一件是关于作者的诗篇，另一件则是关于他对贝阿特丽齐的爱。但丁坚定地认为，贝阿特丽齐始终是他进行文学创作的灵感来源——尽管有时她是以隐秘的方式激发他的灵感。谈及对贝阿特丽齐的爱恋，但丁表示，虽然他有时外在表现相反，但他却从童年时代起就对这份情感保持了发自内心的忠诚。但丁宣称贝阿特丽齐是他唯一的真爱，这令人交口称赞的忠诚构成了但丁的肖像（更准确地说，是自画像）中相当重要的一个元素，令其显得矫矫不群。然而，真实的情况却并非如此，只要读一读但丁在创作《新生》以前所写的那些诗篇，便不难发现在众多激发诗人创作灵感的女性之中，贝阿特丽齐的形象尚且达不到一枝独秀。关于她的神话是从《新生》开始的。论及该女子与但丁之间的情感，不管曾达到何种程度，其产生时间不会早于13世纪80年代末，而结束时间则在1290年6月——贝阿特丽齐香消玉殒之时。需要注意的是，《新生》是一部自传体作品，因此，其中讲述的故事不仅不能明显违背佛罗伦萨的读者们对于作者情感生活的基本了解，还必须具有相当高的可信度。为了让一个大部分源于编造的故事显得可信，但丁从现实生活中选取了许多细节穿插在其中，就自己的真实经历展开了文学演绎。总而言之，他用许多“真实”的素材创作了一部“虚构”的作品。

那么但丁所说的，在9岁时与贝阿特丽齐的初见是否属实呢？很明显，没有人能够针对如此私密的事件进行辟谣。更何况事情发生时，就连作者也只有9岁，自然没有读者能够了解当时的情况。此外，但

丁没有说明相遇的具体地点和场合。关于那次相遇的情形，只有薄伽丘做了详细的描述。在《但丁颂》（*Trattatello in laude di Dante*）* 里，他拼凑出了一个故事：1274 年的五塑节（Calendimaggio），贝阿特丽齐的父亲福尔科 · 波蒂纳里（Folco Portinari）在家中设宴，阿利吉耶罗也带着年幼的儿子但丁前往。宴会期间，小但丁对小贝阿特丽齐一见钟情。这一段描述完全出自薄伽丘的想象：他似乎忽略了一个年代错误，在 13 世纪 70 年代，佛罗伦萨还没有兴起庆祝五塑节的习俗。
37 不过，有一点是基本可信的：住在同一个行政区，且在政治上有所关联的家族（波蒂纳里家族和阿利吉耶里家族都是切尔基家族的盟友）是常常在一起聚餐的。

但丁很重视年龄，并频繁地用数字“9”来表达年龄。在叙述过程中，他曾数十次提到该数字，使其成为作品中的一个具有象征意义的重要支撑，以至于贝阿特丽齐与数字“9”合二为一。在常人看来，这种对于数字“9”的刻意追求具有明显的编造的痕迹；然而，在但丁那里，这种刻意的追求反倒能够证实“9 岁”这个年龄——哪怕未必精准——是具有一定可信度的。我们常常认为作家是在认定某个数字的象征意义后才在此基础上构筑故事情节的。但在中世纪，一个作家很可能是先发现了真实生活中的某些数字巧合，再赋予这个数字某种象征意义，进而用其构建整部作品的含义主线，甚至是结构主线。我们不妨想一想，在彼特拉克的《歌集》（*Canzoniere*）中，数字“6”的意义与但丁在《新生》中赋予数字“9”的意义如出一辙。彼特拉克的确是从“现实”的生活元素中提取出这一数字并赋予其象征含义的：他于 1327 年 4 月 6 日第一次遇见劳拉（Laura），而劳拉则于 1348 年 4 月 6 日去世。同理，我们也可以认为，但丁首先是从自己的亲身经历中发现了若干关于数字“9”的巧合，回忆起了许多真实的事件（这是他惯常的做法），随后才赋予该数字以特殊的象征意义。

令人感到惊讶的，还有两人相恋时极为年轻的年龄。没错，即使

* 为薄氏《但丁传》之别名。——译注

按照中世纪的年龄标准来看，9 岁对于但丁来说也实在是太小了；但同样的年龄放在贝阿特丽齐身上，却并不那么令人感到意外。那时，女子出嫁的年龄大约在 14 至 15 岁（法律规定的最小婚龄是 12 岁），但在某些情况下，提前出嫁并非完全没有可能。1318 年至 1320 年间，但丁的同时代人、巴贝里诺的弗朗切斯科（Francesco da Barberino）完成了一部穿插着散文的诗体作品——《仕女的教养与品行》（*Reggimento e costumi di donna*）。在这部探讨女性行为的论著中，作者讲述了一个小故事：萨伏依的科拉多（Corrado di Savoia）对一位骑士的“年方 9 岁”的“小女儿”焦耶塔（Gioietta）一见倾心，便娶她为妻。所以说，我们不能按照现代的年龄标准来看待 9 岁的贝阿特丽齐，认为她只是一个“小女孩”，而应该按照巴贝里诺的弗朗切斯科的解释，将其视作一个“开始懂得喜欢和厌恶”的“情窦初开的羞涩少女”。

我们可以承认但丁的确是在 9 岁时与贝阿特丽齐初见，至于他宣 38
称自己的“爱情”、“一生唯一的爱情”就在那种情境下产生，这一点我们绝对不能相信。然而，但丁自己一直对此深信不疑，甚至将其作为自己的人生思考和文学创作中最为典型的要素之一。但丁似乎不能容忍作品中的自己（或是以自己名字命名的那个人物）以平凡无奇的形象出现，但他却并不在意作品中的那个人究竟是一个虚构的文学形象，还是一个真实的人物，抑或来自对其自我真实形象的直接移植——事实上，这几种成分兼而有之。总之，当但丁进行自我描述时，并不会对现实与虚构加以区分。当他在《炼狱篇》里写到贝阿特丽齐“在他尚处幼稚童年，便凭强大力量将他心灵戳穿”[22]时，他所指的是《新生》中他自己的文学形象；然而，在另一首回赠奇诺·达·皮斯托亚（Cino da Pistoia）的十四行诗（创作时期大约在 1303 年至 1306 年之间）里，他将自己描述成一个从 9 岁开始就侍奉于爱神左右的、深谙爱情真谛的人——“早在生命开始第九次循环时，我就与爱神相伴”[23]，此时，他所呈现的，则确实是现实生活中的自己。

贝奇·波蒂纳里的短暂一生

关于贝阿特丽齐，《新生》仅以含糊的方式提及了她出生的年代（1266年）。然而，关于她去世的年、月、日和时辰，但丁却做出了未必正确（他在计算的过程中参考了三本不同的日历）、却非常明晰的交代：1290年6月8日太阳落山后的一小时。作品中还提及了贝阿特丽齐的父亲和一个兄弟。当然，若想通过有限的已知信息重构这位女子的人生，还得参考一些其他的资料。

我们知道贝阿特丽齐的父亲是福尔科·波蒂纳里。此人是一个从事商业和金融业的大家族的领袖人物，与阿利吉耶里家族居住在同一个行政区。就政治立场而言，两个家族都与切尔基家族旗下的利益集团亲好（福尔科·波蒂纳里是切尔基家族银行的股东）。在13世纪末期，该利益集团将构成圭尔甫派白党的核心势力，与窦那蒂家族领导的圭尔甫派黑党分庭抗礼。福尔科·波蒂纳里曾担当非常重要的公职（多次出任执政官）；尤为重要的是，他的名字与城中最大的救济
39 机构——新圣母医院的建立（成立于1286年，但两年后才正式运营）紧密相关。1289年12月31日，福尔科·波蒂纳里与世长辞。在《新生》中，但丁用整整一节的篇幅叙述了他的逝世，并将他所筹建的医院视作他良善品性的明证。但丁与波蒂纳里家族的交往非常密切：他将贝阿特丽齐的兄弟马内托·波蒂纳里（Manetto Portinari）看成除圭多·卡瓦尔坎迪以外最好的朋友。

所以说，贝阿特丽齐出身于佛罗伦萨的上流社会。与西蒙尼·德·巴尔迪（Simone dei Bardi）结婚之后，她又进入了一个更加显赫的家族。如今，人们对巴尔迪家族耳熟能详，是因为这一家族曾委托乔托在圣十字圣殿里绘制祈祷堂的湿壁画（1325年至1330年）。当年，巴尔迪家族的银行在佛罗伦萨最大的几家银行之中名列前茅。早在13世纪80年代，该家族银行的实力就已不可小觑，后来更是一度发展为整个欧洲最为雄厚的财团之一。1343年，巴尔迪家族的银行突然倒

闭，对整个佛罗伦萨的金融体系都产生了严重的影响。

西蒙尼·德·巴尔迪是杰里·迪·利克（Geri di Ricco）的儿子，其家庭属于巴尔迪大家族的两大分支之一。另外一个分支是由杰里·迪·利克的兄弟雅各伯·迪·利克（Jacopo di Ricco）及其子嗣组成的——该分支的家族成员主要从事大型金融产业，同时在佛罗伦萨的政治生活中扮演着重要的领导角色。与上述分支不同，西蒙尼·德·巴尔迪所属的家族分支更关注外部事务：用今天的话说，就是主要负责家族的对外交往。在雅各伯·迪·利克的后代中，有多人曾担任佛罗伦萨的执政官，而杰里·迪·利克的后代却无人担任此职。在文献资料里，“杰里的西蒙尼”的姓名前是添加有“*老爷*”（*dominus*）这一称呼的。这说明他曾获封过骑士头衔。在等级分明的城市国家社会里，骑士享有相当高的尊荣。这一点在许多文学作品中也有所反映。例如，在所谓的“盛德合组歌”（“canzone del pregio”）《“爱”激励、鞭策我造福》（*Amor mi sforza e mi sprona valere*）里，迪诺·康帕尼（Dino Compagni）就自上而下地描绘了当时的社会等级，包括国王、贵族、法官、骑士等。其中，商人名列法学家、公证员和医生之后，位于手工业者之前。总之，嫁给西蒙尼·德·巴尔迪后，贝阿特丽齐便跨入了佛罗伦萨最为高贵的豪门。与巴尔迪家族相比，但丁所属家族的社会地位要低微许多。在1282年（执政官制度的确立之年）至1300年期间，整个家族只有但丁本人获得了执政官的职位。相反，西蒙尼·德·巴尔迪则在若干城市担任要职，包括奥尔维耶托（Orvieto）的人民队长（1310年）、沃尔泰拉（Volterra）的督政官（1288年）等公职。1290年——也就是贝阿特丽齐去世的那年，西蒙尼·德·巴尔迪出任普拉托的人民队长。

我们并不清楚西蒙尼·德·巴尔迪与贝阿特丽齐是在何时举行的 40
婚礼，或许是在1280年以前。很显然，这是一场政治婚姻。在一个内斗不断的城市里，不同派系的家族通过婚姻达成联盟是一种保持政治势力平衡的手段。在发生冲突的时候，这种方式也可以在最大程度上减小损失。总之，小心谨慎的福尔科·波蒂纳里想方设法与窦那蒂家族的死党——巴尔迪家族结盟，是完全合乎情理的。关于贝阿特丽齐是否为西蒙尼·德·巴尔迪诞育过儿女，我们无从知晓。唯一可以肯定的是，自从出嫁以后，贝阿特丽齐就搬到了夫家居住。

巴尔迪家族的宅邸位于奥特拉诺（Oltrarno）区的圣米尼亚托山丘脚下。门前的道路（如今就以该家族的姓氏命名）从老桥（Ponte Vecchio）一直沿河向东绵延至圣尼古拉门（porta di San Niccolò）。由于连接锡耶纳和罗马的古代执政官专用道路——卡西亚古道（Cassia）就从这里出发，因此，这座城门也被称为“罗马门”（“a Roma”）。用今天的话说，这里是当时的交通要道，沿路设有若干医疗机构（1283 年，在巴尔迪家族的宅邸附近，开设了一座男子医院，一年后，又开设了一家女子医院）。在《新生》的结尾处，但丁描述一群朝圣者在神圣周期间沿着一条“几乎从城市的正中央穿行而过的道路”通过了佛罗伦萨城，对诗人因贝阿特丽齐病逝而遭受的巨大打击浑然不觉。在作品中，但丁一贯遵守不提及人名和地名的原则（甚至连佛罗伦萨也未曾提及），此处却破了例。他告诉读者，这些朝圣者是前往罗马去朝拜圣韦洛尼加（Santa Veronica）的。这些人自西向东穿过了佛罗伦萨，经过了贝阿特丽齐在嫁作人妇之后的居住地和亡故地。据年代史作家维拉尼所述，巴尔迪家族的府邸位于圣露西德马尼奥里教堂（Santa Lucia dei Magnoli，亦称圣露西德巴尔迪教堂 [Santa Lucia dei Bardi]）附近。我们并不确定贝阿特丽齐是否安葬在这座教堂，但这里是最具可能性的两所邻近的教堂之一，另一座则是阿尔诺的圣母堂（Santa Maria Sopr’Arno，于 1869 年拆除）。无论如何，由于圣露西教堂距离巴尔迪家族的府邸实在很近，所以贝阿特丽齐生前应该曾频繁前往那里。这也很可能是但丁在《神曲》中选择圣露西作为他与贝阿特丽齐的中间人的另一个重要原因：
41 一方面，圣露西是诗人信奉的圣女（多半是由于困扰诗人的眼疾所致）；另一方面，圣露西教堂也是贝阿特丽齐最常进行祷告的地方。

与其他所有家族成员一样，西蒙尼·德·巴尔迪也是窦那蒂家族的忠实追随者。他的兄弟切基诺·德·巴尔迪（Cecchino dei Bardi）是一位格外注重派系立场的人。根据年代史作家迪诺·康帕尼所述，切基诺·德·巴尔迪是科尔索·窦那蒂的心腹之一。迪诺·康帕尼还指出，科尔索·窦那蒂与圭多·卡瓦尔坎迪之间可谓势不两立，以至于前者曾试图在后者前往圣地亚哥－德孔波斯特拉（Santiago di Compostela）朝圣的路上将其铲除。不管上述说法是否属实，至少圭多·卡瓦尔坎迪本人对科尔索·窦那蒂的杀心深信不疑，因此一直等候时机以期报仇雪恨。一天，当卡瓦尔坎迪与几个切尔基家族的成员骑着马穿行在佛罗伦萨城的时候，偶然遇见了科尔索·窦那蒂。科尔索·窦那蒂也有亲信护送，其中就包括切基诺·德·巴尔迪 。圭多·卡瓦尔坎迪见到仇敌，立刻策马拉弓，朝敌人射出了一箭，却没有击中对方。圭多·卡瓦尔坎迪连忙转身逃跑，逃避对方的追击。他原以为友人在身旁保护，事实上却是在孤军奋战。面对科尔索·窦那蒂及其亲信的反击，他只能独自奔逃。

后来，窦那蒂派以圭尔甫派黑党自居，巴尔迪家族自然也就成了圭尔甫派黑党的成员：他们不仅自始至终站在圭尔甫派黑党的阵营里，还在托萨（Della Tosa）家族的领导下，成为该阵营中最为强硬的一支势力。所以说，但丁有足够的理由将该家族视为他个人的仇敌。然而，令人惊讶的是，在《神曲》里，对待政敌（甚至是昔日友人）向来言辞犀利的但丁居然未曾提及巴尔迪家族。这究竟是出于尊敬，还是一种彻头彻尾的“除忆诅咒（*damnatio memoriae*）”呢？

光耀门楣的婚姻

在但丁还只是一个小孩子的时候，父亲阿利吉耶罗（或者更确切地说，是父亲去世后，那些最为亲近的亲属们）就开始考虑他的婚姻大事。最后，他们选择了同住圣皮埃尔马焦雷区的名门望族——窦那蒂家族的一个与但丁同龄（或比他小几岁）的小姑娘杰玛。鉴于阿利吉耶里家族与切尔基家族是盟友，在这场姻缘的背后，自然不乏诸多经济因素（杰玛的家族在帕尼奥莱区的田地与阿利吉耶里家族的地产毗邻）和政治动机。杰玛是科尔索、福里斯和毕卡达的远亲（三从堂
42 姐妹），上述人物所属的家族分支将在接下来的几十年在圭尔甫派中独占鳌头。此外，杰玛本人的父母也有着令人仰慕的家世。父亲马内托·窦那蒂（Manetto Donati）是乌贝蒂诺·窦那蒂（Ubertino Donati）与贝林丘内·贝尔蒂（Bellincione Berti）之女所生的孩子。但丁对乌贝蒂诺·窦那蒂的社会地位相当重视，以至于在《天国篇》里格外强调其尊贵的身份，说此人曾反对岳父贝林丘内让自己的另一个女儿嫁入“出身寒微”却傲慢骄横的阿狄玛里家族（Adimari）。或许但丁的目的是为了强调妻子娘家的高贵家世（正如他常常做的那样），但无论如何，但丁与杰玛的婚事的确是一桩光耀阿利吉耶里家族门楣的姻缘。早在 1280 年，马内托·窦那蒂就是所谓的“拉蒂诺（Latino）枢机主教和平协议”的担保人之一，在但丁与杰玛订婚之后，又获封成为骑士，令家族荣耀倍增。

1277 年 2 月 9 日（当时，但丁年方 12 岁），两家人在公证员的监督下在一份文书中约定了双方子女婚前的种种条件。该文书表明杰玛将被许配给但丁，同时注明了嫁妆的数量。可惜的是，这份文书并未能留存到今天，因此，我们无法知晓男方的签署人究竟是但丁的父亲阿利吉耶罗还是其他监护人。事实上，阿利吉耶罗二世当时已经去世，所以签署文书的应该是孩子们的监护人。就政治层面而言，与窦那蒂家族缔结婚姻是相当体面的选择，但从经济角度来看，则不算太实惠。杰玛的嫁妆总额不过区区 200 弗洛林小金币。在那个年代，女方准备的嫁妆数额是根据男方的家产情况按比例计算得出的，这是为了确保在男方去世之后，夫家能够将嫁妆如数归还。杰玛带来的非常有限的嫁妆数量可以证实，在 13 世纪 70 年代后半期，阿利吉耶罗二世的财产（更准确地说，是他留下的遗产）并不十分丰厚。所以说，杰玛带

给阿利吉耶里家族的，只是一个荣耀的头衔。很难想象，阿利吉耶罗二世这种极度渴求流动资金的借贷者会选择这样一桩婚姻，就他的利益而言，他脑海中的理想儿媳应该来自一个不那么尊贵却更为富有的家庭。相反，对于一个重视名望胜过金钱的监护者——应该是一位与杜朗丁·德·阿巴迪的思想较为相似的人——而言，哪怕只是与窦那蒂家族的远房亲戚缔结婚姻，也是一桩让人心满意足的美事。

我们随后将会看到，但丁与杰玛的婚礼将于1283年至1285年之间的某一天举行。

这场婚姻是否幸福，是研究但丁的学者们十分感兴趣的问题。关 43
于该问题的讨论始于薄伽丘。他在《但丁颂》里为杰玛描绘了一幅十分冷酷的肖像。在他笔下，亲友们为了让但丁从贝阿特丽齐去世的痛苦中解脱出来，劝说他结了婚（很显然，这一说法毫无依据可言），结果却犯下了大错。薄伽丘认为，婚姻给但丁带来的只有厌倦和痛苦——这也是所有“沉浸于哲学思考的、天赋异禀的男人们”在屈从于婚姻后所遭遇的共同命运。只有亲身经历过的人才懂得“有多少痛苦藏在了屋子里，屋外人目光不够雪亮，不足以穿透墙壁，还以为里面洋溢着欢声笑语”。对于诗人所遭遇的审判，薄伽丘指出，唯一令诗人感到安慰的，是他在被流放之后，就再也不曾见到自己的发妻了（此种说法不仅从未被证实，甚至应被视为无稽之谈）。在缺乏线索的情况下，我们不宜对但丁的婚姻生活评头论足。然而，需要说明的是，但丁与他的妻子之间即使有所冲突，也并不十分严重。这一点，可以从但丁与岳父及内兄、内弟之间的良好关系中推测出来。举个例子，在13世纪90年代，马内托·窦那蒂曾多次出面担保，为但丁筹措为数不小的借款。尤其是在1297年12月，他还与其他人一道给但丁及其兄弟弗朗切斯科当保人，帮助他们得到了一笔高达480弗洛林金币的款项。即使是在被流放后，但丁和妻子之间也不曾传出任何冲突事件。此外，我们也可以看到，尽管但丁与科尔索·窦那蒂在政治上水火不容，但在《神曲》里，他对于窦那蒂家族的态度是相当克制，甚至不乏好感的。

44 # 二　另类的佛罗伦萨人（1283—1295）

> 你追随己明星理所当然，
> 必定能到达那光荣港岸[24]

势不两立

1267 年政变之后，佛罗伦萨的许多吉伯林派成员都迁出了这座城，大部分被放逐边境或流放他乡，也有不少人主动离开了那里。在接下来的若干年里，留在佛罗伦萨的吉伯林派被剥夺了担任公共职务的可能，遭受到严重的排挤。圭尔甫派和吉伯林派尽管都曾付出实际行动，试图达成和解——例如 1273 年在教宗格里高利十世（Gregorio X）的推动下达成的和平协议，却未能取得具有持续性的成果。1280 年前后，政治气候发生了变化。教宗尼古拉三世（Niccolò III）任命侄子拉蒂诺 · 马拉勃朗卡（Latino Malabranca）主教为特使，敦促两个党派进行和谈。经过漫长的谈判，双方终于在 2 月签署了协议（即前文中提到的拉蒂诺枢机主教和平协议）。随后，自愿和被迫流亡在外的吉伯林派成员重返佛罗伦萨，由此开启了一种政治担保制度。以布鲁内托 · 拉蒂尼、圭多 · 卡瓦尔坎迪等人为代表的具有一定威望的市民以各自党派的名义担保相互尊重和平协议，这些人对但丁的生活起到了非常重要的作用。在履行协议的过程中，佛罗伦萨城的许多法规发生了变化，新的城邦管理制度逐渐建立。这一举措主要目的在于组建一个折中的政府，使两个党派在这座圭尔甫派占有绝对优势的城市里，即使达不到势均力敌，也能做到彼此相容。然而，没过多久，这一目的便落空了：两党之间根深蒂固的仇恨引发了持续的紧张局势，有时甚至爆发为双方阵营领袖家族之间的武装冲突。由于吉伯林派一直处于少数派状态，私下的复仇行为和公开的压迫行为从未中断。

1283年针对法利纳塔·德·乌贝尔蒂（于1264年逝世）及其 45
在世后代的审判就是典型的例子。事实上，吉伯林派中的领袖家族一直被圭尔甫派视为蒙塔佩蒂惨剧的罪魁祸首，而上述事件只是针对这些家族的漫长的迫害过程中的一个篇章。佛罗伦萨的宗教法官、方济各会修士——来自莫尔德卡斯特里（Mordecastelli）家族的萨罗莫内·达·卢卡（Salomone da Lucca）指控已故的法利纳塔及其同样已故的妻子阿达莱塔（Adaletta）是卡特里派宗教组织的成员，并以异端罪处置了他们。法利纳塔的遗体从墓中被掘出，并被施以火刑，而他的儿子们——拉博、费德里克（Federico）和马吉纳多（Maghinardo），还有阿佐利诺·德·乌贝尔蒂（Azzolino degli Uberti）的子女——拉博和伊塔（Itta）则必须承担亲属连带责任，其财产被没收。萨罗莫内·达·卢卡并未就此罢手，两年后，他又将乌贝尔蒂家族的另一位已故成员布鲁诺（Bruno）审判为异端分子，将其孙子布鲁诺（Bruno）和圭杜乔（Guiduccio）所继承的财产抢掠一空。在担任宗教法官的三年里，这位方济各会修士还将其他许多已死之人判定为卡特里派异端成员。我们不必震惊于萨罗莫内·达·卢卡对已故之人进行审判的行为。在中世纪以及接下来的好几百年里，甚至是在现代，针对异端的宗教和法律审判不仅限于给已故之人定罪，还要对他们的尸体施加刑事惩罚。原本被埋葬在宗教场所的异端的尸体不但要被挖出，还要被交送至世俗权力机构，按照判决行刑。例如，教宗克莱孟四世对曼弗雷迪的尸体的处置就令人不胜唏嘘：由于曼弗雷迪是被处以绝罚的死者，所以整个行刑的过程是在夜间摸黑完成的。

卡特里派在意大利又被称作“帕特里派”（“patari”）或“帕特里尼派”（“patarini”），是中世纪最后一个大规模异端教派。该教派于公元1000年后开始发展，在法国南部尤盛，于14世纪中期消失。根据该教派的理论，世界是一个冲突不断的战场：一方是上帝创造的精神，另一方是撒旦创造的物质。因此，该教派奉行极为严格的禁欲生活方式：既然世界是恶魔的杰作，该教派的信徒就应尽可能地从中抽身，例如禁止发生肉体关系，从而杜绝生育行为。与此相反的是，在教廷的宣传中，卡特里派却被描绘成最为骄奢淫逸、放荡无耻的形象。自
46 从13世纪中期起，（毫无依据且笼统地）将吉伯林派统统指控为卡特里派已经成为宗教法官和教宗特使的惯常手段，以至于人们常常误以为吉伯林派的主张与异端教义不谋而合。综上所述，在针对乌贝尔蒂家族的判决背后，是赤裸裸的政治动机。

当然，遭到萨罗莫内·达·卢卡审判的不仅仅是支持吉伯林派的家族。举个例子，他也曾审判过圭尔甫派的忠实拥护者——巴涅斯家族（Bagnesi）的两名已故成员，并没收了他们的财产。萨罗莫内·达·卢卡在审判时不分活人与死人，甚至不分男人和女人：不仅法利纳塔的亡妻遭到了他的审判，巴涅斯家族已故的洛韦诺萨（Rovinosa）也是受害者之一。总而言之，除了政治层面上的复仇心理，以及作为虔诚信徒对于异端蔓延的担忧（这一点并不令人信服），我们必须意识到，在审判的背后还存在诸多不那么冠冕堂皇的动机。事实上，那些被没收的财产被大肆瓜分，其中的一部分被拿去拍卖。我们可以查询到在佛罗伦萨有哪些家族是依靠低价购入被审判者的财产而发家致富的。所以说，在许多审判的背后，隐藏着大量以金钱为目的的阴谋。在绝大多数判决中，那些被判定为“帕特里派”的人根本不是所谓的异端。而审判的真正目的，无非是想要侵吞那些在政治上处于弱势的家族的财产。此外，环绕在宗教法官周遭的千丝万缕的利益纠葛，以及法官本人的个人私利，也是不容忽视的重要因素。

豪强与平民

与以往不同，在 13 世纪 80 年代的佛罗伦萨，针对失利党派的报复、不公和名副其实的迫害不再以明目张胆的血腥冲突呈现。出现这种变化的原因在于，在此时的政治舞台上出现了一个新的阶层，他们在佛罗伦萨的城市国家生活中起到了与众不同的作用。

如今，我们将这个新的角色称之为“中产阶级”。那时，他们是通过各类“行会”组织起来的。这类组织出现于 12 世纪末期，最初只是手工业者的协会，后来不断发展壮大，覆盖了城市里的所有经济活动和职业分工。13 世纪 80 年代初，佛罗伦萨有 7 个历史最为悠久的大型行会（卡利马拉行会［又称呢绒商人行会］、金融行会、羊毛行会、波尔桑塔玛丽亚行会［Por Santa Maria，又称丝绸行会］、医药行会、皮匠行会、法官与公证员行会）、5 个中型行会和 12 个小型行会。在 47
大型行会中，卡利马拉行会——相当于当时的工业联合会——最为重要，负责安排佛罗伦萨的所有大型经济事务（工业、对外贸易业、金融业），其他行会则只是负责组织辅助类产业（我们今天所说的服务业）、手工业生产和小型商业活动。所有的行会都按照各自的章程进行管理，并在相应的政府机构的领导下处理自身的内部事务。与此同时，各个行会通过选举代表参与城市的议会。不仅如此，在这一阶段，他们还拥有各自的武装力量。大型行会代表的是实力最为强大的资产阶级的利益，他们的影响力是其他的普通行会远不能及的。

作为大型行会，他们的最大愿望就是维护城市的内部稳定，以促进经济的发展。1282 年，随着拉蒂诺枢机主教和平协议的签订，佛罗伦萨确立了全新的管理体系。从那时起，这些大型行会就成功地在该体系中添加了一个由行会直接任命的三名执政官组成的机构，每届任期为两个月。一年后，该执政团的成员人数由三人增加至六人，其来源分布涵盖七家大型行会和佛罗伦萨城的所有行政区。这一改变貌似风平浪静，然而，对于佛罗伦萨这样一座在管理制度和政府构成方面惯于朝令夕改的城市来说，这一制度居然保持了好几十年，除了一些细小的调整，几乎没有发生大的变化，这一点不可谓不具有革命性。此外，执政官制度从形式上也确保佛罗伦萨完全变成了一座由圭尔甫派控制的城市。从此以后，佛罗伦萨再也不存在圭尔甫派与吉伯林派之争，但圭尔甫派内部却一分为二，两个派系开始了内斗，其惨烈程度并不亚于从前。

这一时期，行会还任命了一位官衔为行会队长的新官员，与督政官和公社队长（1280 年签署拉蒂诺枢机主教和平协议之后出现的职位）享有同等权力。不可避免地，两位队长之间出现了冲突，最后，公社队长在任期届满前一个月被罢免，两位队长的职权被合二为一，统一交由唯一的行会队长兼公社维和官执掌，这才最终解决了先前的争端。这原本算不得什么大事件，但值得注意的是，这位于 1283
48 年 2 月被提前罢免的队长正是保罗 · 马拉泰斯塔（Paolo Malatesta，人称“英俊者”保罗）。此人将于两年后被其兄弟乔凡尼 · 马拉泰斯塔（Giovanni Malatesta，由于跛脚，所以人称“瘸子”）杀害，原因是乔凡尼 · 马拉泰斯塔发现前者与自己的妻子——里米尼的弗朗切斯卡 · 达 · 波伦塔（Francesca da Polenta 或 Francesca da Rimini）有染。关于这个悲惨的爱情故事，但丁是唯一的记述者，他在《地狱篇》的第五歌里对其进行了描述。

这种全新的政府体系是由经济寡头们创建的，在最初的一段时间也确实代表了他们的利益，几年以后，遭到排挤的中小型行会开始逐渐扩大其影响，就连某些大型行会也开始倾向于通过某种政治手段限制“豪强”的权力。所谓“豪强”，指的就是那些门第高贵或富甲一方的贵族阶层。这是一个漫长的过程，期间虽遭遇阻碍，但总体趋势仍是不断扩大权力的社会基础，逐渐承认中等阶层甚至是中低等社会阶层的利益需求。在接下来的几年里，一系列限制豪强权力的举措相继实施——最为严厉的是 1286 年实施的一系列举措，强制被认定为豪强家族的每一个年龄达到 15 岁的家庭成员缴纳大额保证金，称为“担保费”（sodamento）。在执政团体制建立的第十个年头，一场激进的变革甚至将贵族家族彻底排除在了政治代表体系之外。总之，佛罗伦萨政治生活中长期存在的大家族与行会之间的斗争在此刻演变成了公开的阶级冲突。

1293 年，在富商贾诺·泰达迪·德拉·贝拉（Giano Tedaldi della Bella，其府邸位于圣玛尔定堂旁，离但丁家不远）的推动下，佛罗伦萨颁布了所谓的《正义法规》（*Ordinamenti di giustizia*）。这是颁布于 1293 年至 1295 年期间的一系列法令，目的是将豪强阶层从城市的政治机构中驱逐出去。尤为重要的是，他们不能在城市中最为重要的执政团任职（当然，他们仍可担当诸如使节之类的管理性职务和军事职务）。于是，这一时期的问题就转变为如何确定何人属于豪强阶层。旧有的封建贵族家族毫无疑问地属于此列。在过去的 40 余年里，他们曾在圭尔甫派与吉伯林派的争斗过程中扮演了举足轻重的角色，然而，在 13 世纪 90 年代，他们已不再是市民社会里的核心贵族势力。在这一时期，“平民百姓”，即手工业者、中小商人、金融从业者等阶层致力于抵抗的“豪强”并不具备显贵的血统，但却通过发家致富拥抱了贵族们的生活方式和行为方式：他们趾高气扬，目中无人，自觉居于 49
法律之上，在城市的日常生活中恃强凌弱。正因如此，包括卡利马拉行会在内的大小行会的领袖们一直致力于打破少数大型金融财团对城市国家事务的实际垄断——尽管相较于先前而言，政治代表制度的基础已经逐渐扩大。

对于城市里的寡头们来说，他们最大的理想就是获封贵族称号，从而得以与原先的封建贵族并驾齐驱。为了这一目的，他们竞相争取获得骑士头衔：只有通过这一封号，他们才能实现阶级的飞跃。

在我们的头脑中，骑士这一身份理应属于封建社会，就好比商人是市民社会中的典型形象。然而，直到 13 世纪早期，军人（*milites*）的数量在市民社会里仍然占有相当高的比例，并处于最高的社会阶层。要成为骑士，首先要具备购置一套昂贵的军备行头的经济能力，尤其是战马。他们构成了城市国家社会的核心军事力量，无论是在防守还是领土扩张方面都起着至关重要的作用。对于个人而言，这一身份也能带来巨大的经济利益：他们不仅能够从战争中获取收入；更重要的是，他们作为一个稳固的群体，还能截留相当大一部分公共开支，为其所用。从这个意义上说，骑士尽管不具备高贵的出身，却能从理念和行为层面上与贵族阶层保持紧密的联系，在城市国家内行使实权，并享有切实的阶级特权。

在 13 世纪的最后几十年里，情况发生了些许变化。军队的核心力量，即骑士队伍的主体虽由富家子弟（大部分都来自豪强阶层）构成，但其中的绝大多数人都没有骑士头衔。那时，这样一个头衔具有相当大的吸引力。尽管它并不能带来经济利益，却能赋予其拥有者一系列名誉上的特权，使之在芸芸众生之中脱颖而出：在马靴后跟镶马刺；配备带有圆头手柄的刀剑和金质的马勒；不受限奢令的限制，给自己及妻子佩戴宝石装饰；在婚礼上宴请超出常规人数的宾客，或是邀请更多的辅祭者参加葬礼，如此等等。通过这些，我们便可以明白，为何他们的头衔不再是“战士”(*miles*)，而是变成了“老爷”
50 （“signore”）——与法官的头衔一模一样。那些不具备显赫家族出身的富人争先恐后地渴求骑士头衔。这个群体的数量十分可观（1283 年，佛罗伦萨市区和郊区共有 300 人获得“衣冠骑士”（“cavaliere di corredo”）头衔，另有许多人竞相成为骑士的“侍从”（“donzello”）；十年后，骑士的数目保持在 250 人左右，但与一个世纪前那些具有“战士”头衔的名副其实的骑士相比——他们占据了城邦人口的 1/3——则不可同日而语。根据年代史作家所述，骑士的尊荣被视为一种为公众所承认的许可，有了这份许可，某些人就能够堂而皇之地奉行以奢侈和特权为标志的贵族式生活方式：骑士们日以继夜地大摆筵席，在节日期间出手阔绰地慷慨赠予；他们的身边围绕着弄臣和达官显贵；对于途经佛罗伦萨的知名外乡来客，他们不仅会将其盛情邀请至家中，还会骑马护送其穿越城市，直至离开。总而言之，骑士成了一种身份象征（*status symbol*），使原先的商人、手工业者和银行家一跃成为“老爷”。

正因如此，佛罗伦萨的法令才在评定豪强家族时也将这一因素纳入了评定标准：任何人，只要与一位（后来改变为两位）在世或离世20年以内的骑士存在亲缘关系，哪怕只是远房亲属，也都将被界定为“豪强”身份。相关的法令颁布以后，那些被剥夺了政治权利的豪强家族名单被一一实名列出：共有72个家族在册。毫无疑问，阿利吉耶里家族并不属于这一行列。

吉伯林派的烈焰

随着士瓦本家族的败落，圭尔甫派在（除比萨以外的）整个托斯卡纳地区确立了霸权地位。与此同时，罗马涅地区的吉伯林派在圭多·达·蒙特费尔特罗（Guido da Montefeltro）的领导下在弗尔利（Forlì）站稳了脚跟。在13世纪的整个70年代，吉伯林派针对试图插足该地区的教廷势力展开了相当顽强的抵抗。80年代初，一支由安茹家族的武装力量和法国士兵组成的军队也加入了战争，在经历了数
次反击之后，终于在1283年成功占领了弗尔利。这一过程极为惨烈： 51
1282年5月1日，圭多·达·蒙特费尔特罗在城中屠杀了大批法国骑士，令人不寒而栗。但丁对此有过如下描述：“令法人血成河，尸骨如山”[25]。同年，巴勒莫（Palermo）的晚祷者喊出了“法国人必死”的口号，发动了反抗安茹家族的起义——关于这次起义，但丁曾写道：“糟糕的政权激起了巴勒莫怒吼：‘杀死，杀死！’”[26]暴动令安茹家族的查理一世及其继任者身陷一场长达20年的战争。最终，安茹家族丧失了对西西里的统治，西西里成为阿拉贡家族（Aragona）的领地。上述事件令圭尔甫阵营和那不勒斯国王的势力元气大伤。此外，等待加冕的神圣罗马帝国皇帝哈布斯堡的鲁道夫一世（Rodolfo d’Asburgo）

在结束了前一阶段的逃亡之后，再度对托斯卡纳地区虎视眈眈。1281年初，他任命大臣鲁道夫 · 迪 · 霍恩尼克（Rodolfo di Hoheneck）为总代理人，派遣他前往托斯卡纳。总之，如果说圭尔甫派在佛罗伦萨的政权得到了巩固，那么在托斯卡纳的其他城市，吉伯林派的势力正打算卷土重来。

在接下来的近十年里，阿雷佐一直是吉伯林派施展拳脚的中心地区。13 世纪 80 年代中期，经过一系列此起彼落的内斗之后，出身封建世家、在卡森蒂诺拥有大片领地的乌贝尔蒂尼（Ubertini）家族控制了整座城市。在古列莫 · 德 · 乌贝尔蒂尼（Guglielmo degli Ubertini）主教的统治下，阿雷佐成为从锡耶纳和佛罗伦萨逃亡的吉伯林派成员的聚集地。如此一来，佛罗伦萨与阿雷佐之间的冲突就在所难免了。第一场具有实质性意义的战争始于 1285 年 10 月，至次年 4 月结束。佛罗伦萨人长时间围困了博吉奥圣塞西莉亚（Poggio Santa Cecilia）——此地原属锡耶纳人管辖，后来落入得到阿雷佐支持的吉伯林派之手。继佛罗伦萨人和锡耶纳人夺回此地之后，这场战事便转化成了一场具有地方色彩的战争。1287 年，乌贝尔蒂尼家族再度将此地纳入囊中，结束了圭尔甫派在此的短暂统治。整个托斯卡纳地区的圭尔甫派见状，便立刻结成了联盟，矛头直指阿雷佐。阿雷佐则依靠聚集于此的吉伯林派流亡者和新来的帝国代理人佩尔奇瓦莱 · 迪 · 拉瓦尼亚（Percivalle di Lavagna）进行抵抗。就这样，双方阵营又一次对垒，在这一地区一直僵持了半个多世纪。1288 年 6 月，在圭多 · 达 · 蒙特费尔特罗年轻的儿子波恩康特 · 达 · 蒙特费尔特罗（Buonconte da Montefeltro）的指挥下，阿雷佐人在皮耶韦欧托普（Pieve al Toppo）取得了最初的胜利。次年 6 月 11 日，一场具有决定性意义的战役在波皮城堡（Poppi）附近的坎帕迪诺（Campaldino）平原拉开了帷幕。战斗中，阿雷佐人首先扰乱了佛罗伦萨人的轻骑兵
52 队伍；随后，佛罗伦萨后卫骑兵部队司令科尔索 · 窦那蒂在违抗军令的情况下突袭了阿雷佐人的营地，圭尔甫派军队因此大获全胜。在混

战中，古列莫·德·乌贝尔蒂尼主教和波恩康特·达·蒙特费尔特罗双双阵亡。古列莫·德·乌贝尔蒂尼主教的武器被当作战利品悬挂在圣约翰洗礼堂示众，而他的尸体则被埋葬在战场附近的切尔托蒙多（Certomondo）小教堂——这座教堂原本是吉伯林派为了庆祝他们在蒙塔佩蒂战役中的胜利于1262年修建的。古列莫·德·乌贝尔蒂尼的尸体被安葬于此，不可不谓是命运的嘲弄。至于波恩康特·达·蒙特费尔特罗，但丁曾在《炼狱篇》的第五歌对他的死进行了描述。表面看来，这似乎是一场城市之间的战争，但事实上，却是党派之间的搏斗。在佛罗伦萨人看来，他们打败的并不是阿雷佐这座城市，而是吉伯林派。为了纪念这次胜利，他们在巴杰罗宫刻上了如下字样："于切尔托蒙多大败吉伯林派（Sconfitti i Ghibellini a Certomondo）。"

不久以后，佛罗伦萨人的矛头就转向了比萨。

比萨是吉伯林派在托斯卡纳地区最为坚固的堡垒。1284年8月6日，热那亚（Genova）人在梅洛里亚（Meloria）海战中令比萨遭受重创。此刻，为了应对由热那亚、卢卡和佛罗伦萨组成的联军，这座城市将领导权交给了多诺拉提克（Donoratico）伯爵乌戈利诺·德拉·盖拉德斯卡（Ugolino della Gherardesca）。此人又与自己的外孙——撒丁岛（Sardegna）加卢拉王国（Giudicato di Gallura）的领主尼诺·维斯孔蒂（Nino Visconti）结成了联盟。两人（尤其是尼诺·维斯孔蒂）都比较亲近圭尔甫派。值得注意的是，他们的政治主张之所以被打上圭尔甫派的烙印，主要是因为其政策对比萨的贵族阶层比较有利，从而引发了平民阶层的怨恨，而比萨的民众又是一贯以来支持吉伯林派的。所以说，尽管乌戈利诺·德拉·盖拉德斯卡的确在对抗卢卡和佛罗伦萨的战斗中履行了捍卫比萨的职责，但他对圭尔甫派的宽容却令支持吉伯林派的大主教鲁杰里·德·乌巴尔迪尼（Ruggieri degli Ubaldini，此人是枢机主教奥塔维亚诺·德·乌巴尔迪尼 [Ottaviano degli Ubaldini] 的侄子，但丁在作品中将他与法利纳塔和腓特烈二世一道置于地狱之中）找到了借口，以叛国罪控诉了乌戈利诺·德拉·盖拉德斯卡。

乌戈利诺·德拉·盖拉德斯卡及其家人的最终命运是众所周知的，但丁在《地狱篇》的第三十三歌里对其进行了描述。1288 年 7 月 1 日，乌戈利诺·德拉·盖拉德斯卡和他的儿子盖拉多（Gherardo）、乌圭琼（Uguccione）以及孙子——人称“人堆里的”的尼诺（Nino il Brigata）和安塞摩（Anselmuccio）被关进了瓜兰迪塔（Torre dei Gualandi），囚禁在一间供猎隼换羽的房间里（因此被称为“换羽室”）。在这期间，他们遭到多番勒索，不得不支付高昂的费用。这一现象并不是比萨独有的：敲诈者通常会给囚犯三天时间筹措钱款，期限一到，他们就会
53 让这些政治犯断水断粮。被囚禁 8 个月之后，盖拉德斯卡家族耗光了所有家产，最终死于饥饿，甚至没能得到宗教上的临终关怀。根据传说，这间换羽室紧挨着元老们的会议室，好让他们听得见濒死的政敌们的哭诉和哀号。直到 1289 年 3 月 18 日，他们的尸体才被拖出高塔。就在那几天，比萨任命圭多·达·蒙特费尔特罗为该城的卫队长。1283 年，此人曾丧失对罗马涅地区的统治权，短暂地屈服于教宗。此刻，他重整旗鼓，打算再次振兴吉伯林派。在很短的时间里，圭多·达·蒙特费尔特罗就成功地率领比萨市民收复了许多先前被卢卡人和佛罗伦萨人占领的城堡和要塞。

继坎帕迪诺大捷后，佛罗伦萨又在尼诺·维斯孔蒂（他成功地逃脱了鲁杰里·德·乌巴尔迪尼大主教的阴谋）的指挥下发起了对比萨的进攻。佛罗伦萨军队首先攻陷了包括卡普罗纳（Caprona）在内的若干城堡（1289 年 8 月 6 日），又将部队推进至敌方城下，但自此以后便没能取得实质性的收获。这场针对比萨的战争一直持续到 1293 年。

父亲与子女

1283 年，但丁签署了一份文书，收回了一笔数目为 21 里拉的小

额借款所产生的利息。这笔款项是父亲生前借给多纳托·迪·盖拉多·德·帕帕（Donato di Gherardo del Papa）及贝尔纳多·迪·托里加诺（Bernardo di Torrigiano）和内利·迪·托里加诺（Neri di Torrigiano）两兄弟的。这说明此刻的但丁已经成了一家之主。此前，阿利吉耶里家族的两兄弟尚不具备法律上的民事能力，一直由某位监护人照料。1275年前后，但丁的长姐塔娜嫁给了拉博·里克马尼，其嫁妆大约就是由这位监护人置办的。在这件事情上，父亲阿利吉耶罗二世很可能是在几年前就与亲家谈妥了嫁妆的数额，并按照当时的习俗，早早就将这笔钱款存入了某家银行。拉博的父亲属于吉伯林派，于1268年被放逐边境。他曾是一家加入卡利马拉行会的大型贸易公司的成员。因此，塔娜的嫁妆必须与夫家的经济状况相匹配，总额达到了366弗洛林金币。这笔钱谈不上巨款，但对于阿利吉耶里家来说，却是一笔为数不小的开支。相比之下，但丁在那几年迎娶的杰玛所带来的200弗洛林小金
币简直是少得可怜（1枚弗洛林金币的价值相当于29枚弗洛林小金币， 54
杰玛带来的嫁妆总额不过略微多于12枚弗洛林金币）。

早在1277年，杰玛就被“许配”给但丁，1283年以后不久，两人就举行了婚礼。当时，但丁已年满18岁，而杰玛（寿命较长，一直活到了1343年）的年龄则在14岁左右。

结婚以后，两人生下了三到四个子女。之所以说是四个，是算上了乔凡尼：一份于1308年10月21日在卢卡签署的公证书将乔凡尼称作“佛罗伦萨的但丁·阿利吉耶里之子”，并特意表明乔凡尼是但丁的儿子（长子），而不是另外一个于14世纪生活在帕多瓦（Padova）的佛罗伦萨人但丁诺·迪·阿利吉耶罗（Dantino di Alighiero da Firenze）的儿子。假如我们不接受乔凡尼的身份（尽管相当有根有据），那么但丁的子女就是三个，按照其出生的大致顺序，依次是：皮耶特罗、雅各伯（Iacopo）和安东尼娅（Antonia）。需要说明的是，如果说但丁于1308年在卢卡有了第一个孩子，这一点与他的生平经历是相符的；奇怪的是我们再也找不到关于这个孩子的其他线索。至于皮耶特

罗和雅各伯，鉴于他们曾被卷入涉及父亲但丁的法律审判，所以其出生的日期应该在1300年前后。按照佛罗伦萨的法律规定，被流放者的男性后代一旦年满14岁，也必须离开城市。因此，1311年至1315年期间，皮耶特罗和雅各伯·迪·利克应该离开了佛罗伦萨，与流放中的但丁团聚。有文献显示，1318年底，他们已与但丁一同在拉文纳（Ravenna）居住。当然，他们很可能是在几年前就已经与父亲团聚了。此时，但丁的女儿安东尼娅也在拉文纳。由于佛罗伦萨的法律并未强制流放者的女性后代也一同出城，我们并不知道安东尼娅是早先就追随父亲一路辗转还是与母亲留在了佛罗伦萨。此外，我们也并不清楚杰玛是否在丈夫遭遇驱逐之时一同背井离乡。关于这一点，学界众说纷纭，但有一点似乎是确定的：在某一个时刻，杰玛也被强制离开了佛罗伦萨。至于她是否与丈夫团聚，又是在哪里与之团聚，我们仍旧不得而知。如果说在但丁生命的最后几年里，安东尼娅的确身处拉文纳，那么杰玛也很有可能迁到了那座城市。通过这一点，我们有理由推测，在早先的某些时期，他们夫妻二人也曾一同生活。

在但丁弥留之际，儿女们都在拉文纳居住。父亲去世后，皮耶特
罗先是前往博洛尼亚学习法学，并有可能与同在那里求学的彼特拉克
结识。后来，皮耶特罗在维罗纳成为法官，开启了备受尊敬的职业生
55 涯（倘若皮耶特罗与彼特拉克不是在博洛尼亚相识的，那么另一个可
能的城市就是维罗纳。两人即使并没有成为好友，也算是有所往来。彼
特拉克曾用拉丁诗文给皮耶特罗写过一封简短的书信）。次子雅各伯于
1325年回到了故乡，成为初级神职人员，后在维罗纳获得圣职，又在瓦
波利切拉（Valpolicella）享受了好几份津贴。皮耶特罗于1364年去世，
雅各伯的去世时间不详，我们只知道1347年11月左右，他还在世。
至于女儿安东尼娅，我们几乎可以确定，她在父亲逝世前后成了拉文
纳的圣斯德望修道院（Santo Stefano）的修女，名曰贝阿特丽齐修女。

孩子们对父亲但丁推崇备至，简直可以说是敬若神明。两个儿子都致力于研究和传播父亲的作品：雅各伯在父亲去世之前就用俗语撰

写了关于《地狱篇》的评论；皮耶特罗则在 1338 年至 1341 年间用拉丁文评述了整部史诗。诚然，他们对于父亲的敬仰或许掺杂了些许虚荣心，将父亲的盛誉视作某种谋取利益的手段。然而，撇开这种无可厚非的沾光心态，我们并不能否认他们对父亲怀有的真情实感。这种情感不仅在两个儿子身上得到了体现，当女儿安东尼娅决定称自己为贝阿特丽齐修女时，难道不也是以某种委婉的方式来纪念自己的父亲吗？由于缺乏关于阿利吉耶里家族在但丁被流放前后的任何或详细或粗略的资料，我们无法揣测其家庭成员之间的情感互动。只有一条线索能够证明这是一个父慈子孝、兄友弟恭的家庭：皮耶特罗和雅各伯在给自己的子女起名的时候，选择的都是包括父母在内的、最为亲近的家人的名字，这一行为若不能被视为家庭和睦的明证，又能作何他解呢？皮耶特罗共有七个孩子，其中年长的两个子女名叫杰玛和但丁，第三个孩子与姑姑（安东尼娅）同名，第四个孩子则以家族名称命名(阿利吉耶拉)。雅各伯在起名时的变化较少，在他的三个（非婚生）子女中，有一子一女分别叫阿利吉耶罗和阿利吉耶拉。诚然，我们无法仅凭这一线索就断言但丁的家庭和睦美满，但至少能够打破众人脑海里那个不问世事，一心沉醉于哲学思考和诗歌创作的但丁形象，依稀辨识出身为父亲的但丁的轮廓：尽管一生坎坷，却让最亲近的家人之间保持了浓厚的家庭意识。此外，我们还能从另一个侧面看出，家庭——无论是原生家庭，还是后来组建的家庭——对于但丁的重要性远远超出了我们的想象。在那一历史时期，作家们在进行文学创作时 56
是禁止提及自己的家人的，许多作家对此都不敢越雷池一步，但丁勇敢地打破了这一禁忌。这一点同样也打破了人们对他的诗作的惯常印象。事实上，但丁曾在暗中数次隐喻自己的亲人：在《新生》中，他提到了一个照料他病愈的姐姐，甚至还在一首重要的合组歌里描述了妻子杰玛。即使是对于像但丁这样一辈子拒绝墨守成规，不断尝试另辟蹊径的作家而言，这些细节也算得上是极为典型的特立独行之举了。

远离政坛

在从签订拉蒂诺枢机主教和平协议（1280 年）到推行贾诺 · 德拉 · 贝拉改革（1293 年至 1295 年）的 15 年间，但丁完成了成年、成家及担当一家之主的步骤。在佛罗伦萨的城市舞台上，他以诗人和知识人的形象崭露头角，却一直远离政坛。没错，正是他这样一个从 30 多岁起就开始发自内心地痴迷于政治的人，在表面上却显得对政治漠不关心。很显然，他是选择了另外一条自我发展的道路：投身于研究和写作。因此，在很长一段时间里，关于佛罗伦萨的公共事务，但丁只是一名看客。不过，当年发生在佛罗伦萨的种种事件以及他遇到或是匆匆瞥过的各色人等却在《神曲》中留下了诸多痕迹，从这些痕迹看来，但丁至少是一名专注且好奇的看客。

如同 13 世纪的 70 年代，此时的佛罗伦萨仍是意大利历史上最大的交通枢纽之一。几乎所有的重要人物都曾途经佛罗伦萨，或是在这里居住。他们中的大部分人都属于安茹家族，而他们的出现往往与西西里那场旷日持久的战事的进展有关。

1281 年 4 月，13 岁的哈布斯堡的克雷门萨（Clemenza d'Asburgo）经过佛罗伦萨，她是神圣罗马帝国尚待加冕的皇帝哈布斯堡的鲁道夫一世的女儿。克雷门萨此行的目的地是那不勒斯——她刚刚年满十岁的未婚夫查理 · 马尔泰罗（Carlo Martello，安茹家族的查理二世亲王的长子，未来的西西里国王）将在那里迎接她。次年 10 月，西西里发生暴动，安茹家族的查理一世前往亲王法国腓力三世（Filippo III）的宫廷寻求军事援助，在返回那不勒斯的路途中也曾在佛罗伦萨落脚。西西里的战争已经持续了两年，最后，安茹家族的查理一世和阿拉贡家族的佩德罗三世（Pietro d'Aragona）商定，通过一场两人之
57 间的比武一决胜负，将战争的命运交由上帝定夺。这是一个颇为古怪的解决方案，好在两位君主都不曾将这一约定当真，对双方而言，这不过是一个争取时间的方法。不过，在 1284 年的冬末，那不勒斯国

王还是动身前往事先约定的比武地点——波尔多（Bordeaux），并于3月14日进入佛罗伦萨城。这是他最后一次见到这座他统治了将近15年的城市：事实上，1285年1月，他便与世长辞了。所谓的比武决斗自然也就以闹剧而收场。1284年，在一场海战中，作为王储的安茹家族的查理二世（Carlo II d'Angiò）沦为阶下囚，被带往加泰罗尼亚（Catalogna），在那里度过了5年的牢狱生活，即使经历了父亲去世，也没能获得释放。后来，有传闻说他即将重获自由，于是，他的妻子——匈牙利的玛丽亚（Maria d'Ungheria）——便动身前往普罗旺斯，1287年11月，她也曾在佛罗伦萨歇脚。直到1年以后，安茹家族的查理二世才被释放：他于1289年回到意大利，5月在佛罗伦萨短暂停留，随后又继续赶往列蒂（Rieti）。在那里，他被教宗加冕为西西里和耶路撒冷国王（尽管西西里岛正处于阿拉贡家族的统治之下，而耶路撒冷也在穆斯林的掌控之中）。从这一刻起，那个曾经屡遭父王贬斥的跛足王子一跃成了那不勒斯国王——安茹家族的查理二世。不过，在但丁的笔下，他始终都是那个“圣城的瘸子”[27]。

1294年春天，佛罗伦萨上演了安茹家族的凯旋。全体家族成员都聚集在那座城市里。3月，查理·马尔泰罗在妻子克雷门萨和三个兄弟的陪同下来到佛罗伦萨。他们在那里待了20天，等候父亲——安茹家族的查理二世——从普罗旺斯带着先前被阿拉贡宫廷扣为人质的孩子来到佛罗伦萨。这次盛会以持续时间长、场面庄严隆重而著称。根据但丁在《天国篇》中所描述的情况，诗人正是在那年的3月与查理·马尔泰罗（将于次年逝世）结下了友好的情谊，并对这个人物抱有很高的期待。然而，身为安茹家族的王子及（在形式上获得）加冕的匈牙利国王，查理·马尔泰罗居然能与佛罗伦萨的一介平民成为朋友，这是很难令人信服的。不过，在全城欢庆的过程中，但丁有机会接近查理·马尔泰罗，并为他吟诵自己的几首诗作，这倒是不无可能。在那一时期，作为诗人的但丁已然声名鹊起，因此很可能作为佛罗伦萨的知识界名流受邀参加几场宴会及庆典。

按照《神曲》所述，在那一时期，但丁也应与尼诺·维斯孔蒂有
58 过友好交往。在一系列发生于比萨的、与乌戈利诺·德拉·盖拉德斯卡伯爵有关的事件中，此人是关键人物之一，后来又曾指挥佛罗伦萨军队在对比萨的战争中取得胜利。在炼狱里，诗人见到了他的灵魂，并因得知他安然无恙而欢呼雀跃，使用了一个体现友好关系的人称“你”：“哎呀呀，尼诺啊，高贵长官，/ 高兴见你不在恶人之间！”[28]。倘若两人之间的确存在友情，那么这份情谊很可能是在比萨发生政变以后，尼诺·维斯孔蒂前往佛罗伦萨游说圭尔甫派对比萨宣战之时产生的。在比萨发生的一系列事件中，另一位主角是圭多·达·蒙特费尔特罗。双方于1293年签订和约后，他也曾到过佛罗伦萨城，并获得礼遇。此人本应一同成为《神曲》中的突出人物，但由于但丁本人并不认识他，所以在作品中仅提到遇见了他的灵魂，却没有相认。

此外，另有一个人物是但丁不可能遗忘的：老圭多·达·波伦塔(Guido il Vecchio da Polenta)。他是弗朗切斯卡·达·波伦塔的父亲。1285年前后，他的女儿被害，几年以后，他曾于1290年7月至11月期间担任佛罗伦萨的督政官。该事件中的另一位受害者保罗·马拉泰斯塔则是在1282年至1283年期间担任公社队长：这一血腥事件的影响似乎延续了整整10年。

缺少复仇的“暴毙”

在这些年里，阿利吉耶里家族也曾是一场仇杀的受害者。1287年4月15日，卡法焦的圣母修道院的修士们护送杰里·德尔·贝罗的遗体出殡，获得了14索尔多*的善款。就在当天或前一天，杰里·德尔·贝罗被萨凯蒂（Sacchetti）家族的一个名叫布罗达里奥

* 索尔多是查理大帝货币改革后沿用于整个中世纪的银币，1索尔多相当于1/20里拉，12德纳罗。后来，该货币的价值曾在不同历史时期历经多次变化。——译注

（Brodario）的人杀死了。杰里是但丁父亲的堂兄弟，或许也是蒙塔佩蒂战役之后整个家族里唯一遭到吉伯林派流放的成员。他和兄弟乔内都是阿利吉耶里家族抛头露面最多的人。1280 年 11 月初，杰里和乔内因在普拉托实施暴力行为而遭到缺席审判，这说明杰里的性情应当十分暴躁，一言不合就恼羞成怒。在《地狱篇》里，但丁将其置于离间者的行列，虽然见到了他，却并没有与之交谈。

当诗人来到地狱第八层第九囊的边缘，因踌躇不前而遭维吉尔（Virgilio）责备。诗人连忙解释说自己正在寻找一位理应身处于此的
亲人。面对但丁的辩解，维吉尔说自己已经看到了那个人：“因为我 59
看见他在桥的脚下 / 用手指头指着你、威胁你，/ 我还听见人们叫他杰里 · 德尔 · 贝罗。”[29] 但丁明白杰里为何会对自己表现出愤怒甚至是威胁之态：

> 我说：“噢，向导啊，他是横死，
> 却没有任何人为他雪冤，
> 血亲应与他背同一耻辱，
> 无人理致使他胸燃怒焰，
> 我判断：他为此悄然离去，
> 因而他更令我觉得可怜。”[30]

1300 年，杰里的亲属还没有为他的暴毙而报仇。但丁很清楚大仇不报会给死者的灵魂增添更多痛苦，因而对死者深感同情。他在字里行间几乎是祈盼有人能为自己的家族报仇雪恨。事实上，他的主要意图并不在于表明仇怨尚未了结的事实，而在于强调阿利吉耶里的家族成员有义务完成这一使命。

但丁如此重视报仇一事，这并不令人感到惊讶。私人之间的复仇行为是从封建社会流传至市民社会的传统习俗之一。尤其是在以佛罗伦萨为首的托斯卡纳地区的城市里，这种习俗格外兴盛，许多佛罗伦

萨人对这种现象的泛滥感到苦不堪言，外地人则指责此种行为是佛罗伦萨的特色。在中世纪人的思维里，复仇是一种履行正义的举动，因此各个城市的法律并没有禁止这种行为，只是通过一系列法律加以约束，确保复仇行为与先前所遭受的侵犯事实程度相当。对于贵族而言，报仇雪恨是维护家族荣誉的必要行动，因此，不仅是一种权利，更是一种义务。当然，根据城市的法规，仇怨双方也可签订“和解协议”，从而达到平息冲突的目的。需要说明的是，和解并不意味着认输，更不意味着逃避维护家族名誉的责任。值得推敲的是，在福里斯和但丁的对诗中，福里斯辱骂但丁本应为其父所遭受的屈辱雪耻，却忙不迭地跑去向对方求和。但丁的父亲究竟遭到了怎样的屈辱，福里斯语焉不详，但他对但丁的侮辱却是显而易见的：在他笔下，但丁展现出了与父亲同样的脾性，是一个畏首畏尾的懦夫。

60 我们并不知晓布罗达里奥究竟是出于何种动机才会置杰里于死地；但但丁之所以将杰里置于离间者之列，说明他的暴毙与此有关。最为合理的猜测是杰里之所以被布罗达里奥杀害，并不是因为“他先前曾杀害那个家族的某个成员”，而是因为“他在那个家族内部，或是那个家族与其他家族之间挑拨是非”。的确，倘若杰里“先前已经杀害了对方家族的某个成员，那么他的被害就只能算是对方的正义复仇行为，不会给阿利吉耶里家族留下但丁所说的雪耻的义务”。萨凯蒂家族是居住在圣皮埃尔斯凯拉焦行政区的一个老牌贵族家庭。在《天国篇》里，但丁在列举 12 世纪的大家族时，就提到了该家族的名字——“那个有着垂直毛皮纹图案的纹章的家族已经强大，/ 还有萨凯蒂、鸠齐（Giuochi）、菲凡（Fifanti）和巴鲁齐（Barucci）家族”[31]。13 世纪 80 年代，该家族在政治上的地位有所削弱。1293 年，《正义法规》颁布后，该家族被认定为豪强门户。需要说明的是，只有意识到萨凯蒂家族的贵族身份，我们才能够理解但丁为何要再三强调复仇的必要性。对于贵族家庭而言，复仇是不容逃脱的权利和义务。事实上，从事商业、钱币兑换和短距离沿海航行的阿利吉耶里家族算不得贵族，但在但丁看来，家人对被害的杰里无动于衷的行为却是一种逃避责任的表现。通过强调这场未曾复仇的亲人暴毙事件，但丁又给他试图在《神曲》及其他作品中构建的贵族出身的神话增添了一枚砝码。

其实，杰里的横死将在随后的时日里得到雪耻，不过那是许多年以后的事情了。1317 年前后，兄弟乔内的两个儿子邦伯（Bambo）和拉博在萨凯蒂家族的大门口结果了一个姓名不详的其家族成员的性命。君子报仇，十年不晚，这是大家所公认的道理，甚至成了一句俗语。《〈神曲〉极好注本》（*Ottimo commento*）一书中就记载了这样一句佛罗伦萨俗语："百年后的复仇如乳臭未干的婴孩"（"vendetta di cento anni tiene lattaiuoli"），即 100 年后才兑现的复仇好比嗷嗷待哺的婴儿一般新鲜热乎。在那个年代，迟来多年的复仇并不罕见：1267 年秋天，圭尔甫派成员基诺 · 维鲁迪（Ghino Velluti）被一个名叫托马西诺 · 德 · 马内利（Tommasino dei Mannelli）的人杀害，直到 1295 年的圣约翰节，也就是 28 年后，他的亲戚们才杀死了马内利家族的一个年轻人，为他报了仇。不过无论如何，超过 30 年的复仇还是很少见的。更令人感到不解的是，阿利吉耶里家族和萨凯蒂家族居然是在最后一次仇杀发生过后很久才签订了和解协议。那是 1342 年 10 月 10 日，双方在公爵府——也就是雅典公爵戈蒂耶七世 · 德 · 布里安（Gualtieri VII di Brienne）的府邸（一个月前，他被任命为佛罗伦 61
萨的终身领主）隆重地签署了和约。一方是已故的达多乔之子皮耶特罗 · 德 · 萨凯蒂（Pietro del fu Daddoccio dei Sacchetti）和他的儿子乌戈乔尼（Uguccione），另一方则是弗朗切斯科 · 阿利吉耶里以及并未在现场的两个侄子皮耶特罗和雅各伯。双方以书面的形式约定，两个家族现有的和未来的所有成员都将真诚地维护真正的、永远的和平。我们怀疑这份和解协议是在但丁的兄弟和但丁的两个儿子的提议下签署的。按照常理来说，杰里的两个侄子杀害萨凯蒂家族成员的行为已使双方达到了互不相欠的状态。换言之，萨凯蒂家族并不需要通过再次杀害阿利吉耶里家族的成员来维护自身的荣誉——除非他们没有将这次谋杀视作一次“法律上认可”的复仇行为，也就是说，在他们看来，多年前的杰里之死并不能被当成邦伯或拉博（或两人联手）的谋杀动机；还有另外一种更为糟糕的可能，便是阿利吉耶里家族是在某种挑衅（或某种类似于挑衅的举动）的刺激下才做出了如此行径。简言之，萨凯蒂家族已然将杰里的两个侄子的谋杀之举理解为必须实施复仇的原因。他们很可能公开表达了某种不满，甚至是威胁。在那个年代，《神曲》已经是誉满全城了，谁知道人们会怎样议论萨凯蒂家族那个可怜的人的横死呢？或许有人会散播这样的传闻：就道德层面而言，但丁才是这场悲剧的始作俑者。正是在这样的舆论压力下，阿利吉耶里家族才需要郑重其事地签署一份和解协议。如此，但丁的兄弟和两个儿子才能在夜里睡得安稳一些。

骑马作战

正如先前所提到的，直到 30 岁以前，但丁一直远离政治，但他却不曾逃避作为佛罗伦萨市民的义务，包括在战争中服兵役。有学者认为他的从军生涯一直贯穿了佛罗伦萨对阿雷佐和比萨作战的始终，也就是从 1286 年围困博吉奥圣塞西莉亚开始，一直持续到 1289 年的坎帕迪诺之战和卡普罗纳之战。事实上，但丁也的确在他的数部作品中提到了关于这些战事的诸多地点、事件和人物。在《神曲》里，他曾带着讥笑的口吻回忆起一个名叫拉诺（Lano）的锡耶纳人，说他在皮耶韦欧托普中了埋伏，在逃跑时，他的双腿不像“在托坡比武时”来得“如此灵便”[32]。在《地狱篇》的第二十二歌开头，但丁描述了阿雷
62 佐之战中骑兵作战的场景（他似乎是亲眼见证了那一幕）：“我曾见战场上骑兵拔营，/ 还见过攻击或校场演兵，/ 有时候也退却，自保性命；/ 我曾见轻骑入阿雷佐地，/ 还见过众骑士演练战争。”[33]

我们可以确信的是，1289 年 6 月 11 日，但丁的确身处坎帕迪诺

的战场。他在《炼狱篇》里转述了当时广泛流传的一个说法：吉伯林派成员波恩康特·达·蒙特费尔特罗自战死之后，其尸体一直不知所终；其实，那天夜里的一场暴雨令阿尔基亚诺（Archiano）的溪水猛涨，将他的尸体冲到了阿尔诺河里。在这一段之前，诗人还提到了另外一个人物——雅各伯·德·卡塞罗（Iacopo del Cassero），此人也参加了坎帕迪诺之战，受命于佛罗伦萨阵营里一支由法诺（Fano）人组成的小分队。后来，他在帕多瓦和威尼斯（Venezia）之间的奥里亚格（Oriago）被埃斯特家族（Este）派来的杀手谋害。在一封已经失传的书信里，但丁描述了自己骑马参加坎帕迪诺之战时的情景。后来，列奥纳多·布鲁尼引述了这几行文字的译文："当时，他十分害怕，但在战役结束之际，他又为战斗中发生的诸多事件而感到非常愉悦"。关于那场战役，但丁"描绘了战斗的情形"，也就是所谓的"诸多事件"：但丁自始至终都身处骑兵部队的第一线；起先，佛罗伦萨骑兵溃退而逃，但恰恰是这次撤退，为佛罗伦萨部队带来了最终的胜利。因为撤退后的骑兵队伍得以与步兵队伍相结合，从而甩掉了阿雷佐的骑兵对佛罗伦萨步兵的追击。如此看来，但丁属于轻骑兵队伍（*feditori*），以冲锋陷阵为首要任务。轻骑兵队是军队中最热门的分队，其中的许多成员都来自贵族或豪强家族。在那次战斗中，负责在圣皮埃尔马焦雷区遴选轻骑兵的是维耶里·德·切尔基——与阿利吉耶里家族长期亲好的切尔基家族的领袖。但丁似乎是在这封已经遗失的信件里重点描述了自己英勇作战的情况，然而他的名字却没有出现在因在战斗中表现突出而获得补助的士兵名单里。

另一个可以确定的情况是，坎帕迪诺之战结束后不到两个月，但丁便于8月6日来到了位于比萨附近的卡普罗纳的城墙下。他亲眼看到比萨的步兵们在商定投降后惊慌失措地从城堡里蜂拥而出的情景："我曾见降卒出卡普罗纳，/ 周围有敌兵将千千万万，/ 他们也都吓得如我这般。"[34] 佛罗伦萨军队并没有伤害撤退的敌军步兵，但比萨军队的
指挥官圭多·达·蒙特费尔特罗却指责他们只被围困了三天就不战而 63

降，犯下了叛变罪。几天以后，但丁跟随部队前进至离比萨城墙仅有三公里之遥的奇萨奈罗（Cisanello）。但正如前文所提到的那样，佛罗伦萨军队并没有攻城，不久后便返回了故乡，没有带回任何具有实际意义的战果。

通过此次参战经历，但丁得以完成了在托斯卡纳地区的最初游历：他第一次见到了卡森蒂诺、阿尔诺河谷等地。许多年后，当他以流亡者的身份居住在那些地方的时候，上述地名将变得耳熟能详。

高华的理想与贫匮的手段

在骑兵部队服役是一件非常荣耀的事情。在中世纪的军队里，骑兵部队是最为重要的部分，其绝大部分成员都来自上流社会阶层。一个世纪以前，无论就数量、财富还是权力而言，骑兵（*milites*）（无论是否出身于贵族之家）都是一个城市国家的社会结构和政治生活中最强有力的阶层之一。对于他们而言，战争就是他们存在的意义。骑兵们不仅能够从军事行动中攫取经济利益，还能够获得某种保障，用以弥补在作战过程中遭受的损失。当局政府在招募骑兵的过程中，会预先考虑对骑兵损失马匹和武器的补偿以及当他们被俘时，用以换回自由的赎金等诸多费用（事实上，他们本身也在政府部门扮演至关重要的角色）。总之，直到13世纪的前几十年里，骑兵们只要前往参与作战，就一定稳赚不赔。然而，在但丁所处的历史时期，情况却发生了很大变化。尽管在战争取胜的情况下，英勇的士兵仍然能够获得一定的奖励和报酬，但加入骑兵部队的巨大成本却完全压在了个人身上。若要成为重骑兵部队的一员，首先要购买并驯养一匹战马（用于作战的马匹），或至少是一匹驽马（用于载重的马匹）；若要成为一名轻骑兵，则至少要配备一匹训练有素的马；此外，骑兵们还要自行购置武器和全套防卫装备（长上衣、绗缝棉衣、锁子甲、盔甲、外套、头盔

等），以及配备随行助手等。这样一来，从经济角度而言，参军作战就 64
完全变成了一桩赔本买卖。正因如此，后来的骑兵队伍大多由那些家境殷实的人组成，其中的一大部分都出身于豪强家庭。这些人并不指望从中获得经济利益，而是希望通过骑兵的身份提升自己的社会地位，并间接地获取政治利益。所以说，在豪强与中产阶级对抗的过程中，每当需要他们参与战事，他们都会表现得格外团结一致。

能够与佛罗伦萨城中最具威望的人并肩作战，但丁感到相当荣耀。尽管成为骑兵（*equitator*）并不等于获封骑士（*eques*），但无论如何也算是跻身贵族阶层的象征。此外，但丁是在遴选中成为骑兵的，并不需要像进军政界那样采取各种自吹自擂的手段。

关于自己将在佛罗伦萨的社会中扮演怎样的角色，但丁应该扪心自问过许多回。他的妻子来自窦那蒂家族，父亲和祖父都是骑士；他的外祖父（很有可能是杜朗丁·德·阿巴迪）也属于威望素著的家族。而他自己的家族却相当平庸，此时的地位甚至不及当年。他的爱慕对象——至少是他自己认定的爱慕对象——是一位嫁给骑士的女子。这位骑士的家族也是佛罗伦萨的金融贵族。连他交往的朋友也全都是上层社会的人士。他最好的朋友是圭多·卡瓦尔坎迪。一方面，圭多·卡瓦尔坎迪的确是文人雅士，风度翩翩；但另一方面，他也是城市中最富有的家族之一的继承人，卡瓦尔坎迪家族的“人丁、产业和财富在佛罗伦萨首屈一指”。圭多·卡瓦尔坎迪的家庭属于豪强家族，在政治上也很有影响力，他的父亲是圭尔甫派的主要领袖之一。与但丁相比，友人们的社会地位堪称高不可攀：圭多·卡瓦尔坎迪可以拿着武器直接挑衅科尔索·窦那蒂；贝阿特丽齐的兄弟、但丁心中“排名第二的好友”[35]马内托·波蒂纳里尽管出身不像圭多·卡瓦尔坎迪那么高贵，但也属于城中最高等的商人和金融家阶层；另一位好友奇诺来自皮斯托亚（Pistoia）古老而殷实的希吉布尔迪家族（Sigibuldi），后来，他成为那一时期最权威的法学家，更令家族倍添荣光——这一点可以从他在巴尔迪家族银行里的存款总额推断出来。

但丁的家族既不尊贵也不富有。倘若他不是但丁，他所交往的那些友人只会将其视为前来寻求某种恩惠或经济资助的“门客”。圭
65 多 · 卡瓦尔坎迪、马内托 · 波蒂纳里、奇诺 · 达 · 皮斯托亚等人之所以对他平等相待，完全是因为欣赏他的人格和天赋。客观上低人一等的社会地位或许让但丁缺乏安全感，加之好强的性格，令他极度渴望自己出类拔萃。自命不凡是他性情中最为典型的特点——造就这一点的，除了他对自身的定位，还有他默默无闻的家庭出身。此外，出人头地的愿望和与社会格格不入的处事风格也构成了他不断追问“何谓高贵”这一问题的深层原因：他既要追寻普遍意义上的高贵，也要追寻属于他自身家族的高贵。

但丁自觉或自愿成为一个独树一帜的、与众不同的人。很快，他就选择了一种与这一形象相符的生活方式。其中，有意远离政治是一个明显的特征。不过，最能体现他所向往的“贵族式”生活方式的，还是他对待工作、对待经济活动和对待金钱的态度。

但丁没有从事任何职业，这一点不仅令我们吃惊，更是令他的同乡们感到诧异。没错，他的确没有足够的启动资金步入金融或商业的世界，但若是想像父亲和所有其他家族成员那样从事一些小生意、小买卖或金融投机业务，对他而言并不存在任何障碍。他甚至不愿意走上从事脑力劳动的道路——这类工作在佛罗伦萨相当受欢迎（举个例子，布鲁内托 · 拉蒂尼是公证员，友人拉波 · 詹尼 [Lapo Gianni] 也从事同样的职业）。但丁是阿利吉耶里家族第一个、也是唯一一个靠利息度日的人。当然，他并不是想过那种“公子哥儿”式的游手好闲的日子，他的愿望是过上贵族的生活，至少是一种符合他头脑中的贵族概念的生活：远离“讨厌”的柴米油盐之类的忧虑，可以全身心地投入博雅技艺的钻研，或者说学术研究和诗歌创作中去。然而，他要是能像真正的贵族那样，通过庞大的封地收取地租，或是像并不高贵但却着实富有的卡瓦尔坎迪家族那样，从丰厚的不动产中取得收益，这是一回事；若是只能凭一两片农庄收取租金，这又是另一回事。至少就

经济状况而言，但丁很可能需要长期面对现金危机。他应该很早就体
会到这种生活并不具有可持续性。从 13 世纪 80 年代中期起，他就可 66
能因为一系列费用而大伤脑筋：用于刚刚组建的家庭的开支、用于维
持骑兵身份的开支、用于旅居博洛尼亚的开支——这一项支出将让阿
利吉耶里兄弟陷入经济困境。总之，早在因流放而导致的经济崩溃发
生以前，但丁的财务状况就已然是举步维艰了。

“温柔优雅”的爱情诗行

1283 年的春天，也就是在初见贝阿特丽齐的 9 年以后，但丁在佛罗伦萨街头再度巧遇这位心爱的女子。按照当时的习俗，已嫁作人妇的贝阿特丽齐由两位年龄较长的妇人陪同出行。见到诗人时，贝阿特丽齐向其致以问候。在从小就对贝阿特丽齐倾心爱慕的诗人看来，此举正是该女子对其爱意的回应。贝阿特丽齐向但丁致以问候，这并非没有可能；然而，若说这一举动象征着两人在 18 岁时建立了某种情感互动，这却难以令人信服。在《新生》中，但丁特意对此加以强调，但也正是这一部作品，使其中的漏洞暴露无遗。事实上，在那个日期以后的“好几年零几个月里”[36]，但丁曾为其他至少两位女子写过情诗。在作品的叙述部分，但丁曾解释道，那两名女子不过是为了掩人耳目的“屏障”，以此转移佛罗伦萨那些好事者们的注意力。但事实上，据《新生》的诗文显示，在 1283 年之后的若干年里，贝阿特丽齐都不曾现身于但丁的情感及其诗歌创作的世界。如果说诗人在《新生》中格外强调关于贝阿特丽齐的一系列要素，这也只是因为他希望通过某种可信的方式对事实情况进行艺术加工，以便表明自己的所有爱情诗作都统统指向贝阿特丽齐一人。

但丁之所以将 1283 年作为成年后的感情生活的起始点，是为了尽可能与真实的生活经历保持一致。此外，他也可通过同一个时间点将

三个重要事件的发端联系起来：正式开始恋爱，与圭多·卡瓦尔坎迪结下友谊，公开发表诗歌作品。12 世纪末，法国宫廷中一位名叫安德烈的神父曾写过一部题为《论爱情》（*De amore*）的作品，被视作教导宫廷爱情的“圣经”。书中规定，男性不能在 18 岁前成为真正的爱侣。1283 年，但丁年满 18 岁，恰好与这一规定相符。如今，我们无法理解如何能够仅凭相互致以问候就确认两人彼此相爱，但我们应该考虑
67 到，在当时的社会环境下，来自女性的问候的确是具有丰富含义的微妙之举。在《仕女的教养与品行》里，巴贝里诺的弗朗切斯科就曾多次探讨女性是否有权回应他人的问候及其回应方式的问题。此人严格禁止“身处嫁龄的年轻女子”问候在公共场合遇见的男子：“若前往公共场所，必得有其母陪伴左右，且不得对任何人行问候礼。”不仅如此，已婚女性在行问候礼时也存在诸多禁忌和细微的差异。

总之，但丁得到了贝阿特丽齐的问候，喜不自胜地回到了家。他做了一个梦，随后便写下了一首十四行诗——《致每一个被俘的灵魂和高尚的心》（*A ciascun'alma presa e gentil core*）。他在诗中描述了神秘的梦境，并将这首诗寄给了“许多在当时声名显赫的游吟诗人”[37]，请求他们在回应的诗篇中解释自己的梦。在众多收到该诗篇的诗人中，圭多·卡瓦尔坎迪也用一首十四行诗予以回应。对此，但丁表示：“当他知道我就是那个给他寄送诗篇的人，这一事件几乎可以成为我俩之间友谊的开端。”[38] 由此，我们可以看出，但丁是按照公认的习俗将自己的诗作匿名发送给了各位诗友，而卡瓦尔坎迪也是在不知道作者姓名的情况下创作了回应的诗篇，后来才获悉对方的身份。在这一点上，但丁又一次进行了艺术处理：他的确是在 1283 年发表了这首十四行诗，卡瓦尔坎迪也的确是及时给予了回复，然而，两人在诗歌创作上的合作是在之后的几年里才开始的，且直到 13 世纪 80 年代末才算得上是紧密合作（由于但丁曾将该作品献给圭多·卡瓦尔坎迪，不敢在时间方面有所虚构，所以他本人也十分谨慎地表示“这一事件几乎可以成为我俩之间友谊的开端”）。

除了表示自己曾将这首十四行诗寄送给诸位诗友，但丁还提供了另外一条重要的信息，说自己早在发表那首十四行诗以前，就已开始在私下里练习诗歌创作，[39]只是通过那首诗作才公开展示自己的才华。总之，但丁宣称自己是于1283年正式成为佛罗伦萨文学界的一员。这一年代是否确凿，我们无法进行精确考察，但就大体而言，还是合乎情理的。

如果对《韵律集》（*Rime*）中出现的日期和《新生》透露的零散信息加以整体考虑，我们便可大致了解但丁自13世纪80年代初至90年代中期的俗语诗歌创作概况。

在第一阶段，但丁主要与所谓的“宫廷派”诗人多有交往。据 68
推测，这些人多半是将诗歌创作当作业余爱好和某种智力游戏。《新生》的第一首十四行诗就属于此种类型：诗人在诗作中请诸位友人为自己解梦。这种以描述神秘事件为主题，并邀请多位诗友加以诠释的形式在当时颇为流行：但丁本人也曾给一位名叫但丁·达·马亚诺（Dante da Maiano）的诗人回赠过诗篇，解析他的梦境。但丁·达·马亚诺是一位辉煌不再的西西里诗派诗人，我们对他知之甚少，只知道但丁还曾写过另外两首诗歌与之互为应和。通过考察除但丁·达·马亚诺之外对这首诗做出过回应的诗人名单，我们可以大致了解年轻的诗人所处的诗歌文化环境：其中既有奇亚罗·达万扎蒂（Chiaro Davanzati，此人是与但丁交流诗作的最初几位诗人之一）和圭多·奥兰迪（Guido Orlandi）等声望常青的佛罗伦萨大诗人，也不乏一些名不见经传的小作者，如萨维诺·多尼（Salvino Doni）、利克·迪·瓦伦格（Ricco di Varlungo）以及吉伯林派公证员乔内·巴利奥尼（Cione Baglioni）。此外，在给但丁回赠诗篇的诗人之中，既有奇亚罗·达万扎蒂和圭多·卡瓦尔坎迪等大名鼎鼎的诗人，也包括小有名气的泰里诺·达·卡斯特尔菲奥伦蒂诺（Terino da Castelfiorentino）——此人曾与佛罗伦萨的蒙特·安德烈（Monte Andrea da Firenze）和博洛尼亚的欧内斯托·德·欧内斯蒂（Onesto degli Onesti）有过书信往来。但丁还曾向其他一些诗人寄送过诗篇，但由于他们的名字过于普遍——利波（Lippo）、梅乌乔（Meuccio）以及一位“布鲁内托（Brunetto）大人”——我们已经无法追溯其具体的身份。在温柔新诗派兴起前的诗歌创作界，还有一位普乔 · 贝隆迪（Puccio Bellondi）映入我们的眼帘。此人曾与某个名叫但丁的诗人进行和诗，但这位“但丁”很有可能是但丁 · 达 · 马亚诺。总而言之，初出茅庐的诗人但丁似乎与传统诗派的诗人们保持着相同的步调，其交往范围非常局限于当地的文化圈。

13 世纪 80 年代后半期，情况发生了变化。首先，但丁与圭多 · 卡瓦尔坎迪建立了稳固的师生关系；80 年代中期，但丁又旅居于博洛尼亚——闻名遐迩的大学中心——在那里，俗语诗歌相当盛行。就是在那几年，一群新派诗人结成了一个规模很小却极富凝聚力的团体，他们是但丁、卡瓦尔坎迪、奇诺 · 达 · 皮斯托亚、拉波 · 詹尼，很可能还有詹尼 · 阿尔法尼（Gianni Alfani）。许多年后，当但丁回忆起他们的时候，便为这一群体起了一个名垂千古的新名字——“温柔新体派”[40]。

《新生》不仅反映了但丁的爱情观随时间演变的过程（从渴望回报
69 的爱情到不以外物为目的的“仁爱”）及其爱情诗篇创作手法的更迭（从传统宫廷诗人和游吟诗人对爱情的描述转变至卡瓦尔坎迪式的对爱之痛苦的刻画，再到令人心醉神迷的对爱情的“颂歌”），还勾勒出他作为诗人的公众形象的变化：起初默默无闻，直至 13 世纪 90 年代初才声名大振。自从于 1283 年首次抛头露面之后，在接下来的一段时间（至少是好几年）里，作为诗人的但丁彰显出一些明显的特征：一方面，他曾针对不同的女性对象撰写爱情诗作（写给那些用于掩人耳目的女子的“若干具有韵律的小文”[41]）；另一方面，他赋予了诗歌某种社交功能，将其作为志同道合的朋友尤其是诗歌爱好者之间的高雅娱乐方式，对某些乐于露己扬才的知识人而言，作诗亦是一种练习修辞和比试才华的手段。那些邀请他人诠释神秘梦境或是试图为他人揭开谜团的十四行诗——例如《新生》的开篇之作——就属于第二种类型。他的另一些诗篇则具有典型的社交游戏功能，其受众对象是出身高贵的年轻人，且不限于诗人群体。例如，他曾表示自己在一封“用普罗旺斯道德讽喻诗体（serventese）撰写的书信”里列出了佛罗伦萨最美的 60 位女子的姓名。由此可以看出，此时的诗人还没有完全确定自己的志趣爱好。在但丁走向成熟的过程中，圭多·卡瓦尔坎迪起到了十分关键的作用。对此，但丁直言不讳，认为卡瓦尔坎迪为自己指明了前行的道路，并称其为自己的施洗约翰。

但丁在《新生》中宣称贝阿特丽齐是自己毕生唯一所爱（也是他唯一的真正的灵感来源），这一点并不符合事实；不过，正如该作品所透露的，诗人的名望源于他所倡导的全新诗体，即全新的歌颂爱情的方式，而这种方式，的确与这位女子的名字密切相关。那是 13 世纪 90 年代初的事情了。当时，但丁以一首《深谙爱情的女士们》（*Donne ch'avete intelletto d'amore*）表达了对爱情的赞叹。在《炼狱篇》里，来自卢卡的诗人波拿君塔·奥尔比恰尼（Bonagiunta Orbicciani）称赞但丁正是凭借该作品拉开了“新诗体”的大幕，[42] 在老一代诗人（贾科莫·达·伦蒂尼、圭托内·阿雷佐以及但丁自己）和新一代吟咏“温柔优雅的爱情诗篇”[43] 的诗人之间划出了一道分水岭。但丁曾不
无得意地评价这首合组歌“在民众中广为流传”[44]。尽管该诗描绘的 70
是贝阿特丽齐在世时的情景，但实际创作时间却是在贝阿特丽齐离世（1290 年 6 月）之后。1292 年，这首诗就在博洛尼亚享有盛名。当年 9 月 28 日至 10 月 2 日期间，似乎就有一位名叫皮耶特罗·阿雷格兰泽（Pietro Alegranze）的公证员（此人出生于佛罗伦萨，住在博洛尼亚）将这首诗的一部分抄写在了一本公共备忘簿（由专门的政府部门收录私人法律文书，供公众查询的册子）里。《深谙爱情的女士们》发表后，许多或远或近的友人纷纷请但丁为他们创作诗篇。但丁在《新生》里写道：一位不知名的朋友在读到或听人读到这首诗以后（“或许因为听到诗句而对我产生了过高的期望”），请他用诗歌为自己解释

“何谓爱情”[45]。不仅如此，当描写贝阿特丽齐之死的合组歌——《因心中怜悯而痛苦的双眼》（*Gli occhi dolenti per pietà del core*）流传开来以后，马内托·波蒂纳里甚至请求诗人“为香消玉殒的女子写点什么”[46]。作为波蒂纳里的一家之长，马内托居然会委托但丁为去世的女性家庭成员创作“哀歌”（*planctus*），抛开二人之间原有的交情不论，这至少说明当时的但丁已经成为公认的知名诗人。此外，还有两位匿名的“高贵女性”请但丁将自己的“诗作”[47]寄给她们——这也是诗人声名远扬的明证。由此，我们可以推断，当但丁于1295年完成《新生》这一作品时，已然扬名立万，其声名已经传播到佛罗伦萨城以外，并且为文学界之外的人们所熟知。对此，但丁是心知肚明的，所以他才会称自己是“超越了圭多·卡瓦尔坎迪的那个人”：如果说前者是施洗约翰，那么他自己便是弥赛亚（Messia）。

“修辞泰斗”：布鲁内托·拉蒂尼

无论是否曾在公共的语法学校学习过，15岁上下的但丁都面临着朝何种方向继续深造的问题。那些注重职业教育的学校不适合他，而大学里的医学和法学专业也算不上他的兴趣所在。倘若那时的博洛尼亚大学能够提供哲学课程，但丁或许会有其他的选择。然而，直到13世纪的90年代，来自巴黎的詹蒂莱·达·琴格里（Gentile da Cingoli）才来到博洛尼亚——也就是从那时起，博洛尼亚大学的哲学研究才真正成为一门有别于神学、医学和法学的独立学科。当然，在那所大学里，但丁应该能够获得他渴求的修辞学教育。在那个年代，具备一定
71 的修辞技巧是展开法律学习的必要前提。因此，修辞学是学生们的一门预备课程。不过，据我们所了解的情况，那时的佛罗伦萨还不存在任何教授修辞学的学校。对于那些有志投身于文学研究的人来说，唯一的学习途径就是向私人教师求教。然而，即使是这种私下的学习也

具有相当大的难度：在佛罗伦萨，关于古典拉丁文的书籍屈指可数，至于那些深谙古代语言和文学的世俗学者，就更是凤毛麟角了。

那时，在圣皮埃尔马焦雷行政区，住着一位名叫博诺·詹伯尼（Bono Giamboni）的法官。他比但丁年长至少30来岁，于1292年后不久去世。此人曾因创作过一部用俗语写成的道德隐喻论著《恶性与德性之书》（*Il libro de' vizî e delle virtudi*）而声名大振。此外，他还将多位中世纪拉丁文和晚期拉丁文作家的作品译述或改写为俗语。例如，相传为西塞罗所作的《给赫仑尼翁的修辞学》（*Rhetorica ad Herennium*）被认为是中世纪最为重要的修辞学著作。该作品有四个知名的俗语译本，名曰《修辞之花》（*Fiore di rettorica*），其中两个版本就是出自博诺·詹伯尼之手。我们并不了解但丁是否与这位老法官有所交流，但我们知道博诺·詹伯尼与阿巴迪家族一位名叫兰贝托（Lamberto）的成员来往颇为密切。兰贝托享有“大人”（*messere*）头衔，由此可见其地位之尊贵。阿巴迪家族的另一位成员杜朗丁很可能是但丁的外祖父，此人也是法官：由此，我们几乎可以断定杜朗丁理应与博诺·詹伯尼相识，且两人之间的关系很可能并不局限于礼节性的交往。既然如此，作为杜朗丁的外孙，但丁就完全有机会见到博诺·詹伯尼，并被他的学养所打动。尽管博诺·詹伯尼的学术研究并不与原始的古典拉丁文献紧密相关，但他至少深谙波爱修斯的《哲学的慰藉》（*De consolatione Philosophiae*）——这本书对但丁产生的影响是至关重要的。

可以肯定的是，年轻的但丁曾向布鲁内托·拉蒂尼求学。布鲁内托·拉蒂尼与博诺·詹伯尼同龄（他出生于1220年至1230年间，于1293年底去世），是佛罗伦萨共和国最具代表性的知识人。他是高级公证员、坚定的圭尔甫派，在蒙塔佩蒂战役和贝内文托战役之间的吉伯林派统治期间（1260年至1266年），他曾流亡法国。回到佛罗伦萨后，他一直担任要职（抛开其余不论，此人是佛罗伦萨共和国秘书厅的实际领导），在佛罗伦萨城政治和公共事务中，他是无可指摘的典范

72 人物：不仅是博学多才的学者，也是谨言慎行的政治家。乔凡尼·维拉尼曾这样描述布鲁内托·拉蒂尼："修辞泰斗"，"佛罗伦萨人的启蒙导师，教会他们如何发表精彩的演说，以及如何按照政治学领导和管理共和国"。就文化主张而言，布鲁内托·拉蒂尼的一大特点就在于他认为文化具有极其高贵的教化作用，是教导公民和平共处的关键手段，因此应该为公民服务。布鲁内托·拉蒂尼的作品很多，最为重要的是他用法文写成的一部百科全书《宝库》（*Tresor*）——当但丁在地狱中与他的灵魂道别时，他对诗人说："请允许我把《宝库》推荐给你。"[48] 此外，他还用托斯卡纳方言撰写过一部简要版的百科全书——《小宝库》（*Tesoretto*）以及一首关于友谊的小诗，题为《小歌谣》（*Favolello*）。在但丁的学习过程中，布鲁内托·拉蒂尼用俗语译述的《论取材》（*De inventione*）和若干西塞罗的演说辞以及他用俗语撰写的一部关于修辞学的论著占有极不寻常的地位。修辞术既是一种关乎城市政治演说的能力（城市国家的演说家的艺术），也是一门关乎撰写信函的艺术，因而是布鲁内托·拉蒂尼在从事公民启蒙教育工作中的一门支柱学科。

但丁将布鲁内托·拉蒂尼置于地狱中的鸡奸者行列。关于这一点，维拉尼曾将布鲁内托·拉蒂尼称为"性情中人"，之所以如此，是因为布鲁内托·拉蒂尼本人也曾这样描述自己："我一直是放浪形骸的性情中人。"至于鸡奸罪，倘若布鲁内托·拉蒂尼写给佛罗伦萨诗人邦迪耶·迪耶塔伊乌蒂（Bondie Dietaiuti）的一首合组歌被理解成一首情诗，那么这宗罪行就是毋庸置疑的了——然而，我们却很难就此给出定论。无论如何，假如它的确是一首情诗，那么这首情诗将成为整个13世纪唯一一首表达同性恋情感的作品。在《地狱篇》里，当但丁看到自己的老师冒着纷飞的火雨浑身赤裸地在灼热的沙地上奔跑时，他感到万分痛心。在与布鲁内托·拉蒂尼相见的那一刻，他的心头涌上一股父子之间的强烈的悲悯（*pietas*）之情：一方面，但丁对布鲁内托·拉蒂尼"亲切、和善的父亲般的形象"[49] 保有鲜活的记忆；另一方面，布鲁内托·拉蒂尼曾先后两度称但丁为“孩子”[50]。对于《神曲》中出现的其他佛罗伦萨的逝者，但丁从未做出过类似的亲近表达。这种亲情是从诗人的青年时期逐渐培养起来的。对于但丁而言，布鲁内托·拉蒂尼既是他的父亲，也是他的老师，教导他“如何永生人间”[51]，即如何通过著作战胜死亡。

布鲁内托·拉蒂尼主要是通过自己撰写的作品从文化层面和精神层面对但丁进行引导，但据我们推测，他应该也给但丁上过真正的关于语言和写作风格的课程，并对诗人的阅读提出过建议。他建议但丁研读以西塞罗为代表的拉丁时期的名家名作。正是在布鲁内托·拉蒂 73
尼的建议下，但丁接触到了西塞罗的《论友谊》（*De amicitia*）——另一部对诗人的成长至关重要的作品。随着时间的推移，布鲁内托·拉蒂尼教授给但丁的拉丁文修辞技巧将孕育极为丰硕的成果。成年后的但丁常常凭借自己对拉丁文的造诣和对修辞手法的娴熟应用为接纳他的领主或是一同流放的友人服务，这两点都是撰写信函时不可或缺的能力。担任文书或秘书之职，起草信件和文书，不仅将成为但丁的一种职业，也是他在拮据的流亡生涯中用以谋生的手段。身为公证员的布鲁内托·拉蒂尼是从事拉丁文信函写作艺术（*ars dictandi*）的专业人士，也是活跃在佛罗伦萨的最知名的权威学者。因此，他自然会将专业文书写作视为比其他能力更重要的技能，倾力传授给但丁这位年轻的弟子。

卡里森达的影子

通过布鲁内托·拉蒂尼的私人授课以及自己的阅读，但丁增长了不少学识。遗憾的是，在布鲁内托·拉蒂尼的文化视野（及私人藏书）里，缺少了但丁最渴求的那些典籍——古典诗歌，或者说是古典文学作品。假如他想在不以道德论述或政治演说为目的的修辞学研究领域里更进一步，就必须走出佛罗伦萨。

1287 年的下半年，博洛尼亚的公证员恩利凯托·德·圭尔切（Enrichetto delle Querce）在一份公共备忘簿里抄写了一首由但丁创作的，但却带有明显的博洛尼亚方言痕迹的十四行诗——《我的双眼永远无法弥补它们的大错》（*Non mi poriano già mai fare ammenda*）。尽管这首诗原本就是用博洛尼亚方言写成的，但字里行间的乡土气息却很有可能来自那位负责抄录的公证员。诗中描写了一则颇为令人费解的轶闻，其中唯一可以确定的内容便是诗人描写了自己聚精会神地观察卡里森达（Garisenda）塔时的状态："我永远无法弥补 / 我的双眼犯下的大错，除非它们 / 失去光明，面对卡里森达高塔 / 精致的造型，我是如此目不转睛"[52]。关于博洛尼亚所有的名胜古迹，但丁只提到了这座高塔。除了这首十四行诗，他在《地狱篇》里也对这座高塔有所描述，当但丁看到巨人安泰（Anteo）弯身时，仿佛"倾斜一面观卡里森达，
74 / 如若有云飘过它的上面，/ 就好像塔压向你身一般"[53]。诗人在上述两处描绘的都是自己的个人经历，更准确地说，是一个初到博洛尼亚的佛罗伦萨人的典型体验。对于佛罗伦萨人而言，那座塔（当时的高度远远超过现在的高度）是博洛尼亚最出名的地方，几乎算是整个城市的地标性建筑。这是因为流亡博洛尼亚的大部分佛罗伦萨人都居住在由卡里森迪家族（Garisendi）开办的旅馆或收容所里，而卡里森迪家族的府邸就位于高塔附近的波塔拉维尼亚纳（Porta Ravignana）路口。但丁很有可能也曾在高塔下的某家屋舍中留宿。

这首描写卡里森达塔的十四行诗证明但丁的确曾到过博洛尼亚。根据那位公证员誊抄这首诗歌的时间，我们可以推测出但丁来到博洛尼亚的时期应该是在 1287 年的下半年以前。至于具体的日期以及逗留的时长，我们就不得而知了：或许是在 1286 年至 1287 年之间，时间不长，仅有几个月而已。

对于一个对经济利益不屑一顾的佛罗伦萨人来说，若不是为了前往博洛尼亚大学及其附近的文化机构求学，还有什么能吸引他前往这

座城市呢？那时，上大学的年龄大约是在 15 岁左右，甚至更小（彼特拉克 12 岁时就在蒙彼利埃 [Montpellier] 上大学，16 岁时又进入了博洛尼亚大学学习），然而，当年的但丁已是 20 出头的一家之长了。因此，但丁并不是以正式注册的学生身份正常上课的。他只可能旁听过某些课程。与法学和医学相比，他对“拉丁文信函写作艺术”实践课更加感兴趣，因为用拉丁文写作是开展逻辑学研究和自然哲学研究的必备前提。这一过程与薄伽丘的描述基本相符：但丁“在出生的城市完成了最初的学习，随后前往文化土壤更为肥沃的博洛尼亚”，“在那里花费了不少时间”。无论是否成为博洛尼亚大学的正式学生，但丁在旅居博洛尼亚期间的确取得了多方面的丰硕成果。在圭多 · 圭尼泽利（Guido Guinizelli）的影响下，一大批当地诗人蓬勃成长，因此，作为一位善于用俗语写作的诗人，但丁在这里找到了适宜的环境（他与博洛尼亚大学的学生奇诺 · 达 · 皮斯托亚的友谊或许也是从这里开始的）和鲜活的灵感。他曾多次赞誉圭多 · 圭尼泽利，将其尊为自己的导师。在这里，这位痴迷于拉丁文学的爱好者终于读到了古典大家的作品，除了西塞罗和波爱修斯，他还接触到了四位标杆性的史诗作家：奥维德（Ovidio）、斯塔提乌斯（Stazio）、卢坎（Lucano）和维吉尔。

1290 年：一位与众不同的知识人 75

13 世纪 80 年代末，但丁展现出某种对于佛罗伦萨人而言相当与众不同的知识人的形象。他既不像博诺 · 詹伯尼和布鲁内托 · 拉蒂尼般热衷于文化普及，也不是奇亚罗 · 达万扎蒂等摇摆于宫廷传统和道德说教之间的城市国家诗人；既不似蒙特 · 安德烈投身于派系之间的争斗，也不像后来的巴贝里诺的弗朗切斯科一样是一位多才多艺的百科全书作者和隐喻作家。但丁的诗歌创作虽仅仅聚焦于爱情主题，却展现出极为出色的语言天赋和拉丁文风采，在当年以商业文化著称的佛罗伦萨无人能及。此刻，他所要做的，便是在公众面前展露文采，在上述两方面赢得赞誉。

1290 年 6 月 8 日，贝阿特丽齐离世。对作为男人的但丁来说，这或许是一个令人悲痛的事件；但不可否认的是，对诗人和文人但丁而言，却是一个重要的契机。正是贝阿特丽齐的故去促使但丁产生了创作一部全新作品的念头，这部作品就是后来的《新生》；在挚爱的女子逝世后不久，他就创作了《深谙爱情的女士们》等诗篇，声名也因此大振。此外，这一悲惨的事件也令但丁有机会以拉丁散文作家的身份正式现身于公众的视野。

在《新生》中描写贝阿特丽齐突然香消玉殒的章节里，但丁以基本真实的事件为基础，对其加以扩充和文学改造，称这位女子的离世令整个佛罗伦萨城都深深陷入了悲伤和痛苦：

> 当她离开这个世界时，我所说的这座城市仿佛变成了一位被剥夺了所有尊荣的寡妇。因此，当我仍在这座悲痛的城市里垂泪时，就着手给这片土地的君主们致信，描述城中的状况，以先知耶利米的那句“这城市孤坐独处”* 开篇。[54]

但丁继续写道，由于那篇文章是用拉丁文写成的，而他已与友人圭多 · 卡瓦尔坎迪商定，整部作品都将使用俗语作为唯一的语言，因此，他并不打算在作品中转录那篇文章的原文。

诗人所说的“那篇文章”究竟是哪篇文章？又是写给谁的呢？鉴于那篇文章以《哀歌》（*Lamentazioni*）的第一句作为开端，我们可以较为确定地推断，那一定是一篇悼文，是一封在贝阿特丽齐逝世后不
76 久（“仍在垂泪”）就写给“这片土地的领主们”——即城中的领袖们——的信函。就政府机构而言，佛罗伦萨城中最重要的人物是被称

* 《圣经 · 耶利米哀歌》1:1：“先前满有人民的城，现在何竟独坐！”（和合本）“怎么！这个人烟稠密的京都却孤坐独处！”（思高本）。——译注

为“领主”的执政官。然而，无论贝阿特丽齐的家族有多么显赫，一个女子的逝世如何能够成为向佛罗伦萨执政官致信悼念的理由呢？况且但丁并不具备名正言顺的身份来完成这项隆重的举动。不过，假如我们推测但丁的实际致信对象并非城中所有的执政官，而只是某一位与贝阿特丽齐有亲缘关系的执政官，那就是另外一码事了。倘若事实的确如此，但丁此举便是出于一种当年通行的礼节——这种习俗一直保留至今；与此同时，致信某位要人，还可以达到将悼文公开发表的目的。1290 年 6 月 15 日（贝阿特丽齐去世不到一周），共有 6 位执政官开始履行为期两个月的职务，当中的确有一位“雅各伯 · 迪 · 利德 · 巴尔迪老爷的奇诺”（“Cinus quondam domini Iacobi de Bardis [Ultrarni]”），他是雅各伯 · 迪 · 利克的 4 个儿子之一，也是贝阿特丽齐的遗夫西蒙尼 · 德 · 巴尔迪的堂兄弟。此人在佛罗伦萨威望素著，曾于 1278 年担任呢绒商人行会的领袖。如此一来，但丁向故去的贝阿特丽齐的近亲寄送一份悼文就不足为奇了。同理，他希望通过一则以《圣经》开篇的典雅高华的悼文展示自己在拉丁文和书信写作艺术方面的才能，这也是合情合理的。后来，他又在《新生》中隐晦地提及此事，证明这封悼文在佛罗伦萨的上层社会中的确引起了良好的反响。

13 世纪 90 年代中期，一位名不见经传的知识人逐渐在佛罗伦萨崭露头角：这个人精通俗语和拉丁文，对公共事务漠不关心，一心沉醉于诗歌创作和修辞学研究。与导师布鲁内托 · 拉蒂尼相比，这位学生是一个截然不同的“智者”。佛罗伦萨注意到了这位学者，并赐予他荣耀。1294 年 3 月，佛罗伦萨组织了一个欢迎代表团，在维耶里 · 德 · 切尔基之子贾诺 · 德 · 切尔基（Giano dei Cerchi）的带领下前往锡耶纳，准备迎接查理 · 马尔泰罗殿下，并护送他抵达佛罗伦萨。
有人猜测但丁也是诸位“使节”之一。假如此种猜测并非毫无根据，77
那么但丁只可能是凭借自己的才华获得了这一殊荣。总之，出人头地的愿望和特立独行的成长路径已开始带给但丁最初的成果。

“描绘天使的形象”

据列奥纳多 · 布鲁尼所述，但丁是一位“喜爱音乐和唱歌”的人。此外，在所有的古代传记作家中，只有他提到但丁的“手绘技能极好”。说到但丁的音乐才华，这并不令人感到惊讶：尽管在 13 世纪，意大利的诗人们已不再像普罗旺斯诗派的游吟诗人那样惯于在器乐和歌声的陪伴下吟唱诗篇，而是更倾向于以朗读或背诵的形式展示作品，但是，用音乐来美化诗作的习俗仍然被保留下来。但丁曾数次提到用音乐装点自己的诗篇。在《炼狱篇》里，他还描写了音乐家卡塞拉（Casella，关于这个人物，我们一无所知，只知道他是诗人的一位朋友）吟唱那首题为《爱在我的心中对我言说》（*Amor che ne la mente mi ragiona*）的合组歌的情景。

至于但丁的绘画才能，则又是另一回事了。事实上，布鲁尼并没有说但丁是精于绘画艺术的专家，只是说他曾亲自实践这门艺术。或许，布鲁尼是从《新生》中的一个段落看出但丁的绘画（更准确地说，是素描）才能的。在那一段里，但丁写道：1291 年 6 月 8 日，也就是贝阿特丽齐去世一周年的纪念日，诗人一边想念心爱的女子，一边坐在某个地方“在画板上绘制一个天使”。他是如此聚精会神，以至于没有察觉一些有身份的大人物凑到他身边，悄悄看他作画。当诗人反应过来时，他连忙起身向那些人问好。待那些人离开之后，他便再次专注于“描绘天使的形象”。乍一看来，这段描写仿佛只是诗人的杜撰，即使并非全然无中生有，但其发生的时间和具体情形也未必像他所描绘的那般。

然而，“画板”一词的使用却令人颇感震惊。14 世纪末，阿尼奥罗 · 加迪（Agnolo Gaddi）的弟子——画家琴尼诺 · 琴尼尼（Cennino Cennini）曾写过一部讲解如何实际操作各种绘画技巧的论著，其中
78 说到“艺术的基本功……是素描和上色”，并鼓励某位虚构的弟子从“画板”素描开始练习这项技能：用一支“银质或铜质”的“尖

笔”在一块涂有“磨得极细的骨粉”的专用木板上进行素描。但丁展示的情景仿佛正是此种基础训练。当然，作为现代人，我们如今很难想象如何在露天场所（*en plein air*）进行此种操作；因此，更为合理的解释是诗人坐在一个室内或半室内的场所按照这种方式进行创作，例如某位画家或香料商人的作坊。由于中世纪的作坊都是临街开放的，因此，那些有身份的人可以很方便地从旁观察他的一举一动。此外，倘若连佛罗伦萨中的大人物都曾看着但丁作画，且对此并不感到惊讶，这就足以说明诗人并不只是将素描看作某种普通的消遣：假如他在这项技能方面不是小有名气，又如何会将自己描写成一位“绘画者”呢？

不容忽视的还有但丁反复强调的专注状态。先前，我们提到但丁曾目不转睛地注视卡里森达高塔，忘记了周遭发生的一切。在《神曲》里，我们也能读到这样的一组三行阕：“如若是听或见某种事物 / 把灵魂全吸至它的身边 / 虽时间流逝去，却难发现。”[55]这种不受周遭事物干扰的能力是但丁性格中的一大典型特质。关于这一点，薄伽丘讲述了一则轶闻：一次，但丁来到锡耶纳的一家香料店，有人给他拿来了一本他先前不曾读过的著名的小册子（那时的香料商人同时也是书商）。但丁拿过小册子，就坐在香料店前的长条凳上，开始专心致志地读书。由于他被书中的内容深深吸引，所以对从早晨九点至黄昏时分发生在身边的一切——跳舞、游戏甚至是一场“大规模的比武”——浑然不觉。薄伽丘的这段描述或许不乏杜撰的成分，但他所说的骑士之间的大型比武活动确实是锡耶纳城民迎接查理 · 马尔泰罗到来的欢庆活动之一。薄伽丘提到的最有趣的细节，是但丁所处的环境是一间香料作坊。那时，香料商人不仅会配制药物，也会为画家调制染料。在但丁的日常生活中，他对染料、颜料及其配制工艺并不陌生。他在许多文稿中都曾表示自己对色彩及其配制方式非常在行，其熟悉程度远远超过普通的绘画爱好者。这种了解程度只可能是通过平时的亲身 79
操作获得的。

尽管《神曲》中的某些诗句能够证明但丁对绘画艺术的了解颇为深入（他对明暗处理及用黑色釉彩填充刻痕等其他特殊技巧相当在行），但是他却从未将其作为一种职业；我们只能说，但丁是一个非常了解各类实操技巧的绘画爱好者。所以说，他并不曾在某位画家的工作室里学习，但一定跟随某位类似于琴尼诺·琴尼尼的人学习过绘画的基本技巧。他所掌握的（至少是在理论层面上的）研磨和浸渍天然材料用以制作颜料的方法，以及如何调制色彩的知识，并不仅仅依靠自学而习得：这些工艺只有在相关的专业场所才能了解，香料商的作坊便是其中之一。薄伽丘说但丁曾在香料商的作坊里看书，他本人也曾在《新生》中隐晦地提到自己在某间开放的作坊（很有可能就是香料商的作坊）里绘画，这两处描述难道仅仅是简单的巧合？假如说但丁的确曾前往那样的作坊，又是谁介绍他去的呢？我们推测，这其中的引导者很可能是他的导师布鲁内托·拉蒂尼。的确，这位知名的公证员正是那些场所的常客：1270 年的一份文献表明，他曾对博洛尼亚的一桩香料生意表示出兴趣；1293 年底的另一份文献——正是那份文献提供了他逝世的确切日期——表明，他的儿子克雷斯塔·拉蒂尼（Cresta Latini）除了从事与父亲一样的公证员一职，也经营香料生意。我们认为，这项工作应该是由布鲁内托·拉蒂尼开创的一份第二职业；他去世后，至少一名儿子将其作为副业继承了下来。在那个年代，香料商人都从事哪些贸易呢？调味品、香料、药品以及画家和印染作坊使用的颜料。既然如此，我们可否继续大胆猜测，当但丁打算涉足政坛时，他之所以选择加入医生和香料商人行会（至少从 1295 年起，画家们就在这一行会内部成立了属于自己的分支——至于 1295 年以前的情况，由于缺乏文献记载，我们就不得而知了），或许不仅仅是因为这一行会云集了众多我们今天称之为知识人的群体（在大学里，哲学与医学有着十分紧密的联系），也是出于诗人对香料商人和画家群体的那份亲近感吧。

“极其高贵美丽的哲学女士” 80

13世纪90年代初，但丁开始投身于长期而深入的哲学研究，以至于十多年以后，他的《飨宴》里遍布哲学术语，其专业程度只有深入钻研过这门学科的学者才能企及。在13世纪末，选择研究哲学的理由并不像在今天这样充分。那时，哲学还是一门年轻的学科，其研究范围只限于大学教室及一些较为重要的修道院学校（*Studium*）。哲学研究首先兴起于巴黎大学，通过对亚里士多德作品的译介，人们重新发现了哲学的价值。13世纪90年代，随着詹蒂莱·达·琴格里等哲学教授（*magister*）从巴黎来到博洛尼亚大学任教，哲学研究才在这座城市逐渐发展起来。这门新兴的学科提倡人性和理性的研究路径，在方法上和在目的上都与神学研究大相径庭。因此，无论是在巴黎，还是在博洛尼亚，哲学家们都试图在大学里寻找一片属于自己的全新空间——而此前，这一阵地一直被神学家、医学家和法学家所占领。

如果说投身于哲学已然是非主流的选择，那么在佛罗伦萨进行哲学研究则更是闻所未闻的惊人之举。在这座城市里，学习修辞学（开展文学研究的关键能力）的学者已被视为特立独行的知识人；那些放着自然科学（医学系的核心学科）不去研究，而去钻研伦理道德和形而上学的人就更可谓是“白色的苍蝇”了。所以说，醉心于修辞学和哲学的但丁简直是特例中的特例。

在佛罗伦萨，究竟是什么人鼓励但丁做出这样的选择呢？显然不是布鲁内托·拉蒂尼。对于布鲁内托·拉蒂尼而言，“哲学”这一术语无非是指传统意义上对于知识的热爱，而所谓知识，更多是指百科全书式的常识积累。在但丁的文化选择中真正起到决定性作用的，还是圭多·卡瓦尔坎迪。

至少是在14世纪，卡瓦尔坎迪一直被冠以“无神论者”和“伊壁鸠鲁主义者”之名，因为他一直为“探索上帝不存在的证据”进行各种“推理”。与此同时，他也以“逻辑学家”和“哲学家”的声名著称。但丁也曾传播卡瓦尔坎迪作为非基督教信徒的坏名声。在描写异端——尤其是认为“身死魂断”[56]的伊壁鸠鲁主义者时，但丁借卡瓦尔坎迪的父亲之口提到了他，说：“天真的读者以为老卡瓦尔坎迪的伊
81 壁鸠鲁主义思想影响了自己的儿子。”我们并不了解老卡瓦尔坎迪的哲学倾向，但丁对此也应该知之甚少。即使但丁将老卡瓦尔坎迪和吉伯林派的法利纳塔、腓特烈二世和奥塔维亚诺·德·乌巴尔迪尼主教一道，统统置于火棺之中，也并不一定是因为老卡瓦尔坎迪在世时曾像阿威罗伊（Averroé）那样否认灵魂能够独立存在；他之所以受到与法利纳塔一模一样的惩罚，完全是由但丁在1307年前后（很有可能就是这一歌的完成时间）所采取的政治策略决定的。不过，对于圭多·卡瓦尔坎迪的哲学观点，但丁是十分清楚的。因此，当他提及圭多·卡瓦尔坎迪时，心中必然十分清楚他的非信徒立场。

圭多·卡瓦尔坎迪作为哲学家的名气很大，但这一名声只是来源于唯一的一篇文稿，那首以论说教理为目的的合组歌——《一位女子相求，因此我想言说》（*Donna me prega, per ch'eo voglio dire*）。这首诗作的灵感应该来自他与博洛尼亚新开设的哲学课堂里的代表性人物的交往。13世纪90年代末，雅各伯·达·皮斯托亚（Iacopo da Pistoia）曾称圭多·卡瓦尔坎迪是他“所有人中最亲爱的朋友”，并将他唯一流传至今的作品《关于幸福的辩论》（*Questio de felicitate*）赠送给圭多·卡瓦尔坎迪。

总而言之，在佛罗伦萨，没有任何人会比圭多·卡瓦尔坎迪更好地引导但丁走上哲学研究的道路。不过，圭多·卡瓦尔坎迪的志趣更加偏向与医学紧密相关的自然哲学，以至于著名的物理学家（医学家）蒂诺·德·加尔伯（Dino del Garbo）将《一位女子相求，因此我想言说》视作一篇值得深入探讨的作品。然而，但丁似乎对用物理学和病理学理论解释相思病的套路并不感兴趣，他走上了另外的研究路途。我们可以这样认为，就像在诗歌创作领域中一样，在哲学研究领域中，圭多·卡瓦尔坎迪也是但丁的“施洗约翰”，而但丁则是圭多·卡瓦尔

坎迪所预言的“弥赛亚”。

《飨宴》在两处描述了但丁走上哲学研究之路的过程。第一处采用
的是隐喻的形式。在《新生》里，但丁提到贝阿特丽齐去世后，一位
无名女子对诗人的处境表示非常怜悯，逐渐激发了他的爱之激情，那
是一种非理性的情欲，一种“邪恶的欲望”，令诗人背叛了对于所爱女
子的记忆。后来，但丁对那段情愫感到羞愧而后悔，转而回归到对贝
阿特丽齐的纯真的爱。在《飨宴》的第二部分，但丁重拾《新生》里
的相关描述，表明那位富有同情心的女子并不是一位真实的女性，而 82
是“上帝的女儿”“极其高贵美丽的哲学女士”。[57] 但丁之所以没有在
《新生》里揭示这位女子的真实身份，是因为这样一来，读者们以为但
丁爱上的是一位真正的女子，便不会将其理解为隐喻的修辞手法。此
外，但丁还写道，他通过复杂的占星术计算出那位“富有同情心的女
士”——《飨宴》中常常称其为“高贵的女士”——第一次出现在他
面前的时间是在贝阿特丽齐逝世后的第 1168 天。鉴于贝阿特丽齐是在
1290 年 6 月 8 日去世的，那么这位高贵的哲学女士理应是在 1293 年
8 月 21 日首次出现在诗人的视线之中。但丁又提到，他需要时日来培
养对这位新女士的爱。因此，我们可以推测大致的时间是在 1293 年至
1294 年之间。

在第二处叙述中，但丁理所当然地揭示出那位高贵的女士其实是指哲学女士。此时的诗人更加坚定地转向讲述自己的人生经历。他说，自从贝阿特丽齐去世后，他只好从波爱修斯的《哲学的慰藉》和西塞罗的《论友谊》中寻找安慰。他在那些作品里不仅找到了止住眼泪的“良方”，还像那些“在寻找银子的过程中意外获得金子”的人那样，发现了“作家们的金玉良言、科学知识和经典著作”。通过阅读这些典籍，他逐渐意识到哲学“就是这些作家的女神”，是“至高无上”的。随后，但丁围绕这位女子展开了想象，将其设想为一位富有同情心的“高贵的女士”。然而，若想眼见为实，就必须“前往她展露真容的地方——神职人员学校和哲学家们的辩论会；在那里，诗人只用了很短

的时间——或许是 30 个月——就深深感受到那位女子的甜美，以至于对她的爱意赶走并摧毁了其他一切念头”。总之，在大约两年半的时间里，但丁通过哲学研究找到了幸福和满足感。

诗人之所以称自己在第一时间仅仅想象了那位女子的容貌，是想避开先前提到的那个日期——贝阿特丽齐去世后的第 1168 天，也就是那位女子首次现身的日子。这个数字应该只是一个大概的约值：倘若说一位真实存在的女子往往是在某个精确的日子里意外出现，那么哲学作为一门研究，则不可能是在某个具体的日子里忽然出现于诗人的脑海的。只有经过长时间的了解，才能悟出这门学科的真谛。因此，
83 在第二处描述中，诗人所说的从开始研究到真正掌握这门学科的两年半时间（“或许是……30 个月”）并没有一个确切的起始点。不过，假如我们按照先前的假设，将这两年半的终点设置在 1293 年底或 1294 年初，便可大致推断出但丁开始接触哲学研究的时间大约是在 1291 年年中。

“神职人员学校”和“哲学家们的辩论会”

当但丁表示自己曾前往“神职人员学校”和“哲学家们的辩论会”时，他所指的究竟是两种不同的机构，还是在相同或近似的场所——如佛罗伦萨的修道院学校——进行的两种不同的学术活动呢？

13 世纪 90 年代初，佛罗伦萨有三所神职人员学校：一所由奥斯定会*在神圣修道院（Santo Spirito）兴办（关于这所学校，我们并没有掌握任何文献资料）；另一所由方济各会在圣十字修道院（Santa Croce）兴办，还有一所由多明我会在新圣母修道院（Santa Maria Novella）兴办。当然了，这三所学校都是神学院，其主要目的在于给上述各个修会培养高级神职人员。

* “奥斯定”是罗马天主教廷对“圣奥古斯丁”（Agostino d’Ippona, santo）的官方称法。——译注

那所位于新圣母修道院的学校尽管直到14世纪初才成为修会大学（*Studium generale*），但在但丁前去听课的年代就已经占有相当重要的地位了：当时，它还是一所地方性的修会学院，其级别居于修会大学和普通修道院的内部学校之间——学生的初步遴选流程往往就在这后一种学校里进行。鉴于它是一所神学院，所以在这里并不教授狭义上的哲学课程，但这并不意味着亚里士多德使用的哲学语言、哲学范畴以及某些作品——如《物理学》（*Fisica*）和《形而上学》（*Metafisica*）——不被传播，尽管只能通过间接的方式传播。事实上，这些内容是广为流传的，只不过由于多明我会修士认为哲学是一门具有危险性的学科，所以非宗教人士只被允许上神学课，却不被允许上哲学课。雷米焦·德·吉洛拉米（于1320年逝世）——托马斯·阿奎那（Tommaso d'Aquino）在巴黎教授过的弟子——是这所修会学院的灵魂人物，他在这里担任讲师（lettore），前后长达40余年（期间有数次间断）。此人是圭尔甫派白党的领袖，也是佛罗伦萨城中最具影响力的人物之一。他既是文化上的调和者，也是各派政治势力之间的调停人，人们评价他是“城邦文化中真正的宗教楷模，就如同上一代人中的布鲁内托·拉蒂尼，是城市国家文化中的世俗典范”。关于他与但丁 84
之间的交往，我们找不到任何文献记录，但这种交往很可能是存在的：但丁很可能听过雷米焦·德·吉洛拉米的讲解以及若干场由他主持的布道仪式，例如1294年3月为迎接查理·马尔泰罗到来而宣讲的布道词《论王的儿子》（*De filio regis*）。

位于圣十字修道院中的方济各会学院是一所修会大学，就等级而言，仅次于巴黎、牛津和剑桥的三所高等修会大学（*Studia principalia*）。在这里，神学同样是主要的教学内容。与新圣母修会大学类似，这所修会大学里的主要课程内容是对《圣经》的注释和由皮耶特罗·伦巴多（Pietro Lombardo）导读并评述的《四部语录》（*Sentenze*）。所谓《四部语录》，是一部12世纪中期编纂的基督教父们的格言语录，书中配有评论，被视作神学研究者的必读书目之一。1287 年至 1289 年期间，有两位著名的知识人担任圣十字修会大学的教师，他们都曾在方济各会的发展史，更宽泛地说，是在基督教会的发展史上起到过举足轻重的作用。他们是来自普罗旺斯的皮耶特罗·迪·乔凡尼·奥利维（Pietro di Giovanni Olivi）和较为年轻的卡萨勒的乌柏提诺（Ubertino da Casale)。鉴于两位学者都是在 1290 年以前就离开了佛罗伦萨，但丁不可能听过他们讲课。但是，我们不能排除但丁或许曾听过卡萨勒的乌柏提诺的几次布道。但丁从未提过皮耶特罗·迪·乔凡尼·奥利维，但他在好几处表达的对教会历史的看法似乎与这位来自普罗旺斯的神学家所持有的方济各会属灵派的观点不谋而合。至于卡萨勒的乌柏提诺，他是方济各会属灵派运动的主要领袖。属灵派主张回归方济各确立的会规，反对由总会长阿夸斯帕塔的马太（Matteo d’Acquasparta）领导的所谓“住院派”对会规进行放纵式的解读。在《天国篇》里，但丁借巴纽雷焦的波那温图拉（Bonaventura da Bagnoregio）之口表示，这两个人都违背了方济各确立的会规：阿夸斯帕塔的马太因“逃避它”而过于宽纵，卡萨勒的乌柏提诺则因“恪守它”而过于严苛。

当但丁称自己曾前往“神职人员的学校”学习时，只可能是指上述两所修会大学（或其中之一)。当然，他一定是以世俗人士的身份前去旁听课程的。此外，他随后提到的“哲学家们的辩论会”，指的很可能也是同样的场所。

“辩论”（*disputationes*）是大学的所有院系采取的标准教学形式之一。参与者应根据相关规则就与所学课程相关的论题展开公开辩论。
85 在 13 世纪 90 年代的博洛尼亚，仅有关于医学辩论和法学辩论的记载，而哲学辩论还没有出现在史料文献中。但我们知道，在当时的许多托钵修会兴办的学校里，神学辩论已经相当普遍了。无论是在神学课堂还是在针对世俗人士开放的公共辩论里，许多属于哲学范畴的主题常常掺杂其中。当然，可以肯定的是，但丁是无法在佛罗伦萨的任何一所修会大学里系统地学习亚里士多德的哲学理论体系的。这也是他转而前往博洛尼亚求学的原因。

关于但丁前往博洛尼亚的第二次行程，并没有任何证据。我们知道，1291 年 9 月 6 日，但丁曾以证人的身份出现在一位受人之托起草委托书的佛罗伦萨公证员的办公地点。我们也可以假定，1294 年 3 月，查理 · 马尔泰罗到访佛罗伦萨期间，但丁也身处佛罗伦萨；且自 1295 年年底，但丁就作为成员频繁现身于佛罗伦萨的各类议会和议事会。这样一来，在他的生平经历中，就出现了两至三年的空白期。从《飨宴》中，我们可以推断他对于哲学女士的爱恋是在 1293 年底至 1294 年初趋近“完美”的，这段时间恰好位于上述空白期的中间。所以，即使无法证实，我们也不能完全否定一种假设：但丁正是在博洛尼亚旅居期间完善了自身对于哲学的研究——实现了对哲学女士的“完美的爱”。在那里，他学到了专门的哲学课程，还读到了许多在佛罗伦萨的修道院图书馆里难以找到的书籍。在那段时间里，贝利诺 · 迪 · 拉波（Bellino di Lapo）——一个来自贝罗家族分支的亲眷（于 1299 年逝世），也在离博洛尼亚不远的圣乔凡尼因佩尔西切托（San Giovanni in Persiceto）生活，从事钱币兑换的行业。因此，在经济上捉襟见肘的但丁很有可能求助于这些亲属。不过，但丁的第二次博洛尼亚之行只不过是一个猜测，也并不意味着当他回到佛罗伦萨以后，就不再前往修会大学继续聆听神学课程。相反，我们倒是认为，在 13 世纪的整个 90 年代，他一直都在圣十字修会和新圣母修会的学校里学习，直至他被流放为止。

在《新生》之前和之后

1295 年，但丁完成了《新生》的创作。假如这部作品——正如许多线索所表明的那样——是在贝阿特丽齐去世后不久就迅速启动的，那么它的创作期确实相当漫长。

从许多角度来看，这都是一部全新的作品。例如，我们无法将其 86
归入任何一类文学体裁——换句话说，我们无法对这部既是爱情小说，也是诗集、自传文学、诗论及诗歌史的作品的类型做出简明扼要的定位，就好比我们无法用三言两语回答《神曲》是一部什么样的作品。此外，书中隐约勾勒出的作者身份也是绝无仅有的——这一身份集作者 15 年来在三重领域内的研究为一体：俗语诗人、传统拉丁文学学者和哲学研究者。

假如我们将《新生》简单地视为一部诗歌的集子，便会从中看到但丁作为一位俗语诗人，是如何从最初的“宫廷”派诗歌创作逐渐转变，发现全新的歌颂主题，最后在立意上超越了“温柔新诗派”的所有友人。他的诗歌以所有人为受众群体，并不仅仅为那些具有“高贵心灵”的特定人群而作——那些人必须具备特定的文化素养和文学敏感度，往往跑不出诗人的朋友范畴。

当但丁在书中用俗语撰写了整整一节与作品主题并不相干的文字来介绍现代诗歌的发展历程时，他便是以修辞学学者的身份走到了台前。乍一看，这一段题外话（*excursus*）的意图似乎有些牵强附会：诗人表示，他想对先前那首十四行诗《我感到沉睡的爱恋之息在心中苏醒》（*Io mi senti' svegliar denro allo core*）做出解释——在那首诗中，他通过拟人的修辞手法将爱神描写为“独立存在的东西”，仿佛他是有血有肉的；但实际上，爱是“存在于实体中的偶然性”[58]，也就是一种性质。随后，我们才会明白，但丁的真正意图并不在于解释某种具体的修辞手法，而是有着更为深刻的目的：他希望证明，用俗语写作的作韵者完全可以与进行诗歌创作的“文人”（“litterati”）——即用拉丁文和希腊文创作的诗人（请注意，在但丁发表这一言论之前，只有用拉丁文和希腊文写诗的人才会被冠以“诗人”之名）——相提并论。在表明俗语作韵者与拉丁文诗人使用的都是相同的修辞手法（“如果诗人被允许使用某些修辞手法，那么作韵者也被允许使用同样的修辞手法”[59]）后，但丁革命性地首创了“俗语诗人”（“poeta volgare”）的概念，宣称“用俗语作韵和用拉丁文写诗是同一回事”[60]。在西方历史上，俗语诗歌第一次获得了与拉丁文诗歌同样的尊严。就在这一节里，87
但丁不仅娴熟地使用各种修辞学术语，还引用了维吉尔的《埃涅阿斯纪》(*Eneide*)、卢坎的《法沙利亚》(*Farsaglia*)、贺拉斯的《诗艺》(*Ars poetica*)、奥维德的《情伤疗方》（*Remedia amoris*）的诸多诗行。

在这一节里，但丁还充分展示了自己作为哲学研究者的实力，不仅使用了这一学科的大量术语（例如“存在于实体中的偶然性”），还直接引用了亚里士多德的原文。在这部作品的其他章节里，还出现过多处类似的引用和专业词汇。与《飨宴》类似，《新生》并非一本哲学书，但他“仿佛如做梦一般，看见了”关于哲学的“许多东西”。[61]

在佛罗伦萨和其他城市，没有任何一位作家能够驾驭如此多重的身份。但对于但丁来说，这还远远不够。倘若《新生》的诞生历经了相当长时期的酝酿，那么某些线索表明，这部作品的结尾却是快速的，甚至是匆忙的。但丁打算迅速收尾的意图只能从作品的最后几行文字看出来，作者清晰地流露出酝酿另一部作品的打算。

在那首题为《在那周行最广的天球之处》(*Oltre la spera che più larga gira*）的十四行诗里，但丁表示自己正在想念天国里的贝阿特丽齐，却因为人类理性的限制而无法专注于那不可言说的直觉。在抄录完这首诗篇以后，但丁又补充了几句十分耐人寻味的话（请注意，这是整部作品的尾声）：

> 写完这首十四行诗后，我面前出现一个奇异的幻象。在这个幻象里，我看到一些事物，使我下决心不再谈论这位至圣的淑女，待我以后能以更恰如其分的方式写她的时候再写。为了达到这一目的，我要尽我最大努力孜孜以赴，这点她一定会知道得很清楚的。因此，如果事物赖以生存的造物主让我再多活上几年，我希望用对任何女性都没有用过的话去描述她。[62]

我们永远无法知晓，当诗人看到“奇异的幻象”，并由此郑重其事地表明自己将不再描写贝阿特丽齐，直到以后“能以更恰如其分的方式写她”的时候，他的脑海中究竟有怎样的打算。然而，这困难只是我们的：事实上，但丁——如同其他任何一位作家——若是没有想好第二部作品的体裁并勾勒出其大致结构，是不会冒失地在结束第一部作品的同时向读者许诺未来的第二部作品的。从上述寥寥几行文字中，我们可以推断，他所说的第二部作品将以贝阿特丽齐为中心，在风格
88 上也将比普通的爱情诗歌——也就是这部《新生》——更为高雅（“能以更恰如其分的方式写她”）、新鲜和独特：“我希望用对于任何女性都没有用过的话去描述她。”这部新作所指的一定不是《神曲》，尽管许多人都曾经这样认为，或是仍然这样认为。之所以这么说，是因为但丁在写下这段话时表明自己将全力以赴，以求达到目的（“我要尽我最大努力孜孜以赴”），但他不可能在1295年就已经对《神曲》的构思胸有成竹。我们可以假设，诗人所说的那部更为恰如其分的作品或许是一首用拉丁文创作的史诗——鉴于这部作品是以圣洁的贝阿特丽齐为中心的，因此很可能以对天国的幻想为题材。总之，在那样一部史诗里，但丁将向公众充分证实他作为诗人、修辞学家、神学家和哲学家的实力。

三　市政厅里的人（1295—1301） 89

……分裂之城里的居民[63]

被遗忘的许诺

关于但丁在《新生》的末尾处许诺的那部作品，并没有下文。这究竟是由于历史的阴差阳错，还是因为但丁从来不曾将这一打算付诸实施呢？这个疑问并没有答案，除非我们对某些说法信以为真——那些说法认为，但丁曾用拉丁文创作过一部史诗，后来又半途而废。事实上，那些人所说的史诗显然是指用拉丁文写成的《神曲》的第一稿。对古代读者而言，将一部假定的史诗与历史上确实存在的一部史诗相联系，这几乎是顺理成章的事情；再加上一些并不可靠的口口相传的信息，人们就更容易这样联想了。然而，倘若我们能够从上述并不复杂的误读中抽身而出，便可将上述说法理解为某种线索：但丁的确动笔创作过那部在《新生》的末尾处预告的作品。

14 世纪 40 年代早期，年轻的薄伽丘曾在自己的札记中摘抄过一封拉丁文的信件片段。这封信的撰写日期不详，大约在 1314 年夏末至 1315 年初春之间，一位属于普尔萨诺（Pulsano）修会的本笃会修士伊拉罗（Ilaro）打算从科尔沃的圣十字修道院——位于卢尼贾纳（Lunigiana）的马格拉（Magra）河口上方——将此信寄给比萨和卢卡的领主乌戈乔尼·德拉·法焦拉（Uguccione della Faggiola，又写作“Uguccione della Faggiuola”）。随信寄出的应该还有一份礼品：配有注释的《地狱篇》样本。在信中，伊拉罗讲述了一件事：某天，一个没有留名的人（通过一些清晰的线索，可知此人就是但丁）在“前往山的那一侧”（*ad partes ultramontanas*）的途中——不知究竟是翻越亚平宁山（Appennini）还是阿尔卑斯山（Alpi）——经过卢尼教区，来到
90 了修道院。此人曾与修士单独谈话，被他的虔诚之心深深打动，便从口袋里掏出一本小册子，赠予他作为留念。随后，那人又向修士表达了自己的愿望，希望修士能为这本小册子（一部用俗语写成的作品，由三部分组成，由此可知是指《地狱篇》）添加注释，并尽快将其寄送给乌戈乔尼·德拉·法焦拉。伊拉罗的确照做了。最后，这位修士还告诉乌戈乔尼·德拉·法焦拉，假如他某天想要“寻找这部作品的后两个部分”，可以向卢尼贾纳的摩罗埃罗·马拉斯皮纳·迪·吉奥瓦格罗（Moroello Malaspina di Giovagallo in Lunigiana）侯爵索要“接下来的那部分”，同时向西西里国王阿拉贡家族的斐得利哥三世（Federico III d’Aragona）索要第三部分。写到这里，薄伽丘（或是其他以该抄本为依据的转抄者）——他显然只对信件中有关但丁的内容感兴趣——停止了摘抄。

我们需要确定的，是这封信件的真伪。直到今天，相关的争论依旧悬而未决。其中，最大的疑点也是我们最感兴趣的一些内容。根据伊拉罗的说法，但丁表示最初原本是打算用拉丁文撰写《神曲》的，但他很快改变了想法，将俗语作为创作语言，因为他意识到“著名诗人的史诗往往被贬得一文不值；所以说，那些人——在世风尚好的时代，这些作品正是为他们而作——已经放弃了博雅技艺，将其拱手让给了平民，噢，多么令人痛心！”。换句话说，但丁之所以放弃那部用拉丁文撰写的史诗，是因为当时的文化环境迫使他不得不做出这样的决定：所谓“高贵的人们”（*homines generosi*），即权贵（*potentes*）的拉丁文水平只能达到一知半解的程度了。另外的疑点是但丁吟诵给伊拉罗的那两行半六音步诗——那部未能完成的拉丁文史诗的开篇之句：“Ultima regna canam, fluvido contermina mundo, / spiritibus que lata

patent, que premia solvunt / pro meritis cuicunque suis。”*无论我们是遵循
乔尔乔·帕多安（Giorgio Padoan）的诠释，将这几句理解为“我将歌
唱那些最遥远的王国，它们位于旋转的宇宙之外，向灵魂们敞开无垠
的空间，根据每个人的善恶进行奖赏”；还是按照萨维里奥·贝洛摩
（Saverio Bellomo）的说法，将其理解为“我将歌唱那些最终的王国，
它们位于可朽的世界之外，广阔地向灵魂们敞开，按照每个人所应得
的给予他们报偿”，这些诗句都在影射一个尘世之外的王国。至于是笼
统地指冥界，还是特指天国，诗人并没有做出十分清晰的交代。关于
这两句诗行及整篇信件内容的真伪，薄伽丘是深信不疑的。然而，若
说上述诗句是但丁的手笔，这实在难以令人信服。另外，信中关于但 91
丁最初打算用拉丁文撰写《神曲》的说法也同样不可信。即使不能断
言此种说法根本不可能出自但丁，其可能性也是微乎其微。所以说，
上述疑点要么是源自某种加工——也就是说，那两行半六音步诗和整
段关于《神曲》的信息都是后来被添加进原始信件的；要么就是源自
某种误解——但丁确实提到自己开始撰写一部拉丁文史诗，后来又半
途而止，而伊拉罗则想当然地认为那部史诗就是《神曲》。对此，一
种比较合乎情理的解释是，在但丁去世后，的确有人给乌戈乔尼·德
拉·法焦拉寄过一封真实的信件，并且随信附赠了《地狱篇》的一个
抄本，但在这封信中，的确添加了许多有关传闻中那部拉丁文史诗的
信息。所以说，这封信并非完全出于伪造，但其中确实存在诸多不尽
不实之处。

如果说伊拉罗修士的话可信度不高，甚至连此人是否真实存在也未可知，那么菲利波·维拉尼（Filippo Villani）的权威度则完全是另外一回事了。在他所写的关于《神曲》的评论（撰写于 14 世纪末，写完第一歌的评论后就中断了）的序言里，他接着薄伽丘所述，再次谈到了伊拉罗的信件内容（包括开篇的那两行半六音步诗），并增添了一

* 拉丁文，直译含义为：“我歌唱那些最终的国度——与流动（fluvido）的世界相邻的疆界，广阔地向灵魂们敞开（patent），按照每个人的善恶给予报偿。”——译注

则前人不曾提过的信息。为了证实该信内容的真实性，菲利波 · 维拉尼特意提到但丁在被流放以前曾向历史学家乔凡尼 · 维拉尼——菲利波的伯父——诉说自己打算放弃用拉丁文撰写史诗，并改用俗语。其原因在于，若与维吉尔、斯塔提乌斯、贺拉斯、奥维德和卢坎等人的作品相比，他创作的拉丁文史诗将如同一块放在红色锦缎旁边的破布头。同薄伽丘一样，菲利波 · 维拉尼也认为那部未能完成的拉丁文史诗就是《神曲》。无论如何，他提供的信息依然是可贵的：它让我们看到但丁作为拉丁文诗人给当时的佛罗伦萨人留下的鲜活记忆。上述证据尽管不算太多，但也足以说明以下这种可能性并非毫无依据——但丁曾经尝试用拉丁文创作的史诗应该就是《新生》末尾处许诺的那部作品。

“对他而言，我不如从前可爱、可喜”

无论但丁是否着手创作过那部许诺的作品，自 1295 年起，他的文学创作风格就发生了彻底的改变，这是不争的事实。我们原本期待着他走上宣扬末世理论的神秘主义诗歌创作之路，结果他却以一个与先前截然不同的俗世中人的形象呈现在人们面前，把他多年以来为贝阿特丽齐构筑的神话抛在了脑后。这位爱情诗作者似乎从未宣称过自己一直忠诚于唯一的一位女子（那位“富有同情心的女子”或“高贵的
92 女子”是唯一的例外），开始将多位女性作为自己的创作灵感。不仅如此，他甚至还创作了一些饱含情欲的诗篇，与赞颂贝阿特丽齐时那种目眩神迷的仰慕大相径庭：“若我抓住那可人的发辫 / 在我眼中，它们宛若皮鞭 / 我要在第三个时辰前将它们牵起 / 与它们共度午后和晚间；/ 我既不会心生怜悯，也不会风度翩翩，/ 如一头熊嬉戏那般。”[64]

然而，无论但丁在《新生》末尾处的许诺是否兑现，他似乎一直把这一打算放在心上，只是未能付诸实施。至于他是否为此感到内疚，

我们不得而知，也无须知晓。我们所了解的是，在《神曲》里，他将自己塑造为一个在贝阿特丽齐面前深感负罪的人物。在伊甸园里，但丁终于与逝世10年的贝阿特丽齐重逢。彼时，这位诗人年轻时深爱的女子——也是《新生》歌颂的对象——已发生了巨大的变化。她不再是一切甜蜜的源泉，却变得“高傲不凡”[65]。当她说话时，她的言辞仿佛尖刀一般，无论是“刀锋”还是“刀刃”都辛辣尖刻。[66]贝阿特丽齐指责惝恍迷离的但丁背叛了她，说自己去世不久，但丁“就离我而去，投入了别人的怀间”[67]。之所以会是如此，一方面是因为诗人先前对她的爱意逐渐淡去（“对他而言，我不如从前可爱、可喜”[68]），另一方面，也是因为诗人没能抗拒得了其他女子的吸引（“是什么惑你于尘世人间，/致使你对它有如此期盼？……你不该再等待其他打击，/或少女，或别的虚荣侵犯，/为短乐，垂羽翼，滑向下面。”[69]）。贝阿特丽齐对于但丁的不忠行径的指责并不是泛泛而言：但丁忘记了自己在贝阿特丽齐离世之时所萌发的关于诗学、文学和人文研究的梦想，转而沉溺于对诗歌的另外一种理解和创作（“年轻的女子”和“别的只能短时间享用的新鲜事物”），从而否定了在那部青年时期的作品中已然隐约可见的全新爱情观。当贝阿特丽齐宣称但丁本应“奋起”，跟随她“升腾”[70]时，也许是在进行常规的道德隐喻，但也有可能是在暗指更具体的内容：诗人没能追随她的脚步升上天空，也没能将对于天国的景象用文字展现出来。

上述转折不仅涉及但丁所创作的爱情诗歌以及诗歌中的主角人物贝阿特丽齐，还彻底颠覆了但丁对于诗歌的整体理解。曾经，但丁在《新生》中阐释：俗语只适合用来创作爱情诗歌。这一理论与友人圭
多·卡瓦尔坎迪不谋而合，但与圭托内·阿雷佐及其追随者却观点相 93
左；然而此时，他却用俗语撰写以道德和社会为主题的合组歌。究竟是什么导致了如此明显的转折呢？

1293年底，布鲁内托·拉蒂尼与世长辞；此前不久，博诺·詹伯尼也去世了。随着这两位知识人（尤其是前者）的离去，佛罗伦萨

的文化生活和社会生活出现了巨大的空白。在先前的数十年里，布鲁内托·拉蒂尼一直扮演着用智慧服务于城邦的智者形象。他集读书文化（在但丁以前，他是佛罗伦萨城中唯一的书籍爱好者）和极为突出的政治热情于一身，积极投身于公共事务和私人事务。他被佛罗伦萨的银行家和商人们视为楷模，因为他是他们中的一员，但同时具备他们最为欠缺的品质：极为广博而儒雅的文化素养。他的去世不仅留下了一片空白，更是引发了后继无人的危机。就客观条件而言，但丁是唯一一个可取而代之的世俗知识人；至少，他自视为已故导师的真传弟子。然而，布鲁内托·拉蒂尼先前所承担的“顾问”（即今天所说的“智库”）的角色，并不是一介“爱情诗作家”或是离日常生活更为遥远的“拉丁文诗人”可以驾驭的。这个成天徜徉于诗歌和古代文学花园的个人主义者必须转变为一位擅长用俗语探讨各种最受关注的群体事务的作家。若想成为布鲁内托·拉蒂尼的接班人，需要做的还远不止这些，另外一个重要的转变就是参与公共事务——这恰恰是但丁一直以来都不曾涉足的领域。为了获得这个他认为近在咫尺的权威的角色，他就必须投身于佛罗伦萨城的政治生活。

政治生活里的“怠工者”

就在那些年里，佛罗伦萨的政坛发生了一系列仿佛是为但丁量身定制的事件，促成他实现了那些势在必行的转变。

1293 年，佛罗伦萨颁布了若干限制豪强家族的成员担任公共职务的法令。可想而知，这些法令势必会引发上流社会阶层的极大不
94 满。继 1294 年 1 月 23 日的民众暴动——该事件的起因是“平民”控诉以科尔索为代表的窦那蒂家族的成员犯有两桩谋杀案，却没有被依法处以极刑——之后，豪强阶层又将政府中反豪强家族的核心人物贾诺·德拉·贝拉推上了被告席。1295 年 2 月，豪强阶层与平民阶层形

成的同盟迫使此人逃离了佛罗伦萨，但豪强阶层希望扭转局面的计划还没有完全实现。诚然，随着贾诺·德拉·贝拉的倒台，《正义法规》得到了修正，变得更为宽松（所谓的《宽松版条款》），但其中的实质性条款仍然没有改变。根据1293年版的法令条款，除（实名登记在册的）豪强家族成员以外，那些获得骑士封号的人以及没有从事任何职业的人也不得进入执政团任职。1295年7月6日颁布的法令保留了对于获骑士封号者的禁令，但同时规定“若要获得‘从业者’身份，进而获得进入执政团任职的资格，并享受作为从业者的其他所有权利，无须以个人身份实际从事某一职业”。这一条款与但丁息息相关。

直到1293年为止，没有任何法律禁止但丁进入城市政府任职。就法律层面而言，所谓的障碍只是出现在1293年至1295年之间——但丁并不是任何一家行会的注册成员（对他来说，倒不存在被认定为豪强阶层的麻烦）。然而，就实际情况而言，早在13世纪80年代初（当时，加入行会还不是参与城市公共生活的先决条件），城市的实际管理权就一直掌握在各大行会的手中。因此，没有加入行会的人若想参与政治生活，势必会遭遇极大的阻碍。这样一来，并没有从事任何职业和生产活动的但丁就没有资格加入行会，也就在事实上不具备参与政治生活的可能。总之，他在这一方面的无为表现有可能是个人兴趣所致，但更有可能是他所选择的仅凭租赁祖产维生的方式造成的后果。1295年夏季，但丁发现了一个继续靠收租为生的同时得以加入行会的机会，便毫不犹豫地抓住了它。那是一个由所谓的“怠工者”（也就是“无业者”）组成的行会。

关于但丁注册加入医生和香料商人行会的史料，最早出现于1297
年3月。但是，他加入该行会的真实时间，应该是在1295年7月以
后不久。事实上，有确凿证据表明，早在1295年11月至1296年4月
这半年之中，但丁已作为所属行政区的代表出席人民队长主持的内部 95
委员会或特殊委员会（由于该委员会由36人组成，因此又称“36人
委员会”）。不过，他在其中似乎并不曾发言，且多次缺席会议：作为

委员会的新成员，此种行为多少有些古怪。当然，可以确定的是，但丁曾在1295年12月14日召开的行会领袖委员会（Consiglio delle capitudini）会议上发表过演说。该委员会由12家大型行会的领导人（称作“console”或“capitudine”）组成，其主要任务是起草提案和决议，并送交“城市国家委员会”（Consiglio del Comune）审批通过。在但丁发表演说的那次会议中，委员会讨论的正是关于新的执政官选举制度的议题。有的时候，相关领域的专家或智者（*sapientes*）的建议会对该委员会及其他委员会的决定产生一定影响，但丁正是以“智者”的身份加入该委员会的。我们还可以确定，就在6个月之后，他又成了“百人议事会”（Consiglio dei cento）的成员。百人议事会每6个月改选一次，与执政团一样，都是佛罗伦萨最重要的政府机构（每当百人议事会召开会议，佛罗伦萨的执政官和正义旗手都须参加）：有资料表明，在最初的6个月周期里，但丁曾于1296年6月5日发言。此刻，需要澄清的问题是：假如但丁的确是人民队长主持的内部委员会成员（截止期为4月30日），出于不可兼任的惯例，他就无法成为百人议事会的成员（从4月1日开始履职）。一个合理的解释是但丁是被时任正义旗手（拉波·萨特雷利 [Lapo Saltarelli]，随后我们就将了解到，他是但丁的政治联络人之一）和诸位执政官共同推举的增选成员，以替代某位先前因某种缘由无法履职的委员。

无论是作为“智者”，还是作为增选成员，但丁都算是在不曾经历选举流程的情况下在政治生活中迈出了最初的步伐。这是因为有人以这样或那样的方式选择了他。这个人看重的显然不是但丁的经济实力或是在业界的权威，而是他作为哲学家和诗人被公认的才华，从而认定他适合担任某些公共职务。然而，倘若认为一个人仅凭其在文化领域取得的某些成果就能代表自己所在的行政区跻身于（因圭尔甫派的分裂而导致的）动荡的佛罗伦萨政局，那就太过天真了。如果说所属行政区的支持是实现政治升迁的必要基础，那么政坛之内的人脉关系则是关键因素。在圣皮埃尔马焦雷行政区内部，存在切尔基家族和窦那蒂家族两大对立的阵营，二者之间的敌意已演变成公开的冲突。窦那蒂家族是但丁的姻亲，但是，但丁最好的朋友，包括圭多·卡瓦尔 96
坎迪和马内托·波蒂纳里却是切尔基家族的支持者。所以说，是切尔基家族，尤其是维耶里·德·切尔基——圣皮埃尔马焦雷行政区，甚至是整个佛罗伦萨城内最有影响力的人物——看中了这个不再年轻的人：他虽然没有显赫的家世、丰厚的财产，却是才华出众的饱学之士，因此必然有助于自己的政治筹谋。

据我们所知，1297 年，但丁还在某委员会进行过发言，具体议题不详。关于他在那个日期之后所从事的政治活动，我们找不到任何痕迹。至于 1300 年，命运究竟是如何在种种联合与对立之中，把但丁推到了佛罗伦萨城最高执政官的宝座之上，让他成为阿利吉耶里家族第一个、也是唯一一个担任这一职位的成员，这其中的复杂过程，我们就不得而知了。

关于“高贵”的教化

在最初参与的几次委员会讨论中，但丁曾以“专家”的身份就政府办事流程的相关问题发表了看法：他主张通过法律程序反对以豪强阶层为代表的群体以暴力手段伤害公职人员的行为；同时，他支持委员会对邻近的皮斯托亚采取交好政策。除此之外，他并没有机会参与决策重大的内政和外交问题。作为一位“哲学家”和“修辞学家”，但丁原本可以为城市政治贡献更多的力量，但由于他在委员会中的地位并不高，所以并没能找到充分的用武之地。假若他想成为布鲁内托·拉蒂尼的接班人，就必须在参与日常政务的同时留下某些关乎重要主题的学术作品，对不同市民阶层之间的政治辩论和政治冲突产生影响。

在 13 世纪 90 年代，即反对豪强阶层法令颁布的时期，一场围绕

“高贵”的论辩正如火如荼地展开。辩论的核心议题在于：何谓高贵？什么样的人或什么样的社会阶层能够配得上高贵的头衔？怎样的行为举止才称得上高贵？对于少数不具备贵族家世的寡头而言，获取骑士封号就是一种为了企及高贵的象征性行为。从事金融业和商业的大家族纷纷争先恐后地追逐这一头衔，体现出他们渴望提升自身社会阶层的急切心态。从另一方面来说，正是这些依靠财富而发达的新贵们从传统贵族那里效仿而来的骄横无礼、肆无忌惮的行为举止，引发了“平民”（“popolo”）——即劳动阶层——的强烈不满。因此，关于“高
97 贵”的争论就与公共伦理道德问题交织在一起。对但丁而言，这也是一个关乎他个人的问题：他希望像贵族那样生活的理想是否对他的人生选择产生了诸多影响。

关于何谓高贵这一问题，但丁在第一阶段给出的答案是以文化贵族的理念为基础的。在新诗派时期，但丁与他少数几位友人一样，认为只有“高贵”（“gentile”）的心灵，即高贵的人才能感受爱情，因为爱情不会栖息于“卑劣”和“枯燥”的心灵。换言之，恰如《新生》的一首十四行诗——这首诗的立意完全承袭了圭尼泽利的那首《爱总是栖息于高贵的心灵》（*Al cor gentil rempaira sempre amore*）——的开篇之句所述：“爱与高贵的心灵毫无二致，智者在他的诗篇里写得分明。”[71] 此种观点本身并非但丁的原创，然而，但丁、圭多·卡瓦尔坎迪以及奇诺·达·皮斯托亚的部分诗篇所传递的结论却是有别于前人的：爱情诗歌的受众只能是经过挑选的有限群体，即“高贵的人”以及“懂得爱情的人”。如果说在前一时期，“高贵的心灵是感受爱情的充分且必要条件”这一原则乃是基于开放的需求而提出的，用以打破原有阶层之间的理念和社会壁垒，那么此刻，在这些佛罗伦萨诗人手中，该原则却转而体现出一种封闭和隔离的需求。他们以豪强阶层出身的卡瓦尔坎迪为典范，将自己塑造为知识精英，呈现出一种新型的贵族形象，它基于深厚的文化素养及随之产生的儒雅举止。

到了 13 世纪 90 年代后期，但丁为佛罗伦萨的全体领袖阶层创

作了两首带有道德教化色彩的合组歌。在第一首合组歌《我常常寻找的甘甜的爱之韵律》（*Le dolci rime d'amor ch'i' solia*）中，他阐释了“高贵”作为所有“德性（virtù）”的镜子，究竟意味着什么；在第二首合组歌《既然爱已全然抛弃了我》（*Poscia ch'Amor del tutto m'ha lasciato*）里，他描述了在“优雅”（“leggiadria”）的标签下，究竟什么才算与“高贵”的身份相配的行为。他的目的在于表明，只要能够明白“高贵”既不取决于血统，也不取决于财富，那么在市民社会里，这就是一种可以后天获取的品质；同样，社交领域内的“儒雅”也是可以在后天习得的。这种具有调和性的观点与布鲁内托·拉蒂尼的想法可谓一脉相承。

在《我常常寻找的甘甜的爱之韵律》里，但丁驳斥了腓特烈二世皇帝的观点（事实上，那是亚里士多德的理论，只不过被诗人安在了腓特烈二世的身上），极力主张“财富”并非“高贵的……源泉”，仅凭“出生的家庭”也无法企及高贵。

> 在他看来， 98
> 高贵有其标尺，
> 那便是祖传的财富
> 加上得体的举止。[72]

财富和尊贵的家世必须有个人德性相伴。所谓德性，就是在居于两端的恶行之间选择中道的能力。假如我们将该诗还原到当时佛罗伦萨的社会和理念冲突中去，便会发现其中的观点虽谈不上独树一帜，却带有明显的“市民”色彩。事实上，这篇诗作捍卫了今天被我们称之为“市民资产阶级”的阶层取得贵族身份的权利——哪怕此种身份是有别于传统贵族的。与此同时，诗人同样认可传统贵族身份的价值——只要他们能够融入市民社会即可。所以说，在但丁所构筑的社会结构中，城市领导阶级的覆盖面就比较完整了。

在第二首合组歌里，但丁在探讨何谓真正“优雅”的言行举止之前，针对那些虚伪的“优雅”之举进行了猛烈的抨击，叱责那些自以为摆出了贵族做派，实则蛮横粗暴的人。诗人将他们划分成了好几种类型，其中之一便是“挥金如土”的挥霍者，这些人滥用钱财，自觉属于尊贵者之列——“以为能够 / 置身获得真福的灵魂之列”；他们夜夜笙歌，沉溺于酒色——“不将饕餮与纵欲 / 视为疯狂”；此外，他们炫耀豪华的首饰和华丽的服装，仿佛在等待愚蠢的购买者将他们买走——“盛装打扮，莫非是要 / 置身于市场，将自己出售给愚蠢的人？ / 智者绝不会凭衣装取人”。第二类不懂高贵举止的群体是那些大笑无度的人，他们自以为那是大气幽默的表现。第三类人喜欢舞文弄墨、故弄玄虚——“说话时追求生僻的字眼”，待人居高临下，越是看到他人被自己的话语和骄横的态度所震惊，便越是感到心满意足——“乐于看到自己被普通民众所艳羡”。有些人忽视爱情中的忠诚，也不懂追求女子的艺术，他们同样是“优雅”的敌人：那些人沉迷于滑稽的打情
99 骂俏，像小偷一般从女性那里窃取“鬼鬼祟祟的欢愉”和牲畜般的快乐——“有人从不曾爱上 / 真正付出爱意的女子；言谈间只会打情骂俏；他们不曾移动双脚 / 用优雅的方式对女子表达好感，/ 只会像正在偷盗的窃贼一般，/ 去盗取鬼鬼祟祟的欢愉……好比没有头脑的牲畜”。与上述行为相反，真正的谦谦君子“既懂慷慨给予，也能坦然获取；谈吐得体，令人愉悦；欣赏智者，也得智者青睐，对愚蠢者的评价淡然处之；为人谦和，同时懂得在必要的场合展现自身的价值”。

无论是立论还是驳论，诗人的观点都谈不上独出心裁。但是，就整体而言，诗人在这首合组歌中展开了大篇幅的哲学探讨——这一点是不乏新意的，也只有对亚里士多德的《尼各马可伦理学》（*Etica Nicomachea*）等作品了若指掌的学者才有能力驾驭。更为重要的创新之处在于，在这首诗中，哲学论述的手段是为了让读者简明清晰地识别出论题的目的所在。但丁本人一针见血地指出，优雅的敌人就是那些“伪装的骑士”——“噢，伪装的骑士，邪恶有罪的人，/ 是她的

敌人”[73]。然而，当时的佛罗伦萨人并不需要类似的指示来辨认上述群体：敌人就是那些并没有高贵的家世、仅凭财富换取骑士封号者的有钱人；他们像猴子一般模仿上流社会的行为做派和生活方式，沉溺于大酒大肉、滑稽作乐和宴请宾朋——好比《地狱篇》第六歌里的恰克；他们炫耀财富，对待平民飞扬跋扈，常常奢望（有时也会用暴力实现）不受法律的制约。这些人就是所谓的豪强阶层，他们在 13 世纪 90 年代初激起了整个佛罗伦萨社会的强烈反感，被排挤孤立于政治生活之外。但丁的斥责并不指向贵族和骑士阶层本身，而是针对他们的堕落行为，这与布鲁内托 · 拉蒂尼的观点是一脉相承的。很显然，但丁的言论一定会受到先前提到的拉波 · 萨特雷利的赏识——他曾与贾诺 · 德拉 · 贝拉一道，参与制定反对豪强的法令，也是支持切尔基家族的代表人物（他还是维耶里 · 德 · 切尔基的亲家，与之有姻亲关系）。总之，但丁通过他所创作的道德诗篇表明了自身的政治立场。既然选择了立场，就意味着他不可能取悦于所有人。

与圭多 · 卡瓦尔坎迪分道扬镳 100

对于但丁的立场，圭多 · 卡瓦尔坎迪势必心有不悦。年轻时的他早已习惯在公共政治生活的第一线叱咤风云（1280 年，他曾是“拉蒂诺枢机主教和平协议”的担保人之一），此刻却被反对豪强的法令排挤在政坛之外，即使后来出台了一系列较为宽松的修正性条款，他也没有机会获得任何重要的任职。其实，只要有所意愿，他完全可以注册加入某一家行会，通过在平民阶层的权力中枢内部活动来参与政治生活。事实上，他曾不止一次地拥有这样的机会。例如，编年史作家迪诺 · 康帕尼就曾给他寄过一首题为《愿我的赞扬能常常让你免于不屑的罪责》（*Se mia laude scusasse te sovente*）的增体十四行诗（sonetto rinterzato），名为赞颂，实则是批评他未能以“劳动者”（“ovrere”）的身份——即通过加入行会的方式——将自己的种种才华贡献给佛罗伦萨的市民群体。在诗作中，迪诺 · 康帕尼写道：“你无须做一个因血统而尊贵的人，也无须被他人前呼后拥，可惜你却摆出大人物的阵仗：其实你本可成为一位大商人。”随后，迪诺 · 康帕尼继续说：“假如上帝会弥补每个人的不同的欠缺之处，将其引领到各自应该所处的位置，那么他便会把你擅长的彬彬礼节赐予手工业者，同时亦让你成为劳动者，成为某个行会的成员，让你不要停止挣钱，就像我一样，一方面为了维生而劳作，另一方面也乐善好施。”然而，对于此类劝告，傲慢的圭多 · 卡瓦尔坎迪是听不进去的。他既不是袖手旁观，也没有站在与他有着相似际遇的豪强阶层一方——他在政治上甚至倾向于较为亲民的切尔基家族——尽管他的政治斗争观念是带有明显的豪强阶层的印记的。他为人好斗（包括暴力的身体冲突），观衅而动，乐于表现个人气概，其间不乏鲁莽蛮横之举。在他与对立方的冲突过程中，他与科尔索 · 窦那蒂之间个人恩怨所占的分量或许超越了纯粹的政治分歧。总之，一个如圭多 · 卡瓦尔坎迪般的个人主义者是不可能融入某一组织的。

正因为圭多 · 卡瓦尔坎迪提出了要在孤独之中陶冶高尚的知识贵族情操，他可以认同但丁针对佛罗伦萨骑士阶层的种种叱责，却无法
101 接受这位志同道合的好友将其文化素养和作为诗人的聪明才智奉献给“平民”——他眼中的“无知愚民”（“vulgo”），那些人根本不配成为知识人的盟友。对此，他不可能不感到怨恨。在一首著名的十四行诗《我每日无数次把你探望》（*I' vegno 'l giorno a te 'nfinite volte*）中，圭多 · 卡瓦尔坎迪批评但丁“想法过于低俗”，与“无趣之人”为伍，此前他一直对那些俗人避之不及——“以往，你对大众毫无兴趣”。对于这首十四行诗的创作时间和契机，我们一无所知，相关的解读也是众说纷纭。其中一种解释——或许是最有根据的——认为，圭多 · 卡瓦尔坎迪是在指责但丁几年前还曾赞同他在文化上的“贵族式”观点，此刻却与所谓的“民主式”政治理念越走越近。

需要说明的是，如果说但丁在结束《新生》的创作时，面前有两条道路，那么即使他选择了创作宣扬末世学说的作品，而非道德类作品，也不可能因此而避免与圭多·卡瓦尔坎迪分道扬镳。上天注定这对在俗语文学诞生初期结下友谊的友人必将各奔前程。讲求理性且富于怀疑精神的卡瓦尔坎迪不可能赞赏一部充满神学和哲学意味的史诗，更何况这部史诗将以拉丁文为创作语言。事实上，尽管但丁在《新生》中多次申明自己与卡瓦尔坎迪观点一致、志同道合，却并不能掩饰两人之间的分歧。早在那一时期，两人的爱情观之间就已存在深深的鸿沟：卡瓦尔坎迪的诗中洋溢着悲观主义色彩，常常出离理智，痛苦不堪；但丁则对爱情满怀赞颂，坚信爱情是提升道德水准的工具。以教化为目的的合组歌《一位女子相求，因此我想言说》(*Donna me prega*)就是一个鲜明的例证。有人说，但丁在《新生》中的爱情观与卡瓦尔坎迪在描写爱情的合组歌中的爱情观简直是南辕北辙，两者的对立达到了极致。我们甚至可以认为，卡瓦尔坎迪之所以写下《一位女子相求，因此我想言说》(*Donna me prega*)，就是为了反驳但丁在创作“新诗篇”（“Nove rime”）阶段时对爱情的看法。这一点代表了两位友人之间的最为明显的分歧。此外，尽管《新生》是一部献给卡瓦尔坎迪的作品，然而，但丁将卡瓦尔坎迪称作自己的“施洗约翰”，却会让人对一首原本普通的十四行诗进行别样的解读：这首献礼作品可以被(感兴趣的人）理解为某种表面上的献礼，但丁真正想要表达的，是说年轻的学生已经超越了年长的老师，并且走上了一条老师并不赞同的道路。这真是一份颇有些怪异的献礼。

亏空的边缘 102

两处农庄和农舍所产生的收益不可能让但丁过上高品质的生活。但丁对钱财并不在意（无论如何，他身边尚有少量的钱财可供支配。

与其他财产相比，田地给他带来的收入依然是最稳定的），但他却没法回避骑马参战的装备费及旅居博洛尼亚时的住宿费。他或许从没有购买过书籍——那是他支付不起的昂贵商品，但是纸张，虽然也是价格不菲，却是不得不购买的书写必需品。为了出席卡瓦尔坎迪或其他同等身份的友人举办的社交活动，以及出席公共委员会的会议，他可能还得购置一些体面的服装。随着家庭成员的不断增加，他所承担的负荷越来越沉重。

13 世纪 90 年代后半期，阿利吉耶里兄弟（两人共同继承了家产）不得不面对一场相当令人担忧的经济危机。尽管当年与现如今一样，从政者能够从政治活动找到诸多赚钱的契机，可是但丁却没能从中获得任何可观的收益。再说，真正能够从政局中得利的，往往是那些原本就有着殷实家底的人——无论是当年，还是当下，这道理都不曾改变。

1297 年，阿利吉耶里家族的经济状况急转直下。4 月 11 日，但丁和弗朗切斯科获得了一笔金额为 227.5 弗洛林金币的借款；直到 1300 年，兄弟俩仍无能力偿还上述款项，被告到了波塔德都姆（Porta del Duomo）行政区的一位民事法官那里。与此同时，1297 年 12 月 23 日，兄弟俩又从雅各伯 · 迪 · 利托 · 德 · 科尔比奇（Iacopo di Litto dei Corbizzi）那里借了一笔相当大的款项，数额为 480 弗洛林金币。就这样，在不到一年的时间里，兄弟俩就欠下了 707.5 弗洛林金币。在头一年的下半年，但丁进入了百人议事会。该委员会的成员需缴纳至少 100 里贝拉（libbra）或里拉（lira）的税费，这也就意味着被征税者的收入应达到 1200 里拉。在那个年代，1200 里拉的价值等同于 600 弗洛林金币。但丁的家产总额即使尚不处于委员会要求的下限，也不会比下限高出太多。若以 14 世纪 30 年代遭遇贬值的弗洛林金币计算，那处位于帕尼奥莱（Pagnolle）的农庄的价值基本与上述金额等同。所以说，我们几乎可以肯定地认为 707.5 弗洛林金币的债务（或许还不止这些）与阿利吉耶里家族的全部家产基本相抵。

通过以上数据，我们可以看出这场危机何等悲惨，以至于差点颠 103
覆了整个家族。为但丁和弗朗切斯科排忧解难的是但丁的外祖父杜朗丁·德·阿巴迪（Durante degli Abati）和岳父马内托·窦那蒂。此刻，这两个与阿利吉耶里家族有着亲缘关系的名门望族联手来援助他们的外孙和女婿。先前那笔大额借款正是他们出面担保的。除了他们俩，另有两位担保人：诺铎·德·阿尔诺迪（Noddo degli Arnoldi）和阿拉马诺·德·阿狄玛里（Alamanno degli Aldimari），其中后者是一位与切尔基家族势不两立的豪强家族成员。此外，这其中还有一层姻亲关系：借款人雅各伯·迪·利托·德·科尔比奇之所以能够答应借款，既是为了他自身考虑，也是看在帕诺基亚·里克马尼（Pannocchia Riccomanni）的情面上——他的兄弟拉博·里克马尼是但丁的长姐塔娜的丈夫。再说，科尔比奇家族也是阿利吉耶里家族的邻居：借款人雅各伯的父亲利托·德·科尔比奇留下的地产恰好与但丁和弗朗切斯科在帕尼奥莱的田地毗邻。我们可以清晰地看到，家族人脉的网络正在发挥作用。牵涉其中的有支持吉伯林派的阿巴迪家族、窦那蒂家族和阿狄玛里家族，这些家族的政治社交圈与但丁所支持的派别不仅是格格不入，甚至是分庭抗礼的。我们或许有理由相信，当福里斯·窦那蒂在一首谩骂性的十四行诗里不无嘲讽地祝愿上帝为但丁好好保佑塔娜和弗朗切斯科（“愿上帝替你保佑塔娜和弗朗切斯科”[74]）时，便是在暗指：在佛罗伦萨人眼中，但丁对兄弟姊妹的经济依赖早已不是秘闻了。

那笔 480 弗洛林金币的借款一直拖欠了好几十年。1315 年，马内托·窦那蒂的遗孀玛利亚（Maria）——也是但丁之妻杰玛的母亲——立下了遗嘱。从那份遗嘱中，我们不仅看到当年马内托·窦那蒂做出的担保仍然有效，还发现在那之后，他又为一笔金额为 46 弗洛林的借款提供了担保。此外，另有一笔金额为 90 弗洛林的借款，担保人名为佩尔索·乌巴尔迪尼（Perso Ubaldini）。直到 1332 年，弗朗切斯科才将 35 年前那笔借款的一半还给雅各伯·迪·利托·德·科尔比奇。

至此，成堆的债务并没有结束：1299 年 10 月 23 日，弗朗切斯科借款 53 弗洛林金币，我们并不清楚这笔款项是为了他自己还是为了兄长但丁而借。事实上，此时的弗朗切斯科已经自立门户，开始从事父辈的老本行，成了一名小商人和借贷者。1300 年 3 月 14 日，他借给了但丁 125 弗洛林金币（没过多久，也就是在当月的 31 日，他本人也向别人借了 20 弗洛林金币），6 月 11 日，又再次借给他 90 弗洛林金币（4 天之后，但丁正式就任佛罗伦萨的执政官）。在两兄弟之
104 间，但丁更为出名，但他遭遇的经济危机却更加严重。至于但丁与杜朗丁·德·阿巴迪之间的亲密关系，有一件事情可以证明：1301 年 3 月，但丁和弗朗切斯科向圣皮埃尔马焦雷区的切尔比诺·迪·滕契诺（Cerbino di Tencino）做出了担保，帮助杜朗丁·德·阿巴迪获得了一笔金额不详的借款。同年 7 月，切尔比诺·迪·滕契诺也借给了弗朗切斯科 13 弗洛林金币。

权力之争

早在坎帕迪诺之战（1289 年）打响以前，佛罗伦萨就已不存在有组织的吉伯林派了。唯一的党派就是所谓的圭尔甫派，他们有自己的内部分工、管理结构和办公地点。事实上，除了形式上的差异，圭尔甫派的党派机构已与佛罗伦萨的城市管理机构合二为一。如果说在坎帕迪诺战役以前，佛罗伦萨的政治生活一直围绕着两个阶级之间难以调和的失衡的关系而展开——一方面是以大银行家和大地产者为代表的寡头阶级（他们垄断了圭尔甫派内部的权力），另一方面则是以各个行会为代表的生产阶级；那么在坎帕迪诺战役之后，以商人和企业主为代表的“富户”（“popolo grasso”）阶层同以手工业者和小型从业者为代表的“小户”（“popolo minuto”）阶层结成的同盟则彻底颠覆了先前的局势。如此一来，不同社会阶层之间的冲突就逐渐取代了原先的

党派之争。寡头阶级失利出局，被 1293 年颁布的《正义法规》剥夺了在政府任职的权利。但这并不意味着他们丧失了实际掌控权。事实上，豪强阶层继续担任圭尔甫派的领袖。该党通过其分布于各个行会的党员在很大程度上操控行会组织——尤其是大型行会，进而对政治人选的抉择产生强有力的影响。不过，1293 年以后相继出台的反对豪强阶层的法令倒是让圭尔甫派内部的领导层发生了分裂，两大阵营之间的分歧焦点在于如何对应眼前的政治歧视，以及如何处理与平民之间的关系。窦那蒂家族是强硬派的领袖，而切尔基家族所代表的则是更为柔和——更准确地说——更为模糊不定的一派。表面看来，这似乎只是两种不同的态度，然而，正如那一时期佛罗伦萨历史上经常发生的那样，这种差异最终导致了一场名副其实的内战。在许多因素的驱使
下，上述两大阵营之间的冲突愈演愈烈，达到不可调和的程度。首先， 105
两大家族是长久以来的宿敌，又同住在圣皮埃尔马焦雷区；其次，两大阵营内部都分布有佛罗伦萨主要的银行巨头，代表了各自集团的巨大的经济利益；再次，外部影响也是不可忽视的。佛罗伦萨是全欧洲的金融都城之一，因此，发生在这座城市内部的政治事件难免会与外部势力的野心和目的交织在一起。正如此前那不勒斯安茹家族的干预曾给圭尔甫派和吉伯林派之间的斗争火上浇油，此刻，教宗卜尼法斯八世（Bonifacio VIII）的反复插手将最终决定圭尔甫派内部的某一个阵营取得胜利。

切尔基家族领导着佛罗伦萨最大的金融集团，却并没有显赫的家世，他们正是但丁笔下那些通过“暴富”[75]令佛罗伦萨世风日下的“新人”的典型代表。自 13 世纪初从瓦莱迪锡耶韦（“阿科 [Acone] 教区”[76]）迁入佛罗伦萨城，切尔基家族的经济实力和社会地位突飞猛进，以至于 1280 年就买下了圭迪家族的宅邸。住在附近的但丁不得不日日看着那扇原本高贵的家族大门上悬挂起散发着“怯懦”和“邪恶”之气的徽章——那股气息与门内的新主人一般无二。抨击切尔基家族之恶的不止是但丁，就连在那个腥风血雨的内战年代曾跳上切尔基家

族战车的迪诺·康帕尼也在《编年史》(*Cronica*)中写道，切尔基家族之所以放弃佛罗伦萨领主的头衔，“与其说是出于公民对国家的热爱，不如说是出于怯懦的心态”，因为“他们害怕自己的敌人”。上述抨击是针对切尔基的家族领袖维耶里而言的，13 世纪末的复杂政局让他凭借强大的经济实力成了佛罗伦萨的主人。然而，此人尽管在坎帕迪诺之战中表现得十分英勇，但在种种政治事件中，他却表现得迟疑顾望、谨小慎微，而且常常出尔反尔。

与切尔基家族相比，邻居窦那蒂家族的历史是截然不同的。同样，与维耶里·德·切尔基相比，窦那蒂家族的领袖科尔索也有着完全不同的性格特点。尽管经济实力有限，窦那蒂家族却有着城中最为古老的贵族血统，时时展现出傲慢不逊、目空一切的做派。科尔索·窦那蒂堪称骑士典范：他冲动勇猛，暴戾成性，欣然享受高人一等的待遇。他常年在许多意大利城市担任督政官，惯于发号施令，却不愿遵
106 纪守法，自认为凌驾于法律之上。此人极有魄力（坎帕迪诺之战的胜利在很大程度上要归功于他的果敢提议），激烈反对《正义法规》和其他一切钳制豪强阶层的政策。与维耶里·德·切尔基相似，他也远离平民，但不同的是，他丝毫不掩饰自己对民众阶层的敌意。所以说，他选择成为圭尔甫派内强硬派的领袖，这一点几乎是由他的性格决定的：与其说是经过政治上的深思熟虑，不如说是他惯常的行为使然。

两大阵营之间第一次，也是具有决定性意义的一次决裂发生在 1295 年 7 月。当时，豪强阶层利用民众对科尔索·窦那蒂暴力行径的不满，试图取消那些曾令他们备受打击的法律。然而，他们只达到了一部分目的，甚至可以说整个行动是以失败告终的。在事件发生期间，维耶里·德·切尔基始终隔岸观火，这一点便足以让他在公众舆论中获得“平民”之友的声名。从此以后，两位领袖和两个家族之间的仇怨就开始带有明显的政治色彩，这便是后来两大阵营的肇始之处。

在贾诺·德拉·贝拉被驱逐后不久的一段时间里，维耶

里·德·切尔基所展现出的谨慎令他在圭尔甫派内部以及整个城市政府中的权力得到了巩固。不过，那些追随科尔索·窦那蒂的豪强阶层很快又占了上风，其中原因包括强硬派阵营里的许多银行家——尤其是垄断教廷金融产业的斯皮尼家族和莫奇家族（Mozzi）——连同科尔索·窦那蒂本人都得到了教宗的支持。窦那蒂家族与教宗卜尼法斯八世之间的盟友关系早在13世纪初就已初现端倪，在后者出任教宗之时又得以继续巩固。其实，两者之间的最初渊源可以上溯到本笃·卡埃塔尼（Benedetto Caetani，即后来的卜尼法斯八世）登上教宗宝座以前：那时，他就以枢机主教的身份与窦那蒂家族签署了一系列财务协定。在1296年底至1299年春期间，佛罗伦萨的气氛相当紧张，相继发生了一连串武装冲突，双方阵营各有伤亡：1296年12月，在弗雷斯克巴尔迪家族（Frescobaldi）的一位妇女守灵期间，发生了一场口角，后来，争执演变成了骚动，最后以窦那蒂家族的宅邸遭袭而告终；1298年12月，几个因街头暴力被囚禁的切尔基派年轻人在狱中暴毙，事情的原委并不清楚，民众认为是窦那蒂派所为。在这一系列事件之后，科尔索·窦那蒂掌握了佛罗伦萨的控制权。

在科尔索·窦那蒂的追随者中，有两位督政官尤为重要。其中，
坎特·德·加布里埃里（在但丁被判罪的过程中，此人起到了决定
性的作用。此外，他还对奋起反抗的圭尔甫派白党进行了残酷的压
迫）于1298年下半年在任，来自特雷维索（Treviso）的蒙费奥里
托·达·科德尔塔（Monfiorito da Coderta）则是于1299年上半年任 107
职。这两位督政官都以执法偏私而著称。1298年11月，坎特·德·加布里埃里将内利·盖拉蒂诺·迪奥达提（Neri Gherardino Diodati）判处死刑（后来有证据显示，安插在内利头上的罪名并无依据），此人是切尔基派头面人物盖拉蒂诺·迪奥达提（Gherardino Diodati）的儿子，与但丁居住在同一个行政区。后来，内利·盖拉蒂诺·迪奥达提成功出逃，三年以后，但丁为他平反昭雪。第二位督政官——蒙费奥里托·达·科德尔塔由于为人贪婪，行事莽撞，格外令人憎恶。1299

年 3 月，科尔索 · 窦那蒂以盗窃罪和窃取文件罪之名将自己的岳母乔凡娜 · 德 · 乌贝尔蒂尼 · 迪 · 加维莱（Giovanna degli Ubertini di Gaville）送上了被告席，蒙费奥里托 · 达 · 科德尔塔判定乔凡娜有罪。我们无法确定蒙费奥里托 · 达 · 科德尔塔是否是滥用职权（乔凡娜似乎确实受到切尔基派的操控），但他的判决却引发了民众的强烈抗议。蒙费奥里托 · 达 · 科德尔塔最终被逮捕。这一事件给科尔索 · 窦那蒂带来了一连串（暂时的）灾祸：在出庭时，科尔索 · 窦那蒂厚颜无耻地承认是自己买通了蒙费奥里托 · 达 · 科德尔塔。尽管被判有罪，科尔索 · 窦那蒂却拒绝缴纳罚款。同年 5 月，他被流放出佛罗伦萨（不过此时，他早有准备，被卜尼法斯八世任命为奥尔维耶托的督政官。后来，他又出任马萨 · 特拉巴里亚 [Massa Trabaria] 的领导者）。在那个年代，滥用职权、营私舞弊和执法偏私原本是每日都会发生的寻常事，这场官司却引发了如此之大的民众反响，唯一的解释只能是科尔索 · 窦那蒂不仅引发了圭尔甫派内敌对阵营中豪强阶层的不满，更是触发了平民阶层的众怒。

值得注意的是，就在那几个月里，蒙费奥里托 · 达 · 科德尔塔还卷入了另一桩与法学家阿古聊的巴尔多相关的事件。在《神曲》里，但丁曾说此人散发的“臭味”令佛罗伦萨乌烟瘴气。在针对蒙费奥里托 · 达 · 科德尔塔展开的调查过程中，蒙费奥里托 · 达 · 科德尔塔向审讯者皮耶特罗 · 曼佐罗（Pietro Manzuolo）承认，他曾在审理一桩刑事案件时，通过法官尼古拉 · 阿恰奥里（Nicola Acciaioli）往案卷中加入了一份他俩都明知是伪造的证据。面对蒙费奥里托 · 达 · 科德尔塔的坦白，皮耶特罗 · 曼佐罗感到相当尴尬，因为尼古拉 · 阿恰奥里正是皮耶特罗 · 曼佐罗的女婿。此事就此作罢，几个月以后，尼古拉 · 阿恰奥里于 1299 年 8 月 15 日当选执政官。任职期间，尼古拉 · 阿恰奥里试图把相关卷宗里的有害部分进行销毁，便把此事交给了阿古聊的巴尔多。阿古聊的巴尔多曾多次担任执政官，也曾是贾诺 · 德拉 · 贝拉推出的《正义法规》的起草人之一，但后来却向豪强阶层靠近，极力主张取消那些最为严苛的条款，并在贾诺·德拉·贝拉倒台的过程中扮演了非常重要的角色。阿古聊的巴尔多从尼古拉·阿恰奥 108
里处拿到了案卷，并销毁了其中的有害内容，将篡改过的文档交回了文书室。后来，东窗事发，两人都被判罪。尽管如此，随着窦那蒂家族东山再起，尼古拉·阿恰奥里立刻再次担任了重要的职务，以对切尔基派进行法律迫害而声名大噪。至于阿古聊的巴尔多，他也凭借窦那蒂家族的扶持走上了光明的仕途（第二年，他就参与重审科尔索·窦那蒂和乔凡娜·德·乌贝尔蒂尼·迪·加维莱的案件）。但丁将这一事件也记录在《神曲》中。他写道：在修建圣米尼亚托大殿（San Miniato al Monte）阶梯的年代，佛罗伦萨的“文件和规矩都还可靠”[77]，即那时的公共档案和办事规矩都算值得信赖——诗人暗讽的，是另一桩涉嫌盐务垄断案的丑闻。

担任执政官：所有劫难的“原因和起始”

科尔索·窦那蒂出局以后，切尔基家族掌握了佛罗伦萨的政权。然而，两大阵营之间的较量并未落下帷幕。1300 年，双方之间的斗争更加趋于白热化。

对于但丁来说，这是举足轻重的一年；尤其是从他随后的人生经历来看，我们可以认为这是决定命运的一年。这一年的 6 月 15 日，刚满 35 岁不久的但丁开始担任执政官一职。跻身佛罗伦萨的高级领袖阶层，他的前途看起来一片光明灿烂。然而，后来走上流放之旅的他却黯然神伤地叹息道：“这不祥的执政官职位是我遭遇的所有劫难的原因和起始。”

1300 年是切尔基家族重整旗鼓的一年。继 1295 年至 1296 年的第一阶段活跃期过后，切尔基家族曾一度面临窦那蒂家族的压制，难以施展拳脚。如今，随着科尔索·窦那蒂的远离，切尔基家族东山再起。

值得注意的是，但丁在政治领域的起伏轨迹——从1295年至1297年起步，经过一段蛰伏期后，于1300年5月开始有所作为——似乎与切尔基家族第一阶段的活跃期以及窦那蒂家族危机后的统治期颇为吻合。自1297年最后一次公开发表言论之后，但丁似乎销声匿迹了三年——当然，这三年的沉默期或许是由档案文献的缺失造成的。但是，我们仍然有理由认为，但丁在政坛崭露头角的时机与切尔基家族担当重任
109 的时期，两者间的对应性并非一种偶然现象。事实上，正如但丁所说，他与游离于派系争斗之外的布鲁内托·拉蒂尼（其参政动机只是出于纯粹的公民意识）并不一样，他属于切尔基家族的阵营。

切尔基家族行走在两条截然不同的政治轨道之上。在对外政策方面，他们延续了前些年佛罗伦萨城的政治路线——为教宗卜尼法斯八世在意大利中部发起的战争提供经济和武力支持。1297年至1298年期间，佛罗伦萨政府曾支持卜尼法斯八世与克罗纳家族（Colonna）展开殊死决战（甚至被提升到"十字军"之战的程度）。这场战斗以彻底而残酷地摧毁帕莱斯特里纳（Palestrina）而告终（圭多·达·蒙特费尔特罗正是在这场战事期间提出了老谋深算的建议："许诺长，守约短。"[78]）。同样，切尔基家族也支持卜尼法斯八世针对马雷玛（Maremma）的大封建主和王权伯爵——阿尔多布兰德斯基家族（Aldobrandeschi）发起掠夺式的战争。他们之所以如此顺从，一方面是为了保护佛罗伦萨数家捆绑于两方阵营的银行从教廷获得的巨大利息收益，另一方面也是因为惧怕卜尼法斯八世任职后不久便流传开的一则传闻变成现实（但是，后来确有其事）：教宗与法兰西国王"美男子"腓力四世（Filippo IV il Bello）达成协议，打算通过其兄弟瓦卢瓦的查理的军事干预攻陷佛罗伦萨。在对内政策方面，切尔基家族一直坚持阻止教廷插手佛罗伦萨的内政，也没有过度在意卜尼法斯八世对窦那蒂家族的明显袒护。总之，外交与内政策略的不一致是切尔基家族最终覆灭的主要原因之一。

1300年3月中旬，佛罗伦萨派出了一个负有秘密任务的使团前往

罗马：侦查教廷内部是否存在阴谋颠覆切尔基家族的佛罗伦萨人。拉波·萨特雷利和利波·迪·里农丘·贝卡（Lippo di Rinuccio Becca）都是使团成员。就结果而言，该使团不负使命，发现了四个与斯皮尼银行（教廷金融事务的御用银行之一）有所牵连的人存在背叛行为。该控诉（主要由法学家拉波·萨特雷利提起）导致四人中的三人被处以罚款和割舌之刑。这一判决于4月18日宣布，教宗自然而然地认为该宣判是针对他而来，进而打算对佛罗伦萨的执政官，尤其是拉波·萨特雷利实施报复，甚至要将其定性为异端分子。然而，宣判者并没有考虑上述因素，拉波·萨特雷利还被选为佛罗伦萨的执政官，任期是4月15日至6月14日（也就是但丁出任执政官的前两个月）。另一个能够表明切尔基家族无视教宗势力的证据是盖拉蒂诺·迪奥达
提也被选为执政官——他正是两年以前坎特·德·加布里埃里力图打 110
击的人，以至于曾将他的儿子内利·迪奥达提判处死刑。由于被判罪的人远在罗马，该判决自然是无法真正执行的，然而，此举仍被视为针对教宗和窦那蒂派的公开挑衅。此时，维耶里·德·切尔基被卜尼法斯八世召到了罗马。教宗对他礼遇有加，并请求他与科尔索·窦那蒂达成和解，但维耶里·德·切尔基却干脆否认他和窦那蒂家族之间存在龃龉。对此，编年史学家维拉尼评价道：在那样的情形下，维耶里·德·切尔基的行为“实在不够明智，显得过于强硬，甚至荒唐”，以至于“教宗对他本人及他所领导的阵营恼羞成怒”。

此刻，佛罗伦萨的气氛可谓剑拔弩张。1300年5月1日傍晚，人们聚集于瓦隆布罗萨（Vallombrosa）的圣三一修道院（Santa Trinità）和教堂前，在广场上跳舞庆祝五塑节，一群来自窦那蒂家族及其友邻家族的年轻人袭击了切尔基家族，打伤了一个名为里科韦利诺（Ricoverino）的年长成员。大约一星期后，窦那蒂派在发生武斗的修道院前再次集会。该修道院的院长是鲁杰罗·德·邦德尔蒙迪(Ruggero dei Buondelmonti)，是最为激愤的窦那蒂派支持者。他们计划制造一场阴谋，用武力颠覆切尔基家族领导的政府。此外，他们还

打算请求圭多·迪·巴蒂福勒（Guido di Battifolle）——来自圭迪伯爵世家在卡森蒂诺的一个分支家族——率领军队从外部攻入佛罗伦萨，与他们里应外合。在密谋者当中，最为活跃的骨干之一是我们非常熟悉的西蒙尼·德·巴尔迪——他是贝阿特丽齐·波蒂纳里的遗夫。后来，这场密谋东窗事发，许多参与者都立刻遭到了审判和判决。西蒙尼·德·巴尔迪和圭多·迪·巴蒂福勒被判处罚金；身处罗马教廷的科尔索·窦那蒂被视为阴谋的罪魁祸首，被判处死刑。尽管佛罗伦萨政府无法对他本人行刑，却将他位于圣皮埃尔马焦雷街区的宅邸夷为平地，并没收了他的地产。

对此，教宗卜尼法斯八世毫不犹豫地做出了回应：5 月 23 日，他任命方济各会总会长、阿夸斯帕塔的马太主教为托斯卡纳和罗马涅地区特使，派遣他立刻前往佛罗伦萨进行调停。6 月初，主教一抵达佛罗伦萨，他的真正使命已然是全城皆知。于是，他（于 6 月 13 日）公
111 开提出要任命两位新的执政官，但不是采取选举的方式——那样的话，切尔基家族将把握大部分胜算，而是采取抽签的方式——如此一来，就很有可能出现超乎预料的人选结果。对于切尔基家族来说，这一刻是相当微妙的，好在拉波·萨特雷利（他仍是在任的执政官，在这几个月里，他扮演了真正领袖的角色）力挽狂澜，他们仍有实力进行反击。为了让教宗的威胁化为乌有，切尔基派必须完全掌控执政团，确保果决可靠的人当选。经过投票选举，但丁榜上有名。不过，当选的人中是否所有人都对切尔基家族忠心耿耿，这一点相当令人怀疑：后来，的确有两人跑到了敌方阵营一边。至于但丁，他能够在那样的危急时刻得到任命，就说明他是切尔基家族最为信任的人之一。大约在一个月以前，也就是 5 月 7 日，但丁曾作为使节被派往圣吉米尼亚诺（San Gimignano）。此行的目的在于劝说那座城市前往参加托斯卡纳的圭尔甫派联盟举行的会议，共同应对卜尼法斯八世挑起的战争。所以说，但丁肩负的是佛罗伦萨城的政治使命。当然，他所担任的执政官一职原本也是政府职位，但承担如此敏感的政治任务，这却是少有的。

这其中是否存在利益交换——即当时所说的“权钱交易”呢？非常清楚的是，在但丁当选一事上，拉波·萨特雷利及其追随者进行过干预。但是，后来在给但丁判罪时，说他曾在参选执政官或正义旗手的过程中进行过丑恶的交易，这种说法纯属胡言。在那个年代，城市领袖的选举从来就不是一个自由民主的过程！关于这一事件，一位但丁研究专家的论断是：“为了让顺应需求的人当选，做好一切准备工作，这原本就是理所应当的事情。”

新当选的执政官们很快就体会到行事果断的重要性。就在他们就职的当天，一位来自公社财库（掌管佛罗伦萨公共财政事务包括征收罚款的部门，其办公地点就位于市政宫，即巴杰罗宫）的公证员就向他们递交了 4 月针对斯皮尼家族银行股东进行审判的判决书文本，正是这份判决曾让教宗大为光火。此刻，到了执行判决的时候，至少需要执行其中涉及经济处罚的部分。此时无论如何处理，都不容易令各方满意。此外，城市骚乱依旧没有平息。新任执政官任职仅仅一个星期，在隆重的圣约翰节前夜（6 月 23 日），各大行会组织传统游行，前往洗礼堂，向圣人的教堂进行捐赠。在游行的过程中，有多位行会领袖遭到了一群豪强的袭击，袭击者先是恶言相向，后又进行了人身 112
攻击。那些人高喊着：“我们才是坎帕迪诺之战的有功之臣，却让你们窃取了城市的职位和荣耀。”此话并非全无道理。那些豪强的确是佛罗伦萨军队的中坚力量，在战胜阿雷佐人和吉伯林派的过程中功不可没，然而，几年前，他们却被剥夺了担任公共职务的资格。几乎可以肯定，引发这场骚乱的，是窦那蒂家族。但我们并不能排除，除了反对“平民”政府的窦那蒂家族，也有依附于切尔基家族的豪强阶层参与。面对这场令人惊愕的突发事件，新任的执政官立刻召开了“智者”（“savi”）特殊会议（迪诺·康帕尼也名列其中），决定对两大阵营都进行处罚。最后，8 名窦那蒂家族的领袖及其配偶、家眷和亲信被流放至翁布里亚（Umbria）的皮耶韦城堡（Castel della Pieve，今天的皮耶韦城），7 名切尔基家族的领袖及其配偶被流放至位于卢尼贾纳边境的萨尔扎纳（Sarzana）。如果说此举本是为了缓和两大阵营之间的紧张关系，那么其实际效果并没有达到预期的目的。窦那蒂家族立刻进行了反抗：他们与担任教宗特使的主教达成一致，请求卢卡出面干预。好在佛罗伦萨的执政官们态度坚决，及时警告卢卡政府不要出兵，并同时加强边境的武装力量，迫使对方最终放弃。然而，短短几个月后，由于对下一任执政团的错误预估，上述策略还是使得本已紧张的局势显得愈发剑拔弩张。

圭多·卡瓦尔坎迪是遭到流放的切尔基派成员之一。但丁与他之间的友好情谊以悲剧而告终：在沼泽遍布的萨尔扎纳，圭多·卡瓦尔坎迪一病不起，要么是在那里病故，要么就是在返回佛罗伦萨后不久与世长辞。两位友人很可能再也没有见过面。世事难料，居然让那个学生杀死老师的隐喻变成了现实。

圣约翰节发生的严重冲突事件所带来的第一个后果是佛罗伦萨的执政者对阿夸斯帕塔的马太的态度有所缓和。一直以来，他都宣称自己是教宗的全权代表，到了6月底，他的某些要求终于得到了满足，但仍有大量的限制性条件。7月中旬，发生了一次颇为诡异的意外事件。“一个头脑不太正常的”无名氏朝阿夸斯帕塔的马太下榻的主教府
113 的窗户放了一道冷箭，箭头扎在了窗板上。受惊的阿夸斯帕塔的马太迅速离开主教府，转移到阿尔诺河对岸，搬进了莫奇家族——斯皮尼银行的股东——的宅邸。那位无名氏的举动看起来不乏挑衅之意，无论如何，佛罗伦萨的执政官们不得不给主教大人送上2000弗洛林金币作为补偿。不过，佛罗伦萨政府对教宗及其特使的坚定态度并没有改变。卜尼法斯八世敦促阿夸斯帕塔的马太展示出更为强硬的态度，然而，佛罗伦萨的执政官们给出的回应却是派出使节前往博洛尼亚，与之结成外交和军事同盟（这是但丁在任期间颁发的最后几道政令之一）——鉴于阿夸斯帕塔的马太是托斯卡纳和罗马涅两个地区的特使，这一策略简直堪称对他的嘲讽。8月25日（但丁卸任后10天），两座城市正式签署了同盟协定。

一位传记作家这样写道："走出那座宫殿，但丁理应觉得自己取得了胜利，甚至是大获全胜。"倘若他当时的想法果真如此，那么用不了多久，他便会恍然大悟。事实上，政局很快就急转直下。可惜的是，没有任何文献能让我们了解但丁在接下来几个月里的动向。总之，在经过一段相当长的沉寂之后，直到 1301 年 4 月，他才重新回到政治舞台上来。

最后一位中世纪教宗

《神曲》的读者一定对卜尼法斯八世深恶痛绝。对于敌人，但丁向来毫不留情，更何况他将卜尼法斯八世视为所有敌人中最坏的一位，对他的唾骂就更不会善罢甘休了。

1294 年 12 月 24 日，本笃 · 卡埃塔尼主教在那不勒斯当选教宗，名号卜尼法斯八世。一个月后的 1 月 23 日，他在罗马正式加冕。卜尼法斯八世的前任是策肋定五世（Celestino V）——"隐修者"摩罗尼的彼得（Pietro del Morrone）。此人乃圣洁之人，深得属灵派方济各会和教廷改革派的支持，但在教会和国际事务方面不胜其任，实际上受到那不勒斯国王安茹家族的查理二世的操控。因此，他在当选数月之后就辞去了教宗一职（任期为 1294 年 7 月 5 日至 1294 年 12 月 13 日）。对于策肋定五世的辞职之举，深谙教会法的本笃 · 卡埃塔尼主教认定其有效：这一观点将给他的整个教宗生涯带来沉重的压力。他的许多政敌——尤其是属灵派方济各会、克罗纳家族和法兰西国王——都认定是他诱导策肋定五世做出辞职的决定，以便自己取而代之，因此，他的当选过程是非法的。直到去世之际（甚至是去世之后），这个 114
关乎其教宗地位合法性的问题一直困扰着卜尼法斯八世。不过，在当选教宗以后，卜尼法斯八世的确曾拘禁策肋定五世（至于逮捕，那是查理 · 马尔泰罗于 1295 年 2 月所为。此前几个月，但丁与查理 · 马尔泰罗在佛罗伦萨结识)。卜尼法斯八世之所以行此举，既是担心策肋定五世反悔，也是认为两位教宗并存的局面会在信徒中引发混乱。

卜尼法斯八世的形象是具有争议性的。他一方面深信教廷和教宗对人类灵魂的普遍引领，另一方面又对教廷和自身家族的领土扩张计划极为热衷。他之所以发起针对克罗纳家族和阿尔多布兰德斯基家族的血战，其动机主要在于家族的政治因素。至于他对佛罗伦萨内政的干涉，则是出于将教廷的统治扩张至托斯卡纳地区的目的。他担任教宗以来，最为突出的特色就在于他的神权观念：教宗居于一切世俗君主和王权之上，自然享有对于全世界领土和每一个灵魂的统治权。从这一角度来看，卜尼法斯八世可谓中世纪的最后一位伟大的教宗，毕生致力于与日耳曼皇帝之间的斗争，只为确立精神领袖相对于世俗领袖的优越性。只不过在这一历史时期，需要压制的不再是皇权，而是新生君主国家的权力。

卜尼法斯八世与法兰西国王展开了殊死斗争。此前，他与腓力四世之间的关系时好时坏。此时，面对卜尼法斯八世在神权地位上的奢望，腓力四世终于采取了强硬的抵制态度。于是，一场针对卜尼法斯八世的持续而猛烈的攻击拉开了帷幕，直到他去世后也仍在继续：卜尼法斯八世死后，腓力四世和克莱孟五世（Clemente V）对其进行了漫长的审判，直到 1311 年才告一段落，但审判的结果并没能给卜尼法斯八世定罪。法兰西国王的目的是证实卜尼法斯八世的参选过程并不合法，同时还给他扣上了异端、鸡奸犯等罪名，甚至指控他实施恶魔行径。在最为激烈的冲突时刻，法王特使纪尧姆 · 德 · 诺加雷特（Guglielmo di Nogaret）和夏拉 · 克罗纳（Sciarra Colonna）派人袭击了阿纳尼的教宗行宫，还临时逮捕了教宗——如此，夏拉 · 克罗纳算是为（1303 年 9 月 7 日）教宗对自己家族实施的迫害报仇雪恨了。至于在那次事件中，教宗被夏拉 · 克罗纳掌掴，这恐怕只是传闻。总之，
115 卜尼法斯八世没能熬过这番羞辱，一个多月后（10月 11 日）就去世了。倘若说几届前任教宗都在与霍亨斯陶芬皇族的斗争中取得了胜利，那

么卜尼法斯八世则是在与法兰西国王的较量中一败涂地。这是一场严重的失败，其后果甚至对教廷史和欧洲史都产生了深远的影响。他去世以后，来自特雷维索的尼科洛·迪·博卡削（Niccolò di Boccasio）继任教宗，史称本笃十一世（Benedetto XI），但他的任期只维持了极短的时间（1303年10月至1304年4月）。随着戈特的培特朗（Bertrand de Got，即克莱孟五世）的当选，一连串强烈受制于法兰西国王的教宗轮番继任，以至于教廷也一度被迁移至阿维尼翁（Avignone），直到1377年才搬回罗马。

正如先前所提到的，但丁将卜尼法斯八世视作所有敌人中最坏的一位。刻骨的仇恨促使诗人在卜尼法斯八世尚且活着的时候就在《神曲》里预告他死后将下地狱的命运：在那一歌中，教宗尼古拉三世——即那位与本笃·卡埃塔尼主教关系颇为密切的教宗，本名为乔凡尼·加埃塔诺·奥尔西尼（Giovanni Gaetano Orsini）——倒插在其中一个用于惩罚圣职买卖者的孔洞里，他听错但丁的声音，误认为是那个即将取代他受难的位置的人，问道：“你来了，卜尼法斯 / 你已经站在了我的身边？”[79]对于卜尼法斯八世表面佯装公正，暗地勾结窦那蒂家族的虚伪行径，但丁丝毫不予原谅，称其为“法利赛新恶之王”[80]。关于窦那蒂家族的命运，恰克曾预测：他们将凭借“那个左右逢源者”[81]——也就是那个在1300年仍假装公正的人——的支持重占上风。有时，读者会感到但丁似乎将佛罗伦萨的历史事件理解为他与卜尼法斯八世之间的个人恩怨，以至于会借卡恰圭达之口道出卜尼法斯八世早在1300年就开始筹谋要将但丁赶出佛罗伦萨，随后才在教廷——那个每日都在拿基督做交易的市场——和盘托出：“在整日出卖主基督之地，/ 对此事早有人（卜尼法斯八世）预谋，盘算，/ 实施日距今天已经不远。”[82]卜尼法斯八世肆无忌惮地在教廷的中心——“拉特兰（Laterano）附近”[83]——发起十字军之战，将彼得的墓地变成了“污秽之所”，一处鲜血淋漓、恶臭弥漫的沟渠（“如阴沟一般 / 充满了污血与恶臭之气”[84]）。但丁让圣彼得所说的一番话恐怕是针对一位教宗所发出的前无古人的最猛烈痛斥，说卜尼法斯八世不配坐上彼得的宝座，以至于在基督面前，这宝座仿佛是空着的："在人间那人篡我的位子，/ 现如今在上帝之子面前，/ 我位子仍然是空空如也。"[85] 尽管但丁似乎相信卜尼法斯八世是用法律建议诱导策肋定五世辞职的控诉
116 (“为得它你不怕实施欺骗，/ 娶美女（教廷），又令其卖淫赚钱”[86])，但他却从未质疑过其教宗地位的合法性。他认为阿纳尼（Anagni）的羞辱是卜尼法斯八世作为基督代理人再度体验基督受难的过程："我见进阿纳尼百合花徽，/ 基督的代理人被人困圈，/ 我见他又一次被人戏弄；/ 又一次品尝到醋酸、苦胆，/ 被弑于尘世的大盗之间。"[87] 对于如但丁一般怀有坚定信仰的人来说，任何个人恩怨、政治仇恨和道德斥责都不足以让他违背最为严格的正统教义。在这一方面，但丁并非孤例。13 世纪最著名的颂歌作者、继但丁之后在接下来两个世纪里最受欢迎的诗人——雅各布内 · 达 · 托迪（Iacopone da Todi）曾因支持克罗纳家族于 1299 年 6 月帕莱斯特里纳被攻陷时沦为阶下囚，受尽折辱，直到卜尼法斯八世去世以后才重获自由。为此，他在诗篇中以罕见的刻毒之语痛骂卜尼法斯八世："坐在教宗宝座之上的新路西法"，但尽管如此，他对卜尼法斯八世作为彼得继承人的身份却从未有过半点质疑。此外，另有一位属灵派运动的主要支持者皮耶特罗 · 迪 · 乔凡尼 · 奥利维，也曾数次与其他方济各会修士持相反见解，认为策肋定五世的辞职之举是合法有效的。

1300 年：大赦之年

宣布教廷的第一个大赦年，是卜尼法斯八世得以被后人牢记的最重要的一件大事。

随着世纪元年——承载着多重象征含义的年份——即将到来，越来越多的朝拜者自发结成队伍，前往第一位教宗的墓地朝拜。他们深

信在这一年进行朝拜，可以获得与平日不同的特殊赦免。这一说法究竟缘何而生，又存在什么依据（显然与圣彼得圣殿里的神职人员的鼓动有关），我们不得而知；总之，前往罗马的悔罪者队伍一天比一天壮大，在圣诞节前夕尤其如此。研究法律出身的卜尼法斯八世遂命人在档案馆中查找是否有史料文献能够证实上述民间传闻。后来，尽管罗马教廷并没有找到任何相关的文献，仍然决定对这股高涨的宗教热情加以利用。1300 年 2 月 22 日，卜尼法斯八世颁发了一道教宗诏书，宣布罗马教廷将在每一个世纪元年全面赦免信徒的所有罪行——只要信徒们连续 30 天（居住于罗马的信徒）或 15 天（居住于外地的信徒） 117
每日前往圣彼得大殿和圣保罗大殿对自身的罪行进行忏悔。鉴于在训令颁发以前，大量信徒就已启动了朝拜行动，训令规定，获得赦免的时期自前一年的圣诞节（1299 年 12 月 25 日）开始，至第二年的平安夜结束。正如卜尼法斯八世做出的其他许多决定一样，这个关乎宗教的决定也掺杂了他对政治因素的诸多考量：通过大赦，可以再次确立罗马的中心地位，也可隆重展示教宗的绝对权力。作为基督的代表，教宗位列所有世俗国家和世俗机构之上，享有对一切灵魂的绝对精神审判权，甚至可以在他们的肉体死亡之后改写其命运。

大赦本身并不新鲜，罗马教廷在历史上也曾进行过不止一次大赦。此次大赦的主要特色在于免罪范围的扩大。此前，对于世俗惩罚的宽恕——从名义上来说，这些惩罚都需要忏悔者通过告解圣事消除永恒的惩罚之后，通过生前的赎罪之举或死后在炼狱承受痛苦才能赎清——都只能免去一段有限时间内（通常非常短暂）的惩罚（在 1300 年以前，时效性最长的赦免也只能免去三年多一点范围内的惩罚）。然而，每个世纪之初的大赦年，则是对所有惩罚的全方位赦免。各国君主和政府都嗅出了教宗这一决定的政治意味，纷纷采取置之不理的态度。然而广大信徒却做出了超乎寻常、令人始料不及的热情回应。在一个有着深厚宗教渊源的社会里，一条宣布能够赦免所有罪行，且能免除所有相关惩罚的赦令激起了极大的反响。成千上万的悔罪者从欧洲各地涌向罗马。在那一年里，悔罪者的数量作为罕见事件给人们留下了难忘的群体回忆：汹涌的人潮达到了前所未有的程度。据目击者和编年史作家所述，充斥于罗马街头的男人和女人的数量是如此之多(值得注意的是，大量女性的参与也是从前不曾见到的现象)，以至于即使教廷采取了分散人流的措施（打开了一扇特殊城门），也无法提供
118 足够的草料供聚集在城内的车马补给。某些编年史作品提供了一些具体数字：在 1300 年期间，不算“那些往来于罗马的流动人口”，光是罗马的常住人口就增加了 20 万；每天都有 3 万朝拜者进城，另有 3 万人口出城。1300 年的圣诞节前夜，罗马城内集聚了超过 200 万的男女民众。尽管这些数据不乏想象和夸张，但足以表明当年的目击者在面对这些不可想象的人口数量（如今，我们觉得习以为常）时产生的巨大错愕感。

在那成千上万的朝拜者之中，但丁也是其中的一员。他笔下关于圣天使古堡（Castel Sant’Angelo）前方大桥的描写很像是某种眼见为实的证据：桥上设置了围栏，用以控制前往圣彼得大殿的朝拜者人流。

> 就如同大赦年朝圣人多，
> 智慧的罗马人巧过桥面：
> 朝圣者、返回者各走一边；
> 一边人全面向天使古堡，
> 均朝着圣彼得迈步向前，
> 另一边却朝向乔达诺山。[88]

与其说是某种假设，不如说但丁的罗马之行更像是事实。不过，我们并不清楚他具体是在那一年的什么时期前往罗马的。根据仅有的文献资料，我们可以看到在 3 月和 4 月之间，或是在 9 月和圣诞节之间，没有任何理由能够阻止但丁抽出一个月的时间（15 天用于旅途，15 天用于参观罗马的各大教堂）踏上那次悔罪之旅。1300 年 3 月 14

日，他身在佛罗伦萨，从兄弟弗朗切斯科处获得了一笔借款：我们不妨假设那笔钱正是此次朝圣之旅的旅费，且他正是于3月25日抵达了罗马——就在那一天，《神曲》中前往另一个世界的旅途也开始了。

“在人生的中途”

《神曲》里描述的梦境之旅始于3月25日，结束于一星期后的3月31日。根据宗教传统，3月25日既是基督道成肉身的日子，也是他离开人世的日子。同时，这一天也是佛罗伦萨人的新年。有很多理由促使但丁将他的非凡旅程置于大赦之年的核心时期，但其中的决定 119
性因素应该是他在1300年年满35岁，到达了“人生的中途（mezzo del cammin）”。对于一个长期自认为具备特殊潜质，且注定要在人世间留下印记的人而言，这一巧合更是富有深刻的含义。在人生旅程的第35个年头里，但丁成为整个家族里首位当选执政官的成员。这的确是他人生的重要拐点，象征着新一阶段的起始。

当然，但丁完全可以在1300年后某个较为遥远的时刻才进行上述考虑。事实上，如果说许多传统传记作家和评论家都认为《神曲》的创作时期要么是始于1300年，要么就是始于某个临近的时间点，那么现代学者则几乎众口一词地称《神曲》的创作时期是在若干年以后：有人认为始于1304年，大部分则认为始于1306年至1307年。鉴于传统评论家大多是就作者的语句进行字面理解，他们的论断并不具备太大的价值。然而，他们将该作品的创作年代置于大赦年的大背景下——也就是说，《神曲》是但丁在完成罗马之行后不久诞生的（至少是初步构思的）——这倒十分符合诗人喜欢趁热打铁的创作习惯。所以说，这部作品很可能始创于他的朝圣之旅以后，遭遇流放以前——因为在被流放以后，但丁对1300年这一转折之年的看法就会与先前大不相同了。

关于这一问题，有必要交代得十分清楚。我们今天读到的《神曲》，是但丁于 1306 年至 1307 年开始创作，直至临去世前才完成的那部史诗，这一点几乎是毋庸置疑的。没有任何迹象表明，先前曾有与该作品相关的任何底稿存在。但尽管如此，倘若我们假设但丁在完成罗马之行后不久就写下了这部史诗的框架（或是按照画家们的说法，绘制了一系列纸板底图），这倒与我们所了解的诗人的性格及其政治理念的发展进程颇为相符，更何况这一假设的确有文字证据的支持：在史诗的最初几歌和其他部分之间，某些差异确实是显而易见的。我们可以认为，在这一时期，诗人进行了一系列准备工作，后来被某些政治事件所打断，直到几年以后，诗人稳定下来，才重拾前些年的素材，开始不间断地正式创作这部鸿篇巨制。此种观点能够有效地帮助我们化解某种错觉：《神曲》所反映的种种成熟的思想是在瞬间突然出现于但丁的思维意识和创作视野中的。或许有人会反驳说，在局势混乱
120 的 1300 年至 1301 年，但丁根本没有心思进行创作，说这话的人恐怕忽略了两点事实：第一，在但丁创作《神曲》的过程中，时局是常年动荡不安的；第二，即使是在紧张的 1300 年至 1301 年，政治也不是生活的全部，无论是对但丁而言，还是对其他佛罗伦萨人来说，都是如此。

当我们将视线聚焦于某些政治事件时，并不能想当然地认为民众的日常生活、城市的常规管理和事务都如我们想象的那般乱了方寸。举个例子，1301 年 4 月 28 日，应某些市民的要求，市政府决定对那条从皮亚詹蒂纳（Piagentina）行政区通往阿弗里科溪畔的弯曲道路进行拉直改造。但丁被任命为工程“监理”（“sovrastante”），其职责在于替执政官们监督工程的进展。这项任务之所以会落在他的身上，是因为他在皮亚詹蒂纳附近的圣盎博罗削教区拥有一些地产，因而也是这一工程的受惠者之一。请注意他担任该项工作的时间：1301 年 4 月。此时的佛罗伦萨面临重重危机，正处于紧要关头，然而，佛罗伦萨人的生活——包括但丁本人的生活——看上去却如往常一样平静。

既然诗人能抽得出时间去承担监理的工作，为何就不能投身于诗歌创作呢？

需要重申的是，我们读到的整部《神曲》——包括开头的那些篇章——都是但丁在 1306 年至 1307 年期间创作的。先前所写的那些草稿几乎已被彻底修改。之所以说是“几乎”，是因为在《神曲》最终版的头几歌里，我们仍能隐约看到早期构思的某些痕迹，甚至还有一些得以保留下来的零星语句。通过这些痕迹，我们可以确定，这部史诗的立意和构思过程不可能晚于《飨宴》和《论俗语》（*De vulgari eloquentia*）* 的创作时期，即 1304 年至 1306 年期间：作者在《神曲》的序言部分所表达的关于基督教廷政治和管理结构的观点与上述两部作品可谓遥相呼应。

我们可以对作者在《飨宴》及《论俗语》中阐述的政治理想进行如下概述：“意大利的贵族们应该抛却彼此之间的纷争，搁置个体之间的差异，形成一个统一的阶层——他们曾经形成过统一的阶层，如今也有潜力形成统一的阶层。他们应在帝国的庇护下，排除一切会导致分裂的离心力的干扰（首先是经济层面的，其次是政治层面的），确保以和平为导向的、富有凝聚力的人类文明得以存续。”上述观点说明但丁势必已经酝酿或正在酝酿某种以皇权为中心的政治理念。然而，在 1306 年至 1307 年期间，当但丁中断了《飨宴》的撰写，转而着手于
《神曲》的创作时，他似乎忘记了前段时间支持的观点（但不久以后， 121
他又会再次极力支持），在史诗的开篇之处（第二歌）就发表带有明显圭尔甫派政治色彩的言论：罗马帝国本不像《飨宴》的作者所期待的那样，为守护人类和平和幸福而建，而是为了维护教廷和教宗的权威而建立的。

（埃涅阿斯 [Enea]）是罗马与帝国灵魂之父，
智者必觉此事理所当然，

* 《论俗语》是该作品标题的通行译法，其完整含义为“论俗语修辞”。——译注

因为在天府中他已当选；
定该城为圣地绝非虚传，
这件事已实现，众人可见：
大彼得继承者坐镇掌权。
你也曾赞颂他行走此路，
他闻听为何能奏凯而旋，
以知晓教宗披斗篷根源。[89]

罗马和帝国都是由神圣的天意建立的——“定该城为圣地绝非虚传，大彼得继承者坐镇掌权”。有人认为，这一观点的“圭尔甫派色彩简直强烈到了无以复加的地步”。假如这一诗行是于 1307 年前后才写下的，我们就会看到但丁的思想相较于前一两年的观点（此种观点还将持续一至两年）而言出现了某种无法解释的倒退。相反，假如这一诗行是早在多年前就写下的，后来作为一种已然被超越的观点被诗人保留在《神曲》的最终版本中，那就不存在任何矛盾之处了。

薄伽丘笔下的“小册子”

认为《神曲》——更准确地说，是那部后来演变为《神曲》的史诗——的始创时期早于《飨宴》和《论俗语》的假说，本身并不能说明但丁是在遭遇流放以前开始创作这部作品的。令这一假说具有可信度的，还是薄伽丘叙述的一桩轶事。

薄伽丘曾先后两次（其间存在好几年的间隔）提到了在但丁被流放“五年或更长一些时间”以后发生的一件事：第一次是在关于但丁的传记里，第二次是在《详论但丁的〈神曲〉》（*Esposizioni sopra la Comedia di Dante*）中。尽管他在时间方面的表述相当模糊（这说明他参考的史料要么存在矛盾，要么就是不够确切），但也是大致指向

1306 年至 1307 年这段时间。相较于第一个版本，第二个版本的叙述
更为详尽具体。据该版本所述，杰玛·窦那蒂早已预料到但丁被判罪 122
后，家宅将难逃洗劫，于是，她将“一些装有较贵重物品和但丁文稿的保险箱”搬出了家，藏在某个安全的地方。“五年或更长一些时间”以后，杰玛曾试图获取一笔她理应得到的收益——这笔收益来自她被征收的嫁妆财产。为了赢得这桩诉讼，她必须出示一些文件，而这些文件恰巧保存在那些被藏起来的保险箱里。于是，她委托了一位朋友或亲戚，在律师的陪同下，找出了那些保险箱。从保险箱里，人们不仅找到了其他物件，还发现了用俗语写成的“若干十四行诗和合组歌诗稿”（“più sonetti e canzoni”）以及一本“小册子”（“quadernetto”），其中包括《地狱篇》的前七歌。这本小册子被呈送至迪诺·弗雷斯克巴尔迪（Dino Frescobaldi）处。此人是著名的温柔新诗派诗人——“声名大噪的作韵者”，也是一个支持圭尔甫派黑党的大银行家族的后裔。迪诺·弗雷斯克巴尔迪对读到的诗篇爱不释手，先是誊抄了几个抄本，与好友共赏，后来又决定将这本小册子交还至但丁手中，以便让他能够继续完成中断的创作。当他得知但丁身在卢尼贾纳，住在摩罗埃罗·马拉斯皮纳侯爵处，便将册子寄给了侯爵。侯爵也对但丁敬佩有加，便鼓励他重拾那部史诗的创作。

除了极少数例外，大部分学者都对这则轶闻的可信度表示怀疑。的确，我们不能逐字逐句地信以为真，但也不必过于匆忙地将其归入“传说”之列。首先，薄伽丘是一位谨慎的学者，且他说明了这则轶闻的信息来源。在两个不同的时间，他从两个不同的人（两者都声称自己在此事上功不可没）那里听到了这个故事，且两人的叙述“非常对应，几乎没有改变任何细节”：第一个人是公证员迪诺·佩里尼（Dino Perini），第二个人是但丁的外甥，安德烈·波吉。薄伽丘所做的仅限于转述，并没有评论谁的说法更为可信——“我不知道更应该相信谁的叙述”。不仅如此，薄伽丘也对他听到的这桩轶事的真实程度表示出些许怀疑——这一点恰好能有力地证明，这则轶闻绝非出自薄伽丘的

杜撰。相反，关于这部史诗前几歌诗文被重新找到的消息已经传遍了当时的佛罗伦萨。其次，轶闻中提到的一些历史信息也是比较可靠的：在被流放的五年后，但丁的确是寄居在卢尼贾纳的摩罗埃罗 · 马拉斯皮纳侯爵家——那时，摩罗埃罗 · 马拉斯皮纳侯爵也的确是佛罗伦萨圭尔甫派黑党军队的首领。

真正令人感到怀疑的，是那些被找到的诗稿究竟是不是《地狱篇》
123 的前七歌，且但丁究竟是不是从第八歌开始重拾该作品的创作的。关
于《神曲》的创作时间和创作方式有太多不明之处，令我们无法做出
判断。没有人确切地知道：诗人的创作是否恰恰是从先前中断的地方
继续的？这部作品又是在何处中断的？先前写的部分只是草稿，还是
达到了一定的完整程度？ 诗人是否对先前创作的部分进行过修改？他
在何种程度上进行了修改？但是无论如何，我们都不能忽略一点：所
有外部的证据都是与文字中的信息相吻合的。

124 一部关于佛罗伦萨的史诗

说到《神曲》的初稿得以在最终版本中保留下来的最为重要的特色，便是但丁作为一个佛罗伦萨人的视角。这部史诗是他为佛罗伦萨的同胞们创作的。

整部《地狱篇》都与佛罗伦萨密切相关，且这一特色在第一部分（直到关于法利纳塔的第十歌）显得尤为鲜明：在这一部分里，（几乎）所有的重要人物都毫无例外地来自佛罗伦萨。从某种意义上说，他们构成了被惩罚下地狱的唯一现代人群体。其实，《地狱篇》第一部分里涉及的人物并不少，之所以会给读者留下上述印象，是因为在作者的笔下，长期居住在地狱的绝大多数其他人物不是来自《圣经》或古典文学的世界，就是出自虚构的作品。这一点，让但丁看上去似乎对自己的同时代人欲言又止。

地狱中的无为者（ignavi）是能够被认出的（“随后有一个人入我眼帘”[90]），但却不配被一一辨别（只有“那个 / 因怯懦曾拒肩挑重担”[91] 的人即策肋定五世例外），更不配被唤出姓名；至于第四层里的守财奴和挥霍者，他们的身份甚至无法识别（“盲目活使他们污秽不堪，/ 今日已无人识他们颜面”[92]）；如此一来，在人物相当丰富的这一歌里（“这些人头无发，执掌神权，/ 其中有教宗和枢机要员，/ 他们都表现得十分贪婪”[93]），居然没有出现任何一个人名。尤其是在涉及政治的描写中，但丁欲说还休的态度最是明显。关于自己的大敌，他的表述是如此影影绰绰（“那个左右逢源者”[94]），以至于无法确切辨识其身份（例如先前所提到的，“那个 / 因怯懦曾拒肩挑重担”的人）；即使是提到唯一可能的救世主，作者也让他隐藏在“猎犬”的隐喻之后。总之，在最初的几歌里，但丁在描述当年佛罗伦萨的政治冲突时，可谓慎之又慎。

描述恰克的那一歌再次体现出诗人在谈论佛罗伦萨时政时的谨慎态度。在这一歌里，一座“分裂的城市”将首次登上舞台；佛罗伦萨的政治事件将首次成为作者公开描述的主题；读者们亦将首次目睹从地狱中被释放的“贪婪”“野蛮”和“嫉妒”[95] 是如何在人世间肆虐，破坏了佛罗伦萨的社会风气。然而，读者们的上述所有期待都只能在某一个佛罗伦萨人物的言辞之中得到部分的满足。这个人物虽有自己的名字，但事实上仍然只是一个无名氏。或许，作者最初的意图，是 125
让恰克——一个并不具备多少政治色彩的角色——发表一番无关派系党争的言论：只涉及（广义的）社会风气，不涉及（狭义的）政治时局，对佛罗伦萨贵族的堕落进行道德上的谴责。

恰克究竟是谁？关于他的身份，存在种种猜测。较为可信的说法是，此人是一位“宫廷之人”，一位出入于豪门大宅的“门客”。由于生活在那样的环境里，加之自身的恣情纵欲，因此，佛罗伦萨的富贵之家以及那些大摆排场的新贵们纸醉金迷的生活方式在他身上得到了集中体现，换言之，他成了“奢侈”和“挥霍”世界的代言人。这位犯有饕餮罪的罪人揭露了一种更为严重的社会罪恶。他认为以觥筹交错为代表的生活方式是一种追求高贵的体现，是体现慷慨、大方、好施的“礼仪之举”，然而，这种理解却背叛了礼法的真正精神：假如“施予”和“馈赠”构成了有礼之举的核心要素，那么真正的“礼仪”还要求适可而止，以免令上述行为转变为毫无理智且应遭到谴责的“挥霍”。正因如此，但丁抗议道：“新人和暴富 / 滋生了傲慢和放纵”[96]。请注意“傲慢”一词——这是对于菲利普 · 阿尔詹蒂（Filippo Argenti）行为的描述。

但丁为何提出想要了解 13 世纪中期佛罗伦萨某些豪强家族显贵成员（法利纳塔、泰加尤 · 阿尔多布兰迪 · 德 · 阿狄玛里 [Tegghiaio Aldobrandi degli Aldimari]、雅克波 · 鲁斯蒂库奇 [Iacopo Rusticucci]、阿里戈 [Arrigo]、莫斯卡 · 德 · 兰贝尔蒂 [Mosca dei Lamberti]）的命运？倘若我们将之视为他对那一时期贵族阶级堕落态势的总体分析，这就很好解释了。事实上，但丁之所以提到他们，并不是将他们视为“政要”（当然，对于他们中某些人的作为，但丁曾给予严厉的抨击），而是将他们视作“那样值得尊敬”和“把聪明才智用于做好事”的佛罗伦萨市民。他们凭借个人的功绩和家族的名望成为市民中的杰出代表：他们所有人都来自豪强贵族家庭，不是骑士就是老爷（*domini*）。他们从前的地位，与此时炫耀财富、广纳门客（如恰克）的新贵家族的地位并无两样：如此一来，他们就成了某种参照点，映射出当下的城市贵族堕落到了何种程度。

菲利普 · 阿尔詹蒂也属于一个大型的豪强贵族集团——佛罗伦萨支持圭尔甫派的显赫家族之一，阿狄玛里家族。但丁曾以极为刻薄的
126 贬损表达对这一家族的敌意，但在第八歌里，他似乎并不想通过该家族的某位成员形象对其进行攻击。事实上，泰加尤 · 阿尔多布兰迪也是这一家族的成员。但丁在第六歌里将其置于“把聪明才智用于做好事”的人之列，在第十六歌里，泰加尤 · 阿尔多布兰迪 · 德 · 阿狄玛里也是作者“总是激动听，并且广传 / 你们创伟业绩，英名璀璨”[97] 的

人之一。倘若泰加尤·阿尔多布兰迪·德·阿狄玛里如维拉尼所述，是“聪明睿智、骁勇善战、威望素著的骑士”，那么在但丁的笔下，他的后裔菲利普·阿尔詹蒂尽管也有骑士头衔，却“在尘世时十分傲慢”[98]，动辄发怒（“狂怒的灵魂”[99]），行为暴戾。据薄伽丘所述，菲利普·阿尔詹蒂是如此富有，以至于“为他常骑的那匹马打上银质的马掌，他的绰号也是因此而得名”，所以说，他的傲慢个性也体现在炫耀财富的空虚之举上。如此一来，在这两个出自同一个贵族集团且都具有骑士封号的人之间进行对比，也就在所难免了。通过菲利普·阿尔詹蒂的傲慢，我们能够看出，随着时间的迁移，佛罗伦萨的领袖阶级——甚至说是这一阶级的最高阶层——究竟堕落到了何种程度：曾几何时，他们的一切行为和社会关系都是以“遵循礼法”为导向的，但是到了这一时期，整个佛罗伦萨都被“傲慢、嫉妒与贪婪”[100]所统治和侵蚀。

作品中出现的最初几个现代（应该说是与但丁同时代的）罪人均来自罗马涅地区，这似乎是对以佛罗伦萨为中心的创作视角的某种背离。我们都知道，乔凡尼·马拉泰斯塔杀害弗朗切斯卡·达·波伦塔和保罗·马拉泰斯塔一事并没有引起当时社会的关注。没有任何当地史料记载过此事，也没有任何文献对此留下过只言片语，当年的评论家们对此事的了解完全基于但丁的描述。可以说，对于那个时代的人而言，这一事件并没有引发所谓的轩然大波：身为具有相当社会地位的丈夫，不惜以血的代价洗刷自己被玷污的名誉，这类行为在当年并不罕见。然而，倘若这一悲剧事件换一处上演，那么唯一能够激起一定反响的地方，就只可能是佛罗伦萨。在这座城市里，人们对故事中男女主角的身份耳熟能详。众所周知，弗朗切斯卡·达·波伦塔的情人曾于 1282 年至 1283 年期间以及 1290 年的 7 月至 11 月期间担任佛罗伦萨的公社队长。此外，谋杀案发生后不久，大约在 1285 年前后，弗朗切斯卡·达·波伦塔的父亲还曾担任过督政官一职。

数不清的读者从爱情和爱情文学的视角对第五歌进行了解读，他

们的观点固然无可厚非，但却低估了这一歌所体现的另外一些要素，
127 如：通奸、乱伦（这对恋人是叔嫂关系）和谋杀。淫乱是一种个人罪行，却会引发诸多负面社会效应。对于性冲动的满足（将理智置于“意愿”[“talento”]之下）可能导致通奸、乱伦和谋杀行为的发生。因此，这并不是简单的随心所欲之罪，而是一种破坏社会秩序、家庭和谐以及人际关系规则的罪行。安德烈·卡佩拉诺（Andrea Cappellano）曾在《论爱情》中表示，淫欲会催生多种不良社会现象，甚至会引发犯罪：“谋杀和通奸行为往往因其而起……包括乱伦关系也是由它导致的：事实上，没有谁能够如此听从上帝之言，一旦他在恶灵的怂恿下被撩动了情欲，就难以克制自己对女子的淫欲，哪怕她们与自己有血缘关系或亲属关系，又或者已宣誓将自己奉献给上帝。”叔嫂之间的乱伦被视为由淫乱的性行为导致的罪恶之一。

这两位贵族家庭成员居然沉沦于如此不堪的行为，令遭到羞辱的丈夫做出残暴的回应，这充分说明封建贵族的生活作风早已今非昔比，其堕落程度并不亚于后起的城市贵族。

在《地狱篇》的最初几歌里，但丁审视着传统道德在封建贵族和城市贵族阶级中的沦丧，其视角与他创作那两首分别谈论“高贵”和“优雅”的合组歌（《我常常寻找的甘甜的爱之韵律》和《既然爱已全然抛弃了我》）时的视角一般无二。饕餮（恰克）、淫乱（弗朗切斯卡·达·波伦塔）、暴怒、傲慢和炫富（菲利普·阿尔詹蒂）：地狱里的种种场景体现出贵族阶层最为典型的恶行。他们自以为言行举止优雅高尚，却彻底忽略了“优雅”最根本的含义。通过上述两首合组歌，但丁提出了用以“高尚”（“gentile”）为导向的文化滋养佛罗伦萨领袖阶层（包括封建贵族和城市贵族）的主张；在《地狱篇》的篇章里，但丁的口吻虽以批评和责骂为主，但总体指导思想却没有变化。在此，作者所描述的画面扩展到了古代贵族——当代佛罗伦萨骑士所效仿的典范。弗朗切斯卡·达·波伦塔和保罗·马拉泰斯塔的故事反映了他们所属的封建贵族阶层的道德沦丧；菲利普·阿尔詹蒂的行为体现出

早期城市豪强家族的奢靡做派；门客恰克的形象则勾勒出佛罗伦萨那些毫无门第背景的新贵阶层的腐化之风。上述群体都在以堕落的方式模仿贵族的生活：他们试图通过在社会中消耗财富来确立高贵的地位，却混淆了慷慨与炫耀之间的界限。在前一时期的道德教化诗篇和《地 128
狱篇》的最初几歌里，我们能够看到此种创作思想的延续性，那些诗篇也是但丁从一个佛罗伦萨人的角度出发，写给他的同胞们的。

在《新生》里，但丁成功地将他在多个文化领域的成就融于同一部作品之中。然而，那部作品发表之后，他的发展道路就出现了岔口：原先那股对于拉丁文诗歌和神学研究的强烈爱好很快就被关于现实生活的世俗思考取而代之。面对两条截然不同的道路，一个像他那样有着系统化思维且疯狂追求延续性和整体性的人很可能经历了极其不安的撕裂。直到大赦颁布了令人类个体焕然新生的普世化信息，诗人才找到了契机，将上述两方面原本格格不入的志趣结合起来。那部作品——重申一次，此时只是初露轮廓，日后将脱胎为《神曲》——将关于贝阿特丽齐的故事与关于道德与政治的思考合二为一：一方面，诗人对贝阿特丽齐的情感将在这部超越《新生》的作品中得到最为荣耀的加冕，另一方面，先前那些在道德合组歌中所表达的思想也将得到进一步深化。作品所呈现的人世之外的景象赋予具有明显自传特征的主人公形象以预言家的色彩；与此同时，佛罗伦萨风云变幻的政治局势、社会各阶层之间紧张微妙的张力，还有被快速的经济发展所抛弃的传统城邦价值，这一切要素构成了作品中的主人公展开批评和教化的土壤。这是一场为了拯救生者而前往死者世界的旅行，其目的在于为那些正在经历惨痛的内部危机，却还没有彻底失去希望的佛罗伦萨人谋求救赎。诗中叙述的种种事件令这部原本以佛罗伦萨人为受众群体、以拯救佛罗伦萨为创作目的的史诗最终演变成了一部抨击佛罗伦萨的作品，其激愤和严厉程度达到了前所未有的极致。

129 四　被处火刑（1301—1302）

用火焚烧，直至死亡[101]

黑党与白党：内战预演

1300 年 8 月中旬，但丁卸任执政官一职。此刻的他或许感到志得意满：在两个月的任期里，特使主教的干预行为遭到了挫败；与博洛尼亚的结盟谈判已经开始（于十天后正式敲定）；切尔基家族及其追随者似乎也已牢牢掌控了政权。然而，切尔基家族实在是太过高枕无忧了，正是这种过度的安全感导致他们犯下了一个严重的错误：同年的 8 月至 9 月期间，他们授意新任执政官——都是平庸的角色——将先前被流放至萨尔扎纳的同党召回，却让敌方的领袖继续待在皮耶韦城堡。如此明目张胆的厚此薄彼之举必然会导致群情激愤，事实上，在接下来的几个月里，双方的冲突之所以重燃，这也是诸多原因之一。众所周知，但丁与卡瓦尔坎迪（也是被流放至萨尔扎纳的人物之一）交情颇深。此时，人们纷纷传言，说刚刚卸任的但丁是上述举措的幕后推手之一。不错，新任执政团的确可能受到各方势力的影响，也绝不可能独立做出上述决定，但这并不能直接证明但丁是这一事件的始作俑者。然而，这一事件还是成为但丁在遭遇政治危机期间备受指责的理由。关于先前提到过的那封遗失的信件，列奥纳多 · 布鲁尼在对其中的内容进行梳理时，曾感到有必要就这一事件进行说明："当那些人从萨尔扎纳被召回时，（他）已离任执政官一职，因此不应将罪名加之于他。”从接下来的描述中，我们可以清晰地看出，但丁之所以遭到控诉，正是因为他与圭多·卡瓦尔坎迪之间的友谊：“他又说，那批人之所以能被召回，是由于圭多·卡瓦尔坎迪的疾病和死亡。由于萨尔扎纳的气候恶劣，圭多·卡瓦尔坎迪身染重病，不久就去世了。”这一 130
情况不禁令人猜测，但丁采取上述措施的动机是出于对病重友人的同情。这就几乎坐实了但丁为圭多·卡瓦尔坎迪徇私的说法。

新任执政团将政治盟友召回的举动很快成为教宗特使阿夸斯帕塔的马太进行报复的动机之一。9 月 23 日，他宣布对佛罗伦萨执政者实行绝罚[*]，同时颁布宗教活动禁令（即禁止任何形式的宗教活动，包括举办圣事），并决定前往博洛尼亚。见此情景，佛罗伦萨政府多次尝试缓和与特使，尤其是与教宗之间的关系。其中，最为重要的举措是向罗马派遣使团，其成员也包括来自博洛尼亚、卢卡和锡耶纳的代表。11 月 11 日，卜尼法斯八世在拉特兰宫（Palazzo del Laterano）私下会见了使团成员，他显得颇为宽容，允许暂时中止禁令。教宗之所以如此宽宏大量，一方面是因为他正在酝酿第二场“私人”战争，要与阿尔多布兰德斯基家族决一高下，因此需要佛罗伦萨的军事援助；另一方面则是因为他不久前才与法兰西国王最终达成协议，让国王的兄弟瓦卢瓦的查理得以率军南下，以援助那不勒斯的安茹家族与西西里的阿拉贡家族对抗为名，帮助自己获得对托斯卡纳地区，至少是对佛罗伦萨的霸权统治。的确，在接下来的几个月里，佛罗伦萨的局势相对安宁（瓦卢瓦的查理的筹备时间比预期长了许多），这让切尔基家族产生了错觉，以为自己解决了争端并占尽上风。

1301 年 5 月，僵持的局面被打破。切尔基家族对局势的错误估计再次令双方处于剑拔弩张的态势。

13 世纪 90 年代，皮斯托亚作为一座圭尔甫派城市，被两重政治势力一分为二。双方的首领分别来自康切利耶里家族（Cancellieri）的

* 天主教教廷制裁的一种形式，即将某人从信徒团契中排除，是神职人员和教徒所受的极严重惩罚。按天主教神学系统的规定，受此惩罚者死后不能升天。——译注

两大支系：“白党”和“黑党”。在此以前，“白”与“黑”这两个词语并不具有任何政治色彩：这是人们想要区分同一个家族的两个支系，或者是同一家银行、商贸公司的两个部门时通常使用的术语。总之，就像我们今天所说的“A”与“B”一样，“白”与“黑”也只是两个中性词。例如，在13世纪80年代，佛罗伦萨规模最大的切尔基家族银行为了更好地管理其庞大的业务，就分成了“白色”切尔基分行和
131 “黑色”切尔基分行。如此一来，掌管“黑色”分行的维耶里·德·切尔基居然是圭尔甫派“白党”的领袖。在皮斯托亚，一系列内斗导致“白”与“黑”这两个形容词最终成了由康切利耶里家族两大支系所领导的圭尔甫派的两大派别的名称。1296年，为了应对城市内部的混乱，皮斯托亚人决定将城市的政府交给佛罗伦萨掌管5年。由佛罗伦萨任命的执政官通过流放双方领袖，成功地保持了黑白两派之间的平衡。遭到流放的许多皮斯托亚人都迁往佛罗伦萨居住，白党乐于与切尔基家族结交，黑党则与窦那蒂家族走得很近。如此一来，皮斯托亚政治党派的名称也就逐渐成为佛罗伦萨两大对抗阵营的代名词。后来，切尔基家族极力主张将黑党势力驱逐出皮斯托亚，但此举却遭到了窦那蒂家族的坚决反对。这一事件之后，人们正式将切尔基家族称作“白党”，将窦那蒂家族称作“黑党”。最后，切尔基家族领导下的遭遇流放的圭尔甫派为了与留在佛罗伦萨城里的圭尔甫派相区别，再次确定了这一称法。于是，历史文献也将这一群体称为“白党”。

1301年5月，佛罗伦萨结束了对皮斯托亚的代管。早在一年以前，切尔基家族——此后被称为“白党”——就已开始公开支持皮斯托亚的白党。随着代管期即将结束，他们对于皮斯托亚的掌控权问题感到日渐焦虑。究其原因，乃是因为皮斯托亚是通往艾米利亚（Emilia）地区的一系列亚平宁山口的所在地，具有相当重要的战略意义。就在几个月以前，佛罗伦萨的圭尔甫派白党与博洛尼亚缔结了联盟关系，倘若他们能掌控皮斯托亚，便可随时在两座城市之间促成具有实际意义的军事攻守同盟。于是，佛罗伦萨的圭尔甫派白党不顾窦那蒂家

族（圭尔甫派黑党）的反对，采取了一系列镇压皮斯托亚黑党的行动。
1301 年 5 月，他们先是将黑党的豪强阶层驱逐出城，随后又对留在城
里和城郊的追随者进行了无情的迫害，使镇压行动达到了高潮。这一
极为残酷的行径持续了数月：约 300 名圭尔甫派黑党人被判处死刑；
他们名下的大量家宅被夷为平地；至于洗劫和复仇事件，更是难以胜
数。窦那蒂家族理所当然地将敌方的惨无人道之举视作针对己方的暴
行，坚决不肯原谅切尔基家族。总之，在皮斯托亚提前上演了即将发
生于佛罗伦萨的内战。但丁对此心知肚明，他在《神曲》里写道：“皮 132
斯托亚逐‘黑党’先瘦一圈，/ 佛罗伦萨也随其后换人，改面。”[102] 关
于针对皮斯托亚所采取的措施，佛罗伦萨的白党领袖曾进行过论战。
我们并不清楚但丁在这场争论中的立场。在 1302 年 1 月 27 日的判决
中，但丁与帕米耶罗 · 德 · 阿托维迪、利波 · 迪 · 里农丘 · 贝卡和奥
兰杜乔 · 迪 · 奥兰多一道被判罪，罪名是“参与分裂皮斯托亚城，破
坏其先前的统一性，操纵来自同一党派的成员当选城市元老，授意并
执行流放效忠罗马教廷的圭尔甫派黑党的举措，破坏皮斯托亚与佛罗
伦萨的同盟，导致其违背对罗马教廷及其派驻于托斯卡纳地区的调停
人——查理阁下的忠诚”。事实上，早在拉波 · 萨特雷利担任执政官时
期（1300 年 4 月 15 日至 1300 年 6 月 14 日），佛罗伦萨就已开始采取
针对皮斯托亚黑党的强硬政策。这一政策被后续数届政府——包括但
丁（1300 年 6 月至 8 月）和奥兰杜乔 · 迪 · 奥兰多（1300 年 12 月至
1301 年 2 月）担任执政官的那届政府——继续贯彻执行。但在所有被
判罪的人中，只有帕米耶罗 · 德 · 阿托维迪对皮斯托亚迫害黑党的事
件负有直接责任：正是在他担任执政官的几个月期间，佛罗伦萨做出
并执行了流放皮斯托亚黑党成员的决定。不过，我们也可以认为但丁
对此事也负有一定的间接责任——在那一时期，他曾与拉波 · 萨特雷
利走得很近，也曾坚定支持对圭尔甫派黑党和卜尼法斯八世采取强硬
态度。此外，他很有可能将佛罗伦萨与博洛尼亚的联盟——后来导致
了皮斯托亚的政变——视为自己的杰作，认为该联盟代表了他任职期

间的最高成就。必须指出的是，在 1302 年 1 月至 2 月期间由督政官坎特·德·加布里埃里宣布的判决里，所有的被告几乎只有同一个罪名：设计陷害皮斯托亚的黑党党人。所以说，这些都是出于报复心理而做出的千篇一律的判决。

没有任何文献提及但丁在卸任执政官之后所从事的政治活动。这一沉寂期一直持续到 1301 年 4 月。直到 4 月 14 日，但丁才以“智者”的身份在行会领袖委员会上发表了两次演说。在第二次演说里，但丁就法律程序问题发表了咨询意见，在当日的会议记录里，可以找到关于次日选举执政官方式的提议。这是一个相当敏感的主题：当时，佛罗伦萨对皮斯托亚的代管期即将结束，新当选的两位执政官将
133 在间接层面上影响佛罗伦萨的卫队长安德烈·菲利皮·德·盖拉尔蒂尼（Andrea Filippi dei Gherardini）采取对圭尔甫派黑党的压制措施。在随后举行的执政团会议中，帕米耶罗·德·阿托维迪和圭多·布鲁诺·迪·福里斯·法克涅里（Guido Bruno di Forese Falconieri）成了新任执政官，后来，他们和但丁都被判处死刑。在当时的政治环境下，此次选举受到操纵的可能性是极大的。正因如此，坎特·德·加布里埃里才会以此为由控告但丁和其他两人犯下了徇私舞弊罪。

与卜尼法斯八世对抗

皮斯托亚的一系列事件过后，圭尔甫派白党内部在如何对待教宗及如何对待圭尔甫派黑党的问题上产生了分歧。自 1301 年 6 月初起，瓦卢瓦的查理南下意大利之举已成定局，卜尼法斯八世的真正目的也已众人皆知：颠覆圭尔甫派白党的统治。圭尔甫派黑党在期盼法军南下的过程中重振旗鼓，表现得日渐强势。在圭尔甫派白党内部，维耶里·德·切尔基仗着巨大的家族财富，倾向于向对手做出让步；相反，力量并不薄弱的少数派则十分坚定地主张与黑党继续对抗。但丁就属

于后一群体。

就在此时，一个貌似无关紧要的问题令圭尔甫派白党内部的矛盾暴露无遗：是否象征性地出兵援助教宗与阿尔多布兰德斯基家族作战。

对于此事的来龙去脉，我们有必要进行交代。这一事件清晰地展示出在那个年代，私人利益是如何与公众利益交织纠缠在一起的：一次纯粹关乎遗产之争的欺压之举最终成功地干涉到教廷的外交政策走向，还让佛罗伦萨等城市和整个托斯卡纳地区的圭尔甫派联盟牵涉其中。

在这个千头万绪、错综复杂的故事里，主角是索瓦纳（Sovana）的女伯爵玛格丽特·阿尔多布兰德斯基（Margherita Aldobrandeschi），她的传奇经历足以写成一部小说。这位女领主拥有极为广袤的封地，覆盖阿真塔里奥山（Monte Argentario）、阿米亚塔山（Amiata）、博尔塞纳湖（Bolsena）等大片地区，几乎延伸至奇维塔韦基亚（Civitavecchia）。无论是北面的锡耶纳还是东面的奥尔维耶托都对其封地虎视眈眈。1270 年，玛格丽特·阿尔多布兰德斯基与盖伊·德·蒙特福特（Guido di Montfort）结婚。此人之所以能在历史上留下痕迹，是因为他出于复仇的目的，于 1271 年在维泰伯（Viterbo）的主教堂里，当着法兰西国王腓力三世和安茹家族的查理一世的面杀死了英格兰国王亨利三世（Enrico III）的侄子阿尔曼的亨利（Enrico di Cornovaglia）。1291 年，盖伊·德·蒙特福特去世。同年，本笃·卡 134
埃塔尼主教被尼古拉四世（Niccolò IV）任命为寡妇玛格丽特·阿尔多布兰德斯基的财产管理人。本笃·卡埃塔尼主教本想促成玛格丽特·阿尔多布兰德斯基嫁给自己的一个侄子，不料却被奥尔西尼家族（Orsini）占了先机。1293 年，家财万贯的玛格丽特·阿尔多布兰德斯基在第二次婚礼上嫁给了一个名叫奥尔赛罗·奥尔西尼（Orsello Orsini）的人。两年后，奥尔赛罗·奥尔西尼突然暴毙。与此同时，本笃·卡埃塔尼主教已当选教宗卜尼法斯八世。1296 年，他终于可以为年过 40 的玛格丽特·阿尔多布兰德斯基举办第三次婚礼：新郎是自己的侄孙——卡埃塔尼家族的罗弗雷多三世（Roffredo III Caetani）。然而，仅仅两年过后，情况再次出现戏剧性的转折。卜尼法斯八世宣布，假如有证据表明玛格丽特·阿尔多布兰德斯基在与侄孙罗弗雷多结婚以前就已与他人有过婚约，那么她与罗弗雷多之间的婚姻就是无效的。于是，人们纷纷传出流言，说玛格丽特·阿尔多布兰德斯基在奥尔西尼去世后已秘密与一个情人结婚：马雷玛的封建领主奈罗·德·潘诺契埃斯齐（Nello dei Pannocchieschi）。由于当时奈罗·德·潘诺契埃斯齐尚没有结束与毕娅·德·托勒密（Pia dei Tolomei）的婚姻，两人的婚姻并没有对外界公开。后来，有传闻说奈罗·德·潘诺契埃斯齐杀死了自己的前妻——但丁也叙述了这一事件："应想想我毕娅经历悲惨；锡耶纳生育我，马雷玛毁：迎娶者为我戴宝石指环，他知晓这些事理所当然。"[103] 事已至此，玛格丽特·阿尔多布兰德斯基与卡埃塔尼家族的罗弗雷多三世的婚姻于1298年被宣布无效。1299年10月，重获自由的卡埃塔尼家族的罗弗雷多三世迎娶丰迪镇（Fondi）的继承人、富有的乔凡娜·德·阿奎拉（Giovanna dell'Aquila）为妻。为了避免本笃·卡埃塔尼家族丧失来自阿尔多布兰德斯基家族的巨大收益，卜尼法斯八世指控玛格丽特·阿尔多布兰德斯基犯有重婚罪，并于1300年10月剥夺了她的伯爵封号。此举自然激起了阿尔多布兰德斯基家族的奋力反击，一场战争在双方之间拉开帷幕，奥尔维耶托也卷入其中。直到1302年5月1日，双方才分出高下：玛格丽特·阿尔多布兰德斯基——此时已与堂兄圭多·迪·桑塔·菲奥拉（Guido di Santa Fiora）成婚——沦为阶下囚，后来又被迫与奈罗·德·潘诺契埃斯齐复婚。从某种意义上说，这一桩婚事证实了几年前的离婚行为是合法的。

1301年6月，战争达到了白热化的程度。此前，教宗特使阿夸斯帕塔的马太主教曾从博洛尼亚发函，要求佛罗伦萨于当年5月初派出援助教宗军队的骑士部队能在完成为期两个半月的任务之后继续为教宗服务。对此，佛罗伦萨的百人议事会扩大会议和行会领袖委员会于

6 月 19 日专门开会进行讨论。两位时任执政官打算接受这一要求，但
丁表示反对。在同一天召开的仅有百人议事会成员参加的第二次会议 135
上，但丁同样投了反对票，但赞同方依然以 49 票对 32 票的结果胜出。最后，在 19 日召开的一系列其他议事会上，这一提议以更大的票数差距获得了批准。不过，为数不少的反对派表明圭尔甫派白党内部已经出现了明显的分裂。至于但丁，他选择了远离以维耶里 · 德 · 切尔基为代表的让步派。或许，正是由于他反复公开表明自己针对卜尼法斯八世的抵制，才会最终给自己带来牢狱之灾：事实上，他一直置身于最为极端的圭尔甫派白党人之中。

1301 年 9 月 13 日、20 日和 28 日，但丁曾数次在百人议事会的普通会议和扩大会议上发言，除了 9 月 28 日的会议，其他几次会议的议题并不直接涉及政治局势。9 月 28 日的会议记录表明，当日的议题包括赦免内利 · 盖拉蒂诺 · 迪奥达提的刑罚。1298 年 9 月，内利 · 盖拉蒂诺 · 迪奥达提曾被时任督政官坎特 · 德 · 加布里埃里判处死刑，许多人都认为这一判决实乃坎特 · 德 · 加布里埃里试图打击内利之父的公报私仇之举。因此，执政官关于赦免内利 · 盖拉蒂诺 · 迪奥达提罪行的提议最终以 73 票赞成 7 票反对的结果通过。但丁和法官阿尔比佐 · 科比内里（Albizzo Corbinelli）也都投了赞成票。那年 9 月，但丁还远远不曾想到，仅在四五个月以后，他就将和盖拉蒂诺 · 迪奥达提一道，被坎特 · 德 · 加布里埃里判处火刑。

清洗运动

1301 年 6 月，瓦卢瓦的查理率军朝意大利挺进。随行人员中包括他怀有身孕的妻子（将于 10 月在锡耶纳分娩）和一支由不超过 500 名骑士组成的小型队伍。7 月，瓦卢瓦的查理先后抵达都灵（Torino）和维斯孔蒂家族统治下的米兰（Milano）；7 月底，他取道摩德纳

(Modena，他在此地得到了博洛尼亚的宿敌——埃斯特家族的款待)，来到博洛尼亚。由于博洛尼亚先前已与佛罗伦萨的圭尔甫派白党建立了联盟，且对瓦卢瓦的查理几天前与埃斯特家族的亲密交往心存疑窦，因此对法王一行表现得颇有些不冷不热。随后，瓦卢瓦的查理通过皮斯托亚的山口翻越了亚平宁山。但他一直远离圭尔甫派白党掌控下的皮斯托亚，而是直接穿越了佛罗伦萨城，于 8 月先后抵达锡耶纳、奥尔维耶托和维泰伯。9 月 2 日，瓦卢瓦的查理来到阿纳尼——卜尼法
136 斯八世的故乡及避暑宅邸。在这里，教宗任命瓦卢瓦的查理为教宗国的统帅、托斯卡纳地区的调停人及罗马涅地区的执政者。如此一来，瓦卢瓦的查理就拥有了足够的头衔，可以名正言顺地去完成他的艰巨使命——明目张胆地颠覆佛罗伦萨的圭尔甫派白党政府。9 月 19 日，瓦卢瓦的查理再次出发，朝北行进，于 10 月 4 日到达第一站皮耶韦城堡——但丁担任执政官时期被流放的圭尔甫派黑党领袖的聚集地，科尔索 · 窦那蒂也住在这里。在此处，瓦卢瓦的查理的队伍与流放中的窦那蒂家族的势力相互联合起来。9 月 16 日，瓦卢瓦的查理在锡耶纳驻扎。

面对日趋临近的危险，佛罗伦萨的圭尔甫派白党的应对策略显得头绪纷乱且摇摆不定。此外，由于托斯卡纳地区其他由白党控制的城市都没有与佛罗伦萨站在同一阵营，佛罗伦萨只能依靠与博洛尼亚结成的同盟。此刻，佛罗伦萨希望能够与瓦卢瓦的查理和教宗进行谈判。为了缓和关系，佛罗伦萨将新任执政官的选举提前了一个礼拜（由 10 月 15 日提前至 10 月 7 日），不仅如此，新当选的执政团成员并不是公开支持切尔基家族的追随者。其中一位执政官是迪诺 · 康帕尼，他在评论新任执政官传递给市民的信息时，曾这样写道："我们在本应厉兵秣马的时刻，却表现出了屈膝求和的意图。"

在选举新任执政官的前几天，佛罗伦萨很可能派出了一个前往罗马的使团。相关的文献并不完整且语焉不详。事实上，这是一个由佛罗伦萨人和博洛尼亚人组成的混合使团。10 月 11 日，博洛尼亚批准通

过了这一出使行为，10 月 15 日，使团成员正式出发。但丁是佛罗伦萨使团的成员之一。10 月 20 日不久后的一天，他们在罗马的拉特兰宫（而不是很多人声称的阿纳尼）得到了卜尼法斯八世的接见。卜尼法斯八世向使节代表提出要求：希望佛罗伦萨的执政者臣服于他。为此，他让使团中的两位成员——人称“铁甲”的乌巴尔迪尼·达·西尼亚（Ubaldini da Signa）和马索·迪·鲁杰利诺·米奈贝蒂（Maso di Ruggerino Minerbetti）——立刻返回佛罗伦萨，向执政者回禀这一意图。卜尼法斯八世的目的很可能是想在不求助瓦卢瓦的查理干预的情况下争取有利局势，以免在法国王室面前欠下太多的人情债。但此刻，寻求外交层面的解决手段为时已晚。

瓦卢瓦的查理已经来到佛罗伦萨城下，要求以调停者的身份进城。佛罗伦萨城内一片混乱，许多白党圭尔甫派开始与敌方接近，几位执
政官表现得犹豫不决，他们认为自己无法独立做出决策，便四处征询 137
各种机构的意见，包括各大行会。最后，佛罗伦萨决定接受瓦卢瓦的查理的要求。11 月 1 日，瓦卢瓦的查理进入佛罗伦萨，且获得了隆重的礼遇。事实上，向瓦卢瓦的查理敞开城门是维耶里·德·切尔基和其他白党领袖所犯下的最严重的错误。瓦卢瓦的查理麾下的兵力原本远远不足以攻克佛罗伦萨这样固若金汤的大城。对于瓦卢瓦的查理的类似要求，皮斯托亚的白党并没有答应。后来，皮斯托亚的黑党为了促成此事，不得不与白党开战，并在足足五年以后才算得偿所愿。

或许佛罗伦萨的白党圭尔甫派在第一时间就已经意识到自己犯下了大错：在瓦卢瓦的查理的身后，他们看到了一连串不愿见到的身影，包括我们所熟知的阿古聊的巴尔多和坎特·德·加布里埃里。此外，队伍中还有穆夏托·弗朗泽西（Musciatto Franzesi），一个为所欲为的法国银行家、放高利贷者和商人——他是瓦卢瓦的查理南征之行的金融协调人，被迪诺·康帕尼称为“狡诈的骑士”（他曾把自己的一个姐妹许配给了贝阿特丽齐的遗夫西蒙尼·德·巴尔迪）；马吉纳多·帕加尼·达·苏西那纳（Pagani da Susinana）——一个来自罗马涅的见风使舵的吉伯

林派（“夏至冬其立场不断改变”[104]）；马拉泰斯蒂诺·马拉泰斯塔（Malatestino Malatesta）——乔凡尼·马拉泰斯塔和保罗·马拉泰斯塔的兄弟（但丁或许是在几个月前描述了关于他们的悲惨事件）。

作为第一个步骤，瓦卢瓦的查理率领他为数不多的兵士占领了奥特拉诺的桥梁和城门。切尔基家族绝地求生，致信教宗，请求他立刻将方济各修会的总会长——詹蒂莱·达·蒙特费奥莱（Gentile da Montefiore）派至佛罗伦萨进行和谈。得到消息的圭尔甫派黑党决定加快步伐，努力劝说瓦卢瓦的查理全面掌管佛罗伦萨。面对这样的情形，佛罗伦萨的执政官们不得不于 11 月 5 日召开大型会议，商讨对策。圭尔甫派黑党当机立断，决定粉碎白党的挣扎。他们不希望任何外来因素令唾手可得的胜利化为泡影。11 月 5 日凌晨，圭尔甫派黑党发动了一次名副其实的政变。率兵驻扎在佛罗伦萨附近的科尔索·窦那蒂穿过由法军看守的城门，长驱直入。据但丁所述，这一行动是圭尔甫派黑党与瓦卢瓦的查理里应外合的结果：瓦卢瓦的查理从法国出发时，不仅没有一兵一卒，甚至“不带武器”，只拿着一把“犹大（Giuda Taddeo）比武时所用的长矛”——即背叛之举，刺向佛罗伦萨。除了
138 罪孽和耻辱，这一行为没有给他带来任何收益（“他所获非土地，而是罪、耻”[105]）。在接下来的 6 天里，圭尔甫派黑党实施了一系列肆无忌惮的暴行。随后，他们免除了自身原本背负的刑罚（别忘了，科尔索·窦那蒂是被判处过死刑的人），并展开了持续数月之久的法律迫害。与此同时，许多切尔基家族的追随者——包括曾与但丁一同担任执政官的诺夫·迪·圭多·波纳费迪（Noffo di Guido Bonafedi）和内利·迪·雅各伯·德·朱迪切（Neri di Jacopo del Giudice）——改辙易途。最为典型的是拉波·萨特雷利的背叛（当然，他并没有因此躲过被判处死刑的命运），这一事件令但丁感到分外痛苦，以至于他将这位曾经的战友视作佛罗伦萨道德沦丧的反面典型。他曾在《神曲》写道：在卡恰圭达生活的年代，一个如拉波·萨特雷利的坏人所引发的“哗然”，将不亚于在 1300 年腐败不堪的佛罗伦萨，一个像卢奇乌

斯·昆提尼乌斯·辛辛纳图斯（Lucius Quitinius Cincinnatus）那样的好人所引发的反响。

圭尔甫派黑党并没有触碰佛罗伦萨城的《正义法规》，但却占据了所有的政府要职。这场清洗运动的实际执行人员是城市的督政官。起初，瓦卢瓦的查理任命对科尔索·窦那蒂忠心不二的坎特·德·加布里埃里担任这一职务（1301 年 11 月 9 日至 1302 年 6 月 30 日），1302 年 1 月 18 日，在完成一系列主要基于道听途说的审讯之后，坎特便宣布了第一批判决。在这一方面，继任者布雷西亚的盖拉蒂诺·达·甘巴拉（Gherardino da Gambara di Brescia）可谓有过之而无不及。1302 年，共有 559 人被判处极刑。当然，由于大部分遭到判刑的人都已事先逃离佛罗伦萨，所以真正被行刑的人只占少数。除了被判死刑的人，还有大约 600 人被处以流放他乡或放逐边境的惩罚。此外，还有大批人自愿离开佛罗伦萨，至于几乎每一桩判决都附带的对被判罪者的财产没收或产业摧毁之举，就更是数不胜数了。

只有蒙塔佩蒂战败之后的那次外撤能够与这一次圭尔甫派的撤离规模相提并论。一位史学家这样写道：“如同吉伯林派曾经经历的那样，圭尔甫派白党遭遇的流放并非仅限于某些零星的团体或个人。事实上，整个佛罗伦萨的领导阶层和欧洲金融界那些最为显赫的家族都遭到了整体排挤。”从这个意义上说，圭尔甫派白党的大规模离散对城市的经济生活和文化生活都造成了相当大的影响，有些立竿见影，有些则在此后的几十年内才逐渐突显出来。绝大多数被迫离开佛罗伦萨的人都相当富有：在离开以前，他们设法变卖了所有不动产；那些银行或商贸公司的股东则设法将其股份变现；所有人都抓紧时间将银行 139
的存款提出。所以说，这不仅是一场人的离散，也意味着巨额资金的撤离。据说，仅仅是维耶里·德·切尔基一人就将 60 万弗洛林金币随身转移到了阿雷佐。这一数据未必精准，但足以让我们想象出圭尔甫派白党的撤离所造成的资金外逃会对当时的佛罗伦萨造成何等巨大的影响。1302 年至 1303 年期间，大量金融公司要么遭遇破产，要么陷入重重危机。

圭尔甫派白党的撤离同样给佛罗伦萨的文化生活带来了重创。继博诺·詹伯尼、布鲁内托·拉蒂尼和圭多·卡瓦尔坎迪去世后，佛罗伦萨硕果仅存的文化名人几乎全都被流放在外（但丁正是在这一紧要关头遭到流放，几年以后，巴贝里诺的弗朗切斯科也未能幸免），或是自愿迁往他乡（如迪诺·康帕尼）。许多漂泊在外的圭尔甫派白党人——其中包括彼特拉克的父亲公证员佩特拉克（ser Petracco，于1302年10月被流放）、彼特拉克的启蒙老师康韦奈沃勒·达·普拉托（Convenevole da Prato）、瑟农丘·德·贝内（Sennuccio del Bene，或许是在亨利七世 [Enrico VII] 南下意大利期间遭到了流放）——后来都聚集在阿维尼翁的教廷，接受普拉托的尼科洛（Niccolò da Prato）的庇护。在这里，他们惺惺相惜，共同催生了那场名为“人文主义思潮”的文化运动。佛罗伦萨并未参与其中。当新的文化运动在阿维尼翁、罗马和威尼托（Veneto）酝酿萌发的时候，佛罗伦萨却失去了那批最为优秀的知识人，无法融入其中。此刻的佛罗伦萨已沦为一个闭关自守的小城，直到几十年后，对于古典文化的了解、对于被净化的拉丁文的掌握和更为广泛意义上的对于权威的批判态度才逐渐开始在这座城市盛行起来。

被判死刑

众所周知，但丁是佛罗伦萨派往罗马觐见卜尼法斯八世的使团成员之一，但我们却并不了解他在罗马停留了多久，随后又曾去往哪些地方。几乎可以肯定的是，1301年11月初，当佛罗伦萨发生政变的时候，他理应还在罗马。据列奥纳多·布鲁尼所述，但丁离开罗马之后，在锡耶纳得知佛罗伦萨的局势已无可挽回，于是决定与其他同时
140 离开佛罗伦萨的圭尔甫派白党的同伴会合，与他们一同前往加尔贡扎

(Gargonza)，与早先被流放在外的吉伯林派成员在那里见面。布鲁尼只用了短短几行文字来概述在接下来三四个月里发生的一系列事件，这一点降低了其叙述的可信度。令人尤为难以信服的是，在这个对于家人来说极其微妙、危机重重的关头，但丁居然没有返回佛罗伦萨。事实上，布鲁尼的描述并不完全符合事实：在 1301 年 11 月，但丁不可能认为局势已无可挽回。的确，圭尔甫派黑党已经控制了佛罗伦萨，但双方的较量还并未分出胜负：圭尔甫派白党在数量上仍然占据上风，皮斯托亚还在他们的掌握之中，且党派最高领袖还没有撤离佛罗伦萨。尤为重要的一点是，尽管窦那蒂家族的追随者看起来对瓦卢瓦的查理(Carlo di Valois) 言听计从，但他们对卜尼法斯八世并不是百分之百地亦步亦趋。1301 年 12 月初，卜尼法斯八世再次派特使阿夸斯帕塔的马太前往佛罗伦萨，调停两党之间的纷争。在接下来的大约一个月里，阿夸斯帕塔的马太主教试图劝说胜券在握的圭尔甫派黑党将城市的某些公共职位交给白党担当。为此，两大对立的家族甚至准备签署和解协议。教宗特使甚至成功地邀请切尔基家族和窦那蒂家族展开了面对面的和谈，若不是和谈期间突发了一场流血事件——科尔索 · 窦那蒂的儿子西蒙尼 · 窦那蒂（Simone Donati）杀死了自己仇恨的舅舅尼科洛 · 德 · 切尔基（Niccolò dei Cerchi)，彻底浇灭了和解的希望——教宗特使是很有可能大功告成的。就在 12 月，阿夸斯帕塔的马太还曾尝试介入皮斯托亚的政局，希望帮助皮斯托亚的圭尔甫派黑党回归，但却无果而终。总之，直到 1301 年年底或 1302 年年初，佛罗伦萨的局面即使算不上是双方势均力敌，至少也不至于沦落到不可收拾的地步。几乎可以肯定，1301 年 11 月至 12 月之间，许多感受到威胁的圭尔甫派白党人确实都离开了佛罗伦萨。但我们也很难想象，出逃的人流如此汹涌，但丁也加入其中。总之，那些自愿离开佛罗伦萨的圭尔甫派白党不可能在此时此刻想到与吉伯林派结成联盟。

1301 年和 1302 年之交，局势发生了骤变：圭尔甫派黑党启动了司法机器。1302 年 1 月 18 日及后来宣布的一系列判决对大量被告进行了缺席判罪。照此看来，圭尔甫派白党领袖的出逃理应是在此前早就开始的了。作为前任执政官，但丁自然算是圭尔甫派白党的领袖之一。因此，他很有可能是在1301年年底至1302年年初之间离开了佛罗伦萨。

141 坎特·德·加布里埃里（Cante dei Gabrielli）操纵下的审判机构打击的主要对象是曾在城中担任公共职务的圭尔甫派白党领袖（因此并未触及维耶里·德·切尔基 [Vieri dei Cerchi] 等真正的党派首领，他们因其豪强阶层的身份而不曾担任政府要职）。1302年1月18日，坎特·德·加布里埃里宣布了两道判决。第一道判决以徇私舞弊、收受不法财物和敲诈勒索为名，将三位前任执政官判罪；第二道判决则是针对安德烈·菲利皮·德·盖拉尔蒂尼下达的，此人曾担任代管皮斯托亚的佛罗伦萨将军，也是下令驱逐皮斯托亚圭尔甫派黑党的最大责任人，人称“圭尔甫派的驱逐者”（Cacciaguelfi）。直到1302年3月中旬，“针对皮斯托亚的黑党采取徇私舞弊的行为”成了几乎所有罪行的判定理由。1月27日，坎特·德·加布里埃里先是以徇私舞弊的罪名判处了前任执政官盖拉蒂诺·迪奥达提（Gherardino Diodati），又在同一天宣布了针对帕米耶罗·德·阿托维迪（Palmiero degli Altoviti）、但丁·阿利吉耶里、利波·迪·里农丘·贝卡（Lippo di Rinuccio Becca，他曾作为秘密使团成员之一前往罗马，揭穿了斯皮尼银行 [Spini] 代理人在教廷内部的阴谋）和奥兰杜乔·迪·奥兰多（Orlanduccio di Orlando）等前任执政官的第二道判决，主要罪行包括：徇私舞弊、收受不法财物、敲诈勒索；拨款与教宗和瓦卢瓦的查理作对，阻止其南下意大利；操纵皮斯托亚的党派纷争，迫害皮斯托亚的圭尔甫派黑党人。

由于该判决所涉及的被告均没有出庭，而佛罗伦萨的刑罚制度又将缺席行为等同于默认罪行，因此，几位被告都是作为“已认罪服法的罪人”遭到判决的。根据判决，每个人都必须在三天之内向佛罗伦萨市政府缴纳金额为5000弗洛林小金币的罚款，倘若不能按时缴清，就将面临充公财产、捣毁家宅、在托斯卡纳地区以外流放两年、将姓名和罪行记入公共登记簿、永远不得担任公职和享受公共福利等更为严重的惩罚。在整个 2 月里，坎特 · 德 · 加布里埃里宣布的所有判决——包括 2 月 1 日宣布的针对拉波 · 萨特雷利的判决——依据的都是同样的理由，所判定的刑罚也都相差无几：2000 至 5000 枚弗洛林小金币的罚金，以及时长约为两年的边境流放（只有拉波 · 萨特雷利例外，他被处以 6000 枚弗洛林小金币的罚款和三年的边境流放）。

圭尔甫派黑党所采取的以审判为手段的政策有着相当明确的目的：清除圭尔甫派白党的领袖阶层。可以看到，没有人被判处死刑，且罚金的数额并不十分高昂。5000 枚弗洛林小金币大约相当于 170 枚弗洛林金币，对于经济拮据的但丁而言，这自然是一笔巨大的数额，但对于其他遭到判罪的人而言，这笔罚金并非负担不起。总而言之，罚金 142
的数额与在不按时缴纳罚金情况下被没收财产的价值相当不成比例。尽管如此，没有人为了保住自己的财产而主动前往缴纳罚金。所有人都心知肚明，在当时的政治气候下，仅仅是在表面上显得认罪服法根本不足以换得真正的安全。再说，圭尔甫派黑党似乎对从财产上打击对手并不感兴趣，他们的真正目的，是摧毁圭尔甫派白党的领导核心，迫使其流亡在外，远离佛罗伦萨。

1302 年 3 月，黑党审判者骤然变得心狠手辣。3 月 10 日，坎特 · 德 · 加布里埃里针对包括但丁在内的 15 人宣布了判决。这些人在此前都已被处以罚款和流放边境的刑罚，此刻却是要将他们判处火刑——因为他们先前不曾到场证明自己的清白。所有人都顶着同一个罪名：徇私舞弊和收受不法财物。那是一封相当简短，证据薄弱的判决，流露出浓重的报复意味。在接下来的几天里，一封又一封的死刑判决书接踵而至。此时，圭尔甫派黑党的目标已由清理白党转变为报复白党。他们的态度之所以会产生上述转变，其原因应该是发生在 2 月 10 日（最后一批以罚金和流放边境为处罚的判决书）至 3 月 10 日之间的某一事件。

流亡的圭尔甫派白党人与流亡的吉伯林派在加尔贡扎的会见极有

可能就发生在这一段时期。加尔贡扎是一座山丘上的城堡，位于阿雷佐的瓦莱迪基亚纳（Val di Chiana），属于乌贝尔蒂尼家族和帕齐家族（Pazzi）。这两个家族都支持吉伯林派，对佛罗伦萨的圭尔甫派怀有深仇大恨。在那一时期，乌贝尔蒂尼家族和帕齐家族正在上瓦尔达诺（Valdarno superiore）地区进行一场游击战，收复了不少十年前被佛罗伦萨人占领的城堡。关于流亡的圭尔甫派白党人与流亡的吉伯林派之间的具体商谈内容以及他们最终达成了怎样的协议，我们找不到任何证据。不过，这次会见很有可能为他们结成某种联盟打下了基础，这一基础将于 6 月初在穆杰罗（Mugello）进一步夯实。关于但丁是否参与了这次会见，我们也没有任何证据：唯一支持这一说法的线索只有他后来遭遇的死刑判决——那貌似是对他参与此次会见的某种报复。

尽管史料有限，我们仍可以凭直觉判断，发生在加尔贡扎的会见象征着圭尔甫派和吉伯林派政策走向的一个重要转折点。在当时的人
143 们看来，此次会见是十分大胆的举动。事实上，早在此前，切尔基家族的支持者就曾数次与吉伯林派达成各种协议（例如在皮斯托亚达成的共同反对圭尔甫派黑党的协议），但那些都是只涉及某些具体事件的权宜之计。然而，在加尔贡扎，一部分佛罗伦萨的圭尔甫派第一次与佛罗伦萨的宿敌联合起来，甚至针对自己的城市动用了武力。在佛罗伦萨市民眼中，这显然是背叛之举。双方的协议尽管尚待完善，但却被迅速付诸实施，以至于从当年 4 月起，吉伯林派组织的游击战又再度星火燎原，对上瓦尔达诺的佛罗伦萨城堡和要塞造成了诸多损失。自从蒙塔佩蒂惨败之后，对吉伯林派的憎恶原本就已在佛罗伦萨的市民心中深深扎根，此刻的情形更是无可避免地让他们越来越倾向于支持圭尔甫派黑党，并将其视为保持佛罗伦萨的圭尔甫派色彩的有力保障。深得民众支持的圭尔甫派黑党立刻展开了司法报复，随之而来的还有极为残酷的镇压。自 1302 年 4 月至当年夏天，越来越密集的死刑判决亦是对佛罗伦萨周边的游击战事在司法层面上的某种回应。

第二部分

流亡时期

一　与佛罗伦萨开战（1302—1304） 147

邪恶的愚蠢同伴[106]

阿雷佐与反佛罗伦萨的地缘政治集团

在流亡的佛罗伦萨人之中，一部分藏身于圭尔甫派白党控制下的皮斯托亚，更多的人则选择了支持吉伯林派的阿雷佐。此处所指的阿雷佐是一片相当广袤的地域：不仅包括上瓦尔达诺，还覆盖了一大片山岭地带，向北一直延伸至罗马涅地区。如今，我们对于这片地域——包括卡森蒂诺、上穆杰罗、亚平宁山脉位于罗马涅界内的山脊和山坡以及蒙特费尔特罗（Montefeltro）——的认知势必受到行政区划界限（托斯卡纳大区、罗马涅大区和马尔凯大区 [Marche]）的影响，也免不了会因现代修建的穿越意大利东北部和中部的道路干线所带来的深刻变化而产生变形。总而言之，在但丁所处的时代，这些在现代人眼中看起来彼此分离且无足轻重的边远地区其实是一片相互贯通的土地，有着不可小觑的政治分量和战略意义。这片缺乏大型城市中心的地区依然保持着几大贵族家庭为核心的传统封建政治体制，其势力虽大不如前，却并未彻底垮台。尽管每个小城的情况各不相同，但就总体而言，反圭尔甫派的主张仍是主流。例如，费尔特罗（Feltro）和罗马涅地区一直在抵制教宗和安茹家族的势力，也一直在对抗佛罗伦萨在托斯卡纳地区的领土扩张。

该地区最具实力的是身为王权伯爵的圭迪家族。早在 12 世纪，该家族的产业曾一度扩展至罗马涅和托斯卡纳地区。13至14世纪期间，该家族已逐渐分裂衰败，仅仅保住了位于卡森蒂诺地区和法恩扎（Faenza）及弗尔利周边山脚地带的产业，但尽管如此，他们仍掌控有相当广阔的土地。该家族的衰落始于13世纪初。如同其他许多分裂成众多支系的家族一样，这一家族的每个支系都保留有伯爵头衔，分
148 布于巴尼奥（Bagno）、巴蒂福勒（Battifolle）、莫迪利亚纳－波尔恰诺（Modigliana-Porciano）、罗美纳（Romena）和多瓦多拉（Dovadola）等地，各自拥有不同的经济利益和政治阵营：莫迪利亚纳－波尔恰诺的支系是吉伯林派的坚定支持者；多瓦多拉和巴蒂福勒的支系是圭尔甫派；其他支系——如罗美纳的支系——则是见机行事，在不同的阵营之间摇摆不定。

乌巴尔迪尼是一个追随吉伯林派的大家族，其产业遍布于穆杰罗和博洛尼亚界内的亚平宁山坡地带。其中，位于皮拉（Pila）的家族支系（该支系最著名的人物是奥塔维亚诺·德·乌巴尔迪尼主教，此人曾同腓特烈二世一道，出现在《地狱篇》的第十歌中）拥有位于穆杰罗的大片土地。相比之下，位于蒙特费尔特罗的支系显得规模较小，除了有限的土地进项，他们仅靠打造武器贴补收入。我们曾多次提及这一支系的著名将军圭多·达·蒙特费尔特罗及其儿子波恩康特。在13世纪至14世纪期间，该家族最具代表性的成员是乌戈乔尼·德拉·法焦拉，此人是马萨·特拉巴里亚的封建主，其主要家产位于科尔内托（Corneto）。

上瓦尔达诺的情形有所不同。这一地区的封建家族的势力不如托斯卡纳和罗马涅山区那些家族强大。例如，乌贝尔蒂尼家族和帕齐家族（帕齐，有别于佛罗伦萨支持圭尔甫派黑党的帕齐家族）都处于圭迪家族的掌控之下。随着时间的推移，他们的许多财产和特权都被佛罗伦萨所剥夺，因此，他们与之展开了某种被佛罗伦萨人视作“土匪行径”的游击战。

从这个意义上说，佛罗伦萨的圭尔甫派白党、托斯卡纳和罗马涅地区的大封建主、瓦尔达诺（Valdarno）的反佛罗伦萨派和早先的流

亡吉伯林派会在阿雷佐聚首，也是情理之中的。切尔基家族的追随者之所以会出于这样或那样的目的，与上述反佛罗伦萨的势力结成联盟，很可能是因为他们坚信能够凭借自身的财力和流亡吉伯林派及山区封建主的武力迅速扭转局势。在他们犯下的诸多错误之中，这是最为严重的一点。他们原本只是试图重返故土的流亡者，此刻却变成了叛逆者，原本只是圭尔甫派黑党的敌人，此刻却成了整个佛罗伦萨的敌人。

1302 年春季，他们成功地袭击了瓦尔达诺的某些城堡，似乎证明了结盟决策的正确性。然而，他们很快就意识到，这类远离佛罗伦
萨城的小打小闹式的军事行动并不能解决根本问题；他们同时发现 149
乌贝尔蒂尼家族和帕齐家族都有各自的小算盘：作为同盟者，他们在军事行动上显得犹豫不决，令人难以信赖。发生于 1302 年 7 月的一次事件就证明了这一点：当佛罗伦萨向帕齐家族许诺给予一笔酬金、归还先前征收的财产并释放一名先前被抓捕的家族子嗣时，卡尔利诺·德·帕齐（Carlino dei Pazzi）就把卡斯泰尔德尔皮亚诺（Castel del Piano）——又称皮亚安特拉维涅（Pian tra Vigne）的一处城堡拱手送给了佛罗伦萨的督政官盖拉蒂诺·达·甘巴拉——此前，佛罗伦萨人曾围攻了三个星期，却始终未能攻克那处城堡。随后，一系列囚禁和迫害接二连三地发生。在《地狱篇》里，卡米丘恩·帕齐（Camicione Pazzi）作为背叛亲人的罪人扎在该隐冰环里，他向但丁宣称，倘若但丁“等到”自己的亲戚卡尔利诺·德·帕齐，便会明白卡米丘恩的罪行固然严重，却比不上卡尔利诺的罪过。总之，圭尔甫派白党亟须与更为可靠也更为果决的反佛罗伦萨势力结成联盟。尤为重要的是，他们必须将战火燃烧到佛罗伦萨城的周边地带。

圭尔甫派白党同盟

这一时期，圭尔甫派白党人逐渐集结起来（地点很可能是在阿雷

佐，此处是包括维耶里·德·切尔基在内的众多白党领袖的聚集地），催生了一个名为“佛罗伦萨圭尔甫派白党同盟”（*Universitas partis Alborum de Florentia*）的组织。该组织的宗旨在于对团体内部的关系进行管理，同时负责与周边的流亡吉伯林派成员、封建领主和友邻城邦展开联络。对于流亡在外的圭尔甫派和吉伯林派而言，按照原先在佛罗伦萨时的方式来重新组织党派团体，已经成了某种惯例。这一团体的不同之处在于，它是由一部分圭尔甫派建立，用来对抗另一部分的圭尔甫派的组织。值得注意的是，当圭尔甫派白党人在宣扬自己的圭尔甫主义时，圭尔甫派黑党人却控诉他们倒向了吉伯林主义，甚至将他们称作吉伯林派。另外一个新的现象在于“白党”一词的语义正式发生了改变，由不带政治色彩的中性词语（最初，该词是指切尔基家族银行的一个分支，用以跟该银行的另一个分支相区别）转变为一个具有强烈政治指向意味的代名词。该同盟的领导机构包括一个由4名成员组成的秘密委员会、一个由12名成员组成的扩大委员会和一名军事统帅。被任命为第一任军事统帅的是吉伯林派成员——亚历山德罗·德·圭迪·迪·罗美纳（Alessandro dei Guidi di Romena）。下达这一任命的时候，该同盟
150 的根据地仍在阿雷佐。当时，这座城市的主教是同为吉伯林派的伊德布兰蒂诺·德·圭迪·罗美纳（Ildebrandino dei Guidi di Romena，亚历山德罗的弟弟）。因此，这一任命显然是受到了时局的影响。

集结起来的圭尔甫派白党人将那些位于亚平宁山区的封建家族视作真正的盟友。1302年6月8日，18位来自圭尔甫派白党和吉伯林派的头面人物举行了会见。会见地点安排在穆杰罗的圣戈登佐（San Godenzo），这座小城位于靠近山脊的地方，离如今的穆拉里奥尼（Muraglione）山口不远。莫迪利亚纳和波尔恰诺的圭迪家族分支在此处有一所宅邸，由于使用了当时并不常见的玻璃，因此名为“镜屋”——双方的会见就在这里进行。除了但丁，参与会见的圭尔甫派白党领袖还包括我们非常熟悉的维耶里·德·切尔基和安德烈·德·盖拉蒂尼（Andrea dei Gherardini）；在流亡的吉伯林派成

员中，则有法利纳塔的一个侄子拉波·迪·阿佐利诺·德·乌贝尔蒂（Lapo di Azzolino degli Uberti）——此前，他或许已经出席过双方在加尔贡扎举行的会见。总之，在这一刻，先前水火不容的两个党派终于坐在桌前，在公证员的见证下签署了一份协议：在即将爆发的针对佛罗伦萨圭尔甫派黑党的战争中，乌戈利诺·德·乌巴尔迪尼（Ugnolino degli Ubaldini）位于穆杰罗的产业势必会遭到损毁，因此，双方在这份协议里共同承诺，确保补偿乌戈利诺·德·乌巴尔迪尼的损失。随后，战火在穆杰罗燃起，从1302年6月一直持续至9月，期间冲突不断，一度胜负难分，最后以圭尔甫派黑党势力的壮大而告终。

不仅如此，圭尔甫派黑党在皮斯托亚的战场上也取得了卓有成效的胜利。在这一事件中，一位在但丁生命中起到关键作用的角色登上了历史舞台，他便是先前已经提到过的侯爵——卢尼贾纳的摩罗埃罗·马拉斯皮纳·迪·吉奥瓦格罗。与其他许多封建家族的领袖类似，此人也是一位雇佣兵司令。1302年，他效力于卢卡和佛罗伦萨政府，在针对皮斯托亚圭尔甫派白党的战争中担任统帅。当年9月初，在一段长时期的围困之后，他终于让塞拉瓦莱（Serravalle）的城防军队缴械投降。1306年起，但丁成为此人的座上宾，一直得到他的庇护。在《神曲》里，但丁以一种近乎庆祝的口吻描述了此人是如何成功地击败了自己的政治盟友。他将摩罗埃罗·马拉斯皮纳比作一道闪电，从马格拉河谷腾空而起，又如暴风骤雨般击打在皮斯托亚的土地上，以至于“白党人个个伤，十分悲惨”[107]。

另外，乌戈乔尼·德拉·法焦拉的态度也令圭尔甫派白党的局势更加雪上加霜。此人曾在吉伯林派的阵营中长期与教宗的军队和安茹家族的军队在罗马涅对抗，并于1302年被任命为阿雷佐的督政官。圭尔甫派白党人坚定地将此人视为可靠的盟友，没有察觉到任何异常。然而，就在他们在阿雷佐避难的那几个月里，乌戈乔尼·德拉·法焦拉已 151
经向罗马教廷和圭尔甫派示好，并开始了与卜尼法斯八世的谈判，为他自己、他的儿子以及阿雷佐政府谋求利益。与教宗达成协议后，此人开始处处为难流亡至阿雷佐的圭尔甫派白党人。面对这一情况，圭尔甫派白党同盟只好于 1302 年年底至 1303 年年初翻过亚平宁山，将根据地转移至弗尔利。许多年以来，弗尔利一直是罗马涅地区吉伯林派控制下的核心区域。这一时期，该城的领主斯卡尔佩塔 · 奥德拉菲（Scarpetta Ordelaffi）恰好担任圭尔甫派白党同盟的军事统帅。

在斯卡尔佩塔 · 奥德拉菲的率领下，第二次穆杰罗战争很快拉开了序幕。然而，流亡的圭尔甫派白党很快也遭遇到了最初的失败。其中，他们试图攻克普里恰诺（Pulicciano）城堡的那场战役败得尤为惨重。普里恰诺城堡位于博尔戈圣洛伦佐（Borgo San Lorenzo）附近，那里是前往穆杰罗的交通要道。1303 年 3 月中旬，圭尔甫派白党及其盟军在这里被督政官弗尔切里 · 达 · 卡尔博里（Fulcieri da Calboli）率领的佛罗伦萨军队打得溃不成军。在这场战役中，除了有与佛罗伦萨军队的对抗，弗尔利内部的家族纷争也掺杂其中：支持圭尔甫派的卡尔博里家族与支持吉伯林派的奥德拉菲家族原本就是宿敌，因为奥德拉菲家族正是于 1294 年被卡尔博里家族流放至弗尔利的。正因如此，弗尔切里 · 达 · 卡尔博里对战败者的态度尤为残忍。当然，在担任督政官的整个任期期间，弗尔切里 · 达 · 卡尔博里一直以残暴而著称，以至于许多编年史学家称其为“心狠手辣之人”，但丁也在《炼狱篇》中将他描述为一个以狩猎人肉为生的“猎人”。

同样是在 1303 年 3 月，圭尔甫派白党与博洛尼亚展开谈判，并于 5 月签订了一份涉及面相当广泛的反佛罗伦萨同盟协议。协议方包括佛罗伦萨的圭尔甫派白党、博洛尼亚城、乌巴尔迪尼家族、皮斯托亚的圭尔甫派白党、罗马涅地区支持吉伯林派的一众城镇（弗尔利、法恩扎和伊莫拉 [Imola]）以及圭尔甫派的波伦塔家族（Polenta）控制下的切尔维亚城（Cervia）。该同盟的军队首领由来自费拉拉（Ferrara），但与埃斯特家族势不两立的萨林圭拉 · 德 · 萨林圭里（Salinguerra dei Salinguerri）担任。然而，这一同盟协议虽在纸面上显得声势浩大，但却没有取得过显著的军事成果。除此之外，圭尔甫派白党在财政方面开始捉襟见肘。1303 年 5 月至 6 月期间，他们被迫欠下了一些数额并不十分巨大的债务：6 月 18 日，他们在博洛尼亚召开了包括奥德拉菲在内的扩大委员会全体会议，决定只借 450 枚弗洛林金币。在皮斯托亚，圭尔甫派白党遭遇了帕齐家族的又一次背叛：这一次，帕齐诺 · 德 · 帕齐（Pazzino dei Pazzi）禁不住金钱的诱惑，于 5 月拱手 152
让出了位于普拉托和皮斯托亚之间的蒙塔莱（Montale）城堡。总之，到了第二年，圭尔甫派白党组建的同盟也没能取得令人满意的战绩。在为数不多的对圭尔甫派白党有利的事件中，最为重要的是乌戈乔尼 · 德拉 · 法焦拉终止了与教宗的合作，再次追随吉伯林派，加入了流亡者同盟：他又一次打开阿雷佐的城门，使之再度成为该同盟的重要据点之一。1303 年 11 月，担任圭尔甫派白党同盟军事统帅的不再是斯卡尔佩塔 · 奥德拉菲，而是第一任军事统帅亚历山德罗 · 德 · 圭迪 · 迪 · 罗美纳的弟弟——阿基诺尔夫 · 德 · 圭迪 · 迪 · 罗美纳（Aghinolfo dei Guidi di Romena）。

1303 年秋季，黑党和圭尔甫派白党之间的斗争发生了一次并不以双方的意志为转移的转折。10 月 11 日，在阿纳尼袭击事件发生后不久，卜尼法斯八世就撒手人寰。10 月 22 日，通过一场极为迅速的教廷闭门会议，多明我会的尼科洛 · 迪 · 博卡削当选新任教宗，尊号为本笃十一世。此人曾是卜尼法斯八世的亲密合作者，但政治影响力十分有限。在担任教宗的最初几个月里，他就迅速介入了佛罗伦萨的复杂局势，试图促使各方进行和解。这一举措曾一度令圭尔甫派白党人满怀希望，但没过多久，这一希望便化为泡影，随之而来的，是新一轮腥风血雨的战争。

流亡者的孤独

在 1302 年 1 月 18 日宣判以前，但丁就已离开佛罗伦萨，前往阿雷佐与其他流亡者会合。他是独自一人流落他乡，还是在家人的陪伴下离开故土的？由于法院的判决并不涉及但丁的弟弟弗朗切斯科，因此，他留在了佛罗伦萨。至于他究竟是过着平安无事的日子，还是多少受到了些牵连，我们不得而知。1306 年，一个名叫乔内 · 迪 · 布鲁内托（Cione di Brunetto）的堂兄弟被指为吉伯林派分子（事实上，许多圭尔甫派白党人也被贴上了吉伯林派的标签），并因此遭受了罚款。不过，阿利吉耶里家族的某些人，如乔内 · 迪 · 贝罗（Cione di Bello），则站在了圭尔甫派黑党人的阵营里。

关于杰玛，薄伽丘毫不怀疑地写道："（但丁）将自己的妻子留在那里（佛罗伦萨），与其他家庭成员待在一起。孩子们年龄太小，不适于背井离乡。由于她是敌对党派领袖之一的血亲，因此对她来说这是更为稳妥的安排。至于他自己，他并不确定自己将往何处去，在托斯
153 卡纳地区四处游荡，今天在这里，明天在那里。"所以说，按照薄伽丘的说法，但丁是将妻子和年幼的孩子留在了佛罗伦萨，独自一人踏上了流亡之路。向薄伽丘讲述这些信息的人，很可能就是向他讲述那本"小册子"如何失而复得的人。事实上，这些信息与关于那本"小册子"的描述相当吻合。在但丁离家期间，一些"亲朋好友"建议杰玛将诗人最珍贵的物品藏在某个安全的地方。在第一版《但丁颂》里，薄伽丘指出，那些保险箱被送到了某个"神圣之所"：很可能是方济各会的圣十字修会。但丁的长姐塔娜的儿子——贝尔纳多 · 里克马尼修士（Bernardo Riccomanni）就在这所修会修行。根据某则并没有确凿依据的传闻，但丁曾于 1315 年致信一位"佛罗伦萨的友人"，指的就是贝尔纳多 · 里克马尼修士。先前，我们已提到过长姐塔娜和姐夫拉博曾通过拉博的兄弟帕诺基亚 · 里克马尼为但丁提供资助；这样看来，他们能在后来的危急时刻劝说自己的儿子帮助但丁的家人安放某些物品，也是情理之中的事情。

有足够的证据清晰地表明，但丁是故意要将妻儿留在佛罗伦萨的：自 1301 年 11 月起，科尔索 · 窦那蒂就成了佛罗伦萨的实际控制者。

杰玛也是窦那蒂家族的一员。我们有理由相信她能够获得某种来自家族的庇护。她的父亲马内托·窦那蒂甚至还有可能为女儿寻求过某种保证。此外，我们也的确很难想象但丁的家人会随他流落他乡——不仅没有任何经济来源，甚至没有任何保护者可以依靠。

然而，时局的变化令但丁的谋划又一次落空。不久以后，随着加尔贡扎事件的发生，上瓦尔达诺爆发了一系列游击战，圭尔甫派黑党的态度也发生了根本的改变。他们的目标不再是将对手排挤出政治纷争的舞台，而是惩罚背叛佛罗伦萨的敌人。自此之后，他们开始大规模地判处圭尔甫派白党人死刑，并对其亲属进行镇压。

1302 年 6 月 9 日，佛罗伦萨市政府任命一名官员专门管理那些因徇私舞弊或其他政治罪行而获罪的人的财产。此外，该官员还有责任将获罪者的妻子及其超过 14 岁的子女赶出佛罗伦萨（1303 年 1 月，这一举措被更为严格地执行）。这一政策的始作俑者是尼古拉·阿恰奥里——几年前，他曾在阿古聊的巴尔多的帮助下篡改了法庭的案卷。 154
由此可以看出，此人是何其的唯科尔索·窦那蒂马首是瞻。1303 年 6 月，杰玛被迫离开了佛罗伦萨。由于先前提到过的一些原因，她不可能与但丁相聚，因为此刻的但丁正在阿雷佐、穆杰罗和卡森蒂诺之间辗转。因此，很有可能是窦那蒂家族或里克马尼家族帮助杰玛及其子女一行安顿在佛罗伦萨以外的某处宅子里，并为他们提供资助。对于此后但丁与其家人之间的关系，我们并不知道任何确切的消息。据薄伽丘所述，他与妻子再也不曾相见。不过，这只是他的一面之词，可靠与否还有待证实。某些相反的线索似乎表明，大约在两年以后，但丁一家曾短暂地重聚。

加入混战

但丁很快投身于党派的行动。我们几乎可以肯定他参与了加尔贡扎的会见。此外，他也参与了圭尔甫派白党同盟的筹建，这一点是毫无疑问的。如同其他白党成员，但丁也深信通过一次果断的武装行动能够扭转局势。或许，他的内心也充溢着强烈的复仇欲，以至于不曾考虑先前刚与流亡吉伯林派及瓦尔达诺的封建家族签订的盟约会造成怎样的后果。谁知道当他与拉博·德·乌贝尔蒂（Lapo degli Uberti）面对面坐下谈判时，内心究竟会有怎样的感受？就在十多年前，他们曾在坎帕迪诺的战场上兵戎相见。他要么是认为与仇敌吉伯林派的合作无非是某种权宜之计（就像从前那样），要么就是因先前遭遇不公而怒火中烧，且不认为自己的行为背叛了祖国。

在圭尔甫派白党同盟中，但丁以“十二人委员会”（Consiglio dei dodici）成员的身份担任了某种领导角色。可以确信的是，他在委员会担任的一定是秘书或文书之职，负责信件、文书和公函的撰写。在由银行家和商人组成的圭尔甫派白党领导集团内部，能够担任这项具有技术性的政治职位的人并不多。拉波·萨特雷利原本是合适的人选，但这位有着精细文字功夫的法学家在试图叛变后，虽不能说被完全边
155 缘化，至少再也无法进入圭尔甫派白党的领导阶层。但丁有着丰富的政治经验，尤其是他撰写的拉丁文信件，文字优雅，从容顺畅，其水准令人难以望其项背。他很可能凭借文书或秘书一职赚取了一定的收入，并凭借这份收入维持了近两年的生活。

当然，倘若但丁反思过自己如何会与拉博·德·乌贝尔蒂携手合作，那么他一定会发现现实情况与自己的期待有着云泥之别——在过去15年里，他一直努力将自己塑造成一位以修辞学、诗学和哲学见长的知识人：他本想继承布鲁内托·拉蒂尼的衣钵，成为具有批判精神的佛罗伦萨学者，或是一位凭借自身的智慧为城邦服务的智者；然而此时，他不仅已沦陷于派系之争，成为分裂佛罗伦萨的“帮凶”，甚至还凭借自身的文字功夫（*dictator*）助长吉伯林派颠覆政局的行为——要知道，他们曾是佛罗伦萨最可憎的敌人。

作为文书，但丁一直身处圭尔甫派白党政治决策和军事行动的

核心圈子。1302 年 6 月，他前往圣戈登佐为乌巴尔迪尼家族提供担保（显然，此举并非个人行为，而是圭尔甫派白党派的决策）。他与罗美纳的圭迪家族来往格外密切，这一家族曾有两位成员出任圭尔甫派白党同盟的军事统帅。此外，我们还了解到他与阿基诺尔夫·德·圭迪·迪·罗美纳的两个儿子奥贝托·德·圭迪·迪·罗美纳（Oberto dei Guidi di Romena）和圭多·德·圭迪·迪·罗美纳（Guido dei Guidi di Romena）私交颇深。

在旅居于卡森蒂诺的日子里，填满但丁的日常生活的，并非仅仅是政治活动。在圭迪家族位于罗美纳和其他地区的城堡里（例如奥贝托·德·圭迪·迪·罗美纳位于蒙塔格拉奈里 [Montegranelli] 的宅邸），某些人物一直像“鬼魂”一般如影随形：早在诗人在佛罗伦萨度过的青年时期，他们就曾充斥于他的想象，且其形象轮廓很有可能出现在那部动笔不久就半途而止的史诗作品中。事实上，奥贝托·德·圭迪·迪·罗美纳的妻子是玛格丽特（Margherita），她的父亲就是弗朗切斯卡·达·波伦塔的情夫——保罗·马拉泰斯塔；而亚历山德罗·德·圭迪·迪·罗美纳的第二任妻子卡特里娜·范托利尼（Caterina Fantolini）则是赞布拉西娜·赞布拉西（Zambrasina Zambrasi）与第一任丈夫生下的女儿。赞布拉西娜守寡后，又改嫁了头一年亲手杀死自己妻子的乔凡尼·马拉泰斯塔。

如果说，但丁在旅居于卡森蒂诺的第一时期与位于罗美纳和莫迪利亚纳及波尔恰诺的圭迪家族来往颇为密切，那么在接下来的几年里，他曾数次改变对这一家族的看法：他对罗美纳城堡的两兄弟表现出了相当强硬的态度。然而，对于卡森蒂诺和托斯卡纳及罗马涅地区的山坡上（那些都将是他多次长期居住的地方）的自然风光，诗人一直魂 156
牵梦萦。尤其是对那里的潺潺流水，但丁感到难以忘怀：布兰达泉沿着罗美纳城堡的城墙汩汩流淌，口干舌燥的铸币师傅亚当（Adamo）为了能看到逍遥法外的亚历山德罗·德·圭迪·迪·罗美纳和阿基诺尔夫·德·圭迪·迪·罗美纳与他一道遭受惩罚，宁愿不去看一眼清澈的泉水；还有“小溪从卡森蒂诺流下翠岗 / 注入到阿尔诺，漪涟潺潺，/ 冲出了凉爽且柔软河道”[108]；此外，阿夸凯塔（Acquacheta）的瀑布（位于蒙托内 [Montone] 山谷，属于多瓦多拉的圭迪家族支系的领地）“在高山圣本笃上空轰鸣 / 本应沿千峭壁缓缓下山，/ 却仅在一崖处跌落下面”[109]。1302 年春天至 1303 年春天，但丁曾多次往返于那条从阿夸凯塔通往弗尔利的必经之路。或许，对于这一时期的诗人而言，一路震耳欲聋的瀑布之声也算是他最为熟悉的声音之一了。

1302 年年底至 1303 年年初，如圭尔甫派白党同盟的其他成员一样，但丁也从阿雷佐转移到了弗尔利。作为白党同盟的秘书，他将频繁出入新任军事统帅卡尔佩塔 · 奥德拉菲的府邸，并与其文书团队展开合作。这一团队的领导是佩雷格利诺 · 卡尔维（Pellegrino Calvi），关于此人的详细情况，我们一无所知。

出使维罗纳

1303 年 6 月 18 日，包括同盟委员会几乎所有成员在内的 131 名圭尔甫派白党人在博洛尼亚召开了一次大规模的会议，但丁却没有出席。此时的他或许已经出发，前往维罗纳执行一项外交使命。关于此次与斯卡拉家族（Della Scala）有关的外交任务，15 世纪弗尔利的历史学家比昂多 · 弗拉维奥（Biondo Flavio）有所提及。

1277 年，支持吉伯林派的斯卡拉家族凭借阿尔贝托 · 德拉 · 斯卡拉（Alberto della Scala）成了维罗纳的领主，但并没有获得可以世袭的头衔。正是为了解决领主头衔的继承问题，阿尔贝托 · 德拉 · 斯卡拉让自己的长子巴托罗梅奥 · 德拉 · 斯卡拉（Bartolomeo della Scala）共同执掌领主权力。自 1301 年 9 月起，巴托罗梅奥 · 德拉 · 斯卡拉担任维罗纳的唯一领主，直至去世（1304 年 3 月 7 日）。随后，他的兄弟阿尔波伊诺 · 德拉 · 斯卡拉（Alboino della Scala）继承了该头衔。

尽管阿尔波伊诺·德拉·斯卡拉于 1311 年才去世，但他早在 1308 年就任命他的弟弟康格兰德·德拉·斯卡拉（Cangrande della Scala）共同执掌权力。但丁出使的正是巴托罗梅奥·德拉·斯卡拉掌控下的维罗纳宫廷。后来，当他在《天国篇》中写道自己的庇护所是“伟大伦巴第（Lombardia）人的慷慨宫殿 / 其徽章梯子绘圣鸟图案”[110]时，他所说的“圣鸟”（即“皇家雄鹰”）正是指巴托罗梅奥·德拉·斯卡拉。此人迎娶了腓特烈二世的曾孙女康斯坦察（Costanza）为妻，从而成 157
为斯卡拉家族唯一有权佩戴皇家徽章（其图案是一只落在第四级台阶上的雄鹰）的成员。不过，诗歌中的其他信息与但丁第一次前往维罗纳时的实际情况就完全不相符合了。卡恰圭达预言，对但丁来说，那个“伟大的伦巴第人”所提供的“慷慨好客的宫廷”将成为他“首个避难的寄居之处”[111]，然而，在1303年中期，但丁既没有寻找避难所，也没有寻找任何寄居处（直到 1316 年，他才以避难者和客人的身份重返维罗纳）。当年，他还是流亡圭尔甫派白党同盟的中流砥柱，之所以出使维罗纳，乃是因为他肩负着白党同盟的外交使命：劝说巴托罗梅奥·德拉·斯卡拉加入早些时候由佛罗伦萨的流亡圭尔甫派白党、博洛尼亚城和罗马涅地区的其他小城组成的反佛罗伦萨同盟。据我们所了解的情况，巴托罗梅奥·德拉·斯卡拉并没有被但丁的言辞所打动。至于但丁，他原本可以抓紧时间迅速地解决手头的任务，却在维罗纳滞留了大约 10 个月的时间。

卡恰圭达还盛赞了巴托罗梅奥·德拉·斯卡拉的慷慨，说他给予但丁的关怀是如此深切，以至于他的恩赐总比受庇护者的要求来得更为迅速。这一点似乎也来自诗人的臆造——事实上，他对斯卡拉家族的仰慕是在第二次前往维罗纳期间才产生的。一系列线索表明，他的第一次维罗纳之行与上述描述迥然不同。

在《飨宴》里，为了反驳某些人将“声名显赫”等同于“品行高贵”的论调，但丁表示，假如这一论断成立，那么那个人称“阿兹顿特”的白丁鞋匠巴托罗梅奥·达·帕尔马（Bartolomeo da Parma）就要比这座城市的其他市民高贵得多——因为此人以擅长占卜吉凶而远近闻名；同理，“阿尔波伊诺·德拉·斯卡拉也将因同样的理由比圭多·达·卡斯特罗·迪·雷焦（Guido da Castello di Reggio）更为高贵”[112]。认为强大的维罗纳城的领主仅凭自己的声名无法在“高贵”程度上与雷焦·艾米利亚（Reggio Emilia）地区的某个人物匹敌（诗人虽并未点明该人物的身份，却将其视为少数几位承袭了“古代时期”高风亮节的典范），这是一种颇为狭隘的判定。此种想法很可能“与第一次前往维罗纳时遭遇的不愉快的经历有关”。

但丁对巴托罗梅奥、阿尔波伊诺和康格兰德的父亲——阿尔贝托·德拉·斯卡拉——采取的态度是讥讽辱骂和鄙夷不屑的：一个自称“维罗纳圣泽诺修道院（San Zeno）院长/生活在腓特烈一世统治期间”的人物[113]，不仅预见到阿尔贝托·德拉·斯卡拉很快就会离世（1301年9月）并被罚下地狱，还控诉他不惜违反教廷律法，让自己的私生子朱塞佩（Giuseppe）夺取了圣泽诺修道院院长的职位，更何
158 况这个儿子“身畸形，/灵魂则更加伤残，且没有合法出身”[114]。按照但丁的描述，这个朱塞佩是一个身体残疾的私生子，即使没有精神疾患，心地也不善良；阿尔贝托·德拉·斯卡拉之所以要行此举，无非是出于贪婪，妄想控制圣泽诺修道院的可观财产。倘若没有特定的动机，但丁为何要如此羞辱自己的庇护者的父亲？难道不是因为他第一次前往维罗纳时所遭遇的经历远远不及大约12年后获得的礼遇？然而，假如事实果真如此，他又为何不趁早返回弗尔利或阿雷佐，而要长久地停留于维罗纳呢？

一座图书馆难以抗拒的魅力

在一首已经失传的十四行诗中，但丁曾猛烈抨击锡耶纳诗人切科·安焦列里（Cecco Angiolieri）。为此，切科·安焦列里也创作了一

首十四行诗，从文字层面和隐喻层面做出回应。无论是但丁的诗作还是切科·安焦列里的回复——《但丁·阿利吉耶里，若我是个大话篓》(*Dante Alleghier, s'i' so' buon begolardo*)，其创作时期都是在但丁旅居维罗纳期间。切科·安焦列里的一句诗行提供了线索："若说我在罗马谋生，你则在伦巴第混饭"——我们知道，在那一历史时期，维罗纳人也被视作伦巴第人。针对但丁的嘲讽，切科·安焦列里反唇相讥："若我是个大话篓，你与我并无两样，你我的做派可谓半斤八两；如你所说，我的确在他人的餐桌上混饭，但你亦是那桌上的常客；我的确总想捞到最好的吃食，但你的眼睛却只盯着最肥美的猪油；我的确试图攫取最大的利益，但你比起我来，却是有过之而无不及。所以，让我们停止相互中伤：若我们沦陷于此，要么是因为命运不济，要么就是因为欠缺理智。"从切科·安焦列里的上述言论中，我们似乎能看出一些端倪：但丁和切科·安焦列里都依附于人（切科·安焦列里可能身处罗马，而但丁则旅居维罗纳），因此但丁没有资格摆出一副居高临下的姿态，也没有资格向对方讲授做人的道理——他自己也只是一个唯利是图的、寄人篱下的门客。加入这场嘴仗的，还有第三位诗人：来自皮斯托亚的贵尔夫·塔维亚尼（Guelfo Taviani，他因曾与奇诺·达·皮斯托亚对诗而闻名）。此人在回应切科·安焦列里的诗作——《切科·安焦列里，我看你是个傻瓜》(*Cecco Angelier, tu mi pari un musardo*）中站在了维护但丁的立场上：切科·安焦列里不该与一位伟大的哲人争吵，忘了哲学家唾弃金钱，只愿将他们的聪明才智用于增长智慧，而非用于追逐物质利益。此人的立场原本是很单纯的。然而这一次，这 159
位真诚的崇拜者的简单想法却远比切科·安焦列里故作聪明的调侃更能击中要害。事实上，但丁之所以会在那座礼遇甚少的"伦巴第"的城市长期停留，很有可能的确是出于他对"科学"的热爱。

自从离开佛罗伦萨那天起，但丁就被迫中断了自己的学术工作。对于一个十余年来几乎全身心投入哲学和文学研究的人而言，这不可不谓是一种痛苦的牺牲。无论是在托斯卡纳和罗马涅地区的城堡，还是在罗马涅地区那些位于亚平宁山脚下的小城里，都没有能够满足但丁研究需求的图书馆，而他自己显然也并不具备自行购置书籍的能力。

在维罗纳，但丁发现了一座在当时的欧洲堪称一流的图书馆：圣职团图书馆（la biblioteca Capitolare）。该馆于5—6世纪由维罗纳的座堂圣职团（Capitolo dei canonici）创建，馆藏中包含着极为丰富的古典文本。自13世纪中叶起，该图书馆就为学者们发掘古代作家的作品提供了强大的推动力。后来，到了彼特拉克所处的年代，这种推动作用得以进一步彰显。在这里，但丁能够找到他在佛罗伦萨和博洛尼亚从未见过的典籍。因此，我们有理由想象，但丁会沉浸在阅读之中。在《论俗语》里——该作品的创作年代是在但丁结束第一次维罗纳之行后不久，有些学者甚至认为但丁在旅居维罗纳期间已经为这部作品开了头——但丁列出了一系列古典拉丁作家的名字：蒂托·李维（Livio）、普林尼（我们并不清楚是老普林尼 [Plinio il Vecchio] 还是小普林尼 [Plinio il Giovane]）、弗朗提努斯（Frontino）和保卢斯·奥罗修斯（Paolo Orosio），除了最后一位，其他作者在当时都是鲜为人知的。但丁认为“他们诞育了极为高贵的文章”。此外，他还隐晦地提到自己应“某位殷勤的友人”的推荐，又读了“许多其他作家”的作品。鉴于这些作品都属于维罗纳圣职团图书馆的馆藏，因此，我们并不排除那位敦促但丁阅读藏书的友人是一位与图书馆有关的人士，且此人自从在图书馆与但丁相识起，就（或许是通过书信？）不断向诗人推荐书目，即使是在他离开维罗纳之后。但丁最为典型的性格特征之一就在于他——既以作者的角度，也以一个普通人的角度——对自己所做的事情不断进行反思，也正因为如此，他被视作一个现代意义上的“知识人”。就写作而言，他绝大多数的灵感都来源于自己的所见、所感和所说。因此，他的文字完全基于此时此刻（*hic et nunc*）发生的事
160 件，以及来自公众或个人的新闻。此外，但丁还有一个特点：他习惯将个人经历置于抽象化和理论化的格局中加以解释，从而上升至较高的层面进行归纳总结。倘若我们了解他这种看待文学和脑力劳动的方

式，就很难想象他在维罗纳期间的研究只是单纯地出于对“科学”的热爱，而不带有其他任何目的。更为可信的观点是，此时的他已经酝酿好或正在酝酿某个计划，需要通过一系列研究才能促使其变成现实。自从在针对故乡的战争中失利，诗人便开始四处流亡，这一计划正是基于他针对该时期的所见所闻而展开的反思。但丁一定反思过，这场斗争好比一场奇怪的赌局，银行家们从经济上给予资助，并从政治上左右局势，而当地封建主和其他贵族出身的武士则在战场上拼杀；如果说前者能够从中获取可观的利益，后者则可趁机翻出那些与佛罗伦萨纠缠不清的旧账，实施忍耐已久的报复，面不改色地从一个阵营改换至另一个阵营，从中获取巨大的财富。这让他不得不思考当时的局势：一方面是“市民阶级”的无可救药的盲目性：他们认为任何事情都能通过金钱的力量达成；而另一方面，封建贵族阶级不具备政治头脑，缺乏具有针对性的政治计划，只得为城市中的敌人效力。总而言之，但丁已经开始深刻反思贵族的角色，考虑如何才能令其从衰败的态势中东山再起，重新成为一个有序社会的中坚力量——在那个社会中，经济利益并非一切价值观的导向。《飨宴》的灵感就此萌芽。有人认为，但丁正是在旅居维罗纳的那几个月里开始着手撰写这部作品的。这种说法并非毫无依据。从他作为知识人的角度来看，这是他继续战斗的方式，甚至可能达成更加宏大的目标；然而，我们并不排除另一种可能：从更为实际的角度来看，这也是一种避世的方式。总之，但丁之所以决定延长在维罗纳旅居的时间，与他当时的疲惫感和不满足感不无关系。

穿行于威尼托的城市之间

在《论俗语》中——可以确定，该作品的创作年代为 1304 年下半年——但丁证实自己对威尼托地区的方言已经具备相当深入的了解，

161 以至于能够清晰且正确地标注帕多瓦、特雷维索和威尼斯方言的发音特色。在此后不久的几年里，他又在《飨宴》和《地狱篇》里展示了自己对该地区诸多地点的熟识程度：他将描绘特雷维索，并提及两条流经这座城市的河流的名字，它们分别是思乐河（Sile）和卡尼亚诺河（Cagnano，今博滕尼加河 [Botteniga]）；他将介绍帕多瓦人在阿尔卑斯山的冰雪融水令布伦塔河（Brenta）涨满之前，在岸边修筑堤坝的情形；他将讲述在特伦托（Trento）南面（离维罗纳城不远处），阿迪杰河（Adige）东岸发生的山体滑坡；他将叙说威尼斯的工人在军舰修造厂如何热火朝天地劳作。通过但丁对当地方言的熟练程度以及对相关地点的了解程度，我们可以推测他在旅居维罗纳期间，曾亲自前往威尼托地区体验当地生活。

然而，我们却无法想象但丁究竟是受到何种兴趣或好奇心的驱使，居然会去威尼托地区的各个城市畅游。之所以提出上述疑问，至少有如下两条理由。

首先，但丁是一个被判处死刑的流亡者，这意味着他无法享受佛罗伦萨的保护政策，任何人都能对他施加迫害而不遭受法律制裁。作为流亡者，他每时每刻都面临着死亡的威胁，他的每一次出行都必须经过周密的计划，并应尽可能让自己处于友人的保护之下。当时，战争正处于白热化阶段，作为一个流亡在外的圭尔甫派白党人，但丁如何能够前往特雷维索，前往盖拉多·达·卡米诺（Gherardo da Camino）和里扎尔多·达·卡米诺（Rizzardo da Camino）的宫廷呢？众所周知，他俩都与圭尔甫派黑党有着密切联系，与费拉拉的埃斯特家族的交情更是非同一般，这些人都是圭尔甫派白党的死敌。然而，我们的确可以假设但丁确实采取了类似的行动，不仅如此，他在那里获得的“礼遇”更胜于维罗纳的斯卡拉家族。关于这一点，他于几年之后献给卡米诺家族两兄弟的几首颂歌可以证明。其次，我们无法想象但丁是以游客的身份前往那些城市的。理由很简单，但却很实际——但丁并不具备足够的经济能力。由于他在出使维罗纳之后并没有按时返回复命，佛罗伦萨圭尔甫派白党同盟很有可能终止了对他的补助，令他失去了唯一的经济来源。那么但丁究竟是依靠何种资源才能实现在维罗纳和威尼斯之间的旅行呢?

上述疑问不由令人猜测但丁是为斯卡拉家族完成了某些工作——至少是某些临时性的事务——才换得了上述待遇以及某些馈赠。倘若在他处理的这些事务中，也包含某次外交使命，那么他获得相应的通行保障，从而得以在该地区范围内自由穿行，这也是顺理成章的事情了。

的确，在1303年的夏季，为了争夺基奥贾（Chioggia）的盐路交 162
通控制权（此前，威尼斯一直处于垄断地位），帕多瓦和威尼斯之间爆发了争端。特雷维索和维罗纳参与调停。双方不断改变自己支持的阵营，直到1306年才算尘埃落定（特雷维索支持威尼斯，维罗纳支持帕多瓦）。倘若我们假设但丁代表斯卡拉家族前往特雷维索、帕多瓦和威尼斯进行谈判，这并非毫无依据。事实上，但丁相当了解这一事件的幕后内情是如何左右德拉·斯卡拉和卡米诺家族的抉择的。特雷维索的领主出于对帕多瓦人的怨恨，最终选择站在威尼斯一方。说到这怨恨的缘由，乃是因为帕多瓦的一些银行家和放高利贷者倚仗着20年前借给他们的钱款，一直将他们攥在掌心之中。其中，最典型的人物当属雷吉纳尔多·德·斯克罗维尼（Reginaldo degli Scrovegni）——他的儿子恩利科·德·斯克罗维尼（Enrico degli Scrovegni）将名留史册，但并不是出于他在银行业的成就，而是因为他主持修建了家族祈祷堂，并委托画家乔托留下了精彩的装饰画作。

“白党变成了灰烬的颜色”

教宗本笃十一世就任才几个月，就发出了明确的信号：要改变前任教宗针对罗马涅、蒙特费尔特罗和托斯卡纳地区所采取的政策。担任教宗顾问的，是他的一位学养深厚的多明我会会友——普拉托的尼科洛。本笃十一世就任教宗不久，就将其提拔为枢机主教。这位新任枢机主教将在克莱孟五世担任教宗期间扮演十分重要的角色——正是他将阿维尼翁一手打造成当时欧洲最富活力和创新精神的文化中心。当时，他正以与吉伯林派亲近，并与圭尔甫派白党交好而闻名。事实上，这种友好倾向在教宗本人身上也有所体现——他将一直以来交由黑党银行家族（尤其是斯皮尼家族和巴尔迪家族）管理的教廷财政事务转交至白党的切尔基家族。此时，本笃十一世决定直接介入错综复杂的佛罗伦萨政局。1304 年 1 月 31 日，他任命普拉托的尼科洛为托斯卡纳、罗马涅和特雷维索边境省（Marca Trevigiana）的教宗特使，令其完成重建佛罗伦萨和平的使命。然而，直到一个月之后的 3 月 2
163 日，特使才正式进入佛罗伦萨城。究其原因，乃是佛罗伦萨的圭尔甫派黑党内部爆发了激烈的冲突。

在城市国家时期的佛罗伦萨，有一种政治常态：一旦敌对者被消灭，胜利的一方就会分裂成对立的两派，新的对抗便会如先前的一样演化成武装斗争。圭尔甫派黑党也不例外。党内的两派分别以科尔索 · 窦那蒂和罗索 · 德拉 · 托萨（Rosso della Tosa）为首领。1304 年 2 月，两个派别在佛罗伦萨的街头巷尾展开了武装械斗，谋杀、抢劫、放火等行为接踵而至。直到卢卡人攻入佛罗伦萨并在这里实施了短暂的军事占领后，双方的冲突才得以平息。

1304 年 3 月 2 日，作为教宗特使的枢机主教受到了佛罗伦萨市民的热烈欢迎，他们对先前充满暴力的动荡局面已感到疲惫不堪。3 月 17 日，教宗特使全面接管佛罗伦萨，即全权执掌一切权力。在成功平息圭尔甫派黑党的内部纷争之后，他着手实施一项颇为宏大却缺乏根基的计划：促使圭尔甫派黑党与流亡在外的圭尔甫派白党人及吉伯林派握手言和。按照他的预计，将在佛罗伦萨召开一次名副其实的和谈大会，各方均应派代表参加。的确，所有相关党派都收到了特使的邀请函——更准确地说，是召集函。

事实上，教宗特使与参与调停的各个党派之间的谈判是相当艰难的，这一点可以从但丁口授的信函中看出端倪。在那封信件中，时任卫队长阿基诺尔夫·德·圭迪·迪·罗美纳、议事会和圭尔甫派白党同盟表示将各自遵循枢机主教通过信件以及通过某位特使（“一位有着神圣的宗教情怀的人、城市事务及和平顾问、L 修士”）传达的各项要求，同时宣称将“终止一切攻击和战争行为”，转而以“发自内心的真诚意愿”，“服从枢机主教的决定”，如同“先前提到的 L 修士”所反馈的那样。[115] 我们几乎能够确定这位得到枢机主教完全信任的特使的身份：多明我会修士拉波·达·普拉托（Lapo da Prato）。他于 1303 年被任命为多明我会总会长（predicatore generale），一生紧密追随普拉托的尼科洛，同时也是他的遗嘱执行人。然而，书信撰写者为“不可原谅的延迟”而深感抱歉，称自己“没能按照应有的速度”回复，恳请尊贵的收信方能够考虑自己的难处：“观点和视角纷繁复杂，请认可我们 164
这一同盟的真诚，我们需要时间郑重行文；尤其是在我们掂量了所面临的议题的分量之后。”[116] 就这样，忽然出现了一丝缝隙，让我们得以从中窥见圭尔甫派白党同盟的运转情况，至少能够从直觉层面上感受到他们的决策流程是多么缓慢而艰难，需要经历多少会议、权衡多少意见、展开多少商讨。

终于，来自吉伯林派和圭尔甫派白党的 12 名代表齐聚佛罗伦萨，与 12 名圭尔甫派黑党的领袖进行谈判。在圭尔甫派白党之中，有一位名叫佩特拉克·迪·帕伦佐（Petracco di Parenzo）的公证员（他的身份是书记官？），在不久的将来，他将成为弗朗切斯科·彼特拉克的父亲。一种信任的气氛在佛罗伦萨城里弥漫开来。持续数百年的仇恨似乎已经丧失了吸引力。早在 1283 年就被流放的拉波·迪·阿佐利诺·德·乌贝尔蒂此刻作为吉伯林派代表回到了佛罗伦萨，穿行于城市的大街小巷，得到了众多市民的尊敬。这个被无休止的冲突折腾得筋疲力尽的群体渴望彻底删除那些有关暴行的记忆——就在刚刚过去的 2 月，暴行曾让这座城市血流成河。

平民阶层对和平的渴望也在圭尔甫派黑党的豪强阶层中打开了突破口。鉴于黑党内部形成了一股倾向和谈的势力，科尔索·窦那蒂和罗索·德拉·托萨迅速达成了和解，联手成为反和谈阵营的领袖。他们清楚，和谈协议势必要向曾经被击败的敌方让渡某些权力，而无论出于任何动机，他们都没打算做出分毫退让。于是，他们开始越来越强硬地阻挠枢机主教的调停计划。为了拖延时间，他们先是劝说主教前往普拉托，去那里展开协调工作，后来又故意制造紧张气氛，恐吓那些先前遭到流放的参会代表及其背后的家族势力。如此一来，政局不断恶化，出于安全考虑，普拉托的尼科洛只好决定让参会代表住进他自己的下榻之所：莫奇宫（Palazzo dei Mozzi）。然而，在圭尔甫派黑党于6月初掀起的骚乱面前，枢机主教采取的措施显得并不充分。6月8日，他建议圭尔甫派白党代表和吉伯林派代表先行离开佛罗伦萨。此时，针对传统白党家族（如卡瓦尔坎迪家族和切尔基家族）的骚乱进一步升级，以至于6月10日，枢机主教本人也从佛罗伦萨撤离，并颁布了禁止民众参加宗教活动的禁令。

165 就在同一天，枢机主教出城之前，圭尔甫派黑党人开始针对圭尔甫派白党人的产业采取纵火行为。熊熊火焰吞噬了卡彭萨奇（Caponsacchi）、阿巴迪、萨凯蒂等家族的宅邸，卡瓦尔坎迪家族的多处房产也未能幸免。风助火势，城市中心顷刻变成一片火海，新市场（Mercato Nuovo）到阿尔诺河之间的大片城区毁于一旦。那一天里，有1400处家宅、楼宇、高塔、作坊和货栈化为灰烬，同时发生了大量谋杀和抢劫事件。遭到彻底摧毁的，是佛罗伦萨的生产中心，因为“几乎所有的商贸交易都是在那些楼宇里进行的”，“总之”，按照维拉尼的说法，“他们烧毁了佛罗伦萨的整个骨髓、蛋黄和其他的好地方”。对于以店面及民用住房的租金为主要收入的卡瓦尔坎迪家族而言，这无疑是一次极为严重的打击。

我们或许会期待这样的一场灾祸能够激发佛罗伦萨市民的某种团结精神。然而，在那一历史时期的佛罗伦萨，“团结”还是一个令人感到陌生的词语。圭多·奥兰迪是出身于豪强鲁斯蒂克里家族（Rustichelli）的圭尔甫派黑党成员，居住在波塔圣皮耶罗（porta San Piero）行政区，作为一位老派诗人，他曾与圭多·卡瓦尔坎迪多有争执。火灾发生后，他创作了一首十四行诗，字里行间流露出明显的政治仇怨：“白党变成了灰烬的颜色（*Color di cener fatti son li Bianchi*）。”

圭尔甫派黑党在与教宗特使的较量中取得了胜利，但他们也亲身体会到自己对佛罗伦萨城的掌控权已经遭到了质疑。他们还明白，一旦敌方同盟获得教宗的公开支持，局势将变得多么岌岌可危。因此，他们进一步加强了与那不勒斯的安茹家族的旧有交情；此外，他们重新整饬了托斯卡纳地区各个城市的圭尔甫派联盟，并选举安茹家族的查理二世的王位继承人——卡拉布里亚公爵、安茹家族的罗贝托（Roberto d’Angiò）为联盟的领袖。

圭尔甫派白党虽在这场战斗中失利，却尚未输掉整个战争。教宗对发生的一切大为光火，他召集所有卷入冲突的城市和家族代表在佩鲁贾（Perugia）开会，所有人都表示服从。出人意料的是，当年的7月7日，本笃十一世突然暴毙。

对于圭尔甫派白党而言，局势变得严峻起来。经过充满争议的内部商讨，他们决定快速组建一个军事同盟。在获得了皮斯托亚、博洛尼亚、阿雷佐和比萨的支持后，他们自然而然地认为最好的举措就是抓紧时间，在安茹家族的罗贝托率领骑兵从那不勒斯北上以前向佛罗伦萨发起袭击。因为在那段时期，佛罗伦萨城卸除了军事防备。于是，他们于7月19日在拉斯特拉（Lastra）集结——那里位于佛罗伦萨城外三公里处，在通往博洛尼亚的路上。同盟军的武装力量占有优势， 166
但却犯了两个极其严重的错误：其一，他们没能等到所有部队的力量汇合，从而展开全面进攻，而是零敲碎打地发起攻击；其二，他们甚至没能抓住突袭的优势。7月20日的大白天，流亡者从北面发起进攻，随后赶来的博洛尼亚军队为了等待比萨和皮斯托亚的援兵而迟疑不前。进攻者冲进了佛罗伦萨城，在城中心——洗礼堂前方的广场——打响了战斗。然而最后，进攻者被迫撤退：他们的溃散让后来的博洛尼亚和皮斯托亚的援军误认为战斗已经失败，于是纷纷打道回府。就这样，一场唾手可得的胜利变成了落荒而逃。

圭尔甫派白党和吉伯林派的挣扎还将持续数年。然而，自从拉斯特拉之战失利之后，他们的胜算就变得微乎其微了。

就在战斗打响的当天，弗朗切斯科 · 彼特拉克在阿雷佐出生。

令人痛苦的贫困

1304 年 2 月中旬，但丁仍身处维罗纳。当月 15 日，他观看了著名的传统越野赛跑：该赛事于每年四旬斋的第一个星期日举行，获胜者的奖品是一幅绿色的呢绒绸缎。当他描写赤身裸体的布鲁内托 · 拉蒂尼是如何在炽热的沙地上快速跑远时，曾回忆起这场赛事的相关场景："随后他调转身，好似一位，/ 维罗纳越野赛奔跑大汉，/ 为夺得绿锦标恐后争先；/ 他不像失败者，似操胜券。"[117]3 月 7 日，巴托罗梅奥 · 德拉 · 斯卡拉去世，其权力交由但丁并不喜欢的阿尔波伊诺 · 德拉 · 斯卡拉执掌。不过，最终让但丁下决心离开维罗纳，返回圭尔甫派白党同盟的，应该是枢机主教普拉托的尼科洛被任命为调停人并于 3 月 2 日进入佛罗伦萨的消息。面对这样一个有望结束流亡生涯的具体的消息，但丁不可能无动于衷。或许是在 3 月初，他就离开了维罗纳，去往阿雷佐。我们可以确定，接替斯卡尔佩塔 · 奥德拉菲担任卫队长的阿基诺尔夫 · 德 · 圭迪 · 迪 · 罗美纳将大本营扎在了那里。此时，阿基诺尔夫 · 德 · 圭迪 · 迪 · 罗美纳与乌戈乔尼 · 德拉 · 法焦拉之间的紧张关系已基本得到缓解（不仅如此，他已站到了圭尔甫派白党与吉伯林派结成的联盟一边），此外，他还可以倚仗他的兄弟，即伊德布兰蒂诺 · 德 · 圭迪 · 罗美纳主教的支持（此人是罗美纳的圭迪家
167 族的真正政治核心）。长时间的疏离（当然，但丁可能一直与他们保持

有书信联系）并未对但丁与白党同盟领导之间的关系造成损害，所以他才会（于4月初？）撰写大量书信，向教宗特使表明圭尔甫派白党同盟将接受他所提出的一切条件。没有线索表明但丁仍是圭尔甫派白党同盟议事会的成员，但可以肯定的是，他仍然是流亡者联盟中与白党同盟保持联络的一位重要的知识人。

然而，但丁基本不可能继续享受稳定的补助金。不仅如此，在返回阿雷佐的途中，但丁似乎被一些经济问题所困扰。关于这一点，我们可以从一封吊唁信（可能撰写于4月，但我们无法通过任何文献确定该日期）中察觉出来。这是一封写给奥贝托和阿基诺尔夫的信函，他俩是已故的伯父亚历山德罗·德·圭迪·迪·罗美纳的继承人。我们可以推断，但丁当时身处阿雷佐，而亚历山德罗·德·圭迪·迪·罗美纳的葬礼则是在圭迪家族位于卡森蒂诺的一座城堡里举行的。

这封吊唁信以一段华丽的颂词开篇：但丁称自己将亚历山德罗·德·圭迪·迪·罗美纳视作主公（*dominus*），且将一生留存对逝者的回忆。亚历山德罗·德·圭迪·迪·罗美纳的逝世固然是令人悲痛的损失，但“他身上却闪现着托斯卡纳最为高华的贵族风范”。无论是友人，还是仆臣，包括“毫无过错却遭驱逐，流亡他乡”，直到遇见他才重新看到希望的但丁本人，只要一想到“这位罗马帝国宫廷的伯爵如今已与受到赐福的王公贵族们一道，荣登耶路撒冷天界，永久居住在极乐之境”，便会倍感欣慰。[118] 然而，在信件的后续部分，笔调发生了转折：但丁对自己未能参加对方亲属的葬礼而深表歉意，但他同时表明自己的缺席既不是因为“粗心大意”，也不是因为“忘恩负义”，而是流亡生涯导致的困窘令他无法拥有自己的“马匹和武器”踏上旅途，更准确地说，是无法体面地出现在送葬的队伍中。尽管他一直尝试摆脱此种悲苦的境地，但直到那一刻，与他的个人努力相比，这“无情”的贫困仍然占据上风。[119] 随后，但丁重申自己对庇护者家族的忠诚，并发出了具体的求助信号，希望对方能够帮助缓解燃眉之急。这是一封以“门客”的身份写下的信函；倘若他真的处于某个领主的宫廷，而不是一个仅仅保存有些许封建遗风的环境里，我们便可称之为一封“廷臣”的信。

圭迪家族并未施以任何援手，但丁将不会原谅他们的吝啬。在《地狱篇》里，他将找出一则1281年的旧闻，对圭迪家族进行报复。
168 那一年，圭迪兄弟在一个名叫亚当·德·安里亚（Adam de Anglia，人称“亚当师傅”）的“家族成员”的帮助下，在位于罗美纳的城堡里铸造了一批掺假的弗洛林金币：不是24开金，而是21开金。这项极其严重的罪行导致兄弟二人被缺席判罪。但由于他们很快转投向圭尔甫派，所以后来不仅被赦免，甚至还被委以公职。可是但丁没有原谅他们。他之所以将犯伪造钱币罪的亚当师傅置于地狱，其目的只是为了让他指认背后主使：正是他们在罗美纳“诱我把弗洛林炼，/那三K合金币价值低廉”[120]（即用低劣材质铸造的钱币）。正因为这一罪行，他才会被判处火刑。所以，他此刻唯一的安慰便是在那里看到“圭多，或亚历山德罗，或是他们的兄弟的/罪恶的灵魂”[121]。此处，他所指的三人，便是圭多·德·圭迪·迪·罗美纳、亚历山德罗·德·圭迪·迪·罗美纳和阿基诺尔夫·德·圭迪·迪·罗美纳。亚当师傅继续说，其实已有一个人的灵魂下了地狱，那是三人之中最为年长的圭多·德·圭迪·迪·罗美纳（或许死于坎帕迪诺）。只可惜他由于身患水肿无法动弹，不可能四处走动，也就无法满足找到圭多并亲眼看着他遭受惩罚的夙愿。亚当师傅的仇恨代表了但丁的仇恨。他毫不犹豫地预言亚历山德罗·德·圭迪·迪·罗美纳也将下地狱——尽管就在几年前，他还曾说对方永居于天国。值得注意的是，在但丁创作《地狱篇》这一部分甚至发表时（1304年下半年），阿基诺尔夫·德·圭迪·迪·罗美纳都尚在人世（他于1338年才寿终正寝）。但丁之所以将曾经的庇护者置于地狱，主要是出于一系列政治因素：倒不是出于他作为一个佛罗伦萨人对弗洛林钱币的崇拜，而是出于他作为一个被流放的佛罗伦萨人在尝试返回故乡的过程中对战友的误会和谴责——关于这一点，我们将在以后的事件中有所体会。与此同时，但丁对圭迪家族的仇恨在很大程度上也源自其个人因素：作为一个曾与庇护者家族相当亲近，后来却遭到背弃的门客，他要为自己理应得到而未能得到的慷慨实施报复。

通过这封写给亚历山德罗·德·圭迪·迪·罗美纳的继承人的信函，我们可以从但丁的笔触中看出，颠沛流离的生活状态是导致他陷入窘境的主要原因。在此后的一系列作品中，但丁会一直若隐若现地提及这一状态，尤其是在该问题格外突显的1303年至1304年。在《飨宴》的最初几页里，他将自己陷入如乞丐般境地的苦楚以及羞愧——在那个年代，贫困是会引发羞愧的——和盘托出，称“流放之刑和贫困的生活”令自己的生活水准骤降：“我成了流浪者，几乎是乞丐，违
心地展示命运的伤疤，但这些创伤往往被不公正地归咎于受伤者。事 169
实上，我已变成一艘没有帆也没有舵的木船，任凭那股干燥且散发着痛苦的贫困气息的风将我吹到不同的港口、入海口和海滨。”[122]

1304年春，但丁的财务状况已恶化至难以维系的程度，他不得不请兄弟弗朗切斯科离开佛罗伦萨，前往阿雷佐助自己一臂之力。5月13日，在一位公证员家里，弗朗切斯科当着两名见证人的面——其中一位是名叫泰德斯科（Tedesco）的阿雷佐香料商人，另一位名叫巴尔迪奈托·迪·斯科尔佐尼（Baldinetto di Scorzone，也是阿雷佐人）——与香料商人弗里奥尼·迪·焦伯（Foglione di Giobbo）签署了一笔金额为12弗洛林金币的借款合同。佛罗伦萨人卡彭托佐·德·兰贝尔蒂（Capontozzo dei Lamberti）签署了担保函，为这笔借款提供担保。此事牵涉到如此多香料商人，只是一种巧合吗？具有较大可能性的解释或许是：大约10年前，但丁加入了香料商人行会，从而建立了一张人脉关系网。即使是在遭到流放后，这张关系网也得到了部分保留。总之，到场的那些香料商人，无论是借款人还是担保人，都是为但丁，而非其兄弟弗朗切斯科而来的。弗朗切斯科充当了借款人替身的角色——由于经济状况过于恶劣，但丁本人是无法获得任何借贷的。12弗洛林金币不是一笔大数额，但也并非微不足道。或许但丁还有一些其他的

债务有待偿还，但剩下的部分也足够他维持不短的一段时间。

有人认为，但丁以兄弟的名义借来的那笔钱款是用于维持离开流亡者团体后的生活。换言之，此时的但丁已经决意离开政坛。的确，他在维罗纳重新发现了学术研究的乐趣，并着手筹谋那部有关哲学的鸿篇巨制——即后来的《飨宴》，甚至已经开始动笔。维罗纳是一座有着丰富藏书的城市，那里也有具备足够阅读和理解能力的读者。因此，他渴望尽快回到这座城市重拾知识人的研究工作，这是情理之中的。然而，为了等待弗朗切斯科赶到阿雷佐，也为了等待借款的相关手续完成，这一决定很可能是在 4 月底（最晚不超过 5 月初）做出的。当时，佛罗伦萨的和谈正如火如荼地进行。但丁应该通过参会代表的信件关注了事件的进程。他之所以从威尼托赶来，正是为了近距离了解相关情况。他或许还会提出某些观点和建议，影响和谈的走向。回归故乡的强烈愿望眼看就要实现，他难道会在这样一个时刻选择远离政局？这似乎令人难以置信。

170 不错，但丁的确下定决心要远离党派的领导层，同时远离战局，但那是晚些时候的事情——至少是在普拉托的尼科洛于 6 月 10 日逃离佛罗伦萨以后，甚至有可能是在教宗于 7 月 7 日去世以后。关于他离开之后与同伴的联系，我们一无所知。或许，当普拉托的尼科洛的调停计划宣告失败以后，他已在联盟内部的讨论会上表明了自己的立场：不赞成加快速度，趁安茹家族的援兵还未赶到袭击佛罗伦萨。换言之，即使是在教宗本笃十一世去世后，他仍然对教宗特使（或者说是教廷）的调停行为抱有期待。尽管语焉不详，我们仍可从某些古老文献中窥见但丁与联盟内部其他成员的分歧。无论具体情况究竟如何，可以基本确定的是，在拉斯特拉之战失败的那天，但丁已然踏上了远走的旅程。

二　重拾研究与写作（1304—1306） 171

因而你独自行，自行判断，

维护了你自己崇高尊严[123]

导师

自从但丁离开流亡的同伴以后，原本就匮乏的相关文献资料就更是少之又少，几乎彻底找不到了。从这一刻开始，我们只能依据零星的线索来尝试构建他这段时期的生活轨迹。即便是他自 1304 年中与流亡团体中断联系之后所游历的第一站，我们也只能凭借猜测来判定。不过，一切线索都指向了博洛尼亚城。

13 世纪 80 年代，但丁曾旅居博洛尼亚。10 余年后，他还曾返回这里。可以说，这是一座他熟知的城市，同时，他在这里也具有一定知名度——无论是作为诗人，还是作为政治家。此外，几十年以来，贝利诺 · 迪 · 拉波的后人，或许还有被杀害的杰里的兄弟乔内 · 迪 · 贝罗的儿子们也住在博洛尼亚：要么是在城里，要么是在圣乔凡尼因佩尔西切托。所以，一旦有需要，但丁便能够倚仗阿利吉耶里家族这一支系成员的支持。从赚钱谋生的角度来看，博洛尼亚也是不错的选择——但丁在每次迁居的过程中都必须面对这个问题。在博洛尼亚，处处都是大学生，他们必须掌握拉丁文。但丁便可给他们上课，教授拉丁文法。事实上，但丁还有其他若干理由去珍惜博洛尼亚的学术氛围：他当时正在酝酿一部哲学论著，只有在博洛尼亚他才能够找到可以展开探讨的学者以及现代的哲学书籍——这些资源是以古典藏书著称的维罗纳图书馆无法提供的。最后——对于因反叛而被判
172 流放的人而言，这是不可或缺的前提——博洛尼亚的政策对圭尔甫派白党较为友好：正因如此，在先前的战场上，博洛尼亚人也曾与圭尔甫派白党和吉伯林派的军队并肩作战，尽管战斗最后以拉斯特拉之战的惨败而告终。

我们似乎可以反驳——的确有学者提出过类似观点——但丁是于1304年的初夏，也就是他刚与其所属的党派决裂后不久前往博洛尼亚的。因为在当时，他会被包括博洛尼亚人在内的圭尔甫派白党人视为叛徒，并被当作叛徒一样对待。在《天国篇》里，借卡恰圭达之口，但丁不仅表达了对以往战友的蔑视（“邪恶的愚蠢同伴”），[124] 还毫不掩饰地斥责他们对自己所表现出的凶恶狂暴、失去理性和铁石心肠的态度：“他们全都是反对你负义狂徒。”[125] 然而，上述评价是在离当年所发生的事件相当长一段时间后（1316年前后）才做出的。作者但丁试图在那一歌里构建的，是先前战友对他的敌意与最终导致拉斯特拉之战溃败的一系列事件之间的因果关系，且此种因果关系应用一种较为和缓的态度（作为先知的但丁的形象构建）来解读——对于那些遥远的往事，他已相当释然了。关联更为紧密的线索出现在《地狱篇》中与布鲁内托 · 拉蒂尼相认的那一歌（创作年代大约是1307年）。布鲁内托 · 拉蒂尼告诉但丁，无论是“黑党”还是“白党”都想将诗人生吞活剥，但诗人却能从他们的迫害中全身而退（“两党都恨不能把你吞咽，/ 但青草却距离羊嘴甚远”[126]）。当然，对于后来将要发生的具体事件，布鲁内托 · 拉蒂尼并没有指明。总之，以往的同伴确实对但丁的行为表示愤怒，但丁也确实行过背弃之举，但那并不是在1304年夏天的拉斯特拉战役后。他所描述的旧时同伴的凶恶、狂暴的态度应该是指向他后来的另一次公开决裂之举：或许是某次行为，也或许是某篇文章，对“白党”的荣誉造成了严重损伤，才让他沾染上叛徒的色彩。这一次，但丁远离同伴的选择并没有在当时或之后引发与此前类

似的效应：早在前一年，他就一走好几个月，但他与圭尔甫派白党同盟的关系并未出现裂痕。

意大利贵族的教科书：《飨宴》

在过去的四五年里，但丁有过不少重要的体验。他以自己的亲身经历证明了城市国家系统在结构上存在固有的分裂倾向：其内部纷争往往外化为城市与城市之间，或城市与残余的封建领地之间持续不断 173
的战争。他体会到，在一个以实现经济利益为首要目标的社会里，唯一的规则就是弱肉强食，且以财富积累为目的的资本主义经济体系并不重视文化和公共道德的价值。无休无止的内战和城市之间的战争、不断更迭的政权所体现出的暴君政治和寡头政治之间不稳定的平衡、联盟的颠覆以及反复的背叛……总之，他眼中的一切纷杂的乱象，不仅没能被任何“堤坝”所遏制（哪怕是部分地），相反还被各个政权机构（其职责本应是维护社会秩序）所助长。随着中央皇权的衰微，欧洲大陆君主国林立。与意大利城市国家和领主国家之间的纷争相比，它们之间上演的竞争和强权政治规模更大，但性质却如出一辙。天主教廷不但没有尽到调停和担保的职责，反而成为不稳定因素之一——在佛罗伦萨所发生的一切便是明证。他们常常在不具备哪怕是最薄弱的法律依据的情况下对各国的政治横加干涉，挑拨离间，令基督教世界四分五裂。

不过，在流亡期的最后几年里，但丁还发现了另一种完全不一样的政局和社会。在托斯卡纳和罗马涅地区那些大封建领主的后裔身上，但丁看到了一种有别于佛罗伦萨的世界。在这个世界里，经济利益没有被公然置于其他价值之上；人们谨慎地维护社会的阶层秩序，不给林林总总的党派以立足的空间；统治者依照（或宣称依照）以才干、功劳、礼仪和忠诚为基础的荣誉标准来规范公共事务，由此确保各个政府机构及政府类型之间的延续性。总之，相较于他先前生活过的那个世界而言，这是完全不同的另一种选择，更准确地说，是潜在的另一种选择。事实上，但丁清楚地看到：贵族阶层的言行已被城市国家的商业逻辑深深腐蚀了；那些留存下来的旧日遗风也仅仅只是“遗风”；他们的政治要么是为了迎合那些作为经济和金融中心的城市，要么就是在很大程度上受制于它们，又或者是故步自封于一个行将没落的世界。不过，但丁坚持认为贵族阶层依旧有可能回归社会和政治生活的中心，也有能力重新打造一个和平有序的社会。当然，为
174 了实现这一切，贵族阶层必须清晰地了解本阶层的价值体系，重新构建在很大程度上已经衰落的贵族文化，尤其是要对本阶层进行再度整合——在城市国家的重压下，这个阶层曾一度分崩离析。

但丁在博洛尼亚着手撰写的这部哲学论著《飨宴》，其读者受众是一个在地理位置上分布甚广，但却属于某个特定社会阶层的群体：“君主、男爵、骑士以及其他贵族，不仅包括男性，也包括女性，许许多多通晓这种语言的人，讲俗语的，不通古典语言的人。”[127] 但丁希望自己能够为这一群体提供一定的文化基础，助其唤醒阶级意识。这就是他贡献的“食粮”，让所有那些对知识如饥似渴，愿意坐在“餐厅”里参与“飨宴”的人们满足愿望。

在被流放以前的那些年里，但丁也曾向佛罗伦萨的领袖阶层自荐，想要告诉他们何谓真正的贵族品质以及贵族应该具备什么样的言行举止。那时，作为一个城市国家的公民，但丁曾将“贵族品质”解读为高尚的心灵，即一种基于文化素养的敏感和考究。但丁描述的是他自己。但彼时，他所面对的是完全不同的听众，自然有着完全不同的目的。此刻，他已站在了反对城市国家的立场上。《飨宴》的核心议题是，意大利的贵族阶层——请注意，他所指的是具有尊贵血统的贵族——应在帝国的庇护下确保贵族文明的存续：一种“人性化的、团结的、和平的文明（*civilitas*）”。

但丁的视野因而进一步拓宽，囊括了整个基督教社会的政治和制

度构架。为了让分裂势力得到遏制，也为了让上帝的子民生活在和平的环境里，就必须找到一个具有普世性的权力机构：它既能在维护共同利益的基础上调节君主制国家和其他形式的国家之间的关系，同时又能与教廷过度膨胀的权力——这恰恰是导致纷争和腐败的原因——相抗衡，令教廷回归精神引领的范畴，而将有关世俗事务的权力牢牢掌握在自己手里。这一权力机构只可能是帝国，只有帝国才能成为大封建主的权力的合法源泉，而大封建主则是那个具有乌托邦色彩的宏大计划的支柱力量。对于一个在城市国家里成长起来的人而言，此种理念的转变实在不可不谓彻底。正是因为持有这种理念，但丁并不会变成一个吉伯林派，事实上，他的乌托邦远远超越了党派的界限——尤其是最具破坏性的“皇权派”和“教权派”的界限。

无奈帝国山遥水远，无动于衷，多年以来对意大利的事务置若罔 175
闻。在缺乏宫廷（*aula*）和枢密机构（*curia*）这两个具有凝聚力的核心支柱的情况下，如同一盘散沙的意大利贵族阶层必须通过其他方式集结在一起，构建一个基于共同文化基质的虚拟的宫廷。但丁的计划包括两个基点：其一，重新界定高贵的含义及与之相对应的言行举止规范（先前提到过，但丁想要“向具有贵族血统的群体解读何谓真正的贵族品质”）；其二，将俗语作为一种工具，通过这种语言将意大利贵族阶层分散的肢体组合起来。

施予之德

与《新生》一样，《飨宴》也是一部散韵文作品。依照作者最初的构想，该作品一共包含 14 章正文和一篇前言：每一章都以一首合组歌开篇，随后配以一篇用俗语写成的评论性散文。不过，这项工作在进行到第 4 章时就戛然而止了。1303 年至 1304 年期间，但丁已结束了大部分合组歌的创作，但还有一部分尚未完成。其中一首完成于这一时期的合组歌正是为了创作过程中的《飨宴》而写的（但丁很可能打算将其放在最后一章加以评论），其主题就与“高贵”密切相关。

在这首题为《痛苦在我心中激起勇气》（*Doglia mi reca ne lo core ardire*）的合组歌中，但丁以充满愤懑的口吻，尖锐地抨击了所有不符合礼节的恶行之中最为严重的一种：吝啬，因为这种恶行将戕害最具根本性的高尚举止之一——慷慨。他抨击的对象并不是城市国家里的“有权势的人物”——10 年前，但丁的确为那些城市贵族写过一系列合组歌，向他们讲授“礼仪”，因为他们需要了解什么是真正的高贵举止并学习其规则和价值；如今，他的矛头直指古老贵族封地的继承人——对于他们而言，高贵的举止原本应是自然而然代代相传的，但他们却将那些价值忘却了、扭曲了。有意思的是，如果说在那首赞颂“优雅”的合组歌《既然爱已全然抛弃了我》里，但丁斥责的是佛罗伦萨的“骑士”和新贵对于财富的扭曲式炫耀——刻意炫富、挥霍无度、沉溺于奢靡和浪费，那么此刻，针对传统贵族，但丁则将笔锋对准了
176 完全相反的恶行：吝啬、欠缺慷慨和“过度”的积财吝赏。所谓“礼仪”，最重要的特质就是发自内心的、正确且有度的馈赠和施予。然而，如今的贵族却只愿在被苦苦央求的情况下解囊，脸上还要摆出一副大发慈悲的表情。如此，施予就变成了一种类似于售卖的行为，而接受恩惠的人也心知肚明，这份被售卖的恩情其实代价高昂（“有人犹疑不决，有人望眼欲穿，/ 有人满面不舍 / 将施予变成价格高昂的售卖 / 只有承恩者才知这笔交易的代价不凡”[128]）。这不是贵族的所为，而是商人或其他生意人的所为。封建贵族阶层是但丁所设想的社会复兴大计的支柱力量，但他清楚地看到，这一阶层的言行已被市场经济的逻辑所深深污染。这是他通过自己的亲身经历看到的。在上述诗行中，人们能感受到“不容混淆的个人痛苦经历的味道”。

这首合组歌的创作时间只可能是在 1304 年的下半年。当时，但丁已对斯卡拉家族和罗美纳的圭迪家族大失所望。诗作的最后一段明显指向了圭迪家族：“亲爱的诗歌，这近旁有一位女子 / 她来自我们的

故乡；/ 美丽，聪慧又有礼 / 人人皆如此称赞她，却无人发觉 / 每当唤起她的名字 / 叫她毕安卡，乔凡娜，康泰萨 / 去吧，走向谨慎诚实的她。”[129] 诗中歌唱的这位来自托斯卡纳（“我们的故乡”）的女士（“女子”）住在离但丁创作诗篇之所的不远处（“这近旁”），她的名字毕安卡 · 乔凡娜 · 康泰萨（Bianca Giovanna Contessa）的含义可解读为“美丽的，智慧的和有礼的”。其实，毕安卡 · 乔凡娜 · 康泰萨来自圭迪家族住在巴尼奥的吉伯林派分支，是小圭多 · 达 · 波伦塔伯爵（Guido Novello da Polenta，曼弗雷迪的女婿）的女儿，费德里克 · 诺维罗（Federico Novello）的姐姐。在《炼狱篇》的第六歌里，诗人将在遭暴力杀害者中提及费德里克 · 诺维罗的名字。毕安卡 · 乔凡娜 · 康泰萨在第二次婚姻中嫁给了曼托瓦（Mantova）的吉伯林派——波拿科尔西家族（Bonacolsi）的萨拉奇诺（Saracino）。后来，由于一系列内部仇杀，萨拉奇诺和他的父亲塔吉诺（Tagino）都被迫逃离了曼托瓦，前往费拉拉埃斯特家族的阿佐八世（Azzo VIII d’Este）处避难，那里离博洛尼亚并不远。

对于毕安卡 · 乔凡娜 · 康泰萨的献词是这首合组歌的一部分内容。这首作品虽然以道德、社会和哲学探讨为主题，却是以女性教育诗的形式呈现的。诗中教导女子如何识别追求者的礼仪水准，以便把爱情
交托给真正具备礼仪素养的男子。然而，但丁让一个来自圭迪家族的 177
女子来担当裁判，去判定那些自称高贵的男子是否具有内在的高贵情怀，这一选择似乎别有深意：此时，关于高贵的问题完全只涉及封建贵族圈，也只能在这个圈子里，才有可能找到清晰的答案。

但丁非常重视高贵这一问题，发自内心地投入其中：要知道，于他而言，高贵是道德的基础，而不是像我们通常认为的那样——道德是高贵的基础。《飨宴》反映了诗人的思想转变过程：从佛罗伦萨时期的立场转变为《天国篇》中的立场。乍一看来，尽管对话者的身份发生了变化，但丁似乎并没有改变对于高贵的观念。在佛罗伦萨时期的所有教化类诗篇里，只有《我常常寻找的甘甜的爱之韵律》被收录入

《飨宴》的已完成部分并被配以评论。不错，评论中的观点与诗歌中的观点几乎相差无几。然而，探讨“高贵”这一论题的语境却发生了显著的变化。在那首合组歌里，身为城市国家里圭尔甫派成员的但丁根本无视腓特烈二世的存在（“某个皇帝描述高贵……”），而在《飨宴》中，诗人在这首合组歌相关的评论前还添加了一段长长的前言：尽管与皇帝相去甚远，他依然强调帝国的历史必要性，并探讨其神意来源。关于帝国的理想令但丁对高贵的含义再度进行了深刻的反思。在这里，此种反思第一次得以完整地体现。不过，早在此前，一次非同小可的观念改变就已然发生了。但丁曾一度宣称高贵是一种不可“通过血统”遗传的个人秉性，换言之，他曾认为这种品质并不依赖于出身和血统；然而此时，他却相信“在绝大多数情况下”，上帝和大自然会让高贵的秉性集中于那些出身名门的人，与此同时，他也主张判定一个家族是否称得上名门的标准在于那个家族培养了多少具有高贵品质的个体成员。就这样，但丁开启了一种用于衡量世袭式高贵品质的全新方式。

推广俗语

在过去的五年里，至少是从他前往罗马朝拜，以求得大赦的时候开始，但丁就有了另一个发现：意大利语远比他曾经想象的支离破碎
178 得多——那时的他还只懂得托斯卡纳和博洛尼亚的方言。他写下的一连串疑问流露出一种近乎惊讶的感受：“为何意大利东部（不同于）西部的口语，例如帕多瓦人的口语就不同于比萨人的口语；为何邻近地区的居民在说话的方式上也存在差别，例如米兰人与维罗纳人，罗马人与佛罗伦萨人；为何同一种族的人的语言亦有所不同，如那不勒斯人和加埃塔（Gaeta）人、拉文纳人及法恩扎人；最后，尤为令人费解的是，生活在同一城市里的人的说话方式居然也五花八门，例如圣费利切（San Felice）行政区的博洛尼亚人和马焦雷大街（Strada

Maggiore）的博洛尼亚人。”[130]一个先前几乎只在同一个城市生活的人忽然大开眼界，别样的城市、别样的语言和文化传统吸引了他的注意力，激发了他的兴趣：这个城市国家的居民感到自己变成了一个世界公民——“但对于我们而言，世界如祖国（*Nos autem, cui mundus est patria*）”。

但丁意识到意大利的领袖阶层缺乏一种共同的语言。以往，拉丁文充当了这一角色，但此刻，他必须认清现实——事实上，作为曾为圭尔甫派白党同盟撰写信函的作者，他也确实十分清楚——“君主、男爵、骑士以及其他贵族”都是“讲俗语的，不通古典语言的人”，对拉丁文一窍不通。拉丁文已经从上层社会的交流语言转变为一种专业人士使用的语言，只属于大学文化圈以及其他较为高等的职业圈。对于这些文化人（但丁所说的“法学学者、医生及所有宗教人士”[131]）而言，学习拉丁文并不是为了谋求个人的“幸福”或群体的福祉，而是为了追求利益和金钱：“他们学习（拉丁）语言并不是出于对语言本身的喜爱，而是为了凭借这项技能赚取钱财和地位。”[132]总之，对东零西散的意大利贵族阶层来说，通过大学教育系统培养出来的高层文化并不能成为一种具有凝聚力的普遍性文化基底。

为了将这些在政治立场、地理分布和语言使用上四分五裂的意大利贵族整合起来，就需要找到一种新的语言工具：相对于各地的方言俗语而言，它应具有与历史上的拉丁文相似的地位。所以说，这种语言应具备选择性、同一性、尊贵性和稳定性的特质。当时，尚不存在这样一种语言，然而，但丁已经有了一个天才般的设想：俗语可以担当这一角色。这种俗语应该滤去各地的方言色彩，彰显出如拉丁文这种人造语言（因此被称为“语法语言”）般的尊贵性、稳定性和同一性。这种语言将成为贵族阶层进行政治和文化交流的工具，有了它， 179
贵族阶层就能重新成为社会的中流砥柱。总而言之，在但丁那里，贵族阶层完全可以将商人、银行家、城市中产阶级这些传统意义上的宿敌的语言拿来，赋予其全新的形式，从而实现本阶级的复兴。在这个具有乌托邦色彩的梦想里，但丁甚至预见到这种经过改良的俗语将最终超越拉丁文："它将成为新的光，新的太阳，升起在旧的太阳落山的地方，它将照亮那些处于黑暗中的人们，因为旧的太阳已经无法照射在他们身上。"[133]

《论俗语》

但丁不仅发现了自然语言所呈现出的极度的零碎性，同时也意识到这些语言的差异性和不稳定性源自他们在各个历史时期的变迁。为了理解这是一个多么天才的观点，我们要明白但丁所使用的概念及调查手段都是前所未有的。关于口语的历史性的观点，完全是但丁的原创，仅凭这一点，但丁就堪称伟大的语言学家。然而，这一发现也给他带来了一个问题。即使是在同一座城市里，自然语言也会因地域变化而不同；而且，它们还会随时间而变迁——"假如古代的帕维亚（Pavia）人死而复生，他们将用另一种不同的语言与现代帕维亚人交谈"。[134] 既然如此，又该如何构建一种在稳定性和同一性上接近于拉丁文（要知道，拉丁文是一种不会随时间和空间变化而改变的人造语言）且具有普遍性的语言呢？这便是《论俗语》这部作品所探讨的核心问题。

在《飨宴》里，但丁已经为撰写《论俗语》的计划做了预告（"如果上帝愿意，我将在另一本我有意撰写的探讨俗语感染力的作品里更为周详地论述该论题"[135]）。这部语言学论著将继续阐述作者的政治理想，只是更具技术性和专业性。所以说，这两部作品是同一个政治－文化构想的两个部分。但丁在寻找一种"尊贵的、稳定的、文雅的和具有宫廷气息的"[136] 俗语，这种俗语理应以其卓越的特色统领意大利的其他俗语；理应如从前的拉丁文一样成为其他俗语的规范；假如意大利真能出现一个由贵族阶层组成的宫廷，那么这种俗语还理应

发挥其应有的凝聚力。但丁对于这种俗语的研究本应落实为一部包含 180
四至五章的论著，令读者可以从中清晰地看出一种系统而完善的思维结构（*forma mentis*）。同样的思维结构也统领着另外一部篇幅浩大的论著——但丁原本计划完成的《飨宴》。该论著的提纲显得条理分明：所有涉及语言学的内容将按照两条主线依次铺开。第一条主线依次介绍各种俗语，从最具普遍性的规律到更为具体的特点，作者首先用较多的章节篇幅阐释较为著名的俗语种类，随后又对地位次之的俗语进行了介绍；第二条主线则是从修辞学的角度，探讨了传统意义上的三种风格类型。然而，这部作品却半途而止了。尽管如此，作者的理论直觉以及他所采用的全新研究方式——在今天被我们称之为田野调查——却是极其富有现代性的，着实令人钦佩。

作为第一部探讨俗语的科学论著，该作品居然是用拉丁文写就的，这或许会令人心生疑惑。按照我们的思维方式，很有可能将这一选择归结为某种让步；但如果我们考虑到但丁创作该作品时的文化背景，就能明白他使用拉丁文撰文也是一种创新。当但丁称赞自己这部作品的独创性时，他并没有夸张：的确，此前并没有任何一部作品以政治学的激情和哲学的理论高度如此系统地探讨有关“locutio”（自然的交流语言）和“eloquentia”（有规则的情感表达）的主题。不过，当他在作品的最初几行里宣称在他以前，无人敢以任何方式尝试就俗语的雄辩术讲授学说，这却有些夸大其词。此前的确已存在某种薄弱却不容被忽略的俗语研究传统，只不过其受众主要是那些已经在使用俗语进行实用文体写作和文学创作的人；而但丁针对的读者，则是那些尚待被说服去使用俗语的群体。

大学教授

作为作家，但丁的一大特点便是需要面对有血有肉的对话者（或

至少是较为亲近的读者群体）说话。作为一种首要需求，他的每一
181 篇文字都会框定一个具体的历史语境：《新生》的受众是与但丁处于同一时代，且与他有共同的生活方式及文学观念的佛罗伦萨人；《神曲》面对的则是但丁在流放途中先后遇见的各类庇护者家族及政治党派。我们将会看到，这两部论著也不例外。不仅如此，诗人有时会刻意在某个特定的对话者身上寻求安慰（倘若不能称之为"合作"）：在《新生》里，这个人是卡瓦尔坎迪；在《论俗语》里，这个人则是奇诺·达·皮斯托亚。

作为一位用俗语写作的诗人，奇诺·达·皮斯托亚常常被人提起。但丁曾赋予奇诺·达·皮斯托亚以情诗之冠的美誉，而将他自己界定为歌颂正义的诗人。但是，奇诺·达·皮斯托亚的名声并不局限于他在诗歌创作方面的成就。在但丁创作《论俗语》的那几年里，奇诺·达·皮斯托亚的声望主要来自其在法学方面的成就。他是一位在博洛尼亚成长起来的法学家。13 世纪 80 年代的后半期，奇诺·达·皮斯托亚曾就读于博洛尼亚大学，并于 90 年代初获得了法学学士学位（*licentiatus in iure*）；13 世纪末至 14 世纪初，他很有可能作为我们今天所说的自由讲师在大学教书；1317 年末，他终于获得了博士学位。随后，他将以教授身份在多所大学执教：锡耶纳、佩鲁贾、那不勒斯，或许还有佛罗伦萨。简言之，1304 年至 1306 年前后，在博洛尼亚的大学圈子里，奇诺·达·皮斯托亚已不是无名小卒。对于正在撰写《飨宴》和《论俗语》的但丁而言，友人奇诺·达·皮斯托亚的这一身份有着非同小可的意义，其重要程度并不亚于他在诗歌创作方面的造诣。因为大学教授正是但丁的俗语推广计划有意说服的读者群体——尽管实现这一目标的可能性微乎其微。假如该计划在第一时间就遭到大学学术圈带有成见的排挤，那么这一计划就根本不可能真正推行。作为世俗社会里在拉丁文领域内享有某种权威性的群体，那些大学教授认为只有拉丁文才配称得上文化语言。正因为如此，但丁才决定用拉丁文向这些教授们展示自己的俗语推广计划，希望能够借此争取一

线契机。此举尽管未必有多少胜算，但至少可以避免这部论著被“先入为主的成见”所拒绝，落得与《神曲》同样的命运——那部作品正是因为用俗语写成，所以将遭到大学学术圈的“先验”拒斥。

在博洛尼亚，作为诗人的但丁已经拥有一定数量的读者（关于这一点，有政府公证员在备忘簿里摘抄的诗歌作品为证）；作为政治家，他的名字在城市的领袖阶层中也颇具知名度；但在大学教授这个群体里，还没有人将其视为科学家和哲学家。只有一个被大学学术圈认可的人，才能充当但丁的担保人，将其介绍给学界内的人士，并引 182
起他们的注意。纵观但丁的友人，这个人只可能是奇诺·达·皮斯托亚。作为圭尔甫派黑党成员，奇诺·达·皮斯托亚曾于 1303 年至 1306 年从皮斯托亚被流放，我们并不知晓在此期间他是否曾旅居于博洛尼亚，他似乎对普拉托和佛罗伦萨更为钟情。不过，至少有一个十分具有说服力的证据证明他曾在博洛尼亚对但丁进行过某种支持。在遭到流放的那些年里，奇诺·达·皮斯托亚曾给但丁寄过一首令人费解的十四行诗《但丁，当爱情的渴求被剥夺那希望》（*Dante, quando per caso s'abandona*）。诗歌的大致内容是诗人向友人询问“抛弃旧爱另寻新欢之举是否正确”。但丁则以一首题为《我一直侍奉于“爱”的左右》（*Io sono stato con Amore insieme*）的十四行诗回复对方：根据他的亲身经验，人在爱情面前是没有招架之力的。不过，值得关注的并不是这首十四行诗本身，而是但丁写给流亡中的奇诺·达·皮斯托亚的拉丁文书信：《被无故流放的佛罗伦萨人写给被流放的皮斯托亚人的信》[137]——这封书信是作为诗歌的前言出现的。信中的拉丁文内容本身就将两人之间的诗歌交流提升至一个更高的层次，赋予其明显的哲学意味。在信中，但丁表示，当奇诺·达·皮斯托亚向他提出“灵魂是否能由一种激情被改造为另一种激情”[138]这一问题时，就将一个哲学问题摆在了他的面前——其实，奇诺·达·皮斯托亚本人完全能给出比但丁的观点更为确切的答案。随后，但丁又补充说明自己明白奇诺·达·皮斯托亚的真实意图，是要用一个“非常模棱两可的问题”

迫使但丁公开表明立场，从而令其“扬名立万”。对于朋友的好意，但丁深表感激。[139]总之，用但丁自己的话来说，奇诺 · 达 · 皮斯托亚曾不遗余力地帮助但丁确立和传播作为哲学家诗人的美名。

三　悔过者（1306—1310） 183

倘若人的悔过，能让罪过消亡[140]

逃离博洛尼亚

命运没有留给但丁充足的时间去验证他那项宏大的政治－文化计划是否能在博洛尼亚的大学教授圈里找到伯乐。1306年的最初几个月里，他的生活再次被一系列公共政治事件搅扰得天翻地覆——在此前的两年里，他的生活居然平静得有些离奇，平静到我们甚至可以猜测他的家人是否曾前往博洛尼亚与他团聚。他是一名流亡者，在这个事实面前，他渴望被大学高层文化界认可的梦想被击得七零八碎。无论是《飨宴》还是《论俗语》都未能完成，且从未流传开去。

14世纪初，博洛尼亚一直处于圭尔甫派内部较为温和的那个支系——以吉伯林派的兰贝塔齐家族（Lambertazzi）为首的势力也加入其中——的控制下。为了遏制费拉拉的埃斯特家族的野心，这座城市公开支持佛罗伦萨的圭尔甫派白党人，即使是在他们遭到流放之后也依然如此。然而，政府内部也存在一股强大的反对势力：他们是热勒梅家族（Geremei）领导下的激进派圭尔甫主义者（反对吉伯林派，也反对圭尔甫派白党），与埃斯特家族和佛罗伦萨的圭尔甫派黑党有着密切的联系。其中，最为著名的人物是维内迪科·德·卡恰内米奇（Venedico dei Caccianemici）。在《地狱篇》里，但丁称他为皮条客，因为他曾劝诱自己的妹妹吉佐贝拉（Ghisolabella）与埃斯特家族的阿佐八世的父亲——埃斯特家族的奥比佐二世侯爵（Obizzo II d’Este）私通（“我曾经诱吾妹吉佐贝拉 / 去顺从那一位侯爵意愿，/ 这件事被传得污秽不堪”[141]）。1306 年初，两派之间的平衡被打破了。自 2 月初起，紧张氛围就不断升级，并于 3 月初爆发为武装暴动。3 月 2 日，兰贝塔齐家族被逐出博洛尼亚，政府落入仇视圭尔甫派白党和吉伯林派的
184 激进派手中。3 月 10 日，博洛尼亚、佛罗伦萨、卢卡、普拉托和锡耶纳等一系列由圭尔甫派黑党控制的城市达成一致，要“彻底消灭圭尔甫派白党和吉伯林派”。

对于但丁和其他圭尔甫派白党人而言，局势很快继续恶化。4 月 10 日，皮斯托亚的圭尔甫派白党军队被长时间的持续围攻折磨得精疲力竭，加之相伴而来的某些极为残忍的暴行，他们最终向摩罗埃罗 · 马拉斯皮纳率领的佛罗伦萨军队投降。丢失博洛尼亚和皮斯托亚的阵地是圭尔甫派白党的重大损失。对但丁而言，他不得不在为数不多的几个对圭尔甫派白党不抱敌意的城市和宫廷之间辗转徘徊，又一次寻找容身之所。然而，他究竟能去哪里呢？去投奔罗马涅地区的某个吉伯林派僭主，还是去吉伯林派控制下的维罗纳？——可那里是阿尔波伊诺 · 德拉 · 斯卡拉的地盘，但丁已经在那里遭到了半冷不热的对待；要么前往由吉伯林派掌管的阿雷佐？——可他与罗美纳的圭迪家族的关系早已于两年前恶化，而他们（通过伊德布兰蒂诺 · 德 · 圭迪 · 罗美纳主教）恰恰是阿雷佐的实际领主；又或者是转移到吉伯林派势力极强的比萨？许多被流放的圭尔甫派白党人都聚集在那里，可是但丁对那座城市一无所知。有谁能为他提供庇护，又有谁能资助他的生活呢？

局势十分严峻，表面上看起来毫无出路。但无论如何，但丁必须立刻找到某种解决方案。没错，直到 10 月 6 日，博洛尼亚还在颁布禁止任何来自托斯卡纳的圭尔甫派白党人在城区或郊区过境、停留或居住的公告——这说明当时还有许多人并未遵守先前的禁令。此外，对于居无定所的流亡者来说，在短时间内找到另一个安身之处也确实绝

非易事。但我们要知道，但丁尽管算不上一流的政治家，至少也是一个受人关注的圭尔甫派白党人，倘若他在政变后继续久留于博洛尼亚，将会面临相当大的危险。所以说，他很有可能是在较短的时间内离开了博洛尼亚，最迟不晚于 5 月。

教宗的使节

尽管丢失了博洛尼亚和皮斯托亚的阵地，圭尔甫派白党的希望还没有完全熄灭。此时，他们已没有任何白党盟友掌权的城市可以依靠，但一个地域分布相当广泛的吉伯林派阵营依然存在：从罗马涅到 185
卡森蒂诺，从穆杰罗到上瓦尔达诺，从阿雷佐到比萨。不过，在 1306 年里，真正让他们重燃希望之火的还是教宗克莱孟五世颁布的新政。1305 年 6 月，在一场于佩鲁贾举行的曲折漫长的闭门会议之后，来自加斯科涅（Guascone）的戈特的培特朗当选为本笃十一世的继承人。同年 11 月，他于里昂（Lione）被封圣，名号克莱孟五世。在历史上那一长串担任教宗的法国人（只有 1378 年的乌尔巴诺六世 [Urbano VI] 例外）里，克莱孟五世是第一位。正是这一系列法国教宗将教廷的所在地迁移至阿维尼翁（克莱孟五世一直身在法国，从未踏足意大利）——起先是非正式地，后来则是名正言顺地。但丁对这位教宗的评价相当严苛，称其为“无法无天的牧羊人”[142]，但那是晚些时候的事情了。相反，在担任教宗的最初几年里，克莱孟五世的表现并不令但丁生厌。关于佛罗伦萨的局势，克莱孟五世延续了前任教宗根据普拉托的尼科洛的建议所采取的维和政策。自 1304 年起的五年里，佛罗伦萨的党派势力出现了一种奇怪的反转：曾经依靠一位教宗（卜尼法斯八世）的决定性支持而掌权的圭尔甫派黑党，如今不得不对另外两位教宗（本笃十一世和克莱孟五世）支持流亡圭尔甫派白党人甚至是吉伯林派的行为进行抵制（有时还是武力抵制）。

1306 年 2 月，教廷的干预力度越来越大。克莱孟五世任命枢机主教拿波莱奥尼·奥尔西尼·迪·马利诺（Napoleone degli Orsini di Marino）为罗马涅和托斯卡纳地区特使。拿波莱奥尼·奥尔西尼·迪·马利诺是尼古拉三世的侄子，也是曾于 1280 年敦促吉伯林派和圭尔甫派签订和平协议的拉蒂诺·马拉勃朗卡主教的堂弟。此时，拿波莱奥尼是教廷中最具实力的主教（他担任枢机主教的时间极长，任期从 1288 年一直延续至 1342 年）。作为反卜尼法斯八世的党派领袖，他毫不掩饰自己对圭尔甫派白党的好感。从他的盟友成员来看，他对吉伯林派也颇为友善。他的目的与普拉托的尼科洛相似：让那些以往遭到流放的人回到佛罗伦萨。但是，他所采取的并非外交手段，而是连续不断的武力行动。兰贝塔齐家族被逐出城后不久，拿波莱奥尼·奥尔西尼·迪·马利诺就抵达了博洛尼亚，并立刻针对佛罗伦萨的政局摆出了剑拔弩张的阵势。为了防止他的武装进攻，佛罗伦萨人于 5 月初包围了位于穆杰罗的蒙塔恰尼克城堡（Montaccianico）——该城堡由乌巴尔迪尼家族和圭尔甫派白党势力守卫。经过 3 个月的围攻，他们攻陷了这座城堡并将其夷为平地。由于穆杰罗离佛罗伦萨仅咫尺之遥，所以，此地将成为他们应对盟军袭击的重要根据地。与此
186 同时，拿波莱奥尼·奥尔西尼·迪·马利诺正试图在博洛尼亚平息城中的紧张气氛，然而，他的行动却被博洛尼亚人视为颠覆政权以便为被驱逐的兰贝塔齐家族翻案之举。一时间民怨沸腾。5 月 23 日，一场暴动迫使他逃离了博洛尼亚（当时的督政官是里米尼的弗朗切斯卡的兄弟——贝纳蒂诺·达·波伦塔 [Bernardino da Polenta]），前往伊莫拉避难。

我们有理由认为，当拿波莱奥尼·奥尔西尼·迪·马利诺进驻博洛尼亚时，但丁还留在这座城市，且热切地关注和支持了主教所采取的一系列行动——一如他当年曾对普拉托的尼科洛的计划满怀希望。倘若说但丁曾向拿波莱奥尼·奥尔西尼·迪·马利诺寻求过庇护，这也并不令人惊讶。不过，对于诗人而言，拿波莱奥尼的逃跑显然意味

着他回归佛罗伦萨的所有可能途径都被阻断了。无论如何，在那场反拿波莱奥尼·奥尔西尼·迪·马利诺的暴动之后，他绝不能继续留在博洛尼亚城。

请求宽恕

但丁开始谋求某种个人层面的解决途径——争取获得宽恕和赦免。这是一种处于绝望之境的人才会想到的无奈之举，但即便是这样的解决办法，也只有在一定的条件下才能实施：他必须在佛罗伦萨找到某些理解他、支持他的人，且这些人须得具备一定的权威和声望，能够与那些掌握着流亡者回归大权的人展开谈判。一个被流放在外的罪人是不可能直接向城市的管理者提出这类请求的。

在佛罗伦萨，但丁能够指望一些可靠的支持者，例如庞大的里克马尼家族（塔娜的丈夫拉博直到 1315 年底才去世）和杰玛的娘家——窦那蒂家族（1306 年，岳父马内托·窦那蒂似乎尚在人世，妻弟弗雷西诺·窦那蒂 [Foresino Donati] 和外甥尼科洛·窦那蒂 [Niccolò Donati] 都与妻子杰玛和几个子女相当亲近），此外还有不少对他心怀敬佩的知识人朋友（如圭尔甫派黑党银行家和诗人迪诺·弗雷斯克巴尔迪）。尤为值得信赖的，是友人奇诺·达·皮斯托亚，在那几个月里，他出于某些政治缘由，很有可能就居住在佛罗伦萨。奇诺·达·皮斯托亚应该与摩罗埃罗·马拉斯皮纳有些交情。此人于 1306 年 3 月起担任圭尔甫派雇佣骑兵队（Taglia guelfa）的队长，具有相当大的影响力。我们并不清楚奇诺·达·皮斯托亚与摩罗埃罗·马拉斯皮纳之间的交情有多么深厚，但却知晓以下这个事实：在先前提到的那一系列事件发生后不久，奇诺·达·皮斯托亚就给身在卢尼贾纳的摩罗埃罗·马拉斯皮纳寄了一首题为《试图在金子里找到杂石》（*Cercando di trovar miniera in oro*）的十四行诗。这首诗歌的内容相当隐晦，似

187 乎是在暗指他新近对马拉斯皮纳家族的某位女子产生的爱恋。根据一份广为流传的文献记载，但丁站在摩罗埃罗·马拉斯皮纳的立场上用一首十四行诗——《您配得上寻得一切珍宝》（*Degno fa voi trovare ogni tesoro*）——回应了奇诺·达·皮斯托亚。如果说这种三方交流尚不足以证实三人之间的熟络关系，那么我们至少可以将这一事实视为某种信号：三人在文学领域内的交往也会扩展到实际生活之中。奇诺·达·皮斯托亚与摩罗埃罗·马拉斯皮纳的联系始于政治领域：佛罗伦萨和皮斯托亚的圭尔甫派黑党将“解放”城市的重任交给了摩罗埃罗·马拉斯皮纳侯爵，而奇诺·达·皮斯托亚即使算不上是黑党的领袖，至少也是党内的知名人士（正因如此，他回到皮斯托亚不久就出任裁决民事案件的法官——尽管任期只有短短数月而已）。总之，我们有理由相信奇诺·达·皮斯托亚比其他人更有可能去努力劝说摩罗埃罗·马拉斯皮纳侯爵将但丁的事情放在心上。摩罗埃罗·马拉斯皮纳是可以起到关键性作用的角色：以他的职位，他完全有可能与科尔索·窦那蒂进行直接沟通。

笔者以为，但丁及其支持者打算首先打出家族牌。杰玛是窦那蒂家族的成员，科尔索·窦那蒂的三从堂姐妹。她重返佛罗伦萨，不仅不会令家族蒙羞，反而会赋予其更大荣光：正是通过强调这种血缘因素，科尔索·窦那蒂可以展示自己才是佛罗伦萨真正的强有力的人物。

薄伽丘所述的重新寻回“小册子”一事似乎能够证明此举获得了成功。事实上，杰玛只有重返佛罗伦萨，才可能着手寻回丈夫逃离时匆匆藏好的文献。我们知道，在但丁被流放“五年或更长一些时间”后，有人曾建议杰玛要回自己先前被征收的嫁妆财产：“她至少能够以要回自己的嫁妆为由，申请将但丁的财产予以归还。”文中的记述不甚清晰：薄伽丘并没有说杰玛要求重新获得对先前被没收的财产——她的嫁妆也搭了进去——的所有权（根据佛罗伦萨的法律规定，这是不可能的），而是说她申请使用那部分财产所带来的收入。只有人在佛罗伦萨，杰玛才能提起诉讼。因此，她势必回到了那里。根据薄伽丘

所述（“与但丁被处罚的时期相比，此时，这座城市的政府显得更为宽 188
容”），1306年前后，圭尔甫派黑党似乎并没有改变针对反叛者及其亲属的政策。所以说，假如我们相信薄伽丘的描述，就只能认为是当权的窦那蒂家族成功地为自己的亲属争取到了宽大政策。

这次和解为但丁点燃了改变个人命运的希望。不过，仅靠一次近乎私下协商的行为，根本不可能让一个被流放的罪人重返家乡，这也是显而易见的。对于但丁来说，家族声望和情感联络都不算数。他还需要公开表达自己的悔过和服从，并呈送一份符合官方流程要求的请求宽恕的申请。

但丁的确这么做了。

“我的人民，我对你做了什么？”

关于但丁，列奥纳多·布鲁尼这样写道：“他表现得十分谦卑，努力以良好的行为和举止获取城市统治者的好感，帮助他返回佛罗伦萨。”他又补充道：“为了达到这一目的，他写了许多封信，不仅写给某些特定的市民和当权者，也写给普通民众。”在那些信件中，布鲁尼提到了一封“长信”，开头是这样的：“我的人民，我对你做了什么？”（*popule mee, quid feci tibi?*）这封已经遗失的信看起来很像是但丁必须呈交的那份请求宽恕的申请。

布鲁尼之所以能将那份申请识别出来，是因为在15世纪的头几十年里，它一直保存在佛罗伦萨执政团的秘书厅：这说明这是一封当年寄给执政官的信。另外，比昂多·弗拉维奥也在同一时期通过另外的渠道识别出这份申请。他应该是在当年弗尔利的领主斯卡尔佩塔·奥德拉菲家族的秘书处读到过这封信。如果说但丁曾将这封信的抄本寄给他昔日的队长斯卡尔佩塔·奥德拉菲，这是绝无可能的——他在信中严词谴责当年的盟友和罗马涅地区及佛罗伦萨的吉伯林派成员。更为可信的解释是圭尔甫派黑党人处心积虑地在敌方散布这份申请，以便让曾经是圭尔甫派白党同盟成员的但丁背上叛徒的恶名。就连年代史作家维拉尼也知晓此事，这足以说明当年这封信确实激起了轩然大波。总之，正是这封信令圭尔甫派白党人和吉伯林派对但丁恨之入骨——从他们的角度来看，这仇恨来得不无道理。

189 尽管信件本身已经遗失，我们仍可通过布鲁尼的描述以及若干引文推断出这封信件的语气以及一部分涉及的话题。信件以《米该亚书》（*Libro del profeta Michea*）中的一句引文——“我的人民，我对你做了什么？”开篇，这一部分的内容主要以某种回忆录的形式呈现，但丁一一追述他作为市民和政治家所经历的事件，重申他是圭尔甫派阵营内的一员。他提到当年参加坎帕迪诺之战的荣光，那场战役的胜利是佛罗伦萨圭尔甫派的一座里程碑；他为自己担任执政官期间的作为进行辩护，反驳他人的非议；他重申自己对召回（被放逐至萨尔扎纳的）切尔基家族的追随者（其中包括卡瓦尔坎迪）一事并不知情；他强调自己的流放生涯如何凄惨，而位于佛罗伦萨城内的家宅却有着“丰富而珍贵的家具”（*suppellectile abbondante et pretiosa*）。直到这里，我们还看不出布鲁尼所说的“谦卑”的态度。不仅如此，我们甚至觉得但丁在用一种骄傲的语气毫不客气地宣称：作为市民，他遵纪守法；作为公职人员，他一心为公。整段文字几乎像一篇自我辩护词。

谦卑的态度体现于信件的后半部分，但布鲁尼对这一部分并没有提及。在这一部分里，但丁请求佛罗伦萨政府撤销对自己的流放，并原谅他所犯下的过错。“过错”（“colpa”）——这个有着明显感情色彩的词语，是但丁在稍晚一些的另一篇有关此事的文章中使用的原话。他究竟是因为哪种过错而请求原谅呢？不是因为他在担任执政官期间的违法行为或不义之举，不是因为他加入了敌对方的阵营（选择某种立场是正常的行为，本身无可厚非），也不是因为他曾试图借助武力返回佛罗伦萨——迪诺·康帕尼曾写道：“但是，试图重返故乡的被流放的市民不应被判处死刑。”而是因为他曾与佛罗伦萨的宿敌——吉伯林派结盟，不仅背叛了圭尔甫派，也背叛了整座城市。因为从坎帕迪诺之战结束之日起，圭尔甫派就已经与佛罗伦萨城融为一体了。圭尔甫派之间可以相互斗争、放逐、杀戮，但内部的恩怨绝不可能与他们和吉伯林派之间的不共戴天之仇相提并论。“如今我们看到了这样一群人，他们分别属于圭尔甫派和吉伯林派。这些人一旦有可能，就会拼尽全力，将另一党派的人立刻杀光：只要可以，他们便会立刻将对方统统杀死。”——以上文字来自14世纪10年代的多明我会修士比萨的乔尔达诺（Giordano da Pisa）的布道词。

如果说但丁是为上述原因而请求宽恕，那么吉伯林派和圭尔甫派 190
白党人与他反目成仇，也是情理之中的。在他们眼里，但丁为了洗清自己背叛佛罗伦萨的污点，便毫不犹豫地背叛了他们。

该事件还将延续两年之久，这封请求宽恕的申请仅仅是一个开始。

在“卢尼山”脚下

一份极为难得的流传至今的档案文献表明，1306年10月初，但丁投奔了卢尼贾纳的马拉斯皮纳家族。这一点虽不足以证实摩罗埃罗·马拉斯皮纳确实参与了促成但丁之妻杰玛返回佛罗伦萨的计划（很可能成功实施），但至少可以说明在1306年期间，但丁与摩罗埃罗·马拉斯皮纳侯爵之间建立了某种切实的友好关系——这或许得益于齐诺·达·皮斯托亚（Cino da Pistoia）在其中的穿针引线。

逃离博洛尼亚之后，但丁转移至卢尼贾纳。我们甚至可以大胆地推测这一行动的大致时间是在6月，也就是在针对拿波莱奥尼·奥尔西尼·迪·马利诺的5月暴动发生之后。在那个月里，摩罗埃罗·马拉斯皮纳恰好身处位于卢尼贾纳的宅邸——此前，直到4月，他一直忙于围攻皮斯托亚之事；此后不久，他又将前往穆杰罗，投身于攻打蒙塔恰尼克城堡的战役。根据但丁之子皮耶特罗的叙述——不过，这段文字出现于第三版对《神曲》的评注，其内容有经过人为篡改之嫌——但丁在此地停留了“不短的一段时间”。这是但丁第一次到访意大利的这片土地，在未来的日子里，他将对这里十分熟悉。

每当谈论起与但丁有关的地点时，除了佛罗伦萨，我们往往会立刻想到维罗纳、阿雷佐或拉文纳等城市，却很少提起但丁曾在位于托斯卡纳地区与艾米利亚（Emilia）地区之间以及托斯卡纳地区与罗马涅地区之间的亚平宁山区生活过许多年。之所以要强调亚平宁山区的生活经历是但丁的整个人生历程的重要组成部分，并不是出于纯粹的好奇，也不单是出于史学研究的谨慎：倘若不理解但丁生活中相互交织的两个世界——一个是市民阶级主导的城市国家里的商业世界，另一个是位于亚平宁山区的封建领地世界——那么我们所看到的他的人生图景便是扭曲变形的。如果说“利益”是佛罗伦萨的标签，那么“荣耀”则是亚平宁山区的标签。上述两个世界的碰撞与冲突对但丁的内心产生了深刻的影响。

191 卢尼贾纳的地貌与卡森蒂诺颇为相似。那是一片位于托斯卡纳和利古里亚（Liguria）之间的宽阔的山谷，发源于亚平宁山脊的马格拉河流经此处，流入当时还是沼泽地的萨尔扎纳平原。如卡森蒂诺一样，卢尼贾纳的地理位置也具有高度的战略意义：这里是托斯卡纳和艾米利亚地区之间以及托斯卡纳和利古里亚地区之间的交通要道。与统领卡森蒂诺的圭迪家族相似，马拉斯皮纳家族也是卢尼贾纳唯一的大家族，亚平宁山脉的两侧山坡均有其产业分布。1221 年（差不多也是圭迪家族分家的年代），马拉斯皮纳家族分成了两大族系：“干刺（Spino secco）”族系和“花刺（Spino fiorito）”族系。但丁投靠的是第一个族系。1266 年，该族系再次分裂为四个小支系，分别是：穆拉佐（Mulazzo）、维拉弗兰卡（Villafranca）、吉奥瓦格罗（Giovagallo）和瓦尔迪特雷比亚（Val di Trebbia）。摩罗埃罗 · 马拉斯皮纳是但丁最主要的庇护人之一，他属于吉奥瓦格罗支系。与圭迪家族的另一个相似之处在于，马拉斯皮纳家族内部也有不同的政治派别：摩罗埃罗·马拉斯皮纳是亲黑党的圭尔甫派，而弗朗切斯基诺·马拉斯皮纳·迪·穆拉佐（Franceschino Malaspina di Mulazzo）则是坚定的吉伯林派。

但丁曾多次在卢尼贾纳长时间居住，但马格拉山谷的风景似乎并没有像阿尔诺河滋润的卡森蒂诺山谷那样令他心动。倘若某些细节也曾印入他的脑海，那么这些细节也多半是关于南部地区的：阿普安（Apuane）的那些山峰（“卢尼 [Luni] 山”），尤其是从卡拉拉（Carrara）居高临下的山峰上所看到的白色大理石矿坑以及壮阔的蓝天碧海。在卢尼贾纳，他更在意人文元素。但丁与马拉斯皮纳家族建立了一种相当融洽的关系，且这种关系始终没有被颠覆——对但丁而言，这种情形并不常见。在那个古老的侯爵家族里，但丁看到他们仍在奉行真正的德性和彬彬有礼的行为举止。他将此种德性和举止称赞为封建传统的最高典范——当然，这显然是因为他是此种典范的受益者。在《炼狱篇》里，诗人见到了马拉斯皮纳家族的科拉多二世（Corrado II Malaspina）的灵魂。此人是曾为诗人提供庇护的摩罗埃罗·马拉斯皮纳和弗朗切斯基诺·马拉斯皮纳·迪·穆拉佐的堂兄弟，于 1294 年去世。这次见面给诗人提供了一个机会，让他为该家族在整个欧洲的美誉高唱了一曲颂歌。这颂歌的确实至名归：在一个德性日渐衰微的世界里，这个家族“它独自弃邪路勇往直前”。[143] 马拉斯皮纳家族最大的荣耀就在于他“仍可把钱与剑荣耀展现”[144]，即还保留了所谓贵族风范中最为重要的两大特质：尚武（不仅有从戎的摩罗埃罗·马拉斯皮纳，他的堂兄弟弗朗切斯基诺·马拉斯皮纳·迪·穆拉佐一生中也作 192
战无数，此外，我们还将遇到该家族其他骁勇善战的成员，如福斯迪诺沃的“花刺”族系成员斯皮内塔·马拉斯皮纳 [Spinetta Malaspina di Fosdinovo]）和慷慨。之所以说是“钱袋的声誉”，但丁是想区分两种行为：一种是出于对受恩惠者功劳的认可而慷慨解囊，另一种则是偿付对方所提供的服务，或是某种施舍——在《痛苦在我心中激起勇气》中，但丁谴责了后一种行为。但丁为马拉斯皮纳家族，尤其是为摩罗埃罗·马拉斯皮纳公爵提供的服务在于自由发挥他的才学，他们之间的关系不无一种志同道合的意味，这一点，无论是从侯爵加入但丁与奇诺·达·皮斯托亚的对诗，还是从但丁从卡森蒂诺寄给侯爵的一封信中都可察觉出来——在那封信里，但丁称侯爵的“宫廷”是合适的场所，令他得以“施展文学才华”，赢得主人的“欣赏”。[145] 我们尚不能确定在与利古里亚接壤的那些山区城堡里是否真的聚集了一大批文人雅士，以至于称得上“宫廷”——之所以这么说，也是由于马拉斯皮纳家族的许多成员通常并不住在自己名下或支系家族名下的城堡里，而是住在他们与其他支系共有的宅邸中。不过，我们必须承认，但丁的这种理想化的描述源于他的内心感受：作为知识人和诗人，他终于获得了认可。事实上，他正是在这里重新开始创作《神曲》的。

除了施展文学方面的才华，但丁也承担了一些具体的实际事务。我们至少知道马拉斯皮纳家族的几个堂兄弟曾交给他一项敏感且责任重大的任务。能够将这类工作交给一个刚到卢尼贾纳不久，对当地事务还很不熟悉的人处理，这恰恰说明在那个“宫廷”或那些“宫廷”里，并没有多少有才学、有经验的人。

多年以来，马拉斯皮纳家族的“干刺”族系和热那亚人安东尼奥·迪·努沃洛内·达·卡密拉（Antonio di Nuvolone da Camilla，此人是卢尼的主教兼伯爵 [vescovo-conte]，摩罗埃罗·马拉斯皮纳之妻阿拉嘉·菲耶斯基 [Alagia Fieschi] 的堂兄弟，受到拉瓦尼亚极具权势的菲耶斯基家族的庇护）之间一直存在错综复杂的冲突，导致了一系列区域性战争和复仇行为。1306 年 10 月 6 日双方终于签署了和
193 平协议。但丁受到马拉斯皮纳家族的书面委托，代表马拉斯皮纳家族参与了最终谈判，并签署了相关文书。这件事情是在同一天的两个不同时段，在两处不同的地点发生并了结的。10 月 6 日上午，在萨尔扎纳的主广场——卡尔坎多拉广场（Calcandola），萨尔扎纳的公证员乔凡尼·迪·帕伦特·迪·斯图皮奥（Giovanni di Parente di Stupio）——马拉斯皮纳并没有专属的秘书处——在见证人面前起草

了一份委托书。在文件中，弗朗切斯基诺·马拉斯皮纳·迪·穆拉佐侯爵代表卢尼贾纳的摩罗埃罗·马拉斯皮纳·迪·吉奥瓦格罗侯爵及科拉蒂诺·迪·维拉弗兰卡（Corradino di Villafranca）侯爵任命“佛罗伦萨的但丁·阿利吉耶里为法定委托执行人和特使”。该仪式于7点，在晨间弥撒之前举行。随后，但丁和公证员前往卡斯泰尔诺沃（Castelnuovo）。在主教宫内，但丁和主教相互亲吻以示和平，并于9点签署了公证文书。尽管文书中不乏留有余地的铺垫性用语，如：“弗朗切斯基诺·马拉斯皮纳·迪·穆拉佐先生应尽其所能劝说摩罗埃罗·马拉斯皮纳先生本人认可”，“先前提到的弗朗切斯基诺·马拉斯皮纳·迪·穆拉佐先生和科拉蒂诺·迪·维拉弗兰卡先生及摩罗埃罗·马拉斯皮纳先生——假如他们愿意接受上述及下述所有内容——将采取同一行为”，但很显然的是，该协议之所以得以迅速签订，乃是因为谈判早已于先期进行，且双方已达成了一致。总之，但丁参与了最后阶段的工作，因为他具备监督公证员操作的相关能力。不仅如此，我们甚至有理由推测和平协议的前言（专业术语为 *arenga*）也是由但丁起草，随后再转交公证员誊抄的。

但丁第一次前往萨尔扎纳，很有可能就是为了完成这项工作。在那座城市，他不可能不想起关于圭多·卡瓦尔坎迪的许多往事：6年前，圭多·卡瓦尔坎迪就是在那里身染重疾，不治身故。或许，但丁也会扪心自问：对于友人的结局，他负有怎样的责任。

“宽恕本就是赢得战争”

但丁呈交了请求宽恕的申请，但好几个月（“许多轮月亮”[146]）过去了，佛罗伦萨的圭尔甫派黑党依旧没有给他任何正面或负面的反馈。

身陷绝望的但丁或许只能求助于科尔索·窦那蒂。但在那个节骨
194 眼上，科尔索·窦那蒂并不是去帮助一个散发着吉伯林派气息的流亡

者重返佛罗伦萨的最合适人选。他与托萨家族的龃龉（早在 1304 年初就发生过武力冲突）进一步扩大。科尔索 · 窦那蒂感到自己正在被边缘化，但他仍像往常一样大刀阔斧地采取行动。他并没有放弃多年以来的计划——成为佛罗伦萨城的领主。为了达到这一目的，他在那几个月里已经编织了并且仍在编织一张覆盖面很广的联盟网络。这张网络涉及内部和外部：有普拉托和卢卡的圭尔甫派成员、皮斯托亚的圭尔甫派黑党成员，也有阿雷佐的吉伯林派成员、圭迪家族，甚至还包括被流放的圭尔甫派白党人。总之，佛罗伦萨人对他的怀疑并非毫无根据。他在第三次婚姻里迎娶了吉伯林派领袖乌戈乔尼 · 德拉 · 法焦拉（我们要记得，科尔索 · 窦那蒂曾被卜尼法斯八世任命为马萨 · 特拉巴里亚的执政者）的一个女儿。此举令德拉 · 托萨家族的支持者对他的质疑更为严重，同时也印证了说他私通吉伯林派的传言。总之，科尔索 · 窦那蒂在 1306 年的处境让他难以为但丁的请求采取任何具体的行动。他至多只能与马拉斯皮纳家族及与他（或他们）有联系的家族达成一致，在佛罗伦萨以外的地方共同给但丁提供一张保护网。

然而，令但丁魂牵梦萦的心愿，是回到佛罗伦萨。

作为一首“流亡诗篇”，那首题为《三位女子来到我的心边》（*Tre donne intorno al cor mi sono venute*）的合组歌是但丁最难解读的诗作之一：并不是因为词句晦涩，而是因为很难确定诗歌的内容与诗人经历之间的对应性。这首诗有着不同寻常的结构。前四个诗节描写在诗人内心展开的一场对话，对话双方是两个抽象的概念：“爱”（此处是指包括爱情在内的宏观的仁爱，而非狭义的情爱）和“正义”。与“正义”同在的，还有“正义”的女儿和外孙女——她们便是起始句中提到的“三位女子”，象征着神法、自然法和人法中的三重“正义”。这三位含有隐喻意味的“女子”忧心忡忡地抱怨：“正义”以及其他与“爱”和“正义”有着同样血统的德性——如“慷慨”和“节制”——曾一度受人称赞，如今却遭到世人的憎恨、蔑视和驱逐。这些德性只好被迫流浪，乞讨度日。在第五诗节和最后一个诗节里，但丁笔锋一转，突然抛开了隐喻，直接描写自己的个人境遇。诗人这样写道：我听见如此杰出的流亡者满腹仇怨，不由为自己的流放境遇而感到自豪；倘若上帝和命运故意要让这世界将白花变成黑花，令善恶颠倒，改是 195
成非（此处对圭尔甫派黑白两党的影射可谓相当明显），那么无论如何，沦落至与“正义”相同的境地也不失为一种荣耀：“而听到在神圣的言语中 / 如此高贵的丧乱者 / 互相安慰、怨诉，/ 我将我遭受的流放当作荣誉：/ 如果判决或命运之力 / 迫使这世界 / 将白花变为黑花，/ 与正直的人一同倒下总也值得赞扬。”[147]

上述文字满怀豪情，与《地狱篇》中布鲁内托 · 拉蒂尼向但丁通告即将来到的流放时的语气颇为接近：“时运会保住你许多荣耀，/ 两党都恨不能把你吞咽。”[148] 这种相似并非偶然，事实上，创作《地狱篇》第十五歌的时期应该与创作先前那首合组歌的时期相距不远。但丁重申自己本着“正义”和“仁爱”的原则行事，所作所为光明磊落；自己所遭受的处罚不公，象征着这个世界颠倒了是非曲直。对于他希望求得宽恕的党派，诗人并没有丝毫让步。然而，在接下来的部分，诗人继续陈情：这光荣的流放原本无足轻重，除非它变成了某种折磨——它让我远离我的双眼想看到的事物，那缺失的画面令我形容憔悴。

> 而若非我眼中那美好的事物
> 被遥远的距离从我的视野中夺走，
> 把我置身火中，
> 我将把对我来说严重的事情看得很轻；
> 但这火
> 已经如此焚烧我的骨与肉，
> 让死亡把钥匙插入了我的胸口。[149]

显然，但丁在此处谈论的是一位女子：一位被他深爱，却与他劳燕分飞的女子——因为她所在的城市将诗人阻隔在外。但丁离开佛罗伦萨已经好几年了。自从被流放后，他的爱情诗篇里没有任何线索能够表明他仍对某个佛罗伦萨的女子燃烧着激情；那么，这个女子会是哪一位呢？

在下一诗节中，但丁继续写道：

所以，如果我曾有罪，
它熄灭后太阳也已转动过许多月亮，
如果忏悔能让罪过消亡。[150]

196 如果悔过能抹除过错，那么好几个月（“许多轮月亮”）过去，我的罪过也应该被抹除了，因此，我应该获得重归佛罗伦萨，回到那位女子身边的许可。所谓“好几个月”，应该从但丁公开悔过，即向佛罗伦萨的执政官呈交宽恕申请函的那一时刻开始算起。所以说，这首合组歌的创作时间，至少是在 1306 年的最后几个月——当时，但丁正旅居于卢尼贾纳。诗篇的结束句像是某种敦促，恳请某人帮助但丁达成心愿。随后，诗人写下了一段奇怪的准别诗节：他邀请诗篇深深隐藏其真正的含义，只将其透露给“有德性的友人”。不过，这首诗歌“并不显得非常难懂，似乎也没有隐藏任何奥义”，因此，所谓只能透露给“有德性”的友人的内容，无非是为诗篇作结的、因爱的缘由而发出的求助。至于那些爱的缘由，只有真正的“知音”才能了解——只有他们才了解诗人暗示的人生经历。这些人只可能是科尔索 · 窦那蒂及其友人。

倘若但丁只是为了缓解对某个不知名的佛罗伦萨女子的相思之情而求助于友人，渴望回到佛罗伦萨，这似乎并不合乎情理。然而，如果诗中所指的女子是那一年刚刚被允许重归佛罗伦萨的杰玛，那么这个要求就显得相当入情入理了。时隔许久，但丁再一次打出了亲情牌。或许有人会提出反驳意见：在早先的那几个世纪里，这不仅是唯一一首谈论自己妻子的诗作，而且也是一首以充满爱之激情的词语描绘此种情感的诗作。不错，在早期文学作品中，对妻子示爱的作品的确非同寻常，就算要考虑其中可能包含的隐秘深意，这种作品也是极为鲜见的。然而，我们不能忘记，但丁也是一个非同寻常的写作者。否则，我们该如何界定这位在所有的文字中都试图不拘一格另辟蹊径的作家呢？如果说对于当年正确解读了这篇诗歌的读者而言，诗人对妻子倾诉衷肠的言语显得不堪入目，难道《新生》中那首“关于噩梦的”合组歌的头几句诗行——但丁将自己的姐姐作为善良的女主角——就可堪入耳吗？

当这首合组歌流传开来时，还只有一段准别诗节。后来，但丁又
添加了第二段准别诗节。我们无法确定第一批读者的反馈对诗人增添 197
第二段准别诗节的动机有何具体影响，但这两件事之间一定有所关联。第二段准别诗节的内容完全是政治性的：

> 亲爱的合组歌啊，去追逐有着白色羽毛的鸟儿吧，
> 亲爱的合组歌，跟着黑色的猎犬去狩猎吧，
> 正是他们让我四处奔逃，
> 也是他们可以赐予我平静。
> 然而他们不会这么做，因为他们不知道我现在是什么样的人：
> 明智的人不会锁上宽恕的房门，
> 宽恕本就是赢得战争。[151]

诗人貌似是在针对第一批读者中的某些负面反馈做出回应（假如他此刻身在卢尼贾纳，那么他应该可以通过摩罗埃罗·马拉斯皮纳与佛罗伦萨的支持者们持续保持畅通的联络）。但丁意识到自己无法与家人团聚，是因为圭尔甫派黑党的态度并没有缓和。然而，诗人尽管一再强调自己是超越了黑白党系之分的圭尔甫派，却仍然做出了进一步颇具悲情色彩（此处，但丁确如布鲁尼所说，展示出“谦卑”的态度）

的尝试，试图在敌人的心中打开一道怜悯的口子。他原本是与白党一同“追逐鸟儿”，此刻情愿与黑党一道去“狩猎”。但即便如此，圭尔甫派黑党也不愿接受他，赐予他平静。他们不知道此刻的但丁已做出了怎样的改变。但丁呼吁对方考量自己的真诚情感以及恳切的悔过之举，然而，每当我们想到在他所面对的那个世界里，只有关于仇恨和复仇的语言，就会为诗人那一片错付的诚心感到格外痛心。

“可怕而专横的爱神”

马拉斯皮纳家族对但丁的庇护远不止于让他在位于卢尼贾纳的宅邸找到落脚之处。正是由于他们的帮助，但丁建立了一张人际关系网，并从中获益匪浅：许多支持“黑党”的贵族家族向但丁敞开了大门——若非是马拉斯皮纳家族的影响，诗人必然要吃闭门羹。总之，马拉斯皮纳家族为但丁带来了某种安慰，让他在佛罗伦萨城外的“黑党”当中找到了城中的“黑党”未能给予他的宽恕。

1307 年（具体的时期以及相关动机我们并不了解），但丁离开卢
198 尼贾纳，前往卡森蒂诺。对于这次行程的情况，我们知之甚少。甚至连接待诗人的家族也只能依据推测来判断。我们参考的文献来自薄伽丘的记述：继维罗纳之后（薄伽丘忽略了诗人旅居于博洛尼亚的经历），但丁“先是投靠卡森蒂诺的圭多 · 萨瓦蒂科 · 德 · 圭迪伯爵(Guido Salvatico dei Guidi)，然后到了卢尼贾纳的摩罗埃罗 · 马拉斯皮纳的领地作客，接着又去了奥尔比诺（Orbino）附近山区的乌戈乔尼 · 德拉 · 法焦拉那里……备受礼遇”。上述信息与但丁在呈交请求宽恕的申请后所持有的政治立场完全吻合。很明显，自从他公开与圭尔甫派白党和吉伯林派划清界限以后，就刻意避开了那一地区以往的庇护者——莫迪利亚纳波尔恰诺和罗美纳的圭迪家族，他们都属于吉伯林派。此时，他转而投奔位于罗马涅一侧山坡和蒙特费尔特罗地区的

那些家族，如圭迪家族在多瓦多拉的分支（圭多·萨瓦蒂科·德·圭迪就属于这一族系）和法焦拉家族。这些家族都是圭尔甫派黑党的盟友，因此必然与马拉斯皮纳家族及科尔索·窦那蒂保持有政治及亲缘上的联系。

但丁从未在文字作品中提及乌戈乔尼·德拉·法焦拉。不过，在《地狱篇》的第十二歌里，诗人除了提到里涅尔·帕索（Rinier Pazzo），还提到了一个叫里涅尔·达·科尔内托（Ranier da Corneto）的人，称他们俩都“在大路上行凶作恶”。[152] 其中，第一个里涅尔是一位重要的吉伯林派领袖，来自瓦尔达诺的帕齐家族；有着科尔内托姓氏的那一位并不是某个来自马雷玛的无名匪徒，而是乌戈乔尼·德拉·法焦拉的父亲，于1292年去世。位于蒙特费尔特罗的科尔内托城堡，是法焦拉家族最重要的城堡，也是该家族的大本营。不要以为上述描写是但丁对于该家族的污蔑：诗人所说的并不是鸡鸣狗盗之徒，而是与城市国家的领土扩张进行对抗的显赫的吉伯林派封建家族——因此，他们是政治意义上的“反叛者”。

多瓦多拉的圭迪家族是一个与佛罗伦萨的圭尔甫派黑党有着密切联系的圭尔甫派支系（1304年，鲁杰罗二世[Ruggero II]——但丁投靠的圭多·萨瓦蒂科·德·圭迪的儿子——担任佛罗伦萨的督政官）。该家族不仅在政治上与摩罗埃罗·马拉斯皮纳属于同一个阵营，也与之有着亲缘关系。因此，我们很容易就能想到，但丁之所以能够获得该家族的礼遇，与摩罗埃罗·马拉斯皮纳对他的庇护密切相关。对于圭多·萨瓦蒂科·德·圭迪，但丁同样只字未提。不过，正如对乌戈乔尼·德拉·法焦拉之父的描述，诗人也以极为崇敬的口吻提到了圭多·萨瓦蒂科·德·圭迪的伯父圭多·贵拉（Guido Guerra）。此人是佛罗伦萨的圭尔甫派的代表性人物之一，是反法利纳塔的典型，于1272年逝世。诗人在关于布鲁内托·拉蒂尼的那一圈里提到了这个人物，那一歌的创作年代与他投奔多瓦多拉家族的时期基本吻合。

199 关于法焦拉家族和多瓦多拉的圭迪家族的信息并没有确切指向

卡森蒂诺，而是指向了亚平宁山脉的另一侧山脊——罗马涅和马尔凯的某些地区："卡拉拉附近的山区。"然而，那首题为《爱神，既然我必须诉说我的痛苦》的合组歌——但丁本人称之为"山中合组歌"[153]——却将我们引向了亚平宁山脉位于托斯卡纳一侧的山脊，正是阿尔诺河流经的卡森蒂诺河谷："你就这样圈住了我，爱神，在这山间，/在这河谷里/你一直牢牢将我锁在它的周边。"[154]这首合组歌是唯一一篇我们可以认定其创作时期是诗人旅居于托斯卡纳和罗马涅的亚平宁山区期间的文字作品。我们并不确切地知晓但丁具体是在哪里以及为谁写下了上述诗句，但我们可以确定的是，尽管圭多·萨瓦蒂科·德·圭迪的绝大多数产业都集中在蒙托内山谷，即面朝亚德里亚海（Adriatico）的那一侧山坡，但他也拥有位于卡森蒂诺的普拉托韦基奥城堡（Pratovecchio）。这座城堡矗立于阿尔诺河的左岸，不远处即是罗美纳的座座高塔。但丁将这首诗寄给了摩罗埃罗·马拉斯皮纳，随诗还写了一封拉丁文书信。在信中，诗人称自己刚一离开卢尼贾纳，踏足于"阿尔诺河的水流"[155]，就坠入了爱河。碰巧的是，一位生活在14至15世纪的无名作者曾在评论《炼狱篇》时称但丁爱上了"一位来自普拉托韦基奥的女子"，并为她写下了这首合组歌。由此看来，二者之间的关联恐怕并不是简单的巧合。

这封写给摩罗埃罗·马拉斯皮纳的书信提供了一些有关但丁生平的信息。在前文中，我们已经提到了这首合组歌与但丁在某些爱情诗篇里描述的某些由癫痫或脑卒中引发的精神物理急症相关。许多年前，但丁曾在阿尔诺河流经的一座河谷里爱上了贝阿特丽齐，如今，他又在同一座河谷里，猝不及防地被一阵突如其来的爱的闪电击中。这首合组歌所描绘的正是诗人当时所处的状态。在随诗的信件里，但丁确切地讲述了这段新的爱情的前因后果："当我跨出您的宫廷的门槛——那是我非常想念的地方，正如您时常目睹的那样，我在那里得以全身心投入文学创作——刚一将我的双足笃定却不慎地踏入阿尔诺河的水流之中，忽然间，啊，一位女子，如同高空中的闪电，突然呈现在我眼前。不知为何，她与我梦想中的优雅举止和美丽容貌完全吻合。
噢，当她出现时我简直瞠目结舌！然而，轰鸣的雷声随之响起，惊讶
随之让位于恐惧。正如闪电过后雷鸣接踵而至，伴随这美轮美奂的火
焰的，是可怕而专横的爱神，他完全控制了我，将我内心对他的所有
反抗情绪，无论是什么……都统统杀死、流放或囚禁。”[156]“笃定却不
慎”，这种状态与弗朗切斯卡·达·波伦塔和保罗·马拉泰斯塔“全无 200
猜忌”[157]地阅读加列奥托（Galeotto）的书的情形如出一辙。我们不
必徒劳地追问这位令诗人失魂落魄的女子究竟是谁：有人曾告诉薄伽
丘（这一说法令人心存疑窦），那是一位有着“姣好容颜”却“患有甲
状腺肿”的“山村女子”。该女子是否患有甲状腺肿，是否来自普拉托
韦基奥，以及究竟是村妇还是*贵妇*（*domina*），这些都不重要。重要的
是，但丁刚一离开马拉斯皮纳家族的宫廷，就对其心生怀念，这体现
出卢尼贾纳和卡森蒂诺的文化氛围何其迥异。因此，在这首合组歌
里，诗人才会抱怨在他当时身处的地方，既没有了解爱为何物的男
人，也没有能够理解并安慰诗人的女性听众：“可是啊！我在这里找
不到任何眼明心亮的女子和男人 / 向他们倾诉内心的苦楚。”[158]总而
言之，在但丁眼里，卡森蒂诺再度被界定为一处缺乏宫廷氛围和宫廷
礼仪的所在。

诗篇的准别诗节突然扭转了话题，聚焦于诗人所处的流浪境地：

> 噢，我的山中合组歌，你去吧：
> 或许你将看见佛罗伦萨，我的故乡，
> 它将我紧锁在门外，
> 没有关爱，也不带一丝怜悯。[159]

在从卡森蒂诺寄往卢尼贾纳的路上，这首诗歌很可能会途经佛罗伦萨（我们可以想象，这封信被装在邮包里，随着邮差在孔苏马[Consuma] 山口的道路上疾驰——那条道路正在普拉托韦基奥对面的

山岭上蜿蜒盘旋)。尽管诗篇并没有指明具体是献给谁的，但不难看出，它与那封信一样，都是写给摩罗埃罗 · 马拉斯皮纳的。我们可以确信，1307 年 5 月，摩罗埃罗 · 马拉斯皮纳侯爵正在马格拉河谷，“专注于卢尼贾纳的财务利息”，因此，我们也可以大胆推测，这首合组歌，连同随诗的信件都是在那一年的春末夏初之际写就的。

这首诗篇很可能看到了那座对诗人缺乏怜爱和同情，将其拒之门外的城市。对于如此冷酷无情的佛罗伦萨，这首诗篇（倘若它曾进入城市）完全可以宣称，它不必再为自己的作者担心。因为此刻他正被爱情的锁链捆绑，即使故乡不曾残忍地将其拒之千里，他也无法拥有回归故土的自由：“你若进入城市，便这样说：‘那个 / 将我创作出来的人再不会为你而纠结：/ 他被囚禁在我启程的那个地方，/ 即使你的
201 残忍有所减退，/ 他也无法获得回归的自由。’”[160] 倘若这首诗篇果真进入了佛罗伦萨城，即成功地被某些但丁曾祈求过的人物读到，那么它传递的无非是一种愿赌服输的讯息。此处，诗人再次在情感上摇摆：对于一位女性的爱恋令他极其渴望回到佛罗伦萨，对于另外一位女性的爱恋又让他踯躅于佛罗伦萨城外。在这样的准别段落里，隐含了作者对收件人表达的富有宫廷气息的敬意：倘若爱情能够阻止他回归故里（那是他毕生最大的梦想），那么他因为爱情而远离曾经的庇护者，或是对它显得有些“心不在焉”，也是情有可原的。在信中，他对摩罗埃罗 · 马拉斯皮纳说：“某些被他人转述的事情常常极易引发误解，对于沦为囚徒的人，不能责怪他心不在焉。”[161] 必须承认，但丁在这首合组歌里描述的，的确是一段真挚而火热的爱情。当他靠近那位女子时所遭遇的危机——一阵让他丧失知觉的闪电——与他在早年的诗作《我为自己如此强烈的痛心》中描述的自己在贝阿特丽齐出生的当天所经历的状态极为相似。这不可能是一种偶然的巧合。我们必须承认，已过不惑之年的但丁在普拉托韦基奥的确坠入了爱河，其强烈程度与年轻时那次恋爱不相上下（我们也可以认为，但丁又一次遭遇了早年那首诗歌里描述的癫痫症状：突如其来的晕倒，以及后来缓慢恢复的

意识）。然而，在爱情的幕帘之下，隐约可见某种希望幻灭后的听天由命：但丁清楚地意识到自己绝无可能胜过圭尔甫派黑党的抵制。这虽然算不上放弃之举——他内心始终抱有回归祖国的心愿，但他至少明白，在那个时刻，他的境遇并不可能扭转。所以我们也可以推断，这首合组歌创作于1307年的末期，当时，科尔索·窦那蒂在政局中的衰败之势已经相当明显了。

在马拉斯皮纳家族的保护伞下

在《炼狱篇》第八歌里，马拉斯皮纳家族的科拉多二世对但丁预言：从他们相遇（1300年3月）之日算起的七年之内，诗人将亲身体会到马拉斯皮纳家族的声望名副其实。同样，在第二十四歌里，卢卡诗人波拿君塔·奥尔比恰尼在喃喃道出一个女性的名字“简图卡” 202
（Gentucca）之后，就向但丁预言：叫这个名字的女子——1300年，她还只是个（“尚未戴巾的”）小姑娘——将会“让但丁喜欢上”[162]自己的城市。所以说，但丁曾在卢卡居住。不仅如此，对于卢卡的人物和事件，但丁也相当了解。在《地狱篇》里的一歌（第二十一歌）里，诗人对那些被浸泡在恶囊（Malebolge）的沥青里的污吏的描写可谓是一篇彻头彻尾的关于卢卡的“负面”传奇；而在另一歌（第十八歌）里，诗人提到的那些被浸泡在粪便里的阿谀者也大多来自卢卡。在这两篇地狱之歌里，诗人对卢卡这座城市的鄙夷溢于言表，无论其代表人物是圭尔甫派白党骑士——如阿雷修·德·殷特尔米内伊（Alessio degli Interminelli），还是圭尔甫派黑党民众——如邦杜罗·达提（Bonturo Dati）。但丁的此种态度显然与其政治立场密切相关。不过，我们更为关心的并不是他鄙夷的口吻，而是他对第一手资料的详尽掌握。但丁很可能是于13世纪90年代末期在佛罗伦萨与阿雷修·德·殷特尔米内伊相识的。至于邦杜罗·达提——但丁曾在针对卢卡冷嘲热讽的那一歌里抨击过他（“除那个‘邦杜罗’全是贪官”[163]），则是诗人在卢卡城内结识的。此人是佛罗伦萨的圭尔甫派黑党的支持者。在但丁创作该作品期间，他还在世（于 1325 年去世），直到 1314 年都担任城市的执政官。此外，只有在卢卡，诗人才有可能收集到关于马尔蒂诺·波塔伊奥（Martino Bottaio）之死的如此准确而详尽的信息，并在此基础上构建出整部史诗中最为精彩的叙事机制。

在惩罚污吏的那一层里，维吉尔邀请但丁注意当时正在发生的情形。于是，但丁扭头看到一个“黑色的魔鬼”肩上扛着一个刚刚下了地狱的“罪恶者”。此人是卢卡城市国家的一位高级行政官，诗人隐去了他的姓名。但对那些熟悉卢卡的人来说，一旦从诗人那里获知他所目睹的情景发生于神圣星期六，正午到来前的 5 小时，便可将该人的身份锁定于马尔蒂诺·波塔伊奥（据弗朗切斯科·达·布提[Francesco da Buti] 所述，此人“乃是那个时代的卢卡的伟大市民，他与邦杜罗·达提和其他出身寒微的人一道执掌卢卡城”）——他恰好是在 1300 年 3 月 26 日去世的。按照今天的说法，但丁实时目睹了他的灵魂到达地狱时的情景。

不仅如此，只有对卢卡的社会情况了如指掌，才可能假想出一系列与这座城市里的显赫家族的姓氏或绰号相吻合的鬼怪名称，如那群名为“马莱布兰凯”（malebranche，意为“恶爪鬼卒”）的恶鬼。

然而，倘若说有一座城市，作为圭尔甫派白党流亡者根本不应踏足，那么这座城市就是卢卡——佛罗伦萨圭尔甫派黑党最为忠诚和积
203 极的盟友。假如但丁曾前往这座城市，并且在那里居住了不短的时间，那么一定是因为某些享有权势和威望的人物为他提供了担保。这个担保人只可能是摩罗埃罗·马拉斯皮纳：早在 1302 年，他就曾指挥卢卡的军队与皮斯托亚作战；后来，在 1306 年，他又担任过该城的人民队长。不仅如此，很可能正是摩罗埃罗·马拉斯皮纳本人为但丁谋得了一份差事，或许就是为波拿君塔·奥尔比恰尼口中那位神秘的女子简图卡服务。这一切应该发生在 1308 年，诗人结束在卡森蒂诺的旅居之后。

简图卡是何许人也？相应的研究都无果而终。《炼狱篇》第二十四歌里的描写充满神秘色彩，甚至还带有些许情色意味，却很容易引发误解。我们不宜追问但丁究竟只是在为自己受到的礼遇表示感谢，还是在隐晦地暗示一段个人情感故事——毕竟，这段描写是在一段专门探讨爱情诗篇的章节里出现的。我们基本可以确定的是，关于简图卡的谜团一定被包裹在诗人的家庭与马拉斯皮纳家族之间千丝万缕的联系之中。只有发现新的档案资料，我们才有可能解开这一谜团。

同样耐人寻味的还有一份公证文书里提到的见证人乔凡尼。这份文书是于 1308 年 10 月 21 日在卢卡起草的，其中提到见证人乔凡尼是佛罗伦萨人但丁 · 阿利吉耶里的儿子。毫无疑问，该文书的日期与但丁旅居于卢卡的时期相当吻合，所以我们甚至可以认为这个乔凡尼是但丁的长子：由于他已年满（作为流放标准的）14 岁，所以必须离开佛罗伦萨，与父亲一同流亡。关于他的信息不曾出现在此前的任何文献中，这并非完全说不过去；然而，在此之后，他的名字同样再也没有被提及过，这就不免令人生疑了。鉴于他的名字并没有出现在 1311 年不得享受大赦的名录中，我们只能认为他要么是在大赦年以前就已早逝，要么他干脆就是另一个与诗人重名的人的儿子。不过，在同一个年代，竟然会有两个叫但丁 · 阿利吉耶里的佛罗伦萨人游走于托斯卡纳地区，且他们各自都有一个名叫乔凡尼的儿子——这种巧合或许过于匪夷所思了。所以说，将这个乔凡尼视作我们的诗人的儿子，或许是一种相对合理的假设。至于乔凡尼和父亲一起在卢卡生活，这一事实本身并不能说明但丁一家都在那座城市团聚。如果说杰玛果真能够重返佛罗伦萨，我们很难想见她会在短短两年之后选择再度远走他乡。

希望的幻灭 204

在卢卡，但丁见证了科尔索 · 窦那蒂的影响力从逐渐衰微到最终覆灭的过程。在 1308 年的前半年里，科尔索 · 窦那蒂曾离开佛罗伦萨，前往特雷维索担任督政官一职——他的好友里扎尔多 · 达 · 卡米诺是特雷维索的领主。尽管督政官是一个位高权重的职位，然而，倘若科尔索 · 窦那蒂认为自己必须远离佛罗伦萨，这就足以说明他察觉到自己在城内的权势已经大不如前。

的确，当他返回佛罗伦萨时，形势就急转直下：他落入了两位最强有力的敌手帕齐诺 · 德 · 帕齐和贝托 · 布鲁内莱斯基（Betto Brunelleschi）精心设计的挑衅骗局。这两人以欠债为名，让人逮捕了科尔索 · 窦那蒂。尽管科尔索 · 窦那蒂很快就被释放，但一场争斗因此发生，并迅速演化成他和托萨的追随者之间的冲突。科尔索 · 窦那蒂向城外的支持者——尤其是当时身在阿雷佐的乌戈乔尼 · 德拉 · 法焦拉——求援。他的敌人们于 10 月 6 日先发制人，以科尔索 · 窦那蒂私通吉伯林派为名给他定了叛国罪，随后便洗劫了他藏身的城堡塔楼。接着，他们又通过一场骗局，说服本已抵达佛罗伦萨附近的乌戈乔尼 · 德拉 · 法焦拉打道回府。科尔索 · 窦那蒂眼见大势已去，便设法逃脱。但他很快被再次俘虏，被囚禁于城墙外不远处的监狱。在被押送回城的路上，他故意从马背上坠落，被马匹拖拽了很长时间，最终被长矛刺死。但丁借其兄弟福里斯之口，以莎士比亚式的手法描写了这一残酷的折磨：

> 他说道："你走吧，因我见到，
> 那罪魁已缚于畜尾之端，
> 被拖向不恕罪深谷里面。
> 那畜生一步步加快速度，
> 致使他遭受着巨大磨难，
> 其躯体被毁得无法入眼。"[164]

在但丁的笔下，科尔索 · 窦那蒂被挂在马镫上，随着狂怒的马匹一路奔向地狱。关于这一场景的描述与波拿君塔·奥尔比恰尼提及简图卡的情节出现在《炼狱篇》的同一歌里：直至整部作品的这一处，诗人才改变了原先知而不言的态度，明确称科尔索·窦那蒂为“那个对此最负有罪责的人”，说他导致自己的家乡“善德在一天天不断锐减，/它似乎即将要跌入灾难”。[165] 从很久之前，但丁就认为科尔
索·窦那蒂是引发佛罗伦萨内战的罪魁祸首，但碍于自己还须仰仗此 205
人重归故土，他实在不便将对此人的控诉落实于纸面。

随着科尔索·窦那蒂的死去，诗人求得赦免的期望彻底落空了。几个月之后，教宗特使采取的一次行动令流亡白党重归佛罗伦萨的希望之火也随之熄灭。

自从在博洛尼亚遭到驱逐，拿波莱奥尼·奥尔西尼·迪·马利诺先是去了伊莫拉，后来又从那里辗转至卡森蒂诺（在罗美纳，他投奔了曾任圭尔甫派白党卫队长的阿基诺尔夫·德·圭迪·迪·罗美纳）和阿雷佐。在他身边聚集了一大批武装力量，有白党流亡者、穆杰罗的吉伯林派家族（乌巴尔迪尼家族）和阿雷佐的吉伯林派成员。据说，科尔索·窦那蒂也与拿波莱奥尼·奥尔西尼·迪·马利诺有所联系。事实上，他组建的这支队伍已经对佛罗伦萨构成了威胁。佛罗伦萨人与教宗特使盟军之间发生了多次冲突。然而，教宗特使率领的并非一支训练有素的部队，不仅在战场上被敌方颠覆战局，甚至无力抓住原本可以对佛罗伦萨发起致命一击的绝好机会。教宗特使盟军在穆杰罗和上瓦尔达诺制造了许多混乱，却并未取得显著成效。1309 年初期，特使被解除了职务。

由于先前已选择通过个人途径尝试回归佛罗伦萨，但丁并未直接卷入此次教宗特使发起的战争和外交事件。尽管拿波莱奥尼·奥尔西尼·迪·马利诺将罗美纳设为自己的大本营，但丁却无法前往那里，更不能求助于那些吉伯林派封建家族——他先前已公开对他们表示唾弃。不过，当他住在法焦拉的城堡里时，已对科尔索·窦那蒂和教宗特使之间的往来有所耳闻。所以说，对他而言，教宗特使的失败也是

一种极为沉重的打击。此时的他应该已经清晰地意识到人生的某一阶段已经彻底终结了。

自那以后不久，他在卢卡的旅居生涯也将被迫结束。

巴黎或阿维尼翁？

1309 年 3 月 31 日，卢卡城颁布了一道政令，强制来自佛罗伦萨的避难者离开卢卡及其周边地区。这一次，就连摩罗埃罗·马拉斯皮纳的声望也无法令但丁免于被驱逐。命运从未对诗人仁慈过：每当他
206 找到一处较为舒适且宜于开展研究的安身之所（卢卡城内的图书馆颇多），都得出于不以个人意志为转移的政治因素被迫辗转。不过，与三年前从博洛尼亚逃离的经历相比，此次撤离卢卡的过程并不那么艰辛：马拉斯皮纳家族名下的诸多城堡就在附近，他们对诗人的热情态度也一如从前。然而，但丁此刻的计划却发生了改变。由于重归佛罗伦萨的希望已经彻底破灭，他已无意在亚平宁山区（无论是卢尼贾纳还是卡森蒂诺）各个封建家族的门下继续寄居。从前旅居于博洛尼亚的美好回忆令他越发感到山间小宫廷里的精神生活乏善可陈——尽管他也曾试图对其进行理想化的设想。此时，他需要更为宽阔的视野，以及一个能够提供更大推动力和更多机遇的环境。

几乎所有的古代传记作家都一致认为但丁曾在巴黎大学求学。然而，除了诗人曾在《神曲》里提到的“麦秸路”[166]（rue du Fouarre，艺术系所在地），上述论断找不到任何线索支持。但丁究竟有没有上过那些巴黎教授的课程，这一点相当令人怀疑。难怪一位现代学者会对此提出质疑：“一个 40 多岁的男人会与一群毛头小伙子（年龄在 14 岁至 20 岁之间）一同出现在艺术系？一个已婚男人会与神职人员和宗教人士一同坐在神学系的课堂里？”然而，倘若不是去大学求学，又能是什么动机促使但丁前往巴黎呢？难道说但丁与巴黎的神学和哲学学

者同堂论道不过是他的崇拜者们为了塑造其出类拔萃的智者形象而虚构的传闻？在那个年代，对于任何能够称得上“哲学家”的人而言，前往巴黎都是不可或缺的经历。

这则疑似虚构的传闻很可能包含着一个核心事实：但丁的确曾进行过一次前往法国的旅程。尽管没有任何文献能够佐证，但《炼狱篇》里却呈现出一条从卢尼贾纳出发，途经利古里亚前往普罗旺斯的路径线索。这条蜿蜒曲折的山路的起点是利古里亚（直到不久前，此地仍是马拉斯皮纳家族的领地）东部边境的莱里奇（Lerici），终点则是位于法国西南角、尼斯（Nizza）附近的图尔比（La Turbie）。在描述炼狱之山的陡峭时，但丁这样写道：“莱里奇、图尔比荒野崩岩，/ 虽最险，与其比，阶梯一般，/ 极宽阔，上行时毫无困难。”[167] 连接此两地的这条道路途经拉瓦尼亚河（Lavagna）——这条河在希埃斯特里（Sestri）和恰维里（Chiavari）之间奔流入海：“希埃斯特里、恰维里之间 / 有一条美丽河奔流而下”[168]——而后向高处延伸，直至萨沃 207
纳（Savona）西部诺利（Noli）小城的最高处，要到达那里，须得沿着陡峭的山崖一路下行：“人步行可走到圣莱奥（Sanleo）城，下行至诺利。”[169] 这条路线与通往普罗旺斯的罗马古道完全吻合。总之，《炼狱篇》里似乎隐约浮现出一次漫长而辛苦的陆路旅行的线索。众所周知，但丁唯一可能前往法国的时期是在 1309 年至 1310 年，也就是在他离开卢卡城后。前文中引述的那些暗含地理线索的诗句恰恰也是诗人在那两年里写就的，这一事实进一步证实了此种猜测。

不过，相关的踪迹却在普罗旺斯的边境断了线。在《天国篇》里，我们能找到少许关于普罗旺斯地区的描述。至于最为集中和相关的信息——几乎可以假定这种描述是来自诗人的亲眼所见——则出现在《地狱篇》里诗人对阿尔勒（Arles）的阿利斯康墓地（Alyscamps）的简要描写中，身处异端者层的诗人将一大片被掀开盖子的坟墓与那片墓地相提并论：“似罗讷、阿尔勒入海水边，/ 和普拉、科瓦内拍岸地点，/ 在靠近意大利土地之处，/ 座座坟使地面高低多变。”[170] 但丁是否曾经前往伊斯特里亚（Istria）的普拉（Pola），这一点相当令人生疑。不仅如此，若说这段文字是诗人造访普罗旺斯小城的回忆，还有一个相当难以解释的时间难题：上述描写诗人进入狄斯城的诗句极有可能是在诗人前往法国之前写下的。所以说，此处的描述要么来自诗人的阅读积累，要么就曾被诗人在后期修改过——哪怕只是部分地修改。后一种假设未必没有可能，但仍有相当大的漏洞。无论如何，《神曲》里并没有提及任何回忆或路线，表明但丁曾从普罗旺斯前往巴黎。

1309 年，但丁告别马拉斯皮纳家族，前往法国。倘若没有线索支持但丁曾去往巴黎，那么他此行的目的地是否是阿维尼翁呢？

自 1309 年 3 月起，教宗克莱孟五世已彻底在阿维尼翁安定下来（普罗旺斯属于那不勒斯的安茹家族，而不是法兰西国王的领地）。在那些年里，阿维尼翁正逐渐变成欧洲的全新文化之都，吸引了一大批寻求职业机会的知识人纷至沓来。来自佛罗伦萨的流亡圭尔甫派白党
208 人对阿维尼翁的召唤格外敏感：在阿维尼翁的教廷里，他们能够得到两位强有力的枢机主教——普拉托的尼科洛和拿波莱奥尼 · 奥尔西尼 · 迪 · 马利诺——的善待。对于如但丁一样渴望寻求用武之地（博洛尼亚已被排除在可能的范围之外）以施展其聪明才智和渊博学识的人而言，阿维尼翁及位于那里的主教宫廷是最为合适的选择。在那些场所里，将不存在任何政治隔阂：但丁至多会被公认为一个反对卜尼法斯八世的人，而克莱孟五世领导下的教廷也是亲法王且反卜尼法斯八世的。他唯一欠缺的，只是一个引荐人。

但丁一定与多明我会的拉波 · 达 · 普拉托有交情——1304 年 4 月，此人曾作为普拉托的尼科洛派遣的使者前往与圭尔甫派白党同盟领导层交涉——但未必见过其本人。旅居博洛尼亚期间，他也可能与出使博洛尼亚不久的拿波莱奥尼 · 奥尔西尼 · 迪 · 马利诺有过接触——不过即使有所接触，也是十分短暂的。总之，即使他并不缺乏可以充当中介的人脉，但在所有能够将一个被流放的圭尔甫派白党人引入阿维尼翁社交圈的渠道之中，没有一条途径是轻易就能行得通的。

好在但丁一直都享受着马拉斯皮纳家族的庇护。倘若但丁果真曾前往巴黎，马拉斯皮纳家族的确帮不上太多忙，但假如诗人的目的地是阿维尼翁，该家族却能为他打点一二。教廷中最具影响力的枢机主教之一卢卡·菲耶斯基（Luca Fieschi，此人是拉瓦尼亚的伯爵家族奥托博诺·菲耶斯基 [Ottobono Fieschi] 的外甥，菲耶斯基 1276 年当选教宗哈德良五世 [Adriano V]）正是摩罗埃罗·马拉斯皮纳之妻阿拉嘉的兄弟。由于所辖的领地相互毗邻，菲耶斯基家族和马拉斯皮纳家族时有摩擦，但摩罗埃罗·马拉斯皮纳本人与妻子所属的家族始终保持着紧密的联系：彼此尊重、相互合作。因此，若说阿拉嘉和她的丈夫曾拜托某位有权势的娘家人对他们庇护的诗人给予方便，这也并不令人感到惊奇。

然而，若要追问但丁是否得到了某种恩惠，这便是徒劳无益的了——诗人的阿维尼翁之旅本身就是一个纯粹的假设。唯一具有可能性的事实——尽管也没有任何佐证——便是：1309 年春天（或是晚些时候），但丁离开了意大利，前往法兰西或普罗旺斯。

德意志的新国王 209

在但丁离开卢卡以前，欧洲大陆就发生了一些事件。这些事件并没有在第一时间引起诗人的重视，但却在日后导致诗人的命运发生了根本性的转折，其深刻程度并不亚于他于 1302 年遭到流放的经历。

1308 年 5 月 1 日，罗马人之王（尚未加冕的皇帝的头衔）哈布斯堡的阿尔布雷希特一世（Alberto I d'Asburgo）被某个侄子谋杀。同年 11 月 27 日，卢森堡的亨利（Enrico di Lussemburgo）在美因河畔法兰克福（Francoforte sul Meno）当选为德意志王，将于第二年年初在亚琛（Aquisgrana）正式加冕。他的支持者包括身为七大选帝侯之一的兄弟巴尔杜伊诺（Balduino）——时任特里尔（Treviri）总主教

（Arcivescovo）。此外，他或许还得到了教宗（在普拉托的尼科洛的建议下）的暗中相助。有着法兰西语言和文化背景的卢森堡的亨利原本是法兰西国王腓力四世的封臣。该事件之所以引起哗然，并不是因为选举本身，而是因为此次选举是逆国王之意而进行的。事实上，国王属意的王位继承人是他的兄弟瓦卢瓦的查理，也就是那位曾被派往佛罗伦萨的调停人。

但丁对于此事的反应相当冷淡。在《炼狱篇》的第六歌里，有一段相当著名的呼吁："唉，意大利奴仆呀，痛苦之家，/ 风暴中无舵手一只小船，/ 非各省女主人，而是妓院！"[171] 诗中，但丁将意大利比作马匹。如同没有舵手的航船，马背上也没有骑士："无人坐你的马鞍。"[172] 所谓"骑在马鞍上的"骑士，理应是"恺撒"[173]——皇帝。如此说来，当但丁写下上述诗句时，还认为皇位仍旧虚位以待。对于新任皇帝卢森堡的亨利南下意大利接受加冕的打算——当然，这一计划直到 1309 年夏季才正式完成——他显然毫不知情。不过，但丁知道在德意志选举产生了一位君主。所以他才会在那一段呼吁中斥责时任国王（1300 年）哈布斯堡的阿尔布雷希特一世，威胁他说上天将对他进行"正义的审判"，惩罚他放弃了意大利，遗弃了这匹变得不驯的野马。这惩罚是如此严重，甚至将让他的继任者感到惶恐："使你的继位者惧入心间。"[174] 当诗人写下这句威胁之语时，哈布斯堡的阿尔布雷希特一世已然遇刺（发生在他的儿子鲁道夫去世的一年之后），其预言因此显得言之凿凿。此时，卢森堡的亨利也已当选新任德意志王。

总之，在 1308 年至 1309 年初，德意志新君王的选举结果并不足
210 以让但丁认为帝国权力的空档期（始于霍亨斯陶芬家族的衰亡）真正终结。自从腓特烈二世去世（1250 年），足足有三位候选人（哈布斯堡的鲁道夫一世于 1273 年，拿骚的阿道夫一世 [Adolfo di Nassau] 于 1291 年，哈布斯堡的阿尔布雷希特一世于 1298 年）相继获得了罗马人之王的头衔，却无人真正被加冕为皇帝。没有任何迹象会让人相信势力微弱的卢森堡（Lussemburgo）伯爵能够实现前几任国王未能达成

的目标。正因如此，但丁才会对他的当选漠然置之，甚至根本不曾放在心上。事实上，持有此种想法的，并不止但丁一人。直到一年之后，新任国王即将南下意大利的消息传开，这一事件才有了分量：公众对此一片哗然，对于加冕称帝这一早已淡出记忆的事件，他们并没有心理准备。

一部写实之作:《神曲》

对于作为普通人的但丁而言，表达“忏悔”的那些年月只是一段很快就被终结和遗忘的插曲。在获得圭尔甫派黑党宽恕的希望破灭之后，但丁的政治立场和意识形态迅速向他于1304年至1306年在《飨宴》和《论俗语》这两部作品中所表达的态度回归。此种转变的速度之快令人不禁猜想：他先前所宣称的忏悔之举尽管不乏诚意，但终归只是为了达到某种企图的权宜之计。相反，对于作为诗人的但丁而言，那些在忏悔中度过的岁月却是一段不可逆转的历程。曾试图感化敌方阵营的念头促使他再度拾起那部在流放前就已动笔，随后又半途而止的“半成品”。在那部作品的构思阶段，但丁还是一个在政治理念和意识形态上不牵扯任何派系纷争的圭尔甫派，正因为如此，该作品才能成为一块基石，令诗人能够在此基础上勾勒出一幅忠心耿耿的圭尔甫派的自画像，用来担保其捍卫佛罗伦萨价值的一片赤诚之心。

有必要澄清的是，我们所熟知的《神曲》的确是诗人早年构思的那部作品的延续。但事实上，这部作品是在诗人流放期间才真正诞生的，其写作意图与原先的初衷早已大相径庭。在诸多创作目的之中，诗人最为坚定的想法便是为自己抹除一切与背叛行为相关的痕迹。但丁之所以创作这部巨著，其动机是出于自身的相关需求，其目的是为了制造某种实际效应。由此，我们便能理解诗人的思维方式及其文学创意与真实生活经历之间的紧密联系。我们还能由此看出遭到流放的

境遇是何等凄苦，诗人希望早日结束流亡生涯的愿望又是何等迫切，
甚至无法抑制，所以才会令其违心地向敌人请求忏悔。尽管《神曲》
211 的某些基本设想——包括作品所具有的幻想色彩——是来自诗人被流
放前的构思，然而，倘若缺少了流放期间所经历的伤痛，这部作品便
不会呈现出我们今天所读到的风貌。

在《地狱篇》里，作者的笔触与其迫切渴望重归佛罗伦萨的雄心有着明显的呼应。但在后两篇里，此种联系却并不成立。从《炼狱篇》开始，但丁就已经在表达不一样的政治理念了。这一点并不令人感到费解。在但丁所有的作品中，这部史诗比其他任何一部作品都带有更为强烈的自传色彩。它忠实地记录了作者在不同阵营之间的转换，尤其是其内心深处持续变化的期许。尽管作品的整体结构貌似铁一般严谨，却不是一次性构思成型的。它每一日都在历经修改和完善，其创作方向在不断发生变化。从这一角度来看，这部作品在最大程度上体现了但丁渴望谈论自身的强烈需求：他想谈论自己做过的事、说过的话、经历过的人生、表明过的政治立场和意识形态，还有他多变的世界观。因此，《神曲》是一部具有双面性的史诗：一方面以末世的视角阐释人类的命运；另一方面又针对当时的社会现实进行精准且同步的解读。不错，这是一部虚构的作品，然而，在中世纪，没有其他任何一部虚构之作能以如此系统、及时且持之以恒的方式记载当时的历史事件、政治要闻以及文化和社会生活。不仅如此，作者甚至不惜深入叙述一些只是基于传闻，在今日被称作是“政治流言”或“社会流言”的幕后秘事。就许多方面而言，这部作品与当今的“时事纪要”颇为类似。当年的读者能够识别出那些发生不久的事件，也能辨认出那些刚刚去世不久，甚至尚在人世的人物形象。在创作过程中，但丁经常改变想法，加入不同的阵营，投奔不同的庇护者——哪怕后一位庇护者是前一位庇护者的政敌。这些曲折的人生历程、游移的政治立场、内心的矛盾挣扎都被一一记录在这部作品之中：它既是关于人类整体命运的预言之书，也是一部关于作者自身的传记。不过，这是一部非

同寻常的自传：它记录了主人公的行为和思想，而这位主人公恰恰是一个生来就具备非凡预言能力的人。

在创作《神曲》的过程中，但丁并非没有考虑到后世的读者。然而，该作品的直接受众却是那些处于“创作中的作者”的身边的人。在不同的创作阶段，这一读者群的具体构成随着作者的居住地点、政 212
治立场、人生理想的变化而变化。唯一不变的，是但丁在进行文学之外的现实描述时一贯采取的叙述方式：将现实糅入作品。通过一次眨眼、一句影射、一个隐秘的信号或一条心照不宣的信息，现实就被融入作品的文本之中。但丁非常清楚：他所面对的读者群尽管属于后一时代，却不会对自己所处的这个时代一无所知；因而，他们有能力解读那些隐秘的讯息，也有能力看懂文字中对于现实的影射。有必要强调一点：散布于整部史诗的大量暗指和影射都是指向那些发生不久的事件，甚至是刚刚发生的事件，只有趁热打铁，才能轻松对其进行解读（事实上，随着时间的推移，大部分历史线索都遗失了）。但丁并没有料到这部作品的撰写会穷尽他的毕生精力——《天国篇》甚至是在他去世之后才得以发表——但他一定清楚：若要大功告成，必得下若干年的功夫。既然他心知肚明待到作品发表之日，书中的“新闻”将会变成不再新鲜的“旧闻”，为何还要煞费苦心地“与时事保持同步”呢？我们不妨进行如下猜测：但丁一定不会允许他人单独抄录这部作品中的某一歌或某几歌，但他未必不会在绵延多年的创作过程中时不时地将部分内容展示给某个小范围的读者群，供他们鉴赏。在此基础上，我们便能更好地理解诗人为何要将有关时局的政治消息（只有在事件刚发生不久时，那些消息才具有一定的价值）写入史诗篇章了。

一个圭尔甫派笔下的《地狱篇》

在旅居卢尼贾纳期间，但丁——如薄伽丘所述——可能的确找回了他留在佛罗伦萨的一系列材料，并因此再度产生了将那部中断的作品继续完成的想法。在 1307 年那封从卡森蒂诺寄给摩罗埃罗·马拉斯皮纳的信件（那首“山中合组歌”也随信寄出）里，但丁向摩罗埃罗·马拉斯皮纳侯爵倾诉：那份让自己瞬间被俘获的如火如荼的新爱情曾令他“狠心放弃了先前对天地之事的艰辛思索，甚至对其产生了质疑”。[175]“天地之事”这一说法与但丁在多年之后对《神
213 曲》的界定——“天与地合力成这部圣诗”[176]——遥相呼应。我们由此可以认为，但丁在信中提到的“关于天地之事的思索”指的就是这部作品——一部诗人在享受爱情滋润的同时专心创作的作品。但丁重拾《地狱篇》创作的时期，的确是在旅居卢尼贾纳期间，很可能是在 1306 年的下半年。文中的线索表明，该部分的创作——除去那些篇幅或长或短的局部后期润色、修改和重写——整体于 1308 年年底或 1309 年年初完成。那是诗人在卢卡城居住的最后一段日子（此后，但丁又等待了好几年才将这一部分公开发表，大约是在 1314 年下半年）。紧接着，但丁开始撰写《炼狱篇》，这一过程也持续了好几年：直到 1315 年年底至 1316 年年中期间，这一部分才正式发表。

我们知道，但丁先后在卢尼贾纳、卡森蒂诺和卢卡旅居了将近三年时间。在此期间，他一直试图向圭尔甫派黑党——尤其是科尔索·窦那蒂家族及其在佛罗伦萨城外的盟友——示好，以便洗清身上所有亲近吉伯林派的嫌疑，表明自己是纯粹的圭尔甫派。整部《地狱篇》所勾勒的作者自画像与但丁希望展现给政敌的形象完全吻合——假如我们能看到这一点，就能清晰地理解诗人重拾这部史诗创作的真正动机。我们并不知晓但丁对先前已写好的部分进行了怎样的修改，但某些内容应该被保留了下来，在最初几歌的定稿中，诗人针对该作品（或作品初稿）进行的谋篇布局仍旧依稀可见。既然但丁打算创作的是一部写给佛罗伦萨市民的、谈论道德和政治的作品，那么此刻，这一布局恰好可以成为一个出发点，让他得以在史诗中重申自己作为一个被流放的圭尔甫派对佛罗伦萨政治理想的忠诚，同时强调自己虽

被迫身在异乡，内心仍将自己视作佛罗伦萨市民群体中的一员。正如上文中提到的，《地狱篇》是一部出自圭尔甫派成员笔下的作品——需要澄清的是：此处的“圭尔甫”是一个政治概念。早在先前，但丁就已创作了《飨宴》和《论俗语》，也已形成了一套支持皇权的、成熟的理想信念——无论从何种角度来看，都与支持教宗的想法相去甚远。在《神曲》的第一篇里，诗人对其支持皇权的信念既未强调，也未否认；出于某种策略上的考虑，他只是表明了自己所属的政治阵营。诗人并不否认自己属于圭尔甫派内部的“白党”——即使是在那些表示忏悔、请求宽恕的文字中，他也从未否认过这一点。然而，他着力坚称的是：自己始终秉承佛罗伦萨在近几十年来固守的圭尔甫派传统，且这一信念远远超越了圭尔甫派内部的派系划分。

佛罗伦萨历史上的两位典范 214

在《地狱篇》描写异端的那一歌里，但丁遇到了法利纳塔·德·乌贝尔蒂——佛罗伦萨的吉伯林派的典型人物。这一歌应该是但丁重拾《神曲》创作之后完成的最初几歌之一。此处，但丁与这位吉伯林派领袖进行了一段篇幅较长的对话。双方针锋相对，展开了一场名副其实的政治争辩。描写这段对话的用意是显而易见的——但丁向庇护者和政敌同时宣称：不久前，他曾与吉伯林派有过“危险的”交往（但丁曾与法利纳塔的侄子拉博·德·乌贝尔蒂并肩对佛罗伦萨发起攻击），此时，他已与之彻底决裂。无独有偶，卡瓦尔坎特·卡瓦尔坎迪（Cavalcante Cavalcanti）也在装有法利纳塔的同一口火棺中受刑——他也是一位著名的党派领袖，但他却属于圭尔甫派。面对一位圭尔甫派和一位吉伯林派，但丁采取的似乎是一视同仁的态度。然而，这种一视同仁，却只是一种表面现象。不错，卡瓦尔坎特·卡瓦尔坎迪的确是圭尔甫派，但他却和但丁一样，属于圭尔甫派中的白党。本来互为宿敌的两个党派的代表人物居然落得同样的下场，这是一种对双方后代——他们曾联合起来攻打佛罗伦萨——的道德和政治惩罚。当然，比起圭尔甫派中的白党，但丁更需要与吉伯林派划清界限。正因如此，托斯卡纳地区吉伯林派领袖——枢机主教奥塔维亚诺·德·乌巴尔迪尼和吉伯林派的最高统帅——皇帝腓特烈二世也会出现在遭到惩罚的异端之中（“腓特烈二世帝亦卧此圈，/ 那枢机大主教也在里面”[177]），作者甚至没有做出只言片语的解释。就在不久前，但丁曾在《飨宴》里向腓特烈二世表达了他个人的尊崇，更对其手中的皇权致以敬意；在《论俗语》中，但丁还向腓特烈二世和他的儿子曼弗雷迪高唱了一曲热情洋溢的赞歌。此时，但丁则将腓特烈二世和枢机主教奥塔维亚诺·德·乌巴尔迪尼这两位吉伯林派领袖双双置于地狱之中，其动机并不难以理解。

相较于描写法利纳塔的一歌而言，第十五歌的完成时间稍晚一些。在这一歌里，诗人写到了佛罗伦萨历史上另一位声名极其显赫的人物——布鲁内托·拉蒂尼。倘若法利纳塔可谓吉伯林派的代名词，那么布鲁内托·拉蒂尼则是佛罗伦萨最具代表性的圭尔甫派知识人。所以说，布鲁内托·拉蒂尼也是一位具有象征意义的人物。无论是在《神曲》里，还是在但丁的政治思想发展历程中，这段关于布鲁内托·拉蒂尼的描述，都是一种回归。

在 13 世纪 90 年代，也就是但丁创作一系列关于社会道德的合组
215 歌的时期，诗人眼中的布鲁内托·拉蒂尼是一位凭借自身的知识和处世经验服务于城市社会，帮助其提升道德和文化水准的智者典范。当但丁在佛罗伦萨开始创作那部史诗——即后来的《神曲》——的最初几歌时，此种典范形象依旧清晰地存在于诗人的脑海之中。那几句众所周知的开篇之语（“人生的旅途我方行半程，/ 便身陷幽暗的森林之中，/ 正确路已迷失，方向不明”[178]），其实是明显指向了《小宝库》(*Tesoretto*) 的开头部分。在那部作品里，布鲁内托·拉蒂尼描述自己作为佛罗伦萨城的代表出使卡斯提尔的阿方索十世（Alfonso X di

Castiglia）的宫廷，在返程的途中，他从一个“来自博洛尼亚”的学生那里听闻圭尔甫派在蒙塔佩蒂战役中遭到惨败，许多党内成员遭到驱逐，一时间感到痛苦迷茫，结果偏离了正确的路线，不知不觉误入一片恐怖的森林。此处，但丁的这一暗指不仅让读者体会到诗人在道德和人生经历上的迷失感，更能隐约看出诗句背后隐喻的严峻的政治乱局。诗人之所以隐晦地提及布鲁内托 · 拉蒂尼，其目的并不仅仅是从文学层面上向其致敬：事实上，他将作品的开篇置于佛罗伦萨最具威望的圭尔甫派知识人的阴影之下，绝非毫无目的的随意之举。此举仿佛是在宣称他是布鲁内托 · 拉蒂尼的传人。

这是发生于 14 世纪初的事情。然而，几年过后，但丁似乎将这个人彻底遗忘了。《飨宴》对布鲁内托 · 拉蒂尼只字未提；在《论俗语》里，但丁甚至将他置于那群只会取悦本地读者，却大言不惭地宣称自己为文化“名流”的托斯卡纳人之列——这简直是相当凌厉的苛责之语。不过，当但丁决定重拾《神曲》的创作时，他的态度再一次发生了转变。布鲁内托 · 拉蒂尼成为能够证明但丁属于佛罗伦萨政治文化传统的核心人物之一：在但丁看来，这位年长的导师正是那一传统的化身。在《地狱篇》里，但丁着力强调布鲁内托 · 拉蒂尼的师长身份（“我老师”[179]），字里行间热情洋溢（“教诲我如何永生人间”[180]）。除了对导师的赞扬，但丁还反复表明导师与自己有着父与子一般的深厚感情：“噢，我的孩子……”“噢，孩子……”“您亲切之形象如父一般……”[181] 自称自己是布鲁内托 · 拉蒂尼的孩子，意味着诗人宣称自己是布鲁内托 · 拉蒂尼的传人，表明自己虽被流放城外，却是真正能够理解佛罗伦萨的圭尔甫传统价值的人。布鲁内托 · 拉蒂尼将学生因善行而遭受的流放之罪称为一种荣耀，这就相当于给但丁贴上了一张标签，证明他是忠诚于佛罗伦萨城传统原则的、正直的公民。布鲁内托 · 拉蒂尼还对但丁说，无论是黑党还是白党“都恨不能将你吞咽”[182]，即“他们双方都想将你毁灭”。这说明——隐藏在字面之下的深意所在——但丁不属于其中任何一派。如布鲁内托 · 拉蒂尼一样，他 216

在政治方面的正直态度恰恰体现在他对祖国命运，而非某个派系命运的关心。正是“由于”遭到流放，而非“尽管”遭到流放，但丁才能称自己为布鲁内托 · 拉蒂尼的传人。

饱含深意的缄默

通过但丁与法利纳塔的会面，可以看出但丁是一个流亡者。这位吉伯林派成员向诗人预言：在从他们见面之日起的四年之内，诗人将体会到“回归”的“艺术”是多么“艰辛”——换言之，诗人将会明白一个流亡之人若想回归故乡，将被迫做出多少含辛茹苦的付出。法利纳塔的这一席话与但丁在绝望中请求宽恕的人生阶段基本对应。然而，关于诗人何时被流放以及为何被流放，法利纳塔却只字未提。令人感到诧异的是，在先前的章节里，作者也并未对上述信息进行交代。恰克曾预测切尔基家族将在三年之内倒台，胜出的窦那蒂家族将长期对其实施压迫，但他却根本没有提起窦那蒂家族将对但丁本人进行打击。继法利纳塔之后，布鲁内托 · 拉蒂尼也对但丁被逐出佛罗伦萨一事缄口不言，只是说“那邪恶、不义的乌合之众”将由于诗人的“善行”“与之为敌”[183]，随后便将话题转移至圭尔甫派的黑白两党对其背叛之举的激烈反应。在《地狱篇》里，身为作者的但丁自始至终没有写出自己遭受惩罚的原因、方式和责任人，这一事实导致的后果便是作品营造出了一个奇特的人物形象：许多人对此人在尝试回归故里的过程中将要遭遇的艰难险阻进行了种种预测，却没有一个人预言他将被驱逐出自己的祖国。事实上，不仅是在《地狱篇》，而是在整部《神曲》里，都存在一个巨大的信息缺口，一种饱含深意的“知而不言”：对于自己从执政官变成流亡者的那至关重要的几年，但丁并未从历史和政治角度进行任何分析。布鲁内托 · 拉蒂尼笼统地将过错归咎于佛罗伦萨的全体“市民”，似乎并不想强调是市民中的某一派别对另一派别进行驱逐；卡恰圭达则将具体党派和人物的责任统统隐藏在如“继母”[184]般恶毒的佛罗伦萨之后。作者之所以三缄其口，其原因是显而
易见的：若要谈起那些事件，但丁不可能不控诉科尔索·窦那蒂及其 217
党羽的罪责。然而，正如先前所提到的，在诗人创作《地狱篇》的那两年里，科尔索·窦那蒂恰恰是有可能给予他决定性支持，帮助其重返佛罗伦萨的关键人物。因此，作为一个寻求宽恕的流亡者，他的确不能在那个紧要关头重新翻开圭尔甫派黑党的旧账。直到创作《炼狱篇》时，但丁才借其兄弟福里斯之口，指明科尔索·窦那蒂是对佛罗伦萨的混乱局面“最负有罪责的人”。不过，当他写下那一歌时，科尔索·窦那蒂已经不在人世了。

在诗人创作关于恰克的那一歌的初稿时，佛罗伦萨的政治纷争还未达到白热化的程度。基于这一情况，我们可以推断，饕餮者恰克针对但丁的问题——“分裂之城的居民/将会怎样”[185]——所给出的回答是在1306年以后，也就是诗人对《地狱篇》的第一部分进行修改的过程中写就的。恰克的答复是这样的：“久紧张必会流血，/另一派被‘村野’粗暴驱赶，/他们的利益遭严重侵犯。/但仅仅三年后‘村野’失势/另一派翻了身，掌握大权。”[186]在上述诗句中，关于白党将驱逐黑党并“使其利益遭严重侵犯”的论断令人感到颇为惊诧。正如一位中世纪史学家指出的，这一事件“从未发生”，“但丁先是借恰克之口谈到了一次从未发生过的圭尔甫派黑党遭群体驱逐的事件，之后又转而预言当时失利的一方（圭尔甫派黑党）将东山再起，好比天平的一端再度升起，而另一端则沉沉坠下（‘这一派就将倒台/……那一派将重占上风’），又好比时运之轮的转动……奇怪的是，但丁却没有描述圭尔甫派白党遭到驱逐的情形……相反，这一事件却是实实在在地发生了”。其实，倘若我们能够看到，这些诗句的撰写时间是在诗人遭到流放五六年后，且当时诗人心怀回归故乡的强烈愿望，就能顺理成章地理解他为何要通过恰克之口如此谨慎地重塑上述那段历史。但丁是（强行）抱着一种息事宁人的心态，才会以对等的口吻去描述黑白两派

分别采取的行为——其实，对于二者之间的实质性差异，诗人心知肚明——并将圭尔甫派黑党谋划的政变粉饰为针对白党暴力行为做出的某种“以牙还牙”式的、理所应当的反击。

218 几乎改是成非：《炼狱篇》的最初几歌

1308 年至 1309 年期间，在完成《地狱篇》不久，身处卢卡的但丁就迅速开始了《炼狱篇》的写作。上述两个篇章在创作时期上的延续性让其在政治理念上的改弦更张格外突显。在《地狱篇》里，诗人对帝国及其普世地位避而不谈；或者说，他只是在第二歌里表明皇权是上帝为了保护教宗的权力而赋予皇帝的：“定该城（罗马）为圣地绝非虚传，/ 这件事已实现，众人可见：/ 大彼得继承者坐镇掌权。”[187] 这一论断很有可能是撰写于佛罗伦萨的第一稿里所表达的观点。倘若果真如此，上述几行诗句可以算是当年的但丁所持有的正统圭尔甫派思想的残余。然而，在创作《飨宴》和《论俗语》期间，也就是在重拾《神曲》的写作之前，但丁对于帝国的态度就已经发生了明显的转变——他开始认为帝国是使人类获得属世幸福的必要存在，甚至还向教廷眼中最危险的敌人逢迎示好。后来，在 1306 年以后撰写的《地狱篇》里，先前亲近帝国的态度荡然无存。这并不意味着但丁改变了主张，或者说他的思想倒退回了被流放以前的状态，而是意味着诗人在某种程度上进行了自我压抑。为了获得个人的宽恕，他一方面尽可能地展示出一种政治正确的自我形象；另一方面，他也认为不宜将尚处于酝酿阶段的对帝国和教廷关系的新观点表达出来。

截然不同的是，从《炼狱篇》的最初几歌开始，但丁对帝国的亲近之态就是显而易见的，仿佛诗人在结束一个人生阶段之后，又重新拾起了先前曾在《飨宴》和《论俗语》中展开的思考。

在第十六歌里，一个名为马可 · 伦巴多（Marco Lombardo）的人物（我们对他几乎一无所知）阐述了“两个太阳”的观点：在古代，罗马帝国是沐浴在两个“太阳”的光芒之下的；一个太阳（皇帝）指引人间的道路，另一个（教宗）指引上帝的道路；随后，教宗代表的太阳“熄灭”了另一个太阳的光芒，将精神领袖和世俗领袖的权力集于一身，这便使“世风变得邪恶”。[188] 这一使俗世堕落的道德和政治危机有着确切的起始点：教宗针对皇帝腓特烈二世发起的战争。马可 · 伦巴多解释道：“阿迪杰与波河浇灌区域，/ 腓特烈被卷入倾轧之
前，/ 勇武与彬彬礼随处可见。”[189] 换言之，在教廷与士瓦本家族的皇 219
帝产生纷争以前，勇武和礼节还是为人称道的。这一分界点具有相当重要的标志性意义：在《地狱篇》里，腓特烈二世尚且作为“异端”被诗人置于地狱之中；而在《炼狱篇》里，诗人居然认为腓特烈二世的失败给普世福祉带来了巨大的损失。

《炼狱篇》的前半部分（关于马可 · 伦巴多的那一歌或许也包括在内）是在 1310 年夏季之前匆匆写就的。因此，诗人之所以在立场上改弦更张，并不是出于对亨利七世南下意大利之举所抱有的希望——在该事件发生以前，作品的这一部分就已经完成了。真正让但丁的政治信念回归至两三年前立场的事件，并不具有多么深远的历史影响：诗人并没有对人类命运的变革重燃希望，而是通过科尔索 · 窦那蒂的去世和拿波莱奥尼 · 奥尔西尼 · 迪 · 马利诺的失败彻底看清了自己的个人命运已无法改变。就他个人而言，他已不可能求得个人的宽恕；就整个圭尔甫派白党而言，该党派回归佛罗伦萨城的希望也已完全落空。既然如此，诗人感到自己反而获得了一种畅所欲言的自由。正因如此，他才会在《神曲》的第二篇里来了一个几乎改是成非的大转身。

如前文所述，在《地狱篇》的第十歌里，腓特烈二世与法利纳塔、奥塔维亚诺 · 德 · 乌巴尔迪尼以及卡瓦尔坎特 · 卡瓦尔坎迪一道，被置于惩罚异端的火棺中受刑。我们能够理解但丁为何要将身为圭尔甫派的卡瓦尔坎迪与其政敌放在一起，正如我们能够理解诗人为何要给支持皇权的吉伯林派扣上异端的帽子。自从 13 世纪 50 年代开始，在

教宗特使的政治操作和宗教裁判官的审判过程中，“异端”和“吉伯林派”就成了同义词。所以说，诗人的做法无非是为了顺应当时教廷所进行的反皇权政治宣传。他之所以接受上述界定，主要是为了标榜自己与吉伯林派划清了界限。不过，就在《炼狱篇》的起始部分，即第三歌里，但丁写到了腓特烈二世的私生子曼弗雷迪——在教廷眼中，曼弗雷迪是比他父亲更为危险的敌人，也是皇权派的最后一道真正的堡垒。但丁对这一人物的好感是显而易见的：“见他披金色发、英俊、面善。”[190] 对于他的家庭，诗人也表示尊崇：“康斯坦察皇后孙在你面前。”[191] 关于康斯坦察皇后，但丁在《天国篇》里这样描述：“伟大的康斯坦察 / 沐浴着士瓦本的第二阵风（士瓦本的亨利六世）/ 诞育了第三阵风，也就是最后的皇权（腓特烈二世）。”[192] 诗人对于教宗克莱孟四世及其特使巴托罗梅奥 · 皮尼亚特里（Bartolomeo Pignatelli）——
220 “科森扎（Cosenza）的牧人”[193] 的惩罚也相当明确。当年，依据针对生前遭到绝罚的死者的处置条款，巴托罗梅奥 · 皮尼亚特里曾举着“吹灭了的蜡烛”，挖出了曼弗雷迪的遗体，令其无法以基督教徒的身份安葬。总而言之，诗人对曼弗雷迪的相关描述体现出他在内心情感层面上对帝国事业的支持——就在短短几个月以前，他还不可能表达类似的观点。早在 1304 年，但丁就曾在《论俗语》里提到了这对父子：“腓特烈皇帝和他有出息的儿子曼弗雷迪”，并称其为“容光焕发的英雄”，“只要时运相济，便始终弃恶扬善”。[194] 此时，当年那个但丁又再度出现在读者眼前。

倘若说法利纳塔是佛罗伦萨吉伯林派最具声望的领袖，那么在曼弗雷迪失势之后，圭多 · 达 · 蒙特费尔特罗就成了意大利政坛上最为突出的吉伯林派代表。在四分之一个世纪里，圭多 · 达 · 蒙特费尔特罗曾数度担任要职——起先担任康拉丁的代理人，继而担任罗马涅地区的吉伯林派军事领袖，随后担任比萨攻打佛罗伦萨时的总队长——并长期致力于抵御安茹家族支持下的圭尔甫派的扩张。与《地狱篇》形成极为鲜明冲突的是，作者以圭多 · 达 · 蒙特费尔特罗为主角展开了论述，与先前对法利纳塔进行的描述遥相呼应，两者都被打上了十分相似的负面形象烙印。这一事实背后体现的完全是作者的政治策略。就在不久前，在《飨宴》里，圭多·达·蒙特费尔特罗还被描述为“最高贵的拉丁人”[195]。当时，但丁的意图也许是称赞他为“最高贵的意大利人”，此刻，他却被斥责为一个一辈子像狐狸而非狮子那样行事的欺诈者，甚至不惜将自己的才华效力于敌人卜尼法斯八世。至于那句献给教宗的著名的进言（“许诺长，守约短”[196]）——当年，卜尼法斯八世曾向圭多·达·蒙特费尔特罗咨询如何才能攻下死敌克罗纳家族的大本营帕莱斯特里纳城——则很有可能是出自但丁的杜撰。由此可以看出，当时的但丁想要诋毁佛罗伦萨城里最大的吉伯林派敌人，于是故意对其名誉进行攻击。

后来，诗人再度颠覆了上述评价，或者说是为圭多·达·蒙特费尔特罗恢复了名誉。与为腓特烈二世挽回名誉的方式相类似，诗人也是通过圭多·达·蒙特费尔特罗的一个儿子波恩康特·达·蒙特费尔特罗完成了这一倒转。此人是在《炼狱篇》第五歌里与诗人相遇的。波恩康特·达·蒙特费尔特罗曾作为吉伯林派阵营里的一员参加了坎帕迪诺之战。在圭尔甫派军队取得决定性胜利的那场战斗中，波恩康特·达·蒙特费尔特罗不仅血洒疆场，也以这种方式获得了永生。但丁对此人的宽恕显然也是基于一种政治上的认可。诗人也将这种认可给予了许多未在作品中提及的人，尤其是一些尚在人世的人，如拉博·德·乌贝尔蒂。拉博也曾参加坎帕迪诺战役，后来，但丁还在流 221
放者对佛罗伦萨发起的战斗中与之并肩作战。在争取宽恕的那一时期，但丁正是想与他这类人物拉开距离；也正因为如此，他才会针对已故的法利纳塔发起攻击。与为自己“美丽的女儿”[197]感到欣然自得的曼弗雷迪不同，波恩康特·达·蒙特费尔特罗面带愧色、“垂头丧气”地游走在其他灵魂中间。据他自己所述，这是因为尚在人间的“乔凡娜（Giovanna）和其他人都已不将我放在心间”。[198]我们很难弄清此处提到的乔凡娜究竟是他的遗孀还是他的女儿。不过，所谓“其他人”一定是指与他有血缘关系的亲人。波恩康特·达·蒙特费尔特罗有一个名叫马南泰萨（Manentessa）的女儿嫁给了多瓦多拉的圭多·萨瓦蒂科·德·圭迪——诗人在创作这一歌的一两年前，正是在此人的家中借住。当年，他不得不向多瓦多拉的圭迪家族（该家族支系对圭尔甫派白党怀有敌意）低头求助；此时，既然求得宽恕的希望已然破灭，无论是就心理情感而言还是就政治主张而言，但丁都感到与这一家族渐行渐远。我们是否可以就此认为，诗人之所以设计上述情节，就是为了对该家族施以嘲讽，并为昔日的吉伯林派宿敌恢复名誉？

感激与怨恨

如果说上述情节是针对多瓦多拉的圭迪家族的嘲讽，那么但丁仅是点到即止：只有对蒙特费尔特罗家族和多瓦多拉的圭迪家族的内部关系非常了解的读者才能看出端倪。诗人之所以点到即止，乃是因为圭迪家族的这一支与吉奥瓦格罗的马拉斯皮纳家族也有亲属关系。在整部《神曲》里，诗人从未对这一家族表现出半点不敬。不仅如此，《地狱篇》和《炼狱篇》都是诗人在马拉斯皮纳家族的支持下完成的，就如同《天国篇》——更准确地说，这一篇的一部分——是在斯卡拉家族的庇护下创作的。

但丁对生活上和政治中的敌人毫不留情，也对自己的朋友和庇护者慷慨赞颂。然而，《神曲》的创作时期十分漫长。在这一过程中，但丁不仅曾接受来自不同人物的庇佑或敌意，也曾多次改变自己的政治主张。因此，他抨击和赞颂的对象常常会发生变化，甚至会彻底反转。例如，他对马拉斯皮纳家族和斯卡拉家族所表现的态度就是一个典型的例子。

1316 年以后，但丁将作为康格兰德·德拉·斯卡拉的门客，在维罗纳生活一段时间。也正是在维罗纳，诗人完成了《天国篇》里其中一歌的创作。在那一歌里，卡恰圭达预言诗人将被流放并将历经千辛万苦。卡恰圭达对诗人说他的“第一个避难所”将会是巴托罗梅奥·德拉·斯卡拉的宫廷，还提到他将会从康格兰德·德拉·斯卡拉那里获得伟大的“恩惠”，[199]不过，他却对但丁将在卢尼贾纳旅居的 222
日子以及马拉斯皮纳家族将给予他的支持只字未提。当但丁写下关于卡恰圭达的这一歌时，《地狱篇》和《炼狱篇》不仅已经完成，而且已经发表了。我们知道，在《炼狱篇》的第八歌里，诗人不仅写下了献给马拉斯皮纳家族的热情洋溢的赞歌，还做出预言，称自己将亲自体会到令该家族沐浴荣光的盛誉是多么名副其实。同是在《炼狱篇》里，维罗纳的圣泽诺修道院院长对阿尔贝托·德拉·斯卡拉（巴托罗梅奥·德拉·斯卡拉、阿尔波伊诺·德拉·斯卡拉和康格兰德·德拉·斯卡拉的父亲）以及整个斯卡拉家族颇有微词。这足以说明作者的立场已经发生了彻底的反转。

但丁主要在两处表达了对卢尼贾纳侯爵家族的感激：一是在关于马拉斯皮纳家族的科拉多二世的那一歌里为整个家族唱起了颂歌；二是对摩罗埃罗·马拉斯皮纳如闪电般碾压比萨军队的场景进行了惊心动魄却充满豪情的描绘。此外，作品中还呈现了一张密集的人脉网——诗人之所以能构建这一网络，跟他与马拉斯皮纳家族的交情息息相关。如果说诗人一方面对盟友给予了高度的赞誉，那么另一方面，他对异己和敌人要么闭口不提，要么就是做出了十分强硬的谴责。就在他与马拉斯皮纳家族的科拉多二世交谈的那一歌里，但丁遇到了加卢拉已故领主（法官）尼诺·维斯孔蒂的灵魂。此人为躲过大主教鲁杰里·德·乌巴尔迪尼的迫害，在佛罗伦萨避难（但丁很可能是在这里与之相识），期间促成了针对比萨的同盟。诗人之所以将法官尼诺·维斯孔蒂与马拉斯皮纳家族的科拉多二世放在一起同时介绍，并非出于偶然。在经历了一场涉及盖拉德斯卡、维斯孔蒂和马拉斯皮纳家族在撒丁岛的领地的复杂事件之后（事实上，除了上述家族，比萨和阿拉贡家族的利益也牵涉其中），比萨的维斯孔蒂家族和马拉斯皮纳家族之间建立了相当紧密的联系。此外，一系列姻亲约定也使这两大家族之间的同盟得以进一步加固。旅居于卢尼贾纳期间，但丁对两大家族内部的故事及其宾客之间的利益来往有所了解，并在《炼狱篇》中花费了相当多的笔墨对其进行描述。尼诺·维斯孔蒂向但丁满怀温情地回忆起女儿乔凡娜（Giovanna，“我乔凡娜女”[200]），提到妻子时却颇为淡漠（“其［乔凡娜］母摘白纱后，我不相信，会仍然爱恋我宛如从前……见此女便能够轻易明白 / 女子爱不被眼、触摸点燃，/ 真
223 不知可持续多久时间”[201]）。但丁创作这部作品时，两者都还活在人世（贝阿特丽齐于 1334 年逝世，乔凡娜于 1339 年逝世）。这是一连串饱含政治色彩的家庭快照。尼诺·维斯孔蒂的遗孀贝阿特丽齐·埃斯特（Beatrice d’Este）后来嫁给了米兰的加莱阿佐·维斯孔蒂（Galeazzo Visconti）。然而，在但丁包括对他施予庇护的马拉斯皮纳家族成员的眼中，贝阿特丽齐·埃斯特的错处并不在于改嫁本身，而在于她嫁给了一个与原先家族为敌的吉伯林派家族（该家族是热那亚的多利亚家族 [Doria] 的盟友）的成员。相反，尼诺·维斯孔蒂的女儿乔凡娜（维斯孔蒂家族在撒丁岛封地的领主）尽管先前已被许配给马拉斯皮纳家族的科拉蒂诺·迪·维拉弗兰卡（马拉斯皮纳家族的科拉多二世的侄子），但经过一番错综复杂的谈判（当年，但丁正在卢尼贾纳居住），最终于 1309 年 11 月嫁给了特雷维索的领主扎尔多·达·卡米诺——此人是一个圭尔甫派家族的显赫人物，该家族是吉奥瓦格罗的马拉斯皮纳支系家族的盟友。所以说，但丁此处暗指的，正是在创作这一歌前几个月里发生的一系列事件。

笔者知道，若要在这些直接的和法定的亲缘关系之间以及承诺的婚姻约定和达成的姻亲关系之间理出头绪，这绝非易事。然而，为了充分理解但丁的隐喻，就必须从他的诗句联想到这张复杂的家族谱系网络。要知道，在传统封建家族（如马拉斯皮纳家族）和新兴“领主”家族（如米兰的维斯孔蒂家族）之间，任何关系的达成、破坏或背叛都会引发对政治局势和财产分布的巨大影响。正因如此，无论是在真

实的历史上还是在但丁的作品中，女性都占据举足轻重的地位。

在《炼狱篇》里，但丁将教宗哈德良五世搬上了舞台。此人提到了他的一个名叫阿拉嘉的侄女。与家族中的其他成员不同，这位女子的德性可嘉（“我侄女阿拉嘉还在那边，/ 若家族不作她邪恶典范，/ 其本人自然会十分善良”[202]）。若是记得这位阿拉嘉乃是摩罗埃罗 · 马拉斯皮纳的妻子，就不难明白为何她与其他背负恶名的家族成员不同，依然能够独善其身。该家族的其他“恶人”又是谁呢？贝阿特丽齐 · 埃斯特就名列其中。她和她的兄弟（埃斯特家族的阿佐八世）是哈德良五世的一个姐妹的子女，也是阿拉嘉 · 菲耶斯基的堂兄妹。不过，在马拉斯皮纳家族和但丁看来，更糟糕的榜样还有阿拉嘉 · 菲耶斯基的堂姐妹艾莱奥诺拉 · 菲耶斯基（Eleonora Fieschi）：她嫁给了贝纳伯 · 多利亚（Bernabò Doria）——可憎的热那亚的勃朗卡 · 多利亚（Branca Doria）的儿子。

勃朗卡 · 多利亚和罗马涅的阿贝利格 · 德 · 曼弗雷迪（Alberico dei
Manfredi）是整部史诗中最为精彩的故事情节里的主角：两人的身体虽 224
尚在人世（勃朗卡 · 多利亚的去世时间晚于但丁，一直活到了1325年），但因被恶魔主宰，灵魂都被插入托勒密环（Tolomea）的寒冰之中。由于背叛宾客，勃朗卡 · 多利亚还未死亡就被置于地狱里最为恶黑的罪人之列。他明里摆下筵席，暗地里却谋划残杀自己的岳父、撒丁岛人米凯尔 · 藏凯（Michele Zanche）——洛古多罗（Logudoro）的领主（此人也被置于地狱，位于惩罚污吏 [barattiere] 的一层），以便侵吞他在撒丁岛的财产。然而，对于这一残暴的恶行，当年的史料却丝毫没有记载，以至于但丁的《神曲》及其相关评论成了关于此事的唯一文献资料。诗人是通过马拉斯皮纳家族知晓此事的，因为该家族是藏凯（Zanche）家族的远亲。他之所以对勃朗卡 · 多利亚格外谴责，将其描述成一个“活着的死人”，难道是因为这一谋杀事件格外残忍？此种推测难以令人信服。通常来说，诗人的谴责也好，宽恕也罢，都取决于他的政治立场或个人恩怨。所以说，在上述语焉不详的事件背后，很可能还存在一些我们无法得知的细节，与马拉斯皮纳家族的利益或同盟有所牵连。无论如何，我们确切知晓的是，1307 年，勃朗卡 · 多利亚通过武力霸占了莱里奇的马拉斯皮纳家族的城堡。此事发生数月之后，但丁也趁热打铁地将这一严重损害其庇护者利益的恶性事件写入了史诗。

就整体而言，作品中最具敌意的隐喻和最为激愤的控诉集中反映了马拉斯皮纳家族“干刺”族系与毗邻的热那亚之间的纷争。在此种视角下，我们便能充分理解诗人在勃朗卡 · 多利亚一歌结尾处针对热那亚人发出的质问：“啊，热那亚，你的人与众不同 / 无良俗，却沾染邪恶习惯，/ 为什么还不快消亡世间？”[203] 针对马拉斯皮纳家族的另一个宿敌——比萨，诗人也有类似的感慨。难怪这一歌也提到了乌戈利诺 · 德拉 · 盖拉德斯卡（此人与法官尼诺 · 维斯孔蒂十分亲近）的悲剧故事。在故事的末尾，诗人以极为对应的手法写下了著名的痛斥之语：“啊，比萨呀，你是那美家园人民耻辱，/ 在你处人们说 Sì[*] 的语言，既然你邻居都迟迟无为，/ 卡普拉（Capraia）、哥格纳（Gorgona）便来惩办，/ 阿尔诺河口处筑起堤坝，/ 愿比萨人人都溺死波澜！”[204]

225 一个微妙的问题

毫无疑问，我们不可能将窦那蒂家族归为但丁的庇护者之列。相反，他们——更准确地说，是该家族里最重要的支系——理应被列入他最凶险的政敌之中：早在但丁活跃于佛罗伦萨的那些年里，他们就与之针锋相对；接着，以科尔索 · 窦那蒂为代表的家族成员又成了诗人遭到流放的罪魁祸首；后来，该家族与托萨家族一道，使普拉托的尼科洛主教的维和计划付之东流。如此想来，但丁完全有理由将该家族视为敌人，将他们与卜尼法斯八世同等看待。然而，在《神曲》里，诗人对该家族的处置却有别于卜尼法斯八世。

* 意大利文，意为“是”。——译注

于但丁而言，对窦那蒂家族采取何种态度，应该是一个格外难解的心结。他不能忘记妻子杰玛就是该家族的成员，且通过这桩婚事，他作为一个普通的商人之子，与佛罗伦萨城最尊贵也最具势力的家族之一建立了联系。总之，这是一个棘手的问题，需要巧妙处理。

总体说来，但丁对该家族的态度是非常尊重的。相较于诗人对待切尔基家族——该家族是但丁所在的政治阵营的领袖，也是但丁在仕途进阶（*cursus honorum*）过程中的恩人——的不屑之态，此种尊重尤为具有深意。在创作《天国篇》时，曾一度在佛罗伦萨内部纷争期间令诗人心情激愤的派系情感尽管没有完全退却，也已然降温。即便如此，诗人仍给切尔基家族扣上了“不忠”、胆怯的帽子。此外，在整部史诗里，诗人通篇都在强调该家族的卑微出身，说他们迁入佛罗伦萨城不久，不似窦那蒂家族，是佛罗伦萨的老牌贵族，享有不容小觑的社会地位。

显然，最难处理的症结，是科尔索 · 窦那蒂。直到《炼狱篇》，福里斯才预言了此人的死亡及其所受的惩罚。科尔索 · 窦那蒂的灵魂不可能不被置于地狱，然而，具有特殊含义的却是这一预言的方式。做出预言的，是科尔索 · 窦那蒂的兄弟。这一处理不应被视为诗人的“报复”之举；相反，福里斯以友好的形象出现，令科尔索 · 窦那蒂无法避免的正义惩罚所包含的仇怨意味几乎彻底消融。如果说科尔索 · 窦那蒂被打入地狱，那么与之奖惩相抵的，便是他在炼狱里赎罪的兄弟福里斯和身处天国的姐妹毕卡达所获的救赎。毕卡达不仅是但丁在天国里遇到的第一个获得真福的灵魂，还与腓特烈二世的母亲康斯坦察享有同等荣光。有人写道：在《炼狱篇》和《天国篇》里，但丁对“福里斯和科尔索的家族表达了名副其实的歉意”。倘若“歉意”一词言过其实，至少也应该强调一点：在与科尔索 · 窦那蒂的兄弟姊 226
妹相见的过程中，诗人所表现的亲近感似乎隐晦地传递了某种超越友谊的情绪。但丁与福里斯的会面是友好亲切的，他与毕卡达的相逢同样如此：追忆熟悉的往昔，甚至是一种旧日的相伴之谊（“若你记得，

/ 你与我，我与你，怎样相伴”[205]）令诗人针对窦那蒂家族领袖不得不发出的控诉（通过那句“惯行恶弃善者”[206]隐晦地表达）缓和了几分，也给窦那蒂家族的凶恶内核裹上了一层善良、亲切、友好的面纱。

福里斯对“无耻的佛罗伦萨女人[207]”骂不绝口，相反却对遗孀奈拉（Nella）的忠贞赞许有加（“我曾经十分爱可怜遗孀 / 她越是经常地努力行善，/ 越能够令上帝心中喜欢”[208]）。1300 年，奈拉尚在人世，或许在诗人创作这一歌的时候，她也还未故去。我们该如何理解这番对奈拉的褒扬之语呢？许多年前，但丁曾与她的丈夫对诗互怼，称她对夫君缺乏吸引力——在那些十四行诗里，诗人说奈拉是一个不幸的可怜女子，由于得不到丈夫的温暖，即使在炎炎盛夏也冷若冰霜。此时，诗人的赞赏莫不是表明他想收回当年的说法并对此予以补偿？这种推断或许不无道理，但值得注意的是，卡恰圭达也曾用激烈的言辞怒斥过佛罗伦萨女人的不忠，并以某个名叫“钱盖拉”（Cianghella）的女子为例，抨击她是水性杨花的女性典型（“见钱盖拉……此时出现 / 都以为奇异事发生眼前”[209]）。对我们而言，这个名字无关紧要。随着时间的流逝，它已经蜕化成了某种符号。不过，在但丁的同时代人，尤其是佛罗伦萨人眼中，这个名字却意味深长。钱盖拉——与福里斯的遗孀相似，在但丁创作史诗的过程中，该女子仍然在世——来自势力强大的托萨家族。该家族的成员是窦那蒂家族最大的死敌，在流放圭尔甫派白党人的问题上，该家族亦在最坚定的支持者之列。总而言之，尽管在今天的人们看来，但丁对奈拉的赞扬无非是某种迟到的示好之举，而他提及的钱盖拉也不过是某个已经成为口头禅的人物，但事实上，这背后依旧隐藏着诗人的政治策略以及他对政敌的无情鞭挞。

直至 1310 年夏天，《炼狱篇》的创作一直保持着十分顺利的进展。随后，诗人的写作速度明显减缓，甚至在某些时期呈现出停滞之态。这一降速渐停的阶段恰好与诗人全身心投入亨利七世之伟业的时期相互吻合。

四　皇帝驾临（1310—1313） 227

出现安慰与和平的迹象[210]

四人之局

依照惯例，德意志王总要被冠以罗马人之王的头衔，如此才能接受教宗的加冕。新近当选的卢森堡的亨利尚未获得教宗的批准（*confirmatio*），不过，这一步骤并没有耽搁太久。经过短暂的谈判——在这场谈判中，卢森堡的亨利对教宗做出了许多让步，甚至重新认可了传统的“双星比喻”：教宗好比更为明亮的太阳，而皇帝却只是月亮——1309 年 7 月，克莱孟五世颁布通谕《复活颂》（*Exultet in gloria*），不仅认可了卢森堡的亨利的罗马人之王头衔，还宣布将在 1312 年 2 月 2 日圣母取洁瞻礼日为其加冕。

如此，一场四人之局——局中人物分别是卢森堡的亨利、克莱孟五世、法兰西国王腓力四世和那不勒斯国王安茹家族的罗贝托——正式拉开序幕，在接下来的大约四年里深刻地影响着意大利半岛的政治局势。作为一个缺少财政和军事资源的小国首领，卢森堡的亨利亟须获得教宗的支持，才能在德意志掌握实权。此外，意大利的中北部地区（即除去教宗领地、南部安茹王国和西西里的阿拉贡王国之外的地区）当时仍是名义上的帝国领土——若要恢复帝国在该地区的权力，教宗的支持也是必不可少的。假如卢森堡的亨利能完成这一大业，他便将享有自腓特烈二世以后其他皇帝从未获

得过的权威。与此同时，教宗也需要卢森堡的亨利，以便不再依赖
228 法兰西国王的保护。为了实现这一计划，他有意促使德意志皇帝与那不勒斯国王（教廷的仆臣及传统友军）达成同盟。该计划如若实现，将会彻底颠覆教廷的传统政治策略：此前，教廷为了保护其在意大利的领地，并确保精神领袖权高于世俗领导权，一直致力于联合以安茹政权和法兰西政权为首的圭尔甫派，打压帝国的势力。如此，克莱孟五世的筹谋一旦成功，作为欧洲最强势力首领的法兰西国王的地位便岌岌可危：一个凌驾于国家之上的权力体系的重生将大大削弱那些根基未稳的君主国家的力量。其中，法兰西面临的威胁最为明显，因为该国原本的优势就在于它是教廷的保护者，同时是安茹王国的盟友。此时，那不勒斯王国的安茹家族的罗贝托刚刚继承了父亲查理二世（于 1308 年 5 月 5 日去世）的王位，他的处境最为尴尬：一方面，他不敢得罪教宗，另一方面，他又面临着丧失意大利的圭尔甫派的领袖及保护者地位的风险。此外，绵延多年的西西里（处于阿拉贡家族统治下）问题出现新的端倪，但走势扑朔迷离，既有可能朝着对安茹家族的罗贝托有利的方向发展，也有可能造成无法挽回的败局，这一情况使得他的外交政策更显错综复杂。出于上述理由，安茹家族的罗贝托在很长一段时间里不敢轻举妄动，立场模棱两可，直到后来才以武力公开反对德意志皇帝。事实上，佛罗伦萨作为第五个势力派别，也加入了这场较量。佛罗伦萨与托斯卡纳及意大利北部地区的圭尔甫派城市国家（以及部分吉伯林派城市国家）没有表现出丝毫迟疑：几十年来，这些城市国家已然享有实际的自主权，皇帝南下意大利势必会对它们的独立地位造成极其严重的影响。因此，佛罗伦萨立刻加入了反对帝国回归意大利的阵营，并承担了领导该阵营进行反抗的任务。

1309 年夏天，罗马教廷发生了上述一系列事件。同年 8 月，在于斯派尔（Spira）召开的一次专门会议中，卢森堡的亨利开始筹划南下

意大利的行程。此时的但丁可能身处阿维尼翁，也有可能是在前往巴黎的途中，或者已经抵达了那里。无论诗人当时身处何地，上述消息给他带来的触动恐怕不会超过六个月前德意志新国王选举的消息造成的震惊。诚然，他此时听到的，是关于新皇帝要在罗马正式接受加冕的消息，但皇帝真正南下却是三年以后的事情。经验告诉他，许诺是 229
一回事，而兑现又是另外一回事。

除此之外，接下来几个月的情形似乎也证实了但丁的疑虑。在将近一年的时间里，卢森堡的亨利一直忙于处理德意志的政务，至少在国外民众看来，他南下意大利的计划已经退为其次。事实上，作为罗马人之王，卢森堡的亨利也只能如此行事。于他而言，在德意志的领土上树立权威是绝对的重中之重。他表现得十分能干，与哈布斯堡家族达成了和解——此前，该家族几乎已习惯于将王位视作自家世袭的特权——又通过缔结婚约，将波希米亚王国交到了儿子卢森堡的约翰（Giovanni di Lussemburgo）手中。再说，南下意大利绝非一场漫步：他此行的目的并不只是为了加冕仪式（当然，这场仪式本身也是极其重要的政治象征，在此前的将近一百年里，多位教宗都拒绝为皇帝加冕），而是要重新确立帝国在那片土地上的权力。很久以来，那里的城市国家和封建主领地早已不承认所谓的帝国权力，至多只对其表示形式上的认同。因此，他需要进行一系列长期而耐心的外交筹备工作，尽可能扫清那片土地上的障碍，并装备起一支名副其实的武装力量，才能在抵达罗马之前就以帝国正义的名义“摆平”意大利。

1310年初春，亨利七世认为准备就绪，加快了行动。一系列帝国使团奉命前往波河河谷（Valle Padana）和托斯卡纳地区，向各个城市逐一预告罗马人之王即将南下意大利重建和平的计划。“和平”是在卢森堡的亨利的宣传造势过程中的关键词：他将自己塑造成一个接受天之大任的人物，前去终结城市国家间的战乱和派系间的斗争、推翻“僭主”统治——那些未经合法程序，强行通过武力建立的领主政权，以不偏不倚的正义标准重新恢复城墙内外的“安宁”。卢森堡的亨利最关注的，是表现出超越圭尔甫派和吉伯林派纷争的公正。继前几任皇帝对意大利所表现出的不闻不问之后，这位新任皇帝果真打算将帝国徽章重新带到意大利，并且此次计划还获得了教宗的支持，这一事件在第一时间引起了轰动，甚至激起了几次零星的热情拥护。毫无疑问，最感欢欣鼓舞的是那些当政或被放逐的吉伯林派以及流亡的圭
230 尔甫派成员。当然，同样可以想见，也有人对此种局势佯装笑脸。托斯卡纳、翁布里亚和博洛尼亚等地的圭尔甫派城市国家表现得十分冷淡：早在 1310 年 3 月，他们就结成了一个反帝国联盟（当时，该联盟还获得了法兰西国王和安茹家族的罗贝托的暗中支持）。佛罗伦萨甚至连一个“笑脸”也懒得给：帝国的使节在访问过吉伯林派执政的比萨（在这里，他们志得意满）、卢卡（在这里，他们获得了形式上的欢迎）和圣米尼亚托（此地是古老的帝国堡垒）后，于 7 月 2 日进入佛罗伦萨城，立刻感受到完全不同的气氛。当地政府的迎接十分冷淡，官方发言人贝托 · 布鲁内莱斯基——此人是致使科尔索 · 窦那蒂倒台的主要推手——甚至以相当强硬的态度回应了帝国使节的要求。当帝国使节离开佛罗伦萨前往阿雷佐时，他们一无所获，就连佛罗伦萨出席亨利七世打算在洛桑（Losanna）召开的全体会议的承诺也没能获得（事实上，该会议于当年秋季举行，佛罗伦萨确实未派代表参加）。令局面更为难堪的是帝国使团中还有一位来自皮斯托亚的参谋。此人是一个三年前被佛罗伦萨流放的圭尔甫派白党成员，名叫西蒙尼 · 迪 · 菲利波 · 雷阿里（Simone di Filippo Reali），在卢森堡的亨利的宫廷里担任要职。由此，我们可以隐约窥见这位皇帝的政治策略即将陷入矛盾重重的困局：一方面他以超越党派（*super partes*）的公正者自居，另一方面却不可避免地一次次得罪两党中的一方，有时甚至是里外不讨好。之所以如此，乃是因为意大利的仇怨和分裂实在是如同一团乱麻，剪不断，理还乱。帝国代表团的另一位成员是萨伏依的卢多维科（Ludovico II di Savoia，伯爵阿梅迪奥五世 [Amedeo V] 的侄子，也是

亨利七世的同族），此时，他作为帝国元老正在前往罗马的路途中，前去商议即将举行的加冕仪式。

同样，克莱孟五世的行为也不乏模棱两可之处。1310 年 8 月 19 日，他任命安茹家族的罗贝托为罗马涅的执政者，通过此举，他能够确保那片属于教廷的领地不被他人触碰。然而，无论是否出于他的本意，这一决策构筑起了一道令罗马涅、博洛尼亚和佛罗伦萨同盟更为稳固的军事战线，使得帝国的军队在穿越大多数亚平宁山口时遭遇阻碍，只能从第勒尼安（Tirrenico）的走廊地带通行。不仅如此，同年春末，安茹家族的罗贝托离开了普罗旺斯（当卢森堡的亨利当选皇帝以及接受教宗加冕时，罗贝托一直待在那里），在返回那不勒斯的途 231
中与多座皮埃蒙特（Piemonte）的城市签订了协议。9 月 30 日，他荣耀地进入佛罗伦萨城，并在那里停留了两个月。正是在此期间，他被教宗任命为罗马涅的宗座代牧（vicario papale），并接受了正式任命徽章。早在 5 年前，他就曾以卡拉布里亚公爵的身份，应邀赶来佛罗伦萨，驱逐那些受普拉托的尼科洛调停计划鼓动的圭尔甫派白党人。这一次在佛罗伦萨停留期间，他将大量时间投入了自己的一大爱好：布道（现存近 300 首他的布道词），还曾三次登上新圣母大殿的布道台。但丁曾嘲弄他是一个“布道者”[211] 国王（即不适于佩剑）。除了但丁，还有其他人对安茹家族的罗贝托冷嘲热讽。其实，这位新任那不勒斯国王在佛罗伦萨也做了一些比布道更具有实质意义的事情：正是在这一时期，他开始筹备即将针对亨利七世展开的抵抗。不过，此时的他还相当谨慎，并未排除与之缔结协议的可能。

期待皇帝

1310 年春，关于罗马人之王确实打算南下意大利的消息变得越发言之凿凿，终于让但丁受到了触动。此前，他刚刚在《炼狱篇》里抱怨过历任皇帝对意大利的漠不关心，又控诉帝王之位的空缺。多年以来，他一直在拷问教廷的强势政策对基督教世界造成的悲剧性后果。此刻，革新的梦想在突然之间眼看就要变成现实。但丁不可能不察觉到上帝之手在其中起到的作用。这位皇帝宣称要平息纷争，在四分五裂的城市之间重建和平，对于先前在争取个人宽恕的过程中惨遭失败的诗人而言，这无异于让他重新见到一缕意料之外却十分可靠的希望之光，能够结束自己的流亡生涯。除了上述所有理由，但丁本身也无法做到对政局不闻不问——无论他身处何地。这说明他已经为自己的归属做出了决定——他属于意大利。我们并不了解他从哪里启程，途经怎样的路线，甚至不清楚他是于 1310 年的具体哪一时期动身的，但我们确切地知道，同年 7 月，他已身在弗尔利，斯卡尔佩塔 · 奥德拉菲仍是那里的领主。

比昂多 · 弗拉维奥就亨利七世派出的使团于 1310 年 7 月出使佛罗
232 伦萨的情况描述了诸多细节，随后，他提到当时（1310 年 7 月或稍晚些时候）身处弗尔利的但丁曾在一封以自己和流亡的圭尔甫派“白党”成员的名义写给康格兰德 · 德拉 · 斯卡拉的信件里严厉批判佛罗伦萨人在帝国使团面前所做出的不敬答复，指责他们轻率莽撞、寡廉鲜耻、有眼无珠。这件宝贵的证据所能提供的最可靠的事实便是 1310 年夏天，但丁的确身在弗尔利；至于他是否有可能给康格兰德 · 德拉 · 斯卡拉写信，且以流亡的圭尔甫派“白党”成员的名义来写，倒是引发了不少质疑。

阿尔波伊诺 · 德拉 · 斯卡拉及其兄弟康格兰德 · 德拉 · 斯卡拉是意大利北部地区最为坚定的吉伯林派支柱，其重要性可与托斯卡纳地区比萨和阿雷佐的吉伯林派相提并论。在整片意大利土地上，他们最先（1310 年 12 月，于阿斯蒂）向亨利七世致以敬意。此前，早在 1310 年 7 月，当帝国的使团之一出使佛罗伦萨时，他们就已在维罗纳热情接待了出使意大利北部地区的另一个帝国使团。既然如此，若说但丁给康格兰德 · 德拉 · 斯卡拉写信是为了告诉他使团在佛罗伦萨遭遇的情况，将其与在维罗纳的情形进行对比，这也在情理之中。当然，这封信不是以个人名义写出的，而是以流亡的佛罗伦萨人及吉伯林派友人的名义写出，这同样合乎情理。再说，若非出于某种确切的政治目的，但丁又为何要前往弗尔利呢？——当年，他正是在那里干劲十足地投身于佛罗伦萨圭尔甫派白党同盟的活动。不错，即将驾临的皇帝的确会让他对个人命运的改变产生期待，但此刻的诗人应该清楚，仅凭单打独斗解决问题的时机已经过去了，个人愿望的达成有赖于群体计划的实现。因此，他一回到意大利，自然会直接前往一个有组织地为该计划进行筹谋的地方。这些组织大多集中在比萨（这里聚集了大量流亡者，尤其是吉伯林派的流亡者）以及罗马涅和卡森蒂诺之间的地区：但丁与比萨之间并没有实质性的联系（在过去的那些年里，诗人与马拉斯皮纳家族的特殊交情使他多年与比萨保持距离），但他在罗马涅和托斯卡纳地区却有着广泛而深厚的人脉网络。正是在退出政治生活而远离的那些地区，但丁重新展开了政治抱负，与他的老战友们并肩而战。

与老战友在一起 233

倘若有人反驳说但丁曾与别的流亡者有过极其彻底的决裂，甚至演变成了公开的对立，如此深重的裂痕不可能轻易弥合，我们可以这样回答：通常来说，无论是在今日，还是在当年，政治生活的组成要素就是不断地改换阵营、一拍两散以及握手言和。在政治学的词典里，并不存在“从不”一词——在但丁生活的年代，这一规则同样适用。就具体形势而言，1310 年夏天，无论是那些期盼皇帝驾临还是对此忧心忡忡的人都心知肚明，卢森堡的亨利的到来势必将要打破许多平衡。这一时期，意大利的政治局势好比一团浑水，原先的阵营似乎已处在分崩离析的边缘。在那几个月里，“打破圭尔甫派和吉伯林派之间的壁垒以及弥合圭尔甫派白党与圭尔甫派黑党的嫌隙，重建意大利社会的整体秩序”成为各大宫廷、城市及联盟的口号（然而历史会让这些期待迅速化为泡影）。

因此，但丁极有可能重新归队，再度凭借自身的文字功夫（*dictator*）和知识才华为圭尔甫派白党同盟和吉伯林派效力。我们有理由认为他重新担当了文书或对外关系专员一职。他于 1311 年 4 月写给亨利七世的书信就是证明：他不仅在寒暄部分（*salutatio*）表明但丁 · 阿利吉耶里和“所有渴望和平的托斯卡纳人”[212] 都将俯身于皇帝的脚下，还在正文部分表示自己是以个人的名义和其他人的名义写信：“我为我个人及其他人书写。”[213]

当但丁重返阔别六七年的弗尔利时，这里的一切早已不似原先的情形。斯卡尔佩塔 · 奥德拉菲仍然是城中最具实力的人物，但早前曾被奥德拉菲家族流放的卡尔博里家族正在为重返弗尔利积极筹谋。1310 年 9 月，当安茹家族的罗贝托被正式任命为教宗在罗马涅的执政者时，其代理人尼科洛 · 卡拉乔罗（Niccolò Caracciolo）采取的第一步措施便是向斯卡尔佩塔 · 奥德拉菲施压，敦促其召回以弗尔切里 · 达 · 卡尔博里为首的卡尔博里家族成员。在这样的情势下，但丁不可能在弗尔利久留。不过，盼望意大利统一的气氛在当时颇为浓郁，这让但丁得以再度造访靠近亚德里亚海一侧的亚平宁山区的吉伯林家族，如莫迪利亚纳 – 波尔恰诺以及巴尼奥的圭迪家族和法焦拉家族。换作从前，他们是绝不会接待这位曾经宣称后悔与他们同流合污
234 的诗人的。在卡森蒂诺，罗美纳的圭迪家族也再一次对但丁敞开了城堡的大门。需要补充说明的是，对卢森堡的亨利驾临的期待不可能（也的确没有）让多瓦多拉和巴蒂福勒的圭迪家族——他们都曾加入佛罗伦萨的圭尔甫派黑党阵营——无动于衷：他们仍然是接受皇帝册封的宫廷伯爵家族，因此，他们理应对未来的皇帝做出回应。综上所述，1310 年下半年，但丁很可能从弗尔利出发，前往罗马涅和卡森蒂诺的封建宫廷。

铁冠

1310 年 10 月初，卢森堡的亨利从日内瓦（Ginevra）出发。他率领一支小规模的军队，途经萨伏依的阿梅迪奥五世（与卢森堡的亨利是连襟关系）的领地，翻过了阿尔卑斯山。10 月 30 日，他隆重进驻都灵。

此前，教宗已于 9 月 1 日向所有层级的教职人员和世俗人士发出通谕，号召罗马人之王的仆臣协助其国王在南下罗马期间完成维护和平的大业，而国王也将在罗马接受加冕。这样看来，教宗的确对卢森堡的亨利提前南下意大利之举给予了官方认可，但对其提出的提前加冕的要求却未置可否。

离开都灵后，皇帝的仪仗一路缓慢前行，先后经过基耶里（Chieri）、阿斯蒂（Asti）、卡萨莱（Casale）、韦尔切利（Vercelli）、诺瓦拉（Novara）和马真塔（Magenta）等地，于当年的圣诞节前两天抵达米兰。在皮埃蒙特和伦巴第地区的行军过程相当顺利。卢森堡的亨利大幅度地扩充了军队，也通过纳贡和纳税大幅度改善了原本并不充盈的财政状况。尤为重要的，是他成功地获得了广泛的拥戴：他每到一处，前来拜见的不仅有当地的权贵，还有来自意大利中北部的其他城市国家和封建领地的代表（举个例子，摩罗埃罗 · 马拉斯皮纳先是前往韦尔切利觐见卢森堡的亨利，后又追随皇家仪仗到了米兰。在那之前，他的吉伯林派堂兄弟弗朗切斯基诺 · 马拉斯皮纳 · 迪 · 穆拉佐也已赶来朝拜）。此外，来自双方阵营的流亡者团体自然也是纷至沓来。卢森堡的亨利与意大利各方人士的最初接触表明他先前许诺的维和策略的确是具有可行性的：他在每一座城市里都成功地平息了不同 235
派系之间的纷争，通过任命帝国代理人的方式确立了皇帝的权威（此举在基耶里首次推出，后来逐渐变成了常规举措），代理人全权代表皇帝领导各个议事会，管理财政，执行法律，指挥军队。他步步为营，对任何一方阵营都表现得不偏不倚（此前，所有人都以为他会偏向吉伯林派）。早在前几个月里，他就通过一系列文字和出使宣传将自己打造成一个以为大众谋求福祉为己任的君主，此时，这一形象得到了进一步加强。因此，当队伍抵达米兰时，其规模和影响都远远超过从蒙切尼削（Moncenisio）开拔时的情况。不过，卢森堡的亨利在米兰也不得不干预当地的内政，强令米兰的实际掌权者——圭尔甫派的托雷家族（Della Torre）接纳先前被流放的吉伯林派的维斯孔蒂家族：马太·维斯孔蒂（Matteo Visconti）与卢森堡的亨利一道进了城，并成为他的亲信之一。

卢森堡的亨利选择了米兰，是因为他希望在那里被加冕为意大利王（re d'Italia）。根据一种已被废弃的古老传统，皇帝应该被授予三顶王冠：在亚琛被授予德意志王的银冠；在罗马被授予皇帝的金冠；在米兰——又或是蒙扎（Monza）或帕维亚——被授予意大利王的铁冠。事实上，在已经加冕为德意志王和罗马人之王之后，加冕为意大利王并不能给被加冕者带来更多的头衔和权利。换言之，这一行为的象征性含义要远远超过其在法律上和政治上的意义。正因如此，在查理大帝（Carlo Magno）以后，很少有皇帝要求举行这一仪式。虽然这无非是一个过场，但却能够让卢森堡的亨利斗志昂扬，铆足全力收复意大利。

加冕仪式定于 1311 年 1 月 6 日，主显节当天，在圣盎博罗削圣殿举办。此时，距上一位皇帝被加冕为意大利王（那还是 1186 年，士瓦本的亨利六世被加冕，当时，他的父亲腓特烈一世还在位）已经过去了很长时间，以至于没有人记得仪式的具体流程了。人们甚至找不到传说中的“铁冠”，只好匆匆忙忙地打造了一顶新的铁质王冠。总而言之，米兰的加冕仪式无非是一场用于凝聚皇帝派人心的大型庆典。所有隶属于所谓“意大利王国”（*Regnum Italiae*）地区的使节悉数到场，只有佛罗伦萨及与之结盟的其他圭尔甫派城市国家没有出席。

一份政治宣言 236

但丁是否也曾亲临现场？由于缺乏证据，我们既无法确定，也无法否定。在那封于当年4月寄给卢森堡的亨利的书信里，诗人表明自己曾获得殊荣，得到皇帝的接见。此次接见的地点可能是米兰，时间应该是在加冕前后；也有可能是在皇帝的仪仗经过都灵之后前往的其他地方。但丁之所以能够觐见“罗马人之王”，很有可能是得益于他人的举荐：此人或许是摩罗埃罗·马拉斯皮纳——1310年12月16日，他身处韦尔切利，随后就将跟随皇家仪仗一路前往米兰；也可能是某位德高望重，在卢森堡的亨利驻扎米兰期间有资格伴随其左右的友人(如乌戈乔尼·德拉·法焦拉)。其实，但丁在何处受到接见，这一点并不重要，问题的关键在于他究竟是以何种身份得到了卢森堡的亨利的接见：是以个人身份，还是以某个政治党派的代表身份？

但丁觐见时并非两手空空。在教宗克莱孟五世于1310年9月1日颁布通谕之后、卢森堡的亨利抵达都灵之前，但丁曾写过一封书信，一篇公开支持皇帝的宣言。这是一封“致全体和各位意大利君王、哺育万物的都城的元老院议员，以及公爵、侯爵、伯爵和普天下百姓”[214]的信，其读者涵盖了意大利半岛的全体领袖阶层。说到底，这是一封号召实现全面和平的倡议书。和平的愿景之所以可期，乃是因为太阳已经在地平线上初露端倪。这封倡议书公开表明遵守教宗于9月所发的通谕，甚至还引用了通谕的最后几行内容。为了强调教权和皇权这两大权力机构达成和解的必要性，但丁再度使用了“两大星辰”的说法，将教宗比作太阳，将皇帝比作月亮。这与克莱孟五世在通谕里的提法一脉相承。早在头一年的7月，教宗正是在这一大前提下承认了卢森堡的亨利作为“罗马人之王”的头衔。在卢森堡的亨利南下意大利的一整段时期里，教宗与皇帝之间的精诚合作一直是但丁在所有论著中反复强调的重点。

这封信的结构简单，但内容十分明确。“渎神者”和“邪恶者”将受到新恺撒的惩罚。这位新恺撒将“用佩剑击溃他们”，将“把自己的葡萄园交给其他种植者”——换言之，皇帝将在必要的时候清洗现有的政府机构；当然，这位新恺撒也是仁慈的，他“将原谅所有恳求怜悯的人”[215]。“被压迫者”——即如同作者那样“遭受到不公正待遇的
237 人”——应谦卑恭顺，打破仇恨和敌意的束缚，“从彼时开始原谅”[216]。皇帝可以行使正义，因为无论是享用“公共财产”还是“私有财产”，都取决于他的法律。[217]显然，但丁是代表所有被流放者，而非以个人名义发声的。他设想出一条政治路径——若是以佛罗伦萨的被流放者的视角来看，这条路径显而易见——主张双方向彼此表明某种态度：一方面要求当政的胜利者接受新的安排，即重新接纳被流放者；另一方面向卢森堡的亨利（而非向当政者）许诺，回归的被流放者不会采取任何报复之举。

假如我们将这封书信理解为佛罗伦萨被流放群体（这个群体内部似乎并没有圭尔甫派和吉伯林派的界限）发出的一个全心全意响应亨利七世之和平主张的信号，即一封以全体“遭受不公正待遇的人”的名义所写的宣言，我们便有理由假设，但丁之所以要求觐见，是为了正式向君主呈交这份（很可能已经流传开来了的）宣言，并向他重申佛罗伦萨被流放群体对他的全力支持。这一假设可以证实但丁在1310年的确与原先的同伴重新取得了联系，甚至还再度承担了发言人和政治策略规划者的角色。至于促成觐见的中间人，很有可能来自被流放的群体，或是一些与他们交好且频繁出入宫廷的人士。因此，认为这次觐见发生在米兰，是较为合理的推测。

失败的胜利者

佛罗伦萨人没有出席皇帝的加冕仪式，这是不无道理的。事实上，围绕在那位意大利王身边的，大部分都是来自佛罗伦萨和皮斯托亚的

吉伯林派和圭尔甫派白党人。此刻，那些自拉斯特拉战役失利以后就
四下溃散的流亡政治犯已经再次集结起来。昔日的联盟重新建立，但
这一次是集合在吉伯林派的麾下。不仅如此，这一群体占据了相当数
量的政治职位和行政职位，对君主的影响力与日俱增，这一点令佛罗
伦萨的圭尔甫派黑党愈发心存戒备。为何会有大量的流亡者聚集于卢
森堡的亨利的宫廷呢？要知道，卢森堡的亨利在米兰接受加冕之后实
施的第一批举措中，就包括这样一条于 1 月 23 日颁布的政令，他在其 238
中宣称："在所有已表示臣服的城市范围内，我撤销一切由督政官或其
他官员曾以暴动、战争、偷盗、纵火、伤害或其他罪行为由针对任何
公民做出的驱逐、裁决、惩处、流放、审判。"根据这项政令，所有被
征收的财产都应归还原有的法定业主（关于这一棘手的问题，帝国的
法学家们进行了漫长的争论）。大量吉伯林派成员当权，又有一众圭尔
甫派白党和吉伯林派的流亡者围绕在身边，这一情况险些对卢森堡的
亨利试图为自己构建的中正的裁决者形象造成损害。随后，1311 年发
生的一系列事件再次对他的形象造成了致命的打击。

卢森堡的亨利不断敦促教宗提前举行罗马的加冕仪式。尽管这一意图得到了应允，但伦巴第的时局演变却让教宗先后拟定的两次计划（分别在 5 月 30 日和 8 月 15 日）最终落空。无论如何，对于卢森堡的亨利而言，能够让加冕提前数月进行，这已然是一种成功了：早在 1309 年的通谕里，克莱孟五世就已经将仪式定在了 3 年之后，理由是他将亲自为卢森堡的亨利加冕——但他只有在结束维埃纳（Vienne）的大公会议（concilio ecumenico，会期为 1311 年 10 月 16 日至 1312 年 5 月 6 日）后方可动身前往罗马。此时，克莱孟五世接受了由枢机主教代为加冕的建议，向这位新科皇帝保证绝不推延其加冕仪式。1311 年 8 月，三位由教宗指定的枢机主教（其中包括普拉托的尼科洛和卢卡 · 菲耶斯基）抵达罗马。然而，他们所看到的，是一个秣马厉兵的卢森堡的亨利。伦巴第的局势让这位罗马人之王无法利用他在外交领域里取得的成果。既然要前往罗马，他就不得不确保那片土地对

自己的忠诚。如同他在南下米兰之前所做的那样，卢森堡的亨利强令在罗马恢复帝国的权力。但这一举措的实施过程却比预想的艰难得多。许多城市在臣服后不久便纷纷起义，回复了先前的独立地位。自 1311 年 2 月起，一连串起义接二连三地爆发：米兰、洛迪（Lodi）、克雷马（Crema）、贝加莫（Bergamo）。所幸的是卢森堡的亨利没有过多动用武力就成功地将其平息，较好地维护了自己作为一个“和平国王”——尤其是“维和者国王”的形象。然而，2 月至 3 月期间，克雷莫纳（Cremona）也发生了暴动，此时，卢森堡的亨利的态度发生了转变。
239 暴动期间，克雷莫纳曾指望佛罗伦萨的圭尔甫派黑党派出援兵，由于增援迟迟没有到位，起义最终不了了之。尽管如此，一直表现得仁慈大度的卢森堡的亨利却终于忍无可忍了，他认为一次杀鸡儆猴式的惩戒有利于阻止其他暴动的发生。自 4 月底进驻克雷莫纳以后，他就命人拆除城墙和高塔（只有钟楼得以保存），同时将 300 名城内的民众作为人质，对克雷莫纳施以重税。对于圭尔甫派和安茹家族的宣传舆论而言，这显然是好事一桩：从这一刻开始，卢森堡的亨利就不再被视作一个超越党派纷争的皇帝，而被认为是吉伯林派的魁首。此后不久，已然被扣上“压迫者”帽子的卢森堡的亨利又让自己陷入了布雷西亚（Brescia）暴动的泥潭，更是让圭尔甫派和安茹家族占尽了优势。如此一来，头几个月里那种期盼统一的氛围迅速恶化，传统的两大阵营又一次重新构建起来：一方是支持皇帝的吉伯林派，另一方则是支持安茹家族的圭尔甫派。只不过此时教宗在表面上还奉行着支持皇帝的政策，而安茹家族的罗贝托又在明修栈道暗度陈仓，这才使后一阵营的立场显得不那么明显。

卢森堡的亨利原本打算速战速决，结果却在泥潭中挣扎了足足四个月（从 5 月中旬到 9 月初）。围困布雷西亚一举不仅损害了他的政治权威，还拖垮了他的军事实力（期间发生的鼠疫是重要原因之一）；最要紧的，是此前一直环绕着他的“温文尔雅”的名望遭到了彻底的摧毁。其中，一桩事件被传为丑闻。在围城布雷西亚期间，一个名为泰巴尔多·德·布鲁萨迪（Tebaldo dei Brusati）的人意外被俘。此人虽为布雷西亚的圭尔甫派领袖，却是卢森堡的亨利的追随者之一。尽管有包括王后在内的多方人士为此人求情，但卢森堡的亨利却丝毫不为所动：泰巴尔多·德·布鲁萨迪先是被缝入一张牛皮，拴在一头驴子的尾巴上被拖过整个营地，再被斩首，又被四头公牛分尸。最后，卢森堡的亨利似乎意犹未尽，还将他的五脏六腑统统烧掉，并将剁成碎块的尸体示众。根据一位史学家的记载，当卢森堡的亨利成功地占领了布雷西亚时，他却成了一个“失败的胜利者”。此时的他已然丧失了向佛罗伦萨或罗马进军的能力。于是，他决定将宫廷和军队都迁往热那亚——鉴于他已决意继续南下，热那亚便是他在第勒尼安海沿岸的狭长地域唯一可以通行的地方。在他的身后，是并没有臣服的伦巴第地区。那里只有两处要塞对他保持忠诚：米兰（几经易主之后，马太·维斯孔蒂于7月被任命为代理人）和斯卡拉家族统治下的维罗纳。

一个彻头彻尾的吉伯林派 240

受到接见的但丁有没有继续留在卢森堡的亨利的宫廷里？如果答案是肯定的，他留了多长时间？如果答案是否定的，他又会去了哪里？若说他回到了弗尔利，这是不太可能的：别忘了，安茹家族的罗贝托的代理人们严密地看守着罗马涅地区，而他则是一个随时都面临着生命危险的流亡者。不过，我们可以确定的是，在1311年3月至5月期间，但丁身处卡森蒂诺。

在那里，诗人发出了两封宣言式的书信：第一封写给“罪恶之极的佛罗伦萨人”（*scelestissimis Florentinis*），第二封的收件人则是卢森堡的亨利。在第一封信里，我们能读到以下落款：“3月31日，于托斯卡纳的边境（*in finibus Tuscie*），阿尔诺河畔（*sub fontem Sarni*），在卢森堡的亨利皇帝的盛大意大利之行的第一年。”[218] 第二封信的落款则是："4 月 17 日，于托斯卡纳，阿尔诺河周边，在卢森堡的亨利皇帝的盛大意大利之行的第一年。"[219] 在两封信里，但丁都表达了针对佛罗伦萨的强烈敌意。学界普遍认为，这两封信是在巴蒂福勒的圭迪家族的波皮城堡里撰写并寄出的。然而，如果对落款日期以及地理位置进行综合考量，便可排除上述普遍观点：波皮离阿尔诺河并不近，距离有好几公里；相反，莫迪利亚纳的圭迪家族的波尔恰诺城堡倒是就在法尔特罗纳（Falterona）山脚下的河流下游，离山脊——也就是托斯卡纳与罗马涅的交界处不远。如果说但丁绝不可能在巴蒂福勒的城堡里发出那样的信件，那么在支持吉伯林派的波尔恰诺，他完全不用抱有类似的担忧。

信件里的预言式口吻和"启示录"式的文风并不能掩盖信件的内容与当时的政治时局有相当紧密的关联。信件的执笔人并不是一个孤立的但丁，而是一个代表整个阵营发声并配合整个阵营行动的但丁。

卢森堡的亨利希望恢复在图西亚（Tuscia）和伦巴第地区的帝国权力。在绵延两个世纪之久的纷争中，上述两个地区的共和制城市国家和领主制城市国家都坚持各自的主权，只在形式上保留了对于帝国的臣服：向皇帝致以敬意并缴纳某些税款。此时，卢森堡的亨利希望恢复的帝国权力显然并不仅仅限于上述表面文章，而是另有所图。针对佛罗伦萨，他绘制出了一幅清晰的复辟蓝图。用直接向他负责的代理人取代原有的执政官——这一点就是明证。此外，帝国的法学家们还计划推
241 行币制改革，此举让佛罗伦萨这个凭弗罗林金币起家的金融之都更加无法容忍。该计划一旦得以实施（相关的法令已于 1311 年 8 月发布），帝国货币就将取代现行货币，佛罗伦萨的经济也将遭受极大的重创。不过，在所有的问题之中，最为棘手的仍旧在于如何处理那些已然被佛罗伦萨据为己有的城市国家权力，以及那些已然失效的帝国权力。

早在此前，意大利中北部地区的城市国家逐渐扩张，时而通过经济交易，时而凭借武力（此种情形更为普遍）不断蚕食着原本属于帝国的城堡、高塔、村镇和封地。从法律角度来看，这些都属于非法的

滥用权力之举：原有封建领主或其他统治者的权利遭到了褫夺，不得不接受对方的强权（倘若他们表示反抗，就会被视作动乱分子，甚至是街头暴民）。然而，从另一个角度来看，恰恰是这种扩张及其所带来的城市化进程给那些城市国家提供了更广阔的领地基础，为自身的安全和补给提供了保障，并最终促进了城市国家经济的发展。无论如何，在罗马人之王的眼中，这一切都是巧取豪夺。在他看来，尽管帝国在很长一段时间里都没能行使自身在这些地区的权利，但这并不意味着帝国的权利已被废除，相反，这些权利应被恢复。在 1312 年的一份帝国文书里，仅针对佛罗伦萨就列出了帝国理应收复的 158 座城堡和 60 个村镇。事情发展到这一步，佛罗伦萨和其他城市国家（包括某些吉伯林派掌权的城市国家也都发起了反抗）就不得不拿出强硬的态度：他们认为，帝国法学家们坚称仍有法律效力的那些权利早已失效，因而不再具备约束力。

关于“帝国权利”（*publica iura*）的不可解除性与可解除性的争论正是但丁在写给佛罗伦萨人的那封书信中所探讨的核心问题。在今人看来，但丁在信中采用的是一种近乎扬声恶骂的口吻——当然，这种“圣经－预言式”的语言风格是大量中世纪书信的普遍特征。他自信满满地认为自己站在真理一方，向自己的同胞们宣称：倘若他们负隅顽抗，便会陷入毁灭、死亡、流放和奴役，因此，他们迟早会后悔莫及。他们之所以要遭受到如此残酷的严惩，不仅仅是由于他们对卢森堡的亨利的反对，而是因为他们骨子里的“疯狂的反叛”，居然“与不可剥夺的权利叫板”，否认自己“臣服于帝国的本分”。[220] 但丁质问 242
道：“不幸的疯人们啊，你们居然不知道君主的权利不受制于任何关于失效的假设，除非世界灭亡，否则永远不会终止。”随后，他断言说：“君主的权利无论被遗忘多久，都不会消失，即使被削弱，也不可被挑衅。”[221] 如此看来，但丁并非以一个两耳不闻窗外事的躁动知识人的身份来发泄个人的怨气，而是投身于当时如火如荼的法律和政治纷争之中。他在信里表达的不像是一个流亡圭尔甫派成员应有的立场——他们至少是在城市国家独立的氛围中成长起来的公民，而更像是吉伯林派贵族和封建主的立场。仅仅是两三年前，但丁还在言之凿凿地强调自己的圭尔甫派立场，并坚称自己已与吉伯林派划清界限；此时，在这场激烈的斗争之中，他竟然会毫不犹豫地采取前文所述的举动，将自己塑造为一个“彻头彻尾的吉伯林派”，这的确令人感到唏嘘不已。

但丁为帝国权利之不可解除性所做出的辩护应该深得圭迪家族的心意。作为皇室伯爵，他们的领地面积和相应的权利曾因佛罗伦萨的扩张行为而蒙受损害。的确，佛罗伦萨对帝国的权利毫无顾忌，长期以来对原属帝国的领土步步蚕食，甚至像一个世纪以前的著名史学家邦孔帕尼奥 · 达 · 西尼亚（Boncompagno da Signa）说的那样，如“水蛭”一般越来越放肆地侵吞圭迪家族的伯爵封地。毫无疑问，但丁的立场一定与波尔恰诺的、巴尼奥的、罗美纳的圭迪家族一拍即合，甚至巴蒂福勒的圭迪家族也不太会反感但丁的立场。不过，正如前文所述，他们绝不会允许这样一封在语气和实质内容上公开表明对佛罗伦萨有敌意的信件从他们的城堡寄出。至于另一封于 4 月 17 日寄给卢森堡的亨利的信件，就更不可能是从那里发出的了。作为皇室伯爵，圭迪家族的身份迫使他们不得不与皇帝站在同一阵营，但他们为此一定付出了代价。巴蒂福勒的圭迪家族自从于 1275 年与势力更大、支持吉伯林派的巴尼奥族系脱离关系以后，就一直奉行与佛罗伦萨交好的政策，支持圭尔甫派。同时，圭多 · 迪 · 巴蒂福勒也与窦那蒂家族的支持者保持着密切的往来（1300 年的那场密谋就涉及他的武力干预），后来又与圭尔甫派黑党的托萨家族联络紧密。此外，巴蒂福勒的圭迪家族对卢森堡的亨利的支持只是昙花一现：早在 1311 年至 1312 年的那个冬天，圭多 · 迪 · 巴蒂福勒就与以多瓦多拉的圭多 · 萨瓦蒂科 · 德 · 圭迪为首的另一个支持圭尔甫派黑党的族系一道，在上瓦尔达诺与帝国军队展开战斗。最终，在 1315 年，巴蒂福勒的圭迪家族成了安茹家族的罗贝托在托斯卡纳地区的代理人。

第二封致卢森堡的亨利的书信是但丁在卢森堡的亨利镇克雷莫纳

暴动期间撰写的。这是一篇语气强硬且饱含锥心之痛的进言，希望卢森堡的亨利看清谁是他真正的敌人并对其采取实质性行动。眼见皇帝 243
在波河河谷犹疑不前，托斯卡纳的臣民不由“惊讶”地自问：莫非皇帝已然“忘了”他们所在的地方，仿佛“理应被收复的帝国权利仅仅局限在利古里亚”[222]——即意大利北部地区的范围内。皇帝的徘徊之态恰好给了佛罗伦萨可乘之机，他们“气焰日盛，积蓄力量”[223]，收买盟友。冬季结束后，皇帝决定继续在米兰度过春季，好逐一对付那些造反的城市国家，但这一决策好比妄想砍掉一个个许德拉（Idra）[*]的脑袋，根本无法带来最终的胜利：一个城市国家的暴动得以平息，其他城市国家的风波又起。卢森堡的亨利似乎没有意识到真正戕害意大利的罪魁祸首并没有隐藏在波河或台伯河流域，而是在阿尔诺河畔，这只狐狸“名叫佛罗伦萨”。[224]因此，卢森堡的亨利必得战胜这条毒蛇、这只被毒害的羊羔、这个拒绝与自己的合法丈夫欢爱却与身为万民之父的教宗乱伦的密尔拉（Mirra）。所以说，但丁是在敦促卢森堡的亨利动用武力进攻自己的家乡。

同样，这一封信也不应被视为但丁在得到接见之后以个人名义擅自向皇帝提出的“建议”（哪怕算不上“教诲”），但丁本人也说是代表他自己和其他人撰写了这封信。就在那段时间，托斯卡纳地区的流亡者群体制定了一套策略，希望联合各方力量说服卢森堡的亨利更换一条行军路径——但丁的这封信理应属于这一整套策略的一个组成部分。4 月 14 日，也就是落款日的前三天，佛罗伦萨的两位执政官给那不勒斯使节和安茹家族的罗贝托本人致信，称“托斯卡纳地区和伦巴第地区所有的吉伯林派，包括国王的谋臣在内，每天都在想尽一切办法说服卢森堡的亨利做出向佛罗伦萨宣战的决定”。或许这些托斯卡纳的流亡者的进言是有道理的，他们确实应该敦促卢森堡的亨利翻过亚平宁山，向佛罗伦萨发起正面进攻：若不是卢森堡的亨利没有听劝，他便不会陷入布雷西亚围城的困局，也不会彻底坏了他作为不偏不倚的公

* 许德拉，又译海德拉，希腊神话中有九个头的大蛇。——译注

正君主的名声。

如果说但丁以吉伯林派的立场向佛罗伦萨人写信之事已让人大跌眼镜，那么他煽风点火，鼓动他人进攻家乡之举又会让人做何感想？我们不妨读一读但丁是如何以一个刚刚遭遇失败的流亡者的身份在批判故乡的整体基调下来评价佛罗伦萨的：“我们爱佛罗伦萨，以至于恰恰是因为爱她，我们才会承受这不公正的流放之刑……若以我们的喜
244 好或是以我们的身心平静为标准，这世界上没有任何地方比佛罗伦萨更加令我们感到亲切。”[225] 要知道，就在不久以前，这个深爱故乡的人还曾委曲求全，为能够重返故乡而祈求宽恕。通过上述种种，我们便可明白皇帝的突然降临让他的内心迸发出怎样的复杂情感：知识人的理想主义、个人的愁怨、迫不及待的复仇心理……皇帝，一个只出现在昔日传说中的近乎神话人物的形象，如今却奇迹般地现身，仿佛历史已经走过了一个轮回，从士瓦本家族的灭亡之处重新翻开了篇章。

在旅居卡森蒂诺的那几个月里，但丁也成功地穿行于波皮城堡。此前，当他以圭尔甫派白党流亡者的身份浪迹于这片山谷时，这座城堡的大门曾是对他紧闭的。5 月，他成了圭多 · 迪 · 巴蒂福勒及其妻子盖拉德斯卡（比萨伯爵乌戈利诺 · 德拉 · 盖拉德斯卡之女）的座上宾。如往常一样，他通过担任秘书和文书之职获取食宿供给。盖拉德斯卡曾给罗马人的王后，即卢森堡的亨利之妻玛格丽特 · 迪 · 布拉邦（Margherita di Brabante）写过三封简短的回信——准确地说，是同一封信件的三版文稿。其中，前两封没有标明日期，最后那封的落款是 5 月 18 日，从波皮城堡寄出。但丁应该是这三版信稿的执笔人。可以看出，恰恰是撰写这封短信的过程引起了圭迪宫廷的不少议论。通过几版草稿的对比，我们能够隐约察觉到执笔人但丁与口授人之间的争议：但丁试图添加一些具有明显支持帝国倾向的政治性语句，而后者则坚持删除这类内容。在第一版草稿的结尾处（要知道，寄信人是伯爵夫人盖拉德斯卡），但丁写下了一段呼吁，希望上帝“让野蛮的国

家及其公民臣服于罗马人的帝国，保护人类，通过他的亨利的凯旋和
荣耀来改善这个狂热年代里的人类家族。”[226]这是非常具有但丁特色
的语句，也是具有鲜明政治色彩的言论。在第二个版本里，寄信人只
是轻描淡写地提到，愿“上天的神意只给人类社会安排唯一的一位君
王”。[227]在最终寄出的信稿里，上述内容几乎了无痕迹。按照盖拉德
斯卡的授意，但丁这样写道：“承蒙您——尊贵的罗马人的王后的关
心，我告知您，在向您发出此信的时刻，我挚爱的丈夫和我本人蒙上
帝赐福，身体安康，子嗣繁茂。崛起中的帝国必将许吾等以更美好的
未来，我们已见到希望之迹，因而比平日更加欢欣。”[228]自然，这封信 245
不可能对卢森堡的亨利的出征只字不提，但信中的言辞已不带有任何
犀利的政治意味，仅限于表达家庭范围内的某种个人的喜悦之情。圭
多·迪·巴蒂福勒知道这封信必将在帝国的文书处存档，因此不愿让
家族暴露于风险之中。

阿古聊的巴尔多的大赦

就在卢森堡的亨利的伟业盛极而衰的那一年，历史舞台上的其他演员展开了密集的外交攻势和重要的军事行动。

克莱孟五世继续尝试让卢森堡的亨利和安茹家族的罗贝托建立联盟，并用一桩婚事对双方的盟友关系加以巩固：新郎是安茹家族的罗贝托的儿子——卡拉布里亚（Calabria）公爵查理（Carlo），新娘是卢森堡的亨利之女贝阿特丽齐（Beatrice）。按照教宗的计划（但那并不是卢森堡的亨利的计划），阿尔勒王国——一片位于罗讷河（Rodano）东岸的广阔土地——应该成为卢森堡的亨利之女贝阿特丽齐的嫁妆。该区域包括许多大型封地，如普罗旺斯、勃艮第（Borgogna）和萨伏依（Savoia）的伯爵领地。这些地区虽归帝国所有，但自从士瓦本家族统治时期起，帝国行使的就只是名义上的统治权。最强有力的实际

统治者恰恰是普罗旺斯的伯爵——安茹家族。通过与卢森堡的亨利联姻（此前，他们还曾尝试与哈布斯堡家族联姻），他们本可以实现对整片地区的统治。当然，这一计划不可能不遭到腓力四世的反对。当时，他正通过包括武力手段在内的各种渠道——将法兰西王国的势力向此地扩张。1311 年 5 月，教宗克莱孟五世被迫反悔，公开宣称他永远不可能允许罗马人之王将阿尔勒王国的权利让渡给任何除罗马天主教廷之外的第三方。这是一个相当明显的信号，表明教宗对卢森堡的亨利的态度正在改变，且法兰西国王对教宗的制约已经开始发挥效应。

安茹家族的罗贝托仍在行明修栈道暗度陈仓之计。一方面，他不愿与教宗发生冲突，派出了合议使团前往帝国，希望能够通过联姻，让皇帝任命自己的儿子查理为帝国在托斯卡纳的代理人。只要皇帝应允这一要求，他便表示同意让皇帝的队伍顺利通行，前往罗马。另一
246 方面，他又行敲诈勒索之举：他与佛罗伦萨达成一致，派出一支由圭尔甫派雇佣骑兵队资助的加泰罗尼亚雇佣军，前去占领维西里亚（Versilia），封锁了帝国军队唯一可以通行的廊道；与此同时，他又命兄弟——格拉维纳的伯爵约翰（Giovanni conte di Gravina）——率军前往罗马，名义上是保护卢森堡的亨利进驻罗马期间的安全，实则是为了阻止加冕仪式的举行（他的这一居心随后就会暴露出来）。

佛罗伦萨采取的策略分为内外两个方面：对外扩展圭尔甫派联盟网络（当年 3 月底，也就是在但丁写下那封针对佛罗伦萨人的书信之后的几天，在佛罗伦萨召开了一次圭尔甫派城市国家会议）；对内加强城防工事，在最大程度上团结民心。

关于这一时期佛罗伦萨的城市生活，最令人担心的是，即使在如此危急的情势下，城市内部激烈的派系和家族之争也丝毫没有缓和。1311 年，城中的数起私人复仇行为引发了整座城市国家的混乱和动荡。眼见与帝国开战的可能性越来越大，佛罗伦萨政府决定平息内部纷争，实行一次大赦。赦令于当年 9 月 2 日颁布，史称“阿古聊的巴尔多改

革”——这位担任执政官之职的法学家是这一举措的最主要策划者。此次大赦（申请获得赦免的罪犯需按照被判处罚金额度的百分比支付一定数额的税费）所涉及之人既包括普通罪犯，也包括政治犯，因此覆盖了城区和郊区的数千人。佛罗伦萨政府希望通过这一举措削弱流亡者群体的力量，增强城市国家内部的凝聚力。为了规避风险，确保城市国家内部的安定，此次大赦将吉伯林派排除在外，此外，部分圭尔甫派成员也无法享受该政策。最终被列入例外名单的大约有来自各个行政区的200个家族和同等数量的个人，他们均被公开认定为无权享受大赦的暴民。在这份名单里，我们看到但丁 · 阿利吉耶里的名字就在骑士乔内 · 迪 · 贝罗的儿子们的姓名旁边。我们姑且不去深究杰里 · 德尔 · 贝罗的侄子们为何被排除在大赦名单之外，只考虑作为政治犯的但丁为何会被剥夺享受大赦的权利。我们只要想一想他在头几个月里是如何为皇帝进行积极宣传，又是如何反对佛罗伦萨的，便会认为这个结果理所当然。他若是出现在被赦免的人员名单里，那反倒会让人感到吃惊。

颇为蹊跷的是，在这份相当精确的长名单里，我们看到的大多是 247
整个家族或是某一家族相当一部分成员的名字，因此，某个个人的姓名后面往往会跟有如下字样：“及其儿子”（这种情况占绝大多数）、“及其兄弟”、“及其配偶”、“及其侄子”，有的甚至会精确至“及其配偶，除……”；然而，在但丁的名字后面，却没有任何附加信息。之所以说颇为蹊跷，是因为但丁的确有儿子，而佛罗伦萨的法律在对待流放者子嗣方面的规定是非常严格的：男性后代一旦年满14岁就要被逐出城外。于是，我们可以假设，与父亲的境遇不同，两个儿子雅各伯和皮耶特罗获得了赦免。但这一假设却与四年后的事实存在冲突：1315年，当父亲但丁再次被判死刑时，他们也被牵连。如此，唯一的可能就是他们在1311年9月尚未满14岁，因此不属于法律制裁的范围，而他们在1315年以前，就达到了法定的被流放年龄。至于那个未被认定的长子乔凡尼，情况就不一样了：假如他果真是但丁的儿子，那么早在 1308 年以前，他就应该遭到流放；若说他没有出现在这一份名单里，这说明他一定是在这几年里夭折了。通过对史实年代进行重构，我们似乎可以确证：另外两个儿子降生的时间应该与但丁迎娶杰玛的时间（估计在 1297 年至 1300 或 1301 年之间）有相当长一段距离。

旧日阴影

1311 年的暮春时节，但丁仍在卡森蒂诺。有人假设，在 1311 年的下半年，他感受到了圭迪家族的不信任，并选择离开了那里。的确，在波皮城堡，他已亲身见证了圭迪家族的圭尔甫派支系对加入皇帝阵营之事是何等漠然；不过在 1311 年夏秋之交，他们彼此都没有公开表达对于对方的异议，或是如同一年之后公开表明敌意。就算但丁的确离开了卡森蒂诺，他又能去何处栖身呢？卢森堡的亨利在伦巴第驻足不前；罗马涅地区处于安茹家族的罗贝托的掌控之中；就连通往马拉斯皮纳家族控制下的卢尼贾纳的通道也都有佛罗伦萨派来的雇佣军
248 把守。他唯一的选择便只有聚集了大量流亡者的比萨。但是，但丁若要前往这座城市，须得相当谨慎。自从他将那座城市国家称为意大利人的“耻辱”后（“啊，比萨呀，你是那美家园人民耻辱，/ 在你处人们说 Sì 的语言”[229]），比萨人对他友好相待的概率是微乎其微的。那时的他坚定地站在圭尔甫派的立场上，在描述乌戈利诺 · 德拉 · 盖拉德斯卡伯爵之死的时候毫无顾忌地撕开了比萨人尚未愈合的伤口。我们难道可以想象但丁不曾给圭多 · 迪 · 巴蒂福勒以及他的妻子、乌戈利诺的女儿盖拉德斯卡女士读过《地狱篇》里的那一歌？我们难道可以想象他不曾在摩罗埃罗 · 马拉斯皮纳（他也与乌戈利诺 · 德拉 · 盖拉德斯卡伯爵的一个儿子有亲缘关系）的家中读过那一歌？鉴于盖拉德斯卡所属的家族在比萨的密集关系网络，我们难道可以相信他创作这一歌的消息不会在比萨城中流传开来？此外，即使我们抛开《地狱

篇》对比萨的敌意不论，单是诗人与马拉斯皮纳家族的密切关系也会让比萨对诗人的态度雪上加霜：比萨人会如何看待这位圭尔甫派白党人？——他居然在他们的宿敌卢卡城内相安无事地生活了一年多。对于但丁而言，要摆脱尚未远去的旧日阴影并非易事。所以说，直到当年秋天已过，他才有可能从卡森蒂诺动身。

1311 年 10 月末，在卢森堡的亨利向热那亚行进期间，几位被皇帝派往图西亚的使臣几经磨难，偶然来到了卡森蒂诺的边境地带。使团中有三位主教：潘多尔福 · 萨维利（Pandolfo Savelli）——萨维利家族位于罗马，在加冕仪式前的武装冲突中，他们公开支持皇帝卢森堡的亨利、尼科洛 · 迪 · 利尼（Niccolò di Ligny）和祖籍卢森堡的多明我会修士尼科洛——阿尔巴尼亚的布特林特（Butrinto）主教（后来，他就亨利七世在意大利的一举一动撰写了一份详细的报告，呈交给教宗克莱孟五世）。此前，由于博洛尼亚人公开表示反对皇帝，三位使节历尽艰辛，来到了佛罗伦萨。在这里，他们被视为公敌，不仅被剥夺了马匹和钱款，还遭到了囚禁。重获自由后，他们途经穆杰罗，一路被护送至圣戈登佐，终于在这里获得了莫迪利亚纳－波尔恰诺地区的泰格里摩二世（Tegrimo II）的款待和保护。在接下来的时日里，他们得到圭迪兄弟——唐克雷蒂（Tancredi）、邦蒂诺（Bandino）和鲁杰罗（Ruggero）——的礼遇。唐克雷蒂和邦蒂诺是吉伯林派，鲁杰罗则与圭多 · 萨瓦蒂科 · 德 · 圭迪和圭多 · 迪 · 巴蒂福勒一样，属于圭尔甫派。圭迪兄弟宣布自己将效忠于卢森堡的亨利，并承诺皇帝一旦南下托斯卡纳，他们必将给予支持。在写给教宗的报告里，布特林特主教尼科洛强调说圭尔甫派人士对皇帝的统一大业一度表现得热情高涨，却没能遵守诺言，最终与佛罗伦萨站到了同一阵营。无论如何，帝国 249
使臣由北向南穿越了整个卡森蒂诺，前往阿雷佐，投奔伊德布兰蒂诺 · 德 · 圭迪 · 罗美纳主教。

如果说但丁在 10 月至 11 月期间仍然客居在圭迪家族的城堡，那么他一定参与了其中的某几次会面。我们不妨做一个大胆却不乏根据的假设：他跟随意欲返回皇宫的帝国使臣团队一道离开了卡森蒂诺，并与他们一同抵达了热那亚。对于一个如他这般需要保护（且很可能没有交通工具）的人来说，随同使团旅行（圭迪家族的成员为使团的后一段行程配备了坐骑）应该是最为理想的解决方案。假如事实的确如此，那么但丁应该是在 11 月底或 12 月初抵达了热那亚。在此前不久，卢森堡的亨利刚刚在那里设立了宫廷。

在“充满一切恶习”的热那亚人中间

卢森堡的亨利于 1311 年 10 月底抵达热那亚：他将在那里一直待到 1312 年 2 月 15 日，随后启程前往比萨。在热那亚，卢森堡的亨利同样要求执掌一切权力（虽遭到抵制，但最终还是如愿以偿），其理由在于必须终结那场令斯皮诺拉（Spinola）家族和多利亚家族（当时，城中的掌权者是“活着的死人”勃朗卡 · 多利亚之子贝纳伯 · 多利亚）势不两立的纷争。所以说，卢森堡的亨利又一次扮演了调停者君主的角色。然而，在热那亚停留期间，皇帝与城市国家的关系并非不存在张力。两者之间的关系之所以紧张，原因之一在于帝国的军队将布雷西亚城内爆发的瘟疫（12 月 14 日，玛格丽特 · 迪 · 布拉邦正是死于那场疫病）带到了热那亚。这种紧张的氛围也逐渐蔓延到了站在保皇派阵营的比萨城。就本性而言，卢森堡的亨利的确如史书所述，是一个性情温和的人，但他做起事来雷厉风行，哪怕在友人面前亦是如此。不过，在热那亚，卢森堡的亨利成功地整饬了军队，改善了财政状况，并为进军罗马做好了准备。此外，他还于 1311 年圣诞前夜宣布了与佛罗伦萨为敌的决定。此举尽管是为了摆出某种姿态，在事实上并不构成真正的威胁，但却清晰地将帝国即将实施的政治和军事举措昭告了天下。

1311 年至 1312 年的那个冬天，但丁也身处热那亚——有一个非

常特殊的见证人可以证实此事。在写给薄伽丘的一封书信里，彼特拉
克称自己一生只见过一次但丁，当时，他还只是一个孩子。关于见面 250
的具体地点和时间，彼特拉克并没有提及，只是说但丁和自己的父亲是朋友，两者都遭到了流放。通过研究彼特拉克描述童年生活的一些其他的信件，我们可以确定公证员佩特拉克和但丁就是在那一年的冬天在热那亚相见的，年幼的彼特拉克也在场。当时，公证员佩特拉克和他的家人正准备乘船前往阿维尼翁。由于海上天气恶劣，渡海变得十分艰难，以至于小船在马赛附近遭遇了海难。但丁和公证员佩特拉克是否算得上好朋友，这很难说；但两者之间有许多共同话题，这是毫无疑问的：两人同为圭尔甫派白党同盟的成员，在那些年里，两人的生活曾有多次交集；卢森堡的亨利的到来让两人都燃起了同样的希望；且两人都被排除在佛罗伦萨的大赦名单之外。当然，我们可以猜测，两人的话题应该不仅仅局限于政治。倘若但丁曾在阿维尼翁旅居的假设成立，那么对于即将迁往那座陌生城市的公证员佩特拉克而言，他应该有兴趣聆听一个刚刚离开那里不久的人向他描述一番那座城市的整体图景。

在热那亚，但丁应该与那些围绕着宫廷活动的流亡者（其中不乏友人或认识的人）有所交往；至于他是否曾结交城邦寡头政治体系中的领袖人物，这倒无法确定。不仅如此，我们甚至可以认为他与热那亚人的关系并非一团和气。根据某些传闻的描述，勃朗卡 · 多利亚的朋友和仆人还曾因为《地狱篇》对他们的辱骂而痛打诗人，以示报复（也有学者认为但丁正是因为在热那亚遭遇的冒犯，才会出于报复心理，写下了《地狱篇》里的那些诗句）。当然，这些传闻是不足为信的（后一个版本的传闻尤其站不住脚，因为那些诗句的创作时间是在 1311 年以前），不过，也不可完全不信：尽管这些事件本身显然是出于杜撰，却也足以作为衡量政治氛围的温度计。即使我们强调，《地狱篇》在那一年尚未发表，因此勃朗卡 · 多利亚不可能为此大动肝火，也不能抹除这则传闻的深意。在但丁写下那些诗句的年代，城中的权

贵尚且活在人世，而但丁居然敢公然抨击他们。我们常常欣赏诗人的正直、勇气和他不畏后果的行事方式，但由于史料的缺失，我们恰恰
251 很少追问这类举动引发了何种后果，又对诗人的人生造成了何种影响。
至于究竟有什么样的影响，我们可以从但丁本人的话里窥见端倪，在《天国篇》里，但丁向卡恰圭达展示了自己的恐惧：称自己曾说出那些不带任何伪装，因而令所指群体感到“猝不及防”的、“令人觉得辛辣苦酸”[230]的实言。针对多利亚家族、菲耶斯基家族以及整个热那亚人群体的抨击（“啊，热那亚，你的人与众不同 / 无良俗，却沾染邪恶习惯，/ 为什么还不快消亡世间？”[231]）并不仅仅局限在这个秘而待宣的部分。在整部《神曲》中，但丁不断影射时局，即使是谈论过去发生的事情，他也要以当时的政治视角来进行分析，或是将那些事件与自己当时的生活境况关联起来。他所写下的那些篇章十分类似于我们今天的“时政纪要”（instant-book），他是绝不可能将其紧锁在自己抽屉里的。那些斥责热那亚人的诗句，他至少曾给马拉斯皮纳家族的成员读过。中世纪的贵族圈子很小，相互之间都存在千丝万缕的亲缘关系。但丁诗句中的“苦涩滋味”应该在那个圈子里广为流传。多利亚家族不至于将诗人痛打一顿，但热那亚城内的吉伯林派领袖们是否会热烈欢迎这位来自佛罗伦萨，并与好些圭尔甫派家族（如摩罗埃罗 · 马拉斯皮纳的家族，这些家族都是热那亚的敌人）来往密切的流亡者，这就非常难说了。总之，但丁很可能为自己不断变化甚至彻底反转的政治立场及其与庇护者之间的人情债付出了代价。如果说在 1306 年至 1308 年期间，他体验了自己先前与吉伯林派流亡者结成同盟而造成的后果；那么此时，他宣称自己是全心全意的圭尔甫派，并宣称向马拉斯皮纳家族效忠，这一举动将使他再度面临危机。无论是在热那亚，还是在随后即将前往的比萨，一个像他这样不受法律保护的流亡者，只能借助宫廷或其周边环境的庇护，才能避免陷入困局。另外，若不是皇帝的宫廷设在热那亚，又会有其他什么理由能够促使他跑到那座城市呢？

一种理论的酝酿

如果不是为了远离圭迪家族，但丁究竟是带着什么样的动机前往热那亚的呢？事实上，他的人生保持着一种常态：假如前一时期全身心参与政治，那么在接下来的一段时间里，他必定选择隐退，以便专心投入研究和写作。在与流亡盟友共同斗争了两年之后，但丁感到有 252
必要对前一段时期的最新经历进行梳理，并将他在那一时期积累的诸多灵感、思绪和知识系统地归入某个统一的观念体系中去。于是，他隐居在博洛尼亚，开始专心撰写《飨宴》和《论俗语》。于他而言，针对每一天所经历的事件进行梳理和归纳，将其提炼为更高层次的普适性理论，是一项必不可少的思维活动。在身边的社会大环境发生变化——尤其是内心看待时局的角度和标准发生变化——的过渡时期，诗人的这种需求就会愈发强烈。1311 年就属于这样一段时期。

直到 1310 年以前，但丁——无论是作为市民还是作为流亡者——一直是一个“属于城市国家的人”。尽管他反对过佛罗伦萨，却从没想过要取缔其独立自主的政治地位。即使是流亡在外，他也仍然将佛罗伦萨视作其历史观中的核心焦点。随着皇帝的出现，但丁改变了看待城市国家和命运的视角。从那个时候开始，但丁开始呼唤一种世俗的普世权力，一种由某个为大众谋求福祉的体制来维护的和平；他希望恢复那种能够打破现有政治和国家格局的皇权；总而言之，他通过自己的行动和作品对卢森堡的亨利的政治计划表示支持。然而，一个像但丁这样的学者不可能不去反思该计划的合法性及其理论依据。早在撰写《飨宴》的时期，诗人就已经开始思考帝国的职能。1311 年，也就是斗争进入白热化阶段的时期，他已澄清了某些相关的理论（举个例子，在写给佛罗伦萨人的那封书信里，他明确阐述了帝国的神圣起源：上帝让帝国存在，“为的是世俗之人能够在伟大的保护之中享受和平与宁静，各地的人们都能采用文明的举止，遵守自然界的法律”[232]）。不过，诗人此时还没能勾勒出一个集史学、法学和神学理论于一体的有机的框架体系，以无可辩驳的正确理由将卢森堡的亨利及其身边之人置于该体系之中，并赋予他们的行为以合理性。这一框架将在另一部专门探讨“帝国体制”的论著中完整地呈现出来。在但丁那里，所谓帝国体制，就应该是“唯一的王国和唯一的君主”[233]。但
253 丁很有可能是于1311年，当他还身处卡森蒂诺的山谷里的时候，就开始构思这部作品的内容了。在这样的一部作品中，法学研究的重要性尤为突出。因此，但丁需要添置大量法学藏书，以便提升自己在该领域的驾驭能力。此时的但丁或许已经具备一定的法学知识，但仍然难以驾驭一部分量如此之重的作品。他能在圭迪家族的城堡里找到他所需要的书籍吗？——包括《学说汇纂》(*Digesto*)和阿克尔修斯(Accursio)及奥多弗雷德·德纳里(Odofredo Denari)的论著。然而，作为大量法律文献的起草中枢，亨利七世的帝国文书处一定收藏有上述作品。不仅如此，由于帝国宫廷与欧洲各国君主的文书处以及维埃纳大公会议持续保有联系，所以他们能够提前收到各类由大公会议颁布的政令和文件的草稿。此时的但丁正在筹划撰写一部牢牢植根于现实政局的理论作品。因此，对于他来说，这一类文本资料具有相当宝贵的价值。

加冕与灾难

1312年2月15日，卢森堡的亨利从热那亚启程，以缓慢的速度行进，于3月5日抵达比萨港。第二天，皇帝的队伍在一片庆祝和欢呼声中从圣彼得圣徒殿(San Piero a Grado)出发前往城市主教堂。这一情景并不令人惊讶：长久以来，比萨一直站在支持帝国的阵营之中。然而，面对卢森堡的亨利在经济方面提出的条件及其不容商榷的集权思路，比萨人的热情又大幅降低了。鉴于在比萨聚集着大量来自托斯卡纳的吉伯林派人（例如，莫迪利亚纳和波尔恰诺的圭迪家族的泰格里摩二世从卡森蒂诺赶来，伊德布兰蒂诺·德·圭迪·罗美纳也从阿

雷佐赶来，并于次年病逝于此），皇帝可以再次充实队伍，预备朝罗马进军。4月23日，卢森堡的亨利率领军队出发，取道马雷玛，于5月6日抵达罗马。

早在几个月以前，卢森堡的亨利就已委派帝国的元老萨伏依的卢多维科二世在克罗纳家族的支持下在罗马接应。他的任务是取得罗马城的控制权，确保在圣彼得大殿的加冕仪式顺利进行。然而，恰恰是为了阻挠加冕仪式的进行，那不勒斯的国王在头年12月就派他的兄弟格拉维纳的伯爵约翰率领一支军队进驻了罗马。这支安茹家族的军队得到了奥尔西尼家族的大力支持，该家族是克罗纳家族的宿敌。此 254
时，这支军队已经占领了罗马城的相当一部分地区，包括所谓的博尔戈（Borgo）行政区，也就是台伯河（Tevere）与圣彼得大殿之间的区域。倘若双方达不成协议，卢森堡的亨利势必得大动干戈才能闯出一条通道。能够敦促安茹家族退兵的，只有教宗。事实上，克莱孟五世的确想迈出这一步，然而，迫于法兰西国王的压力，他只好放弃。不仅如此，他还在3月底警告卢森堡的亨利说那不勒斯国王是教廷最钟爱的"儿子"和封臣，因此不能受到打击。从这一刻开始，我们可以清楚地看到教宗已经向腓力四世让步，且不再对罗马人之王给予支持。卢森堡的亨利只好诉诸武力。在备战期间，他成功占领了卡比托利欧（Campidoglio）山和男爵家族的其他堡垒。5月26日，在克罗纳家族的帮助下，他又袭击了安茹家族的要塞，并试图突破奥尔西尼家族的防御工事，打开一条通往圣彼得大殿的通道。不过，"在罗马街头发生的最大的一场战斗"却以卢森堡的亨利的失败而告终。他没能攻克博尔戈行政区，进而放弃了圣彼得大殿这一传统加冕地，决定委曲求全，在拉特兰圣约翰大殿（Basilica di San Giovanni in Laterano）举办仪式。1312年6月29日，卢森堡的亨利以这一名称被加冕为第七任罗马人的皇帝。

从法律角度来看，这场由枢机主教代表主持的加冕仪式已经赋予了罗马人之王以官方认可的身份和权力：在接受加冕的当天，亨利七世发出了一封致欧洲各个君主的信件，在其中隆重宣告皇帝的主权仅听命于上帝的意志，高于所有其他君王（腓力四世回复说法兰西不承认任何高于其国王的权力）。然而，从象征意义上来说，一场并非由教宗亲自主持，尤其是不在圣彼得大殿举行的加冕仪式总像是一场光打雷却没下雨的事件。要知道，这是在近百年里首位罗马人之王被赐予帝王的皇冠（上一次是 1220 年腓特烈二世的加冕仪式）！此外，拉特兰圣约翰大殿也不是进行赐封的最佳场所。4 年前（1308 年 5 月 6 日），这座教堂曾在一场火灾中被烧毁了大半，尚未进行适当的修缮，甚至连在火灾中被摧毁的屋顶也没能盖好。

加冕仪式结束后，皇帝举办了宴会。关于这场宴会的报告文献较为
255 精确地反映了欢庆的氛围："豪华的宴席在圣撒比纳修道院（convento di Santa Sabina）的室外举行。此地位于阿文提诺山（Aventino）的高处，属于萨维利家族的领地……但敌方的投石手和弓箭手埋伏在阿文提诺山的制高点，用石头骚扰好奇地围绕着宾客的民众。此外，他们还用大声的嘲笑干扰宴会的进行……户外宴会被迫中断，挪到院墙内部继续进行。"

直到将近 8 月底，卢森堡的亨利一直待在罗马及其周边地区。在此期间，许多德意志君主纷纷散去，带着各自的小规模军队返回了德意志。如此一来，卢森堡的亨利原已单薄的军队遭到了进一步缩减。尽管如此，他依然决定与佛罗伦萨开战。卢森堡的亨利的实力足以让他在一系列发生于乡村或佛罗伦萨郊外的野地战中取得胜利，却不足以让他攻进城内或是开展有效的围攻。9 月中旬过后，他在佛罗伦萨的城墙下驻扎了 40 天左右，却没能封锁住所有的出城要道。这场无益的围城耗得军队疲惫不堪，对帝国的形象也造成了严重的打击。临近 10 月底时，卢森堡的亨利解除了围城，但仍在佛罗伦萨城附近停留了数月：他攻克了大量城堡和小城，却没能成功扭转越来越明显的败局。直到 1313 年 3 月初，他才返回比萨。

与此同时，发生了一件令人哗然的大事。自 1311 年下半年起，在依照克莱孟五世之建议与安茹家族的罗贝托展开谈判的同时，卢森堡

的亨利与西西里的国王阿拉贡家族的斐得利哥三世也展开了谈判。早在晚祷事件（Vespri）发生时，安茹家族就一直在徒劳地争取收复西西里岛的统治权——在他们眼里，岛上的阿拉贡家族的君主权力是不合法的。1312 年 7 月 4 日，在加冕仪式过后不久，阿拉贡家族就与皇帝卢森堡的亨利签署了军事联盟协议，其目标是同时从北面和南面夹击那不勒斯王国。

与斐得利哥三世达成的同盟为皇帝提供了一种可能：给他真正的最强大的敌人以致命一击。于是，他首先（于 1313 年 4 月 26 日）宣布安茹家族的罗贝托犯下了背叛帝国的罪行，应被处以砍首之极刑，随后于 8 月 1 日正式向那不勒斯进军。就在同一天，西西里舰队从墨西拿（Messina）出发，斐得利哥三世也率军入侵了卡拉布里亚。一 256
切迹象都表明安茹家族的罗贝托将被这把铁钳捻得粉碎，而亨利七世则将成为整个意大利半岛的主人。谁也不曾料想，在向南进军的过程中，皇帝身染重疾：8 月 24 日，在行军至锡耶纳附近的布翁孔文托（Buonconvento）时，他最终撒手人寰。

帝国的军队作鸟兽散，一度聚集在皇帝身边的吉伯林派成员各自返回了自己的城市，就连流亡者也都离开了：只有条顿骑士团的成员将皇帝的遗体一路护送至比萨。为了防止腐烂，皇帝的尸体被挖去了内脏，然后用酒和香料煮沸处理。在比萨举行的葬礼非常隆重，皇帝的遗体被安葬在城市的主教堂。今天，人们仍能瞻仰那尊由比萨政府委托蒂诺 · 迪 · 卡玛伊诺（Tino di Camaino）雕刻的棺冢。当有人开始传言（这一传言一直持续了好几百年）亨利七世并非死于疾病（或许是一年以前，当他住在罗马郊外农村时，感染了一种类似疟疾的疾病），而是死于投毒的时候，弥漫在城里的悲痛气息变得愈发沉重了。不仅如此，传言还认为罪魁祸首是亨利七世的拥护者，多明我会修士贝尔纳蒂诺 · 达 · 蒙特普尔恰诺（Bernardino da Montepulciano），说是他将有毒的圣餐面包发给了皇帝。尽管帝国宫廷方面否定了这一说法，但消息还是不胫而走。在许多城市里，多明我会修士成了众矢之的，纷纷遭到袭击和伤害，甚至连他们的教堂和修道院都没能幸免。

《炼狱篇》中有一段晦涩的诗句，夹在一段极其隐晦的预言之中。那句著名的“五百、十和五”似乎是在影射此事——当然，说这话的前提是但丁也认为亨利七世是被人谋害的：“你应知，罐已被恶蛇打烂，/ 有过者却总有侥幸之念，/ 然上帝的惩办不惧蘸汤的面包片。”[234] 倘若原文中的“suppe”一词确实应被理解为“在某种液体中被浸泡过的面包”，加之这则《炼狱篇》里的预言也的确是在亨利七世暴毙之后创作的，那么但丁所影射的就应该是亨利七世因食圣餐面包中毒身亡的传闻：那些导致教廷毁灭（被作为撒旦化身的蛇身龙头怪打破的“器皿”）的罪魁祸首并不会因为那个被指派去投毒的人当了替罪羊就能洗白自身，从而逃脱神圣的报应。

257 《帝制论》

我们基本可以确定，但丁出席了皇帝的葬礼。他应该是在 1312 年 3 月初跟随皇室队伍来到了比萨。据我们所知，这还是他第一次踏足这座城市。在大约 25 年以前，这位年轻的轻骑兵在见证了卡普罗纳的投降后，曾随佛罗伦萨军队来到这座城市的城墙脚下。当时，比萨城在圭多 · 达 · 蒙特费尔特罗的守卫下固若金汤，无论是当时还是在那之后，他都不曾进入那座城市。如今，当他进入比萨城时，其身份并不是该城市国家的圭尔甫派敌人，而是它的盟友。他很有可能是在热那亚时就为自己找到了一个位置——即使不是皇帝近身的随从人员，也属于宫廷周边的某个圈子。此外，他与帝国文书处的公证员和法学家群体也有所往来。他并不缺少熟悉的人——如帕米耶罗 · 德 · 阿托维迪——帮他举荐。或许普拉托的尼科洛主教也帮了一些忙。根据帕多瓦著名知识人阿尔贝蒂诺 · 穆萨托（Albertino Mussato，当时，他作为使节身处热那亚）所述，普拉托的尼科洛主教是城中吉伯林派（尤其是来自托斯卡纳的吉伯林派）的重要联络人。到了比萨以后，但丁仍然很有可能继续倚赖那些人物的帮助。

关于那些发生在比萨城外的一系列事件——加冕仪式、佛罗伦萨围城、亨利七世暴毙——但丁似乎并没有亲眼见证。毫无疑问，他并没有跟随军队围困佛罗伦萨。据列奥纳多·布鲁尼所述，“他不愿出现在那里”，因为“他热爱故乡”。

在比萨，但丁将全身心投入那部以“帝制”为主题的哲学和法学著作。我们可以推测，或许是因为这个原因，他离开了卡森蒂诺。

这部论著包括三个部分，每一部分回答一个具体问题（*questio*）。三个问题依序为：君主国（或帝国）是否“对维护世界的良好状态具有必要性”；“罗马人民是否是为他们自己要求恢复帝制，并将其视作自身的权利”；“君主的主权究竟直接来自上帝，还是来自上帝的某个仆臣或代理人”。[235] 但丁凭借严格的三段论推理手法，从具有普适性的抽象伦理学、哲学和神学原则出发，辅以历史学的观点，首先确定了一个大的前提：“在所有等级的人间之善里，世界和平是至高无上的
善。”[236] 随后，他表明：对于世界的秩序而言，由唯一的一人（皇帝或 258
君主）进行统治是必要的，因为这个人（与普通的国王、君主以及寡头领袖集团或选举产生的领袖不同）能够确保最高程度的公正和最大程度的自由，能够协调各方的利益，因此能够维护世界和平（第一部分）；罗马人不像其他国王和君主那样通过武装和暴力统治世界，该民族的优势是神圣的上帝赐予的，其目的是让他们征服所有的民族、建立和平的秩序，耶稣基督选择在罗马帝国时期降生，正说明他也认可罗马帝国充分拥有统治人类的权利（因此，任何基督教徒或教廷神职人员若是与帝国作对，或是诋毁帝国，就是犯了严重的大罪，因为帝国是被耶稣基督明确认可的）（第二部分）。最后（第三部分），在关于照亮世界和引领世界的两大“光源”（罗马教宗与罗马皇帝）的关系问题上，但丁指出，许多教廷博士都认为皇帝“仿佛月亮，是次要光源，若不是因为接受太阳的反光，自己就无法发出光线；同理，世俗

权力机构若不是从精神权力机构那里获取主权，自身便不具备主权”[237]。与他们的观点不同，但丁认为君主的主权直接来自上帝，“丝毫不依赖于教廷”。他得出结论：教宗“无权解除或约束帝国的政令或法律”[238]，甚至不能搬出君士坦丁大帝（Costantino）将“罗马——不仅是帝国的都城，还享有帝国的其他尊贵权力”进献给教廷的说辞，因为“君士坦丁大帝不可能将帝国的权力拱手送人，同时教廷也不能够接受这样的献礼”[239]。但丁认为，这两大权力是井水不犯河水的：人追求的是“人间之善”和“永恒之善”[240]，因此，为了让人类能够两全其美，上帝便给他们派了两位向导，“一位是教宗，他将根据上帝向他启示的一切引领人类企及永恒之善；另一位是皇帝，他将按照哲学的教导，引领人类获得人间幸福”[241]。

“他人未曾尝试论述的真理”

我们已经说过，就其俗语诗歌作品而言（事实上，这一观点适用于他的全部作品），但丁“比其他任何一位诗人都敢于突破传统强加于
259 他的惯有套路”。无论创作的作品是属于某一种体裁还是难以界定为某一种既有体裁，但丁总是尝试别创新格。的确，他的所有作品都具有创新性，没有任何一部可以被完全纳入某种既有题材的框架之内。只有《帝制论》（*Monarchia*）似乎是个例外，其论述步骤严格遵守规范，字里行间流露出的是典型的“中世纪大学”（*Studium*）派文风，作者貌似不打算将新的创意注入原有的传统，只想撰写一部中规中矩之作。然而，即使是在这部论著里，但丁也不乏创新之举。他为此颇感自豪，说：“我计划……阐明那些他人未曾尝试论述的真理。”[242]

但丁对其独创性的宣称是名副其实的。在《帝制论》里，但丁的确加入了大段辩论，其主角均为 13 至 14 世纪的著名法学家，但又有哪一部探讨政治和法学的作品会像这部论著一样，“将《学说汇纂》与

蒂托·李维、维吉尔、奥维德、卢坎和波爱修斯相提并论，与亚里士多德及其解读者相提并论，与塞内加（Seneca）和西塞罗相提并论”？更为重要的是，有哪一部作品如《帝制论》一般，将作者的爱恨情仇注入一部高度抽象的纯形式哲学思辨的理论作品中？在他所投身的每一个领域，但丁都试图另辟蹊径，这部作品不仅体现了但丁在这一方面的能力，还清晰地展示出他极为典型的个人特色——作者亲身经历和见证的现实事件与基于这些事件而做出的系统化和概念化的反思相互交织。《帝制论》之所以被视作一部典范之作，正是因为其行文逻辑严谨，其基于普遍原则的价值体系等级缜密，其论述方式“科学”而冷静，而隐藏在这一切的背后的，其实是如岩浆般浑浊的、充满冲突的、不稳定且掺杂个人情感因素的偶然的现实。难怪有人会探讨这部作品中的历史事件是否与亨利七世相关，又或者其主角乃是康格兰德·德拉·斯卡拉。

事实上，许多线索都指向亨利七世的时代。我们甚至还可以进一步限定该作品——即使不是整部作品，至少是最后一部分——的创作年代。我们可以看到，作者的核心观点（由上帝直接赋予的用以维护
人间和平的皇权直接来自上帝，无需任何代理人作为中间媒介）与加 260
冕仪式后亨利七世与克莱孟五世的关系遥相呼应。如果说在第一阶段，两人似乎达成了某种协议——亨利七世坚持请求教宗对他的身份给予确认（*confirmatio*），教宗也表示愿意认可亨利七世的身份，并由此证明教权高于皇权；那么在加冕仪式前那段剑拔弩张的时期，当教宗屈服于法兰西的威胁时，两人的关系则陡然紧张起来，站到了彼此对立的立场上：新科皇帝强调君主权力的完全自主性，教宗则强调皇权应臣服于教权。正是在那几个月里，各国君主（包括法兰西的腓力四世和安茹家族的罗贝托）对教宗的公开反对显而易见。正如《旧约·诗篇2》（*Salmo 2*）所述：“万邦为什么嚣张，众民为什么妄想？世上列王群集一堂，诸侯毕至聚首相商，反抗上主，反抗他的受傅者。”[243*]

* 见《圣经·诗篇》2:1–2，此处采用思高本的译文。——译注

《帝制论》的撰写不仅要求作者具有极高的教理、法学、哲学、史学和神学素养，还要求作者对1312年夏季至1313年夏季的文献、政令、书信、法律文书以及由皇帝、教宗、国王等人签署的各类文本了如指掌，如：1313年4月2日由亨利七世颁布的《比萨宪章》(*Costituzioni Pisane*)，该系列文献规定任何人都必须臣服于皇帝，也就为处决安茹家族的罗贝托埋下了伏笔；若干封致教宗的“上书”(*petitiones*)，在这些文稿中，那不勒斯国王不仅请求教宗宣布加冕仪式无效，甚至提出在一个我们今天称之为民族国家的君主国林立的世界，根本就不需要所谓“普世帝国”(在他看来，帝国是通过武力征服的，而非像但丁所说，是通过天赋权利诞生的)；一系列由克莱孟五世于维埃纳大公会议结束后颁布的政令，其目的不仅是为了宣布亨利七世针对安茹家族的罗贝托做出的处决无效，更是为了重申自己统领基督教共和国的权利和义务。这是一批错综复杂的海量文献（具体内容还有很多，如腓力四世对亨利七世在完成加冕仪式后发出的诏令的回复），在那几个月里接踵而至，甚至是交叠而至。根据这些文献，我们似乎可以判定但丁的许多论述的撰写时间应该都是在1313年春天。

这些从《帝制论》里隐约窥见的背景文献或许可以作为一种证据，证明但丁与帝国文书处的确保持了往来：事实上，除了那个机构，又有什么其他机构能够让他如此快速地查询到这么多种类的信函、政令和其他文献呢？以克莱孟五世的政令为例，在正式颁布以前，但丁就
261 已先睹为快。我们的问题是：但丁与帝国文书处之间是仅有往来，还是存在合作？《帝制论》有——准确地说，是应该有——一种明显的政治宣传色彩，这就让人不免猜测但丁与帝国文书处之间存在某种合作关系：若说但丁是依照某人的授意而撰写这部作品的，这种可能性不大，但他很有可能咨询过亨利七世身边的某些法学家，并从他们那里获取文献资料。

我们可以确定，但丁的出发点并不是为了撰写一部政治宣传性的作品。他的目标要高远得多。不过，很明显的是，这部作品可以被用

作政治宣传。对此，但丁是心知肚明的，他似乎也很担心该作品会引发有违初衷的效果。在作品的结尾部分，他先是表明皇帝所掌控的世俗引领权是独立于教宗的精神领袖权的（若以隐喻的方式来表述，照耀基督教群体的，是两个“太阳”，而非“一个太阳”和“一个月亮”），随后，他感到有必要进行补充说明：“这一真理……不应被狭隘地理解，仿佛罗马人的君主不受罗马教宗的制约，毕竟，从某种程度上来说，属世的幸福终究是受制于永恒的幸福的。”换言之，但丁劝勉皇帝向教宗献上“一个长子应向父亲表达的尊崇”[244]。但丁之所以发出这一劝勉，一方面是出于其内心深厚的宗教情感以及其从未改变过的正统做派（在他看来，教宗既然是基督之代表，那么就算是卜尼法斯八世，也是不可触碰的），另一方面也可能是因为他担心那些关于两种权力划分的过于激烈的论断会被他人利用，给亨利七世和克莱孟五世之间本已紧张的关系火上浇油。这种担心可能得到了帝国宫廷的认同，所以他们从未与教廷公开对抗。基于此，我们可以认为《帝制论》在客观上被用作了政治斗争中的某种宣传工具。事实上，在 14 世纪的 20 年代末，这部论著的确卷入了教宗和巴伐利亚的卢多维科四世（Ludovico IV il Bavaro）的论战之中。根据薄伽丘的记述，在那次事件中，这部“直到当时还默默无闻”——换言之，鲜有人知——的作品，因为被吉伯林派利用为论战工具而“声名大噪”。我们不妨追问，既然作品呈现出明显的政治宣传色彩，又为何没有在它创作的年代被拿去使用，而是被束之高阁呢？一种可能的回答是：假如该作品是在 1313 年的夏天（而非前几个月）才最终完成的，那么它还来不及被广泛传播。亨利七世的突然暴毙让这部论著失去了它的现实价值。

血脉相承的权利 262

《帝制论》或许是但丁创作的唯一一部不含明显自传痕迹的作品。

然而，由于但丁在每一部作品中都有谈论自己的需求，这部作品里的自传线索需要在理论论述部分的字里行间去探寻，就好比作品对于现实的描述也是隐藏在貌似不相关联的法学和哲学论述之中的。

在但丁所有的作品中，对于何谓高贵以及如何才算是高贵之人的反思是一条共有的主线。通过对高贵（究竟是源于心灵，还是源于家世，也就是血脉）的探寻，但丁尝试剖析各种社会关系，并尝试摸索一个有序社会的最佳状态。不过，也有人强烈质疑他将某些个人利益因素掺杂在这一过程中。换言之，但丁不仅想要探讨何谓高贵，还需要给他自己进行社会定位。自青年时期起，但丁的心头就一直笼罩着某种不安：无论是在城市国家还是封建宫廷，他的社会地位始终难以界定。这种不悦对他的反思产生了隐性的影响。

在他多年以来陆续撰写的文稿里，亚里士多德的一条断言仿佛"主旨"一般引领其核心观点："高贵蕴于德性和祖传的财富。"13 世纪 90 年代，在那首题为《我常常寻找的甘甜的爱之韵律》的合组歌里，但丁曾以略带藐视的口吻对亚里士多德的观点（当时，他认为腓特烈二世是那种高贵的化身）进行强烈批判："那位拥有那种高贵的皇帝，/ 在他看来，/ 就意味着祖传的财富 / 和令人称道的举止。"[245]——写下上述诗句的，是那个支持城市国家的圭尔甫派成员但丁，当时的他坚定地支持心灵的高贵，认为高贵与家族承袭并无关联。后来，在《飨宴》里，诗人开始远离原先对皇帝做出的评判，以谨慎而恭敬的态度开启了一条新的道路，打算重新考量家族承袭的因素对于高贵的身份究竟价值几何。此时，在《帝制论》里，在开篇探讨罗马人要求获取帝国尊严的权利之时，但丁再次提到了亚里士多德的论断，并对此表示同意："众所周知，人之所以能变得高贵，乃是由于德性的缘故——自身的德性和祖先的德性。事实上，根据那位哲学家（亚里士多德）在《政治学》（*Politica*）里的论述，高贵蕴于德性和来自古代
263 的财富。尤维纳利斯（Giovenale）也说：'心灵的高贵是唯一的德性。'上述两种观点表明了两种不同的高贵的来源：一种源于自身，一种源

于祖先。基于这些理由，高贵之人理应得到眷顾。”[246] 这是但丁对于世袭贵族的重新认可，接下来的文字也可证实这一点。但丁强调，作为帝国先祖的埃涅阿斯之所以是高贵之人，一方面是由于他个人的德性，另一方面也是因为他从诸位祖先及其妻子身上承袭了高贵的因素。需要注意的是，但丁从没有简单地认为真正的高贵是通过出身和家世来获取的——于他而言，个人的德性永远是主导因素——然而，鉴于德性（*virtus*）是一种低于高贵（*nobilitas*）的特质，血脉就成了一种特殊的先决条件：血脉辅以个人德性，便能企及完全意义上的高贵。

但丁深知自己通过多年投身公共事务，参与政治活动和智力工作积累了大量能够证明自身德性的资本，足以表明心灵的高贵。如果他还能增添一份光彩的家世，一个被普遍认可的贵族门第，他就能取得全方位的话语权：他不仅是一个德高望重的但丁，还是一个如埃涅阿斯一般高贵的但丁，有权号召这个世界恢复当年由埃涅阿斯奠基的体制。短短几年以后，在创作《天国篇》期间，但丁便完成了从理论上重新审视世袭因素的重要性到宣称自己是通过血脉传承而企及高贵的跨越。在第十六歌开篇之处的序言里，当作品中的诗人得知自己的高祖卡恰圭达曾是骑士，并且还曾获得皇帝的加封时，倍感荣耀自豪：

噢，太渺小，我们的高贵血统！
众人都依赖你炫耀人间，
尘世上我们情受到诱惑，
它对我却不再奇异、不凡：
因天上人欲望不会扭曲，
在那里我说话自觉光灿。[247]

尽管来自血统的高贵微不足道，但若能拥有这份高贵——哪怕是在天国里拥有它——也令诗人引以为豪！作者的评论进一步突出了作品中主人公的情感。我们能够看到，当但丁谈及家族的高贵时，采用 264

了一种绝无仅有的直白的口吻——事实上，在他所有的俗语作品和拉丁文作品中，只有此处明确使用了“来自血统的高贵”这一表述。

从前，当这个年轻人以诗人的身份出道时，曾宣称自己是一个因心灵而高贵的人，并由此进入了一个狭窄的文化贵族圈；然而，当他结束自己的文学家生涯时，居然表现出一种令人生疑的希求：想要获得来自血统的高贵。这一段漫长旅程的结果以毋庸置疑的方式表明：那个属于城市国家的人，那个即使流亡在外也目不转睛地关注佛罗伦萨的人，那个一直以来在实质上仍以佛罗伦萨的价值体系来看待政治事件和社会变迁的人，已经彻底改变了他的评价标准，并终于找到了一个对他而言具有归属感的社会环境。在十多年与各个大小封建家族的接触过程中，尤其是在亨利七世的统一大计似乎要给一个日渐腐朽、无可救药的社会和世界重新注入活力和意义的时候，但丁感到自己属于那个广大的社会群体，而世袭贵族则代表了这种社会的信念支柱、生活方式和政治理想。

五　预言者（1314—1315） 265

一位“五百、十和五”，

由上帝派遣而来[248]

明确的使命感

对于但丁而言，亨利七世的暴毙可谓当头一击。在最近的十年里，没有哪一次灾祸对诗人造成过如此剧烈的伤害。一个眼看就要成真的梦想居然出乎意料地化为了泡影，这令诗人惊愕不已。事实上，所有支持皇帝的人都陷入了迷茫和失望。在一首题为《悼卢森堡的亨利》（*Per la morte de lo imperatore Henrico da Lucimburgo*）的合组歌里，奇诺·达·皮斯托亚表示亨利七世并没有死，他只是“幸福地活在”天国，其“美名”将永存于人间，死去的是他的追随者：“死去的是那些仍活着的人，/ 只因他们坚定地将所有信念都寄托于他……/ 人人皆错愕不已。”

然而，我们并不能因此而描画一个自暴自弃，将不久前的计划和激情抛诸脑后的但丁。相反，这一时期的文稿让我们看到了一个战斗者的形象，对所负有的使命表现出有增无减的激情。他的文字充溢着预言者的热忱与坚定。

亨利七世故去尚不到一年，但丁就给正在召开秘密会议的意大利枢机主教们写了一封言辞激昂的信件。1314 年 4 月 20 日，克莱孟五世去世，大约十天后，23 名枢机主教聚集在卡庞特拉（Carpentras）的主教宫里选举继任者。他们分成了三个派别：人数最多的是加斯科涅派，其成员都是由克莱孟五世任命的主教，还有意大利派和法兰西派。但丁的致信对象是八位意大利枢机主教，其中还指名道姓地提到了两位罗马的枢机主教：雅各伯·本笃·卡埃塔尼·斯特法内斯基（Iacopo Benedetto Caetani Stefaneschi）和拿波莱奥尼·奥尔西尼·迪·马利诺。这封信是在秘密会议召开之后寄出的（但丁将秘密会议视作一场斗争，称“战斗已经打响”[249]），我们几乎可以肯定，这封信确实被送
266 到了收件人手中。但丁将其称为“战斗”是不无理由的：他的书信是一封充满激情的倡议书，号召八位意大利枢机主教奋力一搏，选出一位意大利教宗，使教廷重返罗马。他写道：罗马是一位被抛弃的寡妇，遭到了双重遗弃。随着亨利七世的去世和教廷被迁往阿维尼翁，她“如今失去了一个和另一个太阳”[250]。整个教会处于严重危机中，几乎已近末途。教职人员的贪婪之心日益膨胀，作为牧羊人，他们并没有保护和引领羊群，而是让羊群跟着他们一道陷入深渊。此时，教廷急需重塑往昔的尊严，尤其是那两位来自罗马的主教，尽管他们将在佩鲁贾秘密会议中遇到重重阻力，但他们仍旧是已故教宗继任者选举的最重要的责任人。因此，他们应与加斯科涅派斗争，挫败他们试图让教廷高层继续维持那桩“耻辱”之事的阴谋——正是由于那桩“耻辱”之事，教廷和罗马才会双双陷入危机。在撰写《帝制论》时，但丁尚且对克莱孟五世保持尊重，但通过这封书信，但丁开始了一系列针对他的犀利抨击，称教宗的倒戈是导致亨利七世落败的罪魁祸首。

在秘密会议的第一阶段，几位意大利枢机主教似乎占了上风，只差一点就将一位在罗马附近的帕莱斯特里纳担任主教的法国修士送上了教宗的位置。然而，随着这一计划的落空，各个派别再度陷入纷争，教宗人选始终没有定论。7 月 14 日，趁着罗马城内的混乱局势，一群武装分子在克莱孟五世的两个有权有势的侄子的指使下冲进了秘密会议的会场，高声大喊：“意大利的枢机主教该死；我们要教宗，我们要教宗。”几位意大利枢机主教被迫落荒而逃。教宗选举团随之解散。在

接下来的两年里，教廷所在地一直悬而未决。直到 1316 年 8 月，来自卡奥尔（Caors）的雅克 · 杜埃兹（Jacques Duèse）赢得了选举，史称教宗约翰二十二世（Giovanni XXII）。

但丁的这封书信表明他对当时的一系列政治事件进行了深刻的反思：他发现社会道德的沦丧与教廷的精神堕落及其在政治上对法兰西的依赖密切相关；他同时意识到教廷与法兰西（及作为其卫星国的安茹王国）的联盟是让一切进行社会改革的尝试付之东流的阻碍。因此，必须消除教廷的政治依赖，将教廷所在地重新迁回罗马也就是必不可少的举措了。倘若这一症结得不到化解，教廷就无法
摆脱其道德危机。假如教廷不能重生，重新发挥其精神领袖的作用， 267
那么任何整饬社会风尚的举措都没有成功的指望。但丁开出的，是一张正确的处方。然而，从疗法的角度来看，这一方案则很有可能陷入瘫痪：一来可能令人丧失信心，继而放弃采取实际行动；二来作为一种代偿，可能让人将全面革新（*renovatio*）的希望寄托于纯理论的、乌托邦式的幻想。面对海量的工作，但丁并没有退缩。尽管这封书信已经表露出强烈的预言色彩，但是但丁并没有躲进乌托邦。不错，在这一阶段，但丁的心中的确充溢着乌托邦式的意愿和迎难而上去完成某种使命的情结，但他并没有放弃寻找那些逐步浮现的契机（例如选举新教宗），通过某种步骤，将抽象的主观设想转变为切实的政治方略。

错综复杂的政局

在亨利七世去世后的两年里，但丁似乎遇到过某些“挂钩”式的契机，或者说，这些事件至少让诗人感到皇帝驾临所带来的期望还没有彻底破灭。

亨利七世有一个独生子，名叫约翰。他是卢森堡伯爵、波希米亚

（Boemia）国王。1310 年起，他担任皇帝在德意志的总代理人。此外，亨利七世还曾赐予他“罗马人之王的长子”封号，强调了他将作为自己的继承人的身份。但丁在写给亨利七世的第二封信里也曾提到卢森堡的约翰，称他为皇帝的合法继位者，同时也是继承皇帝遗志，与帝国之敌战斗的人。在接到父亲求援的信号以后，卢森堡的约翰集结了一支队伍。然而，当队伍于 1313 年 9 月行进到意大利边境附近时，他就收到了父亲驾崩的消息。他立刻掉头折返——并不是因为他对意大利的局势漠不关心，而是为了在德意志的选举中占据主动。不过，他这次半途而返的南下意大利之行却改变了保皇派与圭尔甫派及安茹家族联盟派之间的斗争格局，令其由一场在国际棋局上的对抗转变为一场基本局限于意大利范围内的冲突。

1313 年 8 月，另一支前往援助亨利七世的力量是特里纳克里亚
268 （Trinacria）国王斐得利哥三世。他率领船队前往比萨，同样也是在半途获知皇帝驾崩的消息。在比萨登陆后，他被告知作为波希米亚国王的卢森堡的约翰将不会南下意大利。鉴于此，他拒绝了比萨向他提出的担当吉伯林派领袖的请求，于 9 月 26 日再次起航，返回西西里。当然，斐得利哥三世并没有停止与安茹家族的罗贝托的斗争——后者一直试图夺回西西里的所有权；不仅如此，他还于 1314 年 8 月将自己的头衔由特里纳克里亚国王改为了西西里国王。至少是到 1314 年底，也就是于 12 月 16 日与敌方签署休战协议之时，斐得利哥三世一直都是吉伯林派及意大利半岛其他保皇派势力最为仰仗的领袖。我们基本可以认定，1313 年 9 月，但丁身处比萨。因此，即使他并没有见过斐得利哥三世，也很有可能与他的随从有所交往，从而得以直接了解其政治意图，并表示赞赏。先前，当斐得利哥三世还没有成为亨利七世最为信任也最为重要的盟友的时候，但丁对他的态度甚是冷淡。此刻，冷淡被赞赏取而代之。然而，在斐得利哥三世于 1314 年底签订休战协议以后，但丁对他的态度再次发生转变，指责他贪婪、懦弱和统治不善。但丁向来以随时局变化改变立场而闻名，这次反转不过是其中一

例而已。

斐得利哥三世将与安茹王国在西西里和卡拉布里亚之间的冲突进行了转移，托斯卡纳成了双方的主要战场。如此，意大利再度呈现近半个世纪以来反复出现的局势：一方是佛罗伦萨、安茹家族统治下的那不勒斯和其他圭尔甫派城市国家，另一方则是比萨和吉伯林派势力。此时的局势可谓是 13 至 14 世纪意大利政局的某种常态，包括两派阵营内部的势力分布也是曾经出现过的情形：一方面，佛罗伦萨于 1313 年 5 月将城市的领导权——即任命督政官的权力——交给了安茹家族的罗贝托（他将这一权力掌控了 8 年半），恰如 50 年前（1267 年）安茹家族的罗贝托的祖父——安茹家族的查理一世当了 7 年之久的督政官；另一方面，1313 年 9 月，由于没能成功说服斐得利哥三世出任吉伯林派的领袖，比萨只好将城市国家的领导权交给了一位外来的卫队长，乌戈乔尼 · 德拉 · 法焦拉——此人身兼督政官、战事将军（capitano di guerra）和人民队长三职，与四分之一个世纪前圭多 · 达 · 蒙特费尔特罗所承担的职责相同。这一时期，年逾六旬的乌戈乔尼 · 德拉 · 法焦拉所取得的辉煌军事战绩亦与圭多 · 达 · 蒙特费尔特罗当年的情形一般无二。1314 年 6 月，在卢卡的吉伯林派卡斯 269
特鲁乔 · 卡斯特拉卡尼 · 德 · 安特米内里（Castruccio Castracani degli Antelminelli）的内部呼应下，他攻克了卢卡城，使其变为比萨的盟友，他本人亲自出任卫队长。在成为两座城市国家的实际领导人以后，乌戈乔尼 · 德拉 · 法焦拉屡战屡胜，最终在蒙泰卡蒂尼（Montecatini）的对阵战（1315 年 8 月 29 日）中一举击败了佛罗伦萨和安茹家族的罗贝托（此时，教宗已任命他为帝国在意大利的代理人）。这一战的胜利代表吉伯林派和乌戈乔尼 · 德拉 · 法焦拉的实力已企及巅峰状态——随后，他的势力即将盛极而衰。在短短几个月里，比萨和卢卡的反对派力量快速崛起，而他与卡斯特鲁乔 · 卡斯特拉卡尼 · 德 · 安特米内里之间也陡生龃龉。第二年 4 月，乌戈乔尼 · 德拉 · 法焦拉将在一天之内遭到两座领主制国家的同时驱逐。

狂热的乌托邦主义者

1313年夏季至1315年夏季之间的政治局势对吉伯林派相当有利。但丁为此颇感欣慰，仍在继续做出政治上的努力。此前，亨利七世曾计划在意大利成就一番大业，如今，类似的变革式事件已遥不可期，但尽管如此，此刻的局面仍不乏乐观的发展态势。不过，这仍不足以解释但丁在这一时期写下的文字为何会充满了乌托邦主义者的狂热和冲动。

写给意大利枢机主教的书信内容与三年前那些宣言式的书信似乎并没有太多差异。关于写信动机的政治要点——选举一位意大利教宗的必要性，诗人展开的具体论述与在其他信件中表达的观点完全一致（皇权的可解除性、在托斯卡纳发起战争的必要性）；信件的语言风格也非常相似，字里行间遍布对《圣经》的引用，富有浓郁的宗教隐喻色彩。在这封书信里，对《圣经》的援引和富于圣经式预言色彩的语气明显增强，不过其基本观点与先前并无二致。发生根本性变化的，是写作者的身份。

在写给亨利七世和佛罗伦萨人的那些信件里，但丁是作为一个有组织的群体的代言人，为一个群体在发声。此时，致信意大利枢机主教的但丁则是一个孤立的人。他强调自己的茕茕孑立，因为只有这样
270 的处境才能彰显出其话语的分量："一个孤立的声音"，他"孤独而虔诚的，发自个人内心的声音，仿佛回响在教廷母亲的葬礼之上"。[251] 一个既没有"牧羊人"的权威（甚至可以这样说，"在耶稣基督的牧场里"，他是"羊群里的最后一只"[252]），也没有权力和财富的"个人"，居然敢于向那些主宰教廷的神职人员写下尖刻犀利的言辞。他之所以这么做，一方面乃是因为——诗人一面写，一面对圣保罗（San Paolo）之言进行解释——"承蒙上帝的恩典，我是我所是的人"；另一方面，亦是因为——诗人又引用了《旧约·诗篇》——"对他的住所的渴望吞噬了我"[253]。这种出于神圣的冲动而对当权者表示反对，控诉其罪

行的声音，正是《圣经》里预言者的声音。正如那些预言者，但丁并非以某个社会、宗教或其他性质的群体的名义发言，而是表明了民众敢想却不敢言的情绪：“噢，神父们，不要以为我是一只地上的凤凰；事实上，对于我所说的一切，人们要么悄悄谈论它，要么想着它，甚至做梦也会梦到它，他们不把自己的所见说出来。”[254]

总而言之，写下这封书信的绝不是一个摆出先知姿态的政治家，而是一个真正认为自己肩负着预言使命的人。他的过人之处不在于超常的智力天赋或后天所得，而是如圣保罗所言，来自上帝恩赐予他的特质。

在那封写给枢机主教的信件里，但丁自青年时代起就开始酝酿的那种自我感受达到了顶峰。在许多地方，我们都可以注意到他这种自认为与众不同的感受是多么强烈；他如何将自己在多年的生活历程中所遭遇的病痛和经历视为证明自己独一无二性的标志；在深爱的女子去世之时，他是如何感知到了命运之手的力量；他曾如何宣称自己具有未卜先知的能力；最终，他如何酝酿出一部史诗——早在其构思之初就包含有明显的预言成分。一种可能的解释是：一切都出于诗人对不如意的社会局势和家庭情况的反抗，一种生不逢时的感受被反转为某种过高的自我认可。在但丁的文字作品里，自我中心主义是不可抹杀的特色。就在亨利七世的统一大业轰然倾颓之时，诗人的预言之声变得格外坚定而清晰，这一事实符合我们凭借直觉感受到的但丁的性格，符合他应对失败的方式，也符合他试图扭转现实并将希望寄托于将来的意愿。这或许是一种逃避现实的方式。他越是孤形吊影，就越是想要以所有人的名义发声。在《神曲》里，这种趋势甚至发展到了以上帝之名发声的程度。

无论其由何种深层原因或心路历程导致，最终的结果便是但丁塑 271
造了一个具有预言能力的自传性人物形象。我们无法确定但丁是否真的自认为预言者，然而不可否认的是《神曲》里的他多次宣称自己是预言者。倘若说他果真是预言者，这并不是因为他能读懂未来或未卜先知，而是因为他能够将在另一个世界听到的预卜传达给在世之人。无论是《炼狱篇》末尾的贝阿特丽齐，还是《天国篇》里的卡恰圭达和圣彼得，他们都公开将这一使命交托给但丁。既然《神曲》的创作变成了诗人接受的使命，作品中人物所承载的身份自然也就落到了作者本人的身上。

不过，所有这些都局限在一部虚构的作品（*fictio*）内部，因此只是一种自封。有人认为："若想让但丁跻身预言者之列，光有作者本人的意愿是不够的……作为预言者的但丁须得向他的同时代人展示某些不容置疑的'客观证据'，这些证据并非出于诗人的一厢情愿，却也逃不过诗人的慧眼：一些关于他的特殊能力的具体线索。"关于但丁的预知能力，唯一名副其实的客观线索是他在《地狱篇》关于买卖圣职者那一歌里描述的破坏洗礼池事件。几个世纪以来，这一事件的隐喻义一直未被破解：这并不是但丁故弄玄虚，只不过是因为时代久远，后来的人们对圣约翰教堂里洗礼池的形状知之甚少罢了。诗人之所以要讲述他为了救出一个快要溺水而亡的人（很可能是一个婴儿）而破坏了一个盛有圣水的池子，是为了达到双重目的。由于这一举动是当众完成的，因而很有可能被视作丑闻，但丁正是要澄清事实的真相（"我之言可证明，别再误传"[255]）。与此同时，诗人也意识到当时的举动是对先知耶利米的行为的重复，于是便认为该举动也具有预言的性质，它表明上帝在那个神圣的地方授命于他，让他控诉教廷买卖圣职的罪过。如此一来，在那些明白该如何解读上帝兆示的人眼里，这一貌似丑闻的举动就会被反向解读为诗人具备先知特质的证据。

在这一歌的后续部分，倒插于壕沟壁上某个圆形孔洞里的教宗尼古拉三世向俯身倾听的但丁预言：卜尼法斯八世（1303 年去世）即将
272 下地狱；接踵而至的，还有另一位"更恶的"[256]教宗——他如同《圣经》里的耶孙（Giasone），是靠着买卖圣职的勾当才获得了法兰西国王的支持，从而当选教宗的。此人便是克莱孟五世，诗人还给他打上了"无法无天的牧人"[257]的标签，将其视作一个不遵守任何世俗和神

圣约定的教宗。通过上述语句，但丁影射此人对亨利七世做出（以预言的口吻，应是即将做出）的“背叛”之举（在后来的《天国篇》里，他将会这样写道：“大亨利受骗于加斯科涅人以前”[258]）。如果说关于买卖圣职的这一歌是在1308至1309年间写成的，那么关于克莱孟五世所作所为的那些充满鄙夷的诗句应该是诗人后期修改过的。究竟是写在教宗去世（1314年4月）之前还是之后呢？如果是之前，那么诗人呈现在我们面前的，便是一则（关于教宗之死的）多少有些大胆的预言；假如是之后，我们便会再次看到但丁常常采用的手法：将已经发生的事情以预言的口吻描述出来。相较而言，后一种情形的可能性更大，这就让我们认为，这一歌的修改是在1314年的暮春时节，也就是在但丁致信意大利枢机主教的那几个月里完成的。如果是这样，那么诗人在《神曲》里所强调的克莱孟五世之罪主要不在于他对皇帝翻脸，而在于他是依靠买卖圣职才能当选就相当具有深意了。之所以说具有深意，是因为将克莱孟五世选为教宗的佩鲁贾秘密会议正是但丁在写给意大利枢机主教的信件中所指向的历史事件，此时，罗马的主教们必须在刚刚召开的新一轮秘密会议中纠正这一恶行。假如我们接受这一假设，认可但丁是于1314年春天修改了早年创作的诗句，那么他在公然宣称自己具有预言能力的那几个月里将自己打破洗礼池的轶闻也添加进诗篇，以作为某种证明其预言者身份的客观线索，这也就不足为奇了。我们由此可以证实，在亨利七世去世后的几个月里，但丁的预言者特质日益彰显，既是发自内心的反抗，也算是一种不拘一格的虔诚之举。

《炼狱篇》与帝国的缺席

1308年至1309年期间，但丁开始着手创作《炼狱篇》，进展很快：在亨利七世抵达前夕，他已完成了作品的三分之二。1311年至1313

273 年期间，工作进度明显减缓：令他从史诗的创作中抽身而出的，是一系列在政治和思想领域内的活动——例如那一系列书信和《帝制论》。不过，我们并不排除另一种可能：对于那部分在亨利七世出现以前写下的篇章，诗人感到很难修正其政治立场格局，然而，皇帝出人意料地登上历史舞台，又让先前构筑的格局失去了现实意义。

《炼狱篇》的大部分内容都围绕这一主题而展开：帝国的空缺及其对基督教世界已经造成和仍将造成的严重负面后果。相较于《地狱篇》的圭尔甫派观点及其反吉伯林派的立场而言，这一部分的内容几乎是彻底反转。他指出“无人坐（帝国的）马鞍子”[259]，哈布斯堡的阿尔布雷希特对意大利不管不顾，“帝国之花园变成荒原”[260]；哈布斯堡的鲁道夫一世也“好像是早已经心不在焉”[261]，即南下意大利；尤为严重的是，照亮人性的两个“太阳”中的一个熄灭了另一个，以至于“牧人持剑 / 两权力已合体”[262]。由此，但丁就意大利和欧洲的局势现状展开了苦涩而沮丧的剖析。

诗人在这一篇里所描述的大部分历史图景都是针对意大利自士瓦本家族覆灭后陷入的困局而发出的惋惜之声。第六歌里那句著名的呼吁将意大利描述为一片深陷战争（其境内“是否有何地区享受宁安”[263]）和派系内讧（“在意土尘世人战争连连，/ 有些人本生活同一城间，/ 相互间残害却从未中断”[264]）的土地。在这样的一个意大利，大封建家族都已没落，“黯淡无光”，罗马如“孀居，极孤独”[265]的寡妇一般哭泣，城市里“暴君”横行，政治领袖都是毫无背景可言的暴发户。在《炼狱篇》（*Purgatorio*）的将近一半处，圭多·德·杜卡（Guido del Duca）先是谈到阿尔诺河，后又将那条“受诅咒不幸之河”[266]沿岸的居民辱没为各种牲畜：卡森蒂诺人如同“猪”，阿雷佐人如同“恶犬”，佛罗伦萨人如同“狼”，比萨人如同“狐狸”。随后，他还描述了罗马涅地区的凄凉境况：在往昔，“爱情和宫廷精神”[267]促使人们颐养骑士之德和宫廷之乐，如今人心“已变得邪恶”[268]。在不远处的下文，马可·伦巴多表明了伦巴第和特雷维索边境省的情况——在腓特烈二世和教宗产生纷争以前，那里“勇武与彬彬礼随处可见”[269]——如今没有任何一个恶人需要害怕羞愧难当的滋味了。托斯卡纳、罗马涅、特雷维索边境省：这些都是与但丁有关的地区，都是他在流放期间开展过政治行动的地方。

诗人关于后帝国时期衰败局势的描述扩展至整个欧洲，更准确地
说，是各个君主国统治下的欧洲：同样是一幅萧条的图景。在第七歌 274
里，那些聚集在君王谷里的头戴王公桂冠的头脑既没有因其德性也没有因其治国之术而光环熠熠，与此相反，几乎所有人都逃不过父庸子弱的常态。早在亨利七世那次不幸的出征以前，但丁就已看透了帝国权力的空缺所带来的最为凶险的后果（当然，是他眼中的凶险后果）便是各个君主国及其自主权的逐渐稳固。难怪在谴责“贪婪”（好比一头有着“无底洞”般“饥饿感”的“老母狼”[270]）的那一歌里，主角会是休·卡佩（Ugo Capeto），“巴黎的屠户之子”[271]，此人又“生下了诸菲力和路易 / 法兰西新近握他们掌间”[272]。相继登基的三位查理令卡佩家族（Capetingi）、瓦卢瓦家族和安茹家族的昭昭罪证暴露无遗：安茹家族的查理一世不仅处死了士瓦本的康拉丁，还（根据但丁的看法）毒害了托马斯·阿奎那；瓦卢瓦的查理在佛罗伦萨掀起政变，却只换来“罪、耻”[273]；安茹家族的查理二世比海盗还残忍，他卖给埃斯特家族的阿佐八世的不是一个女奴，而是自己的女儿贝阿特丽齐。不过，上述所有罪状都无法与腓力四世的恶行相提并论：他先是在阿纳尼羞辱了“基督之代表”，而后又残暴专横地镇压了圣殿骑士团（Ordine dei Templari）。

除了描绘意大利和整个欧洲的衰败图景，诗人还将目光投向了现实的城市国家生活：野兽般的暴行（弗尔切里·达·卡尔博里对佛罗伦萨的圭尔甫派白党人肆意欺凌）和嫉妒（锡耶纳人萨皮亚 [Sapia] 祈祷自己的同乡被击溃，并为他们的落败而乐不可支）比比皆是。此外，诗人还谈到了某些封建家族（拉瓦尼亚的阿尔多布兰德斯基伯爵家族）的道德沦丧（只有马拉斯皮纳家族出淤泥而不染），以及新科君主（斯

卡拉家族）的强权。

谴责、控诉、酸涩的挖苦。这幅关于意大利和欧洲社会生活的图景似乎只能用阴郁的色彩来描绘。这与诗人内心缺乏希望的状态颇为吻合。这种状态一直贯穿于从科尔索·窦那蒂去世至拿波莱奥尼·奥尔西尼·迪·马利诺彻底落败，同时亨利七世南下意大利的那一段时期。 不过，倘若上文中提到的某些诗篇是在几个月之后写就的——也就是说，当时诗人已确信了罗马人之王即将南下的消息，或者说卢森
275 堡的亨利当时已身在意大利，那么我们便可推测，面对突然巨变的政局，但丁还没来得及调整笔调，为先前充满悲观色彩的描述抹上一笔转机突现的亮色。

我们有一种强烈的感觉：诗人在写下与福里斯会面的那一歌以后，也就是在《炼狱篇》的三分之二处，其创作节奏骤然减缓，甚至停滞了一段时间。可以确定的是，《炼狱篇》后三分之一的情节逐渐远离了当时的政治时局和历史事件，朝另一个方向发展。主人公的净化飞升之旅成了诗人谈论的主要内容；此外，诗人还对先前作为俗语诗人的旧日创作展开了探讨。波拿君塔·奥尔比恰尼、圭尼泽利、阿尔诺·达尼埃尔（Arnaut Daniel），他们行走在富于音韵的气息里和由概念构成的宇宙中，与前一部分那幅阴森的画面（帝国的空缺令政治和社会局势凄凉不堪）相去甚远。整部《炼狱篇》几乎不带任何预言色彩。

贝阿特丽齐的预言

《炼狱篇》中的预言色彩并非一种贯穿始终的风格，而是以某种令人始料未及的方式在本篇的最后几歌里突然爆发的。当时，主人公但丁已爬上山顶，进入伊甸园。从预言的角度来看，伊甸园里发生的一系列具有象征和隐喻含义的事件将主人公的个人救赎与全人类的命运

救赎这两条主线穿连在一起。在这些富含隐喻的事件进行的过程中，贝阿特丽齐两次嘱咐但丁，让他将自己的所见所闻记录下来并转述给世人；此外，同样是以隐喻的方式，贝阿特丽齐隐晦（如同所有的预言）而隆重地预言了即将到来的对基督教的救赎。

在伊甸园里，主人公但丁碰上了一支奇特的、具有象征意义的游行队伍，这队伍沿着忘川（Lete）行进，朝但丁走来：最前方有七架明晃晃的大烛台，随后是二十四名身着白衣、头戴百合花冠的老者（象征《旧约》的二十四卷）；接下来是四只奇怪的动物（象征四部福音书）护送一架双轮凯旋战车（象征教廷）前行；拉车的是一头鹰狮兽，它有着狮子的身体，鹰的头和双翼（象征耶稣基督）；三位女子（象征基督教的三超德）在战车的一侧起舞，另有四位（象征基督教的四枢德）在另一侧起舞；在凯旋战车的后方，另有七位身穿白衣的人，
分别象征《使徒行传》（*Atti degli apostoli*）、《保罗书信》（*Epistole di* 276
San Paolo）、《彼得书信》（*Epistole di San Pietro*）、《约翰书信》（*Epistole di San Giovanni*）、《雅各书信》（*Epistole di San Giacomo*）、《犹大书信》（*Epistole di Giuda*）和《启示录》（*Apocalisse*）。但丁先向贝阿特丽齐忏悔了自己的罪过，随后加入了游行的队伍，队伍就地掉头，沿原路返回。鹰狮兽将凯旋战车绑在一棵树上，原本光秃秃的树立刻就开花了。后来，当许多人物都飞上天时，一只鹰（象征罗马帝国）朝凯旋战车俯冲下来，猛击战车；没过多久，一只狐狸（象征异端）朝战车猛扑过来。鹰第二次俯冲而下，但没有破坏战车，不仅如此，它还让自己的一些羽毛散落在车上（象征“君士坦丁赠礼”）；一条龙从地里钻出，戳穿了凯旋战车的车底，拽走了车底的一部分；凯旋战车被鹰的羽毛所覆盖，变成了一个长有七个头的怪物（象征七宗原罪）。坐在凯旋战车上的，是一个衣冠不整，蛊惑妖媚的“荡妇”，她正下流地与一个“巨人”不断亲吻：

　　随后见一淫荡娼妇出现，

安坐着，如高山城堡一般，
在车上用媚眼左顾右盼；
她身旁站立着一个巨人，
似防备她被人夺离身边；
有时候二人还亲吻一番。[274]

诗人以隐喻的手法通过描述凯旋战车回溯了教廷的发展历史。在殉道者的年代，教廷成功地抵抗了异教徒的迫害和异端的攻击，但自从获得君士坦丁皇帝的赠礼之后，也就是在物质财富开始玷污教廷的纯洁之后，教廷便开始了一个无法停下脚步的、逐渐堕落的过程。当教廷（荡妇）与巨人产生了不合法的爱恋之情，并在巨人下流的欲望和意志面前卑躬屈膝，极尽谄媚之事的时候，这种堕落已达到极致。毫无疑问，巨人所指的正是腓力四世，或者说是法兰西君主国。所以说，极端的堕落就发生在作者所处的年代。当巨人察觉到那个娼妇用渴望的目光注视着但丁时，他大发雷霆，从头到脚地抽打她，最后还将凯旋战车拖进了森林深处：

因娼妇轻浮眼向我瞟来，
流露出对情欲十分贪婪，
恶情人头至脚对她施鞭；
怀醋意，怒火烧，十分残忍，
解怪物，拉着它进入林间。[275]

277 巨人将象征教廷的凯旋车拖入森林，这显然是在隐喻将教廷从罗马迁至阿维尼翁，几乎将教宗软禁起来。

关于象征教廷的凯旋战车（贝阿特丽齐称之为“器皿”）被龙（贝阿特丽齐称之为“蛇”）破坏，娼妇对巨人的欲望言听计从这一隐喻，贝阿特丽齐通过一则隐晦的预言进行了评价，而一个技术性的谜题则令这则隐喻显得越发艰深晦涩：

你应知，罐已被恶蛇打烂，
有过者却总有侥幸之念，
然上帝的惩办不惧蘸汤的面包片。
那只鹰把羽毛撒在圣车，
使圣车变怪物，遭受劫难；
绝不会永无人继承帝冠。
我已经看清楚，因而说出，
诸吉星会摆脱各种麻烦，
早预示天使至吉利时间；
“五百、十和五”受主派遣，
将杀死女贼与那个巨汉，
他二人共作恶，本是同犯。[276]

贝阿特丽齐预言帝国（鹰）将很快拥有继承人，一位新皇帝将杀死荡妇和巨人。这则预言尽管隐晦，却并不空泛，恰如《地狱篇》第一歌里那则关于猎犬的预言：在神秘的数字背后，隐藏着一位历史人物的名字。

整部《炼狱篇》始于对腓特烈二世死后帝国缺位的控诉，终于对一位“继承人”的期盼。从叙事的角度来看——别忘了，故事的发生时间被设定在1300年——整体情节的进展是相当流畅的：哈布斯堡的阿尔布雷希特一世的去世令帝国的空缺问题被推到了风口浪尖，能够力挽狂澜的，则是那个隐藏在“五百、十和五”这一代号之下的人物。不过，就隐形的历史线索而言，我们必须追问但丁所说的缺位期是指同一个阶段还是两个不同的阶段：第一个阶段由来已久，始于士瓦本家族的灭亡；第二个阶段较近，是从亨利七世暴毙开始的。关于这一问题，只有将字谜解开，才能给出可靠的回答。不过，迄今为止，尽管学者们已进行了大量的阐释，尚无人能够给出令人全然心服口服的答案。

278 大部分学者认为那个“受上帝派遣的人”是亨利七世：如果将用拉丁数字“DXV”表示的“五百、十和五”进行位移变化，便可得出“DVX”一词，该词的含义为“领袖、将军”，与亨利七世的身份颇为贴合。这个人物此前从未出现，只在《炼狱篇》末尾处的这些诗行里才登上舞台。根据诗人的描绘，他将接受追随者的隆重献礼。既然说是“献礼”，我们便可以假设此时的卢森堡的亨利尚在人世，且《地狱篇》和《炼狱篇》已经于1313年8月以前被完整发表（哪怕还没有广泛流传）。通过发表作品这一举动，但丁希望“向皇帝表示自己的忠心”。事实上，1312年6月加冕仪式后所发生的一系列历史事件与但丁的隐喻式叙述颇为吻合：正是那场暗潮涌动、规模缩小的加冕仪式，让人毫不怀疑地看清以教宗克莱孟五世为代表的教廷已经改变了对亨利七世的态度，教廷的政策再度屈服于法兰西国王的意志。基于这样的局势，贝阿特丽齐说出了上述预言，鼓励新皇帝将教廷从被奴役的状态中解救出来。

不过，我们还应继续追问，亨利七世或是笼统意义上的帝国是否真的接受了上述献礼。按理说，这位被翘首企盼了半个世纪之久（1300年）的皇帝原本是要让四分五裂的欧洲重归和平，将人类引向通往属世幸福的道路的，但如果按照预言所述，命运交给他的任务似乎只有一个：杀死那个“女贼”及“与她一起犯罪的巨人”。这是两次相互关联的攻击，矛头同时指向腐败的教廷和法兰西国王，毫无疑问，这令人震惊，且足以引发政局的变革。同样可以肯定的是，但丁认为将教廷从法兰西的摆布中解脱出来是重塑帝国权威的前提。不过，在1312年至1313年期间，这种攻击或许过于具有革命性；另外，就帝国的普世使命而言，这种攻击也显得过于局限。当时的政治气氛高度紧张，一方是卢森堡的亨利，另一方是腓力四世、安茹家族的罗贝托和克莱孟五世。贝阿特丽齐的预言居然将一个“受上帝派遣的人”的救赎使命局限在一次行动上，使这则预言看上去像是一则关于复仇的预言。太过关注偶然性的事件，全然忘记了重建人类和平的任务，而这恰恰构成了卢森堡的亨利所肩负使命的核心。因此，我们不禁质疑，皇帝真的会喜欢这份献礼吗？尽管是采用隐喻的方式，这份献礼毕竟将皇帝描绘成了教廷之敌，甚至是教廷最高领袖的谋杀者。与卢森堡 279
的亨利在1312年至1313年间所采取的政治策略较为匹配的，是《帝制论》。在那部作品里，诗人的原则立场有所缓和，并在末尾处号召这两大权力的代表能够彼此尊重。

然而，贝阿特丽齐的预言也可能是在亨利七世去世后才写下的。因此，预言中的事件主人公或许另有其人。

有必要强调，在关于伊甸园的那几歌里，整个隐喻机制以及贝阿特丽齐基于隐喻做出的预言都是围绕教廷而非帝国展开的。这是因为，正如那封写给意大利枢机主教的书信所反映的那样，亨利七世的暴毙促使但丁将对政治和宗教的反思聚焦于教廷的境遇及其面临的道德危机、教廷在政治上的依赖性以及提出相应补救之策的必要性。无论是从诗篇公开宣称的内容，还是从诗篇隐约透露出的诗人的心理状态来看，关于伊甸园的那些篇章的确与这一时期相当吻合。《炼狱篇》最后一歌里的这则犀利的、充满愤懑的预言非常符合但丁应对灾难的方式：不仅不认命，还要抓住那些哪怕是最为微弱的积极信号，去支撑由亨利七世点燃的那一丝希望。这份带有乌托邦色彩的一厢情愿的希望以预言的形式呈现，构成了但丁这一人生阶段的最显著特征。即使将预言的撰写时间置于亨利七世逝世以后，那个“受上帝派遣的人”所承担的使命仍然显得局限于历史的偶然性。不过，在这种情况下，贝阿特丽齐言辞中体现的复仇意味就主要是来自诗人本身的愤怒，与预言里的那个复仇者无关了。

一旦将预言的写作时间向后推移，我们便有理由假设所谓的“受上帝派遣的人”——这一表述与约翰撰写的福音书里对施洗约翰的称呼“missus a Deo”*如出一辙——就有可能是亨利七世的儿子，波希

*　拉丁文，含义同为“受上帝派遣的人”。——译注

米亚国王卢森堡的约翰。能够证实这一猜测的证据在于，假如我们以“Johannes”这个名字作为解开谜团的技术性切入点，使用教廷神职人员在传递秘密讯息时所广泛采用的密码系统进行解密，便可将数字“五百、十和五”转写为三个字母“f i e”，而这三个字母则可被扩展为三个词“f (ilius)”、“i (mperatoris)”、“e (nrici)”[*]。这一身份界定表明
280 当时的但丁还处于相信波希米亚国王——卢森堡的约翰能够子承父业，完成使命的时期，即 1313 年夏末至 1314 年夏末期间。1314 年初秋，卢森堡的约翰在皇位之争中落入下风，哈布斯堡的腓特烈（Federico III d’Asburgo）和巴伐利亚的卢多维科则势力凸显（两人几乎是在同一天被选为德意志王，彼此对立：10 月 19 日，巴伐利亚的卢多维科在亚琛当选；10 月 20 日，哈布斯堡的腓特烈在波恩 [Bonn] 当选）。所以说，《炼狱篇》结局部分的创作时间应该与那封致意大利枢机主教的信件的撰写时间大致相同。

关于能否在贝阿特丽齐的预言和那封致意大利枢机主教的信件所提及的事件之间找到某种联系，我们很快就能看到一个无可反驳的确凿证据。相应的线索——尽管只是旁证线索——就出现在但丁的诗行里。所谓“泰然自若的淫荡的娼妇”这一表述，来自《启示录》里那个与诸王都行过邪淫的*大淫妇*（*meretrix magna*）。“如果说在约翰那里，大淫妇是暗指罗马帝国，那么在但丁那里，这个形象指的便是腐败的罗马教廷”。所以说，诗人所指的是整个教职人员群体，而非某个教宗（该角色已内化在教廷的整体概念中）。既然缺乏指向某个具体教宗的线索，就可以推测这则预言的写作时间是在克莱孟五世去世后，教宗宝座的空缺期。“巨人”因娼妇向主人公但丁投去充满渴盼的目光而鞭打她，随后又而将她藏匿至森林深处，这一富有隐喻色彩的场景是在隐喻选举教宗的秘密会议。这目光的含义令人难以捉摸。对于认为“受上帝派遣的人”是亨利七世的学者而言，此处的人物但丁象征着群体的“我”，即那些抱有幻想，相信克莱孟五世虔诚之心的人。这

* 拉丁文，分别意为“儿子”“皇帝”“亨利”。

种推测是有可能的。不过，一旦是这样，人物但丁的形象就背离了自传的色彩——然而，在整部《神曲》中，人物但丁一直都是指作者自己。诚然，这个人物的确可以被视为某个人群的代表，甚至是全人类的代表，但这一人物从来都没有撇开过作者本人的具体经历。诗人但丁将自己作为一个人物形象，置入一个叙事性的语境之中，其中的某些话语、文字和行为确实与语境所指向的真实历史事实密切相关。既然如此，但丁究竟是做了什么，说了什么，写了什么，才能让教廷向他投去友好的甚至是渴盼的目光？在他的生命历程里，有没有什么具体的事件能让他与教廷“荡妇”的热切目光产生关联？鉴于我们不必担心过于高估但丁的个人中心主义，些许线索是有可能找到的。别忘 281
了，1314 年 7 月，卡庞特拉秘密会议曾因一伙武装分子的闯入而被打断，他们反对那些意大利枢机主教，指责他们非要选出合乎自己心意的教宗。但丁从心理上或许很愿意相信正是自己的那封书信促使意大利枢机主教做出了努力（从这个意义上说，象征教廷的荡妇那“充满渴盼的、灵活的眼睛”是希望从孤独的预言者身上寻找一种力量，终止与巨人的关系），因此，巨人的粗鲁反应（暗指法兰西武装势力的闯入和主教选举团的四散）恰恰是由他这个人物所引发的。

另有一个因素让人倾向于不接受“这则预言是在亨利七世死后才写下的”这一假设：倘若事实确实如此，那么以探讨帝国权力的缺位为绝对主题的《炼狱篇》是绝不会记录但丁所了解的唯一那次真正意义上的、以修复空缺为目的的尝试之举的。亨利七世将成为作品叙事的一大空白，作者将彻底忽略这一人物，对从他出现以前至他去世以后的那段时期绝口不提。不过，《地狱篇》的叙事机制也有异曲同工之妙。这一篇的主题是围绕佛罗伦萨内战和但丁的流放展开的：但我们知道，诗人从未以言无不尽的方式描述过 1300 至 1302 那关键两年的经历，他从未直接谈及流放一事，也从未指明谁应当为自己的流放承担责任。所以说，关于《地狱篇》的核心主题，也存在这种“知而不言”的现象，存在一种空白。同样，在此处，对理解整部诗篇的含义及故事情节起到关键作用的核心历史信息和个人信息都隐藏在文本的表面之下。

一位主教的磨难

在波希米亚国王——卢森堡的约翰追寻帝王梦想的那几个月里，阿拉贡家族的斐得利哥三世与安茹家族的罗贝托纷争不断，乌戈乔尼·德拉·法焦拉也与佛罗伦萨打得不可开交。但丁会在哪里生活呢？直到 1313 年 9 月，亨利七世的葬礼举行之前，但丁很可能待在比萨。后来，他是否曾再次前往那里？又在那里停留了多久呢？文献资料一片空白，我们所能做的，也只有猜测而已。

282 很多人相信但丁在 1314 年已经前往维罗纳投奔康格兰德·德拉·斯卡拉；少数人则认为他在那一年去了拉文纳，不过，这一推测所依据的那封但丁书信显然是伪造的。其实，他未见得没有继续待在比萨。早在 9 月，乌戈乔尼·德拉·法焦拉就已成为比萨的实际领主，而但丁自 1307 年起就已与他建立起交情——当时但丁曾是乌戈乔尼·德拉·法焦拉在马萨特拉巴里亚的座上宾。在追随亨利七世的那些年里，两人的友情日益稳固。所以说，但丁完全可以从乌戈乔尼·德拉·法焦拉那里获得亨利七世的宫廷曾提供给他的庇护。除此以外，乌戈乔尼·德拉·法焦拉还可能给他一些物质上的帮助。我们并不知道但丁在离开亨利七世的宫廷后靠何种方式维生。无论如何，他是需要资助的，因为至少是从 1314 年开始，他的儿子们就被迫离开了佛罗伦萨，很有可能投奔他，与他一起生活。如同以往那样，但丁应该获得了某些来自家族的支援，一方面来自他自己的兄弟姊妹（主要是家境较好的塔娜，而不是弗朗切斯科），另一方面来自杰玛的兄弟和侄子们，比如弗雷西诺·窦那蒂的儿子尼科洛·窦那蒂，我们知道，此人一直在接济流亡期间的阿利吉耶里家族成员。

卢尼贾纳离比萨不算太远，所以我们并不排除但丁再次受惠于马拉斯皮纳家族的可能。事实上，在但丁写给意大利枢机主教的那封信里，的确能寻到某种蛛丝马迹，表明上述猜测的确于1314年发生了。

教廷生下了令自己蒙羞的儿子（高级神职人员），之所以这么说，乃是因为这些儿子没有迎娶仁慈和正义，却与“水蛭的女儿”[277]——淫荡和贪婪（她们的父亲是恶魔）勾搭在一起。这样的结合能生出何等低级的子嗣，从所有神职人员的身上就可看得一清二楚：所有神职人员，“除了卢尼的主教”[278]（这一表述的讽刺意味与那句“除那个‘邦杜罗’全是贪官”[279]可谓异曲同工）。最为令人震惊的，是这句极尽挖苦之能事的插入语与整篇书信所呈现的高贵、儒雅、富含预言意味的文风格格不入，这是整篇书信中唯一一句风格迥异之语。此外，卢尼贾纳主教也是作者在谈及教廷高层神职人员腐化堕落时唯一提及的名字，因而显得尤为突出。在整篇书信里，还有另外两个人名出现，不过他们都是这封信的收信人（雅各伯·本笃·卡埃塔尼·斯特法内斯基和拿波莱奥尼·奥尔西尼·迪·马利诺）。在一封探讨关乎教廷生死命运的关键问题的书信里，一个来自卢尼贾纳这种地方的主教会具有什么样的代表性呢？对于当地来说，他或许举足轻重，但他 283
显然不可能是决定整个基督教命运走向的关键人物。在此，我们有必要就这位主教兼伯爵的形象进行说明，同时也应澄清关于此人的普遍误解——认为他是来自卢尼贾纳的马拉斯皮纳家族的某个成员。

1307年，安东尼奥·迪·努沃洛内·达·卡密拉主教去世（一年前，但丁还代表马拉斯皮纳家族与他签订了和平协议），萨尔扎纳的神父们因继任者的问题产生了分歧：一部分人选出了方济各会修士——维拉弗兰卡的古列莫·马拉斯皮纳（Guglielmo Malaspina di Villafranca），此人是摩罗埃罗·马拉斯皮纳和弗朗切斯基诺·马拉斯皮纳·迪·穆拉佐的堂兄弟，后者曾以见证人的身份出席过马拉斯皮纳家族成员与已故主教之间和平协议的签订仪式；受卢卡人支持的另一派选出了盖拉蒂诺·马拉斯皮纳，此人来自卢卡城内一个支持圭尔甫派的团体。古列莫·马拉斯皮纳支持吉伯林派，盖拉蒂诺则是圭尔甫派黑党人。两个候选人之间的争斗一直持续到1312年，直至克莱孟五世任命了盖拉蒂诺。随着亨利七世的到来，这位支持圭尔甫派的主教兼伯爵的处境日益艰难：由于他拒绝向皇帝提供武力支持，1313年2月，亨利七世在波吉邦西（Poggibonsi）宣布他为叛乱者，将他放逐边境。盖拉蒂诺主教藏身于卢卡，他留下的权力空位被许多人觊觎，亨利七世的追随者——福斯迪诺沃的斯皮内塔·马拉斯皮纳侯爵就是其中之一，他凭借武力占领了大部分区域。不过，但丁在信中描述的似乎是后一时期的局势，这一局势在他落笔期间刚刚呈现。1314年6月中旬过后，乌戈乔尼·德拉·法焦拉攻占了卢卡，成为其领主。城内的圭尔甫派及其支持者纷纷迁往富切基奥（Fucecchio），盖拉蒂诺也在其中。乌戈乔尼·德拉·法焦拉任命卡斯特鲁乔·卡斯特拉卡尼·德·安特米内里为卢尼的子爵。7月4日，已经失去权力的盖拉蒂诺主教特意从富切基奥赶来，授予卡斯特鲁乔·卡斯特拉卡尼·德·安特米内里以“主教城堡及周边土地的代理人和管理者”的头衔，此举似乎是出于经济上的考虑，“或许是为了留住其收入的某些部分”。

卢尼主教兼伯爵的这些并不荣耀的经历难道如此重要，值得作为唯一的贪婪实例在一封分量如此之重的信件中被专门提起吗？

或许这样的调侃能够博得拿波莱奥尼·奥尔西尼·迪·马利诺的欢心——几年前，他曾牵扯进盖拉蒂诺和古列莫·马拉斯皮纳修士的争斗之中，并且是后者的支持者。不过，在秘密会议这种紧要关头，拿波莱奥尼·奥尔西尼·迪·马利诺能够从中获取的愉悦感恐怕也是稍纵即逝的。鉴于但丁明知这封书信将会成为一封公开信，因此，他最
284 终的目的其实是让乌戈乔尼·德拉·法焦拉以及马拉斯皮纳家族（几年前，在争夺主教之位的过程中，该家族最终落败）看到他对盖拉蒂诺主教的挖苦。假如但丁此时远离上演这些好戏的剧场，他又为何会对此津津乐道？对于这些发生于落笔期间的事件，他又如何能够清楚地知晓当中的来龙去脉？最简单的推测便是此时他就待在卢尼贾纳，住在弗朗切

斯基诺·马拉斯皮纳·迪·穆拉佐或摩罗埃罗·马拉斯皮纳那里。

所以说，直到1314年春夏之交，但丁有可能（就算不是极有可能）一直身在托斯卡纳的西部地区，往返于比萨和卢尼贾纳之间。至于后一时期的情况，我们连做出推测所需要的基本资料也找不到了——除非我们认为伊拉罗修士在写给乌戈乔尼·德拉·法焦拉的书信中所述的内容是可靠的。信中描述的一系列事件发生于1314年底至1315年初之间，因此，假如但丁曾将一个《地狱篇》的抄本交给他，请他转呈给乌戈乔尼·德拉·法焦拉，说明这一部分的最终润色工作不是在比萨完成的。这就进一步证实了诗人此时应该身在卢尼贾纳的猜想。不过，伊拉罗称但丁在前往“山的另一侧”的路上，曾途经博卡迪马格拉（Bocca di Magra）这个幽僻的小镇。如何理解“山的另一侧”呢？按照解读中世纪晚期文本时所遵循的一贯原则，这一表述只能表示“阿尔卑斯山的另一侧”，因此，若将这句话理解为“亚平宁山脉的另一侧”，这是不符合解读惯例的。然而，若说但丁在那一时期去了法兰西，又几乎是不可能的。当然，若说诗人此时正在朝法兰西行进，即走在通往法兰西的那条路上，这又是另外一回事了。这样看来，伊拉罗修士要么是弄错了但丁此行的目的地，要么就只是笼统地说明了行程的大方向。1315年4月8日，摩罗埃罗·马拉斯皮纳去世，遗体被安葬在热那亚的圣方济各因卡斯特雷托教堂（San Francesco in Castelletto）。那是热那亚各大家族（大多属于圭尔甫派）的先贤祠（不过，1311年，亨利七世的妻子也被葬在那里），其中，菲耶斯基家族的名望最大。我们由此可以推测，原本就与菲耶斯基家族交往密切的摩罗埃罗·马拉斯皮纳在晚年时期又进一步加固了与该家族的友情——他甚至是在菲耶斯基家族的一处房产里逝世的。从圣十字修道院出发，有一条路沿着利古里亚东海岸的山丘蜿蜒，一直通往希埃斯特里（那里又通往热那亚）。至于但丁有没有前往热那亚去见一见曾经的庇护人，这一假设既没有确凿的证据支持，也没有明显的线索显示不成立。

285 第二次死刑判决

关于但丁在1315年的居住地点和迁移路线，我们的眼前完全是一片漆黑。这一点非常令人遗憾，因为在这一年里发生了某些对他的人生和家庭至关重要的法律事件。

1315年5月是佛罗伦萨与比萨及卢卡之间的战况最为严峻的时期之一。为了削弱地方的势力，佛罗伦萨发布了一道“召回令”，召集被流放者回城。此类大赦在佛罗伦萨相当常见：有时是整体召回，更多的是针对特定群体（如囚犯）的赦免。关于1315年5月的那次大赦，没有具体的决议文本，但我们能找到1316年6月2日那次类似的召回令规定：被判罪者若要消除罪责，需按照宣判时的罚金全额，为每一里拉的罚金支付12德纳尔（denaro）——即支付宣判时罚金的5%。这笔请求赦免的款项将在圣约翰节（6月24日）的仪式上被捐献给洗礼堂的负责人。请求宽恕期间，被流放者须身着麻布服装，手持蜡烛，头戴帽子——尽管这装束看起来很丢人（但丁这么认为），但必须得如此穿戴一段时间，以便向所有人表明此人已被恢复民事权利，不应遭到任何人的报复或暴力攻击。1316年的赦免也包括一些排除性条款：因暴动、贪污而遭到流放的罪犯以及所有于1302年被坎特·德·加布里埃里判处的罪犯都不可申请被赦免。我们并不清楚1315年的大赦是否也有相同的排除性条款，但我们知道，有许多朋友争先恐后地写信给但丁，通知他“佛罗伦萨刚刚颁布了流放者召回令”[280]，劝他申请赦免。所以说，要么是他的朋友们在写信时忽略了赦免令将被坎特·德·加布里埃里判罪的罪犯排除在外，要么就是该排除条款并不涉及1315年的那次大赦（这种情况的可能性更大）。值得注意的是，在经过15年的流放之后，在佛罗伦萨城仍有但丁的故友和仰慕者，他们为诗人操心，并且了解诗人的住处所在。通过这一
286 点，我们可以明白诗人在十年前怀揣的求得个人宽恕的希望并非完全没有根基。

但丁高傲地拒绝了佛罗伦萨城提供的赦免机会，将理由写在了一封致神父（*pater*——很有可能是一位宗教人士）的书信里。由于诗人并没有指明收信人的身份，人们通常将其称为“佛罗伦萨友人”。相较于收信人而言，书信本身的内容更加值得关注。但丁无法容忍缴纳赎罪款求得宽恕的方式，认为将那笔赎罪款“捐献”给圣约翰教堂是丢人现眼之举：“在历经将近三个五年的流放生涯后，难道这就是能让但丁·阿利吉耶里感恩戴德的召回令？对于一个在任何人眼中都是清白无辜的人而言，这就是他应得的报答？这就是他常年在书房里挥洒的汗水和付出的辛劳所换来的回馈？一个深谙哲学的人将远离愚蠢灵魂的下流行径，不会听凭它将自己束缚甚至是捆绑，像齐奥罗（Ciolo）或其他臭名昭著的人那样装腔作势；一个伸张正义的人在遭到非正义的伤害后，将远离那种通过缴纳赎罪款去取悦恶人的行为——仿佛他们成了善人。哦，我的神父，这不是回家的道路；倘若你们今后发现另外一条不会辱没但丁名誉的道路，我必然快步前行；如果不能通过那条道路回到佛罗伦萨，那我便永远不再进入佛罗伦萨。”[281]

但丁非常看重自己的研究、名誉及其对哲学的通晓。那么在1315年春末，究竟是哪一部作品能让他变成一位著名的哲学家呢？既不是早年创作的爱情散韵文，也不是以探讨道德为主题的合组歌——那些诗篇尽管富含哲学深意，但还无法与真正的学术作品相提并论；此外，《飨宴》和《论俗语》尚未完成，更未发表；《帝制论》在问世后的第一时间里也似乎并未获得很大的认可。不过，就在几个月前，但丁发表了《地狱篇》——或许《炼狱篇》也被一并发表——应该激起了不俗的反响。毫无疑问，写给“佛罗伦萨友人”的书信见证了但丁的道德品格；与此同时，诗人在信中提出的另外一条荣归故里的道路（不仅还他以清白，还要认可他的学术贡献）表明他在酝酿一个计划：要让《神曲》为自己打开那些他此前从未通过政治渠道成功开启的大门。

1315年8月底，佛罗伦萨和安茹家族的罗贝托的军队在蒙泰卡

蒂尼遭遇了重创。正如1311年为了应对亨利七世南下所采取的措施，
287 佛罗伦萨人在这个紧要关头再次举行大赦（离5月份的那次召回相距
不远），以增强内部凝聚力。9月初，两位执政官启动了相应的法律机制，在当月颁布了赦免条款。不过，这份条款的文本没能保存至今。根据条款规定，被坎特·德·加布里埃里判处死刑的罪犯将被改判为放逐边境之刑，只要他们做出“保证”——缴纳一笔保证金，确保无论被放逐至何地，都将遵守判决。这是一份相当谨慎的赦免条款：执政者十分警惕，不让暴民和吉伯林派成员回归城内，同时也要让他们远离乌戈乔尼·德拉·法焦拉。指派的放逐地点将成为罪犯们的强制居住地，有可能是在托斯卡纳地区境内，也有可能是在其他地方。具体的选择权显然掌握在安茹家族的罗贝托（他已当了两年佛罗伦萨“领主”）委任的代理人——奥尔维耶托的拉涅里·迪·扎卡里亚（Ranieri di Zaccaria da Orvieto）的手中。于是，佛罗伦萨政府拟定了一份可以由死刑减轻为放逐之刑的暴民名单，名单中的人应根据通知前去面见奥尔维耶托的拉涅里·迪·扎卡里亚。但丁的名字出现在名单里，但他本人却没有前往面见。正因为没有遵循条例规定，但丁和他的儿子们于10月15日被奥尔维耶托的拉涅里·迪·扎卡里亚判处斩首之刑。11月6日，奥尔维耶托的拉涅里·迪·扎卡里亚又在先前判决的基础上放逐了但丁及其儿子们，允许任何人肆意侵犯他们的财产安全和人身安全，且不必为此承担罪责。这一次，促使但丁决定拒绝申请减刑的，并不是他的清高，而是权衡利弊后的考量：反正他已无论如何都不可能重返佛罗伦萨，且就算他申请减刑，也只能去一个不由他选择的地方——那地方很可能并不适合他的研究需要，也不能满足他作为一个刚刚崭露头角的诗人的志向。

六　廷臣（1316—1321） 288

上与下他人楼梯，

所走路有多么痛苦、辛酸[282]

在亚平宁山脉的另一侧

1315 年，摩罗埃罗 · 马拉斯皮纳去世；自蒙泰卡蒂尼大捷之后，乌戈乔尼 · 德拉 · 法焦拉在政治上盛极而衰；对赦免条例的自动放弃使但丁与佛罗伦萨之间的鸿沟愈发加深；当年秋季的判决又让他和他的儿子们暴露于新的风险之中。所有将他和托斯卡纳联系在一起的那些线越变越细，最终断开。当年 5 月，在那封致“佛罗伦萨友人”的书信末尾，但丁表示即使不能重返佛罗伦萨，也不至于找不到糊口的面包。事实上，关于面包的问题，并没有那么容易解决。同样突出的，还有关于他个人安全和家庭安全的问题。那时，唯一能给他提供保障的（尤其是在安全问题方面），是伦巴第地区。在那里还留有两个较大的吉伯林派抵抗中心：一是马太 · 维斯孔蒂统治下的米兰——此人凭借亨利七世加封的代理人头衔，成功获得了城市国家的统治权；二是康格兰德 · 德拉 · 斯卡拉统治下的维罗纳——同样是凭借亨利七世加封的代理人头衔，将原先有实无名的家族统治变成了可以世代承袭的“领主政权”。但丁与马太 · 维斯孔蒂没有交情，但维罗纳的情况就完全不同了：但丁曾于 1303 年至 1304 年期间在那里居住。倘若他决定离开托斯卡纳，那么维罗纳应该顺理成章地成为他的目的地。

但丁了解维罗纳城，但很有可能不了解它的领主。当年，当诗人在巴托罗梅奥·德拉·斯卡拉的宫廷作客时，康格兰德·德拉·斯卡拉还只是一个十三四岁的小伙子。康格兰德·德拉·斯卡拉没有出席亨利七世在米兰的加冕仪式；1311 年 11 月，尽管他曾追随卢森堡的亨
289 利到了热那亚，但由于兄弟阿尔波伊诺·德拉·斯卡拉身患重病，他很快就离开了。所以说，但丁至多与他谋过面，但很难与他建立密切的个人交情。他们之间貌似只是通过书信来往，且那些书信还都是但丁以其他人的名义起草的公函。根据当年的文献所述，康格兰德·德拉·斯卡拉是一个以军事指挥才华和“宫廷义勇精神”（即对钱财的淡看）而非以文艺情怀著称的领袖，因此，但丁作为诗人和哲学家日益增长的声望似乎也不足以让这样一位领主为他提供庇护。总之，若要进入康格兰德·德拉·斯卡拉的宫廷，但丁还需要某位重量级的人物穿针引线。

谁承担了举荐但丁的任务呢？但丁又是在什么时候翻过亚平宁山脉去往维罗纳的？我们只能在黑暗中摸索。根据一个并非基于事实的假设，我们猜测能够助他一臂之力的，是乌戈乔尼·德拉·法焦拉，他甚至有可能将但丁护送到了维罗纳。1316 年 4 月，乌戈乔尼·德拉·法焦拉在一场由他的前任下属卡斯特鲁乔·卡斯特拉卡尼·德·安特米内里设计的阴谋中被比萨驱逐，他带着一张卡斯特鲁乔·卡斯特拉卡尼·德·安特米内里亲自开给他的安全通行令牌逃往卢尼贾纳投奔斯皮内塔·马拉斯皮纳（此人曾与他在蒙泰卡蒂尼之战中并肩战斗）。不久以后，由于不堪卡斯特鲁乔·卡斯特拉卡尼·德·安特米内里的军队的追击，他又被迫取道摩德纳和曼托瓦，逃往维罗纳，为康格兰德·德拉·斯卡拉效力。所以说，但丁随乌戈乔尼·德拉·法焦拉一道，投靠了自摩罗埃罗·马拉斯皮纳去世之后最为重要的庇护人门下，这种假设并非没有可能。鉴于乌戈乔尼·德拉·法焦拉与斯卡拉家族非常熟悉，他是完全能够为诗人美言一番的。

必要的颂词

康格兰德·德拉·斯卡拉在但丁的人生历程、诗歌创作及学术研究中所扮演的角色曾一度被持续强调，甚至是被过度高估，这种情况在某种程度上依然保持至今。在很多人看来，康格兰德·德拉·斯卡拉是《天国篇》的进献对象，更有人认为整整这一篇都是为康格兰德·德拉·斯卡拉而创作的；还有人说此人就是“五十、十和五”暗指的人物，他甚至还是《地狱篇》第一歌里“猎犬”的化身；另有说法称但丁为了保护康格兰德·德拉·斯卡拉不受教宗约翰二十二世的攻击，才创作了《帝制论》。总之，几个世纪以来，关于斯卡拉家族的神话被日益夸实，其背后的推动力很有可能来自维罗纳领主周边的人：但丁去世后，他们一方面想与一个支持皇帝、站在吉伯林阵营的 290
学术名人建立关联，另一方面也渴望沾上一点这位已经扬名立万的诗人的光。

对康格兰德·德拉·斯卡拉的神化基于两大支柱：第一根支柱相当稳固，那是卡恰圭达针对康格兰德·德拉·斯卡拉吟诵的赞歌；相比之下，另一根支柱就显得十分薄弱，那是但丁向康格兰德·德拉·斯卡拉进献《天国篇》所写的一封书信。

关于这封书信真伪的讨论已经耗费了如河流般的墨水，至今仍在继续，未有定论。信件的内容分为两个部分：在较短的第一部分，但丁向康格兰德·德拉·斯卡拉（“伟大、常胜的领主……维罗纳和维琴察 [Vicenza] 城极为神圣的帝国总代理人”[283]）展示自己诚恳的友谊以及渴望得到回应的强烈愿望，表示自己将尽一切努力巩固这份友谊，出于这一目的，诗人将把《天国篇》进献给康格兰德·德拉·斯卡拉；第二部分的篇幅相当长，堪称一篇小型论文，内含对整部史诗的修辞学注释和对《天国篇》第一歌的剖析。这一部分涉及的内容相当多，最为重要的是就作品“主题”展开探讨——包括字面主题及更深的第二层面（“隐喻层面、道德层面及神秘阐释层面”）的主题——以及从文学体裁角度阐释为何要以“喜剧”（“Commedia”）一词作为作品的标题。然而，第二部分里的这些探讨呈现出一种明显的拼凑性，貌似一些普通观点的堆叠，该部分的薄弱独创性与《飨宴》和《论俗语》中的非凡洞见之间的显著差异让人不禁心生疑窦：这封信的大部分内容是否真的出自但丁之笔。这种怀疑并不是针对整篇书信的，因为信件的开头部分并没有任何可令人质疑其真伪的疑点。我们不妨做出一种合理的折中式猜想：就整体而言，这封书信是“对真实语句（尽管很有可能是被转写的）的组合……一种嫁接，不仅是为了证实将史诗献给康格兰德·德拉·斯卡拉的真实性，也为了证实那些就整部作品做出的‘不那么极端’的诠释”。事实上，关于隐喻的诠释的确淡化了作品的预言和教条色彩——教廷眼中的危险因素（自 1335 年起，佛罗伦萨多明我会的省会就禁止修士们读但丁的俗语作品了）。

291 在书信的开头几个段落里，透过那些处心积虑的精彩修辞手法，我们能隐约读出但丁向一位初识的领主表达谢意，并渴望得到其庇护及实际帮助的期待。因此，这封信应该是在诗人旅居于维罗纳的头几个月里撰写的。不过，这些令人眼花缭乱的颂扬也透露出作者的些许尴尬。但丁似乎是想就以往对眼前这位领主表现出的冷漠态度做出解释。他表示自己意识到曾经听闻的关于康格兰德·德拉·斯卡拉的赞誉完全是名副其实的——此前，当他还不认识康格兰德·德拉·斯卡拉时，曾以为那些颂扬夸大其辞：“以前我曾认为那些远胜于同时代其他人的溢美之词纯属言过其实，因此，为了不让这种疑虑长久地留存于心……我来到维罗纳，亲眼见证我所听闻的一切；在这里我看到了您的伟大，与此同时我亲身见到和体会到了您的慷慨施予；我先前怀疑是传闻过甚其词，现在我承认是您的功绩至伟无疆。”[284] 显然，但丁以排除往昔的疑虑为名，通过这种方式创作了一曲相当巧妙的赞歌。不过，倘若他不是迫不得已，如何会提起自己先前的那些质疑呢？换言之，难道不提起先前的旧事，就无法证实这曲赞歌的诚意吗？没错，但丁有充分的理由感到尴尬。

按照我们今天的说法，在但丁撰写这封书信的时期，《炼狱篇》仍处于“新鲜出炉”的状态。我们知道，但丁在那一篇里对康格兰德·德拉·斯卡拉的父亲，阿尔贝托·德拉·斯卡拉做出过一种毫无恭维之态的评价——但丁认为阿尔贝托·德拉·斯卡拉将自己的私生子朱塞佩任命为圣泽诺修道院的院长是有罪的。这一评价本身已足以引起不悦。但康格兰德·德拉·斯卡拉的反感似乎是双重的，因为当朱塞佩去世后，他与父亲的做法一样，又任命了一个非法人选——朱塞佩的儿子——为那座极为富有的修道院的院长。处于气头上的康格兰德·德拉·斯卡拉原本不可能理睬但丁这个祈求者，哪怕诗人许诺要用自己的诗句令他永垂不朽。如同在其他许多城市发生的那样，但丁在维罗纳也看到了许多因诗作引起的反响。而这一次的情形格外微妙：诗人渴望求得帮助的对象，恰恰是一个被他辱骂的人的儿子。

但丁从康格兰德·德拉·斯卡拉那里获得了帮助，但这并不意味着但丁获得了康格兰德·德拉·斯卡拉的青睐。但丁每次与斯卡拉家族打交道，总有一种不适感；就连他为康格兰德·德拉·斯卡拉谱写 292
的赞歌也显得不那么光彩照人，仿佛被蒙上了一层薄纱：难怪诗人关于流亡生涯的最为苦涩的描写恰恰就出现在他颂扬“伟大的伦巴第人（巴托罗梅奥·德拉·斯卡拉）的义勇”和康格兰德·德拉·斯卡拉“令人难以置信的”伟业的那一歌里：

你将知上与下他人楼梯，
所走路有多么痛苦、辛酸，
别人馍入口时何等涩咸。[285]

以上几行诗句似乎并没有什么深意，因为大量关于但丁人生经历的轶闻都与他效力于斯卡拉家族的这一时期有关，且都认为他处于一种并不舒心的境地：那些轶闻都属于老生常谈式的保留段子了。不过，弗朗切斯科·彼特拉克所见证的内容却具有非同一般的价值。这个被收录在《往事追忆》（*Res memorande*）里的故事（但丁曾向康格兰德·德拉·斯卡拉致以十分“尖刻”的回应）本身并无新意，但彼特拉克在引入这个故事时的一段分析却是相当独特的：“但丁·阿利吉耶里，就是那个去世不久的我的同乡……他被家乡流放，后来旅居于维罗纳的康格兰德·德拉·斯卡拉的宫廷，当时，那里是许多遭难者和流亡者共同的避难所。起初，他得到了礼遇，但后来却逐渐遇冷，一天比一天不受领主的喜爱。”这段描述写于 1343 年初至 1345 年春之间，彼特拉克显得对维罗纳的情况相当熟悉（的确，许多曾追随亨利七世皇帝的旧部都聚集在康格兰德·德拉·斯卡拉的周围：乌戈乔尼·德拉·法焦拉、斯皮内塔·马拉斯皮纳，还有亨利七世曾经的宫廷内侍，来自皮斯托亚的圭尔甫派白党人西蒙尼·迪·菲利波·雷阿里）。不过，在那一时期，彼特拉克还没有去过维罗纳。所以说，他的信息来源很可能是阿维尼翁和博洛尼亚：在阿维尼翁，许多教廷人士和知识人都常常通过普拉托的尼科洛主教（在效力于克罗纳家族以前，彼特拉克曾投奔他的门下）与维罗纳保持沟通和往来；而在博洛尼亚，彼特拉克可能曾跟随一个名叫乔凡尼·德·维吉尔（Giovanni del Virgilio）的人学习，此人是但丁的崇拜者。总之，他的证词不容忽视。

此外，还有其他线索能够证明但丁所处的孤立境地。与在斯卡尔佩塔·奥德拉菲和圭迪·迪·巴蒂福勒门下及亨利七世宫廷里的处境
293 不同，但丁与维罗纳宫廷的文书处没有任何（哪怕是间接的）联系。他也没有担任代理人或使节之类的职务——无论是先前效力于马拉斯皮纳家族，或是第一次旅居维罗纳期间效力于巴托罗梅奥·德拉·斯卡拉，还是之后效力于小圭多·达·波伦塔，他都承担了此类工作。不仅如此，没有任何信息表明他与当地的文化圈有所交往，这就让他显得更加形影相吊。在他当时所居住的威尼托地区，已经响起了人文主义运动的先声，但他似乎并没有（哪怕是以间接的方式）加入这场运动：尽管多次擦肩，甚至曾经相遇，阿尔贝蒂诺·穆萨托和但丁却从未相识。

在火星的标志下

但丁努力证明自己如何配得上这位新的庇护人对他表示的友谊。通过《天国篇》甚至是整部《神曲》里最重要的一歌，但丁为康格兰德·德拉·斯卡拉竖起了一座丰碑。在那一歌里，诗人的高祖父卡恰圭达向曾孙预言了他的流亡之路，且这条流亡之路正是始于维罗纳，这并非出于偶然。卡恰圭达这样预言：“你的第一个避难所和第一个寄居处”[286]将是巴托罗梅奥·德拉·斯卡拉的宫廷，在他的身边，你会看到一个现在（1300年）只有9岁的男孩，他深受火星的影响，其卓著的战绩值得世人铭记；早在“大亨利受骗于加斯科涅人（克莱孟五世）以前”[287]，也就是在1312年以前，他的军事才华就已初显；除此之外，他还以“慷慨”的美德而著称。行文至此，诗人让卡恰圭达说出了一番明显是出自廷臣之口的话：“仰望他，你盼其赐予恩惠；/由于他许多人发生改变，/富人与乞讨者地位转换。”[288]但丁从来不曾通过诗歌创作向他的庇护者提出如此明确的要求。他赞扬马拉斯皮纳家族时所说的“仍可把钱与剑荣耀展现”[289]则完全是另一种风格——尽管实质上并无差异。对此，诗人还不满足，作为作者的但丁说，卡恰圭达告诉他关于那个男孩的“事情”是如此“不可思议”，以至于无法透露：如果连那些未来的目击者都不能相信自己的眼睛，想象一下那些以预言形式了解他们的人又会做何反应！

关于马拉斯皮纳家族，但丁的健忘令人震惊。这个家族收留并资 294
助了诗人将近十年，他们欣赏诗人的才华和作品，将他介绍给与本家族有来往的其他大封建家族，在诗人绝望地求取佛罗伦萨的宽恕期间，他们曾鼎力相助。《地狱篇》和《炼狱篇》的大部分内容是与马拉斯皮纳家族有关的。按照伊拉罗的说法，但丁有意将《炼狱篇》献给摩罗埃罗·马拉斯皮纳——这一猜测如果有文献支持，本身并不令人惊讶。然而，身处维罗纳的但丁已经把马拉斯皮纳家族从记忆中删除了。卡恰圭达预言的流亡之路只提到了斯卡拉家族的宫廷，该宫廷出现在那段漫长的流亡生涯的起点——但丁似乎一直这样认为——和终点，期间再也没有任何其他家族和庇护者为但丁提供荫庇。

离开了与卡恰圭达相遇的火星天后，但丁飞升至木星天，那里是正义感的源泉。诗人先是描述了那里获得真福的灵魂，它们排成了由35个字母组成的《圣经》短句："Diligite iustitiam qui iudicatis terram"*；随后，出现了一只鹰的形象，那鹰飞向被赐福者，请求他们为"随恶榜样踏错路面"[290]的世人祈祷。所谓的坏榜样，是指那些腐败的教宗，他们将手中的"绝罚"之权当作武器。此处，诗人突然向写下绝罚令"却将其撤销"的教宗提出了一连串激烈的抨击：教宗只是为了赚取受罚者的钱财才取消绝罚令，讽刺的是，他的虔诚并没有献给创立教廷的彼得和保罗，而是献给了施洗约翰——他的头像被铸在弗洛林金币上：

> 写诏令随后却将其撤销，
> 毁彼得与保罗献身果园，
> 你想想他二人若活世间。
> 你当然可以说："我信那人，
> 他愿意一个人独处荒原，
> 为舞蹈他殉道，头被砍断，
> 并不识渔夫和保罗之面。"[291]

这位对施洗约翰（也就是弗洛林金币）如此死心塌地的教宗就是约翰二十二世。值得追问的是，但丁为何要向他发起如此猛烈的抨击，
295 且这一段抨击与这一歌的其他内容并没有紧密的联系？其中的原因要从教宗和康格兰德·德拉·斯卡拉之间的关系去探寻。

1316年起，教宗就唆使圭尔甫派发起了一场针对米兰、曼托瓦和维罗纳三个吉伯林派领导下的领主制国家的战争。在1317年的头几个

* 意为"爱正义吧，你们作世间法官之人"。——译注

月里，由于康格兰德·德拉·斯卡拉向哈布斯堡的腓特烈三世献礼，从而在 3 月时确认了亨利七世赐予他的帝国代理人头衔，双方的冲突进一步升级。不仅如此，康格兰德·德拉·斯卡拉还拒绝了教宗反复向他提出的要求：在帝国皇位空缺期间放弃代理人的身份。于是，1318 年 4 月 6 日，康格兰德·德拉·斯卡拉被教宗绝罚。但丁对约翰二十二世的抨击正是针对这次特殊的绝罚而做出的：这段文字意在力挺庇护者，应该是在事件发生后不久——也就是 1318 年春天——迅速写下的。

然而，《天国篇》的核心篇章里燃起的对斯卡拉家族的熊熊赞颂之火很快就熄灭了。在抨击完约翰二十二世过后，诗人再也没有直接或间接地提及康格兰德·德拉·斯卡拉和与他相关的历史事件。不仅如此，在《天国篇》的最后一部分里，诗人似乎在刻意回避现实，将目光聚焦于那些关于教廷和帝国的宏大主题上。

库尼萨的预言

在书信里，但丁向康格兰德·德拉·斯卡拉许诺要将《天国篇》进献给他。伊拉罗则认为但丁有意将其献给阿拉贡家族的斐得利哥三世——即使的确如此，在西西里国王放弃帝国事业与安茹家族的罗贝托达成和解之后，但丁就改变了主意，这也是情理之中的。不过，这样一来，《天国篇》就既不是献给康格兰德·德拉·斯卡拉的，也不是献给其他任何人的了。1316 年，但丁并不知晓他即将在另一个城市，同时也是在他生命的最后阶段完成这部史诗。史诗的头两个篇章也没有任何进献的对象：伊拉罗所说的进献只是从未落实于行动的意向而已。

许多人认为，整部《天国篇》是围绕斯卡拉家族而展开的，这一看法在明显的事实证据面前不攻自破。1316 年中，当但丁抵达维罗纳 296
时，《天国篇》的相当一部分已经写完了。

在第六歌里，查士丁尼（Giustiniano）为了让但丁明白那些与帝国旗帜（鹰旗）“逆向而动”的人——无论他们是冒用帝国之名，还是与帝国为敌——都是有罪之人，讲述了埃涅阿斯之子阿斯卡纽斯（Ascanio）在阿尔巴隆迦（Albalonga）建国的伟业，进而提到查理大帝创建了神圣罗马帝国，作为罗马帝国的延续。这个赞颂勇气和美德的故事令他有理由责备那一伙“用金百合（象征法兰西国王）对抗鹰徽（象征帝国）”以及另一伙“把鹰徽独家侵占”[292]的人。这一控诉的对象既包括圭尔甫派，也包括吉伯林派。查士丁尼对上述两个党派都嗤之以鼻：

> 吉伯林应该举另一旗徽：
> 谁若将义与鹰一分两边，
> 绝不会真跟随神鹰后面；
> 新查理（安茹家族的查理二世）、圭尔甫莫倒鹰旗，
> 而应惧其双爪利而锐尖，
> 它们曾撕下了傲狮皮面。[293]

如此肆无忌惮的反对吉伯林派的诗句绝不可能是诗人在旅居维罗纳期间写下的——那里是意大利吉伯林派的据点；但丁也绝不可能指责吉伯林阵营的领袖滥用帝国的名义行党派之争的勾当，何况他此时正在寻求康格兰德·德拉·斯卡拉的庇护。事实上，这一歌是在1316年之前写的，那时的但丁已经形成了一种成熟的看法，认为两个阵营都已沦为争夺私利的工具，若要解决两大普世权力之间的问题，必须去寻求其他的基点。彼时，亨利七世和克莱孟五世都已去世，两大权力的真正代表都已缺位，诗人所展开的尖锐的政治分析因而呈现出明显的乌托邦式的预言色彩，就连语气（“敬畏那双鹰爪”）也与描写伊甸园那几歌里的预言颇为相似（“让那些对此应付罪责者相信 / 上帝的惩罚是不怕喝汤的”）。

《天国篇》的第九歌似乎已经受到了斯卡拉家族的影响，甚至已经表现出支持该家族的倾向。在这一歌里，罗马诺家族的埃泽利诺三世（Ezzelino III da Romano）的姐妹库尼萨（少年时期的但丁曾在佛罗伦萨听说过此人）预言特雷维索边境省的民众将遭受深重的灾难。帕多瓦人因不肯承认康格兰德·德拉·斯卡拉的帝国代理人头衔，将在维琴察附近遭到康格兰德·德拉·斯卡拉的痛击（1314 年 12 月）。特 297
雷维索的领主扎尔多·达·卡米诺——盖拉多·达·卡米诺之子——将在一场叛乱（1312 年）中遇害，其原因或许是“他与亨利七世站到同一阵营，成为他的帝国代理人，从而放弃了自己以往的圭尔甫派立场，也放弃了自己的家庭和城市国家”。费尔特雷（Feltre）主教、圭尔甫派成员、特雷维索的亚历山德罗·诺维罗（Alessandro Novello di Treviso）将背叛那些从费拉拉转移至他那里寻求庇护的吉伯林派流亡者，将他们统统交给佛罗伦萨的圭尔甫派黑党人皮努丘·德拉·托萨（Pinuccio della Tosa）——安茹家族的罗贝托在佛罗伦萨的代理人（1314），让他们惨遭迫害。假如我们认为库尼萨的预言是诗人在旅居维罗纳期间写下的，其内容倒也符合当时的政局：这或许是但丁针对康格兰德·德拉·斯卡拉做出的正面评价，说他必须对付大规模的圭尔甫阵营，该阵营“从费尔特雷一直蔓延至帕多瓦和特雷维索——继卡米诺家族的统治结束后，特雷维索又得到了埃斯特家族的统治下的费拉拉的支持，并在一段时期内得到了安茹家族的支持”。不过，这一歌的开篇让人觉得它的创作时间是在 1316 年以前，正因如此，库尼萨的预言尽管在客观上是有利于斯卡拉家族的政治评论，但确实不是以一个“廷臣”的口吻写就的。

在库尼萨预言的前一歌里，查理·马尔泰罗的一段话占据了相当长的篇幅。1294 年，但丁在佛罗伦萨与这位年轻的国王相识。这位来自安茹家族的国王先是宣称若不是因为他过早地撒手人寰，许多由他的家族导致的灾祸——例如西西里的民众暴动——便不会发生；接着，他又警告他的兄弟——安茹家族的罗贝托（那不勒斯国王）出于贪吝正在将他的王国置于险境；最后，为了解释一个以慷慨著称的显赫家族如何会养育出像罗贝托这般贪吝的后裔，他滔滔不绝地展开了论述，表明是诸天将不同的个性注入了每一个个体。查理 · 马尔泰罗说完，这一歌也随之结束了。在接下来但丁遇到库尼萨的那一歌里，在没有任何预兆和过渡文字的情况下，主人公在一开头就对查理 · 马尔泰罗的妻子——哈布斯堡的克雷门萨（但丁也是在佛罗伦萨与她相识）呼唤道："你查理，美丽的克雷门萨，/ 他为我释疑虑，随后预言，/ 其子孙将受到恶意欺骗；/ 他说道："你莫言，任年流逝！" / 因而我只能说悲泣顺天，/ 它必将紧跟随你等苦难。"[294] 所以说，查理 · 马尔泰罗在解释完一个慷慨之人如何会生下贪吝的儿子后，还告诉但丁自己的后
298 代会遭到欺诈，并预言一切都会遭到正义的报复。但他同时宣称不能揭示未来将发生的具体事件，因此，主人公但丁只能谨遵其命，除了提到那些事件充满痛苦之外，对其余一切缄口不言。然而，关于这一预言，从查理 · 马尔泰罗先前说出的话里看不出一星半点的预兆。从叙事假设的角度来看，查理 · 马尔泰罗应该是继续说话，且主人公但丁并没有将这番话记录下来。这在整部《神曲》中显得极不寻常，以至于两歌之间的连接显得有些牵强。我们的感觉是，在第九歌的开头，但丁似乎是想传达一条与安茹家族相关的信息，在创作第八歌时，他对此尚不知晓，而此时，他也不可能通过对第八歌进行部分的修改，将这一信息添加到那一歌里去，因为整个第八歌——直到最后一行——都被查理 · 马尔泰罗关于个人爱好和自由意志的长篇大论所占据了。很显然，他想传递的讯息重点并不在于查理 · 马尔泰罗的子嗣将遭到欺骗一事——1296 年，他的儿子查理 · 罗贝托（Carlo Roberto）被叔父罗贝托篡夺了那不勒斯王国的王位——而在于此事引发的正义的报复。所谓"报复"，是在 1315 年 8 月 29 日的蒙泰卡蒂尼之战应验的：乌戈乔尼 · 德拉 · 法焦拉大败佛罗伦萨和卢卡的圭尔甫派军队以及他们的盟友——安茹家族的军队。在这场战斗中，安茹家族的军队首领、国王罗贝托的兄弟——塔兰托的腓力一世（Filippo I di Taranto）

失去了兄弟皮耶特罗（Pietro，埃博利 [Eboli] 伯爵）和儿子阿卡亚的查理（Carlo di Acaia），罗贝托的威望也遭到了重创。在查理 · 马尔泰罗看来，这些都是报应。不过，诗人但丁在意的应该不是安茹家族的内部纷争；具有重大政治意义的，是吉伯林派军队在亨利七世去世之后取得的第一次胜利。由此，我们便可明白诗人为何要提及这一次胜利（尽管是以隐晦的预言形式），且是在这一事件发生后不久就要迫不及待地将其写入作品。前一歌里刚刚写到的与查理 · 马尔泰罗的相会恰好是一个契机。这再次证明了《神曲》从某些角度而言的确是一部名副其实的“时政纪要”。

如果实际情况的确如此，那么我们便可推断，1315 年 9 月，在但丁前往维罗纳以前，关于库尼萨的那一歌尚在创作的过程中。对那场战争的隐喻也是诗人向当时的庇护者乌戈乔尼 · 德拉 · 法焦拉献礼的一种方式。这一线索也进一步证实在 1315 年夏天，但丁还居住在托斯卡纳。

在抨击过约翰二十二世（1318 年春天）之后，《天国篇》再也没 299
有论及过政治时局。康格兰德 · 德拉 · 斯卡拉从诗篇中消失不见了。然而，对于常年关注时势变化，尤其是乐于赞颂其庇护者的但丁而言，接下来几年发生的事件原本可以为他提供相当充分的素材。我们如何解释这一现象呢？是因为史诗的创作风格发生了转变，还是因为他与康格兰德 · 德拉 · 斯卡拉渐行渐远，甚至断了联系？

作为巫师的声名

一系列枢机主教的调查文件表明，米兰领主马太 · 维斯孔蒂和他的长子加莱阿佐 · 维斯孔蒂曾试图用巫术谋杀约翰二十二世。为此，他们曾于 1320 年 5 月表达出将佛罗伦萨的法师（*magister*）但丁 · 阿利吉耶里召唤至皮亚琴察（Piacenza）的意愿。对于这种通过魔法或巫术来打压敌人的想法，我们或许会一笑置之，但在教宗和他身边的教廷成员看来，却是非同小可：施魔法被认为是一种强有力且具有危险性的魔鬼行径。若说但丁（貌似从不曾前往皮亚琴察）会施黑魔法，这是不可信的。

不过这桩发生在阿维尼翁、米兰和维罗纳的事件的确有相关法庭文书可以佐证。所以说，从某种意义上来看，但丁作为巫师的名声也是有据可查的。

这一名声并不令人感到震惊。至少但丁的确是一个著名的星相学家。众所周知，星相学与魔法和巫术之间的界限是相当模糊的。尤其是在《地狱篇》发表以后，他更是成了一个曾活着访问地狱，见到魔鬼和受惩罚的灵魂，并与他们交谈的名人。这一声名在民间流传得相当广泛，甚至令人有些害怕。据薄伽丘所述，一些妇人在街上偶遇但丁，她们窃窃私语，一个人说“那个下过地狱的人，他想何时返回就能何时返回，把下面的消息带回人间”，另一个人如此回答：很可能是真的，“你没看见吗，由于地狱里的炎热和烟熏火燎，他的胡子多么卷曲，皮肤多么黝黑”。此类传言在老百姓之间传来传去（但丁倒并不急于辟谣，他“听到别人在背后议论的这些话，知道它们都出自普通
300 妇人之口，感到很有趣，甚至因人们如此看待自己而沾沾自喜，于是，他一笑置之，超过了那些妇人”），这并非没有可能。毕竟，他总是乐于赋予自己一种超凡脱俗、与众不同的形象。不过，与恶魔打过交道这一形象让但丁被想当然地置于那些施展黑魔法的人之列，至少是很有可能施展黑魔法的人之列。对此，不光普通的妇人这样认为，连教宗、统治者、法官和医生，所有那些将诗人的地狱之旅信以为真的人都会把他当成巫师。正因如此，最初的评论者们（包括那封致康格兰德·德拉·斯卡拉的书信的第二部分的撰写者）全都不约而同地选择了隐喻的方式来解读这部史诗，正如先前提到过的，这是一种“避免从字面意义上理解《神曲》的方式”，防止读者带着上文中所说的逻辑，“误以为诗人果真曾前往地狱一游”。

最后的容身之处

加莱阿佐·维斯孔蒂意图（貌似只是纯粹的意图而已）通过但丁施展黑魔法之说太过模糊，不足以作为确定诗人行踪年谱的佐证——例如我们并不能认为在1320年的最初几个月里，但丁仍然身处维罗纳（至多只能说加莱阿佐·维斯孔蒂认为但丁待在那里）。其实，但丁当时似乎已在拉文纳住了一年有余，他抵达那里的时间或许是在1318年下半年，最多不会晚于1319年。拉文纳是但丁的终老之地，他在那里住了大约3年。这就证实了薄伽丘曾重复过两次的说法——他对拉文纳的情况相当了解——小圭多·达·波伦塔伯爵将但丁留在身边“好几年”，但丁便在那里“住了好几年”。其实，但丁从维罗纳前往拉文纳的具体时间一直是研究但丁的学者探讨的焦点：最为可信的假设要么是在1318年，要么是在1320的最初几个月。两种说法都有一些证据支持，但如同其他许多推测一样，哪种说法都没能成为定论。

但丁很有可能是携家人前往拉文纳的，我们至少可以确定他的儿子皮耶特罗随他一同到了那里。有记载表明，1321年1月初，皮耶特罗曾以教堂主管（rettore）的身份从两所拉文纳的教堂领取款项：曾赞尼戈拉圣母堂（Santa Maria in Zenzanigola）和圣西蒙阿尔穆罗教堂（San Simone al Muro）。我们了解到，当月的4日，拉文纳总主教 301
的代理人对皮耶特罗和其他人处以了绝罚之罪，理由是他没有向特使伯特兰·杜·波格（Bertrando del Poggetto）缴纳教职收入税。我们并不清楚皮耶特罗具体是从何时开始领取收入的，不过，可以确信的是，1320年的夏天，他已经在享受这笔收入了。这位年轻的阿利吉耶里家族的成员显然不是因为自己的贡献而获此恩惠的，一切都来自于他父亲的名望。对但丁父子施予恩惠的是波伦塔家族及其亲属。即使该家族早在但丁抵达拉文纳以前就决定给予他这笔收入，但在真正发放以前，一系列审批手续还持续了一段时间。事实上，这牵涉到双重手续，因为两所教堂的管理权是掌握在两个不同的人手中的——虽然她们之间存在亲缘关系：堂姐妹卡特里娜 · 马尔维奇尼 · 迪 · 巴尼亚卡瓦罗（Caterina Malvicini di Bagnacavallo）和伊达娜 · 马尔维奇尼 · 迪 · 巴尼亚卡瓦罗（Idana Malvicini di Bagnacavallo）。由此可以推断，但丁前往拉文纳的时间很有可能是在 1319 年。

此外，在 1319 年的最后几个月里（最晚不超过 1320 年的前几个月），修辞学家乔凡尼 · 德 · 维吉尔曾从博洛尼亚给但丁寄了一首用拉丁文六音步诗体撰写的颂歌。乔凡尼 · 德 · 维吉尔在信里提到了但丁的许诺——有一次，乔凡尼 · 德 · 维吉尔和诗人在拉文纳碰面，诗人曾让乔凡尼 · 德 · 维吉尔将一些文稿寄给他："然而，既然您曾在那座被波河环绕的城市（拉文纳）给我一线希望，说您将屈尊，用友好的文字拜访我，那就拜托您给我回复。"[295] 此处所说的碰面应该是发生在 1319 年。

路西法的坠落

假如没有那篇所谓的《水与土之辩》（*Questio de aqua et terra*），上述所有线索就能彼此吻合了。这是一篇科学论文，作者尝试采用其特有的逻辑学和演绎推理方式论证一个宇宙学问题：为何在人类居住的半球上，许多陆地要高于海平面。当时的理论认为，各种元素（土、水、气、火）根据其重量，以同心圆的方式由重到轻地分布于地心周围。因此，环绕在土层之外的水应该完全覆盖土的表面。然而，经验却向人们表明事实并非如此。文章提出的观点是土之所以能浮现于水面，乃是因为受到了天体，尤其是恒星的吸引。

302 这篇文章尽管融入了其他体裁的特色，但仍呈现出鲜明的大学论辩（*quaestio*）特色：教师提前确定辩论的主题，随后在辩论期间就参与者的质疑做出回应；在第二部分，老师将辩论中提到的观点进行重新整理，并一一进行驳斥，进而提出自己的观点，揭示"确切"真理的所在；最后，老师还应将整个论证过程整理成书面文字。关于这篇文章诞生原委的描述也提到了上述这种教学实践的过程：但丁在曼托瓦参加了一次（非大学模式的）辩论，辩论的主题恰恰是高于水平面的土地；由于辩论过程是开放的，没有任何一位老师给出教条式的定论，但丁决定自己承担“确定真理”的任务。1320年1月20日，他在维罗纳主教堂旁边的圣埃莱纳小神庙（Sant’Elena）里公布了自己的论述（随后又将这篇演说整理成了书面文字）。

这篇论文于1508年首次面世：奥斯定会修士乔凡尼·本笃·蒙切迪（Giovanni Benedetto Moncetti）在威尼斯推出了此文的一个印刷本。该版本一经发表，就立刻引起了极大的质疑，甚至几乎被认定为一篇伪作。事实上，认为该文非但丁所作，是不乏理由的。我们所能读到的这篇论文只有唯一一个基于不知名手抄本的印刷本。在此以前，没有人（只有一个例外）了解这篇文章，甚至对此闻所未闻。不仅如此，与普通的“论辩”文体相比，这篇出自但丁之笔的文章呈现出非常明显的异常之处。首先，作者提出结论时所在的城市与辩论举行的城市是不一样的（也就是说，作者所面对的读者群——除了极个别例外——并没有参与先前的辩论）；其次，但丁在论文的结尾处不厌其烦地强调自己是文章的作者，强调这篇文章是他亲自撰写的；最后（这也是最令人生疑的理由之一），文中的结论不仅没有顾及但丁在《地狱篇》写下的最后那几句诗行——关于路西法（Lucifero）坠落造成的灾难，甚至还与之自相矛盾。不错，但丁的确常常改变观点（在科学和教义的问题上同样如此），但那些都是在未曾发表的作品里的修改或颠覆，或者是《神曲》与从未问世的《飨宴》及《论俗语》之间的矛盾。总之，观点反转的现象从来没有暴露于公众的眼前。这篇论文则是作者唯一一次当众颠覆或纠正自己的观点，何况还是针对那部发表不久，处于众目睽睽之下的作品。

然而，在一项被普遍认为是能确凿证实《水与土之辩》的确为但 303
丁原作的最有力证据面前，各种怀疑和犹豫原本都应该烟消云散：在评论关于路西法的坠落的那几句诗行时，皮耶特罗·阿利吉耶里提到了一次由父亲但丁主持的关于“陆地何以高于水面”的辩论，其内容与《水与土之辩》里的某些观点确有关联。皮耶特罗在维罗纳很可能亲眼见证了父亲主持的辩论，正因如此，他的证明能够平息一切质疑。如果事实的确如此，我们要么承认但丁曾在 1320 年初从拉文纳专程去了一趟维罗纳（坦白说，这趟行程的代价似乎过于沉重了），要么就得承认那时但丁还没有搬离那座城市。

我之所以在上文中说“各种怀疑和犹豫原本都应该烟消云散”，是因为皮耶特罗的证词其实并不具备人们普遍认为的权威性。相反，这份证据倒是可以证明 1320 年 1 月但丁并没有在维罗纳的小神庙里发表演说。皮耶特罗关于《神曲》的评论共有三个不同的版本。其中，只有写于 1339 年至 1341 年期间的第一版真正是他所写的，其他两个版本即使不是其他人伪造的，至少也被大幅度篡改过。

然而，只有第三个版本提到了《水与土之辩》。由于这个版本写于 1360 年前后，那么皮耶特罗就不可能成为辩论的亲历者。不仅如此，皮耶特罗在那个确信是由他撰写的版本里对那次辩论只字未提，这只能成为那篇论文并非但丁所作的线索（哪怕不能成为正式的证据）。皮耶特罗怎么可能只字未提呢？如果说 1320 年初，阿利吉耶里一家尚且待在维罗纳，那么皮耶特罗必然会出席辩论现场；如果说他们已经搬到了拉文纳，那么对于父亲前往维罗纳的旅行以及此行的目的，皮耶特罗是不会一无所知的。

满腹经纶的“僭主”

但丁离开了一个大宫廷，离开了意大利吉伯林派的政治中心，迁到了一个人尽皆知的圭尔甫派小城（当时的拉文纳只有大约 7000 人口）。这一次，促使他做出决定的并不是政治因素。就党派而言，但丁从来不算是吉伯林派。至于支持帝国，反对教廷（*pars Ecclesiae*）——即反对人们通常所说的圭尔甫和安茹家族联盟，也是他后来那些年的立场。

对于政治时局，他似乎已不再热衷：无论是教宗、斯卡拉家族和 304
维斯孔蒂家族的武装战斗和外交冲突，还是德意志地区的帝王头衔之争都没有在《神曲》的最后一部分留下任何痕迹。在这一时期，他的反思聚焦于一个宏大的主题，其文化色彩超过了政治色彩：教廷的改革是恢复帝国秩序的前提。至于效力的主人和庇护者是站在圭尔甫派还是吉伯林派的立场，对他来说已经无足轻重了。他所在意的，是一个如小圭多·达·波伦塔这样的圭尔甫派庇护者是否能为他和儿子的安全提供足够的保障。在这个教宗与吉伯林派打得不可开交的时刻，一个如他一样在政治上做出妥协的人显然不可能不采取任何预防措施就贸然前往安茹家族的代理人掌管下的罗马涅地区。一旦解决了安全保障的问题，能够影响诗人做出决定的，便是如何为自己和家人争取更为舒适的生存环境，如何能够不受过多干扰地投身于学术研究——如今，他已完全沉醉于《天国篇》的创作，以及如何能更加便利地获取开展研究所必需的书籍。拉文纳很有可能为诗人提供所需的一切。

但丁与小圭多·达·波伦塔并没有交情，但他应该并不缺少与波伦塔家族其他成员接触的机会。他曾在罗马涅和卡森蒂诺旅居多次。那片地区的贵族家族与波伦塔家族常有利益尤其是姻亲上的联系。这种联系往往不会受到不稳定的政治立场的影响。此外，但丁先前也可能去过拉文纳或是其周边的城市。

小圭多·达·波伦塔（弗朗切斯卡·达·波伦塔是他的姑姑）成为家族领袖和拉文纳领袖的时间较晚，但丁不可能在更早些时候与之产生交集。直到1316年6月，他才被任命为督政官，从而执掌城市的领主权力。当时，但丁已发表了《神曲》的前两篇并因此声名大噪，所以说，很有可能是小圭多·达·波伦塔对但丁产生了兴趣，而不是但丁主动有求于他。与同一时期在意大利北部地区崭露头角的其他“僭主”相比，小圭多·达·波伦塔是与众不同的：他是一个诗人，是一个文学爱好者。尽管摩罗埃罗·马拉斯皮纳（及其他许多人）也喜爱但丁的俗语诗歌，但为了应和一首来自奇诺·达·皮斯托亚的十四行诗，他们却必须劳动但丁动笔。与他们不同，小圭多·达·波伦塔
305 能够独立创作具有相当水准的诗歌，其诗作还有待充分发掘：他肯定创作过六首谣曲（ballata），这表明他对包括圭多·卡瓦尔坎迪、奇诺·达·皮斯托亚及但丁本人在内的温柔新诗派有所了解。所以说，在他的身边洋溢着一种与康格兰德·德拉·斯卡拉的宫廷完全不同的气息。

但丁一辈子见识过不少风格迥异的社会文化环境。他是在城市国家的世界里接受的教育：那里有博诺·詹伯尼、布鲁内托·拉蒂尼，也有爱情诗人圭多·卡瓦尔坎迪。也就是说，他成长于一个由商业主导的社会，在那个社会里，知识人试图为社会成员提供使其心灵变得高贵的文化工具。随后，他进入了一个由支离破碎的封建宫廷组成的世界：在那里，宫廷精神只剩昔年留下的残余，低俗的文化层次阻碍了新气象的产生。在大学城博洛尼亚，他遭遇了学院派对他所力挺的新兴俗语文化的抵制。至于北方的各位“僭主”，他们为了生存，成天混战不休，对哲学和文学一窍不通。从另一方面来看，正是由于他本人对俗语文学的执念，他完全忽视了在他曾旅居过的威尼托地区正在萌芽的早期人文主义运动的端倪。他没有看清，或者说是拒绝看清，一场新的运动正借着拉丁文的双翼向前推进。此刻，在他生命的最后几年里，他所处的境地与数十年后彼特拉克的境遇十分相似（当然，是一种遥远的相似）——彼特拉克也将依赖于领主宫廷的庇护，如米兰的维斯孔蒂家族和帕多瓦的卡拉雷西家族（Carraresi）。小圭多·达·波伦塔并不是一个真正意义上的“领主”（他不像维斯孔蒂家族和斯卡拉家族，凭借帝国代理人的身份使世袭统治权合法化），因此他的身边并不存在一个各就各位、各司其职的宫廷。他拥有的只是

一个封建“家族”，这个家族并不是在自己的城堡里发号施令，而是执掌着一个城市及其周边地区的管辖权（这种权利并没有获得过法律上的真正认可）。具有封建色彩的人际关系与基于金钱的雇佣关系相互融合。不过，由于领袖的推动，在这个家族里，文化和艺术的价值似乎得到了较之以往的类似家族而言更高的认可。从这个角度来看，该家 306
族微微提前了后来将在真正的宫廷里上演的情形：认为宫廷里有文人和知识人存在，能够为自己增光添彩（因此，有必要为此付出经济投入）。我们不妨假设，但丁和小圭多·达·波伦塔之间的关系介于传统的廷臣或门客为主人“效力”的模式与知识人“自由发挥其特长”的模式之间。既然如此，那么但丁在《天国篇》里对小圭多·达·波伦塔及其家族只字不提，这就具有深意了——诗人抵达拉文纳时，这一篇的许多歌都还尚待完成。这说明诗人与这位领主之间的关系既不需依靠夸大其词的颂歌（类似于献给康格兰德·德拉·斯卡拉的颂歌）来维系，也无需依靠那些搜肠刮肚的精彩感谢（如献给马拉斯皮纳家族的感谢）来维系。薄伽丘关于小圭多·达·波伦塔的描述是可信的：“深谙人文学科，极度崇尚具有义勇精神的人。”

礼遇一位诗人的重要性

薄伽丘补充说，由于拉文纳的领主“对诗人久仰大名”，所以向但丁发出了邀请。说他首先向诗人主动伸出了手，这不免令人生疑：对于 14 世纪早期的君主而言——无论是多么开明的君主，这种直到文艺复兴运动早期才会发生的文艺赞助行为都还显得过于超前。实际情况或许另有真相。

通过但丁的儿子皮耶特罗让但丁享受曾赞尼戈拉圣母堂教堂和圣西蒙阿尔穆罗教堂的津贴，做出这一决定的，并不仅仅是波伦塔家族及其近亲家族。正如上文中提到的，这两所教堂的主人是巴尼亚卡瓦罗家族的两位堂姐妹：卡特里娜·马尔维奇尼·迪·巴尼亚卡瓦罗和伊达娜·马尔维奇尼·迪·巴尼亚卡瓦罗。由于该家族没有男性子嗣，所以才会由她俩继承这两处家产。在《炼狱篇》里，在谴责“人心已变得邪恶”[296]的罗马涅地区时，圭多·德·杜卡感叹道：“巴尼亚卡瓦罗不生儿好。”[297]倘若这些诗句不是许多年前早已写下的，“我们倒是可以认为但丁有极好的理由对马尔维奇尼家族没有男性子嗣表
307 示欣然”。卡特里娜是在1309年至1310年前后嫁给小圭多·达·波伦塔的；伊达娜则是阿基诺尔夫·德·圭迪·迪·罗美纳（圭尔甫派白党和吉伯林派流亡者的前任卫队长）的第二任妻子。这两位堂姐妹的行动不可能不追随丈夫的意志；甚至可以说，正是波伦塔家族和圭迪家族之间的默契才促成了这一慷慨之举。此外，教堂主管待遇的发放是需要经过拉文纳总主教府的批准的：由于里纳尔多·达·康科雷佐（Rinaldo da Concorezzo）主教常年在阿尔真塔（Argenta）居住，极少踏足拉文纳，因此，真正在当地执掌教廷事务的是他的亲信——总执事里纳尔多·达·波伦塔（Rinaldo da Polenta），此人是小圭多·达·波伦塔的兄弟。自然，教廷方面没有提出异议。但丁原先就是罗美纳家族的门客，或者说曾效忠于该家族，如今他已成了赫赫有名的诗人和哲学家——对这样的人加以礼遇，恰恰能将圭迪伯爵家族的封建贵族荣耀和小圭多·达·波伦塔对于文化的追求合二为一。因此，我们不妨假设但丁通过某种我们并不确切知晓的渠道重新拾起了与曾经的庇护者的联系，这些昔日的庇护者采取了行动（包括物质层面上的行动），让拉文纳的领主接纳了但丁，并给予他经济上的资助。对于双方而言，这都是一笔投资，对诗人“慷慨解囊”的理由与为本家族赢得盛名的期待融为了一体。

阿基诺尔夫·德·圭迪·迪·罗美纳——在效力于亨利七世的那些年里，但丁与他有所交往——显然并没有介意这位受到庇护的诗人在史诗中对自己的辱骂。在《地狱篇》里亚当师傅就铸造伪弗洛林币一事对其厉声责骂，称他与他的兄弟圭多·德·圭迪·迪·罗美纳

和亚历山德罗·德·圭迪·迪·罗美纳都有着“罪恶的灵魂”[298]。即便早前没有听闻，最晚在1314年或1315年，阿基诺尔夫·德·圭迪·迪·罗美纳也已经对上述诗句有所耳闻了。在从那时起的短短几年之间，阿基诺尔夫·德·圭迪·迪·罗美纳的人生就发生了很多改变。他曾是一个吉伯林派的斗士，无论是在与罗马人的战斗中，还是在围困佛罗伦萨的那场战役里，他都与皇帝站在同一阵营，后来又加入了乌戈乔尼·德拉·法焦拉的队伍（他还将自己的女儿许配给了乌戈乔尼·德拉·法焦拉的一个儿子）。然而，在一次次现实的冲击下，他不得不做出让步：在托斯卡纳地区，吉伯林派的气数已尽。起初，他不得不卖掉了上瓦尔达诺的城堡和产业；后来，当他沦为了阶下囚，又为了免于流放之灾，他于1318年接受与佛罗伦萨结为同盟。直到1338年高龄去世以前，他一直保持了对佛罗伦萨的忠诚。早在但丁抵
达拉文纳的几年前，阿基诺尔夫·德·圭迪·迪·罗美纳就已不再是 308
一个热衷于口诛笔伐或兵戎相见的政治家了，他只是一个势力遭到削弱的封建主，生活在他位于卡森蒂诺的领地里，还要面对周边势力无休止的威胁。于是，但丁·阿利吉耶里也变成了他的一种资源。

平静的生活

在拉文纳，但丁过上了一种在其他流放地从未有过的阳光而平静的生活。在这里，诗人解决了长期困扰他的经济问题。两座教堂的教堂主管职位是授予长子皮耶特罗的——尽管此前他并没有在教廷履职的经历——这是因为但丁本人公然站在反对教廷的一方，因此不可能成为来自教廷的津贴的受益人。显而易见，这笔收入是用来贴补诗人全家的生活的。我们还可以猜测，但丁之所以能将女儿安东尼娅安顿在圣斯德望修道院，也是得益于小圭多·达·波伦塔或拉文纳其他庇护者的帮助。

我们可以肯定的是，但丁是和子女们一起在拉文纳生活的。鉴于他们中也有安东尼娅（作为女儿，她不必遭受只针对男性子嗣的流放之刑），所以这一次很有可能是包括妻子杰玛在内的全家团聚（不过，我们并不排除早在最后一次旅居于托斯卡纳期间，或是后来旅居于维罗纳期间，但丁就已经与家人团聚了）。他之所以能与全家人在一起生活，很有可能是因为他获得了一处可供他使用的房子。

除了享受家庭的温暖，但丁还被一大群朋友和仰慕者的热情所环绕。这些人都是文学爱好者，将他视作大师。薄伽丘描述但丁在拉文纳“收了许多学生，学习创作诗歌，尤其是俗语诗歌”，且他“在这里向许多人展示了作韵的方法”。由此产生了关于但丁是否公开上过修辞学课程（尤其是俗语修辞学课程）的讨论。有人认为但丁是在一所由学生们筹资兴办的私人学校里任教，而不是在由当地政府主办的公立学校任教，也有人认为但丁是当地学校的俗语修辞学教师。不过无论是哪种说法都没有任何证据可以证实。然而，说他身边聚集了
309 许多年轻人，几乎全都是医生或公证员，这倒是事实：其中一些人还在他与乔凡尼·德·维吉尔交流的牧歌诗篇中，被赋予了牧歌式的化名。

我们已经见过了佛罗伦萨公证员迪诺·佩里尼的名字。关于那本载有《地狱篇》前七歌的“小册子”重现天日的过程，此人是薄伽丘的线索提供者。“根据他所说的内容推断，他与但丁的关系就像是家人和朋友那样亲近。”鉴于但丁在牧歌里称他为梅里贝乌斯（Melibeus），我们可以认为他并不是信口开河。不过，我们却发现他对拉丁文诗歌，或者更笼统地说，对文学并不那么精通。另一位拉文纳公证员皮耶特罗·加尔蒂尼（Pietro Giardini，此人也曾为薄伽丘提供线索）也有着类似的知识背景：尽管他毫无疑问是“但丁在拉文纳的最为亲密的朋友和仆人”，但我们既看不出他对诗歌抱有特别的兴趣，也不曾见过他的某一篇实际创作。我们知道与但丁保持有交往的还有另外两个人，这两个人的情形就完全不一样了。其中一个是拉文纳的孟基诺·梅扎

尼（Menghino Mezzani），他也是一名公证员。14 世纪末，人文主义学者克鲁乔·萨卢塔蒂（Coluccio Salutati）曾在一封写给波伦塔家族文书官的信件中明确表示此人是“我们的但丁的家人和朋友”，且他还曾就《神曲》撰文。的确，孟基诺·梅扎尼很喜欢写诗，不仅用拉丁文写，且更多的是用俗语来写；他与薄伽丘和彼特拉克都有往来；也留下了一些以但丁为主题的诗歌作品——用三行阕写就的缩写版《地狱篇》和《炼狱篇》——至于他是否曾就《神曲》写过评论，尚无定论。另一个人是博洛尼亚的医生和哲学家菲杜乔·德·米洛蒂（Fiduccio dei Milotti），他在牧歌中的化名是阿尔菲斯贝乌斯（Alfesibeo）。此人与但丁同龄，是一位知名人士：他与拉文纳有生意往来（除了拉文纳，还包括弗尔利和伊莫拉等其他罗马涅地区的城市），同时也是小圭多·达·波伦塔的兄弟乔凡尼·达·波伦塔（Giovanni da Polenta）的岳父。从那些牧歌中可以看出，但丁把此人视为非常亲密的朋友，也非常重视他的建议。没有证据表明此人对文学有特殊的造诣，但从他死后留下丰富的藏书（分布在他经常前往的各个城市里）可以看出他对科学和哲学的兴趣非同一般（他很有可能在各个大学的圈子里活动）。关于但丁和另一位拉文纳的医生及诗歌爱好者圭多·瓦凯塔（Guido Vacchetta）的关系，没有任何文献可以证实。我们知道此人与皮耶特罗·加尔蒂尼及其家族关系友好。不过，鉴于我们知晓他曾与乔凡尼·德·维吉尔有过少量的诗歌文字交流，也可以推测他或许与 310
但丁也有所往来。

上文勾勒的这张关系图表明但丁的身边的确围绕着一批相对稳定的友人，他们都有着不俗的知识背景，很多都是文人。他们中的一些人即使是在但丁去世以后也还以纪念诗人的名义保持交往。人称“费拉拉的安东尼奥大师”的 14 世纪诗人安东尼奥·贝卡里（Antonio Beccari, Maestro Antonio da Ferrara）曾与孟基诺·梅扎尼保持着长时期的诗词通信。在一篇写给孟基诺·梅扎尼的十四行诗里，他呼唤缪斯女神卡利俄佩（Calliope），让她帮助一群高贵的俗语诗人“群体”完美而轻松地追随“但丁父亲”的足印：“让这高贵的群体，/ 在俗语诗歌里，轻松地 / 追寻但丁父亲，完美无瑕。”我们不敢说安东尼奥 · 贝卡里是在设想建立一所学院或类似的机构，但无论如何，他的诗句至少说明一点：一些曾在但丁晚年时期聚集在他身旁的群体仍在通过创作俗语诗歌来纪念但丁，因为正是但丁赋予了他们创作的灵感。

所以说，在拉文纳，但丁的身边聚集着一群为数不多但非常重要的仰慕者和同道。然而，拉文纳时期却比其他任何一个时期都令人感到但丁是一个孤独的人，一个从根本上不被理解的人。

邀请和挑战

1319 年期间，语法学家和拉丁文诗人、人称“维吉尔”的安东尼奥之子乔凡尼在拉文纳拜访了但丁。此人曾撰写过数本语法学论著，一部《书信艺术》（*Ars dictaminis*），一篇关于奥维德《变形记》（*Metamorfosi*）的经院派评论，以及一些拉丁文诗体信函，是博洛尼亚大学的讲师。他不是教授，而只是一位普通教师（不仅如此，貌似他的收入也很低），但他却与一些人文主义运动初期的名人（大多来自帕多瓦）有所往来，且他本人具有相当出众的修辞学和文学造诣。此人曾与阿尔贝蒂诺 · 穆萨托交流诗作，这说明他应该在博洛尼亚及其他城市享有一定威望。对于但丁，他是真诚的仰慕者。这种仰慕很可能
311 在博洛尼亚还得到了其他人的赞同。总之，他是一个来自大学圈子的人，但丁曾对这个圈子抱有很大的兴趣，但却没有得到回应。我们并不清楚他为何来到拉文纳（我们知道他曾一度在博洛尼亚和罗马涅地区活动，在 1324 年至 1325 年期间，他曾在切塞纳 [Cesena] 任教），或许是为了谋得一个职位。

通过间接的渠道，我们可以推断出乔凡尼 · 德 · 维吉尔和但丁之

间可能交谈的一些事情。他们应该会谈到俗语文学与拉丁文文学之间的关系。但丁可能会尝试让对方看到俗语文学的尊严以及用俗语进行文学创作的契机。为了战胜对方的顽固，他甚至可能把《论俗语》读给对方听（或是拿给对方读）——据我们所知，此前这部作品一直是紧锁在诗人的抽屉里的。不过，乔凡尼·德·维吉尔似乎并没有改变立场，依旧认为俗语是一种没有价值的语言。

但丁曾向乔凡尼·德·维吉尔许诺给他寄送诗作。但由于但丁迟迟没有兑现，1319 年底，乔凡尼·德·维吉尔在返回博洛尼亚后给但丁寄去了自己创作的一首拉丁文诗。这是一首贺拉斯式的诗体书信，乔凡尼·德·维吉尔在信中鼓励诗人不再面对普通大众读者进行创作，“不要继续将珍珠丢给野猪”[299]，要放弃那种“兴起于市井”[300]的“烂俗的语言”[301]，转而用拉丁文为高雅的读者群谱写诗歌。他特别建议诗人创作一部现代主题的史诗，说他一定能凭借这样的一部作品斩获桂冠诗人的美誉（就在几年之前的 1315 年 12 月，阿尔贝蒂诺·穆萨托曾在帕多瓦获此殊荣）。假如但丁有意前往博洛尼亚，他愿亲自将他引荐入大学的学术圈。

正如上文中提到过的，乔凡尼·德·维吉尔是但丁的仰慕者，正是这一点令他所说的这番话大有深意。他向但丁反馈了大学圈子里那些教授对《神曲》的看法。他们之所以不认可这部作品，主要就是因为这部史诗使用俗语写成：“学者对俗语不屑一顾。”[302]

尽管是出于好心，但对于但丁这样一个主要凭借俗语作品而远近驰名，且直到那时都从未写过，或至少是从未发表过任何拉丁文诗作的诗人来说，这样一种邀请实际上无异于一次挑衅。但丁接受了这次不露声色的挑战，以一首维吉尔式的牧歌回应了乔凡尼·德·维吉尔的那首贺拉斯式的诗体书信。他阐述的理由大致如下：假如这次挑
战的内容是要展现他在拉丁文诗歌创作方面的不俗造诣，那么既然 312
他已经凭借俗语诗作在史诗方面成功地获得了堪与维吉尔比肩的盛誉，为了证明自己名副其实，他便要尝试创作维吉尔所擅长的另外一

种诗歌体裁——牧歌。几个世纪以来，还没有人敢于问津。面对乔凡尼·德·维吉尔的劝谏，但丁多少流露出一丝针锋相对的意味：自命为“维吉尔”的乔凡尼写了一首贺拉斯式的书信给他，他则以一首牧歌回应，从而表明究竟是谁更当得起桂冠诗人的名号。

在回信里，但丁自我命名为蒂蒂鲁斯（Titiro，维吉尔的第一首牧歌里的牧羊人），称乔凡尼·德·维吉尔为莫普苏斯（Mopso，维吉尔的牧歌里的另外一个人物）。在整首牧歌中，但丁丝毫没有提起乔凡尼·德·维吉尔给他的不再使用俗语进行创作的建议。乔凡尼·德·维吉尔在来信里批评他不该使用“喜剧的语言”，“一方面是因为这种语言好比妇人唇间的闲言碎语，另一方面也是因为诸位卡斯塔利亚女神（Castalia，即诸位缪斯女神）耻于接受这种语言”[303]。对于上述指责，但丁居然也没有给出只言片语的反驳。然而，难道诗人还有更好的机会去为自己做出的这一为人所不齿的选择进行辩护和阐述吗？想当年，在撰写《飨宴》和《论俗语》的那个时期，无论诗人对大学圈子有多么毕恭毕敬，面对如此正面的攻击，难道他会丝毫不予回应吗？

事实上，但丁自始至终没有提到过《神曲》，也从来没有为之辩护。如果说他的其他作品总会包含作者针对诗歌、文学史及语言进行的反思——简言之，总会包含某种历史和理论性质的思考，作为作品的理论依据——那么《神曲》则并没有被这样一种批判思维所统领。不过，在这部作品里，但丁一直在不停地谈论过去的诗歌创作、他的朋友和敌人。此外，他还数次谈到作为写作者的自己：作品题材的难度、“叙述语言”的不恰当性、完整表达所见所闻的绝对的不可能性。他的笔尖时不时地会写下一些术语，有些关乎笼统的写作艺术，有些关乎他在当时的写作过程中遇到的特殊情境。然而，这一切都不足以形成一种系统性的阐述，去解释他正在创作的这部如此独特的史诗究竟算是一部怎样的作品。但丁知道，既然“天与地合力成这部圣诗”[304]，那么任何关于某一种诗学或修辞学的既有理论都是片面的，因为没有任何一种体裁能够完全概括这部作品。它是如此独树一帜，以至于无人能够真正读懂。

当然，但丁十分清楚他所创作的这部作品的价值，他也相信自己的诗作本身就能光芒自现。因此，他没有反驳乔凡尼·德·维吉尔的批评，但作为回应，他骄傲地宣称自己恰恰将凭借这部备受非议的 313
《神曲》获得桂冠之誉：尽管他对莫普苏斯满怀尊敬，但待到《天国篇》的完成和发表之日，他的头上就必将环绕常春藤和月桂枝。

作为但丁化身的蒂蒂鲁斯拒绝了对方邀请他用拉丁文创作史诗的提议，但出于礼节，他必须做出友好的回应。因此，诗人决定将十罐他最珍爱的母羊（*ovis gratissima*）的奶作为礼物回赠给乔凡尼·德·维吉尔。早期的注释家严格遵照经院派确定的牧歌注释准则，将这几句诗行诠释为诗人的隐喻：但丁打算创作十首牧歌，其数量与维吉尔的牧歌篇目相当。不过，在这封回信的语境里，但丁指的应该是直到当时仍未公开发表的《天国篇》里的十歌。此外，关于“他最珍爱的母羊”，蒂蒂鲁斯的描述也与《神曲》极为吻合：“不与其他羊群为伍，不囿于任何围栏，挤奶只能乘兴，从不可强求。”[305]不刻意合群，不迎合传统，它自成一派，没有任何圈落和围栏能够限制它的自由。

由此看来，在1320年初，《天国篇》尚未发表。这一点在薄伽丘的记述中也有所提及：“但丁一直犹疑不前，只是在死亡突然来袭之前才将整部（作品）发表。”尽管当时还未发表，但拉文纳的朋友及小圭多·达·波伦塔本人很可能已对其有所耳闻。这些人是否能够真正意识到该史诗的革命性意义，这恐怕很难说。他们都是医生和公证员，不具备修辞学家乔凡尼·德·维吉尔的敏感度。值得注意的是，乔凡尼·德·维吉尔的批评并不是文化保守主义的结果。相反，他的那些观点来自于不久后即将风起云涌的人文主义运动。对于以律师、医生和经院哲学家为代表的旧文化界而言，但丁的选择是泛着低俗市井气息的前卫艺术；而在新兴的拉丁古典主义潮流的领军人物看来，他的选择又已经落伍，不合时宜了。

告别历史

旅居于拉文纳的但丁没有一个像圭多·卡瓦尔坎迪或奇诺·达·皮斯托亚的同道，可以与之切磋、交流。他有一些朋友，甚
314 至还有一些学生，但却找不到与他气息相投的文化氛围。他甚至再也找不到任何可以对其寄托希望的政治人物，去改变自己的人生现状和整个社会的结构。他唯一可做的，就是坚持对自己的使命和信念保持顽强的忠诚。他仅凭一己之力就能取得最终的胜利：他的史诗终将颠覆表面上一成不变的现实。关于上述这一切，作者在于拉文纳创作的最初几歌《天国篇》的诗篇里表达得十分明确。

仅在第二十一歌和第二十二歌里，诗人提到了两个出生在拉文纳且为家乡增添了荣光的人物：圣皮埃尔·达米亚尼（San Pier Damiani）和圣罗摩多（San Romualdo）。皮埃尔·达米亚尼，在提到位于丰泰阿韦拉纳（Fonte Avellana）的卡玛尔迪斯修会（camaldolese）隐居地之后，又表明自己曾以“罪人彼得”（Pietro il Peccatore）的名字在波尔托圣母修道院（Santa Maria in Porto）修行。那座修道院位于拉文纳城附近的海边：“我在那儿（丰泰阿韦拉纳）叫彼得·达米亚诺，/ 称‘罪人彼得’在圣母修道院，/ 它坐落东部的波涛海岸。”[306] 但丁很有可能是根据一则当地传闻将皮埃尔·达米亚尼和传说中波尔托圣母修道院教堂的创立者罪人彼得视作同一个人。无论真相是否如此，我们都会有这样一种印象：但丁希望以这种方式向这座不久前接纳他的城市致敬。他所描述的那处隐居地位于卡特里亚峰（Catria）的山坡上。从拉文纳远远望去，这座属于亚平宁山脉的山峰依稀可见。皮埃尔·达米亚尼找到了某种方式，令与之对话的主人公但丁感到欣慰，他提到了但丁的家乡：“意大利两岸间高耸巨岩，/ 它们距你家乡并不遥远

/……/ 卡特里亚之驼峰立于山间，/ 驼峰下有一座隐修寺院。”[307] 诗人在此处对佛罗伦萨的提及显得十分唐突，且不具备任何实际功用，这充分表明他的思乡之情有多么浓重。

关于皮埃尔·达米亚尼和罗摩多（更准确地说，是关于圣本笃[San Benedetto]，是他提起了罗摩多）的那两歌划出了某种分界线：现实世界中的事件没有超越这条界限，或者说至少在表面上没有超越。在听完圣本笃那番针对他亲手创建的修道院之腐败现状的沉痛控诉后，主人公但丁飞升至恒星天。在贝阿特丽齐的邀请下，他回头“向下看”来时的路程。他的目光掠过一重重天际，看到了最下方“那谷场使我们变得凶残”。[308] 这是主人公对人间的最后一瞥，预示着最终的诀别。的确，从这一刻开始，关于神学的探讨和关于他所见到的神秘景象的观察要远远超过对现实历史事件的描述。然而，放弃现实事件，并不意味着诗人放弃了历史：相反，预言的成分越来越多。不过，此时的预言变得愈发具有针对性了：教廷和帝国，这两个“太阳”成了诗人所有斥责的唯一靶子，也成了他所有预言的唯一对象。作品中出现的最后一个历史人物是皇帝亨利七世，这是非常具有深意的。但丁在净火天看到了虚位以待的帝王宝座。“崇高的亨利”在天国接受的荣耀让他对自己人间事业的失败感到更加痛苦：“为整顿意大利他去那里，/ 意大利却尚无变革之愿。”[309] 将要成为（站在作者的角度来看，是已经成为）罪魁祸首的，是意大利人的“贪婪”和教宗克莱孟五世的操纵——此人“明与暗都与其争斗不断，/ 他二人并不走同一路线”[310]，正是这些原因让这一原本能够拯救意大利和整个基督教世界的宏伟大计付诸东流。上帝将要惩罚克莱孟五世教宗，让他在亨利七世去世后不久就丧命，并将他打入惩罚买卖圣职者的那层地狱：杵在那里的一个洞里。此处，诗人非常清晰地照应了《地狱篇》里的情节：“（克莱孟五世）让阿纳尼的人（卜尼法斯八世）更加深陷。”[311]《神曲》的结尾部分让人深深感受到但丁因亨利七世的伟业失败而承受的巨大创伤。随着亨利七世的去世，支撑他的政治愿景（及相关的个人期待）的支 315

柱也随之倒塌。这一部分的预言在语气上显得愈发肯定和断然，但内容却越来越模糊不定。但丁不怀疑神圣的正义会到来，而且坚信它会很快到来，但却再也无法指出它会借助人间的何种工具来显现：他不再提起猎犬，也不再将某个真实的历史人物界定为“受上帝派遣的人”。身为枢机主教的皮埃尔 · 达米亚尼在痛斥完当代教职人员的奢侈之风后，的确宣告了一场即将到来的神圣的“惩罚”，它将来得如此之快，以至于但丁将在撒手人寰之前亲眼见证（“你就会见惩罚出现眼前，/ 它即将发生在你死之前”[312]）。然而，皮埃尔 · 达米亚尼却没有细述这场报复的具体方式和手段。卡恰圭达的预言也与之大同小异。他在预言诽谤但丁的佛罗伦萨人必将遭到神圣的惩罚（“但正义之惩罚必将出现，/ 它证明真理光永远灿烂”[313]）时，却对惩罚来到的具体时间和地点语焉不详。贝阿特丽齐倒是非常肯定地预言，不久之后，由于“人间缺乏治理”而且陷入腐败歧途的“人类家族”将彻底改变其生活方式，因为“花开后完美果便会出现”[314]；但这一改变的发生并不依靠任何人间媒介，而是由天体不可捉摸的恩惠和影响力决定的。至于圣彼得的预言，也属于同一类型，他只是预告“天命的施救就在眼前”。[315] 总之，人间的政治将以失败告终。就这样，采取实际行动的希望逐渐消散，最终演变成了一厢情愿式的对信仰的确信。

316 巨大的失望让诗人对这场失败的罪魁祸首心怀愤慨和不满。正是在净火天，但丁用从未有过的极其强硬和刻薄的言辞发泄了自己的情绪。那是第一位教宗对卜尼法斯八世的痛斥，说“在人间那人篡他的位子”，还“使他的墓地”如“阴沟一般，/ 充满了污血与恶臭之气”。[316] 卜尼法斯八世是但丁的私人仇敌，因此他的名字遍布整部史诗，但由于在这个时间节点，诗人的痛处在于亨利七世的落败，所以圣彼得毫不犹豫地预言了“卡奥尔人和加斯科涅人”的到来，说他们“已经准备好饮用”殉道者的鲜血。[317] 诗人所指的卡奥尔（Cahors）人是约翰二十二世——在诗人创作这一歌时，他担任教宗；至于加斯科涅人，则是指克莱孟五世。

政治上的失败也反作用于他的个人愿景。此时，流放似乎已成难以逆转的定局，无论如何，有可能改变这一局势的，除了但丁自己，别无他人。于是，就连个人的救赎，也染上了一层乌托邦主义的色彩。

关于自己遭到流放的原因，整部《炼狱篇》只字未提。然而，它却是《天国篇》里主人公但丁与其高祖父卡恰圭达相遇的那一歌的核心主题。这一歌里的谈话内容前所未有地广泛而丰富。在谈到未来时，卡恰圭达追溯了但丁自1302年离开佛罗伦萨到亨利七世去世后前往维罗纳的漫长历程。除了进行预言，他还揭露其背后的深意。但丁之所以要承受不公正的对待，其原因就蕴含在卡恰圭达赋予但丁的预言性的使命之中。相较于贝阿特丽齐在《炼狱篇》的最后一歌里交给但丁的任务，这一使命更进一步，但相对于十歌之后圣彼得将对但丁所说的内容，他的话又构成了某种先兆："展示出你全部亲眼所见；/ 让他们自己挠身上疥癣。"[318] 卡恰圭达的委托与贝阿特丽齐的委托内容相似，但语气却有所不同：这不仅是对但丁先前已经承担的使命的再次确认，而且更像是交给他一份新的任务，比先前的任务更加艰巨，也更加沉重。在《炼狱篇》的最后几歌里，预言的使命仍然停留在理念层面，这种理念将随着"受上帝派遣的人"的到来而兑现，可能在很短的时间内带来政治上的变革：字里行间可以看出诗人尚且抱有希望，认为这一变革的确可以对"恶世界"[319] 产生有益的影响。在卡恰圭达的那番话里，但丁的预言不仅是破旧立新的宣言，而且变成了一种艰巨的道德义务，一种见证真理的道德必须。但丁将是一个孤立无援又手无寸铁的预言者，他不能指望由神圣的使者来兑现他的预言：他要像风一样拍击"山巅处"[320]，但他自己会因此面临风险，因此，他要坚信，无论如 317
何，他那"苦涩的……话语"将会被证明是"对身体的滋养"[321]。难怪卡恰圭达只说他会得到个人的荣誉："这可是荣耀的重要根源。"[322]

卡恰圭达还指出了一种救赎的可能，甚至还让主人公但丁看到了一丝胜利的希望。除了个人的荣誉感，但丁还将在后世获得公开的名望和殊荣：《神曲》将让但丁在未来流芳百世——与这一荣耀相比，同乡对他施加的那些迫害之举就变得微不足道了。

怀念“美好的羊圈”

在《天国篇》的末尾处，但丁表达了一种希望——且对此深信不疑——佛罗伦萨将会举行一次公开加冕，承认他作为一名俗语“诗人”的价值。这部史诗将软化佛罗伦萨人的“铁石心肠”——此前，正是因为他们如此残酷，才会将他关在他出生的那个“美好的羊圈”（“bello ovile”）之外：

我曾是一羔羊，卧美羊圈，
恶狼们仇视我于是宣战；
天与地合力成这部圣诗，
曾令我苦心智、消瘦多年；
但愿它有一天能够战胜，
锁我于羊圈外那份凶残；
那时候诗人我声发皆异，
再回到受洗的圣池旁边，
戴上那闪光的神圣桂冠。[323]

此处，诗人再次谈到“捐献”的话题，当年，在写给佛罗伦萨友人的那封信里，但丁觉得那是一种丢人现眼的举动。在他熟悉的圣约翰教堂里，他将被授予诗人的冠冕，不过那将是一顶与众不同的冠冕：在那座洗礼堂里，他曾打破洗礼池，展现出预言者的特质；而今，正是在那里，作为其清白的最高证明，他将要自豪地戴上一顶桂冠，而不像其他被宽恕的流放者那样，被迫戴上一顶象征耻辱的帽子。

此处，但丁似乎是将卡恰圭达的话直接拿过来用；不仅如此，在他眼中，仿佛高祖父的那番祝愿和预言是一定能够实现的。不过，有一处细节是不容忽视的：即使重返佛罗伦萨的夙愿能够变成现实，那也是但丁凭借他自身的功绩赢得的；唯一能让他重归“羊圈”的，只 318
有那部史诗，而不是某位教宗、皇帝或庇护者的恩赐。

洗礼堂是“羊圈”的核心象征。在但丁营造的意象之中，圣约翰教堂是整个佛罗伦萨形象的支柱。对于他的每一重抱负而言，圣约翰教堂都是一个代表重生的地点——无论是个人的重生，还是佛罗伦萨城以及教廷的重生。《神曲》是一部可以彻底扭转日趋腐朽的历史进程的预言式作品，它能让佛罗伦萨（以及教廷，因为佛罗伦萨对教廷的道德败坏负有相当大的责任）重新恢复往昔的良好风气：那时，洗礼堂和矗立“在阿尔诺通道上边”[324]的战神塑像是“圣约翰的羊圈”[325]的边界，那一群体曾紧密团结，未曾被贪婪撕裂。所以说，让但丁对圣约翰教堂念念不忘的，并不仅仅是感情因素。更准确地说，那些感情因素已经被诗人消化，并在实质上被转变成了政治和理念因素。然而，直到生命的最后一段时期，但丁仍然只愿将他“领礼”的“洗礼盆”作为庆祝胜利的唯一地点，这也的确彰显出诗人对这座教堂的情结是多么根深蒂固。

当然，诗人对于圣约翰教堂的执念也表明了另外一个事实：作为一个多年漂泊在外的流亡者，他很可能将自己的思绪捆绑在一些具有象征性或神话色彩的事物上，殊不知对一直生活在那座城市的居民来说，那些事物已经随着时光的流逝而失去其原有的重要意义了。的确，自 12 世纪开始，圣约翰教堂一度是佛罗伦萨城最重要教堂的代名词。那时，那座教堂虽归主教管辖，但实际的管理者却是一家世俗机构：圣约翰善会（Opera di San Giovanni）。然而，到了 13 和 14 世纪之交，圣雷帕拉塔主教堂经过一段长时间的竞争，其重要性超过了她的姐妹堂。这一过程的顶点是该教堂的建筑改造：从一座老旧的庙宇变成了后来的圣母百花圣殿（1296 年）。在短短几年的时间里，无论是从宗教角度还是从政治和社会角度而言，代表佛罗伦萨形象的，就变成了这一座贡奉玛丽亚的主教堂。

但丁从没有提过圣雷帕拉塔主教堂或是更名后的圣母百花圣殿。在他生命的最后几年里，关于洗礼堂和主教堂象征意义和实际功能的改变都已是木已成舟的事实，但他仍在继续梦想自己的救赎将发生在他心目中最重要的佛罗伦萨的庙宇之中。这或许是因为他对那些年故乡的变化并不知情，又或许是因为他并不愿意接受那些变化。作为一个流亡者，诗人对那些只存在于他自己脑海里的神话和意象保持了如此之高的忠诚度，这确实是令人动容的。

319 痛苦的拒绝

在收到但丁的牧歌体回信后，乔凡尼·德·维吉尔明白了诗人的暗示，并依从了他的想法。1320 年春夏之交，他再度以一篇牧歌体的文稿回复但丁。当他意识到但丁寄给他作为赠礼的奶“在很长一段时间里不曾有人挤过”[326]（意味着许多世纪以来，牧歌这种体裁已经无人尝试了），他便以莫普苏斯的口吻祝福但丁的化身蒂蒂鲁斯能够再次看到“阿尔诺河畔的牧场”，那里曾一度拒绝他进入：“那座忘恩负义的城市之耻！”[327]在期待祝福变成现实的同时，他也邀请诗人前往他的幸福的洞穴里居住。在那里，年轻和年老的牧羊人都崇拜缪斯女神，他们将争先恐后地想要认识但丁，既是为了将他“新创作的诗篇”一睹为快，也是为了学习那些“他先前创作的旧诗篇”[328]。因此，但丁将在那里找到一群虔诚的读者，他们已经读过他的作品，期待着直接从他本人那里欣赏其新作。不过，乔凡尼·德·维吉尔知道但丁对前往博洛尼亚一事心存反感，因为他一直认为那是一座危险的城市。于是，乔凡尼·德·维吉尔反复强调在那里既不会有陷阱，也不会有威胁：“到这里来，蒂蒂鲁斯，你不必惧怕我们这里的山崖……这里没有陷阱，没有暴力，全然不似你想象的情景。”[329] 作为但丁化身的蒂蒂鲁斯过于夸大了危险因素，那些因素要比他想象的小得多。

事实上，但丁在回信里确实提到了身处不知神灵为何物的山崖和乡野的恐惧，但那只是一笔带过，非常模糊。由于一些共同的朋友的穿针引线，他们两人似乎进行了某种商讨，而安全问题恰恰是商讨的核心论题所在。在牧歌里，乔凡尼·德·维吉尔竭尽所能想要说服但丁。在但丁拒绝邀请的诸多理由之中，除了担心自身的安全（别忘了，博洛尼亚是佛罗伦萨圭尔甫派“黑党”的狂热同盟，自 1319 年 7 月起成为枢机主教伯特兰·杜·波格的大本营，此人是教宗约翰二十二世所制定的反吉伯林派政策的坚定执行者），另一个重要的理由是小圭多·达·波伦塔的反对，他显然不愿诗人刚被拉文纳接纳不久就离开这座城市。鉴于诗人在牧歌里已经断言伊奥拉斯（Iolla，小圭多·达·波伦塔的化身）不会同意蒂蒂鲁斯离开，乔凡尼·德·维吉尔应该对此心知肚明，所以他才会对自己写下这样的句子：“莫普苏斯，你为何要白费心思？”“毫无疑问，伊奥拉斯不会给他许可。”[330]

对于但丁而言，再度前往博洛尼亚的主意是相当具有吸引力的。320
他曾经（至少是曾经想要）将自己具有革命性的语言学主张展示给大学的教授们；他也曾渴望自己的史诗能够获得大学里高层学术圈的赞赏；然而，他从那个圈子里得到的，只有批驳和失望。如今，一个来自大学的成员邀请他，并向他保证他能在那里找到自己的追随者和仰慕者。究竟该不该接受这一邀请呢？这是但丁反复斟酌且与拉文纳的朋友反复进行讨论的问题。这些讨论和思考应该耗费了很长时间。根据一份来自学术圈的评论，但丁直到一年以后（也就是 1321 年夏天）才开始撰写致乔凡尼·德·维吉尔的牧歌体回信，甚至都没来得及在去世以前将其寄出。

但丁拒绝了对方的邀请，但这应该是一个极其痛苦和纠结的决定。关于前往博洛尼亚的利弊，蒂蒂鲁斯之所以要与阿尔菲斯贝乌斯（杜乔·德·米洛蒂的化身）展开对话，这并非出于偶然，因为杜乔·德·米洛蒂正是来自博洛尼亚。阿尔菲斯贝乌斯苦口婆心地劝说诗人不要做出这样的决定：他为诗人感到担心。他提醒诗人要顾及拉文纳的朋友们的情绪，说他的离开必然要令朋友们感到痛苦伤心："你若不在，峰峦会为你哭泣，山崖会为你哭泣，河流会为你哭泣，还有那些最怕与我相处的仙女们……我们这些牧羊人都会后悔认识了你。噢，你这幸运的老人，莫要将你不朽的名声从那些知名的泉水和牧场带走！"[331] 不过，即使是最亲密的朋友的劝诫也不足以留住蒂蒂鲁斯，真正让他放弃这一想法的，是一位波吕斐摩斯（Polifemo）将会给他带来的恐惧，那人"惯于用鲜血涂抹他那野蛮的大嘴"[332]。

这个生活在博洛尼亚的可怕的波吕斐摩斯究竟是谁?

1321 年 7 月 17 日，一场暴动驱逐了罗梅奥·德·佩波利（Romeo dei Pepoli）（一位极其富有的银行家，此前，他在博洛尼亚垂帘听政十余年）。此后，执掌博洛尼亚的人民队长一职的，是我们的老相识（也是但丁的老相识）弗尔切里·达·卡尔博里。这个残暴的人曾"像古老的猛兽一般"大肆杀虐圭尔甫派白党人，在身后留下一幅"血淋淋"[333] 的凄惨景象，其形象与满口涂满人血的波吕斐摩斯实在是太过接近，以至于我们无法不认为他俩是同一个人。博洛尼亚有这样一位针对圭尔甫派白党的凶残迫害者，加之圭尔甫派的气势在博洛尼亚日渐兴盛，这一切都在提示但丁不要前往那座城市冒险。这一提示或许
321 来自小圭多·达·波伦塔本人：在牧歌的结尾处，化名伊奥拉斯的他曾在隐蔽处偷听了蒂蒂鲁斯与阿尔菲斯贝乌斯的交谈。

又一次，但丁没能从旧日的回忆中解脱出来。佛罗伦萨内战带来的长长的阴影又一次遮蔽了他，让他渴望在博洛尼亚的学者之中博得一席之地的梦想化为了泡影。

但丁本人没能前往博洛尼亚，但他的牧歌——包括最后一首——则抵达了那座城市。乔凡尼·德·维吉尔在大学里研读它们，评论它们，传播它们：1327 年，他特意撰写了一首牧歌，在其中提醒阿尔贝蒂诺·穆萨托，是但丁首先唤醒了这种被遗忘已久的诗体。由于乔凡

尼·德·维吉尔所了解的关于但丁的信息最为丰富，在他的身边形成了一种诠释但丁的传统，在接下来的一个世纪里被不断强化。很快，但丁的牧歌作品就走出了大学的学术圈：1340 年前后，这些诗篇就已先后传到了薄伽丘和彼特拉克手中，激发了他们用拉丁文创作牧歌作品的灵感。自彼特拉克和薄伽丘开始，这一新体裁开始迅速流传（也有用俗语创作的作品），成为文艺复兴时期最重要的文学体裁之一。就这样，但丁的生命里又增添了一个独特的章节，有别于他作为一个对身边的文化动向（对古典的推崇）冷眼旁观的作家形象。在生命的最后几年里，但丁凭借两首具有极高价值，但仍属于其边缘作品的诗作，与正在兴起的人文主义思潮产生了交集，并在无意之中与新一代诗人建立了联系。如此一来，他的名字就与那个他从头至尾都未曾参与的文学时代产生了关联。

最后一次出使

1321 年 8 月，小圭多·达·波伦塔派但丁以使臣的身份前往威尼斯。正是这一次从拉文纳离开，导致但丁没能来得及对最后一首牧歌进行润色。此次出使的必要性在于化解一场与威尼斯的战争。由于威尼斯是弗尔利和里米尼（Rimini）的盟友，因此，对于拉文纳而言，此次出使将决定其命运走向。正如以前的一些领主所做的那样，小圭多·达·波伦塔也将希望寄托于但丁的经验和口才上。后来，那场战争并没有爆发：当年 10 月，拉文纳和威尼斯达成了和解，但那并不是但丁的功劳。在从陆路返程的途中，但丁身患急症——或许是在穿越
波河三角洲沼泽地时染上的疟疾。在后来的一段时日里，他卧病在床。 322
9 月 13 日的黄昏过后，他最终撒手人寰。

小圭多·达·波伦塔为他在圣方济各教堂（San Francesco）筹办了隆重的葬礼——那座教堂也是安葬波伦塔家族成员的地方。仪式结

束后，他又前往但丁居住的房子，在那里进行了“华丽而漫长的布道”，并表示要为其竖立一块显赫的墓碑。小圭多·达·波伦塔似乎还就刻在墓碑上的墓志铭征集了方案，引得罗马涅地区的最知名诗人竞相参与，将其视作一场竞赛。据薄伽丘所述，那些诗人既渴望展示自身的才华，也想通过这种方式证明自己对但丁的崇敬，还想获得小圭多·达·波伦塔的赏识。在当时写就的墓志铭中，至少有两篇流传至今：一篇为乔凡尼·德·维吉尔所作，第二篇疑为孟基诺·梅扎尼所作。除此以外，第三篇可能是几年之后的作品，作者或许是维罗纳语法学家里纳尔多·卡瓦尔基尼·达·维拉弗兰卡（Rinaldo Cavalchini da Villafranca）；另一篇的创作时间也在数年以后，作者是维琴察的历史学家费雷托·德·费雷蒂（Ferreto dei Ferreti），且关于这一篇，我们只能读到最初的四行。

去世后的但丁不如生前那般幸运。1322 年春天，小圭多·达·波伦塔迁往博洛尼亚担任为期半年的人民队长一职。于是，他将拉文纳的管辖权暂时交给了兄弟里纳尔多·达·波伦塔。此人原先曾是拉文纳的总执事，在但丁去世的前三天当选为总主教。同年 9 月，堂兄弟奥斯塔修·达·波伦塔（Ostasio I da Polenta）杀死了里纳尔多·达·波伦塔并篡夺了他的权力，同时永久禁止小圭多·达·波伦塔再次踏足拉文纳。计划中的但丁墓碑从未真正竖起，而那些墓志铭也都只是留存于纸面而已。

失而复得的《天国篇》

我们基本可以确定，但丁将最后一首写给乔凡尼·德·维吉尔的牧歌藏在了某处，后来是他的一个儿子——或许是雅各伯——将它寄给了收信人。关于《天国篇》的问题则尚无定论。但丁在去世前已经完成了这部作品，这一点是可以肯定的；但他是否也已将其发表，却很难判定。在1320年的上半年，诗人肯定还未发表，因为在那时，整部史诗还没有完成。假如我们信赖薄伽丘的描述，在但丁死
后，他的“儿子们和学生们”在很长一段时间里一直在寻找最后一部 323
分诗篇，准确地说，是最后的十三歌。最终，雅各伯做了一个梦，梦见父亲告诉他说，那些书稿藏在卧室墙壁上的一个被草席覆盖的小洞（“finestretta”）里。于是，他凿开了卧室的墙壁，“就这样，那部历经数年创作的作品，终于完整了”。这神奇的失而复得发生在但丁去世后的“第八个月”。不过，事实（而非传闻）的确是雅各伯 · 阿利吉耶里在8个月后给身处博洛尼亚的小圭多 · 达 · 波伦塔寄送了一份书稿，且就在他就任人民队长的那一天（1322年4月1日）。那是一部用三行阕写就的作品——《〈神曲〉分解》（*Divisione*），一部关于《神曲》的“小型导读手册”。随书稿寄出的还有一首作为题献的十四行诗。从这首诗里可以看出，小圭多 · 达 · 波伦塔对包括《天国篇》在内的“整首史诗都已有了全面的了解”。

所以说，在生前的最后一年里，但丁已经完成了创作。尽管他还没有将这部作品介绍到拉文纳以外的地区，但已将文稿献给了他的庇护者和朋友们阅读。而雅各伯雷厉风行的推广之举则开启了一个真正的宣传过程，在短短几年里，《神曲》就将成为那个时代受众面最广、知名度最高的俗语作品。

注释 325

第一部分　佛罗伦萨时期

1 *If* XXIII 94–95: "I' fui nato e cresciuto sovra 'l bel fiume d'Arno a gran villa."

2 *Pd* XXII 117: "quand'io senti' di prima l'aere tosco."

3 *Pg* V 14–15: "Sta come torre ferma, che non crolla / già mai la cima per soffiar di venti."

4 *Pd* XVII 24: "Ben tetragono ai colpi di ventura."

5 *If* XIX 17: "bel San Giovanni."

6 *Pd* IX 130: "maledetto fiore."

7 *Pd* XV 97: "dentro da la Cerchia antica."

8 *Pd* XV 97–99, 130–132: "fida cittadinanza."

9 *If* XVI 73: "i sùbiti guadagni."

10 *Pd* XVI 56: "puzzo / del villan d'Aguglion."

11 *Pd* XVI 49: "cittadinanza, ch'è or mista."

12 *If* X 86: "colorata in rosso."

13 *Pd* XV 139: "imperador Currado."

14 *Cv* I XIII 5: "questo mio volgare fu introduttore di me nella via di scienza, che è ultima perfezione, in quanto con esso io entrai nello latino e con esso mi fu mostrato: lo quale latino poi mi fu via a più inanzi andare."

15 *Cv* II XII 3–4: "l'arte di gramtica."

16 *Cv* III IX 15: "in tanto debilitai li spiriti visivi che le stelle mi pareano tutte d'alcuno albore ombrate. E per lunga riposanza in luoghi oscuri e freddi, e con affreddare lo corpo dell'occhio coll'acqua chiara, riunì sì la vertù disgregata che tornai nel primo buono stato della vista."

17 *VN* 14, 1, 4: "una dolorosa infermitade; E però, mi giunse uno sì forte smarrimento, che chiusi gli occhi e cominciai a travagliare come farnetica persona."

18 *VN* 14, 1–12: "donna giovane e gentile... di propinquissima sanguinità congiunta."

19 *VN* 7, 4–8: "Allora fuoro sì distrutti li miei spiriti per la forza che Amore

prese veggendosi in tanta propinquitade alla gentilissima donna... Onde lo ingannato amico di buona fede mi prese per la mano, e traendomi fuori dalla veduta di queste donne mi domandò che io avesse. Allora io riposato alquanto, e resurressiti li morti spiriti miei e li discacciati rivenuti alle loro possessioni, dissi a questo mio amico queste parole: 'Io tenni li piedi in quella parte della vita di là dalla quale non si puote ire più intendimento di ritornare'."

20 *If* XXIV 112–118: "E qual è quel che cade, e non sa como, / per forza di demon ch'a terra il tira, / o d'altra oppilazion che lega l'omo, / quando si leva, che'ntorno si mira / tutto smarrito de la grande angoscia / ch'elli ha sofferta, e guardando sospira: / tal era 'l peccator levato poscia."

21 *If* XIX 16–21: "Non mi parean men ampi né maggiori / che que' che son nel mio bel San Giovanni, / fatti per loco d'i battezzatori; / l'un de li quali, ancor non è molt'anni, / rupp'io per un che dentro v'annegava; / e questo sia suggel ch'ogn' omo sganni."

22 *Pg* XXX 41–42: "m'avea trafitto / prima che [egli] fuor di puerizia fosse."

23 *Rime* 47b 1–2: "Io sono stato con Amore insieme / dalla circulazion del sol mia nona."

24 *If* XV 55–56: "Se tu segui tua stella, non puoi fallire a gloriöso porto."

25 *If* XXVII 44: "di Franceschi sanguinoso mucchio."

26 *Pd* VIII 73, 75: "se mala segnoria, che sempre accora / li popoli suggetti, non avesse / mosso Palermo a gridar: 'Mora, mora!'"

27 *Pd* XIX 127: "Ciotto di Ierusalemme."

28 *Pg* VIII, 53–54: "giudice Nin genitl, quanto mi piacque / quando ti vidi non esser tra ' rei!."

29 *If* XXIV 25–27: "ch'io vidi lui a piè del ponticello / mostrarti e minacciar forte col dito, / e udi' 'l nominar Geri del Bello."

30 *If* XXIX 31–36: " 'O duca mio, la vïolenta morte / che non li è vendicata ancor,' diss'io, / 'per alcun che de l'onta sia consorte, / fece lui disdegnoso; ond' el sen gio / sanza parlarmi, sì com' ïo estimo: / e in ciò m'ha el fatto a sé più pio ."

326 31 *Pd* XVI 103–104: "Grand' era già la colonna del Vaio, / Sacchetti, Giuochi, Fifanti e Barucci."

32 *If* XIII 120–121: "non furono accorte a le giostre dal Toppo."

33 *If* XXII 1–5: "Io vidi già cavalier muover campo, / e cominciare stormo e far lor mostra, / e talvolta partir per loro scampo; / corridor vidi per la terra vostra, / o Aretini, e vidi gir gualdane."

34 *If* XXI 94–96: "così vid'ïo già temer li fanti / ch'uscivan patteggiati di Caprona / veggendo sé tra nemici cotanti."

35 *VN* 21, 1: "immediatamente dopo lo primo."

36 *VN* 2,9: "alquanti anni e mesi."

37 *VN* 1, 20: "molti famosi trovatori in quel tempo."

38 *VN* 2,1: "e questo fu quasi lo principio dell'amistà tra lui e me, quando elli seppe che io era quelli che li avea ciò mandato."

39 *VN* 1, 20: "e con ciò fosse cosa che io avesse già veduto per me medesimo l'arte del dire parole per rima."

40 *Pg* XXIV 57: "dolce stil novo."

41 *VN* 2,9: "certe cosette per rime."

42 *Pg* XXIV 50: "nove rime."

43 *Pg* XXVI 99: "rime d'amore... dolci e leggiadre."

44 *VN* 11,1: "alquanto divulgata tra le genti."

45 *Ibid*: "che io li dovesse dire che è Amore, avendo forse per l'udite parole speranza di me oltre che degna."

46 *VN* 21,2: "alcuna cosa per una donna che s'era morta."

47 *VN* 30,1: "parole rimate."

48 *If* XV 119: "sieti raccomandato il mio Tesoro."

49 *If* XV 83: "buona imagine paterna."

50 *If* XV 31, 37: "figliuolo."

51 *If* XV 84: "come l'uom s'etterna."

52 *Rime* 7, 1–4: "Non mi poriano già mai fare ammenda / del lor gran fallo gli occhi miei, sed elli / non s'accecasser, poi la Garisenda / torre miraro co' risguardi belli."

53 *If* XXXI 136–138: "Qual pare a riguardar la Garisenda / sotto 'l chinato [dalla parte dell'inclinazione], quando un nuvol vada / sovr'essa sì, ched ella incontro penda."

54 *VN* 19, 8: "Poi che fue partita da questo secolo, rimase tutta la sopradetta cittade quasi vedova dispogliata da ogni dignitade. Onde io, ancora lacrimando in questa desolata cittade, scrissi alli principi della terra alquanto della sua condizione, pigliando quello cominciamento di Geremia profeta Quomodo sedet sola civitas."

55 *Pg* IV 7–9: "e però, quando s'ode cosa o vede / che tenga forte a sé l'anima volta, / vassene 'l tempo e l'uom non se n'avvede."

56 *If* X 15: "che l'anima col corpo morte fanno."

57 *Cv* II XII 9: "questa donna fu figlia di Dio, regina di tutto, nobilissima e bellissima Filosofia."

58 *VN* 16, 1: "uno accidente in sustanzia."

59 *VN* 16, 7: "se alcuna figura o colore rettorico è conceduto alli poete, conceduto è alli rimatori."

60 *VN* 16, 4: "dire per rima in volgare tanto è quanto dire per versi in latino."
61 Cv II XII 4: "ingegno molte cose, quasi come sognando, già vedea."
62 *VN* 31, 1–2: "Apresso questo sonetto apparve a me una mirabile visione, nella quale io vidi cose che mi fecero proporre di non dire più di questa benedetta infino a tanto che io potessi più degnamente trattare di lei. E di venire a cciò io studio quanto posso, sí com'ella sae veracemente. Sí che, se piacere sarà di colui, a cui tutte le cose vivono, che la mia vita duri per alquanti anni, io spero di dire di lei quello che mai non fue detto d'alcuna."
63 *If* VI 61: "li cittadin de la città partita."
64 Rime 43, 66–71: "s'io avesse le belle trecce prese / che son fatte per me scudiscio e ferza, / pigliandole anzi terza / con esse passerei vespero e squille; / e non sarei pietoso né cortese, / anzi farei com'orso quando scherza."
65 *Pg* XXX 70: "proterva."
66 *Pg* XXXI 2–3: "per punta, / che pur per taglio."
67 *Pg* XXX 126: "si tolse a me, e diessi altrui."
68 *Pg* XXX 129: "fu' io a lui men cara e men gradita."
69 *Pg* XXX 53–60: "qual cosa mortale / dovea poi trarre te nel suo disio?... Non ti dovea gravar le penne in giuso, / ad aspettar più colpo, o pargoletta / o altra novità con sì breve uso."
70 *Pg* XXX 55–56: "levar suso / di retro."
71 *VN* 11: "amor e 'l cor gentil sono una cosa, / sì come il saggio in suo dittare pone."
72 *Cv canz.* III, 20–24: "tale imperò che gentilezza volse, / secondo 'l suo parere, / che fosse antica possession d'avere / con reggimenti belli."
73 *Rime* 27, 112–113: "Oh falsi cavalier, malvagi e rei, / nemici di costei."
74 *Rime* 25d, 10: "se Dio ti salvi la Tana e 'l Francesco."
327 75 *If* XVI, 73: "sùbiti guadagni."
76 *Pd* XVI 65: "piovier d'Acone."
77 *Pg* XII 105: "era sicuro il quaderno e la doga."
78 *If* XXVII 110: "lunga promessa con l'attender corto."
79 *If* XIX 52–53: "sè tu già costì ritto, / sè tu già costì ritto, Bonifazio?"
80 *If* XXVII 85: "lo principe d'i novi Farisei."
81 *If* VI 69; di tal che testé piaggia.
82 *Pd* XVII 49–51: "Questo si vuole e questo già si cerca, / e tosto verrà fatto a chi ciò pensa [Bonifacio] / là dove Cristo tutto dì si merca."
83 *If* XXVII 86: "presso a Laterano."
84 *Pd* XXVII 25–26: "cloaca / del sangue e de la puzza."
85 *Pd* XXVII 22–24: "quelli ch'usupra in terra il luogo mio, / il luogo mio, il

luogo mio che vaca / ne la presenza del Figliuol di Dio."

86 *If* XIX 56–57: "non temesti tòrre a 'nganno / la bella donna [la Chiesa], e poi di farne strazio."

87 *Pg* XX 86–90: "veggio in Alagna intrar lo fiordaliso, / e nel vicario suo Cristo esser catto. / Veggiolo un'altra volta esser deriso; / veggio rinovellar l'aceto e 'l fiele, / e tra vivi ladroni esser anciso."

88 *If* XVIII 28–33: "come i Roman per l'esercito molto, / l'anno del giubileo, su per lo ponte / hanno a passar la gente modo colto, / che da l'un lato tutti hanno la fronte / verso 'l castello e vanno a Santo Pietro, / da l'altra sponda vanno verso 'l monte."

89 *If* II 20–27: "[Enea] fu de l'alma Roma e di suo impero / ne l'empireo ciel per padre eletto; / la quale e 'l quale, a voler dir lo vero, / fu stabilita per lo loco santo / u' siede il successor del maggior Piero. / Per quest'andata [agli inferi] onde li dai tu vanto, / intese cose che furon cagione / di sua vittoria e del papale ammanto."

90 *If* III 58: "Poscia ch'io v'ebbi alcun riconosciuto."

91 *If* III 59–60: "di colui / che fece per viltade il gran rifiuto."

92 *If* VII 53–54: "la sconoscente vita che i fé sozzi, / ad ogne conoscenza or li fa bruni."

93 *If* VII 46–48: "Questi fuor cherci, che non han coperchio / piloso al capo, e papi e cardinali, / in cui usa avarizia il suo soperchio."

94 *If* VI 69: "tal che testé piaggia."

95 *If* I 110–111: "fin che l'avra' rimessa ne lo 'nferno, / là onde 'nvidia prima dipartilla."

96 *If* XVI 73–74: "la gente nuova e i sùbiti guadagni / orgoglio e dismisura han generata."

97 *If* XVI 59–60: "e sempre mai / l'ovra di voi e li onorati nomi / con affezion ritrassi e ascoltai."

98 *If* VIII 46: "fu al mondo persona orgogliosa."

99 *If* VIII 62: "spirito bizzaro."

100 *If* VI 74: "superbia, invidia e avarizia."

101 1302 年 3 月 10 日的判决书："igne comburatur sic quod moriatur."

102 *If* XXIV 143–144: "Pistoia in pria d'i Neri dimagra; / poi Fiorenza rinova gente e modi."

103 *Pg* V 133–136: "ricorditi di me, che son la Pia; / Siena mi fé, disfecemi Maremma: / salsi colui che 'nnaellata pria / disposando m'avea con la sua gemma."

104 *If* XXVII 51: "che muta parte da la state al verno."

105 *Pg* XX 76–77: "Quindi non terra, ma peccato e onta / guadagnerà."

第二部分 流亡时期

106 *Pd* XVII 62: “la compagnia malvagia e scempia.”

107 *If* XXIV 145–150: “sì ch’ogne Bianco ne sarà feruto.”

108 *If* XXX 64–66: “ruscelleti che d’i verdi colli / del Casentin discendon giuso in Arno, / faccendo i lor canali freddi e molli.”

109 *If* XVI 100–102: “rimbomba là sovra San Benedetto / de l’Alpe per cadere ad una scesa / ove dovea per mille esser recetto.”

110 *Pd* XVII 71–72: “nella cortesia del gran Lombardo / che ’n su la scala porta il santo uccello.”

111 *Pd* XVII 70: “lo primo ... rifugio e ’l primo ostello.”

112 *Cv* IV XVI 6: “Albuino della Scala sarebbe più nobile che Guido da Castello di Reggio.”

113 *Pg* XVIII 118–119: “abate in San Zeno a Verona / sotto lo ’mpero del buon Barbarossa.”

328 114 *Pg* XVIII 124–125: “mal del corpo intero, / e de la mente peggio, e che mal nacque.”

115 *Ep* I 3: “Sane, cum per sancte religionis virum fratem. L. civilitatis presuasorem et pacits, premoniti atque requisiti sumus instanter pro vobis, quemadmodum et ipse vestre littere continebant, ut ab omni guerrarum insultu cessaremus et usu, et nos ipsos in paternas manus vestras exhiberemus in totum, nos filii devotissimi vobis et pacis amatores et iusti, exuti iam gradiis, arbitrio vestro spontanea et sincera voluntate subimus, ceu relatu prefati vestri nuntii fratris L. narrabitur, et per publica instrumenta solempniter celebrata liquebit.”

116 *Ep* I 3: “Et si negligentie sontes aut ignavie censeremur ob iniuriam tarditatis, citra iudicium discretio sancata vestra preponderet; et quantis qualibusque consiliis et responsis, observata sinceritate consortii, nostra Fraternitas decenter procedendo indigeat, et examinatis que tangimus, ubi forte contra debitam celeritatem defecisse depicimur, ut affluentia vestre Benignatatis indulgeat deprecamur.”

117 *If* XV 121–124: “Poi si rivolse, e parve di coloro / che corrono a Verona il drappo verde / per la campagna; e pare di costoro / quelli che vince, non colui che perde.”

118 *Ep* II 1–2: “Doleat ergo, doleat progenies maxima Tuscanorum, que tanto viro fulgebat, et doleant omnes amici eius et subditi... inter quos ultimos me miserum dolere oportet, qui a patria pulsus et exul inmeritus infortunia mea rependens continuo, cara spe memet consolabar in illo... et qui Romane aule palatinus erat in Tuscia, nunc regie sempiterne aulicus

preelectus in superna Ierusalem cum beatorum principibus gloriatur."

119 *Ep* II 3: "Ego autem, preter hec, me vestrum vestre discretioni excuso de absentia lacrimosis exequiis; quia nec negligentia neve ingratitudo me tenuit, sed inopina pauperatas quam fecit exilium. Hec etenim, velud effera persecutrix, equis armisque vacantem iam sue captivitatis me detrusit in antrum, et nitentem cunctis exsurgere viribus, hucusque prevalens, impia retinere molitur."

120 *If* XXX 89–90: "Indussero a batter li fiorini / ch'avean tre carati di mondiglia."

121 *If* XXX 76–77: "l'anima trista / di Guido o d'Alessandro o di lor frate."

122 *Cv* I III 4–5: "peregrino, quasi mendicando, sono andato, mostrando contra mia voglia la piaga della fortuna, che suole ingiustamente al piagato molte volte essere imputata. Veramente io sono stato legno sanza vela e sanza governo [timone], portato a diversi porti e foci e liti dal vento secco che vapora [esala] la dolorosa povertade."

123 *Pd* XVII 68–69: "a te fia bello / averti fatta parte per te stesso."

124 *Pd* XVII 62: "la compagnia malvagia e scempia [stolta]."

125 *Pd* XVII 64–65: "che tutta ingrata, tutta mata ed empia / si farà contr' a te."

126 *If* XV 71–72: "l'una parte e l'altra avranno fame / di te; ma lungi fia dal becco l'erba."

127 *Cv* I IX 5: "principi, baroni, cavalieri, e molt'altra nobile gente, non solamente maschi ma femmine, che sono molti e molte in questa lingua, volgari, e non litterati."

128 *Rime* 46, 119–122: "chi con tardare e chi con vana vista, / chi con sembianza trista / volge 'l donare in vender tanto caro / quanto sa sol chi tal compera paga."

129 *Rime* 46, 148–154: "Canzone, presso di qui è una donna / ch'è del nostro paese; / bella, saggia e cortese / la chiaman tutti, e neun se n'accorge / quando suo nome porge / Bianca, Giovanna, Contessa chiamando. / A costei te ne va chiusa e onesta."

130 *VN* I IX 4: "et quare quelibet istarum variationum in se ipsa variatur, puta dextre Ytalie locutio ab ea que est sinistre (nam aliter Paduani et aliter Pisani locuntur); et quare vicinius habitantes adhuc discrepant in loquendo, ut Mediolanenses et Veronenses, Romani et Florentini, nec non convenientes in eodem genere gentis, ut Neapoletani et Caetani, Ravennates et Faventini, et quod mirabilius est, sub eadem civilitate morantes, ut Bononienses Burgi sancti Felicis et Bononienses Strate Maioris."

131 *Cv* III XI 10: "legisti, li medici e quasi tutti li religiosi."

329 132 *Cv* I IX 3: "non acquistano la lettera per lo suo uso, ma in quanto per quella guadagnano denari o dignitate."

133 *Cv* I XIII 12: "Questo sarà luce nuova, sole nuovo, lo quale surgerà là dove làusato tramonterà, e darà lume a coloro che sono in tenebre e in oscuritade, per lo usato sole che a loro non luce."

134 *VN* I IX 7: "quod si vetustisimi Papienses nunc resurgerent, sermone vario vel diverso cum modernis Papiensibus loquerentur."

135 *Cv* I V 10: "Di questo si parlerà altrove più compiutamente in uno libello ch'io intendo di fare, Dio concedente, di Volgare Eloquenza."

136 *VE* I XVII 1: "illustre, cardinale, aulico e curiale."

137 *Ep* III: "exulanti Pistoriensi Florentinus exul inmeritus."

138 *Ep* III I: "utrum de passion in passionem possit anima transformari."

139 *Ibid.*: "quod quamvis ex ore tuo iustius prodire debuerat, nichilominus me illius auctorem facere voluisti, ut in declaratione rei nimium dubitate titulum mei nominis ampliares. Hoc etenim, cum cognitum, quam acceptum quamque gratum extiterit, absque importuna diminutione verba non caperent."

140 *Rime* 44, 89: "se colpa muore perché l'uom si penta."

141 *If* XVIII 55–57: "I' fui colui che la Ghisolabella / condussi a far la voglia del marchese,/ come che suoni la sconcia novella."

142 *If* XIX 83: "pastor sanza legge."

143 *Pg* VIII 132: "sola va dritta e 'l mal cammin dispregia."

144 *Pg* VIII 129: "pregio de la borsa e de la spada."

145 *Ep* IV 2: "in qua [corte di Moroello], velud sepe sub admiratione vidistis, fas fuit sequi liberatis officia."

146 *Rime* 44, 89: "più lune."

147 *Rime* 44, 73–80: "Ed io ch'ascolto nel parlar divino / consolarsi e dolersi / così altri dispersi / l'essilio che m'è dato onor mi tengo: / che se giudico o forza di destino / vuol pur che 'l mondo versi / li bianchi fiori in persi, / cader co' buoni è pur di lode degno."

148 *If* XV 70–72: "La tua fortuna tanto onor ti serba, / che l'una parte e l'altra avranno fame / di te."

149 *Rime* 44, 81–87: "E se non che degli occhi miei 'l bel segno / per lontananza m'è tolto dal viso, / che m'have in foco miso, / lieve mi conteria ciò che m'è grave; / ma questo foco m'have / sì comsumato già l'ossa e la polpa, / che Morte al petto m'ha posto la chiave."

150 *Rime* 44, 89–90: "Onde, s'io ebbi colpa, più lune ha volte il sol poi che fu spenta, se colpa muore perché l'uom si penta."

151 *Rime* 44, 101–107: "Canzone, uccella con le bianche penne, / canzone,

caccia con li neri veltri, / che fuggir mi convenne, / ma far mi poterian di pace dono. / Però nol fan, ché non san quel ch'io sono: / camera di perdon savio uom non serra, / ché perdonare è bel vincer di guerra."

152 *If* XII 138: "fecero a le strade tanta guerra."

153 *Rime* 50, 76: "la montanina."

154 *Rime* 50, 61–63: "Così m'ha' concio, Amore, in mezzo l'alpi, / nella valle del fiume / lungo 'l qual sempre sopra me sè forte."

155 *Ep* IV 2: "cum primum pedes iuxta Sarni fluenta... difigerem."

156 *Ibid.*: "Igitur michi a limine suspirate postea curie separato, in qua, velud sepe sub admiratione vidistis, fas fuit sequi libertatis officia, cum primum pedese iuxta Sarni fluenta securus et incautus defigerem, subito heu! mulier, ceu fulgur descendens, apparuit, nescio quomodo, meis auspitiis undique moribus et forma conformis. O quam in eius apparitione obstupui! Sed stupor subsequentis tonitrui terrore cessavit. Nam sicut diurnis coruscationibus illico soccedunt tonitrua, sic inspecta flamma pulcritudinis huius, Amor terribilis et imperiosus me tenuit. Atque hic ferox... quicquid eius contrarium fuerat intra me, vel occidit vel expulit vel ligavit."

157 *If* V 129: "sanza alcun sospetto."

158 *Rime* 50, 67–68: "Lasso!, non donne qui, non genti accorte / veggio a cui mi lamenti del mio male."

159 *Rime* 50, 76–79: "O montania mia canzon, tu vai: / forse vedrai Fiorenza, la mia terra, / che fuor di sé mi serra, / vota d'ammore e nuda di pietate."

160 *Rime* 50, 80–84: "Se vi vai dentro, va dicendo: "Omai / non vi può fare il mio fattor più guerra: / là ond'io vegno una catena il serra / tal, che se piega vostra crudeltate, / non ha di ritornar qui libertate."

161 *Ep* IV 1: "ne alia relata pro aliis, que falsarum oppinionum seminaria frequetius esse solent, negligentem predicent carceratum."

162 *Pg* XXIV 43–45: "Femmina è nata, e non porta ancor benda," / cominciò 330
el. " che ti farà piacere / la mia città."

163 *If* XXI 41: "ogn'uom v'è barattier, fuor che Bonturo."

164 *Pg* XXIV 82–87: " 'Or va', diss' el; 'che quei che più n'ha colpa, / vegg'io ä coda d'una bestia tratto / inver' la valle ove mai non si scolpa. / La bestia ad ogne passo va più ratto, / crescendo sempre, fin ch'ella il percuote, / e lascia il corpo vilmente disfatto'."

165 *Pg* XXIV 79–82: "di giorno in giorno più di ben si spolpa, / e a trista ruina par disposto."

166 *Pd* X, 137: "nel Vico de li Strami."

167 *Pg* III 49–51: "tra Lerice e Turbìa la più deserta, / la più rotta ruina è una

scala, / verso di quella, agevole e aperta."

168 *Pg* XIX 100–101: "Intra Sïestri e Chiavari s'adima / una fiumana bella."

169 *Pg* IV 25–27: "Vassi in Sanleo e discendesi in Noli... con esso i piè."

170 *If* IX 112–115: "Sì come ad Arli, ove Rodano stagna / sì com'a Pola, presso del Carnaro, / ch'Italia chiude e suoi termini bagna, / fanno i sepulcri tutt'il loco varo."

171 *Pg* VI 76–78: "Ahi serva Italia, di dolore ostello, / nave sanza nocchiere in gran tempesta, / non donna di provincie, ma bordello!"

172 *Pg* VI 89: "la sella è vota."

173 *Pg* VI 93: "e lasciar seder Cesare in la sella."

174 *Pg* VI 102: "tal che 'l tuo successor temenza n'aggia."

175 *Ep* IV2: "ac meditationes assiduas, quibus tam celestia quam terrestria intuebar, quasi suspectas, impie relegavit."

176 *Pd* XXV 1–2: "poema sacro / al quale ha posto mano e cielo e terra."

177 *If* X 119–120: "qua dentro è'l secondo Federico / e'l Cardinale."

178 *If* I 1–3: "Nel mezzo del cammin di nostra vita / mi ritrovai per una selva oscura, / ché la diritta via era smarrita."

179 *If* XV 97: "Lo mio maestro."

180 *If* XV 85: "m'insegnavate come l'uom s'etterna."

181 *If* XV 31: "O figliuol mio..." ; 37: "O figliuol..." ; 83: "la cara e buona immagine paterna."

182 *If* XV 71–72: "avranno fame di te."

183 *If* XV 61: "ingrato popolo maligno" ; 64: "si farà, per tuo ben far, nimico."

184 *Pd* XVII 47: "noverca."

185 *If* VI 60–61: "a che verrano / li cittadin de la città partita."

186 *If* VI 64–68: "Dopo lunga tencione / verranno al sangue, e la parte selvaggia [i Cerchieschi o Bianchi] / caccerà l'altra [i Donateschi o Neri] con molta offensione. / Poi appresso convien che questa caggia / infra tre soli, e che l'altra sormonti."

187 *If* II 22–24: "la quale [Roma] e 'l quale [impero], a voler dir lo vero, / fu stabilita per lo loco santo / u'siede il successor del maggior Piero."

188 *Pg* XVI 104: "mondo ha fatto reo."

189 *Pg* XVI 115–117: "In sul paese ch'Adice e Po riga, / solea valore e cortesia trovarsi, / prima che Federigo avesse briga."

190 *Pg* III 107: "biondo era e bello e di gentile aspetto."

191 *Pg* III 113: "nepote di Costanza imperadrice."

192 *Pd* III 118–120: "gran Costanza / che dal secondo vento di Soave [Enrico VI di Svevia] / generò ' l terzo e l'ultima possanza [Federico II]."

193 *Pg* III 124: "pastor di Cosenza."

194 *VE* I XII 4: "Siquidem illustres heroes, Fredericus Cesar et benegenitus eius Manfredus ... donec fortuna permisit humana secuti sunt, brutalia dedignantes."

195 *Cv* IV XXVIII 8: "lo nobilissimo nostro latino."

196 *If* XXVII 110: "lunga promessa con l'attender corto."

197 *Pg* III 115: "bella figlia."

198 *Pg* V 89–90: "Giovanna o altri non ha di me cura."

199 *Pd* XVII 88: "a' suoi benefici."

200 *Pg* VIII 71: "Giovanna mia."

201 *Pg* VIII 73–78: "Non credo che la sua [di Giovanna] madre più m'ami... Per lei assai di lieve si comprende / quanto in femmina foco d'amor dura, / se l'occhio o'l tatto spesso non l'accende."

202 *Pg* XIX, 142–145: "Nepote ho io di là c'ha nome Alagia, / buona da sé, pur che la nostra casa / non faccia lei per essempro malvagia."

203 *If* XXXIII 151–153: "Ahi Genovesi, uomini diversi / d'ogne costume e pien 331
d'ogne magagna, / perché non siete voi del mondo spersi?"

204 *If* XXXIII 79–84: "Ahi Pisa, vituperio delle genti / del bel paese là dove 'l sì suona, / poi che i vicini a te punir son lenti, / muovasi la Capraia e la Gorgona, / e faccian siepe ad Arno in su la foce, / sì ch'elli annieghi in te ogne persona!"

205 *Pg* XXIII 115–116: "Se tu riduci a mente / qual fosti meco, e qual io teco fui."

206 *Pd* III 106: "uomini poi, a mal più ch'a bene usi."

207 *Pg* XXIII 101: "le sfacciae donne fiorentine."

208 *Pg* XXIII 91–93: "Tanto è a Dio più cara e più diletta / la vedovella mia che molto amai, / quanto in bene operare è più soletta."

209 *Pd* XV 127–128: "saria tenuta allor tal meraviglia / una Cianghella."

210 *Ep* V 1: "signa surgunt consolationis et pacis."

211 *Pd* VIII 147: "da sermone."

212 *Ep* VII: "devotissimi sui Dantes Alagherii Florentinus et exul immeritus ac universaliter omnes Tusci qui pacem desiderant, terre osculum ante pedes."

213 *Ep* VII 2: "Nam et ego qui scribo tam pro me quam pro aliis."

214 *Ep* V: "Universis et singulis Ytalie Regibus et Senatoribus alme Urbis nec non Ducibus Marchionibus Comitibus atque Populis."

215 *Ep* V 2: "prope est qui liberabit te de carcere impiorum; qui percutiens malignitates in ore gladii perdet eos, et vineam suam aliis locabit agricolis."

216 *Ep* V 5: "Parcite, parcite iam ex nunc, o carissimi, qui mecum iniuriam

passi estis."

217 *Ep* V 7: "qui publicis quibuscunque gaudentis, et res privatas vinculo sue legis, non aliter, possidetis."

218 *Ep* VI: "Scriptum pridie Kalendas Apriles in finibus Tuscie sub fontem Sarni, faustissimi cursus Henrici Cesaris ad Ytaliam anno primo."

219 *Ep* VII: "Scriptum in Tuscia sub fonte Sarni XV Kalendas Maias, divi Henrici faustissimi cursus ad Ytaliam anno primo."

220 *Ep* VI 2: "atque iure prescriptionis utentes, debite subiectionis offi cium denegando, in rebellionis vesaniam maluistis insurgere."

221 *Ep* V: "An ignoratis, amentes et discoli, publica iura cum sola temporis terminazione finiri, et nullius prescriptionis calculo fore obnoxia? . . . publica rerum dominia, quantalibet diuturnitate neglecta, numquam posse vanescere vel abstenuata conquiri."

222 *Ep* VII 3: "Sed quid tam sera moretur segnities admiramur, quando iamdudum in valle victor Eridani non secus Tusciam derelinquis, pretermittis et negligis, quam si iura tutanda imperii circumscribi Ligurum finibus arbitreris."

223 *Ep* VII 4: "et cotidie malignantium cohortando superbiam vires novas accumulat."

224 *Ep* VII 7: "An ignoras... ubi vulpecula fetoris istius, venantium secura, recumbat?... et Florentia, forte nescis?, dira hec pernicies nuncupatur."

225 *VE* I VI 3: "quanquam... Florentiam adeo diligamus ut, quia dileximus, exilium patiamur iniuste... Et quamvis ad voluptatem nostram sive nostre sensualitatis quietem in terris amenior locus quam Florentia non existat."

226 *Ep* VIII: "ut qui romani principatus imperio barbaras nationes et cives in mortalium tutamenta subegit,delirantis evi familiam sub triumphis et gloria sui Henrici reformet in melius."

227 *Ep* IX: "que humane civilitati de Principe singulari providit."

332 228 *Ep* X: "Audiat, ex quo iubet, Romanorum pia et serena Maiestas, quoniam tempore missionis presentium coniunx predilectus et ego, Dei dono, vigebamus incolumes, liberorum sospitate gaudentes, tanto solito letiores quanto signa resurgentis imperii meliora iam secula promittebant."

229 *If* XXXIII 79–80: "vituperio de le genti / del bel paese là dove 'l sì suona."

230 *Pd* XVII 117: "a molti fia sapor di forte agrume."

231 *If* XXXIII 151–153: "Ahi Genovesi, uomini diversi / d'ogne costume e pien d'ogne magagna, / perché non siete voi del mondo spersi?"

232 *Ep* VI 1: "Eterni pia providentia Regis... sacrosancto Romanorum Imperio

res humanas disposuit gubernandas, ut sub tanti serenitate presidii genus mortale quiesceret, et ubique, natura poscente, civiliste degeretur."

233 *Cv* IV IV 5: "uno solo principato e uno prencipe avere."

234 *Pg* XXXIII 34–36: "sappi che 'l vaso che 'l serpente ruppe, / fu e non è; ma chi n'ha colpa, creda / che vendetta di Dio non teme suppe"

235 *Mn.* I II 3: "an ad bene esse mundi necessaria sit... an romanus populus de iure Monarche offitium sibi asciverit... an auctoritas Monarche dependeat a Deo inmediate vel ab alio, Dei ministro seu vicario."

236 *Mn.* I IV 2: "pax universalis est optimum eorum que ad nostram beatitudinem ordinantur."

237 *Mn.* III IV 3: "quemadmodum luna, que est luminare minus, non habet lucem nisi prout recipit a sole, sic nec regnum temporale auctoritatem habet nisi prout recipit a spirituali regimine."

238 *Mn.* III VIII 11: "non tamen propter hoc sequitur quod [successor Preti] possit solvere seu ligare decreta Imperii sive leges."

239 *Mn.* III X 1–4: "Dicunt adhuc quidam quod Constantinus imperator... Imperii sedem, scilicet Roman, donavit Ecclesie cum multis aliis Imperii dignitatibus... Constantinus alienare non poterat Imperii dignitatem, nec Ecclesia recipere."

240 *Mn.* III XVI 7: "beatitudinem scilicet huius vite... et beatitudinem vite ectern."

241 *Mn.* III XVI 10: "Propter quod opus fuit homini duplici directivo secundum duplicem finem: scilicet summo Pontifice, qui secundum revelata humanum genus perduceret ad vitam ecternam, et imperatore, qui secundum phylosophica documenta genus humanum ad temporalem felicitatem dirigeret."

242 *Mn.* I I 3: "publice utilitati non modo turgescere, quinymo fructificare desiderio, et intemptatas ab aliis ostendere veritates."

243 *Mn.* II I 1: "Quare fremuerunt gentes, et populi meditati sunt inania? Astiterunt reges terre, et principes convenerunt in unum, adversus Dominum et adversus Cristum eius."

244 *Mn.* III XVI 17–18: "Que quidem veritas ultime quetionis non sic stricte recipienda est, ut romanus Princeps in aliquo romano Pontifici non subiaceat, cum mortalis ista felicitas quodammodo ad inmortalem felicitatem ordinetur. Illa igitur reverentia Cesar utatur ad Petrum qua primogenitus filius debet uti ad patrem."

245 *Cv* canz. III, 21–24: "Tale imperò che gentilezza volse, / secondo 'l suo parere, / che fosse antica possession d'avere / con reggimenti belli."

246 *Mn.* II III 4: "Est enim nobilitas virtus et divitie antique, iuxta

Phylosophum in *Politicis*; et iuxta Iuvenalem: ‘nobilitas animi sola est atque unica virtus.’ Que due sententie ad duas nobilitates dantur: proriam scilicet et maiorum. Ergo nobilibus ratione cause premium prelationis conveniens est.”

333 247 *Pd* XVI 1–6: “O poca nostra nobiltà di sangue, / se gloriar di te la gente fai / qua giù dove l'affetto nostro langue, / mirabil cosa non mi sarà mai: / ché là dove appetito non si torce, / dico nel cielo, io me ne gloriai.”

248 *Pg* XXXIII 43–44: “un cinquecento diece e cinque, / messo di Dio.”

249 *Ep* XI 11: “iam cepti certaminis.”

250 *Ep* XI 10: “Romam urbem, nunc utroque lumine destitutam.”

251 *Ep* XI 6: “una sola vox, sola pia, et hec privata, in matris Ecclesie quasi funere audiatur.”

252 *Ep* XI 5: “Quippe do ovibus in pascuis Iesu Christi minima una sum.”

253 *Ibid.*: “Non ergo divitiarum, sed ‘gratia Dei sum id quod sum’ [I *Cor* 15:9] et ‘zelus domus eius comedit me’ [*Ps* 69; 10].”

254 *Ep* XI 8: “Sed, o patres, ne me phenicem extimetis in orbe terrarum; omnes enim que garrio murmurant aut mussant aut cogitant aut somniant, et que inventa non attestantur.”

255 *If* XIX 21: “e questo sia suggel ch'ogn' omo sganni.”

256 *If* XIX 82: “di più laida opra.”

257 *If* XIX 83: “pastor sanza legge.”

258 *Pd* XVII 82: “ma pria che 'l Guasco l'alto Arrigo inganni.”

259 *Pg* VI 90: “la sella è vòta.”

260 *Pg* VI 105: “'l giardin de lo 'mperio sia diserto.”

261 *Pg* VII 92: negletto ciò che far dovea.”

262 *Pg* VI 109–110: “ è giunta la spada / col pasturale.”

263 *Pg* VI 87: “alcuna parte in te di pace gode.”

264 *Pg* VI 82–84:“e ora in te non stanno sanza guerra / li vivi tuoi, e l' un l' altro si rode / di quei ch'un muro e una fossa serra!”

265 *Pg* XVI 113: “vedova e sola.”

266 *Pg* XIV 51: “maladetta e sventurata fossa.”

267 *Pg* XIV 109–110: “le donne e' cavalier, li affanni e li agi / che ne 'nvogliava amore e cortesia.”

268 *Pg* XIV 111: “son fatti sì malvagi.”

269 *Pg* XVI 116: “solea valore e cortesia trovarsi.”

270 *Pg* XX 10–12: “fame sanza fine cupa.”

271 *Pg* XX 52: “figliuol fu'io d'un beccaio di Parigi.”

272 *Pg* XX 50–52: “di me son nati Filippi e i Luigi / per cui novellamente è Francia retta.”

273 *Pg* XX 76: "peccato e onta."

274 *Pg* XXXII 148–153: "Sicura, quasi rocca in alto monte, / seder sovresso una puttana sciolta m'apparve con le ciglia intorno pronte; / e come perché non li fosse tolta, vidi di costa a lei diritto un gitante; e basciavansi insieme alcuna volta."

275 *Pg* XXXII 154–160: "Ma perché l'occhio cupido e vagante / a me rivolse, quel feroce drudo / la flagellò dal capo infin le piante; / poi, di sospetto pieno e d'ira crudo, / disciolse il mostro [il carro], e trassel per la selva, / tanto che sol di lei mi fece scudo / a la puttana e a la nova belva."

276 *Pg* XXXIII 34–45: "Sappi che 'l vaso che 'l serpente ruppe, / fu e non è; ma chi n'ha colpa, creda / che vendetta di Dio non teme suppe. / Non sarà tutto tempo sanza reda / l'aguglia che lasciò le penne al carro, / per che divenne mostro e poscia preda; / ch'io veggio certamente, e però il narro, / a darne tempo già stelle propinque, / secure d'ogn' intoppo e d'ogne sbarro, / nel quale un cinquecento dieci e cinque, / messo di Dio, anciderà la fuia / con quel gigante che con lei delinque."

277 *Ep* XI 7: "filie sanguisuge."

278 *Ibid.*: "que quales pariant tibi fetus, preter Lunensem pontificem omnes alii contestantur."

279 *If* XXI 41: "ogn' uom v'è barattier, fuor che Bonturo."

280 *Ep* XII 2: "per litteras vestras meique nepotis nec non aliorum quamplurium amicorum, significatum est michi per ordinamentum nuper factum Florentie super absolutione bannitorum."

281 *Ep* XII 2: "Estne ista revocatio gratiosa qua Dantes Alagherii revocatur ad patriam, per trilustrium fere perpessus exilium? Hocne meruit innocentia manifesta quibuslibet? hoc sudor et labor continuatus in studio? Absit a viro phylosophie dometico temeraria tantum cordis humilitas, ut more cuiusdam Cioli et aliorum infamium quasi vinctus ipse se patiatur offerri! Absit a viro predicante iustitiam ut perpessus iniurias, iniuriam inferentibus, velut benemerentibus, pecuniam suam solvat! Non est hec via redeundi ad patriam, patermi; sed si alia per vos ante aut deinde per alios invenitur, que fame Dantisque honori non deroget, illam non lentis passibus acceptabo; quod si per nullam talem Florentia introitur, nunquam Florentiam introibo."

282 *Pd* XVII 59–60:"Come è duro calle / lo scendere e 'l salir per l'altrui scale ." 334

283 *Ep* XIII: "Magnifico atque victorioso domino domino Cani Grandi de la Scala sacratissimi Cesarei Principatus in urbe Verona et civitate Vicentie Vicario generali."

284 *Ep* XIII 1: "Huius quidem preconium, facta modernorum exsuperans,

tanquam veri estistentia latius arbitrabar aliquando superfluum. Verum ne diuturna me nimis incertitudo suspenderet... Veronam petit fidis oculis discursurus audita, ibique magnalia vestra vidi, vidi beneficia simul et tetigi; et quemadmodum prius dictorum ex parte suspicabar excessum, sic posterius ipsa facta excessiva cognomi."

285 *Pd* XVII 58–60: "Tu proverai sì come sa di sale/ lo pane altrui, e come è duro calle / lo scendere e 'l salire per l'altrui scale."

286 *Pd* XVII 70: "Lo primo tuo refugio e 'l primo ostello."

287 *Pd* XVII 82: "pria che 'l Guasco l'alto Arrigo inganni."

288 *Pd* XVII 88–90: "A lui t'aspetta e a' suoi benefici; / per lui fia trasmutata molta gente, / cambiando condizion ricchi e mendici."

289 *Pg* VIII 129: "del pregio de la borsa e de la spada."

290 *Pd* XVIII 126: "sviati dietro al malo essemplo."

291 *Pd* XVIII 130–136: "Ma tu che sol per cancellare scrivi, / pensa che Pietro e Paulo, che moriro / per la vigna che guasti, ancor sono vivi. / Ben puoi tu dire: 'i' ho fermo 'l disiro / sì a colui che volle viver solo / e che per salti fu tratto al martiro, / ch'io non conosco il pescator né Polo'."

292 *Pd* VI 100–101: "al pubblico segno i gigli gialli / oppone, e l'altro appropria quello a parte."

293 *Pd* VI 103–108: "faccian li Ghibellin, faccian lor arte / sott'altro segno, ché mal segue quello [imperiale] / sempre chi la giustizia e lui diparte; / e non l'abbatta esto Carlo novello / coi Guelfi suoi, ma tema de li artigli / ch'a più alto leon trasser lo vello."

294 *Pd* IX 1–6: "Da poi che Carlo tuo, bella Clemenza, / m'ebbe chiarito, mi narrò li 'nganni / che ricever dovea la sua semenza; / ma disse: 'Taci e lascia muover li anni'; / sì ch'io non posso dir se non che pianto / giusto verrà di retro ai vostri danni."

295 *Eg* I 47–51: "Si tamen Eridani michi spem mediamne dedisti / quod visare notis me dinareris amicis... rispondere velis."

296 *Pg* XIV 111: "dove i cuor son fatti sì malvagi."

297 *Pg* XIV 115: "Ben fa Bagnacaval, che non rifiglia."

298 *If* XXX 76: "anima trista."

299 *Eg* I 21: "nec margaritas profliga prodigus apris."

300 *Eg* I 18: "sermone forensi."

301 *Eg* I 15: "carmine... laico."

302 *Eg* I 15: "clerus vulgaria tempnit."

303 *Eg* II 52–54: "Comincia nonne vides ipsum reprehendere verba, / tum quia femineo resonant ut trita labello, / tum quia Castalias pudet acceptare sorores?"

304 *Pd* XXV 1–2: “poema sacro / al quale ha posto mano e Cielo e terra.”

305 *Eg* II 61–62: “Nulli iuncta gregi nullis assuetaque caulis, / sponte venire solet, nunquam vi, poscere mulctram.”

306 *Pd* XXI 121–123: “In quel loco fu Pietro damiano, / e Pietro Peccator fu’ ne la casa / di nostra Donna in sul lito Adriano.”

307 *Pd* XXI 106–110: “Tra’ due liti d’Italia surgon sassi, / e non molto distanti a la tua patria… e fanno un gibbo che si chiama Catria, / di sotto al quale è consacrato un ermo.”

308 *Pd* XXII 151: “l’aiuola che ci fa tanto feroci.”

309 *Pd* XXX 137–138: “a drizzare Italia / verrà in prima ch’ella sia disposta.”

310 *Pd* XXX 143–144: “che palese e coverto / non anderà con lui per cammino.”

311 *Pd* XXX 148: “farà quel d’Alagna intrar più giuso.”

312 *Pd* XXII 14–15: “la vendetta / che tu vedrai innanzi che tu muoi.”

313 *Pd* XVII 53–54: “ma la vendetta / fia testimonio al ver che la dispensa.” 335

314 *Pd* XXVII 148: “vero frutto verrà dopo ’l fiore.”

315 *Pd* XXVII 60–63: “l’alta Provedenza… soccorrà tosto.”

316 *Pd* XXVII 22, 25–26: “usurpa in terra il luogo mio; fatt’ ha del cimitero mio cloaca / del sangue e de la puzza.”

317 *Pd* XXVII 58–59: “Del sangue nostro Caorsini e Guaschi / s’apparecchian di bere!”

318 *Pd* XVII 128–129: “tutta tua visïon fa manifesta; / e lascia pur grattar dov’è la rogna.”

319 *Pg* XXXII 103: “del mondo che mal vive.”

320 *Pd* XVII 134: “le più alte cime.”

321 *Pd* XVII 130–131: “la voce tua sarà molesta / nel primo gusto, vital nodrimento / lascerà poi.”

322 *Pd* XVII 135: “e ciò non fa d’onor poco argomento.”

323 *Pd* XXV 1–9: “Se mai continga che ’l poema sacro / al quale ha posto mano e cielo e terra, / sì che m’ha fatto per molti anni macro, / vinca la crudeltà che fuor mi serra / del bello oivle ov’ io dormi’ agnello, / nimico ai lupi che li danno guerra; / con altra voce omai, con altro vello / ritornerò poeta, e in sul fonte /del mio battesimo prenderò ’l cappello.”

324 *If* XIII 146: “in sul passo d’arno.”

325 *Pd* XVI 25: “l’ovil di San Giovanni.”

326 *Eg* III 19–21: “lac… quale nec a longo meminerunt tempore mulsum / custodes gregium.”

327 *Eg* III 38: “ingrate dedecus urbi.”

328 *Eg* III 67–69: “huc venient, qui te pervisere gliscent, / Parrhasii

iuvenesque senes, et carmina leti / qui nova mirari cupiantque antiqua doceri."

329 *Eg* III 72–76: "Huc ades, et nostros timeas neque, Tityre, saltus...Non hic insidie, non hic iniuria, quantas / esse putas."

330 *Eg* III 80: "Mopse, quid es demens? Quia non permittet Iollas."

331 *Eg* III 57–62: "Te iuga, te saltus nostri, te flumina flebunt / absentem et Nymphe mecum peiora timentes... nos quoque pastores te cognovisse pigebit. / Fortunate senex, fontes et pabula nota / desertare tuo vivaci nomine nolis."

332 *Eg* IV 77: "assuetum rictus humano sanguine tingui."

333 *Pg* XIV 62, 64: "sanguinoso."

参考文献

但丁的作品。缩写名称及其对应版本信息

Opere D.A., *Opere,* edizione diretta da Marco Santagata, Milano, Mondadori: I, *Rime, Vita Nova, De vulgari eloquentia,* a c. di Claudio Giunta, Guglielmo Gorni, Mirko Tavoni, 2011; II, *Convivio,* a c. di Gianfranco Fioravanti e Claudio Giunta, *Monarchia,* a c. di Diego Quaglioni, *Epistole,* a c. di Claudia Villa, *Egloge,* a c. di Gabriella Albanese (in corso di stampa).

Opere minori D.A., *Opere minori,* Milano-Napoli, Ricciardi: I 1, a c. di Domenico De Robertis e Gianfranco Contini, 1984; I 2, a c. di Cesare Vasoli e Domenico De Robertis, 1988; II, a c. di Pier Vincenzo Mengaldo, Bruno Nardi, Arsenio Frugoni, Giorgio Brugnoli, Enzo Cecchini, Francesco Mazzoni, 1979.

Commedia D.A., *La Commedia secondo l'antica vulgata,* a c. di Giorgio Petrocchi. Edizione Nazionale a cura della Società Dantesca Italiana, Firenze, Le Lettere, 1994, 4 voll. (1ª ed. Milano, 1966—1967): *If = Inferno, Pg = Purgatorio, Pd = Paradiso.*

Cv D.A., *Convivio,* a c. di Franca Brambilla Ageno, Edizione Nazionale a cura della Società Dantesca Italiana, Firenze, Le Lettere, 2003, 2 voll.

Eg D.A., *Egloge,* a c. di Enzo Cecchini, in *Opere minori,* II, pp. 645–689.

Ep D.A., *Epistole,* a c. di Arsenio Frugoni e Giorgio Brugnoli, in *Opere minori,* II, pp. 505–643.

Mn D.A., *Monarchia,* a c. di Prue Shaw, Edizione Nazionale a cura della Società Dantesca Italiana, Firenze, Le Lettere, 2009.

Questio D.A., *Questio de aqua et terra,* a c. di Francesco Mazzoni, in *Opere minori,* II, pp. 693–880.

Rime D.A., *Rime,* a c. di Claudio Giunta, in *Opere,* I, pp. 7–744.

VE D.A., *De vulgari eloquentia,* a c. di Mirko Tavoni, in *Opere,* I, pp. 1065–1547.

VN D.A., *Vita Nova,* a c. di Guglielmo Gorni, in *Opere,* I, pp. 745–1063.

关于《帝制论》《书信集》《牧歌集》和《水与土之辩》，笔者采用的是迪耶戈·夸利奥尼（Diego Quaglioni）、克劳迪娅·维拉（Claudia Villa）、加布里埃拉·阿尔巴尼斯（Gabriella Albanese）和斯特法诺·卡洛迪（Stefano Caroti）

未经发表的译文。

338 文献首字母缩写识别符

CCD *Censimento dei commenti danteschi. 1.I commenti di tradizione manoscritta (fino al 1480),* a c. di Enrico Malato e Andrea Mazzucchi, Roma, Salerno Editrice, 2011, 2 tomi.

DBI *Dizionario biografico degli italiani,* Roma, Istituto della Enciclopedia Italiana, Roma, 1960 sgg.

ED *Enciclopedia dantesca,* Roma, Istituto della Enciclopedia Italiana, Roma,1970—1978, 6 voll.

EP *Enciclopedia dei papi,* Roma, Istituto della Enciclopedia Italiana, Roma, 2000, 3 voll.

GSLI «Giornale storico della letteratura italiana».

IMU «Italia medioevale e umanistica».

NRLI «Nuova Rivista di Letteratura italiana».

RLI «Rivista di Letteratura italiana».

RSD «Rivista di studi danteschi».

SD «Studi danteschi».

文献缩写名称

BARBI[1] Michele Barbi, *Problemi di critica dantesca. Prima serie (1893—1918),* Firenze, Sansoni, 1934 (rist. anast. 1975).

BARBI[2] Michele Barbi, *Problemi di critica dantesca. Seconda serie (1920—1937),* Firenze, Sansoni, 1941 (rist. anast. 1975).

BELLOMO Saverio Bellomo, *Dizionario dei commentatori danteschi. L'esegesi della «Commedia» da Iacopo Alighieri a Nidobeato,* Firenze, Olschki, 2004.

BOCCACCIO[1] Giovanni Boccaccio, *Trattatello in laude di Dante* [prima redazione], a c. di Pier Giorgio Ricci, in *Tutte le opere di Giovanni Boccaccio,* a c. di Vittore Branca, Milano, Mondadori, III, 1974, pp. 423-496.

BOCCACCIO[2] Giovanni Boccaccio, *Trattatello in laude di Dante* [seconda redazione], a c. di Pier Giorgio Ricci, in *Tutte le opere di Giovanni Boccaccio,* a c. di Vittore Branca, Milano, Mondadori, III, 1974, pp. 497-538.

BOCCACCIO[3] Giovanni Boccaccio, *Esposizioni sopra la Comedia di Dante,* a c. di Giorgio Padoan, in *Tutte le opere di Giovanni Boccaccio*, a c. di Vittore Branca, Milano, Mondadori,VI, 1965.

BRUNI Leonardo Bruni, *Vite di Dante e del Petrarca,* in *Opere letterarie e politiche di Leonardo Bruni,* a c. di Paolo Viti, Torino, UTET, 1996, pp. 537-

560.

CARPI Umberto Carpi, *La nobiltà di Dante,* Firenze, Edizioni Polistampa, 2004, 2 voll.

CASADEI Alberto Casadei, *Questioni di cronologia dantesca: da «Paradiso» XVIII a «Purgatorio» XXXIII,* «L'Alighieri», 38 (2011), pp. 123–141.

COMPAGNI Dino Compagni, *Cronica,* a c. di Gino Luzzatto, Torino, Einaudi, 1968.

DAVIDSOHN Robert Davidsohn, *Storia di Firenze,* Firenze, Sansoni, 1956—1968 339
(1ª ed. Berlin, 1896—1927), 8 voll.

DAVIS Charles T. Davis, *L'Italia di Dante,* Bologna, il Mulino, 1988 (1ª ed. Philadelphia, 1984).

FIORAVANTI D.A., *Convivio,* a c. di Gianfranco Fioravanti, in *Opere,* II (in corso di stampa).

GIUNTA D.A., *Rime,* a c. di Claudio Giunta, in *Opere,* I, pp. 7–744.

GORNI Guglielmo Gorni, *Dante. Storia di un visionario,* Roma-Bari, Laterza, 2008.

INDIZIO[1] Giuseppe Indizio, *Le tappe venete dell'esilio di Dante,* «Miscellanea Marciana», XIX (2004), pp. 35–64.

INDIZIO[2] Giuseppe Indizio, *Dante secondo i suoi antichi (e moderni) biografi: saggio per un nuovo canone dantesco,* SD, LXX (2005), pp. 237–294.

INDIZIO[3] Giuseppe Indizio, *Pietro Alighieri autore del «Comentum» e fonte minore per la vita di Dante,* SD, LXXIII (2008), pp. 187–250.

PADOAN Giorgio Padoan, *Il lungo cammino del «poema sacro». Studi danteschi,* Firenze, Olschki, 1993.

PASQUINI Emilio Pasquini, *Dante e le figure del vero. La fabbrica della «Commedia»,* Milano, Bruno Mondadori, 2001.

PETROCCHI Giorgio Petrocchi, *Vita di Dante,* Roma-Bari, Laterza, 1983.

PIATTOLI Renato Piattoli, *Codice Diplomatico Dantesco,* Firenze, L. Gonnelli, 1940 (nuova ed. riveduta 1950).

RAVEGGI *et al.* Sergio Raveggi, Massimo Tarassi, Daniela Medici, Patrizia Parenti, *Ghibellini, Guelfi e Popolo grasso. I detentori del potere politico a Firenze nella seconda metà del Dugento,* Firenze, La Nuova Italia, 1978.

SANTAGATA Marco Santagata, *L'io e il mondo. Un'interpretazione di Dante,* Bologna, il Mulino, 2011.

TAVONI D.A., *De vulgari eloquentia,* a c. di Mirko Tavoni, in *Opere,* I, pp. 1065–1547.

VILLANI Giovanni Villani, *Nuova cronica,* ed. critica a c. di Giuseppe Porta, Parma, Fondazione Pietro Bembo/Guanda Editore, 2007[2] (1ª ed. 1990—1991), 3 voll.

ZINGARELLI Nicola Zingarelli, *Dante,* Milano, Vallardi, 1904.

未指明具体版本的古老评论均摘引自 Dartmouth Dante Project 网站的数据库（http://dante.dartmouth.edu/）。

文献说明 341

（此部分提及的本书第某页，均指原书页码，即本书页边码）

第一部分　佛罗伦萨

一　青少年时代（1265—1283）

“荣耀的星座”

1265 年的双子月从 5 月 14 日持续至 6 月 13 日。认为但丁出生于 5 月，这一说法来自皮耶特罗 · 加尔蒂尼向薄伽丘提供的信息。此人是拉文纳的一位公证员，与晚年的但丁交往密切（关于此人，见 Andrea Ciotti, ED, *Giardini, Pietro*）：1321 年 9 月，但丁在病榻上很可能向他透露了准确的年龄，且他正是从 5 月开始计算年岁的（BOCCACCIO[3], I 1 5）。在佛罗伦萨，所有的新生儿都要在圣约翰教堂参加盛大的集体受洗仪式。该仪式一年举行两次，一次是在神圣星期六，另一次是在五旬节（pentecoste）的那个星期天。但丁很有可能是在出生后的第二年接受了洗礼。那一年的神圣星期六是 3 月 26 日。

但丁的教名是杜朗丁（或许是为了纪念其外祖父），这一点可以由儿子雅各伯证实。在一份起草于父亲去世 20 多年以后的公证书（1343 年 1 月 9 日）里，他出于严谨，提到了父亲的两个名字：“Durante, olim vocatus Dante”（杜朗丁，人称但丁；PIATTOLI, n. 183）。

关于贝阿特丽齐的名字含义，见 Guglielmo Gorni, *Lettera, nome, numero. L'ordine delle cose in Dante*, Bologna, il Mulino, 1990, pp. 19–44。在诸多对但丁这一姓名的解读（*interpretationes*）中，可参考 BOCCACCIO[3], *Accessus* 37：“每一个能够如他那样将上帝恩赐给他的东西慷慨地赐予他者的人，都可以配得上‘但丁’这个名字”；同时见一首 14 世纪的十四行诗，作者不详（曾被误认为是皮耶特罗 · 法伊提内利 [Pietro Faitinelli] 之作）：“啊，高贵的灵魂，啊，真正的但丁 / 对吾辈凡人而言，这生命之果，/ 由至高至广的善赐予

了你 / 因你是名正言顺的中间人”（vv.1–4; *Rime di ser Pietro de' Faytinelli detto Mugnone,* a c. di Leone Del Prete, Bologna, Gaetano Romagnoli, 1874, p. 111）。但丁的另一个名字叫杜朗丁，这个问题本身并不重要，但它牵涉到关于但丁的语文学考据中一个最为棘手的问题：那部题为《花》（*Fiore*）的作品究竟出自谁
342 手。以主人公身份出现在《花》中的讲述者两度称呼自己为杜朗丁，这一细节被视为能够证明但丁乃该作品作者的最有说服力的线索之一。

关于双子星座对但丁产生了何种影响，见 Emmanuel Poulle, ED, *Gemelli*。一位与但丁较为亲近的见证者是那部所谓的《〈神曲〉极好注本》（*Ottimo commento*）的作者（有可能是佛罗伦萨公证员安德烈·兰奇亚 [Andrea Lancia]，但并无定论），他在关于 *Pd* XXII 112–116 的评论中说：“作者意在展示自己之所以能在文学方面独具造诣的第二要素，即上天的影响……双子座是水星的居所，在星相学家看来，水星象征着在写作、科学和知识领域内的才华……尤其是当太阳也出现在那里时。”（关于该评论的版本、日期以及作者的身份，见 BELLOMO, pp. 304–313, 354–374, 同时见 Luca Azzetta, CCD, *Andrea Lancia* 和 Masssimiliano Corradi, CCD, *Ottimo commento*）

关于但丁的肖像，见 VILLANI, X CXXXVI；乔凡尼·维拉尼是但丁的朋友，这一点可以确认。不过他的侄子菲利波·维拉尼在《神曲》的拉丁文版评论的序言中的描述有言过其实之嫌。他于 14 世纪末开始撰写这部评论，但在写完第一歌的评论后就中断了（Filippo Villani, *Expositio seu comentum super «Comedia» Dantis Allegherii*, a c. di Saverio Bellomo, Firenze, Le Lettere, 1989, *Prefatio* 225）。关于但丁的道德和心理画像，见 BOCCACCIO[1], ai parr. 117–170；关于但丁的身材样貌描述，ai parr. 111–113。关于安德烈·波吉（关于此人，见 Renato Piattoli, ED, *Poggi, Andrea* 和 *Poggi, Leone*）及其与但丁的相似之处，见 BOCCACCIO[3], VIII I 3–4；同时见 BRUNI（p. 548）：但丁是“寡言和迟缓的说话者”（针对维拉尼、薄伽丘和布鲁尼的但丁传记作品所做的详细分析，见 INDIZIO[2]）。关于但丁对自身高傲之罪的忏悔，见 *Pg* XIII 136–138。

关于在法官与公证员行会会馆里被发现的那幅肖像画及其与位于督政宫（即巴杰罗宫）的那幅肖像画之间的关系，以及其他关于但丁肖像画的综合性论述，必须参考 Maria Monica Donato 的一系列研究成果：*Famosi Cives. Testi, frammenti e cicli perduti a Firenze fra Tre e Quattrocento*, «Ricerche di storia dell'arte», 30 (1986), pp. 27–42; Ead., *Per la fortuna monumentale di Giovanni Boccaccio fra i grandi fiorentini: notizie e problemi*, «Studi sul Boccaccio», XVII (1988), pp. 287–342; Ead., *Dante nell'arte civica toscana. Parole, temi, ritratti*, in

Maria Monica Donato, Lucia Battaglia Ricci, Michelangelo Picone, Giuseppa Z. Zanichelli, *Dante e le arti visive*, Milano, Unicopli, 2006, pp. 9–42. 刻于圣母领报修道院的肖像画（如今已辨识不清）还配有一段文字："Nobilis est ille... nobilitat." 这句拉丁文名言（"Nobilis est ille, quem sua virtus nobilitavit"）也曾出现在《布兰诗歌》(*Carmina Burana*, I VII）中：见 *Registro di Entrata e Uscita di Santa Maria di Cafaggio (REU) 1286—1290*, trascrizione, commento, note e glossario a c. di Eugenio M. Casalini, Firenze, Convento della SS. Annunziata, 1998, tavv. XIII, XIV。直到 1556 年，在圣十字圣殿，仍然可见由塔泰欧 · 加迪（Taddeo Gaddi）绘制的一幅肖像画（BRUNI, p. 548)。

1865 年——但丁诞辰 600 周年之际，在拉文纳的圣方济各教堂，人们在
离但丁墓冢不远处的一扇被墙砌起的门洞后部发现了一只木头匣子。匣子内部 343
装有一些骸骨（包括头骨）和两段写于 1677 年的铭文。铭文称那些骸骨属于但丁 · 阿利吉耶里。同年，进行了第一次针对骸骨的科学识别工作。1921 年——诗人去世 600 周年之际，人类学家朱塞佩 · 塞尔吉（Giuseppe Sergi）和法比奥 · 弗拉塞托（Fabio Frassetto）主持开展了第二次识别工作。就研究方法而言，第二次识别工作更为细致可靠。鉴定结果（发表于 Fabio Frassetto, *Dantis Ossa. La forma corporea di Dante*, Bologna, Tipografia L. Parma, 1933）显示，但丁身高中等（1.64—1.65 米），四肢较长，双肩低垂，由于关节炎导致关节僵硬，走路时驼背。总体形象是一个未老先衰的男人。头部特征包括头骨容量大，前额宽大，脸长，眼大，鼻子呈鹰钩状，颧骨突出。就总体而言，许多特征与古人对其外貌的描述相符。最近，在法比奥 · 弗拉塞托还原的但丁头骨的基础上，古生物学家弗朗切斯科 · 马莱尼（Francesco Mallegni) 通过数字技术尝试还原了但丁可能具有的面部特点。关于其他信息可见：Giorgio Grupponi, *Dantis ossa. Una ricognizione delle ricognizioni dei resti di Dante*, Francesco Mallegni, *La ricostruzione fisiognomica del volto di Dante tramite tecniche manuali*。上述两篇文章均收录于 *Dante e la fabbrica della «Commedia»*, a c. di Alfredo Cottignoli, Donatino Domini, Giorgio grupponi, Ravenna, Longo Editore, 2008，相应页面分别为 pp. 255–267，pp. 277–281。

"古城墙"与"新人"

正因为但丁的房产是与弗朗切斯科共有的，所以才能免遭摧毁。当年，如何处置受罚之人与他人的共有财产一直是法律上争论的焦点。关于针对受罚之人的兄弟拥有或使用的不动产的摧毁政策，见阿尔贝托 · 甘蒂

诺（Alberto Gandino）的《论罪行》（*Tractatus maleficiorum*）。此人是知名法学家，曾担任多项公职，其中包括于1289年和1294至1295年间担任的博洛尼亚法官（相关信息见Diego Quaglioni, DBI）。甘蒂诺撰写了一系列“法学问答”（*quaestiones*）类论文，其中的一篇题为《论罪犯的财产》（*De bonis malefactorum*），探讨的正是一个罪犯与其兄弟共有的房屋或高塔是否应该被完全地或部分地摧毁这一问题。最后，他主要依据奥多弗雷德·德纳里的权威观点，提出了共有人的财产不可遭受侵犯的主张（Hermann Kantorowicz, *Albertus Gandinus und das Strafrecht der Scholastik*, Zweiter Band [letzter Band: *Die Theorie. Kristiche Ausgabe des Tractatus de maleficiis nebst textkritischer Einleitung*], Berlin und Leipzig, Walter De Gruyter & Co., 1981 [1ª ed. 1926], pp. 356–357）。

列奥纳多·阿利吉耶里（Leonardo Alighieri）于1395年出生，1441年去世（相关情况见ED, Leonardo Serego Alighieri），是诗人但丁的长子皮耶特罗的幼子之子（BRUNI, p. 552; 关于阿利吉耶里的家宅“相当体面”的论述，见p. 547）。关于但丁常常独处的“房间”，见：VN 1, 13; 5, 9; 7, 9。关于中世纪的住宅没有隐私概念的论述，见Arsenio Frugoni (introduzione a Arsenio e Chiara Frugoni, *Storia di un giorno in una città medievale*, Roma-Bari, Laterza,
344 2011 [1ª ed. 1997]), p.9)，他在文中写道：“中世纪的家宅具有这样一种特点：没有不同空间的划分，也没有不同功能的划分（即使是位于房屋顶层的卧室也没有隐私概念，除非房屋的主人来自较为高贵的社会阶层）。”此外，还要考虑一点，在这个城市里，人们“几乎无时无刻不暴露于众目睽睽之下”，关于隐私的概念是不存在的（见Ernesto Sestan, *Dante e Firenze* [1965]，同时见Id., *Italia Medievale*, Napoli, ESI, 1968, pp. 270–291；cit., p. 278）。

关于生活在圣皮埃尔马焦雷行政区的家族信息，见RAVEGGI *et al.* 中的分析；RAVEGGI *et al.* p. 143列出了切尔基家族的不动产数据。关于切尔基家族和窦那蒂家族的关系以及窦那蒂家族对切尔基家族的不动产投资的看法，见Jean-Claude Maire Vigueur, *Cavalieri e cittadini. Guerra, conflitti e società nell'Italia comunale*, trad. it. Bologna, il Mulino, 2004 (1*a* ed. Paris 2003), pp. 397–398。关于阿古聊的巴尔多，见Roberto Abbondanza, DBI；Arnaldo d'Addario, ED和RAVEGGI *et al.*, p. 251及其他若干处。

13世纪下半叶佛罗伦萨的城区扩张动态是弗朗尼克·斯努拉（Franek Sznura）所开展的一项非常重要的研究的对象：*L'espansione urbana di Firenze nel Dugento*, presentazione di Elio Conti, Firenze, La Nuova Italia, 1975。同时见

DAVIDSOHN 的作品及 Ugo Procacci, ED, *Firenze*（卡恰圭达和但丁所处历史时期的佛罗伦萨城市风貌）。

关于城市国家里的高塔的军事功能，见 Maire Vigueur, *Cavalieri e cittadini*, cit., pp. 360–365。

显然，关于人口的数据是十分具有偶然性的，根据参考文献的不同，数据会产生明显的变化：笔者参考的数据来自 DAVIDSOHN, III, pp. 229–230。

佛罗伦萨人是于 1237 年前后开始铸造弗洛林银币的。此前，城市里流通的仅有外地货币，主要是比萨的货币。关于弗洛林币及其历史，见 Arrigo Castellani, *Nuovi testi fiorentini del Dugento*, Firenze, Sansoni, 1952, pp. 869–876。关于雷米焦 · 德 · 吉洛拉米（关于此人的情况，见 Sonia Gentili, DBI）对弗洛林的评价，见 DAVIS, p. 112。文中提到："只有在但丁的作品里才能看到对党派之争和城市腐败的控诉，除此之外，也只有在他的作品中才能看到对 13 世纪至 14 世纪初的佛罗伦萨历史的大规模负面评论。"

关于切尔基家族购入圭迪家族产业一事，马西莫 · 塔拉西（Massimo Tarassi）写道："缔结买卖条约的双方，一个是'暴富'的'新人'的最好代表，另一个则是古老的封建贵族，这是一个看得到摸得着的标志，表明城市的社会政治格局发生了变化，也从一定程度上代表了新旧政治势力之间的权力过渡。"（Massimo Tarassi, *Il regime guelfo*, in RAVEGGI et al., pp. 73–164; cit., p. 143）

这一时期文化现象的变迁是《论俗语》的核心论题。但丁在《神曲》里以两两一组的方式列出了许多艺术家和诗人的名字，称后来人的成就超越了他们的前辈。参见 *Pg* XI 82–84, 94–99 和 *Pg* XXIV 55–57。

摧毁与重建 345

根据计算，在蒙塔佩蒂之战后，城区和郊区总共被摧毁了 103 座楼宇、580 处住宅、85 座高塔、9 家商铺、1 家货栈、10 家纺织作坊、22 座磨坊和 7 座城堡，其余只是部分遭到损毁的房屋、楼宇、高塔、仓库和作坊不计其数。关于圭尔甫派和吉伯林派的产业损失数据，见 DAVIDSOHN, II, pp. 453, 707–708。针对充斥废墟的佛罗伦萨的描述，见 p. 708。关于 1260 年 9 月至 1266 年 11 月期间由吉伯林派造成的损毁，见 Isidoro Del Lungo, *Una vendetta in Firenze il giorno di San Giovanni del 1295* (1887) 和 Id., *Dal secolo e dal poema di Dante*, Bologna, Zanichelli, 1898, pp. 63–145，尤其是 pp. 66–74。

在 *If* XXIII 103–108 部分，但丁提到有两位快活修士，卡塔拉诺 · 德 · 马拉沃蒂（Catalano dei Malavoti）和罗德林格·德·安达洛（Loderingo degli Andalò），于1266年被召唤去担当督政官一职，他们的所作所为“在加尔丁格的周边地带还能看得出来”（“ch’ancor si pare intorno dal Gardingo”）。这说明，在1300年，当今的领主广场附近仍然可见被他们摧毁的乌贝尔蒂家族的房产。

圭尔甫派与吉伯林派：仇恨的根源

关于对意大利大背景下的佛罗伦萨历史事件的详细重构，见关于佛罗伦萨史的丰碑式著作：DAVIDSOHN；关于佛罗伦萨城内的历史事件，见 Ernesto Sestan, ED, *Firenze* («Storia») 和 Guido Pampaloni, *Guelfi e ghibellini*。

在意大利中北部的城市国家里，由议事会选举产生的督政官将在半年或一年的时间内行使城市国家的行政和司法权。为了确保其独立性，督政官只能从非城市国家居民中选举产生（“来自外邦的督政官”）：当选者及其身边的合作者（同样也是外地人）将获得丰厚的个人收入。对于城市国家寡头政府中的权威人物及封建家族来说，能够担任督政官一职不仅是一种巨大的荣耀，同时也能带来可观的经济收益。由人民议会选出的人民队长也来自外地：他与督政官共同行使司法权，并统领人民卫队。

阿利吉耶里家族：历史与传说

关于补偿给阿利吉耶里家族的微薄赔偿金——不到500里拉，见 RAVEGGI et al., p. 162；关于1269年的那份文件——能够证明杰里·迪·贝罗（或杰里·德尔·贝罗）的家宅也在被吉伯林派所摧毁的圭尔甫派流亡者的产业之列，见 PIATTOLI, n. 35。关于阿利吉耶里家族的圭尔甫派政治立场，Ernesto Sestan, *Dante e Firenze*, cit., p. 275 处写道：“但丁并不是生来就带有激进圭尔甫派家族的立场（这种立场来自于该家族成员的流亡经历）标签的。”

卡恰圭达提供的关于自身的信息集中在 *Pd* XV 134–148：“我便是基督徒
346 卡恰圭达，/ 受洗于你们的古堂池前。/ 莫龙托和埃利塞是我兄弟；/ 我女人来自于波河那边，/ 她才是你家族姓氏来源。/ 我后来追随那康拉德帝；/ 由于我表现好，令他喜欢，/ 他给我戴军中荣耀之冠。/ 我跟他去讨伐罪孽异教，/ 教宗错使其把正义冒犯，/ 他们竟将圣地公然侵占。/ 战场上乌合众令我解脱，/ 我离弃虚伪的尘世人间，/ 因爱它许多人灵魂腐烂；/ 殉教后我来到和平福天。”关于卡恰圭达之子阿利吉耶罗一世的信息，见 vv. 91–94：“从那个人那里，/ 你获得了家族姓氏，一百多年来 / 他一直绕着此山的第一层平台行走，/ 那人便是我的儿子，你的曾祖。”关于但丁在此处及该作品的其他地方采取了一种美化家族社会地位的策略，可参见以下非常具有说服力的论述：CARPI, 尤其是 cap. I (pp. 13–252)；其他学者则倾向于信赖卡恰圭达所说的信息，具体见：ZINGARELLI, p. 19 和 Ernesto Sestan, *Dante e i conti Guidi* (1965), poi in Id., *Italia medievale*, cit., pp. 334–355，尤其是 pp. 336–337。上述两位学者认为卡恰圭达参加的那次十字军东征就是康拉德三世（Corrado III）率领的那次东征。此外，另一位对但丁的生平和阿利吉耶里家族历史有着深入研究的学者 Giuseppe Indizio, *Note di storia degli Alighieri: le origini*（*1100—1300*），SD, LXXIV（2009），pp. 227–273, 尤其是 p. 242；INDIZIO[3], pp. 240–242 认为卡恰圭达有可能是“跟随霍亨斯陶芬的康拉德（Corrado di Hohenstaufen）”前往东征，并在“1147 年至 1148 年间德意志王和法兰西路易七世（Luigi VII）遭遇的那场失败中”战死。

关于但丁的家庭，见（但不可尽信）Arnaldo d’Addario, ED, *Alighieri* 以及其他关于其祖先、后代、实际缔结（或自我宣称）的姻亲的词条。较为可信的信息是由雷纳托 · 皮亚托里（Renato Piattoli）编写的，他还编写了以下词条：“*Abati, Durante degli*”、“*Poggi, Leone*”（但丁的一个不知名的姐妹的丈夫）、“*Riccomanni, Lapo*”（塔娜的丈夫）。值得注意的是，为了纠正 ED 的有误信息及不准确之处，以下作品功不可没：Indizio, *Note di storia degli Alighieri*, cit.; da qui, p. 244。关于阿利吉耶罗一世的信息来自 p. 22。朱塞佩 · 英迪乔（Giuseppe Indizio）的这部著作及 INDIZIO[3], pp. 239–240 表明 ED 和绝大多数传统评论中提到的如下情况是没有根据的：阿利吉耶罗一世迎娶了贝林丘内 · 贝尔蒂一个女儿为妻；此人是一个实力雄厚的古老家族的领袖，另一个名叫瓜尔德拉达（Gualdrada）的女儿居然嫁给了圭迪伯爵家族的圭多 · 贵拉三世，换言之，嫁入了一个更为显赫的家族。朱塞佩 · 英迪乔还对但丁长姐的情况进行了令人信服的介绍，详见 *Tana Alighieri sorella di Dante*, SD, LXV (2000), pp. 169–176。雷纳托 · 皮亚托里认为自己揭开了但丁那位嫁给列奥尼 · 波吉的不知名的姐妹的身世之谜，认为她是一个拉文纳女子，是阿利吉耶罗二世在第一段婚姻期间诞育的女儿，出生年代约为 1240 年，因此比但丁年长很多：她大约于 1255 年至 1260 年期间嫁给了列奥尼 · 波吉，于 1300 年前后去世。不过，我们几乎可以确认这位拉文纳女子是列奥尼 · 波吉的第一任妻子。那位身世不详的姐妹可能是诗人所说的“年轻善良的女子……与诗人有着极为亲近的血缘
关系”。这位女子与但丁的亲缘关系十分密切，在《新生》（14,11–12）里，那 347
位女子在诗人那场“痛苦”的病中照顾左右。

关于将阿利吉耶罗二世的去世时间锁定于 1275 年至 1280 年间的 5 年

（应该更接近 1275 年，而非 1280 年）的线索，见 Indizio, *Note di storia degli Alighieri*, cit., pp. 270–272。

关于但丁的财产，相关信息来自 Michele Barbi, *La condizione economica di Dante e della sua famiglia* (1892 e 1917)，以及 BARBI[1], pp. 157–188；对布鲁尼的引述来自 BRUNI, p. 547。

声名狼藉

关于中世纪诗歌的对话和交流特质，见 Claudio Giunta, *Versi a un destinatario. Saggio sulla poesia italiana del Medioevo*, Bologna, il Mulino, 2002。对福里斯所创作的对诗诗篇（某些人认为这些诗篇的创作时间是 1294 年）的最为可信的解读来自 GIUNTA, pp. 286–317。

“求知的路途”

关于但丁对自身童年生活的描述，见：*Pg* XI 105; *Pg* XXX 43–45; *Pg* XXI 64–66; *Pd* XV 121–123; VN 5, 9。

根据但丁所述，一个作家若要谈论自己，只能有两个“理由”，其中一个便是“当谈论自己对于他人具有显著的教化意义时”（*Cv* I II 14）。

关于佛罗伦萨的教育状况和但丁的学习，见 DAVIDSOHN, VII, pp. 211–243（需保持些许谨慎的态度）；Paul Renucci, *Dante disciple et juge du monde gréco-latin*, Paris, Les Belles Lettres, 1954, pp. 22–27; DAVIS, pp. 135–166; Rosa Casapullo, *Il Medioevo* (*Storia della lingua italiana*, a c. di Francesco Bruni), Bologna, il Mulino, 1999, pp. 85–109; FIORAVANTI。

彼特拉克致扎诺比 · 达 · 斯特拉达的书信（*Fam.* XII 3, 15–16）的原文如下：“让这些人去监督小孩子颤抖的手、游移的眼睛和混乱的吵闹声吧：享受这种辛劳、尘土、喧嚣，还有棍子下的呻吟者混杂哀求与泪水的喊叫的人；喜欢做不如他的人的首领、喜欢永远有人可以供自己惊吓、供自己折磨、供自己抽打、供自己命令，永远有人对自己既恨又怕。”（扎诺比 · 达 · 斯特拉达听从了彼特拉克的建议：1349 年，他放弃了教书，成了那不勒斯王国的王室书记官，后来，他相继担任蒙泰卡西诺（Montecassino）的主教代理和教廷书记官（segretario apostolico）。

关于教师薪水微薄的一些例子：两位语法老师——一位名叫巴尔托罗（Bartolo），另一位名叫邦蒂诺 · 达 · 提尼亚诺（Bandino da Tignano）——于 13 世纪 80 年代后半期在卡法焦的圣母修道院任教，每月的薪资为 1.5 索尔多（参

见 *Registro di Entrata e Uscita di Santa Maria in Cafaggio [REU] 1286—1290*, cit.,
pp. 35 e 62）；1290 年至 1295 年期间，一位名为本诺（Benno）的私人教师向
帕吉诺 · 阿玛纳蒂（Paghino Ammannati）的遗孤佩洛托（Perotto Ammannati）
教授写作课程，三个月所获薪资为 9 索尔多（请注意，当时，一枚弗洛林金
币价值比 38 索尔多还高）。上述数据来自由 Compagno Ricevuti 记录的收支账
册——此人是佩洛托 · 阿玛纳蒂和菲娜 · 阿玛纳蒂（Fina Ammannati）的监 348
护人（参见 Castellani, *Nuovi testi fiorentini del Dugento*, cit., p. 566）。

卡法焦的圣母修道院的年轻修士在完成第二轮学校学习以后，经常会得到修道院的资助，前往巴黎大学，在神学研究领域继续深造。参见 *Ricordanze di Santa Maria di Cafaggio (1295—1332)*, a c. di Eugenio M. Casalini, in Eugenio M. Casalini OSM, Iginia Dina, Paola Ircani Menichini, *Testi dei «Servi della Donna di Cafaggio»*, Firenze, Convento della SS. Annunziata, 1955, pp. 56–57。

雷击与晕厥

关于针对本节内容的更为详细的探讨，见 Marco Santagata, *Folgorazioni e svenimenti. La malattia in Dante tra patologia e metafora*, in *Scientia, Fides, Theologia. Studi di filosofia medievale in onore di Gianfranco Fioravanti*, a c. di Stefano Perfetti, Pisa, Edizione ETS, 2011, pp. 387–399。

在 *Cv* III IX 15 中，但丁称自己是从那首题为《爱在我的心中对我言说》的合组歌“问世的那一年起”罹患眼疾的。

在即将开始通往天国的阴间之旅的序曲里，但丁描述了圣母眼见自己迷失于罪恶森林的痛心之态，她召唤圣露西去解救诗人，而圣露西又将这一任务交给了贝阿特丽齐（*If* II 97–102）。此外，是圣露西将沉睡的但丁从君王山谷（valletta dei principi）护送至炼狱之门（*Pg* IX 55–57）；在圣伯纳德（San Bernardo）开始向圣母祷告之前，他所提到的最后一个荣耀的灵魂也是圣露西（*Pd* XXXII 136–138）。然而，正如各种各样的解读所表明的，圣露西这一形象所具有的象征性意义却并非来自她的某种特质。其他圣人也完全可以扮演这一角色。如果说诗人的选择最终落在了她的身上，且这一选择并非基于神学或象征意义上的考虑，那么我们便可以猜测这一选择乃是取决于但丁对该圣人的独有的虔诚。作为例证，我们不妨引用博洛尼亚公证员格拉乔罗 · 邦巴利奥里（Graziolo Bambaglioli）在 1324 年的《地狱篇》评论里写下的内容：“有福者露西——但丁一生都对她致以最大的敬拜。”值得注意的是，这位公证员所参考的素材很可能就是但丁的诗句：“你信徒身处危难 / 我现在托付你把他照

看。”（*If* II 98–99；Graziolo Bambaglioli, *Commento all'«Inferno» di Dante*, a c. di Luca Carlo Rossi, Pisa, Scuola Normale Superiore, 1998, p. 36）

关于但丁为何有意让读者将合组歌中的“善良年轻的女子”与之前那段散文里与诗人有着“极为亲近的血缘关系”的女子视作同一人，从而让读者读到一首以诗人的近亲开篇的，具有“悲情”色彩的合组歌（这种处理与古代的诗歌传统格格不入），见 Marco Santagata, *Amate e amanti. Figure della lirica amorosa fra Dante e Petrarca*, Bologna, il Mulino, 2000, pp. 113–139。关于《新生》里提到的姐妹为何不可能是塔娜，见 Indizio, *Tanta Alighieri sorella di Dante*, cit., p. 176；关于那位身世不详的姐妹，由于其子安德烈于 1304 年年满 18 岁，她与列奥尼 · 波吉的婚礼很可能是在 1283 年举行的。

349 以下两首诗歌描述了但丁经历的两次精神物理危机，第一首是《我为自己如此强烈的痛心》（Rime 19, 57–69）：“她降临于世的那一天，/ 根据写在 / 褪色的头脑之书里的叙述，/ 年幼的我感到了 / 一种新的激情，/ 令我被恐惧填满；/ 令我浑身的力量暂时消失 / 我突然跌倒在地 / 一道光线刺入我心；/ 假如头脑之书不曾记错，/ 那巨大的灵魂之力如此强烈地震撼 / 仿佛死亡 / 本人来到了这个世界……”第二首是《爱神，既然我必须诉说我的痛苦》（*Rime* 50, 43–60）：“而后我转身去看 / 那个能够帮我之人；却被 / 那将我误杀的目光刺中。/ 我被如此伤害，我的爱人，/ 那情形只有你，而非我知晓 / 因你留在那里，眼见我没了生命的迹象；/ 尽管灵魂不久回归至心灵，/ 但懵懂和遗忘 / 从灵魂逃离之时起就亦步亦趋。/ 我死而复生，凝视伤处，/ 当我遭遇震撼时，它击溃了我，/ 我仍心有余悸 / 恐惧得浑身颤抖。/ 我的脸庞也没有血色 / 一如那响雷将我击倒之时的样子；/ 就算露出甜美的微笑 / 面色依旧长时间暗沉，/ 因为灵魂尚且惶惶不安。”

关于从医学视角和诗歌视角解读爱之情感的差异，见 Mary Frances Wack, *Lovesickness in the Middle Ages. The «Viaticum» and Its Commentaries*, Philadelphia, University of Pennsylvania Press, 1990；关于但丁与圭多 · 卡瓦尔坎迪，见 Natascia Tonelli, *«De Guidone de Cavalcantibus physico» (con una noterella su Giacomo da Lentini)*, in *Per Domenico De Robertis. Studi offerti dagli allievi fiorentini*, a c. di Isabella Becherucci, Simone Giusti, Natascia Tonelli, Firenze, Le Lettere, 2000, pp. 459–508; Ead., *Fisiologia dell'amore doloroso in Cavalcanti e in Dante: fonti mediche ed enciclopediche, in Guido Cavalcanti laico e le origini della poesia europea nel 7° centenario della morte. Poesia, filosofia, scienza e ricezione*, Atti del Convegno internazionale, Barcellona, 16–20 ottobre 2001, a c. di Rossend Arqués,

Alessandria, Edizioni dell’Orso, 2004, pp. 63–117。

法国医生和但丁研究专家马克西姆·杜兰德·法德尔（Maxime Durand-Fardel）的一处微妙的暗示为切萨雷·龙勃罗梭（Cesare Lombroso）提供了撰写一篇短文的契机，他在文中提出可以从《神曲》里看出（但他并没有提及关于万尼·符契的篇章）诗人患有癫痫症（*La nevrosi in Dante e Michelangelo*, «Gazzetta Letteraria», 25 novembre 1893）。后来，他的学生贝尔纳多·佳拉（Bernardo Chiara）重拾并重申了文中的观点，且展开了进一步探讨（提到了《神曲》中的诸多篇章——包括关于万尼·符契的描写，以及《韵律集》中的篇章，如《我为自己如此强烈的痛心》，见：*Dante e la psichiatria. Lettera a Cesare Lombroso*, «Gazzetta Letteraria», 14 aprile 1894）。毫无疑问，这篇文章迅速引发了轩然大波：朱塞佩·德·列奥纳迪斯（Giuseppe De Leonardis）质问道："但丁是疯子？"（*Dante matto?! e Dante isterico*, «Giornale Dantesco», II 4 [1894], pp. 211–213; II 5 [1895], pp. 156–158）需要说明的是，该问题并非全然无关紧要，证明但丁是癫痫患者能够支持切萨雷·龙勃罗梭及其学派所创立的天才病症说理论——而癫痫症正是该理论的核心内容之一。GIUNTA（pp. 233–237）是少数几位独立于切萨雷·龙勃罗梭的理论之外且认为但丁是癫痫症患者的研究者之一。

天命 350

在关于癫痫病历史的浩瀚书目中，下述几部著作是非常重要的：Owsei Temkin, *The Falling Sickness. A History of Epilepsy from the Greeks to the Beginnings of Modern Neurology*, Baltimore and London, The Johns Hopkins University Press, 2nd ed. rev., 1994, pp. 85–183；Lynn Thorndike, *A History of Magic and Experimental Science during the First Thirteen Centuries of our Era*, New York, Columbia University Press, vol. II, 1923。关于修女赫德嘉·冯·宾根的理论，见 Temkin, *The Falling Sickness*, cit., pp. 97–98，他认为但丁也有同样的状况（关于恶魔"迷魂之气"的论述援引自此处）。

"体液堵塞"一词只在 Zucchero Bencivenni, *La santà del corpo* 一书中有记载，该词被使用了五次，用于指脾脏和肝脏的堵塞（Rossella Baldini, *Zucchero Bencivenni, «La santà del corpo», volgarizzamento del «Régime du corps» di Aldobrandino da Siena [a. 1310] nella copia coeva di Lapo di Neri Corsini [Laur. Pl. LXXIII 47]*, «Studi di lessicografia italiana», XV [1998], pp. 21–300）。

Barbara Reynolds（*Dante. La vita e l’opera*, trad. it. Milano, Longanesi, 2007

[1a ed. London 2006]）认为但丁“异乎寻常的产生幻觉的能力”可能因食用了兴奋类药物而得到进一步彰显（pp. 361, 424–425）。

关于但丁击破洗礼盆的过程及该举动蕴含的预言意义，见 Mirko Tavoni, *Effrazione battesimale tra i simoniaci (If XIX 13–21)*, RLI, X (1992), pp. 457–512，以及他的另一篇论文：*Sul fonte battesimale di Dante / On Dante's Baptismal Font*, in *Il Battistero di San Giovanni a Firenze / The Baptistery of San Giovanni Florence* (Mirabilia Italiiae, 2), a c. di Antonio Paolucci, Modena, Franco Cosimo Panini, 1994, vol. II. *Testi*, pp. 205–208。关于《圣经》对耶利米的叙述，见 *Ger* 19, 1–13。关于这一事件的原委，同时见 Giuseppe Indizio, *La profezia di Niccolò e i tempi della stesura del canto XIX dell'«Inferno»*, SD, LXVII (2002), pp. 73–97，尤其是 pp. 85–88。

关于癫痫症与预言之间的关系，见 Temkin，*The Falling Sickness*, cit., pp. 148–161。

五塑节

关于与贝阿特丽齐的第一次相见，诗人在 *VN* 1, 2–3 中进行了描述；对第二次相见的描述出现在 *VN* 1, 12 中。

关于《新生》的创作时间及其复杂的写作过程，见 SANTAGATA, pp. 113–141；在同一本书里（pp. 141–191），还有一段关于现实与虚构之间的关系的大篇幅论述，二者之间的关系构成了这个故事的关键点。

关于五塑节的描述，见 BOCCACCIO[1], 30–34，另一个更为扼要的版本位于 BOCCACCIO[2], 27–28；DAVIDSOHN (VII, p. 560) 指出：“直到 1290 年以后，人们才开始隆重地庆祝五塑节。”

在 *VN* 19, 6 中，但丁指出数字九“也是她本人的数字”（“fue ella medesima”），意味着“她也是九岁”：关于该数字的象征含义，见 SANTAGATA,
351 pp. 206–209；关于彼特拉克作品里的数字六，见 Marco Santagata, *I frammenti dell'anima. Storia e racconto nel Canzoniere di Petrarca*, Bologna, il Mulino, 2011 (1[a] ed. 1992), pp. 125–127。关于如何以现代的（错误的）方式去解读中世纪的象征主义，见 Harold Bloom (Il genio. *Il senso dell'eccellenza attraverso le vite di cento individui non comuni*, trad. it. Milano, Rizzoli, 2002, p. 129)：“他们于九岁时第一次相遇：这个数字九是一个警示，提示读者不要从字面意义来解读作者讲述的任何内容”。

关于巴贝里诺的弗朗切斯科讲述的那则小故事及其对少女年龄的论述，见

Reggimento e costumi di donna, ed. critica a c. di Giuseppe E. Sansone, 2a ed. riv., Roma, Zauli Editore, 1995, pp. 9, 16–17。

关于但丁独有的，超越虚构与真实的自传式叙述，在 SANTAGATA 中有大幅探讨，尤其是 pp. 9–13。

贝奇·波蒂纳里的短暂一生

关于贝阿特丽齐去世的日期，见 VN 19, 4。

在关于《神曲》的诸多古代评论中，只有少数评论谈到了贝阿特丽齐。在这些评论之中，最早谈及贝阿特丽齐的评论之一可以上溯至 14 世纪 20 年代的前半期，是由前文提到过的格拉乔罗·邦巴利奥里撰写的。可惜的是，在该评论中，存在一个似乎是作者有意为之的缺失：作者既没有提及贝阿特丽齐父亲的姓名，也没有提及她的丈夫（Bambaglioli, *Commento all'«Inferno» di Dante*, cit., pp. LXII, 35）。当然，关于贝阿特丽齐的确是历史上真实存在的人物，其他评论也有提及，且不乏关于其娘家及夫家的相关信息（见 INDIZIO[3], pp. 236–238）。然而，更为详细的描述则是 14 世纪中叶才出现的。其中，有两位评论作家提供的信息最为翔实，分别是皮耶特罗·阿利吉耶里和乔凡尼·薄伽丘：前者是但丁的儿子，后者则间接与巴尔迪家族和波蒂纳里家族有所关联。在第二版关于《神曲》的评论里，皮耶特罗·阿利吉耶里提到“一位生于佛罗伦萨波蒂纳里家族、名叫贝阿特丽齐的仕女……”，称此女子是但丁所爱，但丁为她“创作过许多诗篇”，对其赞誉有加。不过，这一撰写于 1345 年至 1350 年期间的第二版评论究竟是否出自皮耶特罗之手，有学者曾表示怀疑（INDIZIO[3], pp. 215–216），基于这一情况，我们只能以薄伽丘所述的内容作为一切考证的起始点。在《但丁颂》描述但丁与贝阿特丽齐初次相见的段落中，薄伽丘写道：在聚集于福尔科·波蒂纳里家中庆祝五塑节的“一群小孩子”当中，有一个“波蒂纳里家的小女儿，她的名字叫贝奇，虽然他（但丁）总是唤她的原名贝阿特丽齐”（BOCCACCIO[1], 32）。薄伽丘的第一版《但丁颂》撰写于 1351 年至 1355 年期间。二十年后，薄伽丘于 1373 年 10 月开始向公众解读但丁，为日后那部《详论但丁的〈神曲〉》打下了基础。在评论 *If* II 57 时，他写道：“据一位了解那女子且与她有着密切血缘关系的可靠的人所述，那女子是一位名叫福尔科·波蒂纳里的有钱人的女儿，出身于佛罗伦萨的古老家族……她是巴尔迪家族的一位骑士之妻，那骑士名叫西蒙尼老
爷。”（BOCCACCIO[3] II I 83–84）之所以说薄伽丘的叙述是可信的，乃是因 352
为其中既包含了他从巴尔迪家族获取的信息：由于职业需要，薄伽丘的父亲

薄伽奇诺·迪·凯利诺（Boccaccino di Chelino）与巴尔迪家族有所来往；也包含了他从波蒂纳里家族获取的信息：薄伽奇诺·迪·凯利诺的妻子的娘家与波蒂纳里家族有所关联（参见 Michele Barbi. *Sulla «fededegna persona» che rivelò a Boccaccio la Beatrice Dantesca [1920]*，同时参见 BARBI[2], pp. 415–420）。随着福尔科·波蒂纳里的遗嘱被再度发现，薄伽丘提供的两条信息（贝阿特丽齐是福尔科·波蒂纳里的女儿，也是西蒙尼·德·巴尔迪的妻子）都得到了证实。这封遗嘱撰写于 1288 年 1 月 15 日。在诸多嘱托之中，福尔科·波蒂纳里提出将价值相当于 50 里拉的弗洛林金币留给女儿贝阿特丽齐——西蒙尼·德·巴尔迪老爷之妻："同样，留给他的女儿、西蒙·德·巴尔迪大人的妻子贝奇夫人，来自他财产的 50 弗洛林里拉。"（参见 Arnaldo d'Addario, ED, *Bardi, Simone*）

关于福尔科·波蒂纳里的善举，但丁在 VN 13, 2 中曾间接提及（医院的基金记录也可证实）；关于贝阿特丽齐的兄弟马内托·波蒂纳里，但丁在 VN 21, 1 中写道："他是除第一位挚友（圭多·卡瓦尔坎迪）以外的，我的排名第二的好友。"关于马内托·波蒂纳里的情况，见 Arnaldo d'Addario, ED, *Portinari, Folco* e *Portinari, Manetto*（其中不乏欠准确之处）；关于福尔科·波蒂纳里，同时参见 RAVEGGI *et al.*, p. 191。

在那一时期生活在佛罗伦萨的数位名叫西蒙尼·德·巴尔迪的人之中，只有杰里的西蒙尼拥有"大人"（*messer* ）或"老爷"（*dominus*）这类属于骑士或法官的头衔。正是基于这一情况，Isidoro Del Lungo（*Beatrice nella vita e nella poesia del secolo XIII*, in Id., *La donna fiorentina del buon tempo antico*, Firenze, Bemporad, 1906, pp. 105–156）推断此人就是薄伽丘所说的贝阿特丽齐的"骑士"（"cavaliere"）丈夫。关于迪诺·康帕尼那首"盛德合组歌"，见 *Poeti minori del Trecento*, a c. di Natalino Sapegno, Milano-Napoli, Ricciardi, 1964, pp. 281–288。

1280 年贝阿特丽齐和西蒙尼·德·巴尔迪已然成婚一事似乎已经被佛罗伦萨一家日报刊载的消息（Domenico Savini, *Beatrice l'ultimo segreto*, «Corriere Fiorentino», 4 marzo 2008）所证实，该消息称发现了一份写有以下文字的法律文书："西蒙尼·德·巴尔迪于 1280 年将土地给予他的切基诺，他本人的妻子贝阿特丽齐女士表示同意。"关于该文书的消息流传于网络，但由于消息的撰写者并未指明资料来源，所以该消息并不可考，甚至可能产生于某种误解或误读。事实上，罗贝塔·切拉（Roberta Cella）曾告知笔者她在佛罗伦萨国家档案馆里曾找到了一份由公证员君塔·斯皮里亚托（Giunta di Spigliato）于 1280 年 6 月 17 日起草的法律文书，记录了已故的雅各伯·迪·利克·巴尔迪

(Iacopo di Ricco Bardi）之子巴尔托罗（Bartolo）将一处位于利波利（Ripoli）教区的土地连同其上的房产出售给“杰里 · 迪 · 利克的儿子、两兄弟：人称‘蒙尼’的西蒙尼和人称‘切奇诺’的切科”的事项。在这封文书中，出售人的妻子泰萨（Tessa）同样也表示了认可（Archivio di Stato di Firenze [ASFI], *Archivio generale dei contratti*, 1280 giugno 17）。年份上的巧合与转让事项的相似性令人难免对前一份公证书的内容产生怀疑。

关于对穿城而过的朝圣者的描述，见 VN 29；关于朝圣者行进的路线，见 SANTAGATA, pp. 204–206；关于分布在那条路上的医院，见 DAVIDSOHN, VII, p. 96；关于圣露西德马尼奥里教堂，见 Giuseppe Richa, *Notizie istoriche delle chiese fiorentine divise ne' suoi quartieri*, Firenze, Viviani, 1762, vol. X, parte 353
II (rist. anast. Roma, Multigrafica Editrice, 1989), p. 291；关于巴尔迪家族的宅邸位于圣露西德马尼奥里教堂附近这一信息，见 VILLANI, V VIII。

关于圭多 · 卡瓦尔坎迪袭击科尔索 · 窦那蒂的轶闻，见 COMPAGNI I, XX。

光耀门楣的婚姻

关于杰玛和她的父亲马内托 · 窦那蒂，见 Renato Piattoli, ED, *Donati, Gemma* 和 *Donati, Manetto*。

在 *Pd* XVI 115–120 中，但丁在谈到阿狄玛里家族时，为了强调乌贝蒂诺 · 窦那蒂的高贵地位，写道：“对逃者似恶龙蛮横家族，/ 谁若是呲利牙或示金钱，/ 它必定温顺得如同羊羔，/ 现发迹，出身却十分卑贱：/ 因此说乌贝蒂诺 · 窦那蒂并不喜欢，/ 其岳父令其成他们亲眷。”

关于杰玛的嫁妆的信息，见 PIATTOLI, nn. 43, 146。

笔者应感谢罗贝塔 · 切拉，她的观点让我们意识到但丁与杰玛之间的婚约事项并不是由但丁的父亲阿利吉耶罗操持的，而是由一位与其祖父杜朗丁 · 德 · 阿巴迪有着相似想法和社会立场的人操持的。

关于缔结婚姻之前的协商，见 BOCCACCIO[1], 44–59。

二　另类的佛罗伦萨人（1283—1295）

势不两立

根据计算，1267 年被佛罗伦萨驱逐的吉伯林派成员——包括被放逐边境的和被流放出境的——共计 3000 人左右：参见 Del Lungo, *Una vendetta in*

Firenze, cit., p. 79。

关于萨罗莫内·达·卢卡于1282年至1285年主持的审判——包括那场针对法利纳塔的审判，见DAVIDSOHN, III, pp. 376–382（某些描述不甚确切）；同时参见Giuseppe Indizio, *Supplemento a «Fiore», CX-XIV e CXXV: l'Inquisizione tra fede e azione politica*, RSD (2009), 1, pp. 99–113，该文所述的内容有较多的文献支撑。

关于掘墓和对已故之人进行审判的法律基础，以及没收受罚者所留遗产的情况，见Andrea Errera, *Dizionario storico dell'Inquisizione*, *Defunti*；Vincenzo Lavenia, *Dizionario storico dell'Inquisizione*, *Confisca dei beni*。该词典的编纂工作由亚德里亚诺·普罗斯佩里（Adriano Prosperi）主持，由维琴佐·拉维尼亚（Vincenzo Lavenia）和约翰·泰德斯基（John Tedeschi）协作完成，出版信息如下：Pisa, Edizioni della Normale, 2010, 3 voll。

豪强与平民

关于拉蒂诺枢机主教和平协议签订以后佛罗伦萨的政治体制变革和社会变化，极为重要的文献是Gaetano Salvemini, *Magnati e popolani in Firenze dal 1280 al 1295. Seguito da «La dignità cavalleresca nel Comune di Firenze»*, saggio introduttivo di Ernesto Sestan, Torino, Einaudi, 1960 (la prima ed. di Magnati e
354 popolani risale al 1899)，同时见DAVIDSOHN, III，以及收录于RAVEGGI *et al.* 中的论文。关于行会体制的整体介绍，见Viktor I. Rutenburg, *Arti e corporazioni*, in *Storia d'Italia*, vol. V, *I documenti* I, Torino, Einaudi, 1973, pp. 613–642。

关于马拉泰斯塔兄弟，参见Anna Falcioni, DBI, *Malatesta (de Malatestis), Paolo* e *Malatesta (de Malatestis), Giovanni*，关于贾诺·德拉·贝拉，参见Giuliano Pinto编写的相应词条。

关于骑士制度——更准确地说——关于城市国家时期直至13世纪初的骑士制度（*militia*），极为重要的研究是Maire Vigueur, *Cavalieri e cittadini*, cit.；关于在但丁所处的历史时期骑士阶层的社会地位，见Salvemini, *La dignità cavalleresca nel Comune di Firenze*, cit., pp. 389–482，此外，GIUNTA, pp. 331–334也表明了一系列简明且丰富的观点。关于骑士的统计数据来自DAVIDSOHN, III, pp. 337, 356。关于骑士阶层的生活方式，见VILLANI, VIII LXXXIX。

阿利吉耶里家族之所以没有被列入豪强家族的清单，其中一个原因在于该家族无人获得骑士头衔：杰里·迪·贝罗的兄弟乔内，即但丁父亲的堂兄弟将在晚些时候的13世纪末获得骑士头衔（见 Renato Piattoli, ED, *Alighieri, Cione*）。

吉伯林派的烈焰

关于圭尔甫派和吉伯林派在托斯卡纳地区的战争及与比萨相关的一系列事件，见 DAVIDSOHN, III；关于圭多·达·蒙特费尔特罗和波恩康特·达·蒙特费尔特罗的生平信息，分别见 Aldo Rossi, ED, *Montefeltro, Guido* 和 Giorgio Petrocchi, ED, *Montefeltro, Buonconte*。

关于纪念坎帕迪诺大捷的雕刻文字，见 BRUNI, pp. 540–541。

关于乌戈利诺·德拉·盖拉德斯卡伯爵的信息，见 Maria Luisa, Ceccarelli Lemut, DBI, *Della Gherardesca, Ugolino*，同时见 Nello Toscanelli, *I conti di Donoratico signori di Pisa*, Pisa, Nistri-Lischi, 1937, pp. 85–200；关于尼诺·维斯孔蒂的信息，见 Michele Tamponi, *Nino Visconti di Gallura. Il Dantesco Giudice Nin gentil tra Pisa e Sardegna, guelfi e ghibellini, faide cittadine e lotte isolane*, presentazione di Diego Quaglioni, Roma, Viella, 2010。

父亲与子女

关于但丁收回父亲借出的款项的相关法律文书，见 PIATTOLI, n. 47；关于借款一事的来龙去脉，见 ZINGARELLI, p. 80。除了关于借款的相关信息，该文献还指出泰达尔多·奥兰迪·鲁斯蒂克里（Tedaldo Orlandi Rustichelli）是圭多·奥兰迪的兄弟，后者是一位政治家和诗人，曾与圭多·卡瓦尔坎迪切磋诗艺，还曾以公证员的身份起草过福尔科·波蒂纳里的遗嘱。

关于塔娜的婚礼日期，见 Indizio, *Tana Alighieri sorella di Dante*, cit.；关于嫁妆的数额，见 Renato Piattoli, ED, *Alighieri, Tana e Riccomanni, Lapo*。关于那个无法确证其身份的儿子乔凡尼，以下文献进行了探讨：Michele Barbi, *Un altro figlio di Dante?* (1922)，BARBI[2], pp. 347–370，Renato Piattoli, ED, *Giovanni di Dante di Alighiero da Firenze*；能够证明这位乔凡尼于1308年身处 355
卢卡的公证书载于 PIATTOLI, Appendice II 1。有人猜测但丁还有第五个孩子，名叫加布里艾罗（Gabriello），关于此人，14世纪中叶的少量文献有所提及（Renato Piattoli, ED, *Gabriello di Dante di Alighiero*）。

Michele Barbi, *Un altro filgio di Dante?* 1922, pp. 355–358 中提出杰玛曾追随丈夫流亡，直到但丁去世后才返回佛罗伦萨；DAVIDSOHN, IV, pp. 280–281

的观点是杰玛于 1302 年 6 月也被流放，后来才返回了故乡。

关于雅各伯 · 阿利吉耶里和皮耶特罗 · 阿利吉耶里的肖像，见 BELLOMO, pp. 62–91，同时见 CCD，关于皮耶特罗的信息，不可不读 INDIZIO[3]；关于安东尼娅，见 ED, *Alighieri, Antonia (Suor Beatrice)*。关于彼特拉克写给皮耶特罗的拉丁文短信（*Epyst.* III 7），见 Michele Feo, ED, *Petrarca, Francesco*。

远离政坛

查理 · 马尔泰罗将成为《天国篇》第八歌的主角。在那一歌里（vv. 34–36），他将提到但丁的一首合组歌：《你们啊，用智力推动三天》（*Voi che 'intendendo il terzo ciel movete*）。这表明这首被收录于 *Cv* II 中并被加以评论的诗篇的确是但丁曾在查理 · 马尔泰罗路过佛罗伦萨时向他吟诵过的一首作品。关于但丁在第九歌（vv. 1–6）里献给哈布斯堡的克雷门萨的致辞，参见 SANTAGATA, pp. 116, 375–376。

在 *If* XXVII 55–57 中，但丁表现出自己并不认识圭多 · 达 · 蒙特费尔特罗："现在请告诉我你是何人，/ 莫更比其他人意欲隐瞒，/ 但愿你名声在尘世永传。"

缺少复仇的"暴毙"

关于杰里遇害，随后引发萨凯蒂家族某位成员被杀，最终以两个家族于 1342 年签署和解协议而告终的漫长过程，Marco Santagata 进行了重构，见 *Geri del Bello, un'offesa vendicata*, NRLI, XIII (2011), pp. 199–209。

关于杰里及其兄弟乔内，见 Renato Piattoli, ED, *Alighieri, Cione* 和 *Alighieri, Geri*；关于在普拉托进行的审判卷宗，见 PIATTOLI, n. 45。关于杰里遇害的日期，见关于 1287 年 4 月 15 日的一条注释："It a la sepoltura di Gieri del Bello, s. xiijj"，载于 *Registro di Entrata e Uscita di Santa Maria di Cafaggio (REU) 1286—1290*, cit., p. 133（同时见 p. 92）。

关于佛罗伦萨格外盛行的复仇之风，见 BOCCACCIO[3] (VII II 118)："托斯卡纳人被那（复仇的）诅咒残忍地玷污，尤以佛罗伦萨人为甚，不管他们给我们留下了何种教诲，我们都不知该如何原谅。"同时见博洛尼亚人雅科莫 · 德拉 · 拉纳（Iacomo della Lana）的描述："佛罗伦萨人有种十分小气的传统，认为是整个家族都遭到了冒犯，因此也要报复施暴者的整个家族：因此被冒犯者的所有亲属都时刻准备针对冒犯者本人及其亲属实施复仇。"（Iacomo della Lana, *Commento alla Commedia*, a c. di Mirko Volpi, con la collaborazione di

Arianna Terzi, Roma, Salerno Editrice, 2010, vol. I, p. 436）

关于福里斯指责但丁胆小懦弱，见 *Rime* 25f, 1–8，同时见 GIUNTA, pp. 313–317。 356

关于布罗达里奥杀害杰里之动机的理论分析，见 Michele Barbi, *Per una più precisa interpretazione della «Divina Commedia»* (1905)，同时见 BARBI[1], pp. 197–303; la cit. alle pp. 275–276。关于萨凯蒂家族的情况，见 Arnaldo d'Addario, ED 中的相关词条，同时见 RAVEGGI *et al.*, pp. 118–119。

关于但丁有意突显本家族的高贵社会地位，见 CARPI, p. 135（在 pp. 283–285，作者提供了一系列经他筛选的关于复仇主题的书目）："为了杰里的遇害，必须针对高贵的萨凯蒂家族进行复仇……这是一个间接的标志——在当年的佛罗伦萨，这其实体现了一种鲜明的情结，这标志着贵族身份以及对贵族身份的自我意识，认为自己的家族属于城市的领导阶层，被允许（或被要求？）采取复仇这种行为。但丁对杰里表达的同情恰恰在于此，萨凯蒂家族的高贵性也恰恰在于此。"

关于邦伯 · 迪 · 乔内和拉博 · 迪 · 乔内的情况，见 Renato Piattoli, ED 中的相应词条。

关于维鲁迪家族进行复仇的故事，见 Del Lungo, *Una vendetta in Firenze*, cit.；关于复仇的谚语见 *Ottimo commento* (prima forma)，关于 *If* XXIX 31–34 的注释。

关于阿利吉耶里家族与萨凯蒂家族签订的和平协议，见 PIATTOLI, n. 182。

骑马作战

关于但丁曾数次亲临战场，参与佛罗伦萨与阿雷佐之间的战争，见 CARPI, pp. 366, 564，作者对此进行了言之凿凿的论证。拉诺的真实身份是一位名叫阿尔科拉诺 · 迪 · 斯夸尔恰 · 马可尼（Arcolano di Squarcia Maconi）的锡耶纳的有钱人，相关阐述见 Renato Piattoli, ED 中的相应词条。一段写在十四行诗《前日沿路骑行》（*Cavalcando l'altrier per un cammino*）（VN 4）之前的散文序言构成了唯一一条能够证明但丁有可能出现在博吉奥圣塞西莉亚的微妙线索。有学者指出，那段文字中的某些术语与当年某些论及战争的史料文献较为相似。他们据此推测，但丁被迫参加的（"发生了一些事情，我还是出发为妙"）那次"大规模群体"骑行其实是一场由城市国家组织的军事征伐。参与骑行的骑士们沿着阿尔诺河——"一条美丽、畅快、清澈的河流"前进，可能是前往下游的比萨，但更有可能是前往位于上游的阿雷佐，向那座他们打算围攻的城堡进发（见 Isidoro Del Lungo, *La donna fiorentina*, cit., pp. 121–128，同时见 PETROCCHI, pp. 21–22）。

关于波恩康特 · 达 · 蒙特费尔特罗在喉部受伤后艰难爬行至阿尔基亚诺，而后落入阿尔诺河，“以玛丽亚之名”死去，其尸体被普拉托马尼奥（Pratomagno）山上的一场暴雨山洪冲走的故事，见 *Pg* V 94–129。关于雅各伯 · 德 · 卡塞罗（早在 1288 年，此人就已参加过佛罗伦萨讨伐阿雷佐的战斗），见 Lorenzo Paolini, DBI 中的相应词条。此外，CARPI, pp. 365–366, 413 中的观点亦值得重视。

357 BRUNI（pp. 540–542）引述的信件很可能是那封以“我的人民，我对你做了什么？”开头的书信。关于这封书信，笔者还将在后文中多次提及。弗拉维奥 · 比昂多（Flavio Biondo）也对这封信件有所了解，且正是以此为依据谈到了坎帕迪诺战役，参见 Rossetta Migliorini Fissi, *Dante e il Casentino*, in *Dante e le città dell'esilio*, Atti del Convegno internazionale di studi, Ravenna, 11–13 settembre 1987, direzione scientifica Guido di Pino, Ravenna, Longo Editore, 1989, pp. 114–146, 尤其是 p. 118，同时参见 INDIZIO[2], pp. 276–277。关于轻骑兵、维耶里 · 德 · 切尔基的角色及对士兵进行补助的信息，见 DAVIDSOHN, III, pp. 114–146。关于对戍守卡普罗纳的比萨军队懦弱及叛变之罪的惩罚，见 DAVIDSOHN, III, p. 483。

高华的理想与贫匮的手段

关于骑马士兵全套行头的详细描述，见 Migliorini Fissi, *Dante e il Casentino*, cit., pp. 119–120。若想大致了解相应的费用，则应明白在 1291 年，一匹钉过铁掌（有着珍贵灰色皮毛）的马匹价值高达约 75 弗洛林金币，在佛罗伦萨与阿雷佐和比萨作战期间，城市国家政府将“骑兵制度”（即兵役制度）强加给越来越多的公民，要求他们要么饲养一匹价值在 35 至 70 弗洛林金币之间的马匹，要么缴纳相应金额的款项，才能免于上战场。关于战马价格的数据来自 Castellani, *Nuovi testi fiorentini del Dugento*, cit., p. 637；有关“骑兵制度”的相关信息，见 *Registro di Entrata e Uscita di Santa Maria di Cafaggio (REU) 1286—1290*, cit., pp. 63–64, 82。

本书第 64 页描述卡瓦尔坎迪家族权势和财富的那句话来自 VILLANI, IX LXXI。关于希吉布尔迪家族的信息见 Guido Zaccagnini, *Cino da Pistoia. Studio biografico*, Pistoia, Pagnini, 1918（关于奇诺 · 达 · 皮斯托亚的银行存款信息，

见该书 pp. 30–31）。

关于但丁的社会境遇，可参考的文献包括：Tommaso Gallarati Scotti, *Vita di Dante*, Milano, Treves, 1929, pp. 4–6；DAVIS, p. 27，此书谈到了但丁在“社会地位方面的不安全感”；尤为重要的参考书目是 Sestan, *Dante e Firenze*, cit., p. 279：“早在青年时期，但丁就体会到了一种有违于自身自尊心的感受，他的家庭不仅无法与那些圭尔甫派的大家族相提并论，甚至也算不上一个因富有而具有半贵族地位的家族——该阶层恰恰是佛罗伦萨政坛的掌控者……可以认为，自青年时代起，但丁就开始通过盛赞家族的高贵起源来缓和内心的不悦，弥补自己遭到伤害的自尊心。”

关于拉波 · 詹尼，见 Mario Marti, ED 中的相应词条。COMPAGNI, III VIII 中提到“房屋、楼宇和作坊的空间狭窄，但租金高昂，这让（卡瓦尔坎迪）家族一直保持富有”。

关于但丁入不敷出的生活状况，下述作品的描述尽管出于虚构，但仍值得参考：Piero Bargellini, *«Il figliuol d'Alighieri»: Dante, uomo privato*, in *Il processo di Dante, Celebrato il 16 aprile 1966 nella Basilica di S. Francesco in Arezzo*, a c. di Morris L. Ghezzi, Milano-Udine, Mimesis Edizioni, 2011, pp. 40–43。

“温柔优雅”的爱情诗行 358

关于诗人在 18 岁时与贝阿特丽齐的见面，见 VN 1, 12。

安德烈 · 卡佩拉诺的原文如下：“但我还是要说而且坚决声称，男人在 18 岁以前不可能成为真正的爱人”（“Dico tamen et firmiter assero, quod masculus ante decimum octavum annum verus esse non potest amans”, Andrea Cappellano, *De amore*, a c. di Graziano Ruffini, Milano, Guanda, 1980, p. 14）。对巴贝里诺的弗朗切斯科的引述见 *Reggimento e costumi di donna*, cit., p. 20，同时参见巴贝里诺的弗朗切斯科关于已婚女子言行规则的阐述（pp. 47–48）：“离开了她的家。/ 现在我要问，她是否应行问候礼 / 当她走在路上，她又应如何举手投足。/ 关于此，我曾遇到多种习俗 / 以及多种看法，/ 不过可以这样认为，/ 一切取决于她的家乡 / 以及她要前往之处的习俗 / 务必与身边的人相协调……其他人认为倘若那女子 / 年龄超过 12 岁或是 12 岁上下 / 则不必行问候礼。”

以匿名的形式散播解梦的邀请，这是一种典型的学术操练形式。这种智力游戏并不要求其中的象征性神秘元素必须以现实经验为前提，至多只要求以某种模糊的经验为前提。与其他诗作类似，这首《致每一个被俘的灵魂和高尚的心》中的内容很像是一个诗人有意为之的晦涩谜题。米凯莱 · 巴尔比（*Rime della «Vita nuova» e della giovinezza*, a c. di Michele Barbi e Francesco Maggini）认为："与其说诗人表达的是一种亲身体验过的或是基于真实生活情境的想象出来的感受，又或者是一种痛苦的个人预感，还不如说他在创作一首相当艰深的作品，邀请那些忠于爱情的人们进行解读……用来考验当时的那些诗人的敏锐性。这是再明显不过的。"这种创作是如此细腻，其借题发挥的性质甚至激怒了但丁·达·马亚诺，他在回应的诗篇——《关于你所询之事》（*Di ciò che stato sei*）中指责诗人是"胡言乱语"，还相当不客气地提出了以下建议："彻底清洗你的睾丸，/ 使你的高烧退去 / 好让你讲出更好的故事"（关于此人的诗作，见 Dante da Maiano, *Rime*, a c. di Rosanna Bettarini, Firenze, Le Monnier, 1969）。关于其他人回应但丁的诗作及其相关评论，包括卡瓦尔坎迪的那首《依我所见，你看到了卓越的全部》（*Vedeste, al mio parer, onne valore*），见 Dante Alighieri, *Rime*, edizione commentata a c. di Domenico De Robertis, Firenze, SISMEL-Edizioni del Galluzzo, 2005。关于匿名发表作品的风尚，请注意，在一首回复但丁·达·马亚诺的对诗中，但丁也表示自己不知寄信人的身份，见 *Rime* 2b, 1："无论你是谁，朋友……"（"Qual che voi siate, amico..."）；*Rime* 2d, 1："朋友，我不知你的名字"（"non conoscendo, amico, vostro nomo"）。在一首卡瓦尔坎迪回复圭多·奥兰迪的十四行诗《我不得不谈论低俗的话题》(*Di vil matera mi conven parlare*）的第 13 行，也出现了类似的情形："无论您是何人……"（"qual che voi siate..."）关于这类现象，见 GIUNTA, p. 98。关于以诠释梦境为主题的十四行诗，见 GIUNTA, pp. 77–80。

关于但丁与奇亚罗·达万扎蒂可能有过的对诗经历，见 *Rime dubbie* XIIIa-XIIId。关于奇亚罗·达万扎蒂，见 Pasquale Stoppelli, DBI 中的相应词条。关于与圭多·卡瓦尔坎迪也有通信往来的圭多·奥兰迪，见以下书目：Valentina Pollidori, *Le rime di Guido Orlandi (edizione critica)*, «Studi di filologia italiana» LIII (1994), pp. 55–202；Guido Cavalcanti, *Rime. Con le rime di Iacopo Cavalcanti*, a c. di Domenico De Robertis, Torino, Einaudi, 1986, pp. 187–205。关于公证员乔内，见 Mario Pagano, DBI, *Cione di Baglione*。关于泰里诺·达·
359 卡斯特尔菲奥伦蒂诺，见 *Poeti del Duecento*, a c. di Gianfranco Contini, Milano-Napoli, Ricciardi, 1960, vol. I, pp. 393–395。关于普乔·贝隆迪，见 GIUNTA, pp. 728–733。

某些诗人的身份已无法确切知晓，关于但丁与这些诗人的往来诗篇，见 *Rime* 4; 16; 39。关于但丁与普乔·贝隆迪和但丁·达·马亚诺交流的诗篇，见 *Rime dubbie* XIVa-b。

关于但丁对普罗旺斯道德讽喻诗体（serventese）的阐述，见 VN 2,11。

在十四行诗《我感到沉睡的爱恋之息在心中苏醒》（VN 15）的那段引言里，爱神告诉但丁，卡瓦尔坎迪所爱的女子乔凡娜（Giovanna）的名字“来自圣约翰，他走在真理之光的前方，说道：‘旷野中有呼号者的声音：你们当预备上主的道路’”。这首十四行诗称凡娜（乔凡娜）为贝阿特丽齐的引路人，由此构成了双重类比：凡娜之于贝阿特丽齐就好比施洗约翰之于耶稣基督；同样地，乔凡娜是贝阿特丽齐的引领者，而圭多·卡瓦尔坎迪的诗歌则是但丁的引领者。

关于《深谙爱情的女士们》的创作时期，参见 SANTAGATA, pp. 131–135。关于皮耶特罗·阿雷格兰泽及其在公共备忘录中留下的记录，见 *Rime due e trecentesche tratte dall'Archivio di Stato di Bologna*, ed. Critica a c. di Sandro Orlando, con la consulenza archivistica di Giorgio Marcon, Bologna, Commissione per i testi di lingua, 2005，同时见 Armando Antonelli, *Rime estravaganti di Dante provenienti dall'Archivio di Stato di Bologna (con un approfondimento di ricerca sul sonetto della Garisenda vergato da Enrichetto delle Querce)*, in *Le rime di Dante*, Gargnano del Garda (25–27 settembre 2008), a c. di Claudia Berra e Paolo Borsa, Milano, Cisalpino, 2010, pp. 83–115。

倘若《花》（*Fiore*）和《爱语》（*Detto d'amore*）果真出自但丁之笔，那么 12 世纪 80 年代后期便是上述两部作品的最有可能的创作年代。《花》的“花冠”由 232 首十四行诗组成，是对法兰西史诗《玫瑰传奇》（*Roman de la Rose*）的自由概述，而与之相关的《爱语》则是以 240 句七音节对仗句的形式对该史诗的内容进行了浓缩（《玫瑰传奇》由纪尧姆·德·洛里斯 [Guillaume de Lorris] 于 1225 年至 1230 年期间原创，13 世纪 60 至 70 年代，让·德·蒙 [Jean de Meun] 又对其进行了续写。在但丁所处的年代，这部作品是整个欧洲最负盛名的俗语文学作品）。1878 年，有人在同一本手稿里发现了上述两部作品，自那时起，关于其作者身份的争论就此起彼伏。在认为这两部作品出自但丁之手的学者中，詹弗朗科·孔蒂尼（Gianfranco Contini）是最为坚定和具有影响力的支持者。在他出版的《花》和《爱语》的评述版中，他使用了“可归于但丁名下的”这一表述。他所说的“可归于”就相当于“被归于”。关于这一观点，至少见他的论著：*Un nodo della cultura medievale: la serie «Roman de la Rose», «Fiore», «Divina Commedia»* (1973)， 同 时 见 Contini, *Un'idea di Dante. Saggi danteschi*, Torino, Einaudi, 1976, pp. 245–283。目前，关于这一问题的辩论仍在继续，以下两部最新论著的观点可谓针锋相对：Dante Alighieri,

Fiore, Detto'Amore, a c. di Paola Allegretti, Edizione Nazionale a cura della Società Dantesca Italiana, Firenze, Le Lettere, 2011——该论著认为上述两部作品确为但丁所著；Pasquale Stoppelli, *Dante e la paternità del «Fiore»*, Roma, Salerno Editrice, 2011（关于该辩题的相关书目信息，亦可参阅该论著）——该论著持相反观点。

360 “修辞泰斗”：布鲁内托·拉蒂尼

关于 13 世纪末佛罗伦萨的滞后的古典学研究情况，Giuseppe Billanovich（*Tra Dante e Petrarca*, IMU, VIII [1965], pp. 1–43）写道：“但丁以诗律学家和拉丁文韵律专家的面貌示人：鉴于此，他必然曾在青年时期在一所相当不错的学校进行过相关的学习。”（p. 17）不过，他同时指出：“在当时的佛罗伦萨，既没有严谨的语法学书籍，也找不到一部丰碑式的经典抄本。的确，相较于周边的卢卡、比萨和阿雷佐而言，佛罗伦萨无论是在政治、文化还是在艺术层面上，都只能算是后起之秀。佛罗伦萨的语文学研究根本无法与威尼斯的学者相提并论。”Renato Piattoli（*Codice Diplomatico Dantesco, Aggiunte*, «Archivio storico italiano», CXXVII, disp. I-II [1969], pp. 3–108）称但丁是在“一所大型修道院的学校里”（p. 82）学习拉丁文，这一说法有待证实。

关于修辞学与法学研究之间的联系（以及修辞学论著的俗语译本），见 Cesare Segre, *Lingua, stile e società. Studi sulla storia della prosa italiana*, nuova edizione ampliata, Milano, Feltrinelli, 1974, pp. 49–55；切萨雷·塞格雷（Cesare Segre）出版了博诺·詹伯尼的论著的评述版（Bono Giamboni, *Il libro de' vizî e delle virtudi e Il trattato di virtù e di vizi,* a c. di Cesare Segre, Torino, Einaudi, 1968），该作品的书目信息见 Simona Foà, DBI 中的相应词条。波爱修斯的《哲学的慰藉》是中世纪文化界最流行的书籍之一，常被用作学习拉丁文的教材以及学习难度更高的古典作品的预备性读物（见 Robert Black, Gabriella Pomaro, *«La consolazione della filosofia» nel Medioevo e nel Rinascimento italiano. Libri di scuola e glosse nei manoscritti fiorentini*, Firenze, SISMEL-Edizioni del Galluzzo, 2000）。关于在但丁所处的年代，该作品在佛罗伦萨有限的认知度，但丁本人有所提及——“那本并不为许多人所知晓的波爱修斯的书”（*Cv* II XII 2），但这种说法引发了不少质疑。但丁很有可能是想表达：正因为该作品常被视为工具书，读者们往往会低估其哲学价值。不过，曾为《哲学的慰藉》撰写过多篇评论的英国多明我会修士尼科洛·特莱维（Niccolò Trevet）——在 13 至 14 世纪之交，他活跃于比萨和佛罗伦萨，后前往牛津和伦敦教授神学——似乎

曾在新圣母修道院为了寻找这本作品而大费周章（见 Giuseppe Billanovich, *La tradizione del testo di Livio e le origini dell'umanesimo*, vol. I: *Tradizione e fortuna di Livio tra Medioevo e umanesimo*, parte I, Padova, Editrice Antenore, 1981, pp. 34–41）。

关于布鲁内托·拉蒂尼生平经历的最丰富也最可靠的信息，见 Giorgio Inglese, DBI 中的相关词条，同时见 DAVIS, pp. 166–299 和 Pietro G. Beltrami, introduzione a Brunetto Latini, *Tresor*, a c. di Pietro G. Beltrami, Paolo Squillacioti, Plinio Torri e Sergio Vatteroni, Torino, Einaudi, 2007。

本书第 72 页引述的句子摘自 VILLANI, IX, X，另，"世俗之人"（"mondano uomo"）这一表述也可在该书中找到（来自 *Tesoretto*, v. 2561）。

关于邦迪耶·迪耶塔伊乌蒂，见 Liana Cellerino, DBI 中的相应词条。关于布鲁内托·拉蒂尼的合组歌《虽然我被绑缚了爱的缰索》（*S'eo sono distretto* 361
inamoratamente）和邦迪耶·迪耶塔伊乌蒂的合组歌《爱，当我忆起》（*Amore, quando mi membra*）呈现出的同性恋情感，见 D'Arco Silvio Avalle, *Ai luoghi di delizia pieni. Saggio sulla lirica italiana del XIII secolo*, Milano-Napoli, Ricciardi, 1977, pp. 87–106。关于对布鲁内托·拉蒂尼的合组歌的另一种解读，见 Luciano Rossi, *Brunetto, Bondie, Dante e il tema dell'esilio*, in *Feconde Venner le carte. Studi in onore di Ottavio Besomi*, a c. di Tatiana Crivelli, Bellinzona, Edizioni Casagrande, 1977, pp. 13–34，同时见 Sergio Lubello, *Brunetto Latini, «S'eo sono distretto inamoratamente» (V 181): tra lettori antichi e moderni, in A scuola con ser Brunetto. Indagini sulla ricezioni di Brunetto Latini dal Medioevo al Rinascimento*, Atti del Convegno internazionale di studi, Università di Basilea, 8–10 giugno 2006, Firenze, Edizioni del Galluzzo, 2008, pp. 515–534。布鲁内托·拉蒂尼和邦迪耶·迪耶塔伊乌蒂的诗作及相应评论都被塞尔焦·鲁贝罗（Sergio Lubello）收录于 *I poeti della Scuola siciliana, vol. III: poeti siculo-toscani, ed. Critica con commento diretta da Rosario Coluccia*, Milano, Mondadori, 2008, pp. 306–326。

鉴于起草文书和撰写信件的确将成为但丁在流亡期间的谋生手段，乔尔乔·帕多安（*Tra Dante e Mussato. I. Tonalità Dantesche nell'«Historia Augusta» di Albertino Mussato*, «Quaderni veneti», XXIV [1996], pp. 27–45）表示"即使有一天发现阿利吉耶里居然获得过公证员的头衔"，也无须感到惊奇。此外，他在脚注中还补充提到了著名学者和语文学家奥古斯托·康帕纳（Augusto Campana）的证词，称奥古斯托·康帕纳对此"所见略同"，且曾于某一日向他表示"已经找到了相应的文献证据（不过该证据尚待核实，以排除重名之嫌)”(p. 38)。

在布鲁内托 · 拉蒂尼的教导下，但丁得以精进自身的法语水平。由于佛罗伦萨是一座与那不勒斯的安茹家族以及法兰西国王有着特殊关系的城市，且法兰西又是佛罗伦萨最为重要的市场，法语在佛罗伦萨有着很高的使用频率。布鲁内托 · 拉蒂尼曾在法兰西生活，又是用法语创作了自己最重要的作品，因此，他传授给但丁的法语知识应该远远超出了普通商人使用的商贸法语。青年时期的但丁还曾学习普罗旺斯方言——至于程度几何，我们并不知晓。在他生活的时代，对于认真投入诗歌创作的人来说，普罗旺斯方言依然是必备的语言。因此，但丁寻找且读过那些诗人用奥克文写就的文集，是完全合乎情理的。

值得注意的是，布鲁内托 · 拉蒂尼也是一位俗语诗人，在他周围的文化圈子里，有但丁 · 达 · 马亚诺用普罗旺斯方言进行创作；此外，邦迪耶 · 迪耶塔伊乌蒂也翻译了——更准确地说，是改写了——许多奥克文诗篇。所以说，在但丁了解普罗旺斯诗歌和方言的过程中，布鲁内托 · 拉蒂尼也起到了重要的桥梁作用。

有学者认为布鲁内托 · 拉蒂尼向但丁介绍了一部非常特别的作品：《夜行登霄》(*Il libro della Scala*)。这部用阿拉伯文撰写的作品令但丁非常着迷，并激发了他创作《神曲》的念头。或者说，他至少是向但丁讲述了一些阿拉伯神话。那些神话的版本颇多，而《夜行登霄》呈现的则是其中一个版本。那部神话作品融合了两段奇迹般的旅程，一段是穆罕默德（Maometto）在夜间从麦加（Mecca）前往耶路撒冷，第二段则是他奇迹般地飞升至天国。这部讲述某一版冥界之旅的《夜行登霄》原本是用阿拉伯文创作的。后来，原作失传了。
362 不过，在卡斯提尔国王——人称“智者”的阿方索十世——的提议下，该作品被某个名叫锡耶纳的波那温图拉（Bonaventura da Siena）的人译成了卡斯提尔文（可惜该版本也已失传），在这个译本的基础上，后来又有了一个法文译本和一个拉丁文译本（该版本的意大利文译本是 *Il Libro della Scala di Maometto*, traduzione di Roberto Rossi Testa, note al testo e postfazione di Carlo Saccone, Milano, SE, 1991）。但丁对上述两个译本中的一个有所了解，并受到该作品的影响，这是有可能的；然而，若说这种影响直接来自布鲁内托 · 拉蒂尼，可能性却很小。布鲁内托 · 拉蒂尼或许起到了介绍者的作用。1259 年至 1260 年期间，他作为佛罗伦萨的使臣被派往卡斯提尔的阿方索十世的宫廷（正是在返回佛罗伦萨的途中，他得到了佛罗伦萨在蒙塔佩蒂战役中惨败的消息）。那位学养深厚的君主制定了一项宏大计划，要将一系列阿拉伯文和希伯来文的作品翻译成卡斯提尔文。正是在这样的契机之下，布鲁内托·拉蒂尼得以听闻有关穆罕默德传奇之旅的故事。我们并不清楚他是否见过卡斯提尔的阿方索十世国王，又是在何处觐见的，也不知道他与国王之间的关系如何——这些我们姑且不论；单凭一点就可推断他不可能向但丁详述那部作品的内容：该作品的卡斯提尔文版是在他离开伊比利亚半岛后才出现的。不过，他曾向但丁叙述一些口耳相传的故事，这倒是不无可能——虽然可能性亦只是微乎其微。1305 年，当但丁撰写《论俗语》时，他还不知卡斯提尔文的存在：在他看来，“西班牙人”（“Yspani”），即伊比利亚半岛的居民使用的都是奥克文，也就是在加泰罗尼亚使用的普罗旺斯方言（VE I VIII 5）。如果说布鲁内托·拉蒂尼连卡斯提尔文的存在都不曾告诉但丁，又怎么可能跟他谈起过那些阿拉伯的神话呢？关于《夜行登霄》，关于《神曲》与那些描述穆罕默德神奇之旅的阿拉伯神话的关系，以及关于布鲁内托·拉蒂尼所扮演的角色，见 Miguel Asín Palacios, *Dante e l'Islam*, vol. I: *L'escatologia islamica nella «Divina Commedia»*；vol. II: *Storia e critica di una polemica*, Parma, Pratiche Editrice, 1994；Enrico Cerulli, *Il «Libro della Scala» e la questione delle fonti arabo-spagnole della Divina Commedia,* Città del Vaticano, 1949；Cesare Segre, *Fuori del mondo. I modelli nella follia e nelle immagini dell'aldilà*, Torino, Einaudi, 1990；Maria Corti, *Percorsi dell'invenzione. Il linguaggio poetico e Dante*, Torino, Einaudi, 1993, pp. 126, 160。TAVONI, pp. 1206–1209 重点强调了但丁并不知晓卡斯提尔文的存在这一事实。

卡里森达的影子

关于博洛尼亚的公证员将诗篇载入公共备忘录的动机，关于选择诗篇的标准及这些诗篇的功用，见 *Rime due e trecentesche tratte dall'Archivio di Stato di Bologna*, cit., pp. XXIV-LX 中的相关论述。关于那首描写卡里森达高塔的十四行诗呈现的方言特色以及针对该作品多种诠释的分析，见 GIUNTA, pp. 155–159。关于恩利凯托·德·圭尔切，见 Antonelli, *Rime estravaganti di Dante provenienti dall'Archivio di Stato di Bologna*, cit.。

关于佛罗伦萨人经常光顾的位于卡里森达高塔附近的旅店，见 Giovanni Livi, *Dante, suoi primi cultori, sua gente in Bologna*, Bologna, Cappelli, 1918, pp. 158–165。

关于但丁旅居于博洛尼亚的情况，见 BOCCACCIO[1], 25 和 BOCCACCIO[2], 20。

363 1290 年：一位与众不同的知识人

关于蒙特 · 安德烈的诗作，见 Monte Andrea da Firenze, *Le rime*, edizione critica a c. di Francesco Filippo Minetti, Firenze, Accademia della Crusca, 1979。

但丁将以同一句诗行——“这城市孤坐独处！曾经是万民的主母”(*Quomodo sedet sola civitas plena populo! Facta est quasi vidua domina gentium*) ——为后来那封致意大利诸位主教，哭诉罗马陷入如寡妇一般的惨境的书信（*Ep* XI）开篇。

关于那封用拉丁文撰写的书信的收件人的身份，SANTAGATA, pp. 203–204 展开了详尽的探讨。关于奇诺 · 德 · 巴尔迪（Cino dei Bardi）的信息，见 *I Priori di Firenze (1282—1283)*, a c. di Sergio Raveggi (www.storia.unisi.it)，同时见 RAVEGGI *et al.*, pp. 107–108。

关于迎接查理 · 马尔泰罗的代表团，见 *Dino Compagni e la sua Cronica*, a c. di Isidoro Del Lungo, Firenze, Le Monnier, 1879, vol. II, pp. 503–504。

“描绘天使的形象”

引文摘自 BRUNI, p. 548；布鲁尼在提到但丁那封已经遗失的，描述自己参加坎帕迪诺战役的书信时，特意说明但丁“描绘了战斗的场面”(很可能是附在信后的一幅素描稿)。

关于用音乐“包装”(“rivestire”) 抒情诗篇的习俗，见 GIUNTA, pp. 123–128。关于但丁与音乐的关系，需重视但丁在《论俗语》中多次强调的观点：音乐是诗篇文字的内在组成部分，内嵌于诗篇的节奏和修辞结构。因此，诗人的形象应该集语法学家、修辞学家和音乐家于一身；至于实际负责谱写伴奏曲音符的人却只是一个地位次之的、外在的演奏者。关于韵律与音乐之间的内在联系，除了参阅《论俗语》，还应关注 TAVONI（尤其是 pp.1490–1493)。关于与卡塞拉的见面，见 *Pg* II 76–133。

但丁认识一些颇具水准的画家：他似乎与细密画艺术家古比奥的奥德里西（他旅居博洛尼亚期间结识的另一位人物？）熟识，后来，另一位我们知之甚少的弗朗科 · 博洛涅塞在艺术上超越了前者。类似的情形也发生在契马布埃和后来居上的乔托身上。但丁有可能在佛罗伦萨见过契马布埃的作品：圣三一教堂的《威严》(*Maestà*)、圣多明我教堂的《十字架受难图》(*Crocifisso*)。关于与但丁生活于同一时代的乔托，但丁一定看过他在新圣母大殿里创作的《十字架》(*Croce*)，或许也与他有一定的私交。这种关系很可能是于大赦之年在罗马建立的，也有可能是于 1303 年底和 1304 年的头几个月里，在帕多瓦建立的——当时乔托正在斯克罗维尼家族的祈祷堂里绘制壁画。不过，这都只是猜想。伊莫拉的本韦努托（Benvenuto da Imola）描述过一则轶闻：但丁调侃乔托，问他为什么能画出美丽的形象，却生出难看的孩子，乔托回答说："因为我是白天作画，夜里做爱。"这则轶闻并不足信，事实上，伊莫拉的本韦努托自己也承认，类似的故事早已在 5 世纪古罗马作家马克罗比乌斯（Macrobio） 364
的那部百科全书式的《农神节》（*Saturnali*）里出现过了，说的是画家马利欧（Mallio）。此外，彼特拉克也在家信集里两度提起这一轶闻。关于古比奥的奥德里西（1299 年逝世），见 Isa Barsali Belli, ED 的相应词条，同时见 Stefano Bottari, *Per la cultura di Oderisi da Gubbio e di Franco Bolognese*, in *Dante e Bologna nei tempi di Dante*, a c. della Facoltà di Lettere e Filosofia dell'Università di Bologna, Bologna, Commissione per i testi di lingua, 1967, pp. 53–59。关于乔托的子女相貌不佳的轶闻，见伊莫拉的本韦努托对 *Pg* XI 94–96 的评论。关于彼特拉克对马克罗比乌斯的引述，见 *Fam.* V 17 6–7; XIX 7 1（伊莫拉的本韦努托的灵感似乎来自第一封信件中彼特拉克谈及马利欧那则轶闻的部分，在彼特拉克所了解的那些技艺高超却其貌不扬的画家之中，乔托也榜上有名）。关于乔托的生平信息，见 Miklós Boskovits, DBI 中的相应词条。关于乔托与但丁在帕多瓦见面的可能性，见 INDIZIO[1], p. 41 和 INDIZIO[2], pp. 256–257（此处的论述谨慎得多）。

关于但丁绘制天使形象一事，见 VN 23, 1–3。

对琴尼诺·琴尼尼的引述摘自 *Libro dell'arte, o trattato della pittura di Cennino Cennini da Colle di Valdelsa*, di nuovo pubblicato, con molte correzioni e con l'aggiunta di più capitoli tratti dai codici fiorentini, a c. di Gaetano e Carlo Milanesi, Firenze, Le Monnier, 1859, capp. IV, V, VI, VIII。

关于但丁的作画地点是一间开放的作坊，该猜测来自 Vincent Moleta, *«Oggi fa l'anno che nel ciel salisti»: una rilettura della «Vita nuova»* XXVII-XXXIV, GSLI, CLXI (1984), pp. 78–104。

关于发生在锡耶纳的那件事，见 BOCCACCIO[1], 121–122。关于香料商人与书籍的关系，见 ZINGARELLI, p. 161。

但丁撰写的某些文本表明他对颜料及其配制方式有确切的了解。在这一方面，*Pg* VII 73–75 中对颜料的详细分析可谓十分典型的证明："胭脂红与铅白、纯洁金银，/ 打磨的光滑木及其靛蓝，/ 还有那刚破开祖母绿石。"相关阐述见 Ignazio Baldelli, *Dante e Giotto: il canto XXIII del «Paradiso», in Bibliologia e critica dantesca. Saggi dedicati a Enzo Esposito*, a c. di Vincenzo De Gregorio,

Ravenna, Longo, 1997, vol. II: *Saggi Danteschi*, pp. 203–224。另一处明显的文本证据来自 VE I XVI 5：“最简单的颜色，即白色，其香气在黄色颜料，而非绿色颜料中更为浓郁。”——“上述对颜料的分析表明他对色彩的混合技术几乎堪称精通”（参见 Fortunato Bellonzi, ED, *Arti*）。

但丁在 *Pg* XII 64–66 中写道：“是哪位大师用软或硬笔，/ 勾勒出形象与曲直之线 / 使天才艺术家亦发惊叹？”此处，但丁区分了画家（拿软笔的大师）和素描绘制者（拿硬笔的大师），且“正确地阐述了两种绘画工具的不同功能：画笔用来绘制形象，尖笔用来勾勒‘轮廓’”（Valerio Mariani, *Dante e Giotto*, in *Dante e Giotto*, Atti del Convegno di studi promosso dalla Casa di Dante in Roma e dalla Società Dante Alighieri, Roma, 9–10 novembre 1967 [Quaderni del Veltro, 7], 1968, pp. 5–18; la cit. a p. 17）。关于形象，雅科莫 · 德拉 · 拉纳在评论 *Pd* XXIV 24–27 中的那句“因此我笔跃过，不再描写：/ 那皱襞之色彩太过鲜
365 艳，/ 我难以构思它，表述无言”时指出：“请注意，当一个画家想要画出褶皱时，最好使用比服饰的颜色黯淡一些的色彩，即深一些的色彩，如此才能画出褶皱的效果。”（*Commento alla «Commedia»*, cit., vol. IV, p. 2371）更多关于但丁的素描和色彩技巧的有趣的分析，见 ZINGARELLI, pp. 71–74。

值得注意的是，关于是否能够仅凭但丁与某些画家的联系就认为他曾加入医生和香料商人行会，米凯莱 · 巴尔比（Michele Barbi）持坚定的反对意见，见 Michele Barbi, *Dante e l'Arte dei medici e speziali* (1924 e 1934)，同时见 BARBI[2], pp. 379–384。

“极其高贵美丽的哲学女士”

关于 13 世纪末哲学研究在博洛尼亚大学的兴起，FIORAVANTI 的序言部分进行了十分有趣的探讨。

关于薄伽丘对卡瓦尔坎迪的评价，见 *Decameron*, X 9，同时见 BOCCACCIO[3], X 62。就学者名望而言，迪诺 · 康帕尼（COMPAGNI I XX）认为卡瓦尔坎迪是一个“投身于研究”的人，称其是“哲学家，精通许多学科的有德之人”；乔凡尼 · 维拉尼（VILLANI, IX XLII）认为卡瓦尔坎迪是“全世界最出色的逻辑学家，也是杰出的自然哲学家”；BOCCACCIO[3] 中称卡瓦尔坎迪为“最卓越的逻辑学家和优秀的哲学家”；弗朗科 · 萨凯蒂（Franco Sacchetti）在 *Il trecentonovelle* LXVIII 中也表示他是“最有才华的人和哲学家”。

关于卡瓦尔坎迪在但丁走上哲学研究道路的过程中可能起到的引领作用，

见 DAVIS, pp. 40–41。关于那句认为是老卡瓦尔坎迪的无神论观点影响了儿子的文字，见 Contini, *Un'idea su Dante*, cit., p. 143；同时见 Domenico de Robertis, *Dal primo all'ultimo Dante*, Firenze, Le Lettere, 2001, p. 155。阿威罗伊派否认个体灵魂的不朽性，因此在 *Pg* XXV 64–65 中，斯塔提乌斯反驳阿威罗伊派，称他们“把心智与灵魂 / 一分两边”，也就并非出于偶然了。这是对卡瓦尔坎迪在《一位女子相求，因此我想言说》第 22–23 行中所述观点的重述：“找到了——在可能心智之中 / 如同在主体之中——位置和居所。”詹弗朗科 · 孔蒂尼认为，这是但丁“在那部史诗中最后一次，却也是以明显的隐喻手段，挑衅式地提及圭多 · 卡瓦尔坎迪”（Contini, *Un'idea di Dante*, p. 155）。关于由多美尼科 · 德 · 罗贝蒂斯编辑并进行评述的《一位女子相求，因此我想言说》，见 Cavalcanti, *Rime*, cit.。

圭多 · 卡瓦尔坎迪与雅各伯 · 达 · 皮斯托亚之间的立场差异，见 Sonia Gentili, *L'uomo aristotelico alle origini della letteratura italiana*, prefazione di Peter Dronke, Roma, Carocci, 2005, pp. 187–190。关于圭多 · 卡瓦尔坎迪的医学和哲学观念以及蒂诺 · 德 · 加尔伯的注释，见 Tonelli, «*De Guidone de Cavalcantibus physico*», cit. 和 Enrico Fenzi, *La canzone d'amore di Guido Cavalcanti e i suoi antichi commenti*, Genova, il melangolo, 1999（该书中也收录了蒂诺 · 德 · 加尔伯所著的 *Scriptum super cantilena Guidonis de Cavalcantibus* 及其译文）。

关于因那位富有同情心的女子而移情别恋的经历，见《新生》的 parr. 24–28；关于诗人的忏悔，见 par. 28。关于诗人未在《新生》中揭示这位女子身份的隐喻色彩的理由，见 *Cv* II XII 8。关于“那位我在《新生》的末尾提及 366
的温柔的女士第一次出现……在我眼前，并占据我一切思绪”的日期，见 *Cv* II II 1。随后（II II 3），诗人强调：“但是那份爱并非与生俱来，其增长的过程亦非完美无瑕，而是需要时间和思想的滋养，尤其是当矛盾的想法阻止它生长的时候，在这份爱变得完美以前，需要进行很多斗争，一方是给它滋养的思想，另一方是阻止它生长的思想，因为荣耀的贝阿特丽齐在我的头脑中仍然保持着她的堡垒。”

《飨宴》中的第二处叙述占据了第二卷整个 par. XII 的篇幅。关于如何协调两条时间轴线与《飨宴》中所确立的哲学研究的起始结点，见 SANTAGATA, pp. 114–118。

“神职人员学校”和“哲学家们的辩论会”

关于佛罗伦萨修会大学的组织机构，见 DAVIS, pp. 135–166 和 FIORAVANTI。

关于雷米焦·德·吉洛拉米，见 DAVIS, pp. 201–229，同时见 Sonia Gentili, DBI 中的相应词条。本书第 83–84 页的引文摘自 CARPI, p. 56。

关于皮耶特罗·迪·乔凡尼·奥利维和卡萨勒的乌柏提诺，见 Raoul Manselli, ED 中的相应词条，同时见 Sergio Cristaldi, *Dante di fronte al gioachimismo. I. Dalla «Vita Nova» alla «Monarchia»*, Caltanissetta-Roma, Salvatore Sciascia Editore, 2002。在 *Pd* XII 124–126 中，巴纽雷焦的波那温图拉在谴责完方济各修会的腐败以后，特意指出该修会内部还有对会规保持忠诚的修士，但他既不是阿夸斯帕塔的马太也不是卡萨勒的乌柏提诺："卡萨勒、阿夸斯帕塔二城，/ 并无人对教规如此这般，/ 后者欲避教规，前者太严。"

倘若但丁所写的关于学士的比喻指的就是一场神学辩论，那么他对此一定有过亲身经历："在老师还没有提问之前，/ 学士会做准备，而不吐言，/ 他心中寻论证，却不武断；/ 她（贝阿特丽齐）言时，我如此捋清思路，/ 准备好回答那智慧考官，/ 证实我对信仰心明、意坚。"（*Pd* XXIV 46–51）所谓"学士"，指的就是在初级和中级课程结束之时报名参加期末考试的神学系学生，其等级低于现在的学士级别。老师提出问题，学士默默在心中汇集辩证法"武器"，构建并展示证据；在接下来的某一天，老师将重拾该话题并将其补充完整，做出"论断"。晚年的但丁被赋予了对科学论题（*Questio*）做出决断的资格，不过，那部《水与土之辩》很可能并不是但丁的作品。

关于那份能够证明但丁于 1291 年 9 月 6 日身处佛罗伦萨的公证书，见 PIATTOLI, n. 51。另一条能够表明但丁于 1291 年 5 月至 1292 年 5 月期间身处佛罗伦萨的线索来自但丁与帕多瓦的阿尔多布兰蒂诺·德·梅扎巴迪（Aldobrandino dei Mezzabati）的对诗作品——但丁首先创作了《通过那条让"美"来往的道路》（*Per quella via che la bellezza corre*, *Rime* 51），随后，阿尔多布兰蒂诺以一首《丽塞塔，我要让你从耻辱中解脱》（*Lisetta voi de la vergogna sciorre*）加以应和。阿尔多布兰蒂诺·德·梅扎巴迪是佛罗伦萨的时任人民队长：不过，这一问题相当复杂，几乎无法解释（关于问题的症结
367 所在，见 GIUNTA, pp. 625–630）。关于贝利诺·迪·拉波·阿利吉耶里，见 Renato Piattoli, ED 中的相关词条。卢奇亚诺·加尔甘（Luciano Gargan）坚定地认为但丁曾在 1292 年至 1294 年之间前往博洛尼亚的修会学校学习，见 Luciano Gargan, *Per la biblioteca di Dante*, GSIL, CLXXXVI (2009), pp. 161–193，尤其是 pp. 166–173（同时参见朱塞佩·英迪乔的评论，Giuseppe Indizio, SD, lxxv [2010], pp. 370–373）。

在被称之为"不设限大辩论"（"de quolibet"）的公共辩论中，任何人，包

括世俗人士，都可以按照自己的喜好提出辩题。此类辩论有着相当隆重的形式。1295 年，新圣母修会大学就举办过一次这样的辩论。一位姓名不可考的年轻人向讲师皮耶罗·德·特拉维（Piero delle Travi 或 Piero della Trave）——关于此人，我们知之甚少，只知道他与皮耶特罗·迪·乔凡尼·奥利维有所往来——提出了一个与多明我会神学院的教学氛围相去甚远的论题。他要求对方论证“世俗科学或心智的完善对灵魂的神圣是否有益”。之所以认为这一论题不同寻常，最重要的原因在于该论题的措辞（要知道，这个以书面形式呈交给讲师的论题，首先要被他接受，继而才会在公共场合进行论证）——尤其是关于心智的“完善”（即高贵）——与巴黎的一些新派哲学家及他们在博洛尼亚的弟子所提出的观点十分呼应：哲学的任务在于提升人的心智能力，使之趋近完美。简言之，该论题所表达的对人类理性的信任似乎很难被狭义的神学理论所接受。此外，论题中所指的“世俗科学”（scientia humanarum litterarum）也包括了修辞学和诗学，这一点也令人颇感惊讶。这一论题的发起人似乎既是一位诗人，也是一位哲学家。没有人能够证明这位无名氏就是但丁，但不容置疑的是，该论题蕴含的兴趣点显然是 13 世纪 90 年代的但丁尤为关注的。他完全有可能将这一论题提交给新圣母修会大学的讲师——倘若他先前有机会聆听过某些博洛尼亚的哲学家（如雅各伯·达·皮斯托亚）的论述，可能性就更大了（关于这一点，见 Sylvain Pirron, *Le poète et le théologien: un rencontre dans le «Studium» de Santa Croce*, «Picenum Seraphicum. Rivista di studi storici e francescani», XIX [2000], pp. 87–134）。

在《新生》之前和之后

关于《新生》的版本和日期信息，见 SANTAGATA, pp. 113–141。

文中提到的在《新生》诞生以前的那些文学作品类型，指的是用早中期拉丁文撰写的散韵文作品、奥古斯丁（Agostino）的自传类作品、福音书、关于圣人（更多的是圣女）的圣徒传记作品、用奥克文撰写的短篇生平和文理（*vidas e razos*）、大学式的文本分段（*divisio textus*）以及由波爱修斯传播的挽歌类作品。毫无疑问，上述几类文学作品的特色在但丁的文字中都有所反映，但同样毋庸置疑的是，但丁的作品并不局限于上述任何一种单一类型的范畴。《新生》究竟属于哪一类文学作品，回答莫衷一是。斯特法诺·卡莱（Stefano 368
Carrai）针对各种回答进行了简明且全面的罗列：Stefano Carrai, *Dante elegiaco. Una chiave di lettura per la «Vita nova»*, Firenze, Olschki, 2006, pp. 11–15。

但丁认为用俗语创作的作韵者与用拉丁文创作的诗人享有同等的尊严。关于这一观点的重要历史意义，见 Mirko Tavoni, *il nome di poeta in Dante*, in *Studi offerti a Luigi Blasucci dai colleghi e dagli allievi pisani*, a c. di Lucio Lugnani, Marco Santagata, Alfredo Stussi, Lucca, maria pacini fazzi editore, 1996, pp. 545–577。

在《新生》的 16, 2 和 30，但丁提到了亚里士多德（“哲学家”）；诗人对哲学术语和哲学概念的思考大多集中于 parr. 11, 6 和 12,1（“能力”与“行动”的区别）。

关于对《新生》仓促结尾的种种迹象的分析，见 Valeria Bertolucci Pizzorusso, *La «Vita nova» nella cronologia dantesca. Nuove considreazioni*, «Studi Mediolatini e Volgari», LVI (2010), pp. 5–25，同时见 SANTAGATA, pp. 119–124。

倘若能够确证《新生》的最后一节是在后期添补的——换句话说，倘若能够证实该作品存在两个版本：第一个版本以“悲悯的女子”作结，以后的章节（或至少是最后一节）是在 1308 年以后或 1312 年以后（根据学者们的重构）陆续添加的，那么关于《新生》和《神曲》之间关系的探讨就会得出不同的结论。总之，假如《新生》的结尾是在诗人已经开始创作《神曲》以后才添加的，那么该问题的整体面貌就将发生改变。不过，迄今为止，还没有任何一种猜想得到语文学研究成果的支持。因为在传统的手稿里，找不到关于原始版本的任何蛛丝马迹（路易吉 · 皮耶特罗 · 博诺 [Luigi Pietro Bono] 和布鲁诺 · 纳尔迪 [Bruno Nardi] 的一篇旧文认为《新生》存在两个版本，最近玛丽亚 · 科尔迪 [Maria Corti] 重拾了这一观点，见 Maria Corti, *La felicità mentale. Nuove prospettive per Cavalcanti e Dante*, Torino, Einaudi, 1983, pp. 146–155）。

三　市政厅里的人（1295—1301）

被遗忘的许诺

伊拉罗的信件传自手稿 Laurenziano Pluteo 29, 8, c. 67r；笔者引用的段落摘自 Saverio Bellomo, *Il sorriso di Ilaro e la prima redazione in latino della «Commedia»*, «Studi sul Boccaccio», XXXII (2004), pp. 201–235 和 pp. 206–209（被重新改写于 SANTAGATA, pp. 391–393）。关于信件的日期或信件中所述事件的日期可从信件本身所包含的信息进行推测：斐得利哥三世是于 1314 年 8 月 9 日将“特里纳克里亚国王”（“rex Trinacrie”）的头衔变更为信中所述的“西西里国王”（“rex Cicilie”）的；摩罗埃罗 · 马拉斯皮纳侯爵则是于 1315 年 4 月 8 日去世；因此，信中所述的事件应该发生于一个狭窄的时间区间里。权威学者 Giuseppe Billanovich（*La leggenda Dantesca del Boccaccio. Dalla lettera di Ilaro al Trattatello in laude di Dante* in Id., *Prime ricerche dantesche*, Roma, Edizioni di Storia e Letteratura, 1947, poi in SD. XXVIII [1949], p. 45–144）曾认为这封书信是薄伽丘本人的一种修辞练习，是一篇毫无文献学价值的杜撰 369
文本。如今，以乔尔乔 · 帕多安（见 ED, *Ilaro* 和 PADOAN, pp. 5–23）为代表的一系列论证已让上述观点被束之高阁。某些学者认为这的确是一封由本笃会修士发出的真实存在的信件（除了乔尔乔 · 帕多安，支持该信件真实性的观点也来自 PASQUINI, pp. 135–137 和 CARPI, pp. 444–446）。然而，我们仍然远远未能针对该问题给出令人满意的回答。摆在我们面前的有两派观点：一派以萨维里奥 · 贝洛摩（*Il sorriso di Ilaro*, cit.）为代表，否认该信件的真实性，倾向于认为该信是由乔凡尼 · 德 · 维吉尔或属于其社交圈的某个人物杜撰的；另一派以朱塞佩 · 英迪乔为代表（*L'epistola di Ilaro: un contributo sistemico*, SD, LXXI [2006], pp. 191–263），非常谨慎地倾向于认可薄伽丘的可信度以及这封由他传播开来的信件文本的史学和语文学真实性。基于此，认可这封书信所提供的某些历史信息和生平信息（这封书信是这些信息的唯一来源）的可靠度是一个层面的问题，而确定这封由薄伽丘誊抄的书信的确出自某位神秘的伊拉罗修士之手，则是另一个层面的问题。关于第一个层面，不乏资料能够证明信中所含信息的可靠度。至于一位来自科尔沃的圣十字修道院的普尔萨诺修会的隐修士向比萨的领主寄送一份珍贵的礼物，以换取某些便利或恩惠，这也并不令人惊讶——几十年来，那座小型隐修院一直依附于比萨的圣米凯莱德斯卡尔齐修道院（San Michele degli Scalzi，关于该修道院的信息，见 Eliana M. *«Ad pacem et veram et perpetuam concordiam devenerunt». Il cartualrio del notaio Giovanni di Parente di Stupio e l'«Instrumentum pacis» del 1306*, «Giornale storico della Lunigiana e del territorio lucense», LIX [2008], pp. 69–175，尤其见 pp. 146–148，该作品谈到了这座修道院位于交通要道，因而有接待往来旅客的传统）。此外，乌戈乔尼 · 德拉 · 法焦拉（此人虽为一介武夫，却具有一定的文化底蕴：见 Carla Maria Monti, *Uguccione della Faggiola, la battaglia di Montecatini e la «Commedia» di Dante*, RSD, X, 2010, pp. 127–159）有一位名为费德里克（Federico）的兄弟是本笃会修士，因此他理应对来自该修会的请求颇为敏感。总之，鉴于那座修道院所处的经济困境——14 世纪下半叶甚至处于被废弃的状态，伊拉罗很有可能在寄送礼物的同时请求物质援助（那封陈情书未能保存至今）。然而，信中宣称将《地狱篇》献给乌戈乔尼 · 德拉 · 法焦拉，将《炼狱篇》献给摩罗埃罗 · 马拉斯皮纳，将《天国篇》献给斐得利哥三世，这一点常常被视为该信疑为杜撰或信中内容与史实不符的证据（鉴于但丁在 *Pd* XIX 130–135 和 XX 61–63 中对斐得利哥三世表现出的敌意，将《天国篇》献给斐得利哥三世的疑点尤多，因此，这一点对反方观点十分有利）。自亨利七世去世（1313 年 8 月）后，乌戈乔尼 · 德拉 · 法焦拉和斐得利哥三世扮演了其统一大业的继承者的角色；摩罗埃罗 · 马拉斯皮纳尽管是圭尔甫派，却颇为支持皇权，且是但丁最重要的庇护人。所以说，这封信件的撰写
370 者对但丁在那几个月里所持有的政治立场是相当了解的。但这些信息不可能来自但丁的文稿，如果说那些文稿能够提供某些信息，那也是内容相反的信息。一个杜撰者，或者说一个心存戏谑之心的文人（鉴于该信件的作者形象与中世纪典型的杜撰者并不相符，萨维里奥 · 贝洛摩认为那封信并非“蓄意造假”，而是“一种赋予戏谑意味的练习，丝毫不带欺骗任何人的意图”），有可能在不了解具体史料的情况下构建出这样一幅图景吗？不过，上述推测并不能证明薄伽丘誊抄的文本与伊拉罗或其他可能的作者撰写的信件相符，因而也并不能说明该文本包含的所有信息都值得被信赖。首先，信件字里行间呈现出的为数不少的自相矛盾之处（关于这些疑点，见 Alberto Casadei, *Considerazioni sull'epistola di Ilaro*, «Dante», VIII [2011], pp. 11–22）让人颇感吃惊。其次，对于这封信件是如何辗转了多少次才传到薄伽丘手中，我们知之甚少：既然我们对这封信的版本经历一无所知，就不能排除信件文本曾在后期被人篡改的可能。最后，即使传抄的版本与伊拉罗撰写的文本确实相符，我们也该质疑一个消息闭塞的乡间隐修院的修士——他自己也承认是从别人那里（*quod accepi ab aliis*）寻到了有关但丁的消息——究竟会将道听途说的信息进行怎样的歪曲，且在与他人的对话过去了一段时间以后，他在追忆谈话的内容时会否忘记了什么，或者记错了什么。关于但丁最初打算用拉丁文撰写《神曲》后来又改用俗语的理由（原文如下：*Sed cum presentis evi conditionem rependerem, vidi cantus illustrium poetarum quasi pro nicilo esse abiectos; et hoc ideo generosi homines, quibus talia meliori tempore scribebantur, liberales artes - pro dolor! - dimisere plebeis*），完全可以这样反驳：倘若“诗人是针对‘高贵’（且不通拉丁文）的公众做出了使用俗语的选择，且这一选择是诗人本人在《飨宴》和《论俗语》的关键篇章中论述的核心论题”（CARPI, p. 444），那么这位作者或杜撰者只可能是从上述两部作品中获取的信息。然而，这一论断也能被反驳，由于在 14 世纪 40 年代以前，上述两部未曾公开发表的作品的传播极为有限（直到 14 世纪 40 年代初，薄伽丘才将其进行誊抄），这一情况反而变成了一条能够证实这封书信的真实性的线索。

无论是在《但丁颂》（BOCCACCIO[1], 192–194；BOCCACCIO[2], 132）还是在《详论但丁的〈神曲〉》（BOCCACCIO[3], *Accessus* 75–76）里，薄伽丘都提到了那几句六音步诗。这几句诗行与诗人回应乔凡尼·德·维吉尔的那首拉丁文诗的牧歌颇有相似之处（“Tunc ego: ‘Cum *mundi circumflua* corpora *cantu* / aristocoleque meo, velut infera *regna, patebunt'* ”，*Eg* II 48–49），这一点同样可以被进行双向解读：既可以被视为某种内在记忆的现象，也可以被看作是某个知晓那次诗歌交流的人进行的模仿。不过，天平明显更加偏向于杜撰的可能。371
萨维里奥·贝洛摩表明，那些所谓的开篇诗句与乔凡尼·德·维吉尔那首拉丁文诗的开篇十分相似：“属于皮埃罗斯女儿们的、滋养他人的声音——你渴望用生命的枝条拯救这死亡横流的世界，同时正用崭新的歌唱愉悦它。展现承载三种命运、根据灵魂的善恶指定给各人的疆域：给罪人地狱、给奔星者忘川、将那高于太阳的王国给有福之民。”（*Eg* I 1–5）事实上，那几句六音步诗的确像是被修改过，以刻意强调《神曲》起初是用拉丁文创作的。综上所述，我们可以采纳 Casadei, *Considerazioni sull'epistola di Ilaro* cit., p. 22 中的观点，他认为这封信“虽经过改造，但却不是彻头彻尾的杜撰”。

Filippo Villani, *Expositio seu comentum super «Commedia» Dantis Allegherii*, cit., *Prefatio* 221–225 中写道：“我记得曾从我的伯父、历史学家乔凡尼·维拉尼——当年他是但丁的朋友和同伴——那里听说，但丁有一次表示倘若将自己的拉丁文诗作与维吉尔、斯塔提乌斯、贺拉斯（Orazio）和卢坎的诗篇相比，他创作的拉丁文史诗就好比一块放在红色锦缎旁边的破布头。相反，他明白自己的俗语诗才已经达到了登峰造极的程度，于是决定将所有心血都用于俗语诗篇的创作。”

“对他而言，我不如从前可爱、可喜”

《我要让自己的言辞如此粗野》（*Così nel mio parlar vogli'esser aspro*）的第66–71 行写道：但丁“想象自己终于能够实现夙愿……使用如此粗野的语言，与罗曼语抒情诗歌传统完全无法相提并论”（GIUNTA, p. 509）。根据《我来到天体轮转中的那个时刻》（*Io son venuto al punto della rota*）（Rime 40, 1–9）开篇之处的星象学解说，所谓的“石头诗”系列——那首题为《我要让自己的言辞如此粗野》就属于这一系列——的创作时间是在 1296 年冬季；尽管解说中提及的那次星体相合在 1304 年底也曾出现，第一个日期仍被认为是更具可能性的（见 GIUNTA, p. 465）。

针对贝阿特丽齐的指责和但丁的悔过所进行的分析，尤其是贝阿特丽齐的指责与诗人未能信守《新生》末尾处那条诺言的关系，见 SANTAGATA, pp. 234–241。Guglielmo Gorni（*Dante nella selva. Il primo canto della Commedia*, Parma, Pratiche Editrice, 1995, pp. 95–97）也认为但丁的对贝阿特丽齐的“背叛”指的就是他未能兑现的诺言，但他一直认为诗人许诺创作却久久未能付诸实施的那部作品就是《神曲》。

在 VN 16, 6 中，但丁指出俗语诗歌仅适合表达爱情，从而表达了不同于圭托内 · 阿雷佐等人的观点；在 VN 19, 10 中，诗人表示赞同卡瓦尔坎迪的观点，认为自己只应用俗语进行创作。

372 政治生活里的“怠工者”

第 94 页里引用的句子来自 Salvemini, *Magnati e popolani*, cit., p. 259。

关于但丁报名加入行会的相关文献，以及但丁在行会领袖委员会和百人议事会的发言，见 PIATTOLI, nn. 53, 56, 79。关于佛罗伦萨顾问团的规章及但丁政治生涯里的重要节点，见 Michele Barbi, *L'ordinamento della repubblica fiorentina e la via politica di Dante* (1899)，同时见 BARBI[1], pp. 141–155。除了米凯莱 · 巴尔比提供的证据，PETROCCHI, pp. 64–65 也确凿地证实了但丁是人民队长身边某个亲近的或特殊的委员会的成员。关于但丁在佛罗伦萨共和国各个委员会的发言，埃尔内斯托 · 塞斯坦（Ernesto Sestan）进行了简明清晰的史料重构：Ernesto Sestan, *Comportamento e attività di Dante in Firenze come uomo politico di parte*, in *Il processo di Dante*, cit., pp. 33–39。

正义旗手是根据由贾诺 · 德拉 · 贝拉颁布的《正义法规》而设立的官职，其地位与督政官和执政团平起平坐，其职责在于防止豪强阶层专权。

关于“高贵”的教化

关于对温柔新诗派强调的“高贵”这一概念的根本性价值，见 Marco Santagata, *I due cominciamenti della lirica italiana*, Pisa, Edizioni ETS, 2006, pp. 35–69。关于圭尼泽利的诗作及相关评论，见 Guido Guinizelli, *Rime*, a c. di Luciano Rossi, Torino, Einaudi, 2002。

《我常常寻找的甘甜的爱之韵律》将被收录于《飨宴》的第四部分并配以评论；其中 vv. 20–24 意为：“曾有一位皇帝认为高贵是家族的世代运势与考究的生活品质的结合。”可以假设，但丁已预见到《既然爱已全然抛弃了我》（*Rime* 27）也将被收录入《飨宴》；关于这首合组歌及其蕴涵的佛罗伦萨社会环境，见 Glaudio Giunta, *La poesia italiana nell'età di Dante. La linea*

Bonagiunta-Guinizzelli, Bologna, il Mulino, 1998, pp. 279–284；GIUNTA, pp. 330–358; Enrico Fenzi, *«Sollazzo» e «leggiadria». Un'interpretazione della canzone dantesca «Poscia ch'Amor»*, SD, LXII (1991, ma stampato nel 1997), pp. 191–280。关于虚伪的“优雅”之举，见 vv. 20–57：“有人挥金如土 / 自以为能够 / 置身获得真福的灵魂之列……不将饕餮与纵欲 / 视为疯狂，/ 有人盛装打扮，莫非是要 / 置身于市场，将自己出售给愚蠢的人？……有人时常痴笑，/ 妄图 / 彰显时髦，/ 让那些不明就里之人认为他们所笑之事 / 为盲目的头脑所不能理解。/ 有人爱用生僻的字眼说话，/ 走路的姿态怪异，/ 乐于看到自己被普通民众所艳羡；/ 有人从不曾爱上 / 真正付出爱意的女子；言谈间只会打情骂俏（且他们的笑话根本不可笑）；他们不曾移动双脚 / 用优雅的方式对女子表达好感，/ 只会像正在偷盗的窃贼一般，/ 去盗取鬼鬼祟祟的欢愉 /——让女子错付和熄灭了 / 优雅的举止——/ 因为他们好比没有头脑的牲畜。”文中引用的关于“优雅”之举的描述来自 Giunta, *La poesia italiana nell'età di Dante,* cit., p. 352。

关于布鲁内托 · 拉蒂尼和拉波 · 萨特雷利在豪强阶层的论战中表现出的态度，见 CARPI, pp. 101–105。13 世纪 90 年代，在但丁与拉波 · 萨特雷利开始合作的不久前，但丁应该曾对贾诺 · 德拉 · 贝拉抱有好感；但他的态度将发生变化，以至于在《天国篇》（XVI 127–132）里将对一位人物表现出公然 373
的反感：那个人尽管佩戴着乌戈 · 迪 · 托斯卡纳（Ugo di Toscana，10 世纪）这位“伟大人物”的阿拉尔迪克家族（araldiche）纹章，却背叛了他的立场，“与平民”“站在了一起”。有待改变的是但丁的信念，待到 14 世纪的 10 年代，他将对封建贵族和骑士阶层满怀热情（见 CARPI, pp. 100–101；GORNI, pp. 35–36）。

与圭多 · 卡瓦尔坎迪分道扬镳

关于圭多 · 卡瓦尔坎迪的政治立场，见 Michele Barbi, *Guido Cavalcanti e Dante di fronte al governo popolare* (1920)（不过，其中观点并不完全可取），同时见 BARBI[2], pp. 371–378。需要注意的是，直到此刻都能被接受的关于圭多 · 卡瓦尔坎迪的生平信息都将被弗朗切斯科 · 维拉尔迪（Francesco Velardi）的档案研究（*I «due Guidi» Cavalcanti e la data di morte del necrologio di Santa Reparata*, SD, LXXII [2007], pp. 239–263）所彻底颠覆。这项研究表明：“迎娶法利纳塔 · 德 · 乌贝尔蒂之女的……并非但丁的友人，而是‘第二个’圭多 · 卡瓦尔坎迪。”《圣雷帕拉塔死亡登记簿》（*Registro Obituario di S. Reparata*）41r 处（p. 239）所记载的也是这个人的死亡日期（尽管写的

是 1310 年 8 月 29 日）。关于迪诺 · 康帕尼写给圭多 · 卡瓦尔坎迪的十四行诗及相关评论，见 Cavalcanti, *Rime*, cit., pp. 211–214；多美尼科 · 德 · 罗贝蒂斯（Domenico De Robertis）在绪论部分（pp. 158–159）展示了针对《我每日无数次把你探望》进行的多种解读。

第 101 页探讨《新生》与《一位女子相求，因此我想言说》之间截然不同的爱情观的文字来自 De Robertis, *Dal primo all'ultimo Dante*, cit., p. 31。关于圭多 · 卡瓦尔坎迪的那首合组歌是否是针对《新生》的挑衅式回应，相关的文献资料已十分丰富，至少见：Giuliano Tanturli, *Guido Cavalcanti contro Dante*, in *Le tradizioni del teso. Studi di letteratura italiana offerti a Domenico De Robertis*, a c. di Franco Gavazzeni e Guglielmo Gorni, Milano-Napoli, Ricciardi, 1993, pp. 3–13；Enrico Malato, *Dante e Guido Cavalcanti. Il dissidio per la «Vita Nuova» e il «disdegno» di Guido*, Roma, Salerno Editrice, 1997；Niccolò Pasero, *Dante in Cavalcanti*, «Medioevo romanzo», XXII (1998), pp. 388–414；Fenzi, *La canzone d'amore di Guido Cavalcanti*, cit。

VN 15 表明圭多 · 卡瓦尔坎迪就是那位被弟子超越了的导师，同时也对那首偶然创作的十四行诗《我感到沉睡的爱恋之息在心中苏醒》进行了强化诠释。

亏空的边缘

关于借款的证明文献发表于 PIATTOLI, nn. 57, 58。

关于被允准加入百人议事会的税额水准的信息来自 DAVIDSOHN, III, p. 581；罗贝塔 · 切拉为笔者的研究计算出了 1200 里贝拉或里拉等同于多少弗洛林金币。关于但丁的地产及其价值的信息来自 Barbi, *La condizione economica di Dante e della sua famiglia*, cit。

374 关于利托 · 德 · 科尔比奇的地产情况，见 ZINGARELLI, p. 31；关于阿拉马诺 · 德 · 阿狄玛里的信息，见 DAVIDSOHN, IV, pp. 145, 149。

关于杰玛的母亲的遗嘱，见 PIATTOLI, n. 113；关于雅各伯 · 迪 · 利托 · 德 · 科尔比奇于 1332 年开具的债务偿还收据，见 PIATTOLI, n. 155；关于弗朗切斯科于 1299 年欠下的债务，见 PIATTOLI, n. 71；关于其他借款，分别见 PIATTOLI, nn. 72, 74, 78, 85。

权力之争

关于切尔基家族和维耶里 · 德 · 切尔基的信息，见 Franco Cardini, ED 中的相关词条；关于窦那蒂家族和科尔索·窦那蒂的信息，见 Renato Piattoli e Ernesto Sestan, ED 中的相关词条。关于切尔基家族的不动产购置情况，但丁在 *Pd* XVI 94–99 中写道："城门处本居住拉维纳尼（Ravignani），/ 圭多伯爵结姻亲，高贵不凡，/ 后人均取姓氏贝林丘内，/ 现如今重物压门楣上面，/ 新背叛之恶名十分沉重，/ 不久后那小船必被压翻。"（要知道，但丁认为他的曾祖父阿利吉耶罗一世迎娶了贝林丘内家族的一位女儿）针对切尔基恶行的控诉，见 COMPAGNI, I XXVII。

关于自 1295 年至 1301 年政变这一时期内佛罗伦萨发生的政治事件，见 DAVIDSOHN, IV；关于卜尼法斯八世插手干预佛罗伦萨政治冲突的详细史实构建，见 Giuseppe Indizio, *«Con la forza di tal che testé piaggia»: storia delle relazioni tra Bonifacio VIII, Firenze e Dante*, «Italianistica. Rivista di letteratura italiana», XXXIX, 3 (2010), pp. 69–96。

科尔索·窦那蒂和乔凡娜·德·乌贝尔蒂尼·迪·加维莱卷入的那场官司是"勾勒出 13 世纪末佛罗伦萨政局分裂轮廓的重要元素"。关于那场法律事件，见 Giuliano Milani, *Appunti per una riconsiderazione del bando di Dante*, «Bollettino di italianistica. Rivista di critica, storia letteraria, filologia e linguistica», n.s. VIII, n. 2 (2011), pp. 42–70，尤其是 p. 56。

关于尼古拉·阿恰奥里和阿古聊的巴尔多的事件，见 DAVIDSOHN, IV, pp. 102–105；关于坎特·德·加布里埃里的信息，见 Giuseppe Inzitari, ED, *Gabrielli da Gubbio, Cante de'*。

盐务丑闻的发生年代应与阿古聊的巴尔多和尼古拉·阿恰奥里篡改审判卷宗的年代相差不远：一位来自加拉蒙特西（Chiaramontesi）或凯尔蒙特西（Chermontesi）豪强家族的杜朗丁修士在当时担任售盐监管，他通过改变卖盐木斗的尺寸获得了大量利益。关于此人带给家族的羞耻，但丁在 *Pd* XVI 105 写道："还有人为盐斗羞红颜面。"关于此人的信息，见 DAVIDSOHN, IV, pp. 105–106，同时见 Arnaldo d'Addario, ED, *Chiaramontesi*。

担任执政官：所有劫难的"原因和起始"

关于但丁的那句自我感叹，见 BRUNI, p. 542，译自先前提及的那封已经遗失的书信。

关于维耶里·德·切尔基给教宗的回复，见 VILLANI, IX XXXIX 75–89。

关于在圣三一修道院集会的日期，不同的史料说法不一：尽管迪诺·康帕 375
尼作为当年事件的目击者称其发生于 1301 年（COMPAGNI, I XXIII），而以伊

希多罗 · 德 · 隆戈（Isidoro del Lungo, *Dino Compagni e la sua Cronica*, cit., vol. II, p. 111）和米凯莱 · 巴尔比（*Guido Cavalcanti e Dante di fronte al governo popolare*,pp. 376–377）为代表的数位权威但丁研究专家也持有各自的观点，笔者仍然更加倾向于 VILLANI (IX XXXIX) 的描述，并认为该版本对历史事件的重构显得更为合理。最近，认为该事件发生于 1301 年的观点得到了再次重申，见 Milani, *Appunti per una riconsiderazione del bando di Dante*, cit., pp. 54–55。

关于圣吉米尼亚诺的总议事会的会议的记录，见 PIATTOLI, n. 73。

需要注意的是，章程并没有规定选举执政官的具体方式，因此“每过两个月，就需要对政府最高管理机构的遴选方式进行商讨，负责商讨的委员会由城市大型行会领袖加上即将卸任的执政官（他们也将出席商讨会议）挑选出的智者组成”（Milani, *Appunti per una riconsiderazione del bando di Dante*, cit., p. 60）。

第 110 页提到的著名但丁专家是 Michele Barbi, *Vita di Dante*, Firenze, Le Lettere, 1996, p. 15 (1° ed. 1993)。

判决公证书被发表于 PIATTOLI, n. 75。

豪强阶层发表的抗议内容收录于 COMPAGNI, I XXI；在同一部作品中（I XXI），作者还描述了刺杀阿夸斯帕塔的马太事件。

关于但丁自以为大获全胜的感受，见 PETROCCHI, p. 82。

最后一位中世纪教宗

关于卜尼法斯八世，见 Eugenio Dupré Theseider, Agostino Paravicini Bagliani, EP, *Bonifacio VIII*, Torino, Einaudi, 2003（不过，该作品对教宗在佛罗伦萨的一系列事件中所扮演的角色仅略有提及）；关于卜尼法斯八世与佛罗伦萨城的关系，极为有用的作品是 Indizio, «*Con la forza di tal che testé piaggia*», cit。

关于对雅各布内 · 达 · 托迪的态度的分析，见 Paravicini Bagliani, *Bonifacio VIII*, cit., pp. 200–203。文章中引用的诗行摘自一首作者存疑的颂诗（lauda）《噢，卜尼法斯教宗，你尽兴地游戏人间》（*O papa Bonifazio, molt'ài iocato al mondo*）（Iacopone da Tod, *Laudi, Trattato e Detti*, a c. di Franca Ageno, Firenze, Le Monnier, 1953）。

1300 年：大赦之年

关于大赦之年罗马城的生活，见 Arsenio Frugoni, *Pellegrini a Roma nel 1300. Cronache del primo Giubileo*, presentazione di Chiara Frugoni, a cura e con introduzione di Felice Accrocca, Casale Monferrato, Piemme, 1999。阿尔森尼奥 · 弗

鲁格尼（Arsenio Frugoni）还提供了参与者的人数和编年史学家们（包括乔凡尼 · 维拉尼、来自阿斯蒂 [Asti] 的古列莫 · 温图拉 [Guglielmo Ventura] 和枢机主教雅各伯 · 本笃 · 卡埃塔尼 · 斯特法内斯基）的评论。在附录部分，阿尔森尼奥 · 弗鲁格尼还提供了雅各伯 · 本笃 · 卡埃塔尼 · 斯特法内斯基的《百年或禧年记》（*De centesimo seu Jubileo anno liber*）的意大利文译文。文中提到罗马的常驻朝圣者有 20 万之多，该观点来自 VILLANI, IX XXXVI；200 万朝圣者的人数来自古列莫 · 温图拉；一天之中进出罗马的总人数达到 3 万人，该数据来自未署名作品《科尔马编年史》（*Annales Colmarienses*）（所有数据都被阿尔森尼奥 · 弗鲁格尼在第 55–56 页引用）。最新的研究成果来自 Robert 376
M. Durling, *Dante, le jubilé de l'an 1300 et la question des indulgences*, «Revue des Études italiennes» 56 (2010), pp. 5–17。

针对但丁作为佛罗伦萨派去觐见教宗的使团成员于 1300 年 11 月前往罗马的假设（相关的谨慎推理见 PETROCCHI, pp. 87–88，随后，该假设又被再度谨慎地提及于 Enrico Malato, *Dante*, Roma, Salerno Editrice, 1999, p. 46），INDIZIO[2], pp. 283–285 表达了反对意见。弗朗切斯科于 1300 年 3 月 14 日借款给但丁的相关文书收录于 PIATTOLI, n. 71。

"在人生的中途"

在本节及下一节里，笔者将再次谈到这部史诗在佛罗伦萨的诞生过程，更详细的阐述见 SANTAGATA, pp. 293–316。

作品所述的虚构旅程的发生年代是当代但丁研究学者探讨的主题（关于对旅程发生年代的种种假设，Antonio Enzo Quaglio, ED, *Commedia* [par. 2] 给出了一份简明全面的概述），古代的评论者则众口一词地认为那次旅程发生于 1300 年 3 月：见 INDIZIO[3], pp. 226–236 和 Saverio Bellomo, *«La natura delle cose aromatiche» e il sapore della «Commedia»: quel che ci dicono gli antichicommenti a Dante*, «Critica del testo», XIV/1 (2011), pp. 531–533，尤其是 pp. 536–541 中的相关论述。

关于修路事件，见 Michele Barbi, *L'ufficio di Dante per i lavori di via S. Procolo* (1921) 中的研究，同时见 BARBI[2], pp. 385–413。

第 120 页出现的关于《飨宴》的政治主张的引文来自 FIORAVANTI 的序言；詹弗朗科 · 菲奥拉凡迪（Gianfranco Fioravanti）指出，在 *Cv* IV V 20 中，但丁称罗马为"神圣之城"（"santa cittade"）。然而，这一称法却与《神曲》里所说的"神圣之地"（"loco santo"）存在实质上的差异：在《飨宴》里，罗马获此称号“并非因为它是彼得（和保罗）的殉难地，且如今是其继承者的所在地，而是因为它乃是由上帝的意志直接决定的最高政治机构的摇篮和大本营”。

关于“圭尔甫派政治色彩”的说法，见 Umberto Carpi, *Un «Inferno» guelfo*, NRLI, XIII (2010), pp. 95–134，尤其是 p. 113，该论文对整部《地狱篇》的解读有着根本性的重要意义。此外，PASQUINI, p. 163 指出但丁在第二歌里“仍然认为罗马帝国是为了教权而存在的”。事实上，埃尔内斯托 · 贾科莫 · 帕洛迪（Ernesto Giacomo Parodi）先前也已这样写道：“在整部《地狱篇》里，帝国仅被提到过一次，且是轻描淡写的，在第二歌那些著名的文字里，当诗人赞颂帝国是由上帝预设的时候，他似乎是在否认帝国于它自身而言的意义……但丁貌似得出了这样一个结论，无论是罗马城的创立，还是帝国体制的构建，其最终目的都是为了它成为基督之代表的所在地而做准备。”（Ernesto Giacomo Parodi, *La data della composizione e le teorie politiche dell'«Inferno» e del «Purgatorio»* [1905]，同时见 Ernesto Giacomo Parodi, *Poesia e Storia nella «Divina Commedia»*, a c. di Gianfranco Folena e Pier Vincenzo Mengaldo, Vicenza, Neri Pozza Editore, 1965, pp. 233–324; la cit. alle pp. 253–254）

377 薄伽丘笔下的“小册子”

关于薄伽丘对失而复得的七歌诗稿的描述，见 BOCCACCIO[1], 179–183（其实质内容与 BOCCACCIO[2], 179–182 基本类似），同时见 BOCCACCIO[3], VIII I 6–19。

令人对薄伽丘的描述心生疑窦的，是恰克的那则关于圭尔甫派白党将在三年内落败的预言（“疑点在此：诗人在第七歌里引入了恰克这个人物，让他预言，在从他说出那番话之时开始的不到三年的时间里，但丁所属的党派就将结束其存在状态，并将遭遇流放出境的命运；后来的情形的确如此，因此，正如先前所说的，圭尔甫派白党的消亡和 [但丁] 离开佛罗伦萨其实是一个整体；然而，倘若诗人是在一个提前预设好的时间节点离开的，他又是如何将这一切写下来的呢？不仅是这一歌，而且还有另外一歌？），以及是迪诺 · 弗雷斯克巴尔迪让那本“小册子”（“quadrenetto”）流传开来的说法，而那本小册子在那时已全无影踪（BOCCACCIO[3], VIII I 14–15）。关于迪诺 · 弗雷斯克巴尔迪及其诗作，见 Dino Frescobaldi, *Canzoni e sonetti*, a c. di Furio Brugnolo, Torino, Einaudi, 1984。

就薄伽丘所述内容的可信度展开的探讨极为丰富。尽管 Billanovich, *La leggenda Dantesca del Boccaccio*, cit. 中提出薄伽丘构筑的是关于但丁的“传闻”，笔者在此仍需列出那些认同薄伽丘所述内容可信程度的最重要的作品，以证明《神曲》的确是一部在佛罗伦萨诞生的作品：尤为权威的，是米凯莱·巴尔比在 1904 年写给尼古拉·曾加雷利（Nicola Zingarelli）的一篇评论（*Una nuova opera sintetica su Dante*, 同时见 BARBI[1], pp. 29–85，尤其是 pp. 69–72）里发表的观点，据他所述，薄伽丘的描述是有事实依据的，因此我们可以相信但丁“在被流放以前”就已经开始创作“一部类似于《神曲》的史诗——当然，并不是我们今天读到的那部《神曲》”。后来，诗人中断了创作，再后来，他又在卢尼贾纳重拾创作，那便是“真正意义上的《神曲》”（不过，当他后来将这篇评论收录入 BARBI[1] 中时，他又修改了自己的观点，称“尽管但丁在被逐出佛罗伦萨以前有可能构思和开始创作过某些比十四行诗和合组歌更为复杂的诗作，去赞颂天国里荣耀的贝阿特丽齐，但我们所读到的这部史诗”却是属于“流放时期”的作品，p. 69。在诸多支持《神曲》的创作始于佛罗伦萨时期的观点之中，最具说服力的论述来自 Giovanni Ferretti, *I due tempi della composizione della Divina Commedia*, Bari, Laterza, 1935；近期，采纳上述观点的研究成果有：Cesare Garboli, *Pianura proibita*, Milano, Adelphi, 2002, pp. 152–163；CARPI，尤为突出的是 Carpi, *Un «Inferno» guelfo, cit.*。另有两部论著认可薄伽丘所述内容的可信度，只是将他的描述与传闻中那部用拉丁文写就的史诗联系在了一起：PADOAN, pp. 25–37 和 PASQUINI, pp. 6–8。值得单独探讨的观点来自 Raffaele Pinto, *Indizi del disegno primitivo dell'«Inferno» (della «Commedia»): «Inf.» VII-XI*, «Tenzone», 12 (2011), pp. 105–152。该文提出了“关于地狱的双重结构设计假设，第一重设计存在于前六歌，第二重（最终）设计始于第八歌”，其间的转化是在作品创作的过程中完成的，但这种转化并不会造成与佛罗伦萨时期创作的第一稿在时期上的断裂（除了这一点，拉斐尔·品托 [Raffaele Pinto] 完全赞同朱塞佩·比拉诺维克 [Giuseppe Billanovich] 的看法，认为薄伽丘所述纯属“传闻”）。

第 123 页提到的“聪明的读者”这一说法来自 Garboli, *Pianura proibita*, cit., p. 158。 378

关于描述狄斯城以前的篇章与后续篇章之间的差异罗列，见 Ferretti, *I due tempi della composizione della Divina Commedia*, cit.；同时见 Edward Moore, *Studies on Dante*, II series, Oxford, Clarendon, 1899, pp. 170–174；Luigi Blasucci, *Per una tipologia degli esordi nei canti danteschi*, «La parola del testo» , IV (2000), pp. 17–46（论述角度不同）；Pinto, *Indizi del disegno primitivo dell'«Inferno»*, cit。

一部关于佛罗伦萨的史诗

对策肋定五世的匿名处理与该人物出场时的介绍性语句形成了鲜明的反差："望影子我便已认出其面：/ 因怯懦他曾拒肩挑重担"（*If* III 59–60）。"'我看见并识得'（在拉丁文中写作 *vidi et cognovi*）是 13 世纪法律和公证领域的专用术语，用于表明某公证员或法官亲眼见证（*de visu*）了某事件的发生，尤其是某位被告的出席和身份"（Giuseppe Indizio, *Un episodio della vita di Damte: l'incontrao con Francesco Petrarca*, «Italianistica», XLI [2012], in corso di stampa）。诗人在此处采用了这一专业术语，并不能证明他生前确实见过教宗。恰恰相反，这似乎是诗人刻意采取的某种技术手段，使所述内容显得更为可信。因此，猜测但丁是否是在 1294 年 10 月以佛罗伦萨代表团成员的身份出使那不勒斯期间结识了教宗，这是完全没有必要的（关于对该问题的论述，见 PETROCCHI, pp. 61–62）。需要指出的是，但丁不可能如 *Pg* IV 26 所述，在从阿纳尼出发前去拜见卜尼法斯八世的途中见过卡库梅山（Cacume，又写作 Caccume），因为在使团出使期间，教宗并不住在他出生的那座城市，而是身处罗马的拉特兰宫。此外，还有一个问题悬而未决：《地狱篇》是在 1313 年以后才发表的，而就在那一年，策肋定五世已被克莱孟五世封为圣人——将一个被教廷封圣的人物置于地狱，这实在令人匪夷所思，然而，但丁又为何没有对这一歌的内容进行后期修改呢（关于对该问题的论述，见 Giorgio Petrocchi, *Itinerari Danteschi*, premessa e cura di Carlo Ossola, Milano, Franco Angeli, 1994 [1ª ed. Bari, Laterza, 1969], pp. 41–59）？

关于将恰克定义为宫廷人士，见《〈神曲〉极好注本》的第三版，即最终版："这位恰克是佛罗伦萨城里的人，他是一位宫廷人士，行为举止如同绅士一般讲究，作者曾在他生前见过他，他最大的罪过就是饕餮罪，这正是此类人等的最典型罪过。"（*L'ultima forma dell'Ottimo commento. Chiose sopra la comedia di Dante Alleghieri fiorentino tracte da diversi ghiosatori. Inferno*, ed. critica a c. di Claudia Di Fonzo, Ravenna, Longo Editore, 2008, p. 97）同时见 Boccaccio, *Decameron* IX 8 和 *Esposizioni*："此人算不得真正意义上的宫廷之人；不过，由于他手头的钱并不多，且如他自己所说，深陷贪吃的罪恶之中，
379 他很机智，常常与那些有钱的绅士待在一起，尤其是那些在吃喝方面十分阔绰且讲究的人。"（BOCCACCIO[3], VI I 25）一些针对恰克的形象及其在《神曲》中所扮演角色的相当尖锐且中肯的分析，见 André Pézard, ED 中的相关词条。

但丁问恰克："泰加尤、雅克波、法利纳塔 / 阿里戈、莫斯卡努力行善 / 其他的豪杰也精明强干，/ 他们都在何处？引我去见。"恰克答道："在更黑灵

魂之中，/ 不同罪把他们打入深渊，/ 向下走，你可与他们相见。”（*If* VI 79–82, 85–87）

诗人对阿狄玛里家族的蔑视（“傲慢的家族”）充分体现于 *Pd* XVI 115–118，诗人指责该家族对待穷人高高在上，对待有权有势的人则卑躬屈膝。此外，诗人还揭露了该家族的卑微出身。

关于泰加尤 · 阿尔多布兰迪 · 德 · 阿狄玛里的描述出自 VILLANI, VII LXXVII；关于菲利普 · 阿尔詹蒂的肖像，见 BOCCACCIO[3], VIII I 68。

关于保罗 · 马拉泰斯塔与弗朗切斯卡 · 达 · 波伦塔的故事及针对第五歌的分析，见 Antonio Enzo Quaglio, *Al di là di Francesca e Laura*, Padova, Liviana, 1973；Ignazio Baldelli, *Dante e Francesca*, Firenze, Olschki, 1999；CARPI, pp. 700–701；SANTAGATA, pp. 312–316。相关的许多解读都被列入 Lorenzo Renzi, *Le conseguenze di un bacio. L'episodio di Francesca nella «Commedia» di Dante*, Bologna, il Mulino, 2007。对安德烈 · 卡佩拉诺的引用摘自 *De amore*, cit., p. 298。

四　被处火刑（1301—1302）

黑党与白党：内战预演

关于本章所述情节的史实重构，主要见 DAVIDSOHN, IV 和 Indizio, *«Con la forza di tal che testé piaggia»*, cit., pp. 69–96。

关于那封失传的信件的内容概述，见 BRUNI, pp. 544–545。

关于圭尔甫派白党与圭尔甫派黑党的区别，见 Franco Cardini, ED, *Cerchi*。关于皮斯托亚的一系列事件，见 DAVIDSOHN, IV, pp. 202–206。

针对但丁的判决收录于 PIATTOLI, n. 90（该文档的意大利文版节译见 *Il processo di Dante*, cit., pp. 23–26）。

一些与但丁于 4 月 14 日在行会领袖委员会上的发言相关的文献收录于 PIATTOLI, nn. 81, 82。

与卜尼法斯八世对抗

关于玛格丽特 · 阿尔多布兰德斯基的复杂事件始末，见 Paravicini Bagliani, *Bonifacio VIII*, cit., pp. 37, 48, 140, 194–195 和 CARPI, 多处。

阿尔曼的亨利的心脏被送至伦敦，在那里被供奉。对此，但丁曾写道：
“主怀中他刺伤一人心肝，/ 泰晤士至今仍滴血不断。”（*If* XII 119–120）关于此 380

人在维泰伯遇刺之事，见 CARPI, pp. 336–341。

关于但丁在多个议事会的会议上发言的相关文档，见 PIATTOLI, nn. 83, 84, 86, 87, 88。

清洗运动

关于 1301 年 6 月至 1302 年夏季之间发生于佛罗伦萨的一系列历史事件，笔者主要参考了 DAVIDSOHN, IV 和 Indizio, *«Con la forza di tal che testé piaggia»*, cit。

第 136 页的引文出自 COMPAGNI, II V。

有文献记载，1301 年 10 月 11 日至 12 月 27 日之间，卜尼法斯八世居住在拉特兰宫：见 Agostino Paravicini Bagliani, *La mobilità della curia romana nel secolo XIII. Riflessi locali, in Società e istituzioni dell'Italia comunale: l'esempio di Perugia (secoli XII-XIV)*, Congresso storico internazionale (Perugia 6–9 novembre 1985), Perugia, Deputazione di storia partita per l'Umbria, 1988, vol. I, pp. 155–278。

关于穆夏托 · 弗朗泽西，见 CARPI, pp. 146–147；关于称此人"狡诈"的说法，见 COMPAGNI, II IV；Musciatto,"极为富有的法国大商人"("ricchissimo e gran mercatante in Francia")，就是那个在即将随瓦卢瓦的查理前往托斯卡纳之时，指派公证员切帕雷罗 · 达 · 普拉托（Cepparello da Prato，人称"小帽子"）去"好几位勃艮第人"那里要回欠款的人（Boccaccio, *Decameron* I 1）。关于马吉纳多的相关情况，见 Arnaldo d'Addario, ED, *Pagani, Maghinardo*。

关于拉波 · 萨特雷利，但丁将要写下以下评论："见拉波 · 萨特雷利和钱盖拉，/ 似辛辛纳图斯、克尼利亚（Corniglia）此时出现，/ 都以为奇异事发生眼前。"（"Saria tenuta allor tal meraviglia / una Cianghella, un Lapo Saltarello, / qual or saria Cincinnato e Corniglia" , *Pd* XV 127–129）。

关于布雷西亚的盖拉蒂诺 · 达 · 甘巴拉，见 Gabriele Archetti, DBI, *Gambara, Gherardo*。

关于第 138 页提及的历史学家，见 CARPI, p. 488。

关于圭尔甫派白党逃离佛罗伦萨时所引发的金融危机，见 DAVIDSOHN, IV, pp. 297–304。关于维耶里 · 德 · 切尔基的 60 万弗洛林金币，不妨做一个比较，以便对这笔款项的价值有所估量：1297 年 5 月 3 日，在阿皮亚古道（Appia）上切奇利娅 · 麦特拉（Cecilia Metella）的墓地附近，发生了一起抢劫案，该案件被让 · 克劳德 · 玛丽 · 维古尔（Jean-Claude Maire Vigueur）定义为“史上最重要的一起武装抢劫事件”。在这起事件中，斯特法诺 · 克罗纳 · 迪 · 帕莱斯特里纳（Stefano Colonna di Palestrina）抢劫了一支镖局，该镖局负责运送的是属于卜尼法斯八世的 20 万弗洛林金币。正是这一事件引发了那场将帕莱斯特里纳彻底摧毁的战争。然而，即使是对一个像卜尼法斯八世那样贪得无厌、肆无忌惮的人而言，这笔数额巨大的财产亦是他在担任枢机主教期间苦心积攒了 13 年的积蓄。再举一个例子：“1313 年，比萨城的进项总额居然惊人地达到了 24 万弗洛林金币；且在 13 世纪末，2 万弗洛林金币就足以填平一座规模类似于佩鲁贾的城市的日常开支。”上述信息见 Jean-Claude Maire Vigueur, *L'altra Roma. Una storia dei romani all'epoca dei comuni (secoli XII-XIV)*, tra. it. Torino, Einaudi, 2011 (1ª ed. Paris 2010), pp. 200–202。

关于圭尔甫派白党成员被流放一事对佛罗伦萨的文化肌理所产生的负面效 381
应，见 Billanovich, *Tra Dante e Petrarca*, cit。

1300 年至 1302 年间发生了一系列事件。如果从但丁的视角进行解读，这些事件似乎具有划时代的意义，但事实上，它们却并未对当时的国际政治大局造成显著的影响。上述事件中的主要人物并没有成为常胜将军。在完成清洗运动后，瓦卢瓦的查理于 1302 年 3 月至 4 月期间离开了佛罗伦萨，奉教宗和安茹家族的查理二世之命前往西西里与阿拉贡家族的斐得利哥三世作战。此战并未取得胜利，以至于那不勒斯国王在连年苦战之后不得不退而求其次，接受和平协议，永远地放弃了西西里（卡尔塔贝洛塔 [Caltabellotta]，1302 年 8 月 29 日）。在 VE (II VI 4) 里，但丁称瓦卢瓦的查理为“第二位托蒂拉”（“Totila secondo”），因为第一位托蒂拉——哥特人的国王——也曾摧毁了佛罗伦萨。对于此人，诗人这样写道：“将大部分鲜花从你的怀中夺走，噢，佛罗伦萨，第二位托蒂拉徒劳无益地向特里纳克里亚挺进。”但丁的观点其实是同时代人的共识。乔凡尼 · 维拉尼曾提到此人遭遇的嘲讽之语：“查理大人作为调停人来到托斯卡纳，却将这座城市留在战争之中；他又去西西里制造纷乱，而后给它带去可耻的和平。”（VILLANI, IX I 1）切尔基家族当佛罗伦萨的主人只有短短几年，随后他们便丧失了一切权力，遭到了流放；胜出的窦那蒂家族不久后就将面临与托萨家族（又称托辛基 [Tosinghi]）领导下的新派别的斗争——圭尔甫派黑党也将随之产生分裂，随着科尔索 · 窦那蒂的死亡（1308 年），他们也将退出舞台。托萨家族从未成功地维持稳定的霸权地位。13 至 14 世纪的佛罗伦萨政局充满了持续的变化，胜利者和失败者的身份无休止地相互交替：无论是哪一方处于统治地位，共和制的法律体系也始终没能让寡头政府中的任何一个家族王朝长久地占据鳌头。BOCCACCIO[3]（VII I 63）中写道：“在我们的时代，切尔基、窦那蒂、托萨以及其他家族在本城曾经有如此高的地位，他们按照自己的喜好指导城中的小事与大事，为所欲为，然而今天他们的名字却几乎完全被遗忘；这熏天的权势如今转移到的家族，在那时却名不见经传。于是，现在掌权者的势力必然也将会转移到其他人身上。”

被判死刑

关于对但丁行踪的重构，见 BRUNI, p. 546。他的观点几乎被 INDIZIO[2], pp. 283–285 全盘接受。

关于枢机主教阿夸斯帕塔的马太的调和尝试，见 DAVIDSOHN, IV, pp. 267–274。

1 月 27 日针对被控事项的判决书原文如下：“下列（指控），通过众人的传言，来到我们耳中，为本法庭（curia）得知：上述人等，在全体或其中某人担任执政官期间、或不在任上、或卸任之后，在（本次）调查所涵盖的时间
382 内，曾亲自或通过他人犯下诈贪公财、非法牟利、不正当勒索财物罪；上述全体或其中某人还接受了钱财或某些物品，或关于财物的账目（scripta libri）[*]或未明言的保证，以作为选举某些新执政官、一名或多名正义旗手的交换，虽然在其他名目之下；据称，上述全体或其中某人还曾不当、不法或不公地接受某些东西，交换佛罗伦萨市区、郊区（comitatus）、属地（districtus）或其他地方某些官员的当选或任命，或交换某些法律（stantiamenta）、特别法令（reformationes）或宪制（ordinamenta）的通过或不通过，或交换发放给佛罗伦萨城市国家某位官员、干部或他人的欠条、支票[†]；这些事情，上述全体或其中某人据称或谋求，或做成，或促成；为此，在任期上或卸任后，他们或者赠送、许诺或支付，或者使人赠送或支付财物，或者在某个商人的账本中记账；（进行此次审判，）还由于他们据称从佛罗伦萨国库或执政官和正义旗手的府衙接受了超过或异于佛罗伦萨城市国家批准的（财物）；并犯下或令别人犯下诈贪佛罗伦萨城市国家财物的罪行——或将它们花费或用于反对教宗或卡罗鲁斯殿下[‡]，阻碍后者的驾临，或用来反对佛罗伦萨城邦与圭尔甫派的和平政局（status）；上述全体或其中某人还以没收地产的威胁为机会和理由（或者他们

---

* “Scripta libri”（账目）具体含义不明；当时信用和账目开始具有货币的功能，这个词应该与此有关。——译注

† 这里的“欠条、支票（appodixa）”很可能等同于意大利文“polizza”，大致指一种条子，有众多含义：可能是城邦在聘用某人的劳动后出具的收据；欠条；条子的接受者已经还清债务的证明；政府需要付款给他的证明等等。此处这些含义都有可能，总的来说，这里的罪行似乎是伪造某笔款项在公家与官员间转手的记录。——译注

‡ 指瓦卢瓦的查理（Carlo di Valois）。——译注

已经执行，或者威胁通过执政官、城市国家或人民来执行），从某个个人、协会或集体那里获得或接受某些财物；还由于他们据称曾犯下，或让别人犯下，或促成行骗、造假、骗局或欺诈以及诈贪公财或非法勒索罪；全体或其中某人推动皮斯托亚城邦内部分裂，既与自身，也与（其公民）原本共有的统一相背离；使上述皮斯托亚城邦的元老和旗手只出自一个党派，使人运作、造成或下令，从上述城邦驱逐了人称‘黑党’的、神圣罗马教会的忠实信徒；并使上述城邦背离于佛罗伦萨的统一和佛罗伦萨的意志，背离对神圣罗马教会，或对托斯卡纳维和特使卡罗鲁斯殿下的臣服。”*（PIATTOLI, n. 90）

1302 年宣布的所有判决书都被收录入一部题为《钉子之书》（*Libro del chiodo*）的羊皮簿里。这本簿子还誊抄了 1268 年针对吉伯林派成员的判决书和其他的一些文献，如 1311 年 9 月 2 日由阿古聊的巴尔多主持的改革（最新版本为：*Il libro del chiodo*, riproduzione in fac-simile con edizione critica a c. di Francesca Klein, con la collaborazione di Simone Sartini, introduzione di Riccardo Fubini, Firenze, Edizioni Polistampa, 2004）。关于 3 月 10 日的判决，见 PIATTOLI, n. 91。关于 1302 年宣布的所有判决书，见 Maurizio Campanelli, *Le sentenze contro i Bianchi fiorentini del 1302*, «Bullettino o dell'Istituto Storico Italiano per il Medio Evo», CVIII (2006), pp. 187–377。针对吉伯林派成员的判决书与涉及圭尔甫派黑白两党冲突的判决书（按时间顺序，《钉子之书》被排在了第三位）被收集在了一处：这些文档是按照何种标准被收集在一处的？背后又隐藏着怎样的政治因素？为了解上述情况，非常有必要阅读 Giuliano Milani, *Appunti per una riconsiderazione del bando di Dante*, cit., pp. 43–49。

判决书中有一处细节，在我们今天看来无足轻重，但对当时的佛罗伦萨人 383
来说，与其说是古怪，不如说是带有侮辱的色彩。坎特·德·加布里埃里于 1 月、2 月和 3 月做出的判决采取的纪年方式均是“圣诞”（“dalla Natività”）纪年，而非“道成肉身”（“dall'Incarnazione”）纪年：第一种方式将圣诞日算作一年的起始日，而第二种方式则是将 3 月 25 日，即圣母领报节，同时也是耶稣道成肉身的日子作为一年的起始日。在中世纪的佛罗伦萨，人们惯于按道成肉身日纪年，这是这座城市国家采取的典型纪年方式（从 10 世纪持续至 1749 年），以至于被称为“佛罗伦萨纪年法”。而按照圣诞日纪年的方式，其使用范围只限于被教廷控制的地区，且仅仅是在卜尼法斯八世担任教宗期间才是如

* 原文为拉丁文，所引的版本比较陈旧，有若干错误，现按照作者在下文列出的 M. Campanelli 的校本译出（此段在第 226–227 页）。另一个新版本见 T. De Robertis et al., a c. di, *Codice diplomatico dantesco*, Nuova edizione commentata delle opere di Dante, VII / 3, Roma 2016: 212–218。——译注

此。坎特·德·加布里埃里是古比奥人，为他服务的公证员和文书也都是翁布里亚地区的人，因此，他们习惯使用圣诞纪年法，这无可厚非。不过，他们偏偏要在佛罗伦萨，以这样一种饱含政治色彩的方式采用圣诞纪年法，看上去就很像是某种公然的挑衅了。这就好比今天的佛罗伦萨法官要莫名其妙地将一份于 2012 年 3 月 24 日宣判的判决书归于 2011 年。

关于加尔贡扎会面的日期及这次会面如何令圭尔甫派黑党的镇压变得愈发血腥，相关的澄清和阐述见 Guido Pampaloni, *I primi anni dell'esilio di Dante, in Conferenze aretine 1965*, Arezzo, Zilli, 1966, pp. 133–145；同时见 Guido Pampaloni, *i primi tempi dell'esilio. Da Gargonza a S. Godenzo. L'Universitas Partis Alborum e il «governo » bianco in Arezzo*, in *Il processo di Dante*, cit., pp. 45–47。关于圭尔甫派白党与吉伯林派结盟引发的“颠覆性”效应，CARPI, pp. 483–488 展开了十分犀利的分析。关于 1302 年宣布的针对徇私舞弊罪的判决究竟与后续针对“公开危害城市国家及其政府的犯罪行为”的判决存在何种实际性差异，以下论著中的观点具有根本性的意义：Giuliano Milani, *Appunti per una riconsiderazione del bando di Dante*, cit., pp. 54–64。

第二部分　流亡时期

一　与佛罗伦萨开战（1302—1304）

阿雷佐与反佛罗伦萨的地缘政治集团

关于圭迪家族领导的大型贵族集团，见 Ernesto Sestan, *I conti e il Casentino (1956)*，同时见 Ernesto Sestan, *Italia medievale*, cit., pp. 356–378。关于乌巴尔迪尼家族的信息，见 Renato Piattoli, ED 中的相应词条。关于乌戈乔尼·德拉·法焦拉（又写作“Faggiuola”）见 Carla Maria Monti, *Uguccione della Faggiola*, cit.，同时见 Christine E. Meek, DBI 中的相应词条。

关于对卡尔利诺·德·帕齐的叛变行为的描述，见 DAVIDSOHN, IV, p. 318–319；罪人卡米丘恩·帕齐与但丁的交谈发生于 *If* XXXII 66–69。

384 圭尔甫派白党同盟

对于圭尔甫派白党人在遭遇流放后不久所经历的事件的重构，见 DAVIDSOHN, IV；Pampaloni, *I primi anni dell'esilio di Dante*, cit., pp. 133–145；

Giuseppe Indizio, *Sul mittente dell'epistola I di Dante (e la cronologia della I e della II)*, RSD, II (2002), pp. 134–145； 此外见：Giorgio Petrocchi, *La vicenda biografica di Dante nel Veneto*, in Id., *Itinerari danteschi*, cit., pp. 88–103，同时见 Francesco Bruni, *La città divisa. Le parti e il bene comune da Dante a Guicciardini*, Bologna, il Mulino, 2003——该书亦提供了关于阿雷佐的伊德布兰蒂诺·德·圭迪·罗美纳主教的信息以及流亡的圭尔甫派白党人建立同盟（*universitates*）的始末（pp. 54–56）。关于维耶里·德·切尔基迁至阿雷佐的情况，见 Cino Rinuccini, *Ricordi (1282—1460)*, Firenze, Piatti, 1840, p. VII：“1302 年 4 月 4 日，维耶里·德·切尔基大人和他的所有亲随被逐出了佛罗伦萨，上述维耶里大人的财产被尽数没收、充公，他离开此地，去了阿雷佐，在那里发布了一则告示：他的任何债主只要送信到阿雷佐，他就会欣然还债。就这样他把钱偿还了每个人，据称他支付了 8 万多弗洛林金币，而他拥有的财富则超过 60 万弗洛林金币。”

在圣戈登佐签署的协议收录于 PIATTOLI, n. 92。

摩罗埃罗·马拉斯皮纳的军事生涯可以被如此概括：“1288 年任佛罗伦萨人的卫队长，率领他们与阿雷佐的吉伯林派对抗；1297 年担任博洛尼亚的圭尔甫派的总队长，也就是督政官，与埃斯特家族对抗；1299 年受命于马太·维斯孔蒂在对抗蒙费拉托（Monferrato）的马尔凯人及其盟友的战事中担任同盟军的总队长；1302 年至 1306 年期间在针对皮斯托亚的战事中担任卢卡人和佛罗伦萨圭尔甫派黑党人的总队长；皮斯托亚的人民队长。”（Eliana M. Vecchi, *Alagia Fieschi marchesa Malaspinia. Una «domina» di Lunigiana nell'età di Dante*, Lucca, maria pacini fazzi editore, 2003, p. 40）关于摩罗埃罗·马拉斯皮纳的情况，详见 Enrica Salvatori, DBI 中的相应词条。万尼·符契向但丁预言道：“战神（Marte）引马格拉河谷火气 / 周围罩浑浊的乌云一团：/ 皮切诺（Piceno）原野上狂风暴雨，/ 天空中展开了一场激战；/ 突然间他撕裂空中云雾，/ 白党人个个伤，十分悲惨。”（*If* XXIV 145–150）

关于斯卡尔佩塔·奥德拉菲见 Augusto Vasina, ED, *Ordelaffi*。

评论弗尔切里·达·卡尔博里残暴行径的编年史学家是 VILLANI, IV LIX。在 *Pg* XIV 58–63 中，圭多·德·杜卡对利涅里·达·卡尔博里（Rinieri da Calboli）说：“我看见你的孙子变成猎人 / 捕猎这汹涌的（阿尔诺）河 / 岸边的狼群（圭尔甫派白党人），使他们全都惊慌失措。/ 他们活着，他就预先出卖他们的肉；/ 他像古代神话中的野兽似的杀死他们；/ 他夺取许多生命。”

关于斯卡尔佩塔·奥德拉菲身边的波伦塔家族成员，乃是“贝纳蒂诺·达·波伦塔，他是切尔维亚的领主兼督政官，弗朗切斯卡·达·波伦塔的兄弟，某个名叫马达莱娜·马拉泰斯塔（Maddalena Malatesta）的女子（乔凡尼·马拉泰斯塔和保罗·马拉泰斯塔的姐妹）的丈夫”（CARPI, pp. 623–624）。

关于阿基诺尔夫·德·圭迪·迪·罗美纳，见 Marco Bicchierai, DBI, *Guidi, Aghinolfo*。

关于本笃十一世的生平，见 Ingeborg Walter, EP 中的相应词条。

385 流亡者的孤独

关于乔内·迪·贝罗和乔内·迪·布鲁内托两兄弟，见 Renato Piattoli, ED 中的相应词条。

第 152 页的引文来自 BOCCACCIO[1], 72；所谓“神圣之所”的说法来自 BOCCACCIO[1], 180。关于贝尔纳多·里克马尼修士在圣十字修道院修行之事，直到 1299 年 7 月才有文献能够证实，这令人不禁猜想：“此人在 13 世纪末成为神父，加入大型修会后，曾被派往另一个地方的一座修道院。”（Renato Piattoli, *Codice Diplomatico Dantesco. Aggiunte*, «Archivio storico italiano», CXXVII, disp. I-II [1969], pp.3–108; la cit. a p. 83；同时见 Renato Piattoli, ED, *Riccomanni, Bernardo*）不过，此种猜测并没有任何实际证据支持；14 世纪的最初 10 年，贝尔纳多·里克马尼修士貌似在圣十字修道院居住。根据 Giorgio Padoan, *Introduzione a Dante*, Firenze, Sansoni, 1975, p. 47 中的观点，所谓“神圣之所”指的就是诗人那些“担任教职的亲友所在的地方”。

关于针对被判罪者亲眷的法律规定和杰玛的行踪，见 DAVIDSOHN, IV, pp. 280–281（关于尼古拉·阿恰奥里扮演的角色，见本书 p. 307），尤其见 Barbi, *Un altro figlio di Dante?* cit., pp. 347–370。

加入混战

关于证实但丁加入十二人委员会的论述，见 BRUNI, p. 546。

关于圭迪家族与马拉泰斯塔家族之间的复杂姻亲关系，见 Baldelli, *Dante e Francesca*, cit., pp. 26–27。

罗美纳的圭迪家族在圣本笃小镇拥有不动产。据 BOCCACCIO[3], XVI 74–75 所述，该家族原本有意在此兴修一座大型城堡，但后来并没有落实。这一点可以从以下诗行中窥见端倪：“原本应被一千座悬崖所分散接受。”关于布兰达泉（fonte Branda），见 Giorgio Varanini, *Dante e la fonte Branda di Romena*, in Id., *L'acceso strale. Saggi e ricerche sulla «Commedia»*, Napoli, Federico & Ardia, 1984, pp. 228–252。

但丁与佩雷格利诺·卡尔维（Pellegrino Calvi）之间的合作对于我们比对于但丁本人更为重要：佩雷格利诺·卡尔维留存在其文书办公室内的书信文档后来尽数遗失，但 15 世纪的弗尔利人文主义者比昂多·弗拉维奥对这些书信却相当熟悉。此人是列奥纳多·布鲁尼的密友。对于上述信件，比昂多·弗拉维奥记得其中的若干，我们恰恰是根据他记忆里的内容构建出但丁人生中的一些段落。例如，关于但丁以使节的身份出使维罗纳的这一事件，见 Augusto Campana, ED, *Biondo Flavio e Calvi*，同时见 ZINGARELLI, p. 188。

出使维罗纳

关于但丁旅居维罗纳期间的史实重构，至关重要的三部论著是 Petrocchi, *La vicenda biografica di Dante nel Veneto*, cit.、INDIZIO[1] 和 CARPI, 多处。

比昂多·弗拉维奥（*Historiarum ab inclinatione Romani imperii decades quattuor*, Basileae, Froben, 1531, decade II, libro IX, p. 338）在宣称“根据佛罗伦萨诗人但丁的证词，那些情况显然比我们从乔凡尼·维拉尼和托勒密·达·卢卡处了解的内容更具可信度”之后，继续写道：“刚刚成为维罗纳领主的康格 386
兰德·德拉·斯卡拉，听了但丁的请求（他是先前所说的那批聚集于弗尔利的人派出的使节），提供了骑兵和步兵方面的军事援助。”显然，比昂多·弗拉维奥是弄混了巴托罗梅奥·德拉·斯卡拉和名声更加显赫的康格兰德·德拉·斯卡拉，且关于斯卡拉家族给予军事援助的说法也并无根据，不过，但丁曾出使维罗纳一事的可靠性却是不容置疑的。众所周知，比昂多·弗拉维奥非常信任但丁的书信（他看到的是由佩雷格利诺·卡尔维誊抄的版本），以至于认为但丁所述的内容比编年史学家乔凡尼·维拉尼和托勒密·达·卢卡（Tolomeo da Lucca）——又称巴托罗梅奥·菲亚多尼（Bartolomeo Fiadoni）——所述的内容更为可信。

目前，研究但丁的诸多学者仍在探讨但丁的第一次维罗纳之行究竟是得到了巴托罗梅奥·德拉·斯卡拉还是他的兄弟阿尔波伊诺·德拉·斯卡拉的接待，尽管诗人描述的纹章样式并没有留下关于这一问题的任何疑点，认为当时是巴托罗梅奥·德拉·斯卡拉在位的观点见 ED, *Della Scala, Bartolomeo* 和 INDIZIO[3], p. 224；而 CARPI, pp. 71–74（尤其是 pp. 72–73，持有该观点的依据是但丁针对斯卡拉家族的负面评价）则认为当时在维罗纳执政的是阿尔波伊诺·德拉·斯卡拉。以鹰的形象作为装饰的，还有巴托罗梅奥·德拉·斯卡拉的另一个兄弟康格兰德·德拉·斯卡拉，他未来的妻子（Giovanna）是腓特烈二世之孙安提阿的科拉多（Corrado di Antiochia）的女儿，而他的堂兄弟费德里克·德拉·斯卡拉（Federico della Scala）将在日后迎娶安提阿的科拉多的另一个女儿英佩拉特丽切（Imperatrice，见 CARPI, p. 82）——当然，这是后话了。此外，但丁将维罗纳人称作“伦巴第人”，这并不奇怪：那时，维罗纳被认为属于伦巴第地区，与特雷维索边境省（如今的威尼托地区）并不相干，相关论述见 Gianfranco Folena, *La presenza di Dante nel Veneto*, «Atti e memorie dell'Accademia patavina di scienze, lettere ed arti», 78 (1965–1966), pp. 483–509 (alle 487–488)，同时见 TAVONI, pp. 1248–1249, 1303–1304。

阿兹顿特是出现在 *If* XX (vv. 118–120) 中的占卜者之一；圭多·达·卡斯特罗·迪·雷焦将在 *Pg* XVI 121–126 中与盖拉多·达·卡米诺和库拉多·达·帕拉佐（Corrado da Palazzo）一道再次出现。关于但丁支持圭尔甫派，反对斯卡拉家族的那一时期，见 CARPI, pp. 517–520；第 157 页的那句话出自 FIORAVANTI, commento a *Cv* IV XVI 6。

关于但丁为何滞留于维罗纳，米凯莱·巴尔比（*Una nuova opera sintetica su Dante*, cit., pp. 29–85）并不反对以下假设：“要么是因为在结束使命后，但丁的身份迅速由使节转变为宾客，要么就是因为他在普里恰诺的战役失利后曾短暂地重返维罗纳，而后才在 1304 年 3 月以前，从那里前去与其他流亡者会合。”他同时认为：“貌似但丁一面开始自己的流浪，一面与他的同伴们保持联系，根据需要时来时往。”(pp. 44–45)

387 一座图书馆难以抗拒的魅力

关于切科·安焦列里写给但丁的那首十四行诗，多美尼科·德·罗贝蒂斯的相关评论见 Dante Alighieri, *Rime*, cit., pp. 477–478；该书的 pp. 481–482 也收录了贵尔夫·塔维亚尼的那首《切科·安焦列里，我看你是个傻瓜》，关于几位诗人之间的交流，同时见 Claudio Giunta, *Versi a un destinatario*, cit., pp. 276–277。

在 VE II VI 7 里，但丁谈到那种被他称之为“至高的结构”（*construcctio suprema*）的句法现象，称这种现象曾出现于传统诗人（维吉尔、《变形记》的作者贺拉斯、斯塔提乌斯和卢坎）的作品，也曾在蒂托·李维、普林尼、弗朗提努斯、保卢斯·奥罗修斯等伟大的散文作家以及“某位殷勤的友人推荐的许多其他作家”的作品中读到过。关于但丁与维罗纳圣职团图书馆之间的关系，见 Gargan, *Per la biblioteca di Dante*, cit., pp. 161–193，尤其见 pp. 175–177（卢奇亚诺·加尔甘认为《论俗语》的创作正是始于诗人旅居于维罗纳的这一时期)。尤为重要的观点，见 TAVONI, pp. 1451–1455。米尔克·塔沃尼（Mirko Tavoni）提出了一种相当有意思的假设：将圣职团图书馆的秘密介绍给但丁的，是乔凡尼·德·马托契斯（Giovanni de Matociis)。此人被人们唤作“圣器看管人乔凡尼”，因为他最晚从 1311 年开始就在维罗纳主教座堂担任圣器看管人（早在 1303 年，就有文献记录了他在维罗纳地区的活动)。关于此人的情况，见 Mario Zabbia, DBI, *Matociis, Giovanni De' (Giovanni Mansionario)*。相反，朱塞佩·比拉诺维克则认为“没有任何外部证据，或是作品内部的线索能够证明那位创作《神曲》的诗人曾迈入主座教堂的图书馆的门槛，并在那里研习过其中任何一位宗教的或世俗的，有名的或不知名的作家”(*La traduzione del testo di Livio*, cit., p. 55)。

穿行于威尼托的城市之间

《论俗语》第一卷的撰写时间可追溯至 1304 年，其证据在于文中提到的蒙费拉托的乔凡尼一世（Giovanni I di Monferrato，I XII 5）尚在人世，而此人是于 1305 年 1 月去世的（见 Aldo A. Settia, DBI, Giovanni I, *marchese di Monferrato*)。

关于但丁对威尼托地区各种方言特色的了解程度，见 VE I XIV 5–6。以下是但丁提及的一系列地理位置的相关信息：关于特雷维索，见 *Cv* IV XIV 12 和 *Pd* IX 49；关于布伦塔河的堤坝，见 *If* XV 7–9；关于特伦托南面的山体滑坡（“ruina”)，见 *If* XII 4–9；关于威尼斯的军舰修造厂，见 *If* XXI 7–15。关于但丁是在第一次旅居维罗纳期间了解了威尼托地区的地理概貌和语言特色，相关论述见 INDIZIO[1], pp. 41–52。其他学者则假设但丁曾于 1304 年下半年至 1306 年的头几个月之间得到过卡米诺家族的接待，旅居于特雷维索，具体时期则众说纷纭。持有上述观点的论著包括：Petrocchi, *La vicenda biografica di Dante nel Veneto*, cit., pp. 96–97（作者的观点并不十分坚定）和 CARPI——他反复重申圭尔甫派成员盖拉多·达·卡米诺和扎尔多·达·卡米诺曾接待过但丁。

对盐务问题相关事件的描述，见 INDIZIO[1], pp. 43–44。

1307 年前后，出于政治上的考量，但丁对卡米诺家族表现出特殊的好感，将雷吉纳尔多·德·斯克罗维尼置于地狱恶囊中的放高利贷者之中，并让他预卜了另一位向特雷维索的领主们借贷的银行家——维塔里亚诺·德·登特

388 （Vitaliano Del Dente，雷吉纳尔多的女婿*）也将下地狱，这一切并非出于偶然。如果说在描述雷吉纳尔多 · 德 · 斯克罗维尼和维塔里亚诺 · 德 · 登特所受刑罚的过程中，但丁对卡米诺家族的倾向并不明显，那么他对斯卡拉家族表达的讥讽则是显而易见的：事实上，巴托罗梅奥 · 德拉 · 斯卡拉在妻子康斯坦察过世后，曾在临死前迎娶了另外一位女子，而放高利贷者维塔里亚诺 · 德 · 登特正是那女子的父亲。在那几个月里，但丁就住在维罗纳。斯克罗维尼家族和登特（Del Dente）家族都是雷米兹家族（Lemizzi）的分支，CARPI, pp. 72, 247, 408 就上述两个家族进行了相当有趣的论述。

“白党变成了灰烬的颜色”

关于普拉托的尼科洛的形象及此人对早期的人文主义文化的推动，有必要阅读朱塞佩 · 比拉诺维克的作品，至少是以下两部作品：*Tra Dante e Petrarca*, cit. 和 *La tradizione del testo di Livio*, cit., pp. 41–56。

关于科尔索 · 窦那蒂和洛蒂耶里 · 德拉 · 托萨（Lottieri Della Tosa）联盟与罗索 · 德拉 · 托萨和罗塞利诺 · 德拉 · 托萨（Rossellino Della Tosa）联盟之间的冲突，见 CARPI, pp. 630–631。

关于普拉托的尼科洛出任教宗特使期间在佛罗伦萨发生的一系列事件，DAVIDSOHN, IV, pp. 369–390 有详细论述；其中，p. 384 描述了拉博 · 德 · 乌贝尔蒂在进城时得到民众欢迎的景象。支持普拉托的尼科洛调停之举的，还有雷米焦 · 德 · 吉洛拉米，此人在 5 月至 6 月期间曾写过一篇《论和平之善》(*De bono pacis*)，主张赦免被流放者，并免除圭尔甫派黑党针对圭尔甫派白党人的财产剥夺（见 Bruni, *La città divisa*, cit., pp. 58–59）。

关于那封写给枢机主教的信函的落款人究竟是亚历山德罗 · 德 · 圭迪 · 迪 · 罗美纳，还是如笔者认为的，是其兄弟阿基诺尔夫 · 德 · 圭迪 · 迪 · 罗美纳，见 Francesco Mazzoni, *Le epistole di Dante*, in *Conferenze aretine 1965*, cit., pp. 47–100，尤其见 p. 56。

藏身于字母“L”之后的是拉波 · 达 · 普拉托——这一令人信服的观点出自 Emilio Panella 的两篇文章，分别是：*Nuova cronologia remigiana*, «Archivium fratrum praedicatorum», 60 (1990), pp. 221–222 和 *Cronologia remigiana* (http://www.e-theca.net/emiliopanella/remigio2/re1304.htm)。

圭多 · 奥兰迪那首十四行诗的意译内容如下：“白党被烧成灰烬，如螃

* 原文中称维塔里亚诺 · 德 · 登特是雷吉纳尔多 · 德 · 斯克罗维尼的妹夫（congato），但史料表明前者迎娶了后者的女儿贝阿特丽齐（Beatrice）为妻，是后者的女婿。——译注

蟹一般惊慌失措，只敢夜间出门，生怕狮子（Marzocco，佛罗伦萨的狮子纹章）将其逮住。从此刻开始，直到他们从圭尔甫派倒戈为吉伯林派的过错消除为止，他们都将与乌贝尔蒂家族一样，被称作叛乱者、城市国家的敌人（vv. 8–11）。就让一次终极审判毁灭白党的声名，直到他们将自己‘供奉’于圣约翰教堂前，低头认罪。”（Pollidori, *Le rime di Guido Orlandi*, cit., son. XVIII；此书亦包含对文本的诠释和作者的生平信息）

令人痛苦的贫困 389

“伊德布兰蒂诺 · 德 · 圭迪 · 罗美纳，自 1290 年起担任阿雷佐主教 20 余年，是圭迪家族这一代人中最为出众的人物，在后帝国时代的意大利，他是唯一一个尝试建立一种独立的全新政治的人，既不向佛罗伦萨低头，也没有残余的吉伯林派成员身上的顽固。”（CARPI, p. 575）

由于文献的缺失，亚历山德罗 · 德 · 圭迪 · 迪 · 罗美纳的去世日期几乎成为无解之题：Indizio, *Sul mittente dell'epistola I di Dante*, cit. 认为亚历山德罗 · 德 · 圭迪 · 迪 · 罗美纳的下葬时间是在 1303 年的最初几个月（因此，在现今的版本里被认定为第二封书信的那封信实际上是第一封书信）；笔者倾向于传统的日期，因为如果说但丁在 1304 年春天的经济状况能够解释他在那封信里提出的隐晦要求，那么在 1303 年初，由于但丁在圭尔甫派白党同盟的地位尚且稳固，他完全没有必要发出那样的请求。吊唁信中的那句“没有马匹和武器”（*equis armisque vacantem*）并不意味着但丁真的缺少交通工具，而是暗指诗人由于经济拮据，买不起像样的骑士行头，体面地加入送葬的队伍：相关论述见 Gian Paolo Marchi, *«Equis armisque vacantem». Postille interpretative a un passo dell'epistola di Dante a Oberto e Guido da Romena*, «Testo», XXXII (2011), pp. 239–252。

关于罗美纳的圭迪家族铸造假弗洛林金币一事以及但丁对此事的态度，见 Sestan, *Dante e i conti guidi*, cit., pp. 344–345 和 CARPI, pp. 535, 647；关于事件的重构，见 DAVIDSOHN, III, pp. 251–253。谈及圭迪家族在铸造弗洛林金币时掺假的动机，主要是因为他们必须维持——包括在消费层面上维持——贵族家庭的角色，而匮乏的资源则令他们越来越困窘。关于这一情况，见 Rosetta Migliorini Fissi, *Dante e il Casentino,* cit., pp. 139–140。

由弗朗切斯科在阿雷佐签署的借款文书收录于 PIATTOLI, n. 94。

《〈神曲〉极好注本》在谈及 *Pd* XVII 61–68 时，相当模糊地提及了但丁与“已经进入战争状态”的白党之间的分歧，并认为这一点构成了诗人“离开那些人”的理由。

二　重拾研究与写作（1304—1306）

导师

若想重构但丁在拉斯特拉战役失败后经历的事件，古代传记作家并不能帮上忙。BOCCACCIO[2], 54–55（相较于 BOCCACIO[1], 74 而言更有序也更准确）对但丁在 1302 年至 1315 年（或 1316 年）期间的流亡路线进行了如下概述：“他离开了那座此生再也不曾重返的城市，却心怀希望，以为很快就能回归。他在托斯卡纳和伦巴第辗转数年，几乎陷入贫困的绝境，心中满怀深重的怨愤。他的第一处安身之所是维罗纳……随后，他回到托斯卡纳，先是投靠卡
390 森蒂诺的圭多 · 萨瓦蒂科 · 德 · 圭迪伯爵，然后到了卢尼贾纳的摩罗埃罗 · 马拉斯皮纳的领地作客，接着又去了卡拉拉附近山区的乌戈乔尼 · 德拉 · 法焦拉那里。后来，他去了博洛尼亚，从那里前往帕多瓦，然后又从帕多瓦回到了维罗纳。”

对于但丁为圭尔甫派白党同盟效力的两年，薄伽丘没有提及，布鲁尼却提供了一些信息。然而，对于后来发生的事件，布鲁尼也知之甚少，因此，关于但丁在亨利七世南下以前旅居过的地方，他只提到了维罗纳。

在博洛尼亚，但丁作为政治家的声望颇高，这主要是因为他在担任执政官期间为圭尔甫派白党与博洛尼亚的结盟打下了基础，使圭尔甫派白党即使是在遭到放逐后也能得到博洛尼亚人的支持。

关于在博洛尼亚定居的阿利吉耶里家族，见 Renato Piattoli, ED, *Alighieri, Bellino e Alighieri, Cione*。

正是担任私人导师（*praeceptor*）的经历催生了一种误解——连他的儿子皮耶特罗也这样想：认为他是在博洛尼亚大学担任某种“讲师”（“lettorato”）。在那首《那七门博雅之艺》（*Quelle sette arti liberali*）里——这首合组歌创作于 14 世纪 30 年代，就在伯特兰 · 杜 · 波格（1329 年）和佛罗伦萨的多明我会的参议会（1335 年）针对但丁的作品判罪不久——皮耶特罗 · 阿利吉耶里针对每一种技艺进行了指责，说“它们的导师”没能得到它们恰当的对待：尤其是天象学，因为这门技艺没能成功地“预测”出“它在博洛尼亚执教的导师（但丁）”的“结局”（死亡）（vv. 90–92；这首合组歌被收录于 Domenico De Robertis, *Un codice di rime dantesche ora ricostruito*, SD, XXXVI [1959], pp. 137–205; pp. 196–205）。有必要注意多美尼科 · 德 · 罗贝蒂斯的评论（p. 204）：那

首合组歌“通过比乌巴尔多 · 巴斯蒂亚尼（Ubaldo Bastiani）的论证更可靠的证据再次呈现了尼古拉 · 曾加雷利很久以前提出，后又被长期抛弃的关于但丁教书经历的观点”（同时见 ZINGARELLI, p. 209；关于皮耶特罗的这首合组歌，同时见 INDIZIO[3], pp. 224–226）。事实上，皮耶特罗的诗句是表明但丁曾旅居博洛尼亚（具体时期不详，但或许是在 1304 年至 1305 年之间）的最有力的证据之一，不过，“执教”一词是一种误解：毫无疑问，但丁肯定不是在公共教育机构教书。该误解之所以会形成，要么是因为皮耶特罗在那些年里并没有与父亲一道在博洛尼亚居住，因此只能依靠二手资料来构建史实；要么是因为他虽然住在博洛尼亚，但年岁太小，才会对但丁担任私人导师的身份产生了误解。

古比奥的乌巴尔多 · 巴斯蒂亚尼是一位毕业于博洛尼亚大学的法学专家，他曾于 1236 年至 1237 年前后撰写过一部散韵文形式的拉丁文对话，题为《死亡论》（*Teleutelogio*）。在那部作品中，乌巴尔多 · 巴斯蒂亚尼称自己在青少年时期曾拜但丁为导师。不过，根据现有的户籍登记信息，乌巴尔多 · 巴斯蒂亚尼在撰写这部作品时，其年龄大约在 25 岁上下。他所说的教导，应该并不是他在博洛尼亚当面接受的指导，而是一种针对其文字习作的指导。此外，需要注意的是，乌巴尔多 · 巴斯蒂亚尼与安茹家族有所关联，同时也是佛罗伦萨的圭尔甫派官僚队伍中的成员，早在撰写《死亡论》的时期，他就曾在作品里针对《帝制论》中的某些观点提出质疑。相关信息见 Attilio Bartoli 391
Langeli, ED, *Ubaldo di Bastiano (o Sebastiano) da Gubbio*；Leonella Coglievina, *La leggenda sui passi dell'esule, in Dante e le città dell'esilio*, cit., pp. 46–74，尤其见 pp. 60–64；Emiliano Bertin, *Primi appunti su Ubaldo di Bastiano da Gubbio: lettore e censore della «Monarchia»*, «L'Alighieri», XLVIII (2007), pp. 103–119。

意大利贵族的教科书：《飨宴》

关于《论俗语》的创作时间是在 1304 年至 1305 年但丁旅居于博洛尼亚期间，这一观点得到了有力的证实，见 TAVONI, pp. 1091–1092, 1113–1116：与主流观点（《论俗语》的前三卷完成于 1306 年以前，第四卷完成于 1308 年）不同，米尔克 · 塔沃尼认为《飨宴》的创作时间也是在但丁逃离博洛尼亚，发出求得宽恕的个人请求以前（关于最后一点，同时见 Mirko Tavoni, *Guido da Montefeltro dal «Convivio» all'«Inferno»*, NRLI, XIII [2010], pp. 167–198，尤其见 pp. 197–198）。此前，已有为数众多的学者猜测但丁在博洛尼亚旅居了大约两年，并且在此期间完成了他的两部论著，见：ZINGARELLI, pp. 211–212；

Renucci, *Dante disciple et juge du monde gréco-latin*, cit., pp. 63–66；Francesco Mazzoni, *Prefazione a La Divina Commedia con il commento Scartazzini-Vandelli*, Firenze, Le Lettere, 1978, p. XVI；INDIZIO[1], pp. 48–52；INDIZIO[3], pp. 225–226；关于《论俗语》，见 John A. Scott, *Perché Dante?*, trad. it. Roma, Aracne, 2010, pp. 71–72。GORNI, pp. 184 也写道："事实上，一切都让人猜测但丁曾在博洛尼亚居住"，就在 1304 年至 1306 年期间。翁贝托 · 卡尔皮（Umberto Carpi）则基于一种"政治"逻辑，对但丁在 1304 年至 1306 年期间的行踪路径进行了不同的重构。见 CARPI, 多处，同时见：*Un «Inferno» guelfo*, cit.；*Tre donne intorno al cor mi son venute*, in Dante Alighieri, *Le quindici canzoni lette da diversi, II, 8–15*, «Quaderni Per Leggere», Lecce, Pensa, 2011。翁贝托 · 卡尔皮认为拉斯特拉之战失败以后，但丁曾短暂地旅居于博洛尼亚，但后来便去了维罗纳，投靠阿尔波伊诺 · 德拉 · 斯卡拉，接着，他又改投特雷维索的盖拉多 · 达 · 卡米诺；1306 年才终于在卢尼贾纳的摩罗埃罗 · 马拉斯皮纳那里落脚，第二年又重新回到卡森蒂诺。这整个设想都基于但丁的忏悔以及他与佛罗伦萨的圭尔甫派黑党设法达成协议以便重归故里这一根本性事件。

第 174 页提到的句子来自 FIORAVANTI 的前言部分。

施予之德

关于《痛苦在我心中激起勇气》的相关研究汇总，见 Grupo Tenzone, *Doglia mi reca ne lo core ardire*, a c. di Umberto Carpi, Madrid, Departamento de Filologia Italiana UCM- Asociación Complutense de Dantología, 2008（尤为重要的两篇文章分别是：Umberto Carpi, *La destinataria del congedo e un'ipotesi di contestualizzazione*, pp. 13–29 和 Enrico Fenzi, *Tra etica del dono e accumulazione. Note di lettura alla canzone dantesca «Doglia mi reca»*, pp. 147–211）。

392 这首合组歌曾在 VE II II 8 中被提及，因此其创作时间应早于 1305 年：关于日期信息，同时见 Fenzi, *Tra etica del dono e accumulazione*, cit., pp. 147–149。恩里科 · 芬兹的观点与 CARPI, pp.75–80 中的观点相吻合，认为这首合组歌是在特雷维索（而不是如我所推测的，在博洛尼亚）创作的。

第 176 页引用的关于"自传式经历"的句子来自 Migliorini Fissi, *Dante e il Caentino*, cit., p. 126；关于同样的诗句，CARPI, p. 78 中写道："这似乎是对但丁投靠阿尔波伊诺 · 德拉 · 斯卡拉和斯卡拉宫廷的经历的映射，与他在特雷维索的卡米诺家族所获得的慷慨礼遇截然不同。"

关于这首合组歌究竟是写给何人的，仍需见 Carpi, *La destinataria del*

congedo e un'ipotesi di contestualizzazione, cit. 和 Fenzi, *Tra etica del dono e accumulazione,* cit.。不过，在 Francesco Bausi, *Lettura di «Doglia mi reca», in Le quindici canzoni lette da diversi*, cit. 中，作者认为这首合组歌是献给费德里克·诺维罗之女乔凡娜的。此人是毕安卡·乔凡娜·康泰萨的侄女，经过特许与她的亲戚——莫迪利亚纳和波尔恰诺的圭迪家族的泰格里摩二世——结婚。弗朗切斯科·巴乌斯（Francesco Bausi）认为该诗作的创作时间可追溯至 13 世纪 90 年代中期，只有准别诗节是在流亡初期（1302 年底至 1303 年初）完成的：该诗其实是但丁向圭迪家族寻求庇护的作品。然而，翁贝托·卡尔皮（Carpi, *Tre donne intorno al cor mi son venute*, cit.）反对这一观点：他认为这首合组歌的“每一句诗行都透露出流亡的信息”。他同时指出一个关键细节：弗朗切斯科·巴乌斯认定的献诗对象名叫乔凡娜，而非毕安卡·乔凡娜。

关于曼托瓦的波拿科尔西家族，见 Ingeborg Walter, DBI, *Bonacolsi Guido, detto Bottesella e Bonacosi, Tagino (Tayno)*。选择向毕安卡·乔凡娜·康泰萨献诗，或许也暗含对斯卡拉家族的批评。在针对埃斯特家族的战争中，斯卡拉家族与圭多·波拿科尔西（Guido Bonacolsi）是关系密切的盟友，而塔吉诺和他的儿子则与埃斯特家族结成了同盟。

推广俗语 393

关于本节和下一节的诸多观点，有必要阅读 FIORAVANTI 的前言部分和 TAVONI, pp. 1067–1116。

对于出生地的热爱并不妨碍但丁看到其局限性，作为某种回应，他甚至着意强调了这一点：“但对于我们而言，世界之于祖国，好比沧海之于群鱼，纵使我们在更换幼齿前就一直饮用阿尔诺的河水，且我们爱佛罗伦萨的程度已经到了因为爱她而遭受不公正的流放，我们……仍然相信且坚定地认为还有许多比托斯卡纳和佛罗伦萨——我们在那里出生，也是那里的公民——更高贵也更令人愉悦的地方，还有许多国家和民族在使用其他的语言，那些语言比意大利人使用的语言更美妙，更有用。”（VE I VI 3）

《论俗语》

关于该论著原计划为五卷本的猜测，见 TAVONI, p. 1363。

请注意但丁在该论著的开篇之处（VE I I 1）阐明的创新点：“既然我们不曾发现在我们之前有人对俗语的雄辩术进行过任何论述。”

大学教授

除了“爱”（*venus*），“拯救”和“德性”都是需要以悲剧的形式来歌颂的宏大题材（“magnalia”）。每一种题材的诗歌创作（爱情诗、战争诗和道德诗）都有其典范：就普罗旺斯语诗篇而言，阿尔诺·达尼埃尔、贝特兰·德·波恩（Bertran de Born）和吉罗·德·博尔内（Giraut de Borneil）分别是三个领域中的翘楚；就意大利高雅俗语诗而言，奇诺·达·皮斯托亚在爱情诗方面首屈一指，但丁则在道德诗领域独领风骚（VE II II）。在意大利，还欠缺一位创作战争诗或史诗的典范诗人。

由于缺少关于奇诺·达·皮斯托亚的现代传记，关于此人的信息仍需见 Zaccagnini, *Cino da Pistoia*, cit.。

关于但丁针对大学学术界采取的策略，见 Pier Vincenzo Mengaldo, *Linguistica e retorica di Dante*, Pisa, Nistri-Lischi, 1978, pp. 64–65，尤其见 TAVONI, pp. 1364–1366, 1443–1444。

关于奇诺·达·皮斯托亚作为但丁与大学学术界之间的中间人身份，见 INDIZIO[1], pp. 50–51（文中自然强调了但丁在 *Ep* III 中对友人表达的感激之情）；同时见 TAVONI 的评论部分。GORNI, p. 184 提到了一个“着意将来自佛罗伦萨的友人‘投入’哲学学术界的奇诺·达·皮斯托亚”。

第 183 页提及的句子出自 GIUNTA, p. 584。

三　悔过者（1306—1310）

逃离博洛尼亚

关于兰贝塔齐家族和热勒梅家族之间此消彼长的实力平衡，见 CARPI, pp. 480–481；该书中亦有针对维内迪科·德·卡恰内米奇的形象和卡恰内米奇家族角色的阐述（pp. 411, 495–498）。请注意，1300 年，维内迪科·德·卡恰内米奇尚在人世：我们知道，他是于 1303 年 1 月留下的遗嘱。将这个人物置于死人之列，究竟是由于但丁的错误，还是他有意为之？

关于 1306 年春天在博洛尼亚和皮斯托亚发生的一系列事件，见 DAVIDSOHN, IV, pp. 435–440。关于圭尔甫派白党和吉伯林派的反对组织，见 Emilio Orioli, *Documenti bolognesi sulla fazione dei Bianchi*, Bologna, Tip. Garagnani e Figli (estratto da «Atti e memorie della R. Deputazione di Storia Patria per le province di Romagna», III Serie, XIV, 1896, pp. 1–15), alle pp. 6–7；同时见 Livi, *Dante, suoi primi cultori, sua gente in Bologna*, cit., p. 156。

教宗的使节 394

针对拿波莱奥尼·奥尔西尼·迪·马利诺使团的描述，见 DAVIDSOHN, IV, pp. 446–475；针对拿波莱奥尼·奥尔西尼·迪·马利诺所作所为的历史评价，以及此人与流亡圭尔甫派和流亡吉伯林派之间的关系分析，见 CARPI, pp. 437–438, 579, 631–632。关于对枢机主教拿波莱奥尼·奥尔西尼·迪·马利诺的快速画像，见 Maire Vigueur, *L'altra Roma*, cit., pp. 252–253。

请求宽恕

关于弗雷西诺·窦那蒂和尼科洛·窦那蒂，见 Michele Barbi, *Per un passo dell'epistola all'amico fiorentino e per la parentella di Dante* (1920)； 同时见 BARBI[2], pp. 305–328，尤其见 pp. 309, 328；亦见 Padoan, *Introduzione a Dante*, cit., p. 103。

关于奇诺·达·皮斯托亚与但丁（摩罗埃罗·马拉斯皮纳）交流的十四行诗，见 GIUNTA, pp. 594–600；关于出现于回应诗篇中的表述“以……的名义”，见 Claudio Giunta, *Codici. Saggi sulla poesia del Medioevo*, Bologna, il Mulino, 2005, p. 178。

关于奇诺·达·皮斯托亚的政治立场和他于 1307 年在皮斯托亚担任的法官一职，见 Zaccagnini, *Cino da Pistoia*, cit., pp. 145–148。

薄伽丘的描述来自 BOCCACCIO[1], 179–183 和 BOCCACCIO[3], VIII I 6–19。重归故乡的问题不涉及但丁的儿子们，因为他们在1306年的年龄均不足14岁：我们将会看到，但丁在 1311 年的行为将导致他被排除在阿古聊的巴尔多的赦免名单之外，而那次赦免却没有提到他的儿子们，这说明在 1311 年时，他的两个儿子尚未达到流放的年龄。

DAVIDSOHN, IV, pp. 280–281 中指出：“杰玛之所以能重返佛罗伦萨，显然是因为她是窦那蒂家族的成员。”（同时见以下论著中提出的相反观点：Barbi, *Un altro figlio di Dante?*, cit., pp. 357–358）同样，关于两人共有财产的问题，妻子针对遭到判罪的丈夫被没收或剥夺的财产究竟拥有哪些权利，也是一个在当时的法学界颇有争议的话题。阿尔贝托·甘蒂诺以《论罪犯的财产》（*De bonis malefactorum del Tractatus maleficiorum*）为题展开了论述，其结论是关于该问题的司法操作包括两个原则：其一是对共有权利的尊重，即妻子针对其嫁妆部分的处置权理应得到尊重；其二是对国家法律章程的忠诚，即必须没收或摧毁罪犯的财产。从该文第 3 节探讨的问题（*quaestio*）可以获知（Kantorowicz, *Albertus Gandinus und das Strafrecht der Scholastik*, cit., pp. 349–

350）：由于法律赋予的特权地位，尤其是其针对自身嫁妆的权利，一位妻子倘若无法阻止其财产被没收，至少可以尝试要求获得被没收财产中自己嫁妆的部分所带来的收益。杰玛的处境与该项规定完全符合。然而，杰玛的要求却没能获得满足，直到但丁去世以后，“她才得以逐年提出申请，要求获得死者财产中属于她嫁妆的部分产生的收益”（Renato Piattoli, ED, *Donati, Gemma*）。相反，Padoan, *Introduzione a Dante*, cit., p.103 则指出：“如果说 1329 年，杰玛仍能从管理反叛者财产的公职部门获得 26 斗小麦的年收益，说明杰玛应该对自己的嫁妆采取了强硬的态度，因此很有可能成功实现了某些没收财产的返还。”

395 **“我的人民，我对你做了什么？”**

关于那封已经遗失的信件的内容，见 BRUNI, p. 546。布鲁尼和其他学者之所以不认为但丁曾在博洛尼亚长居，而认为但丁曾在维罗纳和特雷维索居住了一段时间，是想表明但丁发出的请求宽恕的申请，包括那封《我的人民，我对你做了什么？》都是从维罗纳寄出的。不过，即使排除先前已经提到的那些可证明但丁在那一时期不可能身处维罗纳的考量，仅就这封信本身而言，也着实令人难以想象它是从维罗纳寄出的：正如我们所了解的，在那封信里，但丁对自己曾与吉伯林派结盟一事表示悔过，请求佛罗伦萨人能够原谅他们眼中的这一背叛之举；然而，维罗纳恰恰是整个意大利吉伯林派的中心所在。布鲁尼将但丁的致信对象分成了私人、当政者和民众三类（见 INDIZIO[2], p. 271），认为那封《我的人民，我对你做了什么？》是写给民众的，不似那封 VILLANI, X CXXXVI 中提到的写给“当局”（“reggimento”）的书信。不过，布鲁尼的论断似乎是受到了信件开篇用语（“人民”）的影响，说明但丁似乎不可能写了一封致“全体领袖阶层”的公开信。笔者认为，无论是布鲁尼还是维拉尼（以及比昂多 · 弗拉维奥），谈论的都是同一封信。

在神圣星期五的仪式上朗读的米该亚的诗行（6,3）原句为“Popule mee, quid……”，而非“populus meus……”。该诗行也曾被引用在但丁的一首三语合组歌《啊，欺骗的微笑，你为何背叛了我的眼睛？》（*Aï faus ris, pour quoi traï aves*, vv. 2–3）中：“……我对你做了什么，/ 你要让我遭受如此无情的欺骗？”（“... et quid tibi feci, / che fatta m’hai sì dispietata fraude?”）不过，以《圣经》中的句子开篇，这是作为书信人但丁的典型特色。例如，在写给意大利枢机主教的信件（*Ep* XI）里，他就是以《耶肋米亚哀歌》（*Lamentazioni*）的第一句开篇的：“这城市孤坐独处。”（“Quomodo sedet sola civitas”）同样是用这行诗句，但丁为另一封在贝阿特丽齐去世之际撰写的致“这片土地的君主们”

（“principi della terra”）的信起了头，如今，这封信已经遗失了。

但丁在诗作《三位女子来到我的心边》（vv. 88）里使用了“过错”（“colpa”）一词。

第 188 页引用的句子出自 COMPAGNI (II XXX)，作者就弗尔切里 · 达 · 卡尔博里施加给多纳托 · 阿尔贝蒂（Donato Alberti）的酷刑和处死进行了评论。

关于针对但丁的过错的确切论述，见 Carpi, *Tre donne intorno al cor mi son venute*, cit.。

关于比萨的乔尔达诺修士的布道词内容，见 Bruni, *La città divisa*, cit., p. 39（pp. 36–37 处可见这位多明我会修士的简短生平）。

在“卢尼山”脚下

“老实的伦巴第人”圭多 · 达 · 卡斯特罗 · 迪 · 雷焦在自己位于雷焦的宅邸接待但丁，这应该是发生于诗人从博洛尼亚前往卢尼贾纳途中的事情（自皮斯托亚陷落后，但丁就不能走先前穿越托斯卡纳地区的老路了）。在 *Pg* XVI, vv. 124–126 中，诗人将这位雷焦地区的贵族与库拉多 · 达 · 帕拉佐和盖拉多 · 达 · 卡米诺相提并论。伊莫拉的本韦努托在评价上述诗行时对圭多 · 达 · 卡斯特罗 · 迪 · 雷焦有所提及：“他的慷慨，我们的诗人又一次亲身体验，在他的家中受到他的款待与礼敬。”

关于摩罗埃罗 · 马拉斯皮纳在 1306 年春夏之交的活动路线，见 Vecchi, *«Ad pacem et veram et perpetuam concordiam devenerunt»*, cit., p. 110。关于但丁与马拉斯皮纳家族的交往，翁贝托 · 卡尔皮的许多论述非常重要，尤其是 CARPI,pp. 519–528。朱塞佩 · 恰沃雷拉（Giuseppe Ciavorella）的猜测 396
（*Corrado Malaspina e sua «gente onrata». Ospitalità e profezia [Purgatorio VIII, 109–139], «L'Alighieri»,* LI [2010], pp. 65–85）也非常有意思：（围城期间，当两人都身处皮斯托亚及其周边地区的时候）摩罗埃罗 · 马拉斯皮纳“就如何解决马拉斯皮纳家族和卢尼主教之间的棘手矛盾”向奇诺 · 达 · 皮斯托亚咨询建议，且“奇诺提出了一个中立的调停方案……又举荐但丁，说他是有能力解决此类问题的人”。马拉斯皮纳家族将接受奇诺 · 达 · 皮斯托亚的建议，奇诺将致信但丁，而但丁也将接受这一委任（p. 75）。

关于皮耶特罗 · 阿利吉耶里的所谓证据，见 INDIZIO[3], p.223（关于皮耶特罗撰写的《神曲评论》的第二版和第三版是否真正出于皮耶特罗之手，相关信息同样可见此书）。

在 *If* XXXII 28–30 里，但丁写道，科奇托冰湖（Cocito）的冰是如此之厚，

“即便是坦布拉、彼特拉山，/ 轰隆隆瘫倒在冰幔上面，/ 其边缘也不会吱吱裂断”。占卜者阿伦斯（Arunte）在“卡拉拉谋生于卢尼群山，/ 居住在一座座大山脚下，/ 他的家亦安在云石洞间；/ 在那里他观星，瞭望大海，/ 从未有任何物阻其视线”（*If* XX 47–51）。

对马拉斯皮纳家族的颂歌足足占据了 *Pg* VIII (vv. 121–132) 中的四个三行诗节。

关于弗朗切斯基诺·迪·穆拉佐的战绩，见 Franca Ragone, DBI, *Malaspina, Franceschino*。

1306 年 10 月 6 日的委托公证书及和平协议被收录于 PIATTOLI, nn. 98, 99。关于谈判过程和签署的相关文件，最重要的论著是 Vecchi, *«Ad pacem et veram et perpetuam concordiam devenerunt»*, cit.，该作品还含有关于安东尼奥·迪·努沃洛内·达·卡密拉的信息（pp. 132–136）。关于和平协议的前言（*arenga*）是由但丁起草的可能性，见 Emiliano Bertin, *La pace di Castelnuovo Magra (6 ottobre 1306). otto argomenti per la paternità dantesca*, IMU, XLVI (2005), pp. 1–34，同时见 Padoan, *Tra Dante e Mussato,* cit., pp. 38–39。签署和平协议的见证人中，有方济各会修士维拉弗兰卡的古列莫·马拉斯皮纳，此人将在安东尼奥·迪·努沃洛内·达·卡密拉去世后，就卢尼主教的任命问题与盖拉蒂诺·马拉斯皮纳产生争执。

“宽恕本就是赢得战争”

关于那首《三位女子来到我的心边》，最近一批研究成果的意义尤其重要：它们将这首合组歌与诗人认错及请求宽恕之举进行了关联。其中，最为重要的论文是 Carpi, *Tre donone intorno al cor mi son venute*, cit.。另有一系列重要成果收录于 Grupo Tenzone, *«Tre donne intorno al cor mi son venute»*, Madrid, Departamento de Filología Italiana UCM-Associaión Complutense de Dantologia, 2007（尤其见：Umberto Carpi, *Il secondo congedo di «Tre donne»,* pp. 15–26；Natascia Tonelli, *«Tre donne», il «Convivio» e la serie delle canzoni,* pp. 51–71；Enrico Fenzi, *«Tre donne» 73–107: la colpa, il pentimento, il perdono*, pp. 91–124）。同时见 Stefano Carrai, *Il doppio congedo di «Tre donone intorno al cor mi son venute»,* in *Le rime di Dante,* cit., pp. 197–211。

397 关于这些作品的创作时间，传统观点认为是在 1302 年至 1304 年之间，也有人认为是在 1304 年底至 1305 年初。笔者的观点（1306 年底：其余不论，单是《论俗语》中并未提及该诗这一事实，也可以进一步说明其创作时间应该晚于 1305 年）与上述两种观点均有出入，因为笔者认为但丁表达忏悔，是在拉斯特拉战役结束后不久。

关于从政治的角度将 v. 81 中的“美好的事物”（“bel segno”）解读为佛罗伦萨城，相关论述见 Carpi, *Tre donne intorno al cor mi son venute*, cit.。翁贝托 · 卡尔皮认为，倘若将前几句诗行理解为“若非遥远的距离让我无法看见……那美好的佛罗伦萨城，令我心急火燎……我将举重若轻，但远离佛罗伦萨的现状却着实令我感到沉重”，那么必然得出以下颇有些荒谬的怪异结论：倘若不是因为有人刻意阻挠“我”看见佛罗伦萨，“我”对看不见佛罗伦萨这一事实也不会感到如此煎熬。关于将“美好的事物”解读为诗人爱恋的女性对象，相关表述见乔凡尼 · 奎利尼（Giovanni Quirini）的一首十四行诗（他让但丁成为三位见证者之一）的第 1–9 行：“若非遥远的距离让我无法看见 / 我渴望看见的那位女子的美貌，/ 令我在此痛苦地哭泣叹息 / 那么，远离她清雅的容颜，/ 这件令我沉重之事……/ 我本将举重若轻。”（见 GIUNTA, p. 537）同时见后一时期的尼科洛 · 德 · 罗西（Nicolò de 'Rossi）：“我眼见自己的功劳遭到无视，/ 对我的怜悯已被摧毁，死亡，/ 羞辱令我无地自容，/ 对爱的坚守已然破碎消失，/ 和平的阴影甚至带来折磨，/ 此时，我此时已全然不在意生命。”（vv. 1–8; edito in Furio Brugnolo, *Il canzoniere di Niccolò de' Rossi, vol. I: Introduzione, testo e glossario*, Padova, Editrice Antenore, 1974, p. 217）

第 196 页关于那首合组歌并不包含任何隐秘含义的说法出自 GIUNTA , p. 538；此外 GIUNTA（p. 537）中还将“美好的事物”解读为杰玛：不过，他所指的是“城里的杰玛”，而非回到城里的杰玛。

“可怕而专横的爱神”

第 198 页的引文出自 BOCCACCIO[1], 74。关于但丁与法焦拉家族和圭迪家族的关系，CARPI, pp. 360–383 中进行了相当令人信服的挖掘。此外，翁贝托 · 卡尔皮还阐明了里涅尔 · 达 · 科尔内托（又称拉涅尔 · 达 · 科尔内托）的身份正是乌戈乔尼 · 德拉 · 法焦拉的父亲（见 pp. 275–383）。蒙特费尔特罗的科尔内托并不是但丁提到的划定马雷玛疆界的科尔内托（Tarquinia，塔尔奎尼亚）：“兽出没切奇纳、科尔内托 / 不喜欢开垦的片片田园。”（*If* XIII 9）

尽管身为圭尔甫派，圭多 · 萨瓦蒂科 · 德 · 圭迪却与蒙特费尔特罗的吉伯林派伯爵家族结为姻亲，迎娶了在坎帕迪诺之战中死去的波恩康特 · 达 · 蒙特费尔特罗的女儿马南泰萨，即圭多 · 达 · 蒙特费尔特罗将军的孙女为妻，不过，这只是一种与党派立场无关的地方性结盟。圭多 · 萨瓦蒂科 · 德 · 圭迪的一个孙子马尔可瓦尔多二世（Marcovaldo II）则迎娶了摩罗埃罗 · 马拉斯皮纳和阿拉嘉 · 菲耶斯基的女儿菲耶斯卡（Fiesca）为妻。

关于圭多 · 贵拉三世，但丁写道："瓜尔德拉达（贝林丘内 · 贝尔蒂之女）
398 之孙子在你面前；/ 叫圭多，他一生文武双全，/ 既善于用脑筋，亦善舞剑。"(*If* XVI 37–39)

关于"山中合组歌"的海量书目，笔者仅列出以下新近篇目：收录于 Grupo Tenzone，*Amor, da che convien pur ch'io mi doglia*, a c. di Emilio Pasquini, Madrid, Departamento de Filologia Italiana UCM-Asociación Complutense de Dantología, 2009 的一系列论文（尤其是 Umberto Carpi, *Un congedo da Firenze?*, pp. 21–30，同时关注 Enrico Fenzi, *La «montanina» e i suoi lettori*, pp. 31–84 中对该诗篇的诸多解读）；Dante Alighieri, *la canzone «montanina»*, a c. di Paola Allegretti, con una prefazione di Guglielmo Gorni, Verbiana, Tararà Edizioni, 2001；Anna Fontes Baratto, *Le Diptyque «montanino» de Dante*, «Arzanà. Cahiers de littérature médiévale italienne», 12 (2007), pp. 65–97；Natascia Tonelli, *Amor, da che convien pur ch'io mi doglia. La canzone montanina di Dante Alighieri (Rime, 15): nodi problematici di un commento*, «Per leggere», X, 19 (2010), pp. 7–36。

关于圭多 · 萨瓦蒂科 · 德 · 圭迪在普拉托韦基奥的产业，见 Alfred Bassermann, *Orme di Dante in Italia. Vagabondaggi e ricognizioni*, a c. di Francesco Benozzo, Sala Bolognese, Arnaldo Forni Editore, 2006 (rist. Anast. dell'ed. Zanichelli del 1902; 1ª ed. Heidelberg 1897), pp. 92–93, 189。关于那位无名作者（关于 *Pg* XXIV 43–45）声称的内容，见 Migliorini Fissi, *Dante e il Casentino*, cit., pp. 127–128；关于这位无名作者，假如他的身份是安东尼奥 · 迪 · 圣玛尔定 · 阿瓦多（Antonio di San Martino a Vado），那么他应该是卡森蒂诺人，相关信息见 BELLOMO, pp. 97–101，同时见 Francesca Geymonat, CCD 中的相应词条。Malato, *Dante*, cit., p. 56 中指出，这首"山中合组歌"的创作地点"有可能是卢尼贾纳"。

关于但丁在卡森蒂诺迸发的那场具有毁灭性的激情，Emilio Pasquini, *Vita di Dante. I giorni e le opere*, Milano, Rizzoli, 2006, pp. 53–59 中展开了生动的分析，并指出诗中表达的情感来自诗人真实的亲身经历；同样认为这段爱情来自诗人亲身经历的还有 CARPI, pp. 761–762。关于那位"患有甲状腺肿"的卡森蒂诺姑娘，见 BOCCACCIO^2, 35。能够证明 1307 年 5 月摩罗埃罗 · 马拉斯皮纳身处卢尼贾纳的文献来自 Vecchi, *«Ad pacem et veram et perpetuam concordiam devenerunt»*, cit., p. 110。

关于“山中合组歌”的准别诗节，见 Tonelli, *Amor, da che convien pur ch'io mi doglia*, cit., pp. 15–16；关于该作品的创作日期，Carpi（*Un congedo da Firenze?*, cit., p. 28）指出：“我们几乎可以认为是在 1307 年中期，我想是接近 1308 年的时候，那时，来自佛罗伦萨内部的圭尔甫派黑党谈判代表科尔索 · 窦那蒂以及来自外界主持议和的枢机主教拿波莱奥尼 · 奥尔西尼 · 迪 · 马利诺的败局已经开始显现了。”

在马拉斯皮纳家族的保护伞下

关于但丁与卢卡城的整体关系，见 Giorgio Varanini, *Dante e Lucca, in Dante e le città dell'esilio*, cit., pp. 91–114。

关于但丁在阿雷修 · 德 · 殷特尔米内伊在世期间便与之相识，这一点是得到但丁本人证实的（*If* XVIII 120–122）。关于但丁对卢卡城人民及阿雷修 · 德 · 殷特尔米内伊的批评态度，见 CARPI, pp. 162–163, 503–505。

关于在惩罚污吏的那一层里发生的一系列事件的年份，见 *If* XXI 112–114： 399
“到昨天，比此刻靠后五小时的那个时辰，/ 这条路就已经断了 /1260 年了。”第 202 页中对弗朗切斯科 · 达 · 布提的引述摘自 *Commento di Francesco da Buti sopra la «Divina Commedia» di Dante Allighieri*, a c. di Crescentino Giannini, Pisa, Nistri, 1858, 3 voll. (rist. anast. Pisa, Nistri-Lischi, 1989), vol. I, p. 548（关于在 14 世纪末期进行写作的弗朗切斯科 · 达 · 布提，见 BELLOMO, pp. 346–359，同时见 Fabrizio Franceschini, CCD 中的相应词条）。关于马尔蒂诺 · 波塔伊奥的死亡日期与其抵达地狱日期的惊人巧合，最初是由圭多 · 达 · 比萨（Guido da Pisa）发现的，他在针对 *If* XXI 38 的评论里写道：“为了了解这一切，需要知道的是，我主 1300 年*，具体说在 3 月 26 日，一位极为位高权重的平民长老在卢卡城去世，人称‘桶匠马尔蒂诺’——因为他是做木桶的。”关马尔蒂诺 · 波塔伊奥以及这一事件，见 Francesco Paolo Luiso, *L'Anziano di Santa Zita, in Miscellana lucchese di studi storici e letterari in memoria di Salvatore Bongi*, Lucca, Scuola Tipografica Artigianelli, 1931, pp. 61–75。

马莱布兰凯是卢卡的一个家族名；诸如卡尼亚索（Cagnasso）、格拉菲亚卡尼（Graffiacane）、斯卡尔米利奥尼（Scarmiglione）等绰号在卢卡国家档案馆的多份文献中均有出现（见 Luiso, *L'Anziano di Santa Zita*, cit., pp. 73–74；同时见 Varanini, *Dante e Lucca*, cit., p. 99 及 CARPI, p. 163）。

关于简图卡的身份，可信度相对较高的猜测认为她是某个名叫丘吉诺 ·

* “我主”（anno domini）即通常所谓的“公元”。——译注

迪 · 古列莫（Ciucchino di Guglielmo）的人之女，后来嫁给了人称“大腿”（Coscio，或 Cosciorino）的拉扎罗 · 迪 · 丰达拉（Lazzaro di Fondara）为妻（摩尔拉家族 [Morla] 和丰达拉家族都是卢卡城的家族）：见 Varanini, *L'accesso strale*, cit., pp. 130–155。

希望的幻灭

对科尔索 · 窦那蒂的死亡过程的详细描述见 DAVIDSOHN, IV, pp. 485–494。

巴黎或阿维尼翁？

关于卢卡城的文化生活，尤其是关于多明我会的圣罗马诺修道院（San Romano）——一所致力于研究亚里士多德物理学论著的自然哲学学院（*Studium in naturis*）的所在地——的图书馆藏，见 FIORAVANTI 的前言部分；也正是在这一部分，詹弗朗科 · 菲奥拉凡迪也提出了对但丁曾在巴黎大学求学的质疑，见第 206 页。

INDIZIO[2], pp. 281–282 中针对古老传记作家关于但丁旅居巴黎的叙述进行了分析。尤为重要的是 BOCCACCIO[2], 56–57 中所述的证据：“然而，自他离开佛罗伦萨起，好些年已经过去了，并没有出现任何能够让他重返故乡的契机，他意识到自己遭到欺骗，决定彻底放弃意大利；于是，他翻过阿尔卑斯山脉，拼尽全力抵达巴黎，以便在那里展开研究，重拾先前因其他虚幻的事务而放下的哲学探索。他在那里听了一些哲学和神学课程，由于生活并不舒适，他
400 没少付出艰辛。后来，他的研究兴趣再次让位于借卢森堡的亨利之力重返故乡的希望。于是，他搁下了自己的研究，回到了意大利……”在现代研究者的成果之中，坚称但丁曾就读于巴黎大学的论述见 CARPI, pp. 651–656；Gargan, *Per la biblioteca di Dante*, cit., p. 169 中对此也毫不怀疑。

马格拉河从莱里奇附近流过，它的“一小段流程 / 把热那亚的领土和托斯卡纳的领土分隔开来”（*Pd* IX 89–90），即这条河流的一小段流程是托斯卡纳和利古里亚的分界线。显然，此种描述只能是由如但丁一样熟识卢尼贾纳的人才能写下的。“一小段流程”不可能是指某种特定的旅行经历（关于对马格拉河“一小段流程”的解读，见 Bassermann, *Orme di Dante in Italia*, cit., pp. 348–349；在该书的 pp. 200–202，还有一段关于下行至诺利的道路的描述）。

除了提及“每一条汇入罗讷河的支流”（*Pd* VI 60）都见证了恺撒将皇家鹰旗握在手中，另一处更为确切的关于普罗旺斯的描述是由查理 · 马尔泰罗

做出的：“罗讷与索尔格（Sorga）汇合之后，/ 润泽了左岸的那片土地。”（*Pd* VIII 58–59）

CARPI（pp. 651–655）称自己对间接信息不甚信任，他指出：“在那个时代，既没有照片档案，也没有我们的祖父或曾祖父辈的旅行图志，对旅行的文字描述非常朴实，必然不会沉迷于对风景的描写。”他认为那些在《神曲》中零星出现的线索，包括对阿尔勒墓葬的描述，都是基于某种个人经历。随后，他更进一步，指出但丁对佛兰德（Fiandre），尤其是对布鲁日——“弗拉芒因惧怕滚滚波澜，/ 在维桑、布鲁日两地之间，/ 筑大堤使海浪受阻、逃窜”（*If* XV 4–6）；“杜埃、里尔、根特和布鲁日”（*Pg* XX 46）——的提及都能证明“他曾造访过法兰西都城附近的地方，因为尤其是在布鲁日有一片佛罗伦萨和托斯卡纳商人和银行家云集的区域，而他对那些商人颇为熟悉，如来自弗雷斯克巴尔迪家族的商人”，这些商人通过迪诺·弗雷斯克巴尔迪，将那本重现的“小册子”还给了诗人。接受上述猜测便意味着假定《地狱篇》里的至少一部分相关篇章经历过重新创作。不过，说位于狄斯城沼泽地中央是在暗指艾格莫尔特（Aigues Mortes，“一座建立不久的城市”，“由法兰西国王路易九世主持建造”，位于一大片沼泽地的中央）的地理情况，这却令人难以接受。之所以说难以接受，是因为倘若对于狄斯城的描写是基于诗人的直接体验，那么就不是部分篇章历经改写的问题，而是意味着那些篇章的整体架构都是在 1309 年以后才完成的。

关于枢机主教卢卡·菲耶斯基，见 Thérèse Boespflug, DBI 中的相应词条；关于菲耶斯基家族和吉奥瓦格罗的马拉斯皮纳家族之间的关系，见 Eliana M. Vecchi, *Alagia Fieschi marchesa Malspina*, cit. 及 Vecchi, *Legami consortili fra i Malaspina e Genova nell'età di Dante*, «Memorie dell'Accademia Lunigianese di Scienze “G. Capellllini” », LXXV (2005), pp. 229–252；同时见 Eliana M. Vecchi, 401
Per la biografia del vescovo Bernabò Malaspina del Terziere († 1338), «Studi Lunigianesi», XXII-XXIV (1992—1999), pp. 109–141，尤其见 pp. 121–125。

关于但丁旅居阿维尼翁一事，没有任何文献记载。只有两位晚期的评论者模糊地提到他曾前往教宗之城并在那里居住。弗朗切斯科·达·布提在评论 *Pg* XXXII 142–160 时，指出作者预言“很快，罗马就要从这种贪婪之中被解脱出来，要么是因为上帝将改变他们的内心，要么就是因为（教宗的）宫廷会离开那里”。随后，弗朗切斯科·达·布提继续补充道：“我想这就是作者的意图：正因如此，他要经过阿维尼翁。”先前提到的佛罗伦萨的无名作者在谈到 *If* III 52–57 时，称“某位评论者”认为“作者身在阿维尼翁，并眼见大量恶棍跟随教宗的仪仗”，“将其用文字记录下来”。上述两种说法均不具有史料价值。不过两者都能证明，关于那一事件，的确存在某些说服力并不强的口头传统说法。

在那个年代，有不少但丁在被流放前就已认识的佛罗伦萨人在阿维尼翁居住。例如，自 1309 年起，就有一位名叫巴托罗梅奥 · 菲亚多尼（人称托勒密 · 达 · 卢卡）的多明我修士兼史学家住在阿维尼翁，此人曾于 1300 年 7 月至 1302 年 7 月担任新圣母修道院的会长，而但丁在那段时间则肯定在那座修会大学里学习。相关情况见 Ludwig Schmugge, DBI, *Fiadoni, Bartolomeo (Tolomeo, Ptolomeo da Lucca)*。不仅如此，在 1309 年初，与但丁同岁的巴贝里诺的弗朗切斯科也迁到了阿维尼翁：他以法学专家的身份护送一个威尼斯共和国的使团来到这里，并在此一直待到至少是 1313 年的 3 月至 4 月。我们知道，对《神曲》——更准确地说，是针对《地狱篇》——的首次引用来自巴贝里诺的弗朗切斯科的一条拉丁文注释，那条注释是关于他的作品《爱的记录》（*Documenti d'Amore*）的。该注释称在一部名为《神曲》的作品里，作者但丁除了阐述许多关于地狱的话题，还盛赞维吉尔为自己的导师。鉴于有学者认为这部作品是在 1314 年的下半年创作的——不过，阿尔贝托 · 卡萨德伊（Alberto Casadei）却（以口头讲述的方式）指出其创作时期是在 1313 年的 6 月至 7 月——那么这篇评论就能证明一个事实：在那时，《地狱篇》已经得到了发表，且巴贝里诺的弗朗切斯科已经读到了该作品（见 Giuseppe Indizio, *Gli argomenti esterni per la pubblicazione dell'«Inferno» e del «Purgatorio»*, SD, LXVIII [2003], pp. 17–47）。不过，假如但丁 1309 年也身处阿维尼翁，对于上述注释的解读则很有可能发生变化：由于两人之间应该彼此相熟（巴贝里诺的弗朗切斯科曾在 1297 年至 1303 年间在佛罗伦萨担任公证员），且两人又是在他乡遇到故知，有意相互交往，所以，但丁很有可能与巴贝里诺的弗朗切斯科谈起过已然截稿的《神曲》第一篇，甚至会将其中的某些篇目交予他读。

402 德意志的新国王

关于《炼狱篇》第六歌的创作日期和但丁面对亨利七世当选之事的迟疑态度，见 CASADEI, pp. 125–128。

针对哈布斯堡的阿尔布雷希特一世及其父亲哈布斯堡的鲁道夫一世的批判，见 *Pg* VI 97–105；关于对诗行“使你的继位者惧入心间”（“tal che 'l tuo successor temenza n'aggia”）的解读，翁贝托 · 卡尔皮（*Il canto VI del*

«Purgatorio», «Per leggere», 10 [2006], pp. 5–30）与其他学者的看法一致，主张“丝毫无需认为当诗人写下这句话时，（亨利七世）已然当选”（p. 25）。《炼狱篇》第七歌也提到了士瓦本的亨利六世，当时，哈布斯堡的鲁道夫一世被控诉对意大利“不闻不问”：“他便是大皇帝鲁道夫君……/ 本可治意大利致命之伤，/ 却留给他人医，为时已晚。”（*Pg* VII 94–96）许多学者，尤其是翁贝托 · 卡尔皮（*Il canto VI del «Purgatorio»*, «Per leggere», cit., pp. 24–26）认为那句“却留给他人医，为时已晚”应被理解为“对亨利七世试图拯救意大利的失败之举的感谢”。此种解读意味着“这句诗行是诗人在事后进行修改的结果，是但丁在亨利七世去世后对《炼狱篇》进行修改时才添加的”，然而，CASADEI, p. 127 中却指出那句诗行反映的是当但丁得知卢森堡的亨利当选的最初消息时所表现出的“带有怀疑的期待之情”。最后，需要注意的是，早在《飨宴》里，但丁已经就皇位的空缺进行过如下表述：“士瓦本的腓特烈，罗马人的最后一位皇帝——我是基于当下的情形才这样称呼他，尽管哈布斯堡的鲁道夫一世、拿骚的阿道夫一世以及哈布斯堡的阿尔布雷希特都曾在他和他的后裔去世以后当选皇帝。”（IV III 6）

关于伦巴第人和意大利人在得知亨利七世即将挥师南下时的震惊，见 Gabriele Zanella, *L'imperatore tiranno. La parabola di Enrico VII nella storiografia coeva*, in *Il viaggio di Enrico VII in Italia*, a c. di Mauro Tosti-Croce, Ministero per i beni culturali e ambientali, Edimont, 1993, pp. 43–56，尤其见 pp. 43–44。

一部写实之作：《神曲》

关于笔者对本节所述内容的进一步拓展，见 SANTAGATA, pp. 9–13, 343–347, 357–364。

一个圭尔甫派笔下的《地狱篇》

《一个圭尔甫派笔下的〈地狱篇〉》（*Un «Inferno» guelfo* ）是一篇笔者多次提及的翁贝托 · 卡尔皮的重要论文的标题。该文对那部以探讨但丁的高贵为主题的论著（CAPRI）中的诸多观点进行了深入挖掘，提出了对《地狱篇》的解读，并将其创作时间置于诗人寻求个人宽恕的那一时期，并指出对于该作品的解读不能忽略这一历史语境。笔者的许多论述都得益于翁贝托 · 卡尔皮这篇论文的观点。

关于致摩罗埃罗 · 马拉斯皮纳那封信的内容，目前仍存争议：有学者认为但丁所说的“艰辛思索”（“meditationes assiduas”）指的是一系列论文，尤其是《飨宴》(许多人认为那部作品在1308年还没有完成)的撰写，另一些学者则认为但丁的思索针对的是《神曲》。支持第一种观点的有 Enrico Fenzi, *Ancora sulla Epistola a Moroello e sulla «montanina» di Dante* «Tenzone»,
403 4 (2003), pp. 43–84；同时见 De Robertis in Dante Alighieri, *Rime*, cit., p. 199；Giuliano Tanturli, *Come si forma il libro delle canzoni?*, in *Le rime di Dante*, cit., pp. 117–134；尤其见 p. 131。支持第二种观点的有 Ferretti, *I due tempi della composizione della Divina Commedia*, cit., pp. 64–66；同时见 PADOAN, pp. 35–36；PASQUINI, pp. 9–10。

关于《地狱篇》和《炼狱篇》的创作时间，Barbi, *Una nuova opera sintetica su Dante*, cit., pp. 69–77 中提供了一份言简意赅的时间进程表，目前仍具有很高的价值，该时间表后来在 Parodi, *La data della composizione e le teorie politiche dell'«Inferno» e del «Purgatorio»* , cit., pp. 233–313 中又得到了进一步加工、拓展和修改。关于《地狱篇》和《炼狱篇》的发表时间，Indizio, *Gli argomenti esterni per la pubblicazione dell'«Inferno» e del «Purgatorio»* , cit. 中的观点相当重要。不过，关于这一问题的探讨并没有终止：例如，CASADEI, p. 140 中提出《地狱篇》和《炼狱篇》很可能都是在1313年8月，“在皇帝去世以前由但丁截稿并传播开来的，其目的是要向皇帝表明自己的忠诚”。

佛罗伦萨历史上的两位典范

关于对《地狱篇》第十歌和第十五歌的政治解读，见 Carpi, *Un «Inferno» guelfo*, cit., pp. 117–120；关于主人公但丁与法利纳塔见面的分析，见 Marco Santagata, *La letteratura nei secoli della tradizione. Dalla «Chanson de Roland» a Foscolo*, 2007, pp. 63–73，同时见 SANTAGATA, pp. 330–333, 351–355。

在 VE I XII 4 中，但丁曾将腓特烈二世和曼弗雷迪界定为“光辉的英雄”，曾力求追寻“仁慈的行为，摒弃野蛮的行径”。

关于《小宝库》(收录于 *Poeti del Duecento*, cit., vol.II, pp. 175–277)，见 vv. 156–162：“他立刻对我说，/ 佛罗伦萨的圭尔甫派 / 被自身的疏忽 / 以及敌人的武力 / 驱出了城外，/ 被俘的、战死的，损失惨重”和 vv. 186–190：“而我，在如此的哭泣之中，/ 低头沉思，/ 丢失了大路，/ 走上了旁侧的小径，/ 进入了一片偏僻的诡异森林。”请注意，在但丁的作品中，作者在开篇之后不久也将佛罗伦萨称为一座“分裂之城”(“città partita”, *If* VI 61)，恰如布鲁内托 · 拉蒂尼将那场内战视作对所有出于本性而不愿看到自己的城市分裂的人的冒犯，因为“被分裂的土地无法存活”(“ché già non può scampare /

terra rotta di parte”；vv. 166–179)。关于《小宝库》中所述的遭遇流放的原因，Giuliano Milani（*Brunetto Latini e l'esclusione politica*, «Arzanà» [2012], in corso di stampa）分析了布鲁内托·拉蒂尼如何“从整体上论述了和谐治理对一座城市的必要性，这种治理应超越单个党派的利益局限，不让任何党派取得排他性的胜利”。乔尔乔·英格莱斯（Giorgio Inglese）就该作品作为“《神曲》开篇方式的显而易见的先行者”进行了分析（见 DBI, *Latini, Brunetto*）；Beltrami（Introduzione a Brunetto Latini, *Tresor*, cit., p. XXV）指出《小宝库》的开篇“与《神曲》的开篇存在明显的对比关系”，却没有指出对于但丁的史诗而言，“《小宝库》仅是提供了某种灵感而已”。

“由于自己的愚蠢而妄将高贵俗语的名号据为己有的”疯癫的托斯卡纳人 404
是指“圭托内·阿雷佐（他从来没有走上朝堂俗语的道路）、卢卡的博纳君塔、比萨的伽罗（Gallo Pisano）、锡耶纳的米诺·摩卡托（Mino Mocato）、佛罗伦萨的布鲁内托·拉蒂尼；要是有空在他们的诗作中仔细寻摸，就会发现他们的语言并非朝堂俗语（volgare curiale），只是市井俗语（volgare municipale）而已”（VE I XIII I）。某些学者有意对但丁的指责作较为缓和的解释，认为上述批评并非针对《小宝库》和《小歌谣》而言，而是针对布鲁内托·拉蒂尼的抒情诗作而言的。然而，TAVONI（pp. 1282–1283）却持有相反的观点：鉴于布鲁内托·拉蒂尼的抒情诗作处于绝对被边缘化的地位，且其少数流传至今的篇章的语言水平甚至达不到“平庸”的水准。米尔克·塔沃尼认为但丁的批评正是针对他所写的教化诗篇而言的。由于那些诗篇充斥着具有地方城市色彩的词汇和表述，为了突显这一特点——而非出于故意挑衅的目的——但丁特意“让作为《地狱篇》中人物的布鲁内托·拉蒂尼说出了一番充斥民间说法、谚语和习语的言论”。

饱含深意的缄默

关于但丁如何在有关佛罗伦萨政局和自己遭到流放一事上刻意闭口不谈，更为详尽的论述见 SANTAGATA, pp. 330–333。此外，埃尔内斯托·塞斯坦（Ernesto Sestan, *Dante e Firenze*, cit., pp. 273–274）也认为但丁在《神曲》里刻意略去了他生活在佛罗伦萨那些年里的“标志性政治事件”：例如“贾诺·德拉·贝拉和科尔索·窦那蒂的为人及其所作所为；还有圭尔甫派黑白两党之间的激烈斗争”。埃尔内斯托·塞斯坦的观点后被乔尔乔·阿纳尔迪（Giorgio Arnaldi）采纳，见 Giorgio Arnaldi, *Pace e giustizia in Firenze e in Bologna al tempo di Dante*, in *Dante e Bologna nei tempi di Dante*, a c. della Facoltà di Lettere e Filosofia dell'Università di Bologna, Bologna, Commissione per i testi di lingua, 1967, pp. 163–177，尤其见 p. 165。

法利纳塔的预言如下："说他们回归术未记心间，/ 比卧此更令我难忍熬煎。/ 再等待五十次此地王后，/ 展现出她那张明亮圆脸，/ 你便知学回归多么困难。"（*If* X 77–81）关于上述预言的含义，见 Carpi, *Un «Inferno guelfo»*, cit., p. 117。

关于第 217 页提到的某位中世纪史学家的观点，见 Girolamo Arnaldi, *Il canto di Ciacco (Lettura di Inf. VI)*, «L'Alighieri», XXXVIII (1997), pp. 7–20; la cit., alle pp. 14–15。

几乎改是成非：《炼狱篇》的最初几歌

关于《炼狱篇》前十六歌的创作时期，相关实质性论述见 CASADEI。

"在整个《地狱篇》里，诗人对帝国避而不谈，只是在第二歌那段称颂帝
405 国作为上帝预选之所的诗行中蜻蜓点水般地对其有所提及，却并不认可其存在的自我意义……但丁似乎得出了这样一个结论：罗马建城和帝国创立的根本目的是为了给基督之代表预备宗座。"（Parodi, *La data della composizione e le teorie politiche dell'«Inferno» e del «Purgatorio»*, cit., pp. 253–254）

关于将吉伯林派成员等同于异端，见 Gian Maria Varanni, *Dizionario storico dell'Inquisizione, Ezzelino III da Romano,* cit.。

关于《地狱篇》第二十七歌和但丁审视圭多 · 达 · 蒙特费尔特罗的政治视角，Tavoni（*Guido da Montefeltro dal «Convivio» all'«Inferno»*, cit.，笔者采纳了该作品的基本观点）提供了一种较为新颖的分析，正是他指出所谓"最高贵的拉丁人"是指"最高贵的意大利人"（p. 169）。

感激与怨恨

若要了解多瓦多拉的圭迪家族和马拉斯皮纳 · 迪 · 吉奥瓦格罗家族之间的亲缘关系，则应知道圭多 · 萨瓦蒂科 · 德 · 圭迪的孙子马尔可瓦尔多二世曾迎娶摩罗埃罗 · 马拉斯皮纳和阿拉嘉 · 菲耶斯基的女儿菲耶斯卡为妻。

马拉斯皮纳家族、维斯孔蒂家族和菲耶斯基家族之间本就有着盘根错节的亲缘关系，后来又因为占领撒丁岛一事以及热那亚的多利亚家族与费拉拉的埃斯特家族之间的一系列计划而变得更加错综复杂。三大家族之间的关系可通过 CARPI 中的人名索引和家族谱系图来梳理：关于阿拉嘉 · 菲耶斯基、贝阿特丽齐 · 埃斯特、艾莱奥诺拉 · 菲耶斯基和多利亚家族之间的关系，见 pp. 413–

416；关于尼诺·维斯孔蒂之女乔凡娜的复杂婚姻历程，见 p. 415（pp. 452–453 中提供了关于这位女子相貌的简要描述）。关于哈德良五世的形象，见以下两篇论文：Giuseppe Indizio, *Adriano V in Dante e nel secolare commento. Leggenda e storia nel canto XIX del «Purgatorio»*, pp. 267–280；Daniele Calcagno, *In merito alla conversione di Ottobuono Fieschi-Adriano V*, «Giornale storico della Lunigiana e del territorio lucense», n.s., LIX (2008), pp. 281–296。关于阿拉嘉·菲耶斯基以及马拉斯皮纳家族与菲耶斯基家族的关系，见先前提到过的两篇 Eliana Vecchi 的论文：*Alagia Fieschi marchesa Malaspina* 和 *Legami consortili fra i Malaspina e Genova nell'età di Dante*。

在《地狱篇》第三十三歌的 vv. 118–117，阿贝利格·德·曼弗雷迪进行了自我介绍，也介绍了勃朗卡·多利亚。这位来自法恩扎的快活修士阿贝利格·德·曼弗雷迪是在宴会行将结束时制造恶性家族屠杀事件的始作俑者，关于此人的情况，见 Vincenzo Presta, ED, *Alberigo* 和 CARPI, 多处。关于米凯尔·藏凯（同时见 *If* XXII 88），见 Giorgio Petrocchi, ED 中的相应词条。

关于多利亚家族和马拉斯皮纳家族之间的不睦，需要了解这一情况：勃朗卡·多利亚曾计划让尼诺·维斯孔蒂之女乔凡娜嫁与他的一个孙子，也就是贝纳伯·多利亚的儿子。贝纳伯·多利亚的妻子则是阿拉嘉·菲耶斯基的堂姐妹艾莱奥诺拉·菲耶斯基。关于勃朗卡·多利亚强占莱里奇一事，见 CARPI, pp. 639–640。关于马拉斯皮纳家族是通过怎样的信息渠道知晓米凯尔·藏凯的神秘死亡的，其中一条渠道有可能是斯皮诺拉家族，热那亚的另一个吉伯林派大
家族。该家族与多利亚家族也有着密切的联系：马拉斯皮纳家族的科拉多二 406
世的妻子欧丽埃塔正是该家族的成员。此外，米凯尔·藏凯的一个女儿也嫁入了斯皮诺拉家族。但丁称勃朗卡·多利亚是在“一亲属”（“un suo prossimano”，*If* XXXIII 146）的帮助下实施谋杀的。这一点值得加以说明，他就是贾科米诺·斯皮诺拉（Giacomino Spinola）。

一个微妙的问题

在 *Pd* XVI 94–98 里，但丁对现如今（1300 年）圭迪伯爵宅邸的大门上居然悬挂着切尔基家族的纹章一事忿忿不平，该家族是于 1280 年购入了这一宅邸。由于切尔基家族不久前才进入佛罗伦萨城，恰克将他们称为“村野派”（“la parte selvaggia”，*If* VI 65）；而卡恰圭达则指出倘若先前不曾出现那种应受指责的现象，那么“切尔基（Cerchi）（应仍）住阿科教区”（*Pd* XVI 65）——即瓦莱迪锡耶韦的阿科教区。相反，早在卡恰圭达生活的那个

古代佛罗伦萨城里，“加夫齐（Calfucci，窦那蒂家族乃该家族的分支）之祖先 / 也曾强盛”（*Pd* XVI 106–107）。

向窦那蒂家族“致歉”的说法来自 CARPI, p. 176（同时见 pp. 136–138）。

钱盖拉 · 德拉 · 托萨是罗索 · 德拉 · 托萨的堂姐妹，也是伊莫拉的圭尔甫派家族成员利托 · 德 · 阿里多斯（Litto degli Alidosi）的妻子。该家族与托萨家族关系密切。关于这位女子的情况，见 CARPI, pp. 175–177 和 SANTAGATA, pp. 346–347。

但丁是一个性情中人，几乎从来无法放下对曾经伤害过他或冒犯过他的人的仇恨。即使面对他所尊敬的窦那蒂家族，情况也同样如此。在《地狱篇》里，但丁提到了两个名叫卜索 · 窦那蒂的人：年长的那个被置于伪装他人者之列，年轻的那个则是偷盗者之一。不过，前者是一个受害者，而后者则是一个罪人。文中提到，西蒙尼 · 窦那蒂（科尔索、福里斯和毕卡达的父亲）曾唆使简尼 · 斯基奇 · 德 · 卡瓦尔坎迪（Gianni Schicchi dei Cavalcanti）冒充濒死的卜索 · 迪 · 温奇圭拉 · 窦那蒂（Buoso di Vinciguerra Donati）——就连公证员也没有发觉有人冒名顶替——写下了有利于西蒙尼 · 窦那蒂的遗嘱。在 *If* XXX 42–45 中，是炼金术士阿雷佐的葛利浮里诺（Griffolino d'Arezzo，关于此人的情况，见 CARPI, pp. 674–675）告诉主人公但丁：“就如同走过去那个恶魂，/ 为了获‘马女王’继承之权，/ 竟敢装卜索 · 窦那蒂马主，/ 立‘合法’之遗嘱，掩盖欺骗。”尽管像许多评论者所说的，这一事件从很多角度来看都显现出浓重的故事色彩，但其中所反映的窦那蒂家族和卡瓦尔坎迪家族这两个强大家族之间的财务关系应该是事实。我们并不知晓但丁为何要如此犀利地攻击窦那蒂家族几兄妹的父亲。毫无疑问，他一定知晓幕后的内情，也一定明白佛罗伦萨人也将对此心知肚明。至于他为何要抨击第二个卜索（冒名者西蒙尼 · 窦那蒂的侄子，科尔索、福里斯和毕卡达的叔叔），称其为偷盗者（*If* XXV 140），原因则是相当明了的。卜索 · 迪 · 福里斯 · 窦那蒂是加斯迪亚（Gasdia）的父亲，他的女儿嫁给了阿古聊的巴尔多。针对与这位法官有任何瓜葛的人，但丁都是怒不可遏的。关于这两位卜索 · 窦那蒂的情况，见 CARPI, pp. 138–140。

407

四 皇帝驾临（1310—1313）

四人之局

关于亨利七世及其南下意大利之行的资料甚多，在此仅提及笔者参考过的文献：DAVIDSOHN, IV, pp. 477–759；Francesco Cognasso, *Arrigo VII*, Milano, Dall'Oglio, 1973；以及收录于 *Il viaggio di Enrico VII in Italia*, cit. 中的一系列论文（尤其见：Franco Cardini, *La Romfahrt di Enrico VII*, pp. 1–11；Hannelore Zug Tucci, *Henricus coronatur corona ferrea*, pp. 29–42；Gabriele Zanella, *L'imperatore tiranno. La parabola di Enrico VII nella storiografia coeva*, pp. 43–56；Achille Tartaro, *Dante e l'«alto Arrigo»*, pp. 57–60）。

关于亨利七世在精神领袖高于世俗领袖的问题上对教宗做出的让步，见 ZINGARELLI, p. 251。

关于西蒙尼·迪·菲利波·雷阿里，见 DAVIDSOHN, IV, pp. 524–525 中对其生平的简要梳理。

亨利七世派出的代表在阿基诺尔夫·德·圭迪·迪·罗美纳（曾经担任圭尔甫派白党流亡者队长）那里获得了效忠宣誓，这件事就其本身而言并不重要，但对于但丁而言则非同小可。与圭迪家族的许多成员不同，阿基诺尔夫和他的兄弟伊德布兰蒂诺主教自始至终对皇帝的伟业保持了忠诚。阿基诺尔夫·德·圭迪·迪·罗美纳参加了围攻佛罗伦萨的那场战役，而伊德布兰蒂诺·德·圭迪·罗美纳（1313 年逝世）将会被任命为阿雷佐的代理人（见 CARPI, pp. 578–579）。

期待皇帝

关于那些认为但丁曾加入亨利七世南下意大利的仪仗队伍的观点，其谬误之处是显而易见的：在为数不多的几件我们能够确切知晓的事件之中，有一个事实便是在亨利七世启程的至少五六个月以前，但丁就已经身处意大利了。需要谨慎评估的，倒是薄伽丘的证言。他认为但丁是在"听闻了"新任皇帝离开德意志，准备"入主意大利"的消息之后才从巴黎动身的。除了从巴黎动身，上述信息的实质内容是正确的。随后，薄伽丘接着描述，说但丁"再次翻过阿尔卑斯山"，"与许多与佛罗伦萨为敌的人以及他们的团体会合"，通过出使和书信，试图让卢森堡的亨利放弃围城布雷西亚，劝说他转而攻打佛罗伦萨（BOCCACCIO[1], 76–78）。薄伽丘所说的围城是指围攻克雷莫纳，而非布雷西亚，但即便如此，他提供的这条信息里也包含很高的真实成分——只不过这件事并不是在他回到意大利后的第一时间里发生的。

比昂多·弗拉维奥的分析貌似是基于一份或许由佩雷格利诺·卡尔维撰写的传统编年史料（*traditur*）。在详述完帝国使团出使佛罗伦萨的情形之后，他又补充道："但丁·阿利吉耶里当时身在弗尔利。根据佩雷格利诺·卡尔维所写的资料，但丁在一封以他个人名义和流亡圭尔甫派白党人名义写给维罗纳的康格兰德 · 德拉 · 斯卡拉的书信里，描述了当时佛罗伦萨的掌权者对上述帝国使团的来访做出的回应，并就此评价那些掌权者轻率莽撞、寡廉鲜耻、
408 有眼无珠。基于此，伊莫拉的本韦努托——我认为他读过佩雷格利诺 · 卡尔维的文字——宣称但丁正是从这一时刻开始将佛罗伦萨人骂作‘瞎子’的。”（*Historiarum ab inclinatione Romani imperii decades quattuor*, cit., decade II, libro IX, p. 342）即使是在耗费大量笔墨解释 *If* XV 67 中称佛罗伦萨人为“瞎子”的民间说法缘起何处时，伊莫拉的本韦努托也从未提过但丁人生中的这一事件。关于针对但丁是否曾于 1310 年致信康格兰德 · 德拉 · 斯卡拉的疑议，见 Michele Barbi, *Sulla dimora di Dante a Forlì (1892)*, in BARBI[1], pp. 189–195，尤其见 p. 194；同样持怀疑态度的还有 CASADEI, p. 129，他认为“在 1310 年的下半年，但丁曾以自己的名义和圭尔甫派‘白党’的名义写信，这是不太可能的”。在他看来，比昂多 · 弗拉维奥在这个问题上也可能“对相关史实产生了误读”，正如他在谈论 1304 年帝国使团出使维罗纳时一样。至于认为弗拉维奥 · 比昂多提到的那封写给康格兰德 · 德拉 · 斯卡拉的书信是在 1310 年春季（PETROCCHI, p. 150）或是在 1311 年下半年撰写的（Padoan, *Tra Dante e Mussato*, cit., p. 37），上述两种观点均没有依据。

关于亨利七世的代表出使维罗纳的情况，见 Cognasso, *Arrigo VII*, cit., pp. 102–103。

若说但丁曾在 1310 年的下半年加入某一群体且以群体名义发声，那么这一群体只可能是流亡者群体。关于这一观点的启发性阐释，见 INDIZIO[2], p. 290 中的简要注释，同时见 PETROCCHI, p. 149。

与老战友在一起

就在一年前（1309 年），斯卡尔佩塔 · 奥德拉菲的兄弟斯尼巴尔多（Sinibaldo）与弗尔切里 · 达 · 卡尔博里的一个名叫奥奈斯蒂娜（Onestina）的姐妹举行了婚礼。应当记得，弗尔切里 · 达 · 卡尔博里就是那个曾经于 1303 年在普里恰诺击败圭尔甫派白党，随后对其施以暴行的督政官。在抵达弗尔利之前的几个月里，但丁在（完成于那一时期的）《炼狱篇》的一歌中称其为无情的“驱逐者”（*Pg* XIV 58–66），驱逐了诗人的同伴。关于奥德拉菲家族与卡尔博里家族之间缔结的姻亲关系及卡尔博里家族回归弗尔利的情况，见 CASADEI, pp. 129–130。

铁冠

这并非卢森堡的亨利第一次来到意大利：早在十年前，他就已经以个人身份到访过意大利。那一次，他在都灵住了很长一段时间，后来又陪同萨伏依的卢多维科一世抵达罗马。当时，萨伏依的卢多维科一世的目的地是那不勒斯，他要于 1301 年 5 月 1 日迎娶伊莎贝拉 · 迪 · 奥奈（Isabella d'Aulnay）为妻（Cognasso, *Arrigo VII*, cit., pp. 96–97）。

关于加冕仪式的相关信息及所谓的“铁冠”——这顶王冠的形象是由那些 409
从未见过它的人臆想出来的，因此很可能只是一个传说——见 Cognasso, *Arrigo VII*, cit., pp. 136–139，尤其见 Zug Tucci, *Henricus coronatur corona ferrea*, cit.。

一份政治宣言

在（1311 年 4 月）致卢森堡的亨利的 *Ep* VII 2 里，但丁这样写道：“当我的手触碰你的双脚，我的唇履行它们的义务之时，我曾目睹过你与皇家庄严相称的无比仁善，聆听过你言语中的无比宽厚。”

Ep V（写于 1310 年秋）是这样结尾的：“这就是神的代理彼得教导我们去崇敬的人；就是克莱孟，彼得的现任继承人，用使徒的祝福之光照明的人；以便在精神之光不够的地方，让那较小明星*的光辉照耀我们 。”在 DAVIDSOHN, IV, pp. 562–563 里，作者很好地抓住了这封书信中的政治意味，但却从那封信中推导出了一个过于精确的计划：“从诗人的这封书信中可以看出，当诗人作为一个热忱的圭尔甫派白党代言人向罗马人之王表达忠心时，圭尔甫派白党和他们的吉伯林派盟友究竟在希望什么。他们希望佛罗伦萨成为帝国的一个自由城邦：如果是那样的话，佛罗伦萨就可以从未来的皇帝那里获得封赐，拥有司法权、铸币权和其他一切王权。作为回报，佛罗伦萨有义务上缴税赋，并在皇帝需要时提供武力支持。”关于“两大星辰”之说，Pasquini, *Vita di Dante*, cit., p. 69 中写道：“在信件的结尾处，但丁似乎认可了……‘两大星辰’（*duo luminaria*）的理论（太阳和月亮，象征教权和皇权）。克莱孟五世在 1309 年 7 月 26 日致卢森堡的亨利的信件《神的智慧》（*Divine sapientie*）里重申过这一观点。”

倘若我们明白城市国家里的每一次体制变化会引发多少报复和怎样的报复，就会认为但丁对流亡者发出的谅解号召以及他对卢森堡的亨利做出的保证是一种符合政治环境的合宜之举。这一点可从他写给摩罗埃罗 · 马拉斯皮纳的

* 此处，“较小明星”指帝国。——译注

Ep IV 2 中看出端倪。为了表明爱神的权威对自己的统治，但丁使用了这样的隐喻："一位被逐出故国的先生"，"在经历了长时间的流亡后，在重返那片只属于他的土地时，消灭、驱逐、捆绑所有与他为敌的一切"。

但丁这封书信里所蕴含的信息与1310年10月18日在比萨圣米凯莱因博尔戈（San Michele in Borgo）教堂里召开的那次圭尔甫派和吉伯林派流亡者的大
410 型集会的会议记录所述内容高度吻合。与会者——其中不乏年长的拉博·德·乌贝尔蒂（法利纳塔之子）、利克韦罗·德·切尔基（Ricovero dei Cerchi）、安德烈·德·盖拉蒂尼（皮斯托亚圭尔甫派黑党的先锋）、盖拉蒂诺·迪奥达提（曾与拉波·萨特雷利一道担任执政官，后来被判处死刑）等名人——决定派出一个由拉博·德·乌贝尔蒂率领的使团，前去觐见即将南下的卢森堡的亨利，其使命是表明他们将接受皇帝提出的所有解决方案，完全臣服于他的裁决。此次会议的纪要被收录于 PADOAN, pp. 229–235。关于这份记录，同时见 *Tra Dante e Mussato*, cit., pp. 30–31。

可能担任调停人的有卢森堡的亨利的随军神父康布雷（Cambrai）的加拉索（Galasso）——此人来自曼格纳（Mangona）的阿尔贝蒂伯爵家族（Alberti），与枢机主教普拉托的尼科洛相当亲近（1304年，当试图重新让其回归白党时，他曾被普拉托的尼科洛任命为皮斯托亚的代理人）；还有但丁的好友、在宫廷颇有威望的法学家帕米耶罗·德·阿托维迪，在切尔基支持派决定将圭尔甫派黑党逐出皮斯托亚时，他曾担任执政官一职，后来他与但丁一道被判处死刑。关于曼格纳的加拉索·德·阿尔贝蒂，见 DAVIDSOHN, IV, pp. 175, 380, 437, 567。

失败的胜利者

在米兰，但丁将会见到许多旧友故知，其中的一位昔日好友便是奇诺·达·皮斯托亚，此人虽然属于政治上的圭尔甫派黑党，但根据他的所作所为和所写来看，却是帝国事业的支持者（奇诺·达·皮斯托亚将从米兰出发，在罗马与新近当选元老的萨伏依的卢多维科二世汇合，并以法律顾问的身份伴其左右，直到第二年的夏天）。在诸多故知之中，但丁见到了圭尔甫派白党人、作韵者瑟农丘·德·贝内，此人在圭尔甫派黑党上台的过程中离开了佛罗伦萨（至于是否情愿，我们不得而知），后来又加入了皇帝的军队，参与了佛罗伦萨围城。但丁应该是在13世纪90年代后半期与之相识的：当时，此人正在佛罗伦萨担任管理公职。不过，那首题为《瑟农丘，你这微不足道的人》（*Sennuccio, la tua poca personuzza, Rime dubbie 4*）很可能并非出自但丁之手，见 GIUNTA, pp. 682–683。

若要了解吉伯林派和圭尔甫派白党流亡者给卢森堡的亨利造成了多么严重的压力，只需查阅卢森堡的亨利在1311年至1312年任命的代理人名单：吉伯林派的阿尔波伊诺·德拉·斯卡拉和康格兰德·德拉·斯卡拉任维罗纳的代理人（自康格兰德·德拉·斯卡拉的兄弟于1311年11月去世后，康格兰德·德拉·斯卡拉同时兼任维琴察的代理人）；扎尔多·达·卡米诺在抛弃了圭尔甫派阵营后，出任特雷维索的代理人；弗朗切斯基诺·马拉斯皮纳·迪·穆拉佐任帕尔马的代理人；乌戈乔尼·德拉·法焦拉任热那亚的代理人；在佛罗伦萨的流亡者之中，拉博·德·乌贝尔蒂任曼托瓦的代理人；兰贝托·德·奇普里亚尼（Lamberto dei Cipriani）任皮亚琴察的代理人；弗朗切斯科·迪·塔诺·德·乌巴尔迪尼（Francesco di Tano degli Ubaldini）任比萨的代理人。此外，皮斯托亚的维尔焦雷西家族（Vergiolesi）曾于1306年遭到流放，该家族的众多成员均为“白党”人士，他们也担任了代理人之职：在摩德纳有圭达洛斯特（Guidaloste），在克雷莫纳有索弗雷迪（Soffredi，或是戈弗雷多[Goffredo]），在贝加莫有兰多（Lando）。不仅如此，菲利波维尔·维尔焦雷西（Filippo Vergiolesi）——奇诺·达·皮斯托亚钟爱的女子塞尔瓦加·维尔焦雷西（Selvaggia Vergiolesi）的父亲——在遭到流放后曾参与亚平宁山区的反佛罗伦萨战斗，并担任外交要职。

佛罗伦萨人帕米耶罗·德·阿托维迪担当了若干重要的职位。关于兰贝托·德·奇普里亚尼的信息，见 DAVIDSOHN, IV, pp. 571, 642, 776。关于弗朗切斯科·德·乌巴尔迪尼——塔诺·德·乌巴尔迪尼（Tano degli Ubaldini）之 411
子的信息，见 DAVIDSOHN, IV, pp. 488, 494, 571, 642。关于维尔焦雷西家族的信息，见 Vinicio Pacca, *Un ignoto corrispondente di Petrarca: Francesco Vergiolesi*, NRLI, IV (2001), pp. 151–206。

关于召回被流放者的政令以及关于被没收财产的问题，见 Cognasso, *Arrigo VII*, cit., pp. 151–153（引用的句子见 p. 238）。

关于第239页提及的史学家，见 DAVIDSOHN, IV, p. 593。

一个彻头彻尾的吉伯林派

1311年7月至8月期间，罗马涅地区的新任代理人吉贝尔托·德·桑提拉（Gilberto de Santilla，其前任是尼科洛·卡拉乔罗）对弗尔利重拳出击，将斯卡尔佩塔·奥德拉菲和弗尔切里·达·卡尔博里双双囚禁（见 CASADEI, p. 130）。

许多学者都宣称 *Ep* VI 和 *Ep* VII 都是在波皮撰写的，如 Mazzoni, *Le*

epistole di Dante, cit., p. 67；Arsenio Frugoni 撰写的但丁·阿利吉耶里评论：*Epistole*, p. 550；PETROCCHI, pp. 149–150；Cardini, *La Romfahrt di Enrico VII*, cit., p. 1。不过，ZINGARELLI, p. 264 中却写道：两封信里所提到的"阿尔诺河畔"（*sub fontem Sarni*）"让人立刻想到距离阿尔诺河下游只有5000步（miglia）之遥的波尔恰诺"。持同样观点的还有 Corrado Ricci, *L'ultimo rifugio di Dante*, nuova edizione con 47 illustrazioni, premessa e appendice di aggiornamento a c. di Eugenio Chiarini, Ravenna, Edizioni «Dante» di A. Longo, 1965 (1[a] ed. 1891), pp. 14–17。DAVIDSOHN, IV, p. 591 中的结论略显犹疑，认为 *Ep* VI 是"从卡森蒂诺的一个支持吉伯林派的圭迪家族城堡里"发出的。ZINGARELLI, pp. 263–264 中的论述表明但丁不可能从巴蒂福勒的圭迪家族城堡寄出一封如此激进反对佛罗伦萨的书信。

关于但丁的政治信件中体现出的"圣经－预言式"风格，见 Mazzoni（*Le epistole di Dante*, cit., p. 77, 95）在论及拉丁文档案文献中的大量圣经－宗教仪式用语时提到的观点。

关于币制改革的计划，见 Cognasso, *Arrigo VII*, cit., pp. 160–163。

关于帝国权利的解除问题，DAVIDSOHN, IV, pp. 562–566 中展开了相当睿智的论述（笔者正是从此处获知了帝国文书处拟定的计划复辟城堡清单）。同时见以下文献：Cognasso, *Arrigo VII*, cit., pp. 186, 189；Alberto Casadei, *«Sicut in Paradiso Comedie iam dixi»*, SD, LXXVI (2011), pp. 179–197，尤其见 pp. 186–187；不可忽略的还有迪耶戈·夸利奥尼在他即将出版的评论版《帝制论》（Dante Alighieri, *Opere*, vol. II）中撰写的前言。CARPI (p. 561) 中写道，教廷和佛罗伦萨为了确保其在罗马涅和图西亚的法定地位，将"曾经完全属于帝国统治的一切"解读为"（可购置，亦可没收的）纯属封建主的产业"，因此，他们将"政府的武断行政举措视为违法之举"。

第 242 页将但丁称为"彻头彻尾的吉伯林派"，这一说法见 DAVIDSOHN, IV, p. 566。

412 在圭多·贵拉三世去世之际，他的儿子们向与他们较为亲近的法学家邦孔帕尼奥·达·西尼亚请教是否能将父亲的伯爵封地进行划分。邦孔帕尼奥·达·西尼亚通过一封论文式的书信（*Epistola mandativa ad comites palatinos*）给予了答复。他在信中告诫圭多·贵拉三世的子嗣应谨慎考虑，强调分家之举曾削弱了许多侯爵和伯爵世家的势力，尤其是在那些城市国家分布的地区。此处，他以封建家族的视角为城市国家打上了"水蛭"的烙印。

关于该事件，见 CARPI, pp. 553–554 中的论述；斯蒂芬·韦特（Steven M.

Wight）在网上发表了邦孔帕尼奥·达·西尼亚的这封书信（http://scrineum.unipv. it/wight/epman.htm）。关于圭迪家族诸多族系制造的事件及其对佛罗伦萨和亨利七世的态度，极为重要的观点见 CARPI（pp. 534–580）；关于佛罗伦萨政府是通过何种手段逐渐占有了圭迪家族的财产和权利，直至彻底将其摧毁，见 Sestan, *I conti Guidi e il Casetino*, cit., pp. 359–362。

佛罗伦萨执政官写给安茹家族的罗贝托的书信内容收录于 DAVIDSOHN, IV, p. 594。

关于盖拉德斯卡写给玛格丽特·迪·布拉邦的数版信件，Mazzoni, *Le epistole di Dante*, cit., p. 78 对 Fredi Chiappelli, *Osservazioni sulle tre epistole dantesche a Margherita Imperatrice*, GSLI, CXL [1963], pp. 558–565 的反驳（但其基本论断却无法令人接受）恰好能够表明研究但丁的学者对诗人执拗的性情和骄傲的自主性所持有的看法。弗雷迪·基亚佩里（Fredi Chiappelli）认为最后一封书信表现出的对待帝国的态度冷淡一些，而弗朗切斯科·马佐尼（Francesco Mazzoni）则认为“但丁·阿利吉耶里绝不会受其庇护者的摆布，以至于将自己热情洋溢的言辞变成某种模棱两可的，具有外交辞令色彩的论断”。

阿古聊的巴尔多的大赦

关于阿尔勒王国的情况，见 Cognasso, *Arrigo VII*, cit., pp. 59–60, 70, 194–195（关于该王国在此前一段时期的历史，见 Paul Fournier, *Le Royaume d'Arles et de Vienne et ses rélations avec l'Empire da la mort de Fréderic II à la mort de Rodolphe de Hasbourg [1250—1291]*, Paris, Victor Palmé éditeur, 1886）。

自从贝托·布鲁内莱斯基遭到杀害，情况就变得尤为严重。就在前一年的6月，此人曾以傲慢的态度回应卢森堡的亨利派来的使节。窦那蒂家族认为此人和帕齐诺·德·帕齐都是于 1308 年害死科尔索·窦那蒂的罪魁祸首。1311 年 2 月，窦那蒂家族的两名青年通过杀害贝托·布鲁内莱斯基为本家族的亲人复仇。其中一名青年被贝托·布鲁内莱斯基的儿子击中身亡。随后城中暴动四起。人们将科尔索·窦那蒂的遗体掘出，为其举办了隆重的葬礼。由于葬礼募集的巨额善款的分配不均，葬礼变成了新圣母修道院的多明我会修士与圣母百花圣殿的圣职团之间的一场长期且激烈的冲突，并最终演化成了纷争。在接下来的日子里，城中所有的在俗神父（clero secolare）都被卷入了关于葬礼收入的争斗之中：多明我会的修士甚至被禁止在不属于他们的教堂内布道。这场争 413
执将持续十年之久，一直蔓延至教宗在阿维尼翁的教廷，直到 1321 年才随着总会长的干预而落幕（见 DAVIDSOHN, IV, pp. 546–548）。

关于 9 月 2 日的改革，见 PIATTOLI, n. 106，不过雷纳托 · 皮亚托里只公布了波塔圣皮耶罗行政区的例外人员名单（完整版文本见 *Libro del Chiodo*, cit., pp. 283–308）。

改革方案的文本并未提及但丁的儿子，关于这一情况，见 DAVIDSOHN, IV, p. 620。罗伯特 · 戴维森认为雅各伯和皮耶特罗先前已被流放在外。此时，既然他俩的名字没有出现在例外人员名单里，就说明“他们已经回到了佛罗伦萨城，而他们的父亲却再也见不到那座城市”。

大赦并没能使佛罗伦萨人的内心得到平复。1312 年 1 月，大赦方案才颁布短短数月，亨利七世已颁布了帝国针对佛罗伦萨的法令，而帕齐诺 · 德 · 帕齐也被复仇者杀害了。此次谋杀的复仇者是卡瓦尔坎迪家族的成员，他们认为帕齐诺 · 德 · 帕齐是导致该家族的一位亲人在 9 年前被正法的始作俑者。这一次，寡头政府要员的遇刺再度引发了民众暴动。在暴动的顶峰时期，卡瓦尔坎迪家族在 1304 年大火后重建的宅邸又一次被付之一炬。几乎所有家族领袖纷纷出逃，不动产亦被毁于一旦，使该家族的商业公司陷入破产（见 DAVIDSOHN, IV, pp. 448–450）。

旧日阴影

乌戈利诺 · 德拉 · 盖拉德斯卡事件虽然发生在 30 余年前，但其影响一直绵延至此时：1288 年 6 月，伯爵的一个名叫贵尔弗（Guelfo）的侄子遭到了囚禁，当时他还是出生仅数月的婴儿；1313 年，此人仍被比萨的吉伯林派作为人质关押在牢狱之中，直到亨利七世加以干预，才获得自由。相关情况见 DAVIDSOHN, III, p. 435; IV, p. 639。

摩罗埃罗 · 马拉斯皮纳与乌戈利诺 · 德拉 · 盖拉德斯卡之间之所以会有亲缘关系，乃是因为其姐妹曼弗雷蒂娜 · 马拉斯皮纳（Manfredina Malaspina）于 1285 年嫁给了邦杜乔 · 德拉 · 盖拉德斯卡（Banduccio della Gherardesca）——此人虽是乌戈利诺伯爵的非婚生子，其地位却得到了认可；相关情况见 Vecchi, *Alagia Fieschi marchesa Malaspina*, cit., p. 35。

Padoan, *Tra Dante e Mussato*, cit., p. 37 中指出：但丁是于 1311 年 5 月以后离开卡森蒂诺“前去与其他来自托斯卡纳的流亡者会合”的（会合地点貌似是在弗尔利）；CARPI, p. 664 中的观点则认为但丁旅居于卡森蒂诺的时期可能一直绵延至 1311 年底；此外，翁贝托 · 卡尔皮 CARRI，（pp. 669–670）还在谈到比萨时称：“无论是在但丁作为老圭尔甫派成员，与尼诺 · 维斯孔蒂颇为亲近（前几个月里，他也曾与乌戈利诺·德拉·盖拉德斯卡伯爵的女儿走得很近）的时期，还是他作为一个知识人，反对比萨、支持马拉斯皮纳家族，待在卢卡的宫廷的最近一段时期，这座城市都一如既往地不讲信义，充满危险。”

关于帝国使团遭到佛罗伦萨人的拒绝，后来得到圭迪家族的接待，见
DAVIDSOHN, IV, pp. 605–613；Cognasso, *Arrigo VII*, cit., pp. 251–252；CARPI,
pp. 664–666（此处摘录了布特林特主教记载的关于使团与圭迪家族会面的情 414
况）；Giuseppe Indizio, *Un episodio della vita di Dante: l'incontro con Francesco Petrarca*, «Italianistica», XLI（2012）, in corso di stampa（其中包含了卡尔皮[Carpi] 引用的一段翻译）。关于布特林特主教撰写的《向克莱孟五世所做的关于亨利七世意大利之行的报告》（*Relatio de itinere Henrici VII ad Clementem V*），见 CARPI, p. 769；关于帝国使团不幸遭遇的详细情况，见 Isidoro Del Lungo, *Da Bonifazio VIII ad Arrigo VII. Pagine di storia fiorentina per la vita di Dante, Milano*, Hoepli, 1899, pp. 435–441。

在“充满一切恶习”的热那亚人中间

关于贝纳伯·多利亚的情况，见 Monti, *Uguccione della Faggiola, la battaglia di Montecatini e la «Commedia» di Dante*, cit., pp. 139–141。

关于与但丁的见面，见彼特拉克于 1359 年在 *Fam.* XXI 15, 7–8 中的描述。关于对彼特拉克一家在 1310 年至 1312 年期间迁徙情况的重构，见 Arnaldo Foresti（*Aneddoti della vita di Francesco Petrarca*, nuova edizione corretta e ampiata dall'autore, a c. di Antonia Tissoni Benvenuti con una premessa di Giuseppe Billanovich, Padova, Editrice Antenore, 1977, pp. 1–7 [il saggio risale al 1923]）。此后，Indizio, *Un episodio della vita di Dante*, cit. 又进行了令人信服的修订。

关于但丁有可能遭受的由多利亚家族指使的袭击事件，相关资料见 Giovanni Papanti, *Dante secondo la tradizione e i novellatori*, Livorno, Vigo Editore, 1873, pp. 151–153。

加冕与灾难

第 254 页关于罗马街头巷战规模的引述来自 Maire Vigueur, *L'altra Roma*, cit., p. 42。

关于亨利七世发出的致各国君主的信件及腓力四世的回复，见 Cognasso, *Arrigo VII*, cit., pp. 289–290, 303。

关于加冕仪式后举行的宴会情况，见 DAVIDSOHN, IV, pp. 656–657。

关于亨利七世死于投毒的传言以及针对多明我会的控诉，见 DAVIDSOHN, IV, p. 750–752，同时见 Cognasso, *Arrigo VII*, cit., pp. 369–370。关于投毒的传闻似乎并非全无根据，Indizio, *Un episodio della vita di Dante,* cit. 中甚至采用了“极有可能的投毒行为”这一说法。该说法是基于弗朗切斯科·马里（Francesco Mari）和爱丽莎贝塔·贝尔托（Elisabetta Bertol）的现代法医学观点，见 *Veleni. Intrighi e delitti nei secoli*, Firenze, Le Lettere, 2001, pp. 37–47。

关于“suppe”一词的含义及其对投毒事件的影射，见 Filippo Bognini, *Per Purg., XXXIII, 1–51: Dante e Giovanni di Boemia*, «Italianistica», XXXVII (2008), pp. 11–48，尤其见 pp. 33–44；菲利波·博尼尼（Filippo Bognini）将“器皿”解读为亨利七世，然而，上下文是不言自明的：“器皿”指的是教廷这辆“战车”。

415 《帝制论》

认为但丁于 1312 年中已经由托斯卡纳迁往维罗纳的推测是由乔尔乔·佩特洛奇（Giorgio Petrocchi）提出的（见 *Itinerari Danteschi*, cit., pp. 98–101 和 PETROCCHI, p. 154），后来又在 Enrico Malato, *Dante*, cit. pp. 62–63 中被再次重提（“在 1312 年至 1313 年期间，但丁很有可能承蒙康格兰德·德拉·斯卡拉的庇护，旅居于维罗纳”）。不过，根据 CARPI, pp. 666–671 和 INDIZIO[1], pp. 52–59 中相当具有说服力的论述，上述观点很难站得住脚。更为合理的说法是，至少是在亨利七世驾崩之前，甚至是在他去世后不久的那段时期，但丁“并不愿意离开亨利七世的势力范围以及托斯卡纳地区”（CARPI, p. 669），他是在比萨度过了 1312 年至 1313 年（Padoan, *Tra Dante e Mussato*, cit., p. 32）。Indizio, *Un episodio della vita di Dante*, cit. 中将但丁旅居于维罗纳的时间限定在 1312 年上半年。

关于《罗马帝王亨利七世纪》（*Historia augusta Henrici VII*）中阿尔贝蒂诺·穆萨托谈及吉伯林派的主要领袖普拉托的尼科洛的内容，见 Billanovich, *La tradizione del testo di Livio*, cit., p. 46。认为但丁可能通过普拉托的尼科洛的引荐与帝国秘书署（cancelleria imperiale）有过外部合作，这一推测来自 Padoan, *Tra Dante e Mussato*, cit., pp. 38–45。

关于但丁没有参与佛罗伦萨围城一事，见 BRUNI, p. 547；但丁没有参与围城的证据在于他的名字没有出现在 1312 年 9 月至 1313 年 3 月期间支持皇帝的阵营名单中（*Lista compilata dai Capitani di Parte guelfa nel marzo 1313 dei nomi di colro che fra il settembre 1312 e il marzo 1313 si erano schierati con Arrigo VII di Lussemburgo*, in *Il libro del Chiodo*, cit., pp. 319–334）。

针对但丁的作品确定创作日期是一件极度困难的事，《帝制论》的情况也不例外，加之这又是一部不带明确自传特征的作品。关于该作品的撰写时期，有两种推测：一种观点是这部作品创作于1317年至1318年之间，其创作动机是为了支持身为帝国代理人的康格兰德·德拉·斯卡拉——当年，他正与克莱孟五世的继任者约翰二十二世进行论战；另一种推测认为该作品撰写于亨利七世南下意大利期间。然而，如果说第一种推测（认为该作品是为斯卡拉家族的庇护者所写）并没有提供能够直接或间接证明该观点的论据，第二种观点（认为该作品的创作时期是在卢森堡的亨利于1311年1月在米兰被加冕和1313年8月去世之间）却得到了大量内部和外部的线索支持。例如，在BOCCACCIO[1], 195中，作者确切地指出："在亨利七世皇帝到来时，（但丁）用拉丁文散文写了一部作品，其标题为《帝制论》。"若想了解关于《帝制论》创作时间的种种猜测，见Pier Giorgio Ricci, ED中的相应词条。近期提出的一条支持该论著的创作时期是在亨利七世在位期间的观点来自Casadei, *«Sicut in Paradiso Comedie iam dixi»*, cit., pp. 179–197，同时见迪耶戈·夸利奥尼针对《帝制论》撰写的评论（即将出版），该评论收录于Dante Alighieri, *Opere*, vol. II。上述作品中可见针对具体问题的分析；在此，笔者仅强调一点：上述两部论著都认为*Mn* I 12 6中的插入语"如我先前在《神曲·天堂篇》中所述"（"Sicut in Paradiso Comedie iam dixi"）并非出自但丁，因为这句与*Pd* V 19–22相关的插入语应该是在1314年以后才写下的。迪耶戈·夸利奥尼认为这是被 416
改造的文本，其原型来自但丁本人的某句与上文内容相关联的句子（"如我先前所述"，"iam dixi"，Diego Quaglioni, *Un nuovo testimone per l'edizione della «Monarchia» di Dante: il Ms. Additional 6891 della British Library*, «Laboratoire italien», 11 [2011], pp. 231–278）。

"他人未曾尝试论述的真理"

关于但丁不拘囿于传统模式的评价来自GIUNTA, p. 44。关于但丁的文学作品所呈现出的持续的创新性特质，见SANTAGATA, pp. 98–104。

第259页关于《帝制论》理论来源的多样性的论述来自迪耶戈·夸利奥尼（introduzione al commento, cit., in corso di pubblicazione）。

关于*Mn* II 1–5中批判俗世国王和君主与受膏者作对的内容，应了解Casadei, *«Sicut in Paradiso Comedie iam dixi»*, cit., pp. 182–187中的观点，作者

认为，通过将上述文本与致佛罗伦萨人的 *Ep* VI 相比较，便会明白“无须认为这是产生于 1312 年 6 月 29 日的加冕仪式以后的（对亨利七世的）批判”，而是某种产生于 1311 年至 1312 年期间的批判。

关于《帝制论》与《比萨法令》（*Constitutiones pisanae*）和克莱孟五世的一系列教谕（关于其历史年代，仍存争论）之间的关系的复杂问题，见先前提及的迪耶戈 · 夸利奥尼的那篇尚待出版的前言。迪耶戈 · 夸利奥尼认为《帝制论》“似乎反映了冲突的进一步激烈化，貌似是在皇帝去世前完成的”，且“其完成年代”应该是在《比萨法令》颁布的时期，“或许是在其起草和公布的前后”。此外，DAVIDSOHN, IV, pp. 740–745 中也指出,《帝制论》的创作“缘起”来自亨利七世和安茹家族的君王进行最后一搏时那场蔓延于整个意大利半岛的议论；历史学家认为这部作品的创作时期“是在 1313 年夏天，或许是在那一年的 7 月”。Casadei, *«Sicut in Paradiso Comedie iam dixi»*, cit., p. 190 中则表达了不同的观点：该作品“只能可能是在卢森堡的亨利和克莱孟五世尚处于精诚合作，还未在实质上针锋相对的时期。1312 年 6 月的罗马加冕仪式后不久，两者就分庭抗礼了”。关于该作品与政治时局的关系，同时见 Cristaldi, *Dante di fronte al gioachimismo, I. Dalla «Vita Nova» alla «Monarchia»*, cit., 400–410：作者认为该作品最早完成于 1312 年 7 月至 8 月期间，最迟不超过 1314 年至 1316 年。

当克莱孟五世的继任者约翰二十二世与亨利七世的继任者巴伐利亚的卢多维科四世展开了一场激烈程度远胜从前的斗争——后者甚至要选出一位对立教宗（antipapa）时，巴伐利亚的卢多维科四世和他的“追随者们”“开始摆出”“许多由但丁在《帝制论》里提出的”对其有利的“论题”，以至于教廷派
417 掀起了一股驳斥《帝制论》的风潮。但丁的这部作品陷入了非议，以至于在 1329 年，教宗代表——枢机主教伯特兰 · 杜 · 波格在博洛尼亚下令将该书付之一炬。在那一紧急关头，被指为异端的但丁的尸骨差点如法利纳塔 · 德 · 乌贝尔蒂一样要被掘出和焚烧。正是在作为冲突中心地区的博洛尼亚，在 1327 年至 1334 年期间（很可能是在 1329 年之前），多明我会修士圭多 · 维尔纳尼（Guido Vernani）撰写了一篇《驳〈帝制论〉》（*Reprobatio Monarchiae*），相关情况见 Michele Maccarrone, *Dante e i teologi del XIV-XV secolo*, «Studi Romani», 5 (1957), pp. 20–28，同时见 Casadei, *«Sicut in Paradiso Comedie iam dixi»*, cit. p. 193。关于《帝制论》在吉伯林派成员中的受欢迎程度以及伯特兰 · 杜 · 波格试图进行的审判（关于此人的言行，见 Beniamino Pagnin, ED 中的相应词条），见 BOCCACCIO[1], 195–197。至于但丁因《帝制论》险些被指为异端的消息，

萨索费拉托的巴尔托罗（Bartolo da Sassoferrato）也给予了证实（关于此人，见 Francesco Calasso, DBI 中的相应词条）。

DAVIDSOHN, IV, p. 743 中写道：“《帝制论》完成后不久发生的一系列事件使该作品中的内容在当时显得毫无用处，不过，巴伐利亚的卢多维科四世上位后，该作品又再次触及了当时的热点问题。”

血脉相承的权利

关于但丁对高贵血统的重新审视，具有根本性重要意义的论述见 CARPI——这也恰恰是这部题为《但丁的高贵》（*La nobiltà di Dante*）的作品的旨归。

关于埃涅阿斯，但丁（*Mn* II III 7）写道：“这位战无不胜又极为仁慈的父亲是何等高贵，这高贵不仅源自其自身的德性，还来自其先祖及他们的妻子，他们的高贵通过血统的传承注入他的身上，对此，我不知如何才能给出全面的解释。”

五　预言者（1314—1315）

明确的使命感

奇诺·达·皮斯托亚的那首合组歌《既然自然把那人的生命终结》（*Da poi che la Natura ha fine posto*）收录于 *Poeti del Duecento*, cit. vol. II, pp. 678–679。

关于那封写给意大利枢机主教的信件，分别见：Arsenio Frugoni, *Dante tra due Conclavi- La lettera ai Cardinali italiani*, «Letture classensi», 2, (1969), pp. 69–91；Ovidio Capitani, *Una questione non ancora chiusa: il paragrafo 10 (Ed. Toynbee) della lettera ai Cardinali italiani di Dante*, «Annali della Scuola Normale Superiore di Pisa», Classe di Lettere e Filosofia, s. III, III (1973), pp. 471–485；Raffaello Morghen, *La lettera di Dante ai Cardinali italiani e la coscienza della sua missione religiosa*, in Id., *Dante profeta tra la storia e l'eterno*, Milano, Jaca Book, 1983, pp. 109–138。

之所以认为这封信确实被送达收件人手中，是因为“假如彼特拉克和科拉· 418
迪·里恩佐（Cola di Rienzo）很快就提到了那封信，就说明这封信是存于阿维尼翁和罗马之间的教廷文档之中”（Billanovich, *La tradizione del testo di Livio*, cit., p. 46）；同时见 Morghen, *La lettera di Dante ai Cardinali italiani*, cit., pp. 111–112。

关于加斯科涅派闯入秘密会议，高喊“意大利的枢机主教该死，我们要教宗，我们要教宗”的情形，那几位教宗在一封致熙笃会修道院的通谕中就有描述：见 Mazzoni, *Le epistole di Dante*, cit., p. 82。

关于约翰二十二世，见 Christian Trottamann, EP 中的相应词条。

错综复杂的政局

关于卢森堡的约翰，分别见：Bognini, *Per Purg., XXXIII, 1–51*, cit., pp. 11–48（及相关文献信息）；Cognasso, *Arrigo VII*, cit., pp. 373–374。在 *Ep* VII 5 里，但丁写道：“约翰，你是皇室长子和国王，未来的皇室子孙皆期待着由你开启落幕（即父亲去世）之后的崭新一天，于我们而言，你就是第二位阿斯卡纽斯（埃涅阿斯之子），继承伟大父辈的遗志，无论身在何处，都会如雄狮一般击溃图尔努斯（Turnus，鲁图利人），如绵羊一般对待拉丁人。”

关于斐得利哥三世与但丁之间的可能存在的交往，见 Raul Manselli, ED 中的相应词条。在 *Pd* XIX 130–131 中，得到真福的灵魂群体正要组成一只雄鹰的形象，而斐得利哥三世则被置于邪恶的基督教君王之列：“守该岛（西西里）那个人也可看见 / 他怯懦而且还十分贪婪。”在 *Pd* XX 62–63 中，在安茹家族的查理二世和斐得利哥三世统治下哭泣的意大利南部追忆起了善良的阿塔维拉家族的威廉二世（Guglielmo II d’Altavilla）：“该国为此人泣，他叫威廉，/ 其土陷活查理和斐得利哥劣政苦难。”关于但丁在不同的历史时期对斐得利哥三世的评价的数度反转，分别见 CARPI, pp. 444–446 和 TAVONI, pp. 1271–1272。

狂热的乌托邦主义者

关于那封致意大利枢机主教的信件中所呈现的预言特质，Morghen, *La lettera di Dante ai Cardinali italiani*, cit., p. 152 中给出了如下评论：“有人认为，在某些时刻，但丁意识到自己拥有极高的权威，可以用预言者振聋发聩的语气与人间的领袖和所有信仰基督教的民众交谈。笔者以为，有一份文件能够证明这一观点，这便是他在卡庞特拉秘密会议期间写给枢机主教的信件。”关于这封信件的预言特质，同时见 Frugoni, *Dante tra due Conclavi*, cit., pp. 80, 84。

在 *Pg* XXXII 103–105 中和 XXXIII 52–54 中，贝阿特丽齐将传达预言的使命交托给但丁；在 *Pd* XVII 124–129 中，卡恰圭达将这一使命交托给但丁；最后，在 *Pd* XXVII 61–66 中，圣彼得也将该使命交托给但丁。

419 第 271 页提到的关于但丁为证明自己的预言能力必须展现的客观线索来

自 Gorni, *Lettera, nome, numero*, cit., p. 111；不过，古列莫 · 格尔尼（Guglielmo Gorni）也只指出了一条客观线索：《达尼尔书》(*libro di Daniele*, 12, 11–12) 中有言："自从废弃日常祭，设立那招致荒凉的可憎之物的时候起：必要经历 1290 天。凡能守候直到 1335 天的，是有福的。"假如抛开"天"和"年"的差异不论，我们能看到两个在但丁的生命中有着重要意义的日期：1290 年和 1335 年：1290 年是贝阿特丽齐去世的年份；鉴于但丁于 1265 年出生，且他认为人生的中途是在 35 岁，那么 1335 年就应该是如同达尼尔一般作为"真福者"（beato）去世的日子。总之，"但丁认为自己于 1300 年得到了上帝的拣选，也认为自己将于 1335 年成为真福者"（p. 127）。上述关联并不能让人感到完全信服（尽管古列莫 · 格尔尼的这一"令人着迷的发现"在 Malato, *Dante*, cit., pp. 381–384 中得到了认可）；不过无论如何，上述数字巧合应该不会逃过但丁的慧眼（虽然他不曾提及两个日期之间的关联），因此很难被视作诗人给出的客观线索。

关于 *If* XIX 中所说的打破洗礼池之举的含义，必须见 Tavoni, *Effrazione battesimale*, cit.。

尼古拉三世这样谈论克莱孟五世："人们读伊阿宋传奇故事，/ 他行贿之事载《马喀比传》，/ 法王也挺此人如他一般。"（*If* XIX 85–87）

仅有少数学者认为第十九歌的全篇文字是于 1314 年完成的（例如，Gianluigi Berardi, *Dante, «Inferno» XIX*, in *Letteratura e critica. Studi in onore di Natalino Sapegno*, vol. II, Roma, Bulzoni, 1975, pp. 97–103）。Saverio Bellomo（*Le muse dell'indignazione: il canto dei simoniaci [Inferno XIX]*, «L'Alighieri», 37 [2011], pp. 111–131），坚持认为第十九歌与写给枢机主教的信件存在关联，但却在以下两种观点之间犹豫不定：第一种观点认为不仅是描写教宗们被插进孔洞的情节，而"很有可能是整个第十九歌——鉴于克莱孟五世的形象出现在抨击之语的最末尾处"都是在 1314 年 4 月以后完成的；第二种观点则认为关于克莱孟五世之死的预言和"几乎整个第十九歌"都是"作者在完成整部《地狱篇》的创作且尚未将其发表之前所做的最后修订的结果"。Indizio, *La profezia di Niccolò e i tempi della stesura del canto XIX dell'«Inferno»*, cit., pp. 73–97 中则表达了较为折中的观点，认为第十九歌撰写于维埃纳大公会议（1312 年）召开后不久，而关于克莱孟五世的诗行则是在 1314 年春季添加的。CASADEI, pp. 138–141 中对史实的重构有所不同：作者认为，但丁对第十九歌的修改应该完成于克莱孟五世去世以前，大约在 1312 年下半年至 1313 年 8 月之间（也就是《地狱篇》即将发表的时候——阿尔贝托 · 卡萨德伊认为《地狱篇》是在

1313年8月以前，即亨利七世暴毙以前发表的）。所以说，诗人做出的，算是一种“具有先见之明的预言”，因为“教宗的健康状况本就堪忧，且自1312年4月起，他的病情就进一步加重了”。

420 《炼狱篇》与帝国的缺席

关于《炼狱篇》中诸多诗篇的创作年代，相应的文献资料繁杂而散乱：将下述两部论著的观点加以综合，可获得关于该问题的具有可信度的整体分析：Parodi, *La data della composizione e le teorie politiche dell'«Inferno» e del «Purgatorio»* , cit. 和 CASADEI。

关于对 *Pg* VI 的政治学解读，见 Carpi, *Il canto VI del «Purgatorio»* , cit.。

关于诗人对意大利的斥责，见以下诗行：“在意土尘世人战争连连，/ 有些人本生活同一城间，/ 相互间残害却从未中断。/ 可怜虫，沿海岸寻找一番，/ 然后再向内地注目观看，/ 有何地区享受宁安……你（德意志的阿尔布雷希特一世）看那蒙泰奇、卡佩莱提、/牟纳迪、菲利佩无人照看，/ 前两族极悲惨，后者不安！ / 残忍者，你应治贵族创伤，/ 快来看他们受何等苦难，/ 圣菲奥那里有多么黑暗！ / 快来看你罗马正在痛哭，/ 她孀居，极孤独，昼夜呼唤：/ ‘恺撒呀，你为何不来陪伴？’”（*Pg* VI 82–114）在 *Pg* XIV 40–54 中，圭多 · 德 · 杜卡用牲畜的名字描绘了阿尔诺河谷沿岸的居民；在 *Pg* XVI 115–120 中，马可 · 伦巴多勾勒了伦巴第地区的局势。

在 *Pg* VII 中所述的君王山谷，索尔德罗（Sordello）依次提到了哈布斯堡的鲁道夫一世、波希米亚的奥托卡二世（Ottocaro II di Boemia）、法兰西的腓力三世、纳瓦拉的亨利一世（Enrico I di Navarra）、阿拉贡家族和西西里的佩德罗三世（Pietro III d'Aragona e Sicilia）、安茹家族的查理一世、阿拉贡家族的阿方索三世（Alfonso III d'Aragona）、英格兰的亨利三世、蒙费拉托的威廉七世（Guglielmo VII di Monferrato）——只有谈到阿拉贡家族的佩德罗三世时，才评价他“曾束着一切美德的腰带”（v. 114）。除了英格兰的亨利三世和阿拉贡家族的阿方索三世，所有本不出色的父亲都生下了更为平庸的儿子：波希米亚的奥托卡一世的儿子瓦茨拉夫一世（Venceslao I di Boemia）“沉溺于色欲和怠惰”（v. 102）；两亲家腓力三世和纳瓦拉的亨利一世诞育了“法兰西的祸胎”（v. 109）——腓力四世；安茹家族的查理一世的儿子查理二世让“普里亚（Puglia）和普罗旺斯（Proenza）怨声载道”（v. 126）；阿拉贡家族的佩德罗三世的两个后裔海梅二世（Giacomo II di Aragona）和斐得利哥三世都继承了王国不假，但“谁都没有得到更好的遗产”（v. 120）；最后，蒙费拉托的威廉七世的儿子约翰一世（Giovanni I di Monferrato）由于他父亲的缘故引发了一场血腥的战争“让蒙费拉托和卡纳韦塞（Canavese）哭泣”（v. 136）。

关于三位“查理”和那位不满足于在阿纳尼所作所为的“新比拉多”（nuovo Pilato，此处指腓力四世）——他曾“在没有教宗谕旨的情形下 / 就扬着贪婪之帆冲入圣殿”，休·卡佩（写作 Ugo Capeto 或 Ugo Ciappetta）在 *Pg* XX 67–93 中曾有提及。

关于弗尔切里·达·卡尔博里，见 *Pg* XIV 58–66；关于萨皮亚，见 *Pg* XIII 109–123；关于阿尔多布兰德斯基家族，见 *Pg* XI 58–72 中翁贝托（Omberto）勾勒的自画像；关于拉瓦尼亚的菲耶斯基伯爵家族，见 *Pg* XIX 143–144 中哈德良五世历数该家族的恶行；关于斯卡拉家族，见圣泽诺修道院院长的话语（*Pg* XVIII 118–126）。

关于福里斯的那几歌（*Pg* XXIII-XXIV），是《炼狱篇》里唯有的几篇以佛罗伦萨为中心展开的篇章；与《地狱篇》相比，佛罗伦萨的地位退位其次，
这是因为自从圭尔甫派白党和但丁本人遭遇失败后，佛罗伦萨就陷入了僵局， 421
让诗人无法写出任何与内战和流放无关的诗行。

关于波拿君塔·奥尔比恰尼、圭尼泽利和阿尔诺·达尼埃尔，见 *Pg* XXIV 和 XXVI。

贝阿特丽齐的预言

SANTAGATA, pp. 234–287 中就描写伊甸园的篇章内容和贝阿特丽齐的预言含义展开了长篇剖析，并就这则预言的撰写日期提出了假设。关于与伊甸园相关的种种隐喻，有必要参考 Lino Pertile, *La puttana e il gigante. Dal «Cantico dei Cantici» al Paradiso Terrestre di Dante*, Ravenna, Longo Editore, 1998。

在 *If* I 101–111 中，维吉尔已经预言一头“猎犬”将杀死“贪婪”，将其逐回它原先待的地狱里去：“那猎犬不食土，不吃银钱，/ 仅仅把智、爱、德吞入腹间，/ 它生于粗布中，出身卑贱。”

Pietro Mazzamuto, ED, *Cinquecento diece e cinque* 中收集了从最早的《神曲》评论至 20 世纪 70 年代的论著中关于“五百、十和五”的各种解读；关于该百科全书出版后出现的其他解读，见 Bognini, *Per Purg., XXXIII, 1–51*, cit., pp. 12–18。

CASADEI（第 278 页的引文摘自该作品的第 140 页）以相当自圆其说的方式指出“受上帝派遣的人”就是亨利七世，且但丁是在 1312 年亨利七世被加冕至 1313 年 8 月亨利七世暴毙期间完成了《炼狱篇》的最后几歌，并将其

前两歌公开发表的。

PASQUINI, pp. 165–166 中指出，《炼狱篇》第三十二歌的创作时间“不晚于 1314 年”，且那封致意大利枢机主教的信也是撰写于“不久之后”的。另外，埃米利奥 · 帕斯奎尼（Emilio Pasquini）还犀利地指出但丁描述阿维尼翁教廷堕落之态的独到见解甚至让“那条关于‘五百、十和五’（寓意领袖）的预言反而退居至次要地位”。

关于将“五百、十和五”的身份解读为波希米亚国王——卢森堡的约翰，以及相应谜题的阐释，见 Bognini, *Per Purg., XXXIII, 1–51*, cit.，但作者将“淫荡的娼妇”（“puttana sciolta”）解读为佛罗伦萨，又将“巨人奸夫”解读为安茹家族的罗贝托，这一说法是令人难以接受的：倘若上述两个形象是指佛罗伦萨和那不勒斯国王，便会破坏诗行中对教廷逐年堕落之情势的隐喻（同时见 Bognini, *Gli occhi di Ooliba. Una proposta per Purg., XXXII 148–160 e XXXIII 44–45,* RSD, VII [2007], pp. 73–103；Bognini, Dante tra solitudine e protezione [Pg XXXII 148–160 e XXXIII 1–5], in Novella fronda. Studi Danteschi, a c. di Francesco Spera, Napoli, D'Auria Editore, 2008, pp. 177–197）。Gorni, *Lettera, nome, numero*, cit., p. 121 中指出“‘受上帝派遣的人’这一表述结构来自《约翰福音》的序言部分：‘曾有一人，是由上帝派遣来的，名叫约翰’”。其解密方法就包含在帕皮亚斯（Papias）的《基础学说》（*Elementarium doctrinae rudimentum*，成书于 11 世纪中叶）一书中的《字母破译》（*Formate epistole*）章节里：见 Bognini, *Per Purg., XXXIII, 1–51*, pp. 30–33。

422 关于“淫荡的娼妇”，见 *Ap* 17, 1–5；第 280 页的引文来自 Anna Maria Chiavacci Leonardi, Dante Alighieri, *Commedia*, vol. II, *Purgatorio*, Milano, Mondadori, 1994, p. 954)。CASADEI, p. 135 中指出，在描写娼妇施展引诱之计的场景里，“但丁扮演了曾对克莱孟五世付出信任……并因此支持皇帝与教廷结盟的那个群体的领袖角色：直到亨利七世在罗马接受加冕时才意识到形势有变。因此，所谓的引诱之举便是在暗指克莱孟五世和亨利七世意欲结盟的那一时期。随后，教宗将再次屈从于腓力四世的意志，彻底远离意大利”。

关于将诗行中的隐喻关联至卡庞特拉秘密会议的情况，该观点见 Antonio Alesssandro Bisceglia, *Due nuove proposte esegetiche per «Purgatorio» XXXII*, «Studi e problemi di critica testuale», 77 (2008), pp. 115–124。值得注意的是，但丁的书信与 1314 年 9 月意大利枢机主教写给熙笃会修道院的书信（信中提及了他们遭到驱逐的情形）不乏共鸣：关于两者之间的共同点，见 Mazzoni, *Le epistole di Dante*, cit., pp. 82–83。此外，当意大利枢机主教在卡庞特拉秘密会

议上遭到边缘化时，拿波莱奥尼·奥尔西尼·迪·马利诺写给腓力四世的书信包含有“若干历史信息和评论，与但丁写给意大利枢机主教的那封信件里所提及的内容互为补充”(CARPI, pp. 628–629)。

假如接受 v. 36 中“上帝的惩罚是不怕喝汤的”是针对皇帝中毒的隐喻，则所有对这则预言写于亨利七世去世之后的质疑都将不攻自破。

CASADEI, p. 140 中指出，倘若《地狱篇》和《炼狱篇》并不是在亨利七世去世以前就已完成且流传开来的，“我们便会面临一个绝无仅有的难题：但丁作为一个全心全意（*toto corde*）支持亨利七世伟业的人，一直对这位皇帝只字不提（除了在 *Par.* XVII, 82 中蜻蜓点水式的提及），直到亨利七世去世以后，才在 *Par.* XXX, 133 ss 中对其大唱赞歌”。

一位主教的磨难

关于亨利七世驾崩之后但丁的辗转轨迹（除了 PETROCCHI, p. 154 中无法自圆其说的观点，其称诗人于 1312 年就已去往维罗纳），可见 CARPI, pp. 670–671：“亨利七世崩逝后，诗人很有可能前去投奔维罗纳的康格兰德·德拉·斯卡拉，他是意大利北部所有臣服于帝国的君主中最强大的一位。即使但丁不是在亨利七世去世后立刻动身的，其出发时间也相当早。”

能够证实 1314 年 3 月但丁身处弗尔利的，是一封用俗语撰写的短信。该信由安东·弗朗切思科·多尼（Anton Francesco Doni）于 1547 年发表，收录在那部由他印制的作品《但丁、彼特拉克和薄伽丘的古老散文》(*Prose antiche di Dante, Petrarcha, et Boccaccio*) 中。1314 年 3 月 30 日，但丁在一次从威尼斯返回拉文纳的旅行（但丁的使命是将拉文纳领主的献礼送给新近当选的总督）途中，将这封短信寄给了小圭多·达·波伦塔。信件内容是但丁针对威尼斯的领袖阶层的牢骚之语。据他所言，威尼斯城的领袖不仅不通拉丁
文，就连意大利语也只是略知一二。学界普遍认为这封信件是由安东·弗 423
朗切思科·多尼伪造的，直至罗塞塔·米里奥利尼·菲斯（Rosetta Migliorini Fissi）在寻找该信件的评论版（*La Lettera pseudo-dantesca a Guido da Polenta. Edizione critica e ricerche attributive*, SD, XLVI [1969], pp. 103–272）时，才表明安东·弗朗切思科·多尼只是编者。至于该信（最初使用拉丁文撰写的，后来被一个身份不明的人译成了俗语）的作者是否是但丁，持肯定观点的只有 PADOAN, pp. 57–91 以及后来的 INDIZIO[1], pp. 54–57（该书中的观点过于自信；此外，Malato, *Dante*, cit., pp. 62–63 中对此亦表明了半信半疑的立场）。上述学者为弥合文本中显而易见的前后矛盾所做出的努力却与一个事实产生了冲突：

但丁根本不可能劳神费力地委派某位信使前往拉文纳，只为送去一份不含任何实质信息，纯粹只是为了发泄私愤的信件；不仅如此，鉴于这封信定会被文书处保管，身为使节的但丁不可能对威尼斯表达如此负面的评价，因为拉文纳在处理与该国的关系时是相当谨小慎微的。此外，让这一猜测无法立足的另一个更为确凿的事实是：正如罗塞塔 · 米里奥利尼 · 菲斯先前指出并通过文献证实的，信件伪造者的身份及其目的其实相当明确：伪造者是一个佛罗伦萨人，伪造信件的时期或是在 16 世纪的最初几十年，或是在 16 世纪的 40 年代（此种可能性相对较小）。此人伪造信件的信息来源是菲利波 · 维拉尼针对一个受波伦塔家族委任出使威尼斯的使团撰写的出使记录，然而，在那一次出使过程中，但丁是没有发言权的。这一时期，佛罗伦萨——尤其是反共和派的美第奇家族内部——盛行反对威尼斯的政治和社会争论，此外，以但丁为基点的关于语言的争论也在 16 世纪上半叶兴起，许多佛罗伦萨的知识人都被卷入其中。

埃米利奥 · 帕斯奎尼（*Vita di Dante*, cit., p. 83）指出，自 1315 年被判处死刑后，但丁的儿子们“或许已与诗人一道接受乌戈乔尼 · 德拉 · 法焦拉的庇护”，这一推测表明当时的但丁仍然身处比萨，倚仗乌戈乔尼 · 德拉 · 法焦拉的庇护；此前，Ricci, *L'ultimo rifugio di Dante*, cit., p. 61 中就已指出：“我们认为，在那场以圭尔甫派惨败于蒙泰卡蒂尼的战争发生时，但丁是身处托斯卡纳的。”

关于尼科洛 · 窦那蒂见 Renato Piattoli, ED 中的 相应词条和 BARBI[2], p. 328。自 1315 年起，杰玛也对诗人产生了助益。那时，她已继承了母亲玛丽亚的遗产。尽管我们并不了解她母亲的去世日期，但却知道玛丽亚是在 1315 年 2 月至 5 月期间写下了遗嘱（遗嘱收录于 PIATTOLI, n. 113）。

根据 Frugoni, *Dante tra due Conclavi*, cit., p. 83 中的观点，卢尼主教的例外之所以令人“吃惊”，乃是因为“语气出现了猛然的反转”。

关于卢尼主教当选的一系列事件及维拉弗兰卡的古列莫 · 马拉斯皮纳和盖拉蒂诺 · 马拉斯皮纳的形象，Vecchi, «*Ad pacem et veram et perpetuam concordiam devenerunt*», cit. 中提供了一些新信息。维拉弗兰卡的古列莫 · 马拉斯皮纳修士的身份曾多次被误认为是 14 世纪 20 至 30 年代担任萨尔扎纳主教的贝纳伯 · 马拉斯皮纳 · 德 · 泰尔兹耶里（Bernabò Malaspina del Terziere，见 Eliana M. Vecchi, *Per la biografia del vescovo Bernabò Malaspina del Terziere*
424 *[†1338]*, cit., pp. 109–141）。关于乌戈乔尼 · 德拉 · 法焦拉入侵卢卡城后盖拉蒂诺所遭遇的事件，同时见 DAVIDSOHN, IV, pp. 816–817（第 283 页的引文出处）；关于卡斯特鲁乔 · 卡斯特拉卡尼 · 德 · 安特米内里的角色，见 Michele

Luzzati, DBI, *Castracani degli Antelminelli, Castruccio*。关于福斯迪诺沃的斯皮内塔·马拉斯皮纳的信息，见 Franca Ragone, DBI, *Malaspina, Spinetta (Spinetta il Grande di Fosdinovo)*。

1310 年，阿拉嘉·菲耶斯基的父亲尼科洛·菲耶斯基（Niccolò Fieschi）被安葬在热那亚的圣方济各教堂；1340 年，阿拉嘉·菲耶斯基和摩罗埃罗·马拉斯皮纳的一个儿子卢奇诺（Luchino）也被安葬在这里。请注意，摩罗埃罗·马拉斯皮纳的姐妹曼弗雷蒂娜·马拉斯皮纳的宅邸就位于这座教堂附近。曼弗雷蒂娜·马拉斯皮纳在结束了与邦杜乔·德拉·盖拉德斯卡的第一段婚姻后，改嫁热那亚人阿拉奥尼·格里马尔蒂（Alaone Grimaldi，据记载，阿拉嘉·菲耶斯基寡居之后曾在姑姐的家中长居过一段时间）。关于科尔沃的圣十字修道院的道路系统，仍可见 Vecchi, «*Ad pacem et veram et perpetuam concordiam devenerunt*», cit. pp. 145–148。关于“前往山的那一侧”（*ad partes ultramontanas*）这一表述的含义，见 Casadei, *Considerazioni sull'epistola di Ilaro*, cit., pp. 15–18。

第二次死刑判决

关于 1315 年至 1316 年期间的几次召回事件和 1315 年秋的赦免令，相关史实的重构是由米凯莱·巴尔比（通过与尼古拉·曾加雷利的对话）完成的，见 *Una nuova opera sintetica su Dante (1904)*, 同时见 BARBI[1], pp. 29–85，尤其见 pp. 51–56。

“若要确定（*Ep* XII 的）通信人的身份，澄清以下这句表述的解读是非常重要的：究竟是如唯一一份手稿中所显示的那样，意为‘从您的信和我侄子的信中’，还是像众多但丁研究专家——尤其是该文本的评注版编辑埃尔梅尼吉尔多·比斯泰利（Ermenegildo Pistelli）和米凯莱·巴尔比——所认为的那样，意为‘从您的信和我侄子及其他许多友人的信中’呢？……鉴于在这方面并无定论，我们最好还是将神父和侄子分而论之”（GORNI, p. 225）。不过，Piattoli, *Codice Diplomatico Dantesco. Aggiunte*, cit., pp. 3–108; pp. 75–108）提出了另一种解读，他根据最新的文献资料修改了米凯莱·巴尔比的论断（*Per un passo dell'epistola all'amico fiorentino e per la parentela di Dante* [1920]，同时见 BARBI[2], pp. 305–328），认为那位身为宗教人士的收信人同时也是但丁的侄子。这种观点开启了一种可能性：正如雷纳托·皮亚托里推测的那样，这个人可能是拉博和塔娜的儿子贝尔纳多·里克马尼。我们先前就曾假设，当他还是圣十字修道院或另一家附近的方济各会修道院的年轻修士时，曾在但丁即将被流放之际帮助其隐藏过财产。

如同其他人物，这个被但丁点名的齐奥罗（有人倾向于将其身份锁定于一个名叫齐奥罗 · 德 · 阿巴迪的人）肯定是一个普通的流氓：相关信息见 ED, *Ciolo*。

关于 1315 年 10 月和 11 月的判决书，见 PIATTOLI, nn. 114, 115。

425 # 六　廷臣（1316—1321）

在亚平宁山脉的另一侧

那封写给佛罗伦萨友人的信件的结束之语如下：“面包亦少不了”*Ep* XII 4）。

之所以说但丁并不认识康格兰德 · 德拉 · 斯卡拉本人，乃是因为但丁在 *Ep* XIII 的开篇之处称自己曾前往维罗纳，是为了去考察笼罩其庇护人的盛誉是否名副其实。

INDIZIO[1]（作者支持的有关但丁的生平信息与笔者提出的观点有所出入）将 1316 年视为但丁迁至维罗纳的日期，持相同观点的亦有其他学者，如 GORNI, p. 184。

必要的颂词

关于康格兰德 · 德拉 · 斯卡拉的信息，Gian Maria Varanini, DBI 中的相应词条提供了相当翔实且深入的信息，其内容与 Gian Maria Varanini, DBI 中关于阿尔波伊诺 · 德拉 · 斯卡拉的词条遥相呼应。

颇有意思的是，薄伽丘并没有参与构筑关于斯卡拉家族的神话。他对《天国篇》的进献对象究竟是否是康格兰德 · 德拉 · 斯卡拉表达了质疑（BOCCACCIO[1], 193–194）。

在致康格兰德 · 德拉 · 斯卡拉的那封书信（*Ep* XIII 3）里，作者就即将献给收信人的那部《天国篇》发表了如下看法：“除了《神曲》中那部题为《天国》的至高篇章，我找不到任何作品更适于歌颂您的伟大：我以这封书信作为献词，将这部作品赠予、奉献、交托给您。”

关于书信中的注释部分，尤其是信中对“喜剧”题材的解读及对史诗标题的解释引发的质疑，见 Mirko Tavoni, *Il titolo della «Commedia» di Dante*, NRLI, I (1998), pp. 9–34，尤其见 pp. 21–23；同时见 Andrea Mazzucchi, *«Tertia est satira, idest reprehesibilis, ut Oracius et Persius»: Cino da Pistoia, Pietro Alighieri e Gano di Lapo da Colle*, in *«Però convien ch'io canti per disdegno». La satira in versi tra Italia e Spagna dal Medioevo al Seicento*, a c. di Antonio Gargano, con una introduzione di Giancarlo Alfano, Napoli, Liguori Editore, 2011, pp. 1–30。另一种不同的观点见 Claudia Villa, *La proetrvia di Beatrice. Studi per la biblioteca di Dante*, Firenze, SISMEL-Edizioni del Galluzzo, 2009, pp. 163–181。

第 290 页的引文出自 Alberto Casadei, *Il titolo della «Commedia» e l'Epistola a Cangrande,* «Allegoria», 60 (2009), pp. 167–181（引文出自 p. 178）。作者以相当令人信服的方式推测：这封信的核心部分是由但丁于 1316 年撰写的（应该包含"关于将《天国篇》献给康格兰德 · 德拉 · 斯卡拉的题献的许诺"），而第二个阐释部分则是于 14 世纪 40 年代后加的，"或许是在那个为了确证诗人的最后一系列作品的情况而构筑起诸多神话的年代"；关于该论题，同时见 Casadei, *Allegorie dantesche*, in *Atlante della letteratura italiana*, a c. di Sergio Luzzatto e Gabriele Pedullà, vol. I, a c. di Amedeo De Vincentiis, Torino, Einaudi, 2010, pp. 199–205。

信件（*Ep* XIII 32）末尾处提及的贫困窘境："家庭的困窘的确令我应接不 426
暇，迫使我忽略了对公共利益有用的这一件和其他事务。"（"urget enim me rei familiaris angustia, ut hec et alia utilia reipublice derelinquere oporteat"）无论是真是假，其目的都在于强调那些隐藏在信件开篇处颂扬之词之下的情形。

关于圣泽诺修道院的院长事件以及康格兰德 · 德拉 · 斯卡拉针对但丁在《炼狱篇》中所述内容的回应，见 CARPI, pp. 667–668。

那则彼特拉克式的轶闻已被 *Novellino* XLIV 所收藏，但其主角形象是《炼狱篇》第十六歌里的主人公马可 · 伦巴多。Billanovich（*Tra Dante e Petrarca*, cit., pp. 27–28）坚信彼特拉克在《往事追忆》（*Rerum memorandarum libri*, II 83）中所述的那几句话："但丁 · 阿利吉耶里，就是那个去世不久的我的同乡……他被家乡流放，后来旅居于维罗纳的康格兰德 · 德拉 · 斯卡拉的宫廷，当时，那里是许多遭难者和流亡者共同的避难所。起初，他得到了礼遇，但后来却逐渐遇冷，一天比一天不受领主的喜爱。""忠实地"见证了"但丁不得不忍耐的康格兰德 · 德拉 · 斯卡拉和他的廷臣们的忘恩之举"。

但丁在第二次旅居维罗纳期间是否与先前提到的那位乔凡尼 · 德 · 马托契斯再度建立联系，这是一个值得关注的问题。据推测，但丁已于 1303 年至 1304 年期间与之有所接触。关于但丁在维罗纳的孤立处境，见 Girolamo Arnaldi, ED, *Verona* 中的观点。

在火星的标志下

木星天上的灵魂组成了《智慧篇》（*Liber Sapientiae*）的第一句诗行。

关于对约翰二十二世的抨击，见CASADEI, pp. 123–125；作者指出“tu”[*]一词搭配“scrivi”[†]，此种“对现在时的唐突使用”“鉴于其在史诗上下文中的特殊性，只能被理解为一种直接的抨击效果，且只有假定这段文字是写于其描写的事件发生的那段时期才具有意义。也就是说，这段文字是对康格兰德·德拉·斯卡拉的事业的某种直接支持，而这件事很有可能发生于1318年的上半年”。在第125页，阿尔贝托·卡萨德伊写道：“实际上，但丁抹去了1318年以后的历史。”关于该论题，同时见SANTAGATA, pp. 334–335。

库尼萨的预言

关于但丁对圭尔甫派和吉伯林派的态度转变，见CARPI, pp. 649–650。

库尼萨的预言出现于*Pd* IX 46–60。晚年的库尼萨有着跌宕起伏的情感生活，在经历与游吟诗人戈伊托的索尔代罗·达·戈伊托（Sordello da Goito）的一次爱情历险后，她退隐佛罗伦萨，并于13世纪70至80年代在那里逝世。在佛罗伦萨，她在卡瓦尔坎特·卡瓦尔坎迪家借住过至少一次。由于但丁当时并未与卡瓦尔坎迪交往，因而不可能有机会与库尼萨相识。不过，大约十年以
427 后，圭多·卡瓦尔坎迪或他的父亲曾向但丁提起过这位女士，这种猜测倒并非没有依据：见Valter Leonardo Puccetti, *Fuga in «Paradiso». Storia intertestuale di Cunizza da Romano*, Ravenna, Longo Editore, 2010。

第297页关于扎尔多·达·卡米诺及其与维罗纳的吉伯林派为敌的圭尔甫派阵营的引文来自CARPI, pp. 514–515。INDIZIO[1], p. 52中也指出：“《天国篇》第九歌清晰地表明了诗人当时身处维罗纳，支持斯卡拉家族的事业。”

在1315年9月2日写给热那亚的吉伯林派盖拉多·斯皮诺拉和贝纳伯·多利亚的一封书信里，乌戈乔尼·德拉·法焦拉本人对蒙泰卡蒂尼战役的情况进行了描述：见Monti, *Uguccione della Faggiola, la battaglia di Montecatini e la «Commedia» di Dante*, cit.（本书的第146–147页载有这封信件的评注版）。

关于对哈布斯堡的克雷门萨的呼唤之语以及关于对蒙泰卡蒂尼战役的隐喻，见SANTAGATA, pp. 375–377（不过，在那部作品里，笔者认为那一歌是在维罗纳创作的）。

---

* 意大利文第二人称单数人称代词，意为“你”。——译注

† 意大利文动词“scrivere”的直陈式现在时第二人称单数变位形式，意为“（你）写”。——译注

作为巫师的声名

关于维斯孔蒂家族成员试图对约翰二十二世采取的恶意行径的详细描述，可见 DAVIDSOHN, IV, pp. 898–900，尤其见 Gerolamo Biscaro, *Dante Alighieri e i sortilegi di Matteo e Galeazzo Visconti contro papa Giovanni XXII*, «Archivio Storico Lombardo», XLVII (1920), pp. 446–481。

关于几位走过但丁身边的维罗纳妇女对但丁的评论以及但丁自鸣得意的反应，见 BOCCACCIO[1], 113。

第 300 页关于对史诗的隐喻解读的引述，来自 Saverio Bellomo, *La «Commedia» attraverso gli occhi dei primi lettori*, in *Leggere Dante*, a c. di Lucia Battaglia Ricci, Ravenna, Longo Editore, 2003, pp. 73–84（引文见 p. 77）。

对试图谋害教宗一事最为清楚的，是枢机主教伯特兰 · 杜 · 波格：直到他离开阿维尼翁，开始在伦巴第的特使经历以前，他一直都是受教宗委托负责进行调查的秘密委员会成员。因此，即使是在离任以后，他也一定了解事态的后续发展。即使是在但丁去世以后，这位主教还想给诗人贴上异端的标签，难道不是因为此次事件引发的推测吗？

最后的容身之处

与谋害一事相关的针对但丁生平的年代推断，见 INDIZIO[1], pp. 59–60。

关于对但丁旅居于拉文纳的时期的论断，见 BOCCACCIO[1], 81, 84。

关于但丁迁居至拉文纳的日期，此处仅列举最为重要的论著：Ricci, *L'ultimo rifugio di Dante*, cit.（该作者认为是在 1317 年）；认为是在 1318 年，或最晚不超过 1319 年初的论著包括 Petrocchi, *La vicenda biografica di Dante nel Veneto*, cit., pp.101–103；Alberto Casadei, *Sulla prima diffusione della «Commedia»*, «Italianistica», XXXIX (2010), pp. 57–66，尤其见 p. 63；CASADEI, p. 125；Girolamo Biscaro, *Dante e Ravenna*, «Bullettino dell'Istituto storico italiano», n. 41, 1921, pp. 1–117 认为是在 1319 年或 1320 年上半年；认为是在 1320 年初的还 428
有 INDIZIO[1], pp. 57–64。《切塞纳编年史》（*Annales Caesenates*）中的一条匿名史学信息表明在 1318 年至 1319 年间，一场鼠疫在罗马涅地区肆虐，很有可能让但丁放弃了在那一时期迁居的想法（见 Ricci, *L'ultimo rifugio di Dante*, cit., pp. 60–61），这需要被重新审视：鼠疫或许的确发生过，但仅限于切塞纳城内（见 Renzo Caravita, *Rinaldo da Concorezzo arcivescovo di Ravenna [1303—1321] al tempo di Dante,* Firenze, Olschki, 1964, pp.180–185，和 Petrocchi, *La vicenda biografica di Dante nel Veneto*, cit., p. 102）。

关于对但丁旅居于拉文纳时期最细致的史实重构，见 Caravita, *Rinaldo da Concorezzo*, cit., pp. 167–203。

针对皮耶特罗的判决书收录于 PIATTOLI, n. 126；关于皮耶特罗所受恩惠的详细情况，见 Ricci, *L'ultimo rifugio di Dante*, cit., pp. 46–55，尤其见 Biscaro, *Dante e Ravenna*, cit., pp. 40–51；同时见 Caravita, *Rinaldo da Concorezzo*, cit., pp. 173–177 和 INDIZIO[3], pp. 188–189。

路西法的坠落

关于坚定认为《水与土之辩》为但丁所作的学者有弗朗切斯科·马佐尼（见 Dante Alighieri, *Opere minori*, vol. II 中的《水与土之辩》序言部分，该文浓缩了作者先期的诸多观点）和 PADOAN, pp. 163–180（同时见 Padoan, ED, *Moncetti*）。持同样坚定的反对观点的学者有 Bruno Nardi, *La caduta di Lucifero e l'autenticità della «Quaestio de aqua et terra»* (1959), da ultimo in Id., *«Lecturae» e altri studi*, a c. di Rudy Abardo, con saggi introduttivi di Francesco Mazzoni e Aldo Vallone, Firenze, Le Lettere, 1990, pp. 227–265。

关于《水与土之辩》呈现出的古怪特点，见斯特法诺·卡洛迪（Stefano Caroti）为 Dante Alighieri, *Opere*, vol. III（即将出版）撰写的评论序言。

关于《水与土之辩》的作者对该作品乃是自身亲笔所著的强调，见 *Questio* I 3："为了避免众人的恶意……在说话人的背后将本来说得好好的话进行更改，我决定在这页由我的手指耕耘过的纸上留下我所确定的东西，用笔将整个争辩演讲的轮廓勾勒出来。"

作为众叛逆天使之首的路西法坠落至南半球，那里的地面原本是高出水平面的。但路西法的降临令地面惶恐不已，只好后退，隆起在另一个半球。不仅如此，为了避免与那魔鬼接触，地球的中部还形成了炼狱之山（*If* XXXIV 121–126）。

429 关于皮耶特罗·阿利吉耶里所述的内容，见 Pietro Alighieri, *Comentum super poema Comedie Dantis. A Critical Edition of the Third and Final Draft of Pietro's Alighieri's Commentary on Dante's «The Divine Comedy»*, ed by Massimiliano Chiamenti, Tempe, Arizona Center for Medieval and Renaissance Studies, 2002, pp. 277–278。关于第三版评论是否出自皮耶特罗之手，需见 INDIZIO[3]：值得注意的是，朱塞佩·英迪乔认为尽管该版本无法直接追溯至皮耶特罗，但其中所含的证据却是有效的。此种推论的依据在于包含该评论的唯一一个手抄本是来自威尼斯的，因此"其中的信息是可以追溯至皮耶特罗或

其他与创作于斯卡拉宫廷的《水与土之辩》有关的证人的。因此，这条真实的信息有着毋庸置疑的宝贵价值”（p. 218）。同时见 Enrico Malato, *Per una nuova edizione commentata delle opere di Dante*, RSD, IV (2004), pp. 88–89 中针对该证据可信度提出的质疑。关于但丁从拉文纳返回维罗纳去讲授一趟关于水土的课程的可能性，见 Casadei, *Sulla prima diffusione della «Commedia»*, cit. p. 64。

满腹经纶的“僭主”

关于拉文纳的人口信息，见 Caravita, *Rinaldo da Concorezzo*, cit., pp. 199–120。

Biscaro, *Dante a Ravenna*, cit., p. 55 中写道：“或许是通过邀请，或许是通过催促，但丁坚信圭多绝不会屈从于教廷的强令，将自己的手脚交给宗教裁判所的暴徒。”

关于但丁和罗马涅地区领主家族之间可能建立的关系，伊莫拉的本韦努托在论述但丁与皮尔 · 达 · 梅第奇那（Pier da Medicina，*If* XXVIII 70–75）的相遇时指出但丁是梅第奇那家族领主枢密机构里的门客。那是个“在博洛尼亚和伊莫拉之间的地区拥有大片豪华别墅”的家族。

几乎可以肯定，但丁曾有机会结识贝纳蒂诺 · 达 · 波伦塔——老圭多 · 达 · 波伦塔的侄子和弗朗切斯卡 · 达 · 波伦塔的兄弟。此人专注于军事，曾在切尔维亚和切塞纳担任过一段时间的领主。尽管根据信仰和家族传统，他是圭尔甫派，但（如同罗马涅地区的所有小领主）却常常见风使舵，摇摆不定。因此，在战胜了以圭多 · 达 · 蒙特费尔特罗为首的罗马涅地区的吉伯林派，并在 13 世纪 80 年代后半期那场反吉伯林派和阿雷佐的战争中与佛罗伦萨人站在同一阵营后，该家族又在流亡圭尔甫派“白党”针对圭尔甫派“黑党”发起的穆杰罗战役中与斯卡尔佩塔 · 奥德拉菲和阿基诺尔夫 · 德 · 圭迪 · 迪 · 罗美纳结盟：但丁很有可能就是在那几个月里与之相识的。后来，他还可能在博洛尼亚再次见到了贝纳蒂诺 · 达 · 波伦塔——当时，身为督政官的贝纳蒂诺已成为圭尔甫派黑党的盟友，他平息了 1306 年 5 月那场让拿波莱奥尼 · 奥尔西尼 · 迪 · 马利诺逃跑的暴动。在接下来的几年里，贝纳蒂诺 · 达 · 波伦塔与多瓦多拉和巴蒂福勒的圭迪家族结盟，与亨利七世对抗，并于 1313 年上半年担任佛罗伦萨的督政官（当年 4 月，他在那里逝世）：关于此人的诸多信息，见
CARPI, 多处。将“神圣森林”里的树叶响动与下述描写作比——“如埃俄罗斯 430
放西洛可风，/ 基亚西（Chiassi）海岸边树林摇颤，/ 枝与叶撞击成松涛那般”（*Pg* XXVIII 19–21）——似乎意味着但丁早在 1314 年以前就已深入拉文纳小

镇基亚西的松林。笔者提出的疑问是：在 1303 年的 5 月，但丁是否曾加入流亡圭尔甫派团体的代表团，与贝纳蒂诺 · 达 · 波伦塔就反佛罗伦萨的同盟进行谈判。

六首被认定为小圭多 · 达 · 波伦塔所作的谣曲加上九首其他匿名诗作被收录在 Domenico De Robertis, *Il Canzoniere escorialense e la tradizione «veneziana» delle rime dello Stil novo*, GSLI, Supplemento n. 27, 1954, pp. 210–223，后由欧杰尼奥 · 佳利尼（Eugenio Chiarini）再次出版于 Ricci, *L'ultimo rifugio di Dante*, cit., pp. 514–521 中的附录部分；六首谣曲中被认定是小圭多 · 达 · 波伦塔所作的四首被再度收录于 *Rimatori del Trecento*, a c. di Giuseppe Corsi, Torino, UTET, 1969, pp. 33–39，并配有评论。

第 306 页关于小圭多 · 达 · 波伦塔的评论来自 BOCCACCIO[1], 80。

礼遇一位诗人的重要性

关于马尔维奇尼 · 迪 · 巴尼亚卡瓦罗家族两位堂姐妹通过两座教堂对皮耶特罗施予的恩惠，见 CARPI, pp. 579–580 中的论述（第 306 页嘲笑但丁因巴尼亚卡瓦罗的伯爵家族断了男性子嗣的血脉才获得恩惠的文字也出自翁贝托 · 卡尔皮），同时见 Biscaro, *Dante a Ravenna*, cit., p. 52："但丁与小圭多 · 达 · 波伦塔之妻的亲眷是故交，而小圭多 · 达 · 波伦塔钟情于文艺，本人在该领域亦算小有成就，这两方面因素促使波伦塔家族向但丁伸出了橄榄枝。根据薄伽丘所述，但丁回应了这份邀请，享受该家族提供的礼遇，但却不是但丁本人向对方诉说自身的苦楚，从而博取对方发出邀请的。"在 Francesco Filippini, *Dante scolaro e maestro (Bologna, Parigi, Ravenna)*, Genève, Olschki, 1929, pp. 164–165 中，作者写道："单凭但丁与罗美纳的圭迪家族的故交本身就足以解释但丁前往拉文纳的原因，加之卡特里娜 · 马尔维奇尼 · 迪 · 巴尼亚卡瓦罗和伊达娜 · 马尔维奇尼 · 迪 · 巴尼亚卡瓦罗赐予皮耶特罗的教廷恩惠，此行就更加顺理成章了。"

平静的生活

在 Biscaro, *Dante a Ravenna*, cit., p. 53 中，作者写道："被授予教堂主管一职表明诗人来到波伦塔家族所要求的条件得到了满足，这重保障意味着诗人不会缺少安身立命的手段"，且"该恩惠虽被赐予皮耶特罗，但其收入却是让他的父亲享用的"(p. 65)。此外，吉洛拉姆 · 毕斯卡罗（Girolamo Biscaro）还以相当确信的口吻表达了一个十分有趣却有待证实的观点："除了给他的儿子提供教堂主管的职位，在小圭多 · 达 · 波伦塔的干预下，在同一时期，他的女儿贝阿特丽齐也被安置在圣斯德望修道院，且这种安置是免费的，并不需要像修道院接收修女常规要求的那样，将嫁妆贡献给修道院。”有确切证据表明，1350 年，有一位名叫贝阿特丽齐的修女身处那间修道院，她就是但丁的女儿（她很可能就是在那一时期接受的薄伽丘的探访）。1371 年，多纳托 · 德 · 阿尔巴扎尼（Donato degli Albanzani，此人既是薄伽丘的朋友，也是彼特拉克的朋友）代表一位不愿留名的捐赠者将 3 枚杜卡特（ducato）转交至那间修道院，因为那是 431
已故的但丁 · 阿利吉耶里留给贝阿特丽齐修女的遗产：见 ED, Alighieri, *Antonia (suor Beatrice)*，同时见 Ricci, *L'ultimo rifugio di Dante*, cit., pp. 236–238。

关于杰玛身处拉文纳的可能，见 Giorgio Petrocchi, *Biografia*, nell'ED, *Appendice*, p. 50。Biscaro, *Dante a Ravenna*, cit., pp. 139–141 中提到了但丁位于拉文纳的住所。关于但丁的住所，唯一相关的证据是薄伽丘所述的“那便是但丁（在去世以前）曾经住过的房子”（BOCCACCIO[1], 88; BOCCACCIO[2], 63）。

关于但丁担任俗语修辞学的教师，见 BOCCACCIO[1], 84 和 BOCCACCIO[2], 62。关于对但丁的教学工作的推测，见 Ricci, *L'ultimo rifugio di Dante*, cit., pp. 64–74（他认为但丁的确是在学校里教书）；同时见 Silvio Bernicoli, *Maestri e scuole letterarie in Ravenna nel secolo XIV*, «Felix Ravenna» 32 (1927), pp. 61–63，尤其见 pp. 61–62。关于但丁是否“在公立学校任教”，持肯定意见的还有 Filippini, *Dante scolaro e maestro*, cit., pp. 51, 173–174；此外，Barbi, *Vita di Dante*, cit., p. 31 中也没有排除但丁任教于公立学校的可能性。关于聚集在但丁周边的多是医生和公证员却没有法学家这一现象，相关的论述见 Augusto Campana, *Guido Vacchetta e Giovanni del Virgilio (e Dante)*, «Rivista di cultura classica e medioevale», VII (1965), pp. 252–265。

关于迪诺 · 佩里尼的引文出自 BOCCACCIO[3], VIII I 13。但丁的第一首牧歌描述梅里贝乌斯（迪诺 · 佩里尼）迫不及待地想要了解莫普苏斯（乔凡尼 · 德 · 维吉尔）寄送给蒂蒂鲁斯（但丁）的信件内容；蒂蒂鲁斯先是善意地笑他在文学方面一窍不通，后来还是将信件拿给他看：“你不知晓麦拉鲁斯山（Menalo）在草原上投下的影子 / 它用高耸的山峰遮挡了落山的夕阳。”（*Eg* II 11–12）在但丁的第二首牧歌里，诗人描写了年轻的梅里贝乌斯气喘吁吁地一路奔跑，“浑身发热，嗓子喘不过气来”（*Eg* IV 28），将莫普苏斯的回信交给正在进行哲学探讨的蒂蒂鲁斯和阿尔菲斯贝乌斯（杜乔 · 德 · 米洛蒂）。

关于皮耶特罗 · 加尔蒂尼的信息，见 BOCCACCIO[3], I I 5。

关于孟基诺 · 梅扎尼的信息，分别见 Augusto Campana, ED 中的相应词条；

BELLOMO, pp. 330–338 和 Andrea Mazzucchi, CCD, pp. 340–353；关于杜乔·德·米洛蒂的信息，分别见 Aurelia Accame Bobbio, ED 中的相应词条和 Livi, *Dante, suoi primi cultori, sua gente in Bologna*, cit., pp. 176, 268（关于菲杜乔·德·米洛蒂的重要性，须了解他的伯父斯尼巴尔多·德·米洛蒂［Sinibaldo dei Milotti］曾担任伊莫拉的主教）；关于圭多·瓦凯塔的信息，见 Campana, *Guido Vacchetta e Giovanni del Virgilio (e Dante)*, cit。没有迹象表明但丁与那些年里拉文纳最具代表性的人物——总主教里纳尔多·达·康科雷佐有过交往（见 Caravita, *Rinaldo da Concorezzo*, cit., pp. 193–203）。

安东尼奥·贝卡里的十四行诗《无需美杜莎的马》（*Non è mester el caval de Medusa*）及相关评论被收录于 *Le Rime* di Maestro Antonio da Ferrara (Antonio Beccari), introduzione, testo e note di Laura Bellucci, Bologna, Pàtron, 1972。

432 邀请和挑战

关于乔凡尼·德·维吉尔的生平信息，见 Giuseppe Indizio, *Giovanni del Virgilio maestro e dantista minore*, SD, LXXVII (2012)，即将出版。关于二人之间的关于牧歌作品的交流，尽管 Aldo Rossi, *Dossier di un'attribuzione. Dieci anni dopo*, «Paragone», XIX [1968], pp. 61–125）认为那些诗篇是薄伽丘所作，但其真实性已得到了认可。相关文献资料极其丰富，此处仅提及最为重要的作品：Carlo Battisti, *Le egloghe Dantesche*, SD, XXXIII (1955), pp. 61–111；Guido Martellotti, *Dalla tenzone al carme bucolico. Giovanni del Virgilio, Dante, Boccaccio*, IMU, VII (1964), pp. 325–336；遗作 *Dante e Boccaccio e altri scrittori dall'Umanesimo al Romanticismo*, a c. di Vittore Branca e Silvia Rizzo, Firenze, Olschki, 1983；Giuseppe Velli, *Sul linguaggio letterario di Giovanni del Virgilio*, IMU, XXIV (1981), pp. 136–158；Luciano Gargan, Dante e Giovanni del Virgilio: *le «Egloghe»*, GSLI, CXXVII (2010), pp. 342–369。关于其知识人的形象和其他作品，见 Paul O. Kristeller, *Un'«ars dictaminis» di Giovanni del Virgilio*, IMU, IV (1961), pp. 181–200；Gian Carlo Alessio, *I trattati grammaticali di Giovanni del Virgilio*, IMU, XXIV (1981), pp. 159–212；Matteo Ferretti, *Boccaccio, Paolo da Perugia e i commentari ovidiani di Giovanni del Virgiglio*, «Studi sul Boccaccio», XXXV (2007), pp. 85–110。

关于乔凡尼·德·维吉尔第一次寄送诗篇的日期，除了上述文献，INDIZIO[1], pp. 61–63 和 Casadei, *Sulla prima diffusione della «Commedia»*, cit., p. 63 中也提供了若干有用的信息。

继与但丁见面后，乔凡尼·德·维吉尔在那首寄给诗人的拉丁文诗（*Eg* I 1–16）的开篇之处这样写道：“皮厄里得斯（Pieridi）的神圣之声，你用崭新的歌颂平息逝者的世界……揭示不同的灵魂被赐予的三重不同的命运国度——奥迦斯（Orco）属于罪恶的国度，忘川在企盼着星星，那是位于太阳背后的属于有福者的王国——啊，你将继续在低俗的民众之中宣扬如此高尚的论题，而我们这些文人……就没法读到任何你的预言诗篇吗？……即使俗语并不多变和分化——事实上，俗语的确千变万化——文人群体也将对其不屑一顾。”此处，乔凡尼·德·维吉尔显得十分了解但丁那本论著所提出的石破天惊的核心观点：就空间概念而言，自然语言是支离破碎的；就时间概念而言，自然语言是随时变化的（VE I X 7）：“若想细数意大利方言的最主要、次要和再次要的变化特征，即使是在这个世界上最小的角落里，也存在着一千种语言的变化，甚至还不止这些。”乔凡尼·德·维吉尔对但丁的论述的熟悉甚至达到了想得起那句“一千种变化”的程度（该观点来自加布里埃拉·阿尔巴尼斯 [Gabriella Albanese]，她正在为收录于 Dante，*Opere* 第二卷中的 *Egologe* 部分撰写评论）。 433
Claudia Villa（*La «Lectura Terentii», I. Da Ildemaro a Francesco Petrarca*, Padova, Antenore, 1984, pp. 178–183）指出那首寄给但丁的拉丁文诗的第 8–13 行的核心内容——“连柏拉图都难以从天上获取的关于太空的秘识”——包含了一句对 *Cv* III V 4–8 的精炼“引述”。

1327 年前后，加美乐圣衣会修士圭多·达·比萨在《说明》（*Declaratio*，用三行体 [terza rima] 写成的俗语文章，配有拉丁文注解，作为作者评论《神曲》的前言）中表明文人阶层对《神曲》的体裁、语言和内容均不屑一顾：“一听到这部作品的名字——《神曲》，又见这部作品是用俗语所写，便对作品蕴含的价值视而不见，不屑一顾了。”（Guido da Pisa, *Declaratio super Comediam Dantis*, ed. Critica a c. di Francesco Mazzoni, Firenze, Società Dantesca Italiana, 1970, p. 34”）

但丁在 *Eg* II 48–51 中明确表示出自己坚信可凭借《天国篇》的发表荣获桂冠诗人的美誉：“我答：‘当环流的宇宙诸体和天上的居民，像下面的国度一样，在我的歌中彰明，那时我将乐于将常青藤和桂叶缠上头顶：莫普苏斯就认了吧！’”

Casadei, *Sulla prima diffusione della «Commedia»*, cit., p. 65 中指出诗人许诺的“十罐”奶应被理解为十篇牧歌。

认为但丁在临终之际尚未将《神曲》发表的信息来自 BOCCACCIO[1], 183；此外，薄伽丘还写道：“按照（但丁）惯常的做法，只要他完成了六篇或八篇或差不多数量的诗篇，在拿给其他人读以前，无论他身在何处，都会将这些诗篇寄送给康格兰德·德拉·斯卡拉。”不过最后一句论断的可信度着实不高。

告别历史

关于皮埃尔·达米亚尼与罪人彼得的复杂问题，见 Arsenio Frugoni, ED, *Pier Damiano*。

在第二十七歌里，但丁也曾在贝阿特丽齐的召唤下回头看向“打谷场”(v. 86)。不过，诗人的第二次回眸锁定的是此次行程的坐标，因此不带有任何在第二十二歌里表达的告别意味。

怀念“美好的羊圈”

关于 *Pd* XXV 9 中所述的“桂冠”，见 Villa, *La protervia di Beatrice*, cit., pp. 198–200。

由安东尼奥·德·奥尔斯（Antonio degli Orsi）主持的仪式改革（1310年）终结了 100 年来两座教堂之间的仪式等级关系，宣告了圣约翰洗礼堂和教堂的地位将被置于圣母百花圣殿的地位之下。

434 关于圣雷帕拉塔教堂与圣母百花圣殿之间的关系，见 Anna Benvenuti, *Stratigrafie della memoria: scritture agiografiche e mutamenti architettonici nella vicenda del «Complesso cattedrale» fiorentino,* in *Il bel San Giovanni e Santa Maria del Fiore. Il centro religioso a Firenze dal tardo antico al Rinascimento*, a c. di Domenico Cardini, Firenze, Le Lettere, 1996, pp. 95–128；同时见 Anna Benvenuti, *Arnolfo e Reparata. Percorsi semantici nella dedicazione della cattedrale fiorentina*, in *Arnolfo's Moment*, Acts of an International Conference, Villa I Tatti, May 26–27, 2005, ed. by David Friedman, Julian Gardner, Margaret Haines, Firenze, Olschki, 2009, pp. 233–252；Marica S. Tacconi, *Cathedral and civic Ritual in late medieval and Renaissance Florence. The Service Books of Santa Maria del Fiore*, Cambridge, Cambridge University Press, 2005。

痛苦的拒绝

Livi, *Dante, suoi primi cultori, sua gente in Bologna*, cit., p. 175 中指出杜乔·德·米洛蒂在乔凡尼·德·维吉尔与但丁的交往过程中扮演了中间人的角色。

薄伽丘在《洛伦佐杂录本》(*Zibaldone Laurenziano*) 中的大量注解能够让

我们识别出每位牧人的姓名背后所隐藏的真实的历史人物的身份。关于 14 世纪学术界对牧歌的接受情况，分别见 Giuseppe Billanovich, *Giovanni del Virgilio, Pietro da Moglio, Francesco da Fiano*, IMU, VI (1963), pp. 203–234；VII (1964), pp. 279–324；Giuseppina Brunetti, *Le «Egloghe» di Dante in un'ignota biblioteca del Trecento*, «L'Ellisse. Studi storici di letteratura italiana», I (2006), pp. 9–36；Giuliano Tanturli, *La corrispondenza poetica di Giovanni del Virgilio e Dante fra storia della tradizione e critica del testo*, «Studi medievali», LII (2011), pp. 809–845。关于但丁的牧歌在人文主义者之中的流传情况，分别见：Giuseppe Velli, *Tityrus Redivivus: the Rebirth of Vergilian Pastoral from Dante to Sannazaro (and Tasso)*, in *Forma e parola. Studi in memoria di Fredi Chiappelli*, a c. di Dennis J. Dutschke et al., Roma, Bulzoni, 1992, pp. 68–78；Gabriella Albanese, *Tradizione e ricezione del Dante bucolico nell'Umanesimo. Nuove acquisizioni sui manoscritti della Corrispondenza poetica con Giovanni del Virgilio*, NRLI, XIII (2010), pp. 238–327。

与乔凡尼 · 德 · 维吉尔寄给阿尔贝蒂诺 · 穆萨托的牧歌相关的旁注收录于薄伽丘的《洛伦佐杂录本》中。文中这样写道："因为乔凡尼教授将'偶然在水土丰美'云云那首牧歌寄给但丁后，但丁等了一年才写下了那首包含有'被科尔客斯的羊毛'诗句的诗篇，在寄出之前就去世了。"

关于针对罗梅奥 · 德 · 佩波利的暴动，见 DAVIDSOHN, IV, pp. 894–895；关于弗尔切里 · 达 · 卡尔博里入驻的日期，见 Casadei, *Sulla prima diffusione della «Commedia»*, cit., p. 63。

Lino Pertile, Le *«Egloghe», Polifemo e il «Paradiso»*, SD, LXXI (2006), pp. 285–302 中强调了最后一首牧歌的未完成状态。

乔凡尼 · 德 · 维吉尔寄给阿尔贝蒂诺 · 穆萨托的那首牧歌被收录于 *La corrispondenza bucolica tra Giovanni Boccaccio e Checco di Meletto Rossi. L'egloga di Giovanni del Virgilio ad Albertino Mussato*, ed. critica, commento e introduzione a c. di Simona Lorenzini, Istituto Nazionale di Studi sul Rinascimento (Quaderni di «Rinascimento», 49), Firenze, Olschki, 2011, pp. 175–210。

最后一次出使 435

关于但丁的逝世日期，有人认为是 9 月 13 日（乔凡尼 · 德 · 维吉尔和孟基诺 · 梅扎尼的墓志铭文中所述的日期），也有人认为是 14 日（尤其见 BOCCACCIO[1], 86 和 BOCCACCIO[2], 62）：若想中和上述两种观点，可以认为但丁去世的时间是在 9 月 13 日黄昏以后。BOCCACCIO[1], 87–91 中描述了隆重的葬礼和此后不久完成的墓志铭文（其中包括薄伽丘引述的那篇乔凡尼 · 德 · 维吉尔撰写的铭文）。

关于葬礼和墓志铭文的情况，见 Saverio Bellomo, *Prime vicende del sepolcro di Dante*, «Letture classensi», 28 (1999), pp. 55–71；关于墓志铭文的作者归属这一复杂的问题，见 Giuseppe Indizio, *Saggio per un dizionario Dantesco delle fonti minori. Gli epitafi danteschi: 1321—1483*, SD, LXXV (2010), pp. 269–323。

失而复得的《天国篇》

关于对梦境以及《天国篇》最后几歌如何被寻到的过程的描述，见 BOCCACCIO[1], 183–185。

《〈神曲〉分解》和雅各伯的那首十四行诗《我的爵爷，为了让我的姐妹眼中的美》（*Acciò che le bellezze, Signor mio*）被收录于 Iacopo Alighieri, *Chiose all' «Inferno»*, a c. di Saverio Bellomo, Padova, Antenore, 1990；《〈神曲〉分解》也被收录于 Camilla Giunti, *L' «antica vulgata» del capitolo di Jacopo Alighieri. Con una edizione (provvisoria) del testo*, in *Nuove prospettive sulla tradizione della «Commedia». Una guida filologico-linguistica al poema dantesco*, a c. di Paolo Trovato, Firenze, Cesati, 2007, pp. 583–610。

关于《天国篇》最后阶段的润色工作及其发表情况，见 Casadei, *Sulla prima diffusione della «Commedia»*, cit., pp. 57–62。

简明家族族谱

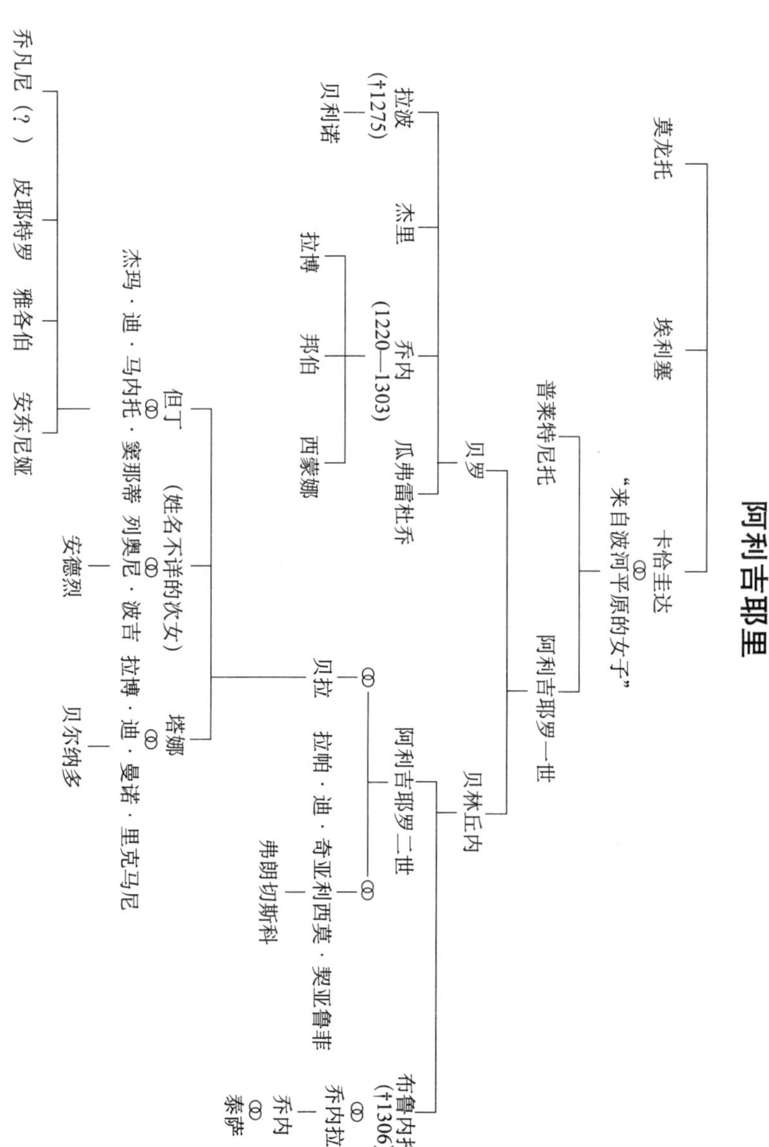

阿利吉耶里
莫龙托
埃利塞
卡恰圭达
∞
“来自波河平原的女子”
普莱特尼托
阿利吉耶罗一世
贝罗
贝林丘内
拉波
(†1275)
杰里
乔内
(1220—1303)
瓜弗雷杜乔
贝利诺
拉博
邦伯
西蒙娜
阿利吉耶罗二世
贝拉
∞
拉帕·迪·奇亚利西莫·契亚鲁菲
∞
弗朗切斯科
布鲁内托
(†1306)
乔内拉
∞
乔内
∞
泰萨
但丁
∞
杰玛·迪·马内托·窦那蒂
(姓名不详的次女)
∞
列奥尼·波吉
塔娜
∞
拉博·迪·曼诺·里克马尼
安德烈
贝尔纳多
乔凡尼（？）
皮耶特罗
雅各伯
安东尼娅

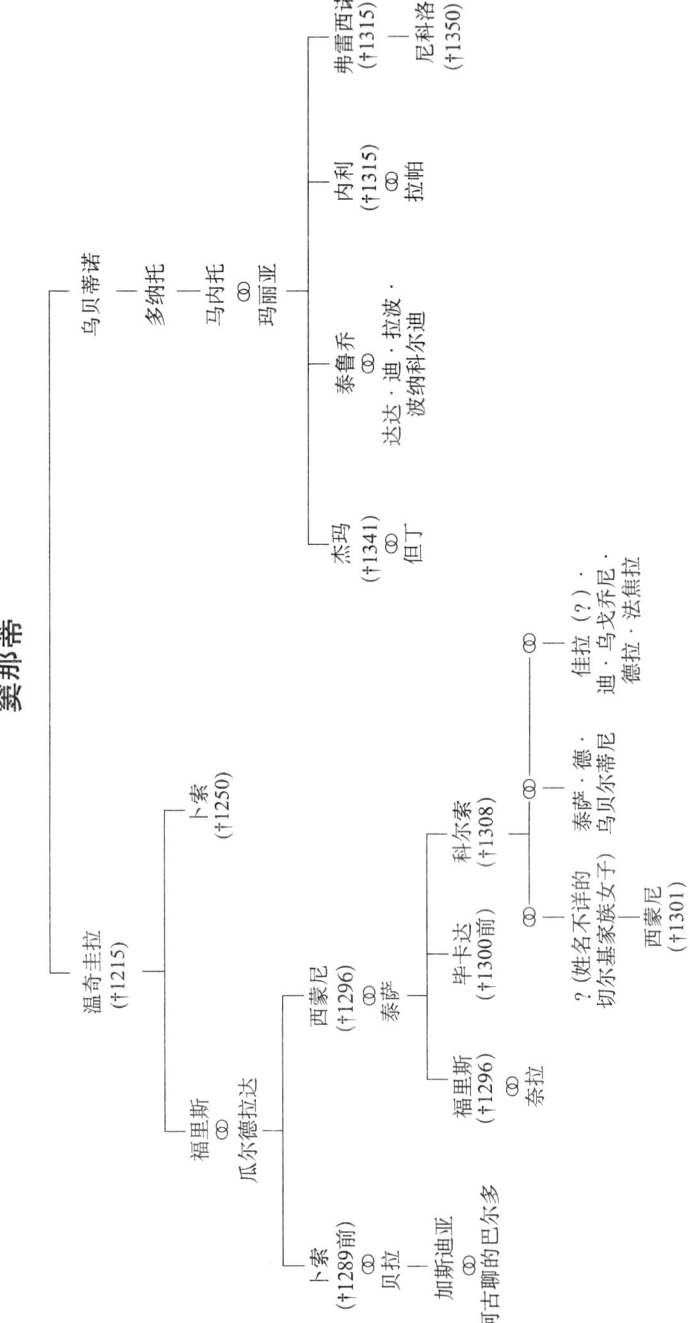
窦那蒂
乌贝蒂诺
多纳托
马内托 ∞ 玛丽亚
杰玛 (†1341) ∞ 但丁
泰鲁乔 ∞ 达达·迪·拉波·波纳科尔迪
内利 (†1315) ∞ 拉帕
弗雷西诺 (†1315)
尼科洛 (†1350)
温奇圭拉 (†1215)
卜索 (†1250)
福里斯 ∞ 瓜尔德拉达
卜索 (†1289前) ∞ 贝拉
加斯迪亚 ∞ 阿古聊的巴尔多
西蒙尼 (†1296) ∞ 泰萨
福里斯 (†1296) ∞ 奈拉
毕卡达 (†1300前)
科尔索 (†1308)
？(姓名不详的切尔基家族女子)
西蒙尼 (†1301)
泰萨·德·乌贝尔蒂尼
佳拉（？）·迪·乌戈乔尼·德拉·法焦拉

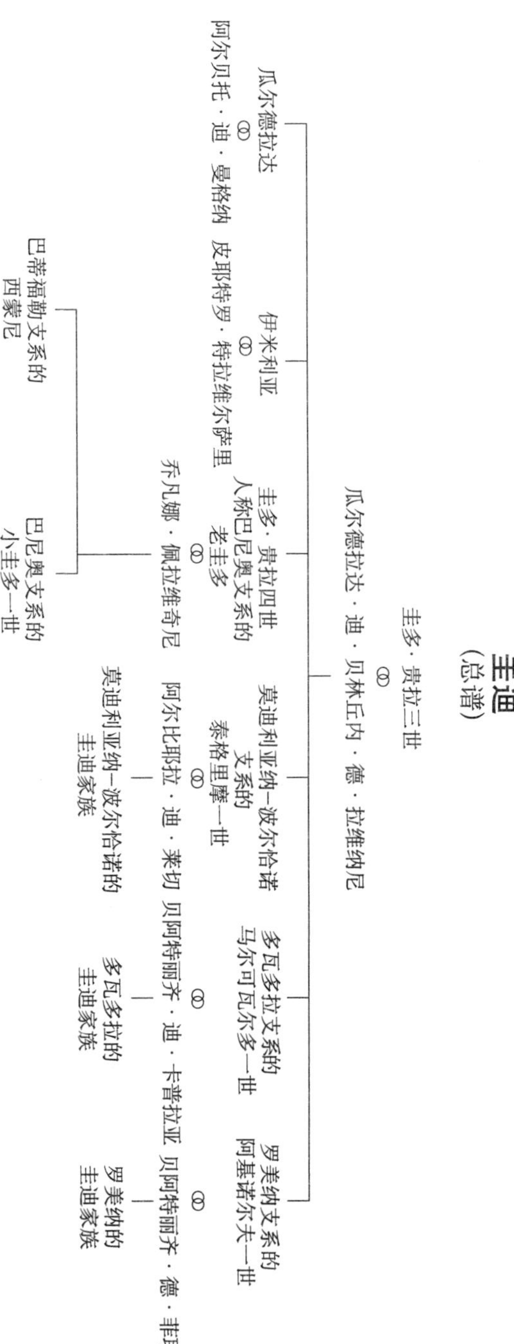
主迪
(总谱)
圭多·贵拉三世
瓜尔德拉达·迪·贝林丘内·德·拉维纳尼
瓜尔德拉达
阿尔贝托·迪·曼格纳
伊米利亚
皮耶特罗·特拉维尔萨里
圭多·贵拉四世
人称巴尼奥支系的
老圭多
乔凡娜·佩拉维奇尼
莫迪利亚纳-波尔恰诺
支系的
泰格里摩一世
阿尔比耶拉·迪·莱切
多瓦多拉支系的
马尔可瓦尔多一世
贝阿特丽齐·迪·卡普拉亚
罗美纳支系的
阿基诺尔夫一世
贝阿特丽齐·德·菲耶斯
莫迪利亚纳-波尔恰诺的
主迪家族
多瓦多拉的
主迪家族
罗美纳的
主迪家族
巴蒂福勒支系的
西蒙尼
巴尼奥支系的
小圭多一世

巴尼奥和巴蒂福勒的圭迪家族

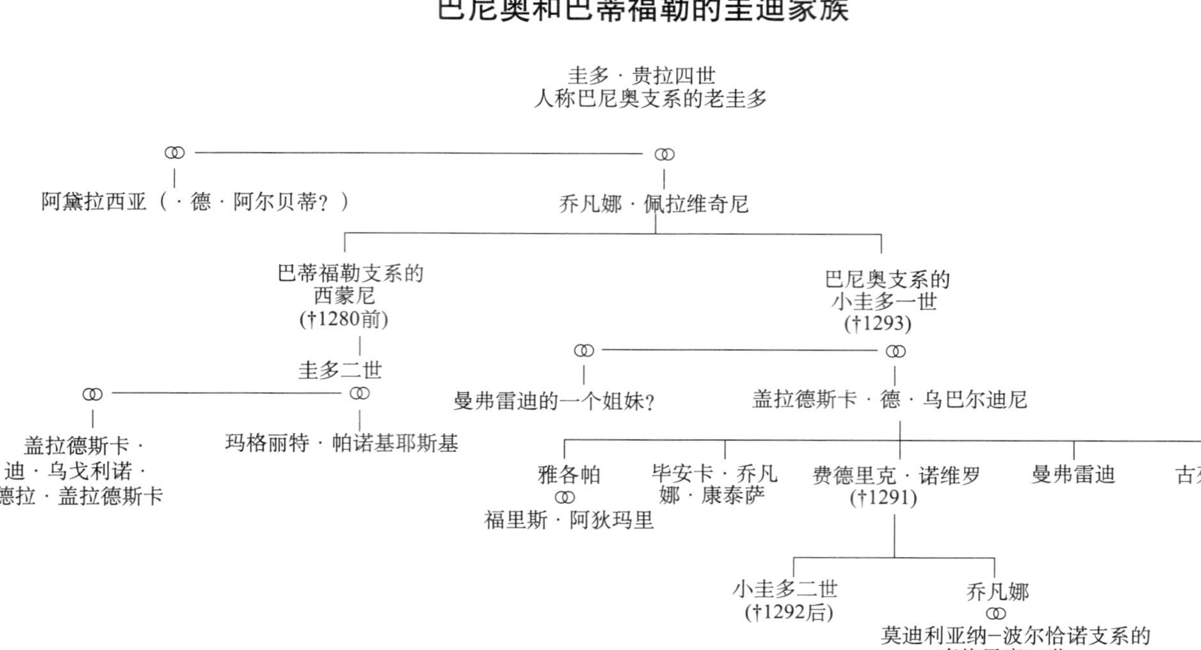

莫迪利亚纳-波尔恰诺的圭迪家族

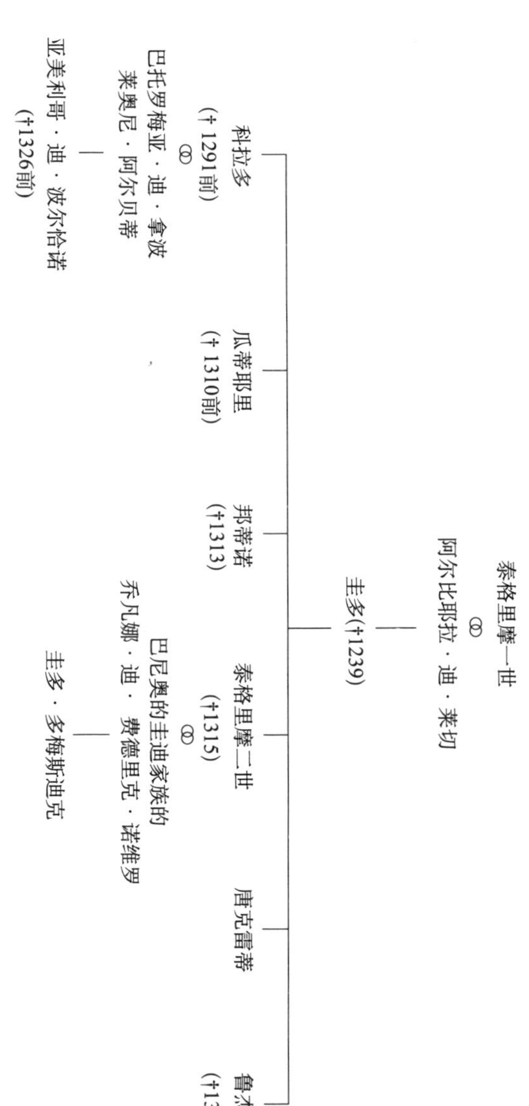

多瓦多拉的圭迪家族

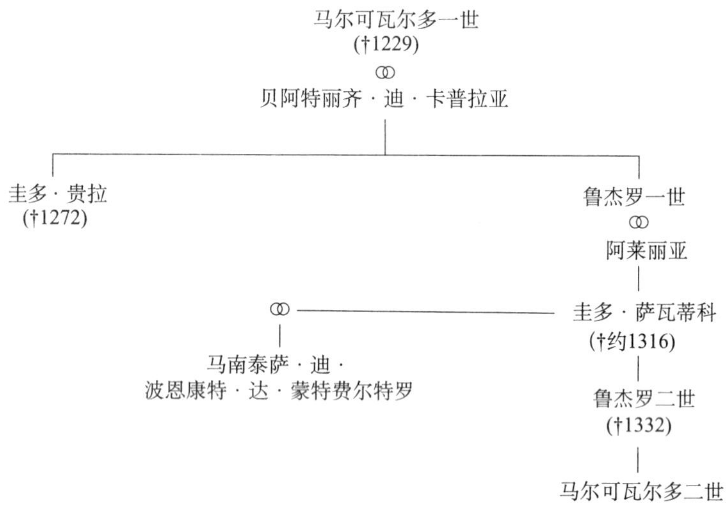
马尔可瓦尔多一世
(†1229)
ⴔ
贝阿特丽齐 · 迪 · 卡普拉亚
圭多 · 贵拉
(†1272)
鲁杰罗一世
ⴔ
阿莱丽亚
ⴔ
圭多 · 萨瓦蒂科
(†约1316)
马南泰萨 · 迪 ·
波恩康特 · 达 · 蒙特费尔特罗
鲁杰罗二世
(†1332)
马尔可瓦尔多二世

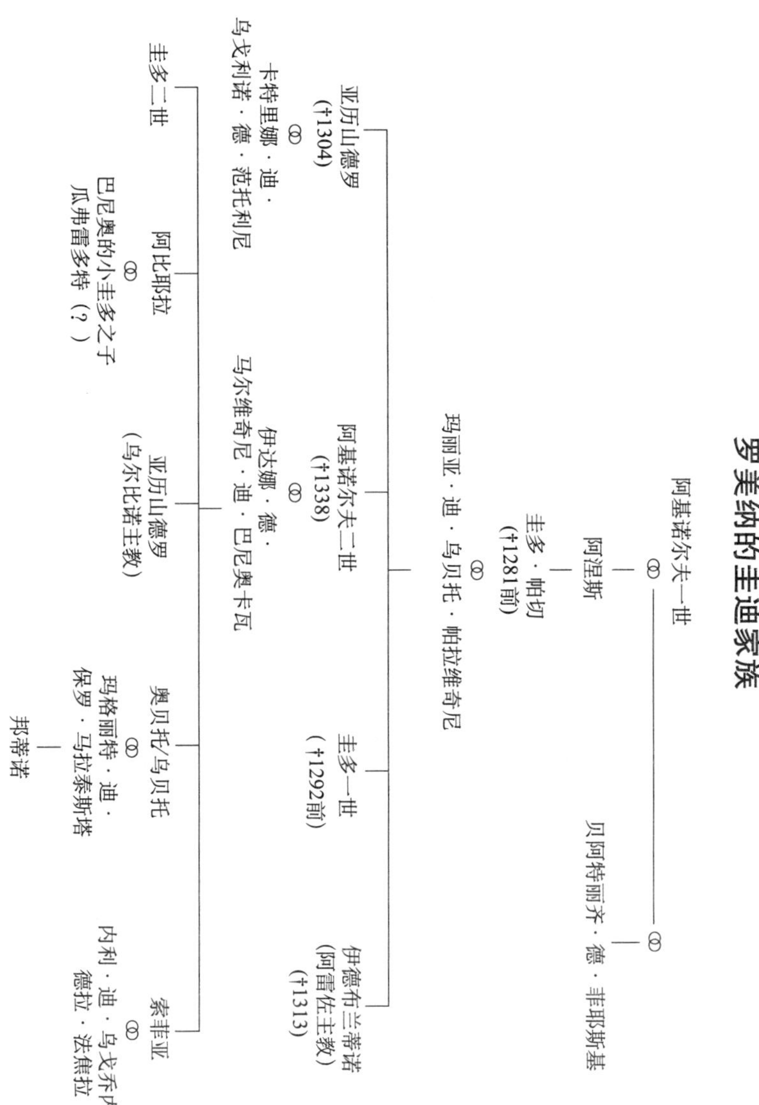
罗美纳的圭迪家族
阿基诺尔夫一世
∞
贝阿特丽齐·德·菲耶斯基
阿涅斯
圭多·帕切
(†1281前)
∞
玛丽亚·迪·乌贝托·帕拉维奇尼
亚历山德罗
(†1304)
∞
卡特里娜·迪·乌戈利诺·德·范托利尼
阿基诺尔夫二世
(†1338)
∞
伊达娜·德·马尔维奇尼·迪·巴尼奥卡瓦
圭多一世
（†1292前）
伊德布兰蒂诺
(阿雷佐主教)
(†1313)
圭多二世
阿比耶拉
∞
巴尼奥的小圭多之子
瓜弗雷多特（？）
亚历山德罗
（乌尔比诺主教）
奥贝托/乌贝托
∞
玛格丽特·迪·保罗·马拉泰斯塔
邦蒂诺
索菲亚
∞
内利·迪·乌戈乔内·德拉·法焦拉

马拉斯皮纳家族
（总谱）

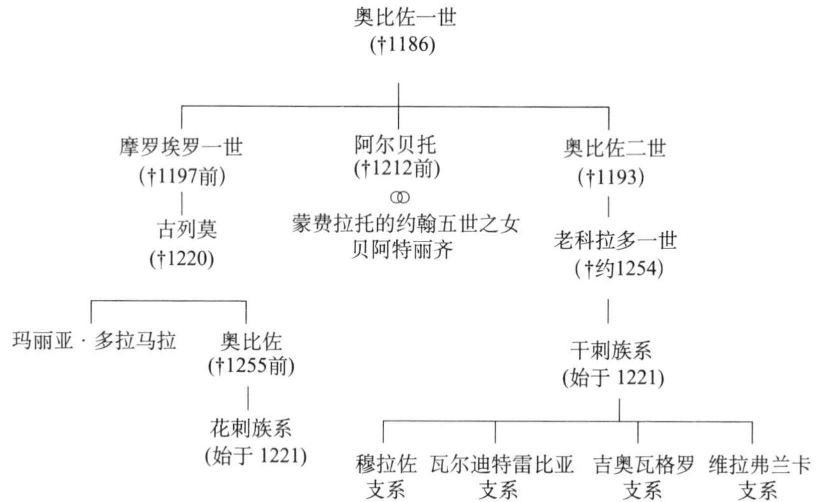

马拉斯皮纳家族的花刺族系

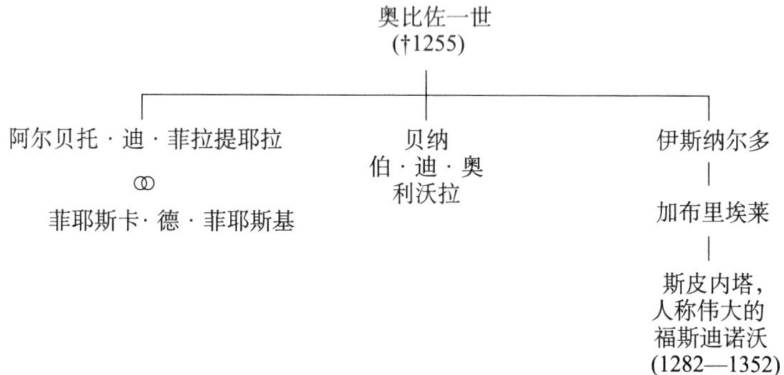

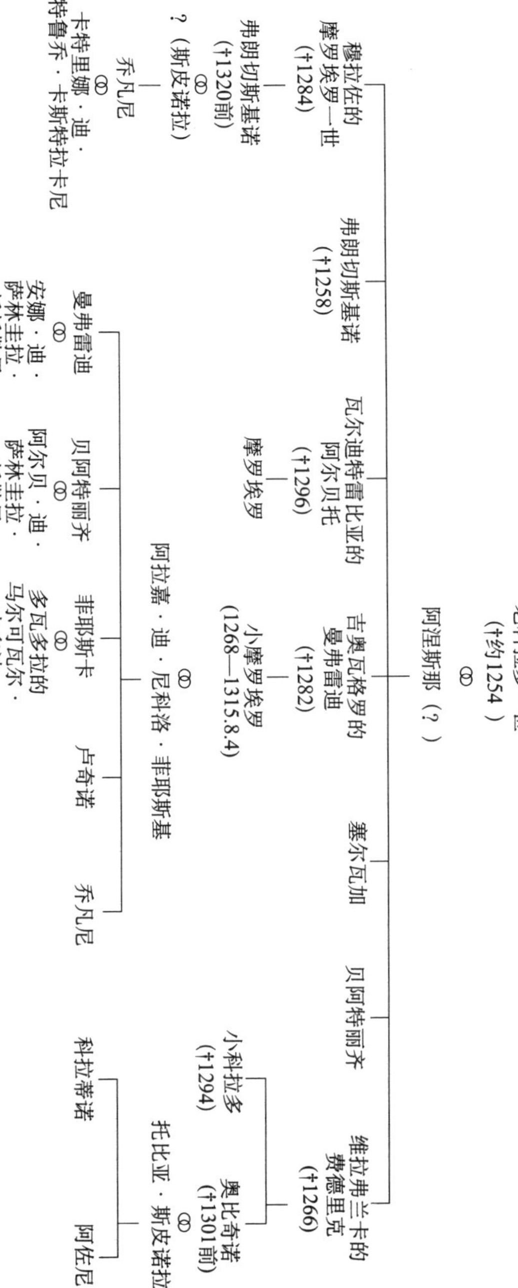
马拉斯皮纳家族的干剌族系
老科拉多一世
(†约1254)
∞
阿涅斯那(?)
穆拉佐的
摩罗埃罗一世
(†1284)
弗朗切斯基诺
(†1258)
瓦尔迪特雷比亚的
阿尔贝托
(†1296)
吉奥瓦格罗的
曼弗雷迪
(†1282)
塞尔瓦加
贝阿特丽齐
维拉弗兰卡的
费德里克
(†1266)
弗朗切斯基诺
(†1320前)
∞
?(斯皮诺拉)
乔凡尼
∞
卡特里娜·迪·
卡斯特鲁乔·卡斯特拉卡尼
摩罗埃罗
小摩罗埃罗
(1268—1315.8.4)
∞
阿拉嘉·迪·尼科洛·菲耶斯基
曼弗雷迪
∞
安娜·迪·
萨林圭拉·
托托勒里
贝阿特丽齐
∞
阿尔贝·迪·
萨林圭拉·
托勒里
菲耶斯卡
∞
多瓦多拉的
马尔可瓦尔·
圭多迪
卢奇诺
乔凡尼
小科拉多
(†1294)
奥比奇诺
(†1301前)
∞
托比亚·斯皮诺拉
科拉蒂诺
阿佐尼

作者致谢

在本书的撰写过程中，许多朋友和同行都向笔者提出了建议、意见和批评。他们为笔者提供了大量书目和宝贵的文献资料线索。在此，笔者向上述所有人表达深深的谢意。

尤为需要感谢的，是那些在比萨从事但丁研究的朋友：笔者几乎每天都会与他们展开讨论，这些讨论使笔者受益良多。同时，笔者真心希望在各位多年专注的但丁研究领域，人人都能各抒己见，畅所欲言，并对其他学者的观点兼容并包。这些朋友是：露琪亚·巴塔利亚·利奇（Lucia Battaglia Ricci）、加布里埃拉·阿尔巴尼斯（Gabriella Albanese）、皮耶特罗·贝特拉米（Pietro Beltrami）、翁贝托·卡尔皮（Umberto Carpi）、阿尔贝托·卡萨德伊（Alberto Casadei）、詹弗朗科·菲奥拉凡迪（Gianfranco Fioravanti）、法布里奇奥·弗朗切斯基尼（Fabrizio Franceschini）、克劳迪欧·君塔（Claudio Giunta）、米尔克·塔沃尼（Mirko Tavoni）。克劳迪娅·维拉（Claudia Villa）和迪耶戈·夸利奥尼（Diego Quaglioni）尽管并非来自比萨，但也与笔者展开了密切而卓有成效的探讨。

我还要向安娜丽莎·安德烈奥尼（Annalisa Andreoni）、罗贝塔·切拉（Roberta Cella）、埃莱娜·萨利布拉（Elena Salibra）、朱塞佩·英迪乔（Giuseppe Indizio）和维尼乔·帕卡（Vinicio Pacca）致以特别的谢意。他们慷慨、耐心而智慧地跟进了本书的整个撰写过程，且对先后完成的数稿进行了审读。其中，罗贝塔和朱塞佩还帮助完成了重要家族族谱的梳理。

人名、地名及作者不详的作品名索引

（词条后的页码为原书页码，即本书页边码）

鉴于“佛罗伦萨”这一地名在文中提及的次数过多，故未在本索引中列出。

人名、地名及作者不详的作品名索引

人名、地名及作者不详的作品名索引

人名、地名及作者不详的作品名索引

译后记

本书系从2012年版马可·桑塔伽塔的《但丁：人生故事》（*Dante: Il romanzo della sua vita*. Milano: Mondadori, 2012）翻译而来。在翻译的过程中，译者参考了该作品的英译本：*Dante: The Story of His Life*. Translated from the Italian by Richard Dixon. Cambridge, Massachusetts: The Belknap Press of Harvard University Press, 2016.

文中出现的来自《神曲》的引文，其中译文基本转引自王军的《神曲》中译本（浙江大学出版社，2021）；同时，译者也参考了田德望的《神曲》中译本（人民文学出版社，1990）。文中出现的来自《帝制论》的引文，其中译文基本转引自朱虹的《论世界帝国》中译本（商务印书馆，1986）。文中出现的来自《新生》的引文，其中译文基本转引自钱鸿嘉的《新生》中译本（上海译文出版社，1983）。其余各处引文，均由译者从原文直接译出。

标题的翻译

如前文所述，本书的原文标题和英译本标题均未使用“传记”（biografia, biography）一词，而是采用了“故事”（romanzo, story）这一表述。这与作者对本书受众群体的设定有关：尽管身为学者的桑塔伽塔在当代意大利史学界和但丁研究学界都享有极高的学术声望，但同为作家和文学评论家的他并不认为本书是一部仅仅针对专业学界的纯学术著作，而是一部面向较广读者群体的、兼具学术高度和文学色彩的传记文学作品。在西文中，“romanzo”或“story”一词显然更能体现作者的这一写作初衷。然而，倘若在中文将该表述直译为“故事”，国内读者未免会低估该作品的严肃性和专业性。因此，译者更倾向于用“传记”取代原文中的“故事”。此种意译方式并非译者的炮制。早在晚清时期，杨紫麟和包笑天就将英国通俗读物 *Joan Haste* 的中译本标题译作《迦茵小传》，林纾也在法国小说 *Le Tour de La France Par Deux Enfants* 的中译本标题《爱国二童子传》中使用了“传”这一字眼。第七版《辞海》对“传记”一词的释义如下：“传记，文体名，亦单称传，是记载人物事迹的文字……传记大体分两大类：一类是以记述翔实史事为主的史传或一般纪传文字；另一类属文学范围，以史实为根据，但不排斥某些想象性的描述。”基于上述考虑，译者最终决定将这部传记文学作品的标题译作《但丁传》。

一些术语的翻译

在翻译学术作品的过程中，厘定译名的重要性不言而喻。术语的译法若不确切，极易对读者的理解产生误导。读者针对学术译作常常抱怨的“艰深晦涩”“不知所云”的苦恼以及在阅读此类译作时产生的“望文生义”式的误读，在很大程度上是因译者在处理某些术语和概念时的不恰当选择导致的。因此，厘定译名是一项艰巨的工作。在《天演论》的《译例言》中，严复一语道出了个中辛苦：“新理踵出，名目纷繁，索之中文，渺不可得，即有牵合，终嫌参差，译者遇此，独有自具衡量，即义定名。一名之立，旬月踟蹰。”事实上，术语的厘定直接反映了译者对原文的理解及其采用的跨文化转换策略，也会对不同语言承载的思想在不同文化中的交锋与交融产生间接的影响。

在翻译本书的过程中，译者针对大部分术语采用了学界约定俗成的既有译法，也对某些学界尚无通行译法的文学、诗学、史学和神学术语进行了反复推敲，选择了相对而言较为合理的译法。在此仅举若干重要的例子，略加说明。

文学和诗学类术语：

将“sonetto”译作“十四行诗”，而非“商籁”，以明确体现这一诗体的形式特色；相应地，将“sonetto rinterzato”译作“增体十四行诗”。

将“ballata”译作“谣曲”，而非“舞曲”，以表明这一诗体的形式特色及产生渊源，同时与现代汉语中的“舞曲”一词相区分。

将“canzone”译作“合组歌”，而不是“歌”或“诗歌”，避免与作为诗作组成部分的“canto”（“歌”）和作为诗歌这一文学大类名称的“poesia”（“诗歌”）相混淆。

将“lauda”译作“颂诗”，以表明这一诗体的题材特点。

将“carme”译作“拉丁文诗”，以表明这一诗体所对应的特定语言。

将“terzina”译作“三行阕”，而不是“三行诗节押韵法”，更显简洁。

将“prosimetro”译作“散韵文”，以较为简明的方式体现这一文学体裁的形式特色。

历史和政治类术语：

将“comune”译作“城市国家”，而非“城市公社”，以免读者将这一概念与 19 世纪“巴黎公社”运动相混淆。

将作为“一人之治”政体的“signoria”译作“领主制”，将作为佛罗伦萨共和国行政机关的“signoria”译作“佛罗伦萨执政团”。

将“tirannide”译作“僭政”；相应地，将“tiranno”译作“僭主”。

将“priore”译作“执政官”。

将“podestà”译作“督政官”，而非“最高行政官”，以表明其最为核心的政治职能。

将“capitano del popolo”译作“人民队长”；相应地，将“capitano e difensore delle arti”译作“行会队长”。

将“ghibellino”译作“吉伯林派”，而非“吉伯林党”，以表明其较为松散的组织结构；相应地，将“guelfo”译作“圭尔甫派”，而非“圭尔甫党”。

将“bianco”译作“圭尔甫派白党”，将“nero ”译作“圭尔甫派黑党”，以表明其组织内部较为明确的党派区分和较为严密的组织结构。

将“università dei guelfi bianchi”译作“佛罗伦萨圭尔甫派白党同盟”。

将“gente nova”译作“新人”，而非“新来的人”，表明这一概念所指的并非新近迁入某地的群体，而是一个新兴的社会阶层。

神学类术语：

将“Dio”译作“天主”，而非“上帝”。

将“Papa”译作“教宗”，而非“教皇”。

所有教宗的名号、圣人的名字、神职人员的品阶、各类修会的名称及教堂的名称均按天主教的通行译法译出。

所有来自《圣经》的引文，均采用《圣经》思高本的译法。

其他几点说明

严复有言：“穷理与从政相同，皆贵集思广益。”在译介本书的过程中，译者得到了诸位前辈和师友的帮助、建议和意见，受益匪浅，铭感于心。其中，北京外国语大学的王军教授为书中引用的所有来自《神曲》的诗句提供了中译文；天津师范大学的刘训练教授和四川大学的刘耀春教授就书中出现的诸多史学概念和术语的译法提供了详细而中肯的建议；北京外国语大学的文铮教授就本书标题及若干诗学术语的翻译答疑解惑；北京外国语大学的麦克雷（Michele Ferrero）教授帮助厘定了大量天主教神学术语的译名；北京大学的常无名老师不辞辛劳地提供了大量拉丁文引文的中译文；北京大学的成沫老师就注释的添加提供了参考建议。在译稿的校对过程中，陈习习、李承之、刘斯璇、李楷文四位同学以严谨的态度和极高的效率对文本进行了细致的审校和修改。此外，译者的家人亦给予宝贵的支持；另有许多师长、同事和朋友给予直接和间接的帮助。译者在此一并致谢。

译后记

本书的译介工作于2017年8月启动，时至今日方才最终完成，在纪念但丁逝世700周年之际由浙江大学出版社启真馆正式推出。遗憾的是，本书的作者桑塔伽塔教授已于2020年11月因感染新冠肺炎不幸离世，未能见证本书中译本的出版。

四年以来，笔者反复对译稿进行校对、修改（原意文版中的少量错误亦在译文中被一并修订），惟愿本书的译介能为国内学界但丁研究的事业添砖加瓦。然而，由于笔者的学识和经验有限，尽管慎始敬终、未敢懈怠，错漏之处亦在所难免，恳请广大读者谅解包容，并批评指正。

李婧敬

2021年6月于北外

图书在版编目（CIP）数据

但丁传 / (意) 马可 · 桑塔伽塔著；李婧敬译 . —
杭州 : 浙江大学出版社，2022.1
ISBN 978-7-308-22185-6

Ⅰ . ①但… Ⅱ . ①马… ②李… Ⅲ . ①但丁 (Dante,
Alighieri 1265—1321) —传记 Ⅳ . ① K835.465.6

中国版本图书馆 CIP 数据核字（2021）第 267894 号

但丁传

［意］马可 · 桑塔伽塔 著　李婧敬 译

责任编辑　王志毅
文字编辑　王　军
责任校对　黄国弋
装帧设计　毛　淳
出版发行　浙江大学出版社
（杭州天目山路 148 号 邮政编码 310007）
（网址：http:// www.zjupress.com）
排　　版　北京楠竹文化发展有限公司
印　　刷　河北华商印刷有限公司
开　　本　635mm × 965mm　1/16
印　　张　34.5
字　　数　619 千
版 印 次　2022 年 1 月第 1 版　2022 年 1 月第 1 次印刷
书　　号　ISBN 978–7–308–21185–6
定　　价　138.00 元

浙江大学出版社市场运营中心联系方式：(0571) 88925591；http://zjdxcbs.tmall.com

浙江省版权局著作权合同登记图字：11-2020-362 号